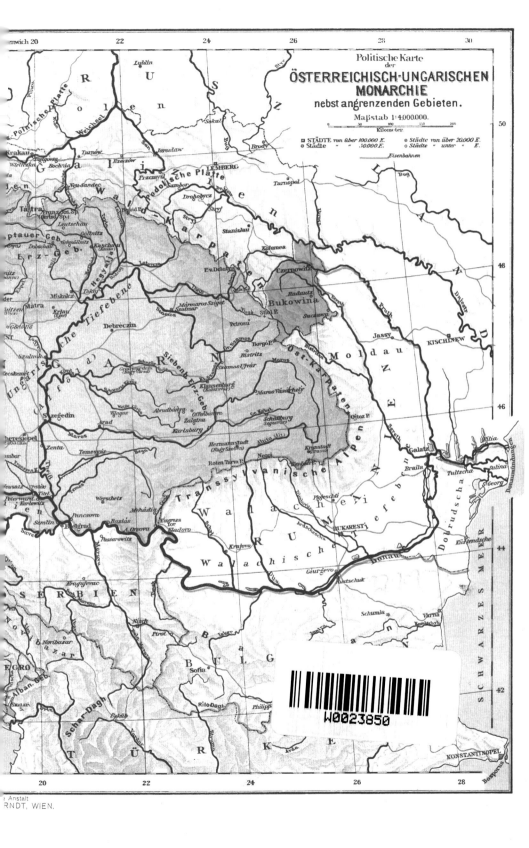

Stephan Baier · Eva Demmerle

Otto von Habsburg
Die Biografie

Stephan Baier · Eva Demmerle

Otto von Habsburg

Die Biografie

Mit einem Vorwort von
Walburga Habsburg-Douglas

Mit 115 Abbildungen,
zum Teil in Farbe

Amalthea

Bildnachweis:

Privatarchiv Stephan Baier, Graz 18, 65, 77 – Privatarchiv Eva Demmerle, Pöcking 89 – FIRSCHING, München 61 – Georg Fruhstorfer, München 38 – Herbert Gehr, Life Photo 33 – Foto Glaske, Wien 42 – Privatarchiv Gabriela von Habsburg, Pöcking 20, 83, 98 – Privatarchiv Otto von Habsburg, Pöcking 1, 3–7, 9, 11, 13–16, 19, 21–29, 31, 32, 35–37, 39–41, 44, 46–48, 50–53, 55, 57, 63, 64, 66, 67, 69, 70, 73, 74, 76, 78–81, 84, 85, 88, 90, 91, 94–97, 99 – HOPI MEDIA, Bernhard J. Holzner, Wien 71, 72 – Neue Kronen Zeitung, Wien 43, 54, 60, 68, 86, 87 – Rolf Lang 58 – Povedance, Madrid 75 – Die Presse, Wien 49 – Karl Heinz Reger, München 8, 12 – Revue Welt Bild 62 – Udo Schreiber, US Press, Wien 59 – Heinrich Schuhmann, Wien 10, 17, 45 – Thomas Wilhelm Schwarzer, Friedberg 2, 30, 56, 82 – Servizio Fotografico de »L'O.R.«, Citta del Vaticano 92, 93

Rechteinhaber von Bildern, die nicht geltend gemacht werden konnten, werden gebeten, sich wegen eventueller Ansprüche an den Amalthea Verlag zu wenden.

Besuchen Sie uns im Internet unter:
http:/www.amalthea-verlag.de

1. Auflage Oktober 2002
2. Auflage November 2002
3. Auflage Dezember 2002

© 2002 by Amalthea Signum Verlag, Wien
Alle Rechte vorbehalten
Umschlaggestaltung: Wolfgang Heinzel
Umschlagbild: Franz Josef Rupprecht, Wien
Herstellung und Satz: VerlagsService Dr. Helmut Neuberger
& Karl Schaumann GmbH, Heimstetten
Gesetzt aus der 11/13,5 Punkt Times Ten Roman
Druck und Binden: Wiener Verlag, Himberg bei Wien
Printed in Austria
ISBN 3-85002-486-5

Inhalt

Vorwort von Walburga Habsburg-Douglas 13
Einleitung 17

I. In der Abenddämmerung des alten Reiches (1912–1919)

1. Familienangelegenheiten 21
   Carl und Zita – Eine Liebesgeschichte 22
   »Thronfolger« Carl? 24

2. Habsburg und Österreich 25
   Tiefe Wurzeln in der Geschichte Europas 26
   Das »Kakanien« Franz Josephs 29

3. Das Ende einer Epoche 31

4. Verzweifelte Versuche des Friedenskaisers 35
   Karls Königskrönung in Budapest 37
   Missverstandene Friedensbemühungen 39

5. Verlorene Heimat 44
   Die Sixtus-Mission fliegt auf 46
   Der gescheiterte Neuaufbau Österreichs 48
   Flucht aus Gödöllő 49
   Der 11. November 1918 51
   Letzte Tage in Österreich 52

II. Jugendjahre eines Erzherzogs im Exil (1919–1933)

1. In der Fremde 56
   Ungarische Abenteuer 60
   Endstation Madeira 63

2. Von Madeira nach Steenockerzeel 67
   Doppeltes Schulprogramm und Zusatzunterricht 68
   Als Herzog von Bar in Belgien 72
   Großjährig 76

3. Die Treuen in der Heimat: »Unser Motto – Kaiser Otto« .. 78
   Hoffnungen auf ein »Comeback« der Habsburger 79
   Die »Kaisergemeinden« wachsen 83

III. Gegen die braune Flut (1933–1945)

1. Kein Gespräch mit dem »Führer« 85
   Bei Hitlers Kundgebung unter Kommunisten 86
   Kein Gespräch mit Hitler, kein Abendessen bei Göring 88
   Der Verhaftung knapp entronnen 90
   Wer hält Hitler von Österreich fern? 91

2. Ein Fuß in der Türe: Die Ära Schuschnigg 93
   Die »Habsburgergesetze« werden aufgehoben 95
   Der Legitimismus erstarkt 99
   Mit allen Mitteln gegen Hitler 101

3. Der Kampf gegen den Anschluss 104
   Ottos Krisenplan: Ein Selbstmordkommando für Österreich 104
   Schuschniggs letzte Manöver – und der Untergang Österreichs 114
   Der Thronprätendent mobilisiert die westliche Öffentlichkeit 116
   Steckbrief gegen Otto – KZ für seine Getreuen .. 119

4. Auf der Flucht ein Helfer der Verfolgten 122
   Die Gestapo greift nach dem Kronprinz 125
   Erste Versuche einer österreichischen Exilregierung 126
   Erste Fühlung mit der »Neuen Welt« 129
   Amerika – Das Vorspiel auf der großen Weltbühne 131
   Letzte Stunden in Steenockerzeel 135
   Letzte Tage in Paris 136
   Die schrecklichen Tage von Bordeaux 139
   Franco und Salazar helfen 142

5. Amerika – In den Wirren des Exils 144
   Ein internationales Netzwerk entsteht 145
   Beneš – der ewige Widersacher 149
   Ottos Erfolge für Österreich 151
   Immer Ärger mit »Neugröschl« 154
   Das »Austrian Battalion« 160
   *Tag- und Nachtwache gegen die Bombardierung
   Österreichs* 164
   Otto of Hungary 165

6. Verantwortung für Nachkriegs-Europa 169
   Plädoyer für eine mitteleuropäische Föderation 170
   Der Kampf für Südtirol 172
   Habsburg gegen Beneš – Heimatrecht statt Vertreibung 174
   Warnung vor Stalins Expansion 176
   Die »Moskauer Deklaration« – Ottos Sieg und Grenze 178
   *Die 2. Konferenz von Quebec – Dramatischer Einsatz
   für Österreich* 179
   Heim nach Europa 182

IV. Weit über das tragische Österreich hinaus
(1945–1967)

1. Verjagt, verfolgt und nochmals verjagt 186
   Unmoralische Autoritäten – Der wendige Doktor Renner .. 186
   Ein Brief, der Otto Ärger bringt 188
   Heim nach Tirol 192
   Lebensmittel für das hungernde Österreich 197

Der Retter Österreichs wird erneut vertrieben 198
Wieder heimatlos, wieder auf Reisen 201
Staatsvertrag – Mit Moskaus Hilfe gegen Habsburg 203

2. Regina – Mariazell kommt nach Nancy 205
   Schicksalhafte Begegnung 205
   Die glanzvolle Hochzeit von Nancy 208
   Die »Magna Mater Austriae« in Lothringen 211
   Ein neuer Lebensabschnitt beginnt 214
   Andrea, Monika, Michaela, Gabriela, Walburga,
   Karl und Georg 215

3. »Solange ich eine Schreibmaschine habe ...« 220
   Klare Positionen in Reportagen und Kolumnen 220
   Ein Kronprinz als Schriftsteller 222
   Diesseits und jenseits des Atlantiks ein gefeierter Redner ... 226

4. Der einzige private Staatsmann Europas 228
   Keine vatikanische Verschwörung 229
   Zunehmendes Interesse für Deutschland 232
   Im Orient 234
   Otto, König von Spanien? 236
   Das CEDI – Eine wohltätige Geheimgesellschaft 239
   Pläne für Mitteleuropa 241
   De Gaulle – Der größte Staatsmann seiner Zeit 244
   Revolution in Ungarn – Wendepunkt des Kalten Krieges ... 246
   Zukunftshoffnung Sahara? 251

5. Die politische Klasse in Wien wird nervös 252
   Drehscheibe Pöcking 253
   Otto von Österreich – ein Österreicher? 256
   »Republik oder Monarchie?« 257
   Vorspiel eines großen Konfliktes 261
   Verhandlungen mit Raab und allerlei Skurrilitäten 267

6. Verzichtserklärung 272
   Die alte Tradition wird neu interpretiert 272
   Das Veto der Sozialisten 276
   Auf dem Rechtsweg 282
   Angst vor Habsburg – Otto auf Weltreise 284

Niemand über dem Recht, niemand außerhalb des Rechtes . 286
Gegenwarts- und Zukunftspläne 291
7. Wiedereinreise: Der lange Kampf um das Recht 293
»Da wäre er verhaftet worden« 294
Wilde Polemiken, wüste Gerüchte, wirre Manöver 296
*Schweigen aus der Hofburg – und eine »vatikanische«
Intrige* 301
Otto wird handgreiflich 304
Immer neue Bedingungen 307
Überall, nur nicht in Österreich 310
Erste Österreich-Besuche 312
Wie weit reicht die Sippenhaftung? 321
Überwindet die Republik ihren Habsburger-Komplex? 323
8. Österreichs Zukunft und Berufung 324
Aus Monarchisten werden Europäer 325
Begegnungen mit dem zu lange Verbannten 327
*Geschichtliche Größe, gegenwärtige Verantwortung,
zukunftsreiche Visionen* 330

V. Paneuropa: Die größere Verantwortung ruft (1967–1977)

1. Ein politisches Netzwerk entsteht 331
Hinter dem Vorhang der Bühne namens Weltpolitik 333
Familienbande 338
In bayerischen Gefilden 340
2. Coudenhove-Kalergi: Prophet mit Sinn für's Praktische ... 342
Paneuropas Geburtsstunde 344
Kriegsziele und Nachkriegspläne 346
Paneuropäer für General de Gaulle 348
»Er ist wie ich ein europäischer Patriot« 351
3. Paneuropa gewinnt an Profil 355
Den Paneuropa-Gründer weiterdenken 356
Vier Punkte für ein christliches, freies Großeuropa 360
4. Kompromisslos gegen Diktatur und Dekadenz 365
Gegen Zeitgeist und gesellschaftlichen Verfall 369

VI. Ein Kaisersohn als Parlamentarier (1978–1988)

1. Als Österreicher für Bayern nach Europa? 374
   »Ausgebürgert wird bei mir nicht!« 375
   Zwischenrufe von links 378
   Eine Chinareise 381
   Der steinige Weg zur Kandidatur 382

2. Kaiserliche Hoheit im Team der CSU 387
   Feindbild der SPD 387
   Die Delegierten wollen Habsburg 392
   Polemischer Schlagabtausch mit Willy Brandt 394

3. Kinderjahre eines Parlaments 395
   »Kommen Sie herein, Richard Coudenhove-Kalergi!« 396
   Im parlamentarischen Alltag 398
   Lateiner und Primadonnen 401

4. Das außenpolitische Gesicht des Parlaments 404
   Der Streit um einen leeren Stuhl 406
   Fürsprecher des Baltikums 408
   »Wir müssen uns für diese Völker verantwortlich erklären« 410
   Kurs auf das »mare nostrum« 411
   Freundschaft mit den USA 415

5. Für das Europa der Bürger und des Rechts 417
   »Was wir brauchen, ist ein europäischer Patriotismus« 417
   Der Zuchtmeister des Europaparlaments 420
   Das Wort von der »Eurosklerose« 424
   Ideologische Kämpfe 426
   »Nur eine religiöse Lobby fehlt« 428
   Die so genannten kleinen Themen 430
   Politische und persönliche Zäsuren 432

VII. Im Einsatz für das neue Europa (1988–1999)

1. Ein Revolutionär auf Reisen 435
   Wieder in Ungarn: Nach 70 Jahren der Verbannung 436
   Präsident Otto? 441
   Für die Wiedervereinigung Deutschlands 443
   Im Morgenrot der Freiheit 446
   Gegen den jugoslawischen Völkerkerker 450

2. Auf den Kampfplätzen in Straßburg und Brüssel 451
   Der Anwalt der Mitteleuropäer 452
   Die universelle Wunderwaffe der CSU 458
   Kontakte in alle Welt 461
   Ein Parlamentarier aus Leidenschaft 463
   Ein engagierter Wahlkämpfer 469

3. Diesseits von Balkan und Ural 470
   Kritische Blicke nach Moskau 479

4. Österreich nach Europa 482
   Das Ringen um Österreichs Beitritt 482
   Haider in Europa 485
   Wieder eine Einreise-Debatte 487
   Vater und Sohn im Europäischen Parlament 488

5. Der Alterspräsident der europäischen Völker-
   vertretung 490
   Straßburg gegen Brüssel 491
   Berufen, Geschichte zu machen 493
   Politik ist auch Personalpolitik 500
   Richtungsweiser der Christdemokratie 503
   Wachsendes Unbehagen mit der Santer-Kommission 504

6. Der Kampf für die Erweiterung 507
   Herzensangelegenheit Ungarn 508
   Im steten Einsatz für Kroatien 509
   Anwalt der vergessenen Völker 515
   Das Mittelmeer als Zone des Friedens 516
   Die notwendige Reform der EU 519
   Schlüsselwort Subsidiarität 522

7. Späte Anerkennung 523
Von Faulpelzen und Würdebärten 524
Ehrungen im Dutzend 525
Das Ende der parlamentarischen Laufbahn 529

VIII. Ein Handlungsreisender in Sachen Zukunft (ab 1999)

1. Alles andere als ein Pensionist 533
Eine europäische Komödie 535
Gegen die Würstelbudenmentalität 537

2. Goldene Hochzeit – ein europäisches Familienfest 540
In Nancy, Budapest und Mariazell 540
Anekdotenreich und bissig 546

3. Die Erben arbeiten schon lange mit 548
Europa als Rechtsgemeinschaft 551

Anhang

Ahnentafel 554
Chronologie 556
Publikationen Otto von Habsburgs 557
Quellen- und Literaturverzeichnis 561
Register 566

Vorwort

Ekensholm, 16. April 2002: Das Telefon läutet. Mein Vater ruft an, um mich zu fragen, wie sein Programm in Schweden Anfang Mai sein wird. »Morgens ein Pressegespräch, mittags ein Vortrag bei der Außenpolitischen Vereinigung in Stockholm und am Abend ein Essen bei uns zu Hause in Ekensholm mit etwa 20 Gästen.« – »Du kannst gerne mehr einplanen! Wie du weißt, macht es mir Spaß, Veranstaltungen zu haben. Und ich komme ja nicht so oft zu dir nach Schweden!« Drei Veranstaltungen an einem Tag, mit fast 90 Jahren – und dann noch etwas mehr? Unglaublich, aber wahr! So ist mein Vater.

Als wir noch Kinder waren, hat er immer versucht, uns für seine Arbeit und seine großen Ziele – für Europas Einheit und Zukunft – zu interessieren. Und er lebte und lebt uns Europa vor. Zugegeben, das politische Interesse, vor allem für das Ziel »Paneuropa«, beschäftigt ihn beinahe seine gesamte Zeit über, und lässt nicht allzu viel Raum für anderes. Er selbst bezeichnet seine Arbeit als eine Kombination aus Hobby, Beruf und Berufung. Dennoch hat er immer Zeit für unsere Fragen. Als Antwort bekommt man von ihm meist außer den trockenen Fakten scharfsinnige Kommentare, Hintergrundinformationen und klare Analysen.

Was mich rückblickend an der Zeit meiner Kindheit am stärksten beeindruckt, ist, dass mein Vater mit uns so viel reiste und in den Ferien, aber auch an Abenden, an denen er keine Veranstaltungen hatte, Zeit für Spiele fand. Oft saßen wir stundenlang bei ihm im Arbeitszimmer auf dem Boden vor seinen Landkarten, und er erzählte uns von den verschiedenen Ländern und seinen Reisen dorthin, von den geschichtlichen Ereignissen und der politischen Wirklichkeit der Völker und Volksgruppen, Länder und Regionen, von spannenden Begegnungen und schillernden Gestalten.

Bei den Fahrten in die Sommerferien versuchte er, jedes Mal eine neue Reiseroute auszuwählen, damit wir möglichst viel von Europa sehen und die Kultur unseres Erdteils verstehen lernen konnten – die Kathedrale von Chartres, die Loire-Schlösser, das Schloss von Toledo, die Universität von Salamanca, das Kanalsystem von Venedig, um nur einiges zu nennen. Heute nimmt er mitunter seine Enkelkinder auf solche Reisen mit. Nie habe ich erlebt, dass ihm der Lärm und der Trubel, den seine Enkel bei ihren Besuchen in Pöcking veranstalten, auf die Nerven gehen. Wenn eines von uns Kindern anruft, erkundigt er sich stets ganz besonders nach seinen Enkeln.

Dieses Interesse an jedem Einzelnen hilft ihm bei seiner – oft nicht sehr dankbaren – Aufgabe als Familienchef. Obwohl sich die Rolle des Hauses Habsburg-Lothringen nach dem Ende des Ersten Weltkriegs stark verändert hat, ist es ihm gelungen, die Familie zusammenzuhalten und ihr durch alle politischen Stürme des 20. Jahrhunderts Orientierung und Perspektive zu geben. Zugleich brachte er es zustande, die Familie weitgehend aus den Schlagzeilen der Skandalpresse herauszuhalten, ohne dass sie sich deshalb aus der Öffentlichkeit zurückziehen musste. Ganz offensichtlich ist er viel glücklicher, wenn man über seine politischen Aktivitäten und Ideen schreibt, als wenn sich jemand nur mit den geraubten Gütern und verlorenen Schlössern der Habsburger beschäftigt.

Viele fragten und fragen häufig, ob es meinem Vater nicht Leid tut, dass er nicht Kaiser und König geworden ist. Aufrichtig kann er darauf antworten, dass er das Glück hatte, Politiker und Parlamentarier sein zu können. Aber man kann wohl auch sagen, dass er den Auftrag und die Verantwortung, die mit seiner Herkunft und Abstammung verbunden sind, in das moderne Leben übersetzt und auf Europa ausgeweitet hat. Die Verantwortung für die Völker und für die einmal als richtig erkannten Ziele hat er zeit seines Lebens wahrgenommen, ohne jemals nach rückwärts gewandt zu fragen »was wäre gewesen, wenn ...«, ohne sich und sein Leben zu schonen, ohne auf Beifall oder Widerspruch zu achten.

Auch damit hat er seiner Familie ein Beispiel gegeben. Wenn bei uns die jüngere niemals gegen die ältere Generation revoltiert hat, dann wohl deshalb, weil es mein Vater verstanden hat, eine überzeugende Zukunftsperspektive aufzuzeigen und seine Ideale glaubwürdig zu leben. »Die ›Message‹ deines Vaters kommt einfach rüber«, sagte mir einst ein Schulfreund nach einem Besuch in Pöcking. Und noch etwas fand er bemerkenswert: »Ich war erst etwas unsicher, wie man mit deinem Vater sprechen kann, aber das geht ja ganz leicht! Er war bereit zuzuhören, und ließ mich ausreden. Ganz ohne Starallüren!«

Bereits als Kind war es für mich persönlich vollkommen klar, dass ich versuchen wollte, meinem Vater in seiner Arbeit für Europa zu helfen. Ich sehe in ihm einen großen Politiker, aber noch mehr einen großen Visionär, dessen Visionen sich häufiger bewahrheiten als die anderer, der dadurch in die Zukunft weisen kann und das Ziel immer klar vor Augen hat. Als er in den 70er und 80er Jahren über den baldigen Fall des »Eisernen Vorhangs« sprach, wurde er von einem Großteil der politischen Öffentlichkeit verlacht. Die Umbrüche der Wendezeit 1989/90 haben ihm Recht gegeben und einmal mehr seinen Weitblick bestätigt.

Ich habe das große Glück, als Tochter mit ihm auch politisch zusammenarbeiten zu können, heute als Generalsekretärin der Internationalen Paneuropa-Union, deren Präsident er seit drei Jahrzehnten ist. Diese Organisation, die Richard Coudenhove-Kalergi im Jahr 1922 gegründet hat, verkörpert am besten das Streben meines Vaters für das Ziel eines vereinten, christlich geprägten Großeuropas in Friede und Freiheit. Viele Menschen fragen, wie es wohl für mich sei, mit dem eigenen Vater so eng zusammenzuarbeiten, und ob es nicht oft zu Reibereien komme. Bei uns ist das nicht der Fall, denn sein Engagement und sein unermüdliches Arbeiten überzeugen mich und spornen mich an. Seine Vision von Europa wirkt jugendlich und gibt Hoffnung für die Zukunft!

Dr. Walburga Habsburg-Douglas
Ekensholm, im August 2002

Einleitung

Wie bei kaum einer anderen Persönlichkeit unserer Zeit erstrecken sich das Schicksal und das Denken Otto von Habsburgs weit in Vergangenheit und Zukunft. Seine Familie stellte seit dem 13. Jahrhundert deutsche, spanische und ungarische Könige, Kaiser des Heiligen Römischen Reiches und Österreich-Ungarns. Die Geschichte dieser Familie, die zahlreiche bedeutende Herrscherpersönlichkeiten hervorbrachte, ist mit dem Schicksal Europas seit Jahrhunderten auf das Engste verstrickt und verwoben.

Otto von Habsburg hat durch sein politisches und persönliches schriftstellerisches und journalistisches Wirken erreicht, dass das Haus Habsburg nicht in der Vergessenheit versank. Von seinem Vater, Kaiser und König Karl, erbte er weder Thron noch Macht, doch fühlte er auf den eigenen Schultern die Verantwortung für die Völker im Herzen Europas, ja mehr und mehr eine Verantwortung für ganz Europa. Jene sich modern wähnenden Parteipolitiker, die Politik stets als Machtanspruch oder Karriere und nicht als Dienst verstanden, unterstellten ihm deshalb allerlei Ambitionen. Ohne Rücksicht darauf wagte Otto von Habsburg persönlich viel, riskierte sogar sein Leben im Widerstand gegen die braune und die rote Diktatur.

Die staatlichen und rechtlichen Formen, in denen seine Ahnen geherrscht hatten, brachen im Ersten Weltkrieg und in den Pariser Vorortverträgen zusammen, aber die Ideale des Hauses Habsburg, das Pflichtgefühl und Verantwortungsbewusstsein seines Vaters, das Ziel eines auf christlichem Fundament geeinten Kontinentes, das Bild eines aus der Vielfalt seiner Völker und Sprachen Reichtum schöpfenden Europas bewahrte Otto von Habsburg. Mehr noch: Er übersetzte das Bleibende der Tradition, aus der er selbst kam, in eine moderne und zukunftsträchtige Vision für das Europa des 21. Jahrhunderts. So steht Otto von Habsburg einerseits auf dem

Fundament einer langen Geschichte, weist aber in seinem Denken und Wirken weit in die Zukunft des sich vereinigenden Europas.

Mag sein, dass Politik für Otto von Habsburg zur Leidenschaft wurde, dass er tatsächlich – wie er oft behauptet – am Politikerdasein schätzt, dass er jenseits kaiserlich-königlicher Würden als Politiker zu einem Esel auch »Esel« sagen darf, den er andernfalls als »Exzellenz« titulieren müsste. Dennoch dürfte er aus Pflichtbewusstsein Politiker geworden sein. Sein erster großer Kampf auf der internationalen Bühne richtete sich gegen den Anschluss Österreichs an Hitler-Deutschland. Diesem folgten unzählige Kämpfe im amerikanischen Exil, im Nachkriegs-Europa, schließlich im Europäischen Parlament. Umkämpft war Otto von Habsburg auch selbst: angefeindet und verleumdet von vielen, die ihn nicht verstanden oder nicht verstehen wollten, aber auch von verbissenen ideologischen Gegnern. Dass er in alledem nie resignierte, ja nicht einmal dem Pessimismus freien Lauf ließ, zeigt viel von seinem Charakter, seinem unerschütterlichen Gottvertrauen und seiner inneren Gelassenheit.

Otto von Habsburg ist kein Mann der Vergangenheit, sondern der Vorkämpfer einer Zukunftsvision. Am Ende des Zweiten Weltkriegs aus Amerika zurückgekehrt, sah er – der Vielsprachige und Weitgereiste – Europa längst als Einheit. In Büchern, zahllosen Zeitungs- und Zeitschriftenbeiträgen und (trotz akribischster Mühe) unzählbaren Vorträgen warb er seitdem für eine ganz konkrete Idee von Europa. Die von Graf Richard Coudenhove-Kalergi 1922 ins Leben gerufene Paneuropa-Bewegung wurde ihm, der in Europa fast nirgendwo Ausländer ist, dabei zur passenden Plattform. Das Europäische Parlament, dem er von der ersten Direktwahl 1979 bis zum Juni 1999 angehörte, wurde ihm Tribüne und Arbeitsfeld.

Von Verantwortungsbewusstsein und Arbeitsfreude geleitet, modern ausgedrückt ein »workaholic«, entfaltete er an vielen Orten eine Dynamik, die Zahllose mitriss. Siegbert Alber, sein langjähriger parlamentarischer Kollege und heutiger Generalanwalt am Europäischen Gerichtshof, meinte einst bewundernd, Otto von Habsburg komme abends um elf frischer aus der Sitzung »als so mancher Jungsozialist morgens aus dem Bett«. Dieser Schwung und Arbeitseifer überraschten und begeisterten selbst jene, die Otto von Habsburg mit Reserven begegneten.

Mitunter liebt es der alte Herr, seine Gesprächspartner zu verblüffen. Auf die Frage nach seinem liebsten Romanhelden antwortete er einmal: Lemmy Caution. In ein klassisches Konzert bringt man ihn nur mit Mühe, doch liebt er Jazz von Gershwin. In einem Interview schilderte er die kulinarische Zubereitung von Ratten und Würmern in Asien. Ein Besucher, der sich ihm in militärischer Tonlage vorstellte: »Kaiserliche Hoheit, ich bin ein preußischer Monarchist!«, wurde mit einem wienerisch gedehnten »Grüß Gott!« begrüßt. Bei einer Sendung des österreichischen Fernsehens über die Rolle der Aristokratie in unserer Zeit stellte sich der Kaisersohn, zur Überraschung der Moderatoren, ganz und gar nicht klischeehaft vor: »Mein Name ist Otto Habsburg. Ich arbeite im Europäischen Parlament.«

Dort, im Europäischen Parlament und – zuvor schon – in der Paneuropa-Arbeit konnten die Autoren dieser Biografie Otto von Habsburg über viele Jahre hinweg begleiten. Oft waren dabei die spätabendlichen Gespräche mit dem »Chef« bei einer guten Flasche Rotwein ergiebiger, spannender und interessanter als der vierzehnstündige Arbeitstag zuvor. So entstand der Wunsch, nach vielen Würdigungen, nach einigen fragmentarischen Beschreibungen einzelner Wirkungs- und Lebensabschnitte, eine umfassende Lebensschilderung zu veröffentlichen. Standhaft entzog sich Otto von Habsburg allen Versuchen, ihn zum Schreiben von Memoiren zu überreden. Also musste diese Biografie geschrieben werden.

Wir danken Otto von Habsburg, dass er uns alle ihn betreffenden Unterlagen, Kalender, Korrespondenzen und Aufzeichnungen zur Verfügung gestellt und den Zugang zu allen wichtigen Archiven, auch den privaten, ermöglicht hat. Mehr noch danken wir ihm für seine rückhaltlose Bereitschaft, uns mit großer Geduld jene Fragen zu beantworten, die aus anderen Quellen nicht mehr oder zumindest nicht ausreichend zu klären waren. Wir danken seiner Tochter Walburga, der wir uns seit Jahrzehnten freundschaftlich verbunden fühlen und die das Entstehen dieser Biografie mit sehr viel Tat und stets hilfreichem Rat unterstützt hat.

Wir danken Otto von Habsburgs Verleger Dr. Herbert Fleissner, der die vorliegende Veröffentlichung angeregt und ihr den Maßstab gesetzt hat. Danken wollen wir auch unserer Lektorin, Frau Mag. Michaela Németh, die die Mühe des Lektorates auf sich genommen hat und uns ermutigend, helfend – und stets geduldig – begleitete. Zu Dank verpflichtet sind die Autoren vielen Zeitzeugen, Wegbegleitern, Verwandten, Mitarbeitern und Freunden Otto von Habsburgs, die in Gesprächen manches erhellten. Dass selbst eine umfangreiche Biografie wie die vorliegende ein so aktives, arbeits- und ereignisreiches Leben nur überblicksartig schildern kann, ohne Anspruch auf Vollständigkeit zu erheben, versteht jeder, der Otto von Habsburg kennt.

Stephan Baier · Eva Demmerle
Graz/München, im August 2002

I. In der Abenddämmerung des alten Reiches (1912–1919)

1. Familienangelegenheiten

Am frühen Morgen des 20. November 1912 gebiert Erzherzogin Zita in der Villa Wartholz in Reichenau ihr erstes Kind, einen gesunden Knaben. In der offiziellen Mitteilung des Hofes heißt es dazu: »*Das erwartete Ereignis trat ³/₄3 ein. Die Geburt ging vollkommen glatt vor sich, Mutter und Kind erfreuen sich besten Wohlseins. Erzherzog Carl Franz Joseph, der Vater des neuen Kronprinzen, strahlte vor Glück, als man ihm die Botschaft in das Nebenzimmer, wo er gewartet hatte, überbrachte.*«

Die Ankunft des neuen Prinzen bedeutet nicht nur eine Freude für Eltern und Verwandte. Auch der 82-jährige Kaiser Franz Joseph ist hocherfreut. Die Donaumonarchie hat endlich wieder einen Kronprinzen. Die »Neue Freie Presse« schreibt: »*In dem neugeborenen Kind zeigt sich dem Kaiser Franz Joseph der künftige Träger der Herrschergewalt in der Österreichisch-Ungarischen Monarchie, ein Kaiser, der nach menschlicher Wahrscheinlichkeit wohl erst im letzten Viertel des 20. Jahrhunderts berufen sein wird, die Schicksale dieses Staates hoffentlich zu ruhigeren Tagen zu lenken, als wir sie jetzt erleben.*« Doch die ruhigeren Tage wollten nicht kommen, wenn auch das Kind tatsächlich in den letzten Jahrzehnten des Jahrhunderts eine – gleichwohl ganz andere – politische Aufgabe erfüllen sollte.

Wenige Tage nach der Geburt wird das Kind getauft: Taufpate ist Kaiser Franz Joseph, vertreten durch Thronfolger Erzherzog Franz Ferdinand. Der vollständige Taufnahme lautet: Franz Joseph Otto Robert Maria Anton Karl Max Heinrich Sixtus Xavier René Ludwig Gaetano Pius Ignatius.

Der Geburt Erzherzog Ottos ist ein gutes Jahr zuvor die Hochzeit seiner Eltern vorangegangen. Erzherzog Carl vermählte sich am 21. Oktober 1911 mit Prinzessin Zita von Bourbon-Parma auf Schloss Schwarzau. Schon dieses Fest war eine große Freude für den alten Kaiser, wie man anhand alter Hochzeitsfotografien erkennen kann.

Carl und Zita – Eine Liebesgeschichte

Carl, Sohn Erzherzog Ottos und dessen Gemahlin Maria Josepha, einer Schwester des Königs von Sachsen, wurde am 17. August 1887 auf Schloss Persenbeug geboren. Zum Zeitpunkt seiner Geburt ahnte niemand, dass er einmal Kaiser Franz Joseph I. auf den Thron nachrücken würde. Seine Erziehung wurde von seiner Mutter überwacht, zu der er zeitlebens ein sehr enges Verhältnis pflegte. Sein Vater, nicht zuletzt aufgrund seines lockeren Lebenswandels »der fesche Otto« genannt, entfremdete sich früh von seiner Familie. Der junge Carl erwies sich als sanftmütiges Kind, tief religiös, mit einem ausgeprägten Sinn für Gerechtigkeit und mit der Begabung, seine Umgebung mit seinem Witz und Charme für sich einzunehmen. Nach Abschluss der schulischen Ausbildung, die teils durch Privatlehrer, teils im Schottengymnasium in Wien stattfand, strebte Carl die für einen Erzherzog übliche militärische Laufbahn an.

Die Verkettung familiärer Tragödien und unvorhersehbarer Entwicklungen führte unterdessen dazu, dass Carl in der Thronfolge auf den zweiten Platz vorrückte: 1889 kam Kronprinz Rudolf, der einzige Sohn des Kaiserpaares, in Mayerling zu Tode. Ein jüngerer Bruder Kaiser Franz Josephs, Erzherzog Karl Ludwig, verstarb 1896.[1] Dessen Sohn, Thronfolger Erzherzog Franz Ferdinand, heiratete 1900 die nach den Gesetzen des Hauses nicht ebenbürtige böhmische Gräfin Sophie Chotek. Infolgedessen waren die Söhne

---

[1] Ein anderer Bruder, Maximilian Ferdinand, wurde 1864 Kaiser von Mexiko, wo er einen Bürgerkrieg gegen die Republikaner unter Benito Juárez führte. Kaiser Maximilian wurde nach dem Abzug der frz. Truppen am 19. 6. 1867 standrechtlich erschossen. Der jüngste Bruder, Ludwig Victor, wurde wegen seines Lebenswandels von der Thronfolge ausgeschlossen.

aus dieser Ehe, Max und Ernst, nicht thronberechtigt, was Franz Ferdinand vor der Eheschließung schriftlich bestätigen musste.[1]

Aus diesem Grund wurde der Brautwahl Erzherzog Carls hohe Bedeutung beigemessen – vor allem von Kaiser Franz Joseph, der Carl zu sich bestellte und ihm »befahl«, sich in Kürze nach einer passenden und standesgemäßen Braut umzusehen. Doch Carl war sich längst schon sicher. Während Besuchen bei Verwandten, die sich im böhmischen Franzensbad zur Kur und Sommerfrische aufhielten, hatte er Prinzessin Zita von Bourbon-Parma näher kennen gelernt. Zwar hatten die beiden schon als Kinder miteinander gespielt, aber seither waren viele Jahre vergangen.

Zita entsprach durchaus den Vorstellungen des alten Kaisers. Vonseiten ihres Vaters, Herzog Roberts von Bourbon-Parma, entstammte sie der französischen Königsfamilie, ihre Mutter hingegen war eine Prinzessin von Braganca, also aus dem Hause Portugal. Die Großfamilie – Herzog Robert hatte aus zwei Ehen 24 Kinder – verbrachte die Wintermonate auf Schloss Schwarzau in Niederösterreich. Den Sommer über hielt man sich auf dem italienischen Besitz, in der Villa Pianore bei Lucca, auf, wo Zita am 9. Mai 1892 geboren wurde. Ihre Erziehung erhielt sie in einem Mädcheninternat im bayerischen Zangberg und auf der Isle of Wight, im Benediktinerinnenkloster St. Cécile, in dem ihre Großmutter, Königin Adelheid von Portugal, lebte.

Zwischen Carl und Zita entstand eine tiefe Zuneigung. Die scheinbar gegensätzlichen Charaktere – der ruhige, introvertierte Carl und die temperamentvolle Zita – ergänzten sich gut. Am 13. Juni 1911 wurde die Verlobung gefeiert. Während der Brautzeit reiste Zita mit ihrer Mutter nach Rom, wo sie von Papst Pius X. in Audienz empfangen wurden. Der Heilige Vater gratulierte zur Verlobung. Dabei sagte er etwas, woran sich Zita bis ins hohe Alter erinnern sollte: »Nun heiraten Sie also den Thronfolger.« Als die Prinzessin dem Papst widersprach und meinte, Erzherzog Franz Ferdinand sei der Thronfolger, insistierte Pius X.: »Nein, Carl wird

---

[1] Dem Schicksal Franz Ferdinands und seiner Erben, der Familie Hohenberg, ist das Buch von Lucian O. Meysels »Die verhinderte Dynastie. Erzherzog Franz Ferdinand und das Haus Hohenberg«, Molden Verlag, Wien 2000, gewidmet.

der Erbe sein. (...) Ob das ein Rücktritt ist, das weiß ich nicht. Aber etwas weiß ich: Carl wird der Nachfolger von Kaiser Franz Joseph sein.« Die Prinzessin verstand das nicht, und tat die Begebenheit als einen Irrtum des Papstes ab.

»Thronfolger« Carl?

Wenig später, am 21. Oktober, feierte man die Hochzeit auf Schloss Schwarzau. Der ganze Ort hatte sich in Feststimmung gekleidet. Unter den Hochzeitsgästen befanden sich außer der Familie die Vertreter bedeutender europäischer Familien. Als Ehrengäste erschienen Kaiser Franz Joseph und Erzherzog Franz Ferdinand. Der alte Kaiser fühlte sich sichtlich wohl, denn diese Verbindung war nach seinem Herzen und schien der alten Donaumonarchie ein Stück Zukunft zu eröffnen. Die Trauung wurde von Kardinal Bisleti vollzogen, einem engen Freund der Familie, der dem jungen Ehepaar zeitlebens verbunden blieb. Er verlas das Glückwunschschreiben von Papst Pius X., in dem es hieß: *»Der Papst erfleht von der göttlichen Vorsehung alles Glück, allen Segen für die Verbindung, die heute hier geschlossen wurde. Gott möge das Brautpaar, das mit allen Tugenden ausgestattet ist, in aller Zukunft beschützen. Die Familien des Brautpaares mögen diesem ein steter Zufluchtsort in bitteren Stunden sein. Das Brautpaar möge immer auf Gott vertrauen, der stets Hilfe sendet, wenn man sich im wahren Glauben und in wahrer Andacht an ihn wendet. Möge das Sakrament, das hier empfangen wurde und von dessen Größe wir alle in Bewunderung erfüllt sind, den Grund legen zu einem glücklichen Familienleben.«* Aus Rücksicht auf Franz Ferdinand ließ der Kardinal jene Passagen aus, in denen sich der Papst abermals auf seine Prophezeiung, Carl sei der nächste Thronfolger, bezog.

Nach der Hochzeitsreise, die das junge Paar durch viele Teile der Monarchie führte, musste Carl zu seiner Garnison nach Brandeis an der Elbe in Nordböhmen zurückkehren. Später wurde sein Regiment nach Kolomea in Ostgalizien verlegt; seine Frau begleitete ihn auch dorthin. Ihr Aufenthalt wurde immer wieder unterbrochen, um protokollarischen und gesellschaftlichen Verpflichtungen in

Wien nachzukommen. Ab Mitte des Jahres 1912 kehrte das Paar dauerhaft in die Hauptstadt zurück. Carls Dienstzeit bei der Kavallerie war nach einem Skiunfall beendet; er wurde in das in Wien stationierte Infanterieregiment Nr. 39 versetzt. Bald darauf wurde der kleine Otto geboren. Nach der Geburt des Prinzen blieb die Familie in der Nähe der Hauptstadt und residierte abwechselnd in der Villa Wartholz in Reichenau und in Schloss Hetzendorf südlich von Wien, wo im Januar 1914 die erste Tochter, Adelhaid, auf die Welt kam. Wartholz erwies sich als ein kleines Paradies, in dem die Familie gerne lebte. Diese ersten Jahre ihrer Ehe blieben Zita als die glücklichsten und unbeschwertesten ihres Lebens in Erinnerung.

2. Habsburg und Österreich

Im Jahre 1910 bestand Österreich-Ungarn laut Volkszählung (einschließlich des 1908 annektierten Bosnien-Herzegowina) aus 51,4 Millionen Einwohnern: 28,6 Millionen lebten in der cisleithanischen, also der österreichischen Reichshälfte, 20,9 Millionen in der transleithanischen, ungarischen Reichshälfte, und 1,9 Millionen in Bosnien-Herzegowina. Nach Nationalitäten gegliedert waren dies 24% Deutschsprachige, 20% Magyaren, 54,5% Slawen (Tschechen, Slowaken, Kroaten, Serben, Bosniaken, Polen, Ukrainer, Ruthenen, Rumänen, Slowenen) sowie 1,5% Italiener und Rätoromanen. Dieses Imperium wurde vom Haus Habsburg geschaffen. Aus der Herrschaft über einige kleine Landstriche im Elsass und in der heutigen Schweiz bauten die Habsburger dank geschickter Ländervermehrung ein Reich auf, das vor allem im Osten und Südosten über die Grenzen des Heiligen Römischen Reiches Deutscher Nation hinausragte.

Eng bleibt der Name Habsburg auch mit dem bis 1806 bestehenden römisch-deutschen Kaisertum verbunden. In den vielen Jahrhunderten ihrer Herrschaft konnten die Habsburger in ihrem Gebiet zahlreichen Nationen Raum und Heimstatt bieten. Im Unterschied zu anderen Herrscherdynastien war ihnen als europäischer Familie die rein nationale Betrachtungsweise des Staates unbekannt. Die in der Französischen Revolution erfolgte Ersetzung des personalen durch den nationalen Integrationsfaktor der Staaten fand bei Habsburg ihre Grenze und ihren Widerspruch.

Im Heiligen Römischen Reich und später in der Donaumonarchie war das vereinte Europa im kleineren Maßstab bereits vorgedacht: als Einheit in der Vielfalt. Zugleich bedeutete, wie Otto von Habsburg einmal schrieb, Österreich-Ungarn »eine strategische Notwendigkeit, nicht nur für die vielen kleinen Völker, die in ihm Schutz fanden, sondern darüber hinaus für ganz Europa«. Dies sollte sich 1939 erweisen, als ein zersplittertes Mitteleuropa den Diktatoren in Berlin und Moskau keinen nennenswerten Widerstand entgegensetzen konnte.

Tiefe Wurzeln in der Geschichte Europas

Ursprünglich stammte die Familie Habsburg aus dem heutigen südlichen Elsass. Der Name leitet sich von der von Bischof Werner von Straßburg erbauten Stammburg, der »Habichtsburg« im heutigen Schweizer Kanton Aargau, ab. Mit der Wahl Rudolf von Habsburgs im Jahr 1273 zum Kaiser des Heiligen Römischen Reiches begann der Aufstieg der Dynastie. 1282 übergab Rudolf seinen beiden Söhnen Österreich und die Steiermark. Diese Verbindung zwischen Österreich und dem Haus Habsburg sollte bis 1918 ungebrochen anhalten. Mehr durch eine geschickte Bündnis- und die vielgerühmte Heiratspolitik als durch Kriege gelang es, das Herrschaftsgebiet auszudehnen. Eine wichtige Verbindung, die weit mehr als materielle Güter zur Familie Habsburg brachte, stellte im 15. Jahrhundert die Heirat von Kaiser Maximilian mit Maria von Burgund dar, dem einzigen Kind Herzog Karls des Kühnen. Seit dieser Zeit ist der Chef des Hauses Habsburg gewöhnlich auch der Souverän des Ordens vom Goldenen Vlies.

Burgund, das sich damals von der Mittelmeerküste bis in die Niederlande erstreckte und auf das alte »regnum arelatense« zurückging, war nicht nur ein besonders reiches Gebiet, dessen Herzöge über ein immenses Vermögen verfügten. Es war auch Träger einer hohen höfisch-christlichen Kultur, die ihren Niederschlag im

Orden vom Goldenen Vlies fand. Gegründet 1430 von Herzog Philipp dem Guten, figurierten in diesem Orden die führenden Noblen der Christenheit. In seinen Statuten stand u.a., dass der Herzog von Burgund keinen Krieg beginnen dürfe, ohne vorher die Ordensritter zu befragen. Die Mehrheit der Ritter waren Nichtburgunder, so dass man hier von einer der ersten internationalen Organisationen sprechen kann, die überdies eine friedensstiftende Wirkung hatte. Der politische Gedanke des Ordens war eindeutig: Es galt, das dezentralisierte Herrschaftsgebiet, in dem es etwa fünfzig verschiedene Rechtsordnungen gab, zusammenzuhalten.

Das burgundische Erbe stellt bis heute einen wichtigen Bestandteil der habsburgischen Familientradition dar. Im Regierungskonzept des burgundischen Staates wurde sehr früh das Subsidiaritätsprinzip verwirklicht, indem die Herrscher die Entscheidungen der lokalen Autoritäten respektierten. Otto von Habsburg schreibt darüber: »*Burgund, in dem Deutsch, Französisch und Niederländisch gesprochen wurde, hatte eine funktionsfähige, einheitliche Verwaltung, die dennoch den einzelnen Gliedern des Staatsgebietes ihre Traditionen und Freiheiten ließ. Es war somit ein Vorläufer des modernen europäischen Föderalismus.*

Die ritterliche und die, in den reichen Handelsstädten mächtige, bürgerliche Gesellschaft gingen in Burgund, anders als im übrigen Europa, eine fruchtbare Synthese ein. Religiös, geistig, wirtschaftlich, künstlerisch, literarisch, aber auch im Lebensstil und der kulinarischen Kultiviertheit nahm es keine andere Region so rasch mit Burgund auf.«[1]

Im Laufe der Jahrhunderte bildeten sich gewisse Charakteristika habsburgischer Herrschaft aus. Die Dynastie war überzeugt von ihrer monarchischen Sendung und dem Gottesgnadentum. Was mit diesem so vielfach missbrauchten und missverstandenen Begriff gemeint sein könnte, hat der galizisch-österreichische Schriftsteller Joseph Roth wohl geahnt, als er Graf Chojnicki in seinem Roman »Radetzkymarsch« am Beginn des Ersten Weltkriegs sagen lässt:

---

[1] Otto von Habsburg, »Die Reichsidee. Geschichte und Zukunft einer übernationalen Ordnung«, Amalthea Verlag, Wien 1986, S. 48

»Die Zeit will uns nicht mehr! Diese Zeit will sich erst selbstständige Nationalstaaten schaffen! Man glaubt nicht mehr an Gott. Die neue Religion ist der Nationalismus. Die Völker gehen nicht mehr in die Kirchen. Sie gehen in nationale Vereine. Die Monarchie, unsere Monarchie, ist gegründet auf der Frömmigkeit: auf dem Glauben, dass Gott die Habsburger erwählt hat, über so und so viel christliche Völker zu regieren. Unser Kaiser ist ein weltlicher Bruder des Papstes, es ist seine K.u.K. Apostolische Majestät, keine andere wie er apostolisch, keine andere Majestät in Europa so abhängig von der Gnade Gottes und vom Glauben der Völker an die Gnade Gottes. Der deutsche Kaiser regiert, wenn Gott ihn verlässt, immer noch; eventuell von der Gnade der Nation. Der Kaiser von Österreich-Ungarn darf nicht von Gott verlassen werden. Nun aber hat ihn Gott verlassen.«[1]

Roth hatte erkannt: Gottesgnadentum bedeutet zunächst ein Abhängigkeitsverhältnis. Alles kommt aus Gottes Gnade – nichts von dem, was der Herrscher verkörpert, ist sein persönliches Verdienst und seine eigene Leistung. So betrachtet ist »Gottesgnadentum« eine ständige Mahnung zur Demut und zum Dienst. In diesem Sinn schreibt Otto von Habsburg in seinem Buch »Damals begann unsere Zukunft« 1971: »*Wenn man seinem Schöpfer entgegentritt, gilt vor diesem nur Pflichterfüllung und guter Wille. Gott verlangt von den Menschen nicht, Ihm Siegesberichte zu bringen. Den Erfolg gibt Er. Von uns erwartet Er nur, dass wir unser Bestes tun.*«

Viele der habsburgischen Monarchen zeichneten sich durch eine tiefe katholische Frömmigkeit aus. Ein Beispiel dafür ist Kaiser Karl V., eine der mächtigsten und zugleich tragischsten Herrschergestalten aus dem Haus Habsburg. Er zog sich nach seiner Abdankung in ein spanisches Kloster zurück, um über sein Leben zu kontemplieren.

---

[1] Roth misst in seinen Werken dem Untergang der Donaumonarchie eine religiöse Dimension bei. Das alte Österreich war für ihn nicht irgendein Staat, sondern das »sacrum imperium«, die rechte Ordnung der christlichen Völkerwelt, die der Nationalismus zum Erlöschen brachte. In einem Begleittext zum Vorabdruck des »Radetzkymarsch« schreibt Roth: »*Ein grausamer Wille der Geschichte hat mein altes Vaterland, die österreichisch-ungarische Monarchie, zertrümmert. (…) Ich habe die Tugenden und die Vorzüge dieses Vaterlands geliebt, und ich liebe heute, da es verstorben und verloren ist, auch seine Fehler und Schwächen.*«

Seit der ehelichen Verbindung Maria Theresias mit Franz Stephan von Lothringen nennt sich die Familie »Habsburg-Lothringen«. Kaiser Franz Stephan brachte, bedingt durch seinen Verzicht auf Lothringen, große materielle Mittel mit, die den Grundstock für den späteren Familienfonds, das Privatvermögen des Hauses, stellten.

Im Jahr 1806 endete das Heilige Römische Reich Deutscher Nation nach einem Jahrtausend. Unter dem Druck der Napoleonischen Kriege legte Kaiser Franz I. die Kaiserkrone nieder. Doch wie das alte Reich eine abendländische Friedensmission verfolgt hatte, so betrachtete sich auch das 1804 gegründete Österreichische Kaisertum als Wahrer dieser Tradition.

Das »Kakanien« Franz Josephs

Kaiser Franz Joseph I. war einer der am längsten regierenden Monarchen Europas. Seine Regierungszeit dauerte 68 Jahre. Er wurde zum Symbol seines Reiches. Otto von Habsburg charakterisiert ihn als einen Menschen *»von ungeheurem Pflichtbewusstsein, großer Geradlinigkeit und unglaublichem Fleiß. Man hat ihm immer wieder vorgeworfen, wie ein Beamter zu arbeiten, aber das ist fast eine Beleidigung, denn Beamte arbeiten gewöhnlich nicht so viel wie er. Er war ein letzter Grandseigneur, war sehr respektiert und auch durch sein Alter eine unglaubliche Autorität«*.

Das Friedenssystem, das Kanzler Metternich im Zuge des Wiener Kongresses installiert hatte, wirkte sich segensreich auf die Habsburger-Monarchie aus. Im 19. Jahrhundert erlebte der Donauraum sowohl wirtschaftlich als auch politisch eine Blütezeit. Der Ausgleich mit Ungarn von 1867, bei dem Kaiserin Elisabeth eine große Rolle spielte, trug viel zur Stabilisierung bei, wenngleich er dem Kaiser bei einer Lösung der slawischen Freiheitsbestrebungen die Hände band. Heute meint Otto von Habsburg, dass der alleinige Ausgleich mit Ungarn ein Fehler gewesen sei. Man hätte gleichzeitig einen mit den slawischen Völkern suchen sollen, allerdings stand dem der Druck aus Deutschland entgegen. Überdies hatten viele slawische Völker – abgesehen von den Kroaten – bis dahin wenig Staatsbewusstsein entwickelt.

So wurden die ungelösten Nationalitätenkonflikte zu einem Sprengstoff für das Vielvölkerreich. Mit dem Ausgleich von 1867 wurden zwar die Ungarn einigermaßen versöhnt und in ihren nationalen Ambitionen befriedigt, aber die anderen Nationen, vor allem die Tschechen, blieben bitter enttäuscht. Für den Fall seiner Regierungsübernahme hatte Erzherzog Franz Ferdinand bereits Pläne für einen Ausgleich mit den Tschechen entwickelt. Sogar an eine Krönung mit der Wenzelskrone dachte er. Es waren nicht zuletzt die Ungarn, die einen Ausgleich mit anderen Nationen verhinderten, indem sie eifersüchtig über die Einhaltung ihrer Privilegien und Vorrechte wachten. Der Nationalismus zeigte seinen ersten Wildwuchs. Otto von Habsburg dazu: »*Die Donaumonarchie war in ihrer traditionellen Wesenheit übernational, und damit ein scharfer Gegensatz zum Geist des 19. Jahrhunderts. Und musste schließlich in dem ungleichen Kampf unterliegen. Sie war für die Zeit im richtigen Sinne des Wortes ein Anachronismus und erst die Götterdämmerung des Jahres 1945 erwies, dass ihre Grundsätze für den Aufbau des Erdteils unumgänglich notwendig sind.*«[1]

Die außenpolitische Situation vor Beginn des Ersten Weltkriegs war geprägt durch die europäische Bündnispolitik und die permanente Krise auf dem Balkan. Die Rolle des klassischen Gegners der habsburgischen Politik auf dem Balkan spielte Russland. Nach dem Herausdrängen Österreichs aus Deutschland durch den Krieg von 1866[2] und die klein-deutsche Reichsgründung von 1871 war das Verhältnis zum nördlichen Nachbarn zwar freundlich, aber nie von großer Zuneigung geprägt.

In der Zeit um die Jahrhundertwende stellte Wien eine bewegte und lebendige Stadt im Aufbruch dar. Die Kunst erlebte eine Blütezeit – ein Zeichen dafür, dass das Zusammenleben verschiedener Nationen kulturelle Fruchtbarkeit hervorbringen kann. Gustav Mah-

---

[1] Otto von Habsburg, »Die politische Korrespondenz der Päpste mit den österreichischen Kaisern«, in: »Wort und Wahrheit«, Feb. 1965
[2] In der Schlacht bei Königgrätz erlebte die österr. Armee gegen die preußischen Truppen eine folgenschwere Niederlage.

ler leitete als Direktor die Oper, Schönberg und Berg experimentierten mit neuer Musik, 19 Wiener Künstler, unter ihnen Klimt und Schiele, gründeten die Secession. Schriftsteller wie Stefan Zweig, Robert Musil, Hugo von Hofmannsthal oder Karl Kraus schöpften aus der Kreativität dieser Zeit. Einer der eindrucksvollsten Chronisten der letzten Jahre der Monarchie ist wohl der bereits zitierte Romancier Joseph Roth, der mit seinen Romanen »Radetzkymarsch« und »Kapuzinergruft« seinem Vaterland ein Denkmal setzte. Roths Liebe galt der geordneten Vielfalt des habsburgischen Reiches und insbesondere seinen slawischen Völkern. Während er vom anti-habsburgischen, anti-klerikalen Deutschnationalismus, den er an der Wiener Universität erlebt hatte, ebenso angewidert war wie vom aufkeimenden Antisemitismus, lobte er Österreichs Peripherie: »*Freilich sind es die Slowenen, die polnischen und ruthenischen Galizianer, die Kaftanjuden aus Boryslaw, die Pferdehändler aus der Bacska, die Moslems aus Sarajewo, die Maronibrater aus Mostar, die ›Gott erhalte‹ singen. Aber die deutschen Studenten aus Brünn und Eger, die Zahnärzte, Apotheker, Friseurgehilfen, Kunst-Fotografen aus Linz, Graz, Knittelfeld, die Kröpfe aus den Alpentälern, sie alle singen die ›Wacht am Rhein‹. Österreich wird an dieser Nibelungentreue zugrunde gehen, meine Herren! Das Wesen Österreichs ist nicht Zentrum, sondern Peripherie. Österreich ist nicht in den Alpen zu finden, Gämsen gibt es dort und Edelweiß und Enzian, aber kaum eine Ahnung von einem Doppeladler.*«

3. Das Ende einer Epoche

Am 28. Juni 1914 um die Mittagszeit trifft in Wartholz ein Telegramm mit einer furchtbaren Nachricht ein: Thronfolger Erzherzog Franz Ferdinand und seine Frau sind in Sarajewo von dem serbischen Nationalisten Gavrilo Princip erschossen worden. Mit 26 Jahren rückt Erzherzog Carl plötzlich selbst zum Thronfolger vor. In den Wochen nach der terroristischen Provokation beginnt sich in ganz Europa eine gewaltige Kriegsmaschinerie in Gang zu setzen. Der Kontinent schlittert in einen Weltkrieg, den niemand wollte, in eine Katastrophe, die 20 Millionen Menschen das Leben kosten und die Ordnung des alten Kontinentes zerstören wird. Gefangen in Bündnissystemen, die in den 30 vorangegangenen Jahren konstruiert wurden, stehen die europäischen Großmächte in einem Krieg, der drei große Reiche in sich zusammenbrechen lässt: Russland, das Osmanische Reich und Österreich-Ungarn. Die Habsburger-Monarchie ist seit 1878 mit dem Deutschen Reich in einem Militärpakt verbunden, später kommt Italien dazu. Die Flanken des europäischen Systems, Frankreich und Russland, haben sich 1891 verbündet. Diesem Pakt schließt sich England 1914 an.

Für den neuen Thronfolger Carl und seine Familie endet abrupt das friedliche Leben. Auf Wunsch des Kaisers übersiedelt das Paar mit den Kindern nach Schönbrunn, nicht zuletzt aus Sicherheitsgründen. Carl muss als aktiver Offizier ins Feld einrücken. Seine Erfahrung des Kriegsalltags lässt ihn später verzweifelt um den Frieden ringen. Im Gegensatz zu den anderen Staatsoberhäuptern und Regierungschefs kennt Carl, der 1916 auf den Thron folgen sollte, die Situation an der Front und die Not der Soldaten. Dem alten, schicksalsgeprüften Kaiser, der bereits viele Todesfälle – seinen Sohn, seine Frau, seine Brüder, seinen Thronfolger – zu verwinden hatte, gefällt es nicht, dass sich der neue Thronerbe so vielen Gefahren aussetzt. Bei einer der routinemäßigen Berichterstattungen, zu denen Carl nach Wien beordert wird, sagt der Kaiser zu ihm: »Ich bin ein Greis und Otto ist ein Kind. Was geschieht, wenn dir etwas passiert?«

In Schönbrunn kommen die nächsten Geschwister Ottos auf die Welt: Im Februar 1915 Robert und im Mai 1916 Felix. Für Kaiser Franz Joseph, der die Nähe Zitas sucht und fast täglich in ihren Appartements erscheint, stellt die junge Familie einen Quell der Freude dar. Er hat sowohl Zita als auch Carl sehr gern. Zita erinnert sich später an die vielen Gespräche mit dem greisen Monarchen, in denen auch viel über das Kriegsgeschehen gesprochen wurde. Mit Zita pflegt er einen zwanglosen Umgang; sehr gerne hat er den kleinen, kindlich unbefangenen Kronprinzen um sich. Otto findet besonderen Gefallen an einer kleinen Spieluhr mit einem sich drehenden Vogel, die im Arbeitszimmer seines kaiserlichen Urgroßonkels steht und fragt immer wieder: »Kaiser, wo ist dein Vogel?«

Auf Franz Josephs Wunsch wird er mit Otto fotografiert. Dieses Foto ist bis heute eine der wenigen Erinnerungen Ottos an den alten Kaiser.

Erzherzog Carl wird vom Kaiser nicht in dem Maß in die politischen Entscheidungen eingebunden, wie es angebracht wäre, obwohl sich beide häufig besprechen. Dennoch arbeitet Carl intensiv an Reformplänen für das alte Reich. Er strebt, ähnlich dem ermordeten Franz Ferdinand, einen Ausgleich mit den slawischen Völkern der Monarchie an. Doch der Virus des Nationalismus hat die Atmosphäre des alten Österreich bereits vergiftet. Die Nachrichten von der Front stehen nicht gut; kleinen Siegen der Österreicher folgen große Niederlagen. Im Auftrag des Kaisers reist Carl von einem Frontabschnitt zum nächsten, um die Grüße des obersten Kriegsherren zu überbringen und verdiente Offiziere auszuzeichnen. Dadurch ist er außergewöhnlich gut informiert und erstattet dem Kaiser regelmäßig Bericht – im Gegensatz zu anderen ungeschönt. Zita widmet sich in dieser Zeit vornehmlich karitativen Aufgaben. Häufig besucht sie Lazarette und Feldspitäler. Für viele Wohltätigkeitskonzerte und -veranstaltungen ist sie die oberste Schirmherrin.

Unterdessen geht es dem 86-jährigen Franz Joseph immer schlechter. Der alte Kaiser schleppt bereits seit einiger Zeit eine Lungenentzündung mit sich herum. Am 10. November 1916 wird Erzherzog Carl wegen der angeschlagenen Gesundheit des Herrschers nach Wien gerufen. Es scheint angebracht, dass der Thronfolger in der Nähe weilt. Einige Tage noch halten den Kaiser Pflichtbewusstsein und Disziplin aufrecht. Die Meldung vom Sieg in Rumänien ist die letzte gute Nachricht, die der greise Monarch vernimmt. Am Morgen seines Todestages, dem 21. November – einen Tag nach Ottos viertem Geburtstag –, empfängt Franz Joseph ein letztes Mal Carl und Zita. Er spricht voll Freude über den Sieg in Rumänien. Kaiserin Zita berichtet später[1] über diesen Tag: »*Dann entließ er uns mit viel Herzlichkeit und es war das letzte Mal, dass wir ihn lebend, dass wir ihn bei Bewusstsein gesehen haben. Am selben Abend dann erlosch langsam das Leben Kaiser Franz Josephs. Erzherzog Carl*

---
[1] Zu Erich Feigl, »Zita. Kaiserin und Königin«, Amalthea Verlag, Wien 1991, S. 169 f.

und ich waren zugegen, und es war ergreifend zu sehen, mit welcher Ruhe und mit welchem Frieden er hinüberging.

Im gleichen Augenblick war die ganze Last, die bis dahin Kaiser Franz Joseph getragen hatte übergegangen auf die Schultern von Kaiser Karl. Wenn dieser ihm auch sehr geholfen hatte, so war die Verantwortung doch die des alten Kaisers gewesen.

Als wir aus dem Sterbezimmer herauskamen, trat Prinz Lobkowicz, der Kammervorsteher von Kaiser Franz Joseph gewesen war, mit Tränen in den Augen auf Kaiser Karl zu, machte ihm das Zeichen des Kreuzes auf die Stirn und sagte: ›Gott segne Eure Majestät.‹ Es war das erste Mal, dass Kaiser Karl mit diesem Titel angesprochen wurde. Unser Leben veränderte sich nun vollkommen.«

Der alte Kaiser ist gestorben. Otto legt einen Veilchenstrauß auf das Totenbett. Im Alter von 29 Jahren wird Erzherzog Carl als »Karl I.« Kaiser von Österreich und als »Karl IV.« apostolischer König von Ungarn. Zita zählt gerade 24 Jahre. Vor Schloss Schönbrunn versammeln sich an diesem Novembertag zahlreiche Menschen, um für den Kaiser zu beten. Auch sie spüren, dass nun eine Ära zu Ende geht.

Am 30. November wird der verstorbene Monarch zu Grabe getragen. Hinter dem Sarg gehen Karl im Uniformmantel, Zita in Schwarz, tief verschleiert und zwischen ihnen, in Weiß gekleidet, der kleine Kronprinz Otto. Er erinnert sich: »*Das große Ereignis meiner Kindheit war naturgemäß die Beisetzung von Kaiser Franz Joseph I., als ich an der Seite meiner Eltern jenem Leichenwagen folgte, hinter dem ich auch, ein dreiviertel Jahrhundert später, dem Sarge meiner Mutter auf dem Weg in die Kapuzinergruft folgte. Es war eine düstere Zeremonie. Für mich als einziges Kind war es ein enormer Eindruck, von diesen ganzen Türmen von Erwachsenen umgeben zu sein.*« Für viele Menschen, die 1916 erschüttert und ratlos am Straßenrand stehen, bedeutet dieses kleine Kind ein Symbol des Neubeginns, ein Zeichen der Hoffnung inmitten der Trostlosigkeit des Krieges und der Trauer um den alten Monarchen[1].

---
[1] Selbst Billy Wilder, der in Wien gebürtige große Hollywoodregisseur, erinnert sich in seinen Memoiren an den kleinen Kronprinzen. Der Dichter Felix Salten empfand das weiß gekleidete Kind unter den schwarz gewandeten Menschen »wie ein ganz leise und wehmütig aufklingendes Frühlingslied«.

Aus einer offiziellen Briefmarkenserie der Kinder Kaiser Karls und Kaiserin Zitas für die Kriegsfürsorge

4. Verzweifelte Versuche des Friedenskaisers

Bereits die Tatsache, dass Otto seine Eltern beim Trauerkondukt begleitet, bedeutet eine Abkehr von alten Traditionen. Protokollgemäß hätte der Kaiser alleine hinter dem Sarg gehen müssen, er jedoch bestimmt es anders: »Ich entscheide über die Form der Zeremonie.« Dies bildet nur den Anfang von vielen Veränderungen im strengen spanischen Hofzeremoniell. Karl vereinfacht vieles, auch die kaiserliche Tafel. Als das Volk in den härtesten Zeiten des Krieges hungert, lebt auch die kaiserliche Familie von den Rationen der Lebensmittelkarten[1].

---

[1] Erik v. Kuehnelt-Leddihn, später ein enger Freund Otto von Habsburgs, erzählt in seinen Erinnerungen »Weltweite Kirche« folgende Geschichte: Der kleine Kronprinz fragte seine Eltern einmal, warum man denn fast nie Fleisch serviert bekomme. Worauf der Kaiser (da er ihm die moralischen Gründe nicht erklären konnte) sagte, dass sich dies nur sehr reiche Leute leisteten. Als

Doch der Kaiser plant viel größere Neuerungen. In der Proklamation anlässlich seiner Thronbesteigung kündigt Karl an, seine ganzen Bemühungen in den Dienst des Friedens stellen zu wollen: *»Ich will alles tun, um die Schrecknisse und Opfer des Krieges in ehester Frist zu bannen, die schwervermissten Segnungen des Friedens Meinen Völkern zurückzugewinnen, sobald es die Ehre unserer Waffen, die Lebensbedingungen Meiner Staaten und ihrer treuen Verbündeten und der Trotz unserer Feinde gestatten werden.«* Diese Proklamation läutet einen neuen Stil ein. Kaiser Karl setzt alles daran, einen Friedensschluss herbeizuführen. Aber er hat kaum eine Chance: Die Kriegsfronten sind zu sehr verhärtet, die innere Situation des Reiches zu desolat, um zu einer vernünftigen Friedenslösung zu kommen.

Der Kaiser steht vor einem schier unlösbaren Dilemma: Um die sozialen Spannungen und die Nationalitätenprobleme lösen zu können, müsste der Krieg ehestens beendet werden; doch um den Krieg zu beenden, bräuchte er eine ruhige innenpolitische Situation. Karl macht sich über die Situation keine Illusionen. Otto von Habsburg erläutert: *»Mein Vater hat nie an den Sieg geglaubt, das hat meine Mutter immer erzählt, der alte Kaiser auch nicht. Sie erinnerte sich an eine Gelegenheit, als sie gemeinsam mit dem alten Kaiser die Huldigung und den Jubel der Wiener entgegennahmen, und als Franz Joseph sagte: ›Die Menschen wissen nicht, worum es da geht. Irgendwann werden sie ermüden und dann werden die furchtbaren Folgen kommen.‹ Aber er hatte keine Wahl. Die Menschen haben ja alle den Krieg nicht gekannt. Und da sind sie in Begeisterung ausgebrochen.«* Die Völker waren unzufrieden. Die Ungarn verfolgten eine gezielte Magyarisierungspolitik, womit alle umfassenden Lösungen, insbesondere für den südslawischen Raum mit Kroaten, Bosniern, Slowenen und Serben, unmöglich wurden. Das fast 1000-jährige Königreich Kroatien war und blieb zerrissen zwischen den beiden Reichshälften.

---

dann der Generalissimus Arz v. Straussenburg zur Berichterstattung kam, begegnete ihm der Kronprinz und dieser fragte ihn gleich, was er denn zu Mittag gegessen habe. »Gulyas, Kaiserliche Hoheit«, antwortete der Feldherr. Otto darauf: »Ein Gulyas? Aber das ist doch ein Fleisch! Bist du denn ein reicher Mann?«

Karls Königskrönung in Budapest

Ursprünglich will Karl die ungarische Königskrönung nicht so bald nach Franz Josephs Tod vornehmen, denn er hält es für unangebracht, in Kriegszeiten Feierlichkeiten zu veranstalten. Auch war vorgesehen, dass zwischen Thronbesteigung und Krönung sechs Monate vergehen sollen. Doch der ungarische Ministerpräsident Graf Tisza überzeugt Karl, sich noch vor Ende des Jahres 1916 krönen zu lassen. Sein Argument, wichtige Gesetze, die für die Versorgungslage vonnöten seien, könnten laut ungarischer Verfassung nur durch den gekrönten König erlassen werden, überzeugt Karl.

Am 27. Dezember 1916 beginnen die Krönungsfeierlichkeiten mit der Ankunft des Königspaares am Westbahnhof in Budapest. Das feierliche Zeremoniell findet am 30. Dezember in der Matthiaskirche statt. Kronprinz Otto spielt hier abermals eine öffentliche Rolle. Von einem Balkon in der Matthiaskirche aus kann er das Zeremoniell gut beobachten: »*Die Krönung hat mich schon geprägt. Es war natürlich eine große Sache. Es waren diese großen Volksmengen, die für mich als Kind sehr eindrucksvoll waren. Und auch die neue Stadt, denn ich war ja vorher nicht bewusst in Budapest gewesen. Dann die ganze Zeremonie in der Kirche, wenn ich auch persönlich nicht die Details gewusst habe; ich habe gesehen, wie es die Umgebung beeindruckt hat und das hat auch auf mich einen sehr großen Eindruck gemacht. Es war wahrscheinlich eine der letzten großen Zeremonien, die in Ungarn veranstaltet worden ist, und die noch einmal diese Einheit des Staates gezeigt hat. Eine solche Zeremonie ist etwas Einmaliges – die Heiligkeit des Momentes war mir vollkommen klar. Ich musste die ganze Zeit neben dem König von Bulgarien bleiben, der übrigens ein recht scharfsinniger alter Herr war, vieles wusste und mir sein ganzes Wissen übermitteln wollte. Während der Krönungszeremonie hielt er philosophische Vorlesungen über die symbolische Bedeutung des einen oder anderen Aktes. Natürlich verstand ich kein einziges Wort, es war für mich sehr langweilig, doch musste ich höflich aufpassen, weil ich gelernt hatte, dass man zu älteren Leuten immer respektvoll sein müsse. Doch verdarb mir dies die Freude an der Pracht. Meine andere Erinnerung an diese Krönung gilt István Tisza, dem ungarischen Ministerpräsidenten. Ich erinnere mich an ihn, weil alle Leute bunt und prunkvoll angezogen waren, während er allein völlig in Schwarz gekleidet war. Der schwarze Mann – bis heute lebt er, den ein tragisches Schicksal[1] traf, so in meinem Gedächtnis fort.«*

Das ungarische Krönungszeremoniell ist symbolträchtig: Dem König wird die Krone auf den Kopf gesetzt, der Königin wird sie auf die Schulter gelegt – als Symbol dafür, dass sie mit dem König zusammen die Last der Herrschaft trägt. Bei der religiösen Zeremonie spricht der Fürstprimas von Ungarn, Kardinal Johannes Csernoch, über den neuen König folgendes Gebet: *»Die königliche Würde empfängst Du heute und übernimmst die Sorge, König zu sein über die Dir anvertrauten gläubigen Völker. Einen herrlichen Platz fürwahr unter den Sterblichen, aber voll Gefahr, Arbeit und banger Sorge. Aber wenn Du in Betracht ziehst, dass alle Gewalt von Gott dem Herren ist, durch den die Könige regieren und die Gesetzgeber bestimmen, was Recht ist, wirst auch Du Gott selbst Rechenschaft ablegen über die Dir anvertraute Herde. (...)«* Karl antwortet darauf: *»Ich, Karl, nach Gottes Willen künftiger König der Ungarn, bekenne und verspreche vor Gott und seinen Engeln, hinfort zu sorgen für Gesetz, Gerechtigkeit und Frieden zum Wohle der Kirche Gottes und des mir anvertrauten Volkes.«*

Danach folgt der Krönungsakt. Der König kniet nieder, wird gesalbt und mit dem Schwert des heiligen Stephan umgürtet. Fürstprimas und Ministerpräsident setzen ihm die Krone auf. Dann wird Zita gekrönt: Zunächst wird ihre Schulter mit der Stephanskrone berührt, anschließend wird Zita mit jener Krone gekrönt, die für Königin Elisabeth angefertigt worden war. Nach dem religiösen Zeremoniell in der Kirche begibt sich der König auf den Vorplatz zur Dreifaltigkeitssäule. Dort findet die Vereidigungszeremonie statt. Der König reitet auf den Krönungshügel, der Tage zuvor mit Erde aus jedem Komitat Ungarns aufgeschüttet wurde. Auf der Spitze des Hügels führt der König mit dem Schwert vier Hiebe in alle Himmelsrichtungen aus, zum Zeichen dafür, dass er das Königreich Ungarn vor allen Gefahren bewahren und schützen werde.

---

[1] Graf Tisza wurde während der Revolutionswirren im Jahre 1918 von Roten Garden erschossen.

Die Krone des heiligen Stephan hat in Ungarn eine besondere Bedeutung. Sie ist der eigentliche Träger der Souveränität und ein Symbol der Einheit des Landes. Dazu meint Otto von Habsburg: »*Man darf nicht vergessen, dass die ungarische Staatsphilosophie eine vollkommen andere ist, eher eine asiatische. Das eigentliche Staatsoberhaupt, wenn man auf den Grund der ungarischen Staatsphilosophie geht, ist ja die Krone. Und nicht der Herrscher, der nur der Diener der Krone ist. Dies ist ein vollkommen anderes Konzept als in irgendeinem anderen Staat Europas. Und das bedeutete, so lange der König nicht gekrönt ist, ist er kein König. Joseph II. z.B. hat sich nicht krönen lassen, und daher ging er auch in die ungarische Geschichte als der König mit dem Hut ein.*«

Um das Jahr 1000 schenkte Papst Sylvester II. diese Krone König Stephan I. In ihrer 1000-jährigen Geschichte wurde sie mehrfach versteckt und entführt. Kaiser Otto IV. verbarg sie in einer hölzernen Flasche und befestigte sie so an seiner Satteltasche, ritt in Stuhlweißenburg ein und ließ sich dort krönen. Sie wurde gestohlen, fiel nach der Schlacht bei Mohács 1526 in die Hände der Türken, tauchte jedoch glücklicherweise wieder auf. 1849 vergrub der Innenminister der revolutionären Regierung, Bartholomäus Szemere, die Krone in der Nähe von Orsova. Erst am 8. September 1853 wurde die Krone dort wieder gefunden. Am 8. Juni 1867 wurde Kaiser Franz Joseph mit ihr gekrönt.[1]

Missverstandene Friedensbemühungen

Da Karl in den ersten Kriegsjahren viel Zeit an der Front verbrachte, kennt er nicht nur die Verhältnisse und die Umstände, unter denen die Soldaten ihren harten Dienst leisten. Er besitzt auch eine realistische Vorstellung von der Armee und ihren Möglichkeiten. Zunächst leitet er eine Reform der Armee ein, was bei

---

[1] Auch die Folgegeschichte der Stephanskrone blieb spannend: Als sich 1944 die Rote Armee Budapest näherte, brachten ungarische Offiziere die Krone, das Zepter und das Schwert des heiligen Königs Stephan sowie dessen Reliquie, die verehrte heilige Rechte, in Sicherheit. Später gelangte die Krone durch amerikanische Soldaten in die USA und wurde noch unter der kommunistischen Regierung wieder nach Ungarn zurückgebracht.

manchen Generälen und Offizieren nicht auf Begeisterung stößt. Das Armeeoberkommando verlegt er von Teschen nach Baden bei Wien, wo auch die kaiserliche Familie residiert. Die Verhältnisse sind beengt und nicht im Entferntesten so großzügig wie in Schönbrunn. Der Salon bildet zugleich das Arbeitszimmer des Kaisers. Auch die Kinder können sich dort aufhalten und spielen.

Zeitgleich mit der Armeereform wird Generalfeldmarschall Conrad von Hötzendorf der Heeresführung entbunden. Von nun an führt Karl das Oberkommando selbst. Sind in den ersten zwei Kriegsjahren unter den Soldaten Millionen von Todesopfern zu beklagen gewesen, so ist es nun der veränderten Angriffsstrategie Karls zu verdanken, dass bis zum Ende des Krieges »nur« mehr 100 000 Soldaten fallen. Doch die Stimmung in der Bevölkerung bleibt bedrückt; die Versorgungslage an der Front wie im Land selbst wird immer schlechter. Herrschte 1914 Kriegseuphorie, so macht sich nun Kriegsmüdigkeit breit. Dazu erzählt Otto von Habsburg heute: »*Die Kriegsverluste, die haben wir schon mitbekommen. Es war zum Beispiel besonders schlimm, als die ›Szent István‹ untergegangen ist, das Flaggschiff unserer Flotte; das war torpediert worden. Es sind jetzt noch bei mir verschiedene Bilder vorhanden. Ich erinnere mich auch an einen Besuch draußen in Wiener Neustadt auf einem Flugplatz. Da hat man doch schon gesehen, auch als Kind, was für große Opfer die Leute gebracht haben.*«

Immer wieder – und immer vergeblich – versucht Karl, den deutschen Kaiser Wilhelm II. von der Notwendigkeit eines Friedens zu überzeugen. Der ungarische Historiker Emilio Vasari (eigentlich: Dr. Emil Csonka) schreibt dazu: »*Alle diese Versuche Karls wurden jedoch vereitelt, teils durch die Siegeszuversicht der Generäle des deutschen Verbündeten, hauptsächlich aber wegen der ebenfalls siegestrunkenen Zuversicht der Politiker der Entente-Mächte, eines Ribot und eines Clemenceau. Während Kaiser Karl mit seiner Friedenspolitik keinen Erfolg hatte, starben inzwischen weitere Millionen in den Schützengräben (...).*«[1] Es gibt die Mensdorff-Struts-Gespräche und die Revertera-Armand-Verhandlungen, in denen die Emissäre des Kaisers versuchen, mit den Engländern und den

---

[1] Emilio Vasari, »Dr. Otto von Habsburg oder die Leidenschaft für Politik«, Wien 1972

Franzosen einen Frieden auszuhandeln. Wie sich zeigen soll, schätzt der Kaiser die außenpolitischen Möglichkeiten falsch ein. Auch Papst Benedikt XV. bemüht sich um Vermittlung zwischen den Kriegsparteien. Die Kontakte Karls zum Papst gehen über Kardinal Bisleti. Karl will die *»rascheste Beendigung des Krieges auch um den Preis territorialer Opfer der Monarchie, gleichzeitig deren Umgestaltung in eine Föderation autonomer Völker, und die Sicherung des Friedens durch eine aus christlichem Geist erwachsene europäische Ordnung. Aus den erhaltenen Dokumenten (...) erkennt man, dass ein entscheidendes Hindernis für den Frieden der maßlose italienische Nationalismus war, der dem Wirken des Papstes unübersteigbare Grenzen setzte«*, wie Otto von Habsburg Jahre später in seinem Aufsatz über die »politische Korrespondenz der Päpste« darlegt.

Die wohl wichtigste, weil folgenreichste Friedensmission, bildet die sogenannte Sixtus-Affäre. Sixtus von Bourbon-Parma, der Bruder von Zita, pflegt einen engen Kontakt mit Schwester und Schwager, welcher seit Kriegsbeginn naturgemäß eingeschränkt ist. Als bourbonische Prinzen wollten er und sein Bruder Xavier der französischen Armee beitreten, allerdings besagt ein Gesetz den Ausschluss vom Militärdienst für Mitglieder der alten Herrscherfamilie. Deshalb dienen beide als Offiziere in der belgischen Armee.

Als im April 1917 die USA nach der Versenkung eines amerikanischen Schiffes durch deutsche U-Boote in den Krieg eintreten, steht für Karl und Zita fest, dass der Krieg nicht mehr zu gewinnen ist. Zwar versucht der Kaiser, die deutsche Heeresführung zu überzeugen, von einem U-Boot-Krieg Abstand zu nehmen, doch Deutschland behandelt seinen Verbündeten mit zunehmender Geringschätzung. Karl beschließt schon im März, Verhandlungen über einen Separatfrieden mit Frankreich aufzunehmen. In Sixtus findet er einen idealen Vermittler, der in Paris auf offene Ohren stößt. Zita ist klar, dass ein verlorener Krieg den Bestand der Monarchie in Gefahr bringt. Sie hofft auf einen raschen Frieden mit Frankreich. Karl will zunächst feststellen, »wie es mit der Friedensbereitschaft auf der anderen Seite steht«. Sixtus berichtet über vier Bedingungen Frankreichs für eine Gesprächsaufnahme: die Rückgabe von Elsass-Lothringen (welches im Krieg von 1870/71 von Deutschland annektiert worden war), die Wiederherstellung Belgiens und Belgisch-Kongos, Garantien für die Wiederherstellung des Königreichs Serbien, eventuell vergrößert durch Albanien, und die Übergabe Konstantinopels (Istanbuls) an Russland. Die beiden ersten Bedingungen stellen für den Kaiser kein Problem dar, doch die beiden letzten Punkte erweisen sich als unangenehm: Serbien deswegen, weil es – abgesehen von den kriegsauslösenden Ereignissen – immer für Unruhe auf dem Balkan sorgte; die Übergabe Konstantinopels, weil es den Bundesgenossen im Osmanischen Reich trifft und weil Russland damit über einen Mittelmeerzugang verfügt. Allerdings sollte sich später gerade die Bedingung der Rückgabe von Elsass-Lothringen als höchst problematisch erweisen.

Im schweizerischen Neuchâtel übergibt der Emissär des Kaisers, Thomas Graf Erdödy, an Sixtus und Xavier die Antwort aus Wien. Zu diesem Zeitpunkt ist der österreichische Außenminister, Graf Ottokar Czernin, bereits vollständig über die Friedensinitiative informiert. Karl geht in seiner Antwort auf die Bedingungen ein. Für Österreich sei alles akzeptabel, außer die Schaffung eines serbischen Großreiches. Stattdessen schlägt Karl die Gründung eines neuen südslawischen Staates vor, der einen habsburgischen Herrscher haben soll. Österreich kann nicht für Deutschland auf Elsass-Lothringen verzichten, schreibt Karl, fügt aber hinzu, dass Österreich in diesem Punkt auf Deutschland Druck ausüben wolle. Czernin verfasst nun selbst ein Memorandum[1], worin er das Bündnis zwischen Deutschland (dessen Waffenbruderschaft er stets hochhält), Österreich, dem Osmanischen Reich und Bulgarien als absolut unauflöslich bezeichnet.

Sixtus überbringt die Botschaften in Übersetzung dem französischen Präsidenten Poincaré, der wiederum seine Alliierten, König George V. von England und den russischen Zaren Nikolaus II., informiert. Am 23. März reisen Sixtus und Xavier nach Österreich, um in Schloss Laxenburg mit dem Kaiserpaar und Außenminister Czernin zusammenzutreffen. Bei diesem Gespräch akzeptiert Czernin

---

[1] Es sollte sich später als verhängnisvoll erweisen, dass Czernin seine Memoranden nicht persönlich unterzeichnet hat. Auch war es ein Fehler, dass die Abschriften der versandten Dokumente nicht aufgehoben wurden, weil man auf höchste Geheimhaltung achtete.

die Forderungen nach Großserbien und der Wiederherstellung Belgiens. Die Übergabe Konstantinopels – ein tödlicher Streich gegen das Osmanische Reich – wird nicht behandelt. Czernin wehrt sich gegen die Abtretung von Elsass-Lothringen an Frankreich. Unterdessen signalisieren die Franzosen, dass ein Separatfrieden mit Österreich möglich sei, der Krieg gegen Deutschland aber werde bis zu dessen vollständiger Vernichtung weiter geführt.

Der folgende Brief des Kaisers an Sixtus ist mit Hilfe der Kaiserin entstanden: »(...) *bitte ich dich, geheim und inoffiziell Herrn Poincaré, dem Präsidenten der französischen Republik, zur Kenntnis zu bringen, dass ich mit allen Mitteln und unter Anwendung meines ganzen persönlichen Einflusses bei meinen Verbündeten die gerechten Rückforderungsansprüche Frankreichs in Bezug auf Elsass-Lothringen unterstützen werde. Was Belgien betrifft, so muss seine Souveränität wiederhergestellt werden, es muss seine gesamten afrikanischen Besitzungen behalten. Hiermit soll der Frage der Entschädigung nicht vorgegriffen werden, die es für erlittene Verluste wird erhalten können. Serbien wird in seiner Souveränität wiederhergestellt werden. Als Pfand für unseren guten Willen sind wir geneigt, ihm nach Billigung einen natürlichen Zugang zum Adriatischen Meer ebenso wie weitgehende wirtschaftliche Vorteile zu geben.*«[1]

Graf Czernin spielt eine katastrophale Rolle: Zwar erkennt er klar die politische und militärische Situation, wie er es auch in einer Denkschrift an Kaiser Karl (mit einer Kopie an Kaiser Wilhelm) schildert, er verhandelt jedoch nicht in Einklang mit seinem Monarchen. In seinem Gespräch mit dem deutschen Reichskanzler Moritz August von Bethmann-Hollweg am 25. März 1917 in Berlin geht er auf weit mehr Details ein als Kaiser Karl wenig später gegenüber Kaiser Wilhelm II. Czernin erwähnt bei seinem Treffen mit Bethmann-Hollweg die Frage der Abtretung von Elsass-Lothringen, lehnt aber seinerseits Gebietsabtretungen Österreichs an Italien ab. Verständlicherweise handelt er sich eine Absage des deutschen Kanzlers ein. Am 4. April treffen sich Karl und Zita mit

---

[1] Artur Polzer-Hoditz , »Kaiser Karl, aus der Geheimmappe seines Kabinettchefs« Amalthea Verlag, Wien 1980, S. 601

dem deutschen Kaiserpaar in Homburg vor der Höhe. Karl versucht Wilhelm vom notwendigen Friedensschluss zu überzeugen. Die Begegnung wird zu einem Debakel.[1] Karl und seine Mitarbeiter äußern sich uneins; die Deutschen glauben immer noch an den Endsieg. Enttäuscht darüber, dass Deutschland die Lage verkennt, fahren Karl und Zita zurück nach Wien. Sie entschließen sich nun, die Verhandlungen um einen Separatfrieden im Alleingang aufzunehmen. Doch die Ententemächte versprechen Italien bereits österreichische Gebiete, der französische Ministerpräsident Ribot zeigt dem italienischen Außenminister die gesamte Korrespondenz dieser Causa. Zugleich scheitert in England Premierminister Lloyd George, seine Generäle und sein Kabinett dazu zu bewegen, das österreichische Angebot anzunehmen. Am 25. Juni gibt Sixtus auf. Die verzweifelten Friedensbemühungen des österreichischen Kaisers sind gescheitert.

5. Verlorene Heimat

Kaiser Karl bemüht sich innenpolitisch um eine Demokratisierung und Modernisierung der Monarchie. Dringend hätte er dazu Frieden benötigt. Er erkennt die Gefahr, die von den Vorstellungen des amerikanischen Präsidenten Wilson für Europa ausgeht. Mittlerweile hat in Russland ein bolschewistischer Staatsstreich die linksliberale Kerenskij-Regierung hinweggefegt. Kaiser Karl hatte die Deutschen vergeblich beschworen, Lenin nicht nach Russland fahren zu lassen.

Bei der ersten Reichsratstagung seit Beginn des Krieges, am 30. Mai 1917, werden die Wünsche der slawischen Völker nach eigenen und unabhängigen Staaten laut. Noch werden die Herrscherrechte der Habsburger nicht in Frage gestellt. In seiner Thronrede anlässlich

---

[1] Otto von Habsburg meint dazu: »*Kaiser Wilhelm war an sich kein böser Mensch, er war ein anständiger Mensch. Nur die Tragödie war, dass er seine Macht schon ziemlich an andere abgetreten hatte, an die Clique um Ludendorff herum. Da hat auch der Kronprinz eine fatale Rolle gespielt, der mit der Militärclique zusammen war. Kaiser Wilhelm hat das schon lange gesehen, nur konnte er die Zügel nicht mehr zusammenhalten.*«

der Wiedereröffnung des Reichsrats am 31. Mai 1917 sagt Kaiser Karl, es sei »(...) im Rahmen der Einheit des Staates und unter verlässlicher Sicherung seiner Funktionen auch der freien nationalen und kulturellen Entwicklung gleichberechtigter Völker Raum zu geben«. Damit versucht er den vorhandenen Unabhängigkeitsbestrebungen Rechnung zu tragen. Seine Bemühungen, den Staat zu einer parlamentarischen Monarchie umzuformen, kosten Karl zwei Ministerpräsidenten: In Ungarn tritt Graf Tisza zurück, nachdem Karl die sukzessive Einführung des allgemeinen Wahlrechts forderte. In Wien scheitert der Versuch, das Kabinett als eine Art große Koalition der Nationalitäten zu gestalten.

Anlässlich des Namenstages von Otto am 2. Juli 1917 erlässt der Kaiser eine Amnestie für politische Häftlinge. Karl schreibt: »So führt die Hand eines Kindes, welches berufen ist, dereinst die Geschicke Meiner Völker zu leiten, Verirrte ins Vaterland zurück.« Doch einige der »Verirrten« kommen nicht zurück, jedenfalls nicht im gewünschten Sinn. Die großen Wortführer der Nationalisten sind nun frei und agitieren wieder. Ob die Donaumonarchie gerettet hätte werden können, wenn gleichzeitig mit der Amnestie eine politische Reform des Reiches in Angriff genommen worden wäre, die den Nationalisten den Boden entzogen hätte, ist heute nicht mehr zu beantworten.

Mittlerweile hat die kaiserliche Familie auch mit einer aus dem Feindeslager gesteuerten Propagandakampagne zu kämpfen, die nicht nur beim Verbündeten, sondern auch im eigenen Land offene Ohren findet. Der deutsche Generalfeldmarschall Ludendorff, der nie große Sympathien für Österreich hegte, hält die Donaumonarchie für das schwache Glied in der Kriegsführung. In Gedanken spielt er mit einer Besetzung Österreichs und lässt Gerüchte in die Welt setzen, Kaiser Karl sei ein Schürzenjäger und Alkoholiker. Nachhaltiger als diese offensichtlich falschen Gerüchte wirkt die Propaganda gegen die Kaiserin, der ihre französisch-italienische Herkunft zum Vorwurf gemacht wird. Es reicht schon, die Kaiserin als »die Französin« oder »die Italienerin« zu bezeichnen, um das Kaiserpaar zu diskreditieren.

Im März 1918 kehrt durch den Frieden von Brest-Litowsk Ruhe an der Ostfront ein. Deutschland fordert daraufhin von Österreich weitere Divisionen für den Kampf an der Westfront. Karl sträubt sich. Auch dies wird »der Französin« angelastet. Eine unmittelbare Gefährdung der Donaumonarchie bedeutet das »14-Punkte-Programm« Präsident Wilsons vom 8. Januar 1918. In Punkt 10 heißt es: »Den Völkern Österreich-Ungarns, deren Platz unter den Nationen wir geschützt und gesichert sehen konnten, sollte bei erster Gelegenheit die Möglichkeit zur autonomen Entwicklung gegeben werden.«

Die Sixtus-Mission fliegt auf

In einer Rede im Frühjahr 1918 deutet Außenminister Czernin die Friedensverhandlungen mit Frankreich an. Die Sixtus-Mission fliegt auf, obwohl beide Beteiligten – Frankreich und Kaiser Karl – vereinbarten, im Falle einer Indiskretion zu leugnen. Staatspräsident Clemenceau ist über Czernin erbost und veröffentlicht die Sixtus-Korrespondenz. Der Kaiser leugnet weiter. Es entsteht eine Konfusion um die richtige Version des Sixtusbriefes. Ist diejenige von Clemenceau oder der Entwurf in Wien authentisch? Nach einer heftigen Auseinandersetzung zwischen dem Kaiserpaar und Czernin, während der der Außenminister noch mit einem Einmarsch der Deutschen droht und auch einen Selbstmord à trois vorschlägt, demissioniert Czernin.[1]

Das Nachspiel der Sixtus-Mission ist der Anfang vom Ende. Obwohl der deutsche Kaiser zu jeder Zeit von den Friedensbemühungen mit Frankreich informiert ist – wenngleich er die Namen der

---

[1] Etwa zehn Jahre später schreibt Czernin einen Brief an die Kaiserin, die mittlerweile im span. Exil lebt: *»Ich habe schwere Fehler begangen und wenn ich das Vergangene gutmachen könnte – niemand wäre glücklicher als ich (...) Vielleicht kann ich zu meiner Entschuldigung – nicht zu meiner Rechtfertigung – Euer Majestät daran erinnern, in welch furchtbar schweren Zeiten ich zum allerhöchsten Dienste befohlen wurde, welch maßlos schwierigen Situationen ich mich gegenüber fand und dass meine Kräfte dieser Lage nicht gewachsen waren. Wie immer dem sei – ich bitte Euer Majestät für die von mir begangenen Fehler um Verzeihung, wie ich meinen in Gott ruhenden Kaiser um Verzeihung gebeten habe, und bitte Euer Majestät zu glauben, dass mein Schreiben meine wahrsten und innersten Gefühle wiedergibt (...)«*

handelnden Personen nicht kennt –, bleibt das Vertrauen der deutschen Verbündeten nachhaltig erschüttert. Die Monarchie verliert in den letzten Kriegsmonaten jeden politischen Spielraum.

Am 16. Juli reisen Karl und Zita mit den Kindern Otto und Adelhaid auf einem Donaudampfer zum Erntedankfest nach Pressburg, um in der schwierigen Versorgungslage ein Zeichen der Hoffnung zu setzen. Der Jubel der Bevölkerung ist groß, als Karl am Ende seiner Rede ausruft: »Es lebe meine geliebte ungarische Nation!« Zita meint später gegenüber ihrem Biografen Erich Feigl: »*Es ist eine der schönsten Erinnerungen, einer der ergreifendsten Momente in meiner Erinnerung an die untergehende Monarchie. Der Empfang übertraf alle Vorstellungen, die Gefühle, die uns bewegten – den König, die Kinder und mich – sind einfach nicht wiederzugeben. Wir sahen doch längst wie verzweifelt die ganze Lage war und dennoch, wir kamen aus Ungarn zurück, sogar irgendwie beruhigt, nein nicht beruhigt, aber doch glücklich zu wissen, dass die Menschen mit uns dachten und dass es so treue Städte gab.*«

Doch was sich in Jahrhunderten zusammenfügte, verschwindet nun binnen weniger Wochen. Ende September 1918 bittet Bulgarien um einen Separatfrieden. Am 4. Oktober 1918 richten Österreich-Ungarn und Deutschland ein Friedensangebot an US-Präsident Wilson, in dem sie seine 14 Punkte anerkennen. Am 1. Oktober 1918 beschließt die Regierung im Namen des Kaisers die Umbildung des cisleithanischen Österreichs in einen Staatenbund. In einem am 16. Oktober verkündeten kaiserlichen Manifest Karls, dem sogenannten »Völkermanifest«, heißt es: »*An Meine getreuen österreichischen Völker!*

Seitdem Ich den Thron bestiegen habe, ist es Mein unentwegtes Bestreben, allen Meinen Völkern den ersehnten Frieden zu erringen sowie den Völkern Österreichs die Bahnen zu weisen, auf denen sie die Kraft ihres Volkstums, unbehindert durch Hemmnisse und Reibungen, zur segensreichen Entfaltung bringen (…) können. Das furchtbare Ringen hat das Friedenswerk bisher gehemmt. Heldenmut und Treue, opferwilliges Ertragen von Not und Entbehrungen haben in dieser schweren Zeit das Vaterland ruhmvoll verteidigt. Die harten Opfer des Krieges mussten uns den ehrenvollen Frieden sichern, an dessen Schwelle wir heute mit Gottes Hilfe stehen.«

Der gescheiterte Neuaufbau Österreichs

Karl plant einen »Neuaufbau des Vaterlandes« Österreich, »durch den die Integrität der Länder der ungarischen heiligen Krone in keiner Weise berührt wird«. Ungarische Magnaten sind aufgeregt nach Wien gereist und haben sich geweigert, eine Reform in Richtung Föderalismus zu unternehmen. Sie erkennen die Zeichen der Zeit nicht. Also kann die Rekonstruktion nur in der cisleithanischen Reichshälfte proklamiert werden. Karl schlägt die Bildung von Nationalversammlungen aus den Reichstagsabgeordneten jeder Nation vor. Das Kaisertum Österreich soll zu einem Bundesstaat umgeformt werden.

Der Kaiser hegt die Hoffnung, dass Wilson diese Bemühungen anerkennen werde. Doch die Antwort des amerikanischen Präsidenten vom 19. Oktober 1918 zeigt deutlich, dass er die Auflösung der Donaumonarchie fordert[1]: *»Der Präsident ist (...) gezwungen, darauf zu bestehen, dass sie* (die Völker, Anm.) *und nicht er Richter darüber sein sollen, welche Aktion aufseiten der österreichisch-ungarischen Regierung die Aspirationen und die Auffassung der Völker von ihren Rechten und ihren Bestimmungen als Mitglieder der Nationen befriedigen wird.«* Es scheint, als würde der geeinte Donauraum – der der nationalistischen Ideologie und dem Nationalstaatentum lange trotzte – als Gegengewicht zu deutschen Hegemonialbestrebungen und zum russischen Drang nach Mitteleuropa – nicht mehr gebraucht.[2] Die Alliierten bemühen sich, in Friedensdiktaten eine Ordnung in Europa herzustellen, die, wie Erik von Kuehnelt-Leddihn schreibt, »ganz geradlinig auf die nationalsozialistische und sozialistische Tyrannis und damit auch auf den Zweiten Weltkrieg zustrebte«.[3]

Die Antwort Wilsons auf das österreichische Friedensangebot löst eine Kette von Unabhängigkeitserklärungen aus: Am 6. Oktober

---

[1] Wilson war dabei stark von Antipathien gegen Österreich als katholisches Land geleitet.
[2] Der brit. Premierminister David Lloyd George hatte am 5. 1. 1918 in einer Rede vor Arbeitern erklärt, dass die Vernichtung Österreich-Ungarns das britische Kriegsziel sei.
[3] Erik v. Kuehnelt-Leddihn, »Die falsch gestellten Weichen«, Wien 1989, S. 187

bilden Kroaten, Serben und Slowenen in Zagreb einen eigenen Nationalrat des sogenannten SHS-Staates. Polen proklamiert einen Tag später seine Selbstständigkeit. Am 17. Oktober löst Ungarn seine staatsrechtliche Beziehung zu Österreich. Am 28. Oktober wird in Prag die Unabhängigkeit der Tschechoslowakei ausgerufen.

Flucht aus Gödöllő

In den chaotischen Tagen des Zusammenbruchs bestimmt Hektik das Handeln des Kaisers, denn nicht nur im nunmehrigen Deutschösterreich überschlagen sich die Ereignisse, auch in Ungarn wird die Lage kritisch. Es muss ein neuer Ministerpräsident gefunden werden, da Baron Wekerle nach Unruhen in Fiume und Budapest demissionierte. Am 23. Oktober 1918 reist das Kaiserpaar mit allen Kindern über Debrecen nach Budapest. Noch einmal jubelt die Bevölkerung ihrer königlichen Familie zu. Karl setzt Erzherzog Joseph[1] als »Homo Regius« ein. Da die Lage für die Familie in Schönbrunn zu unsicher scheint, wird Schloss Gödöllő vor den Toren Budapests als neue Heimstatt gewählt. Wenige Tage später muss das Kaiserpaar dringend wieder nach Wien, weil es auch dort zu Unruhen gekommen ist und das neue Kabinett von Heinrich Lammasch vereidigt werden muss. Die Kinder bleiben in Gödöllő zurück.

Am 30. Oktober beginnt die Revolte in Budapest. In der Nacht wird der frühere Ministerpräsident Tisza ermordet. Die Soldatenräte fordern die Einsetzung des Grafen Mihály Károly als Ministerpräsident, »eine Art Champagnersozialist«[2], der von Erzherzog Joseph tatsächlich bestätigt wird. Károly ruft die Republik aus und setzt sich als Präsident an deren Spitze. Unterdessen verdichten sich die Gerüchte über marodierende Banden, die auf Gödöllő vormarschieren, um – ähnlich wie in Russland – königliches Blut fließen zu lassen. Die Königstreuen können die revolutionären Banden nicht mehr stoppen. Das Kaiserpaar ist höchst beunruhigt über das Verbleiben der Kinder in Ungarn und alarmiert Graf Hunyady sowie

---

[1] Erzherzog Joseph August entstammte der ungar. Linie des Hauses Habsburg.
[2] So der brit. Historiker Gordon Brook-Shepherd

zwei Brüder der Kaiserin, die mit den Kindern in Gödöllő geblieben sind.

Am frühen Morgen des 31. Oktober beginnt die Flucht. Otto von Habsburg, damals keine sechs Jahre alt, erinnert sich: »*Wir waren in Gödöllő. Mir selbst war vollkommen klar, was das für eine Situation war, die ja immer gefährlicher wurde. Ich kann mich noch gut an die Abfahrt und die ganze Reise erinnern. Es waren ziemlich viele Leute da und zwei oder drei Autos, in denen wir Kinder waren; dann dahinter ein Auto, welches mein Onkel René gefahren hat, wo eine Benzinladung drauf war. Wenn die Rote Garde nachgekommen wäre, hätte man dieses Auto auf der Straße angezündet, um die Roten zum Stillstand zu bringen. Das war aber dann nicht nötig. Die Entschlossenheit meines Onkels hat mich sehr beeindruckt. Wir sind nach Pressburg gefahren, wo totale Ruhe war. Es war absolut logisch, dass wir nicht den direkten Weg haben nehmen können; man musste sich wegen der Garden auf Umwegen nach Wien bewegen. In Wien sind wir dann spät am Abend angekommen, es war schon dunkel gewesen. Die Eltern waren natürlich sehr froh, dass wir gut angekommen waren.*«

Die letzten Tage der Monarchie haben begonnen: An der Front herrscht eine verzweifelte Lage, die Verpflegung bricht zusammen und man hört überall von Befehlsverweigerungen und Desertionen. Vor allem die nicht deutschsprachigen Regimenter kehren nach Hause zurück – in ihre neu gegründeten Nationalstaaten. Am 26. Oktober 1918 löst Kaiser Karl das Bündnis mit dem Deutschen Reich und leitet Sonderfriedensverhandlungen ein. Während kaiserliche Minister noch die gemeinsamen Angelegenheiten Österreich-Ungarns verwalten, übernehmen die republikanischen Staatssekretäre bereits ab Anfang November die Verwaltung der deutschösterreichischen Gebiete. Wenige Tage zuvor traten die Reichsratsabgeordneten des deutschen Siedlungsgebietes der Monarchie im Niederösterreichischen Landtag in Wien zusammen und erklärten sich zur Provisorischen Nationalversammlung. Die Abgeordneten beschließen die Bildung eines eigenen österreichischen Staates. Die konstituierte »Provisorische Nationalversammlung für Deutschösterreich« besteht aus 216 Mitgliedern, ihre Präsidenten sind der Deutschnationale Franz Dinghofer, der

Christlich-Soziale Jodok Fink und der Sozialdemokrat Karl Seitz. Mit der Ausarbeitung einer provisorischen Verfassung wird der Sozialdemokrat Karl Renner beauftragt.

Am 2. November verlässt das ungarische Infanterieregiment Nr. 69, das zur Bewachung Schönbrunns abgestellt ist, seine Stellung. Die Trabantengarde und die Leibgarde-Infanteriekompanie gehen einfach nach Hause. Zita erinnert sich, »dass ich durch eine Halle ging und eine Hellebarde sah, die einsam in einer Ecke lehnte, weil der Mann, der sie getragen hatte, einfach weggegangen war«.[1]

Den Kindern bleibt die Stimmung des Zeitenwechsels nicht verborgen. Von seinem Fenster sieht der kleine Otto, wie Soldaten, die vor dem Kaiser stramm gestanden sind, dessen Namenszug von ihren Kappen reißen: »Mama, schauen Sie, sie haben den Namen von Papa heruntergenommen.« Gänzlich unerwartet tauchen Zöglinge der Theresianischen Militärakademie aus Wiener Neustadt in Schönbrunn auf, um die kaiserliche Familie zu schützen. Der Kaiser und seine Familie sind tief bewegt von dem rührenden Treuebeweis. In diesen Tagen kommt auch Admiral Horthy, der wenige Jahre später seinen König verraten wird, nach Schönbrunn. In Gegenwart der Kaiserin schwört Horthy mit Tränen in den Augen dem Kaiser: »Ich werde niemals ruhen, bis ich Eurer Majestät wieder zu den Thronen in Wien und Budapest verholfen habe.«[2]

Der 11. November 1918

Die Regierung unter dem Sozialdemokraten Dr. Karl Renner will Kaiser Karl zu einem Thronverzicht für sich und das Haus bewegen. Doch Karl weigert sich, mit der Begründung, er habe nicht das Recht, sich dieser von Gott auferlegten Pflicht durch Abdankung zu entledigen. In der am 11. November 1918 unterzeichneten Erklärung verzichtet er lediglich »auf jeden Anteil an den Regierungsgeschäften«: »*Seit Meiner Thronbesteigung war Ich unablässig bemüht, Meine Völker aus den Schrecknissen des Krieges herauszu-*

---
[1] Feigl, Zita, S. 297
[2] Zita zu Brook-Shepherd, zit. nach: »Zita. Die letzte Kaiserin«, Augsburg 1996, S. 178

führen, an dessen Ausbruch Ich keinerlei Schuld trage. Ich habe nicht gezögert, das verfassungsmäßige Leben wieder herzustellen, und habe den Völkern den Weg zu ihrer selbstständigen staatlichen Entwicklung eröffnet. Nach wie vor von unwandelbarer Liebe für alle Meine Völker erfüllt, will ich ihrer freien Entfaltung Meine Person nicht als Hindernis entgegenstellen. Im Voraus erkenne Ich die Entscheidung an, die Deutschösterreich über seine künftige Staatsform trifft. Das Volk hat durch seine Vertreter die Regierung übernommen. Ich verzichte auf jeden Anteil an den Staatsgeschäften. Gleichzeitig enthebe Ich Meine österreichische Regierung ihres Amtes. Möge das Volk von Deutschösterreich in Eintracht und Versöhnlichkeit die Neuordnung schaffen und befestigen.«

Am darauffolgenden Tag wird nach einem Entwurf von Renner das Gesetz über die Errichtung der Republik im Parlament beschlossen: »*Artikel 1: Deutschösterreich ist eine demokratische Republik. Alle öffentlichen Gewalten werden vom Volk eingesetzt. (…) Artikel 2: Deutschösterreich ist ein Bestandteil der Deutschen Republik.*«

Noch am Abend des 11. November verlässt die kaiserliche Familie mit einigen Getreuen Schönbrunn und begibt sich nach Eckartsau, einem Privatbesitz der Habsburger östlich von Wien. Den Abschied schildert Zita: »*Der Kaiser und ich gingen mit unseren Kindern in die Schlosskapelle, wo wir ein kurzes Gebet sprachen, dass es uns vergönnt sein möge, eines Tages zurückzukehren. Dann begaben wir uns in den sogenannten Zeremoniensaal, dort hatten sich alle versammelt, die noch geblieben waren. Wir verabschiedeten uns und dankten jedem einzelnen.*«[1]

Letzte Tage in Österreich

An den Kindern gehen die Ereignisse nicht spurlos vorüber. Dennoch bemühen sich die Eltern, ihre Kinder ohne Groll und Bitterkeit aufzuziehen. Eine kleine Geschichte, die Otto von Habsburg später erzählt, zeigt dies: »*Meine Eltern haben sehr stark versucht, uns ohne Ressentiments zu erziehen, haben versucht, uns total vom*

---

[1] Brook-Shepherd, S. 182

Geschehen abzuschotten. Und das war sehr gut. Bitte, man hat natürlich alles mögliche gesehen und erfahren und gehört, ich erinnere mich an die verschiedenen Ministerkrisen und solche Sachen, damals ist ja eine Regierung über die andere gestürzt in der Schlussphase, in Ungarn wie in Österreich und eine ist schlechter gewesen als die andere, weil die Situation sich ständig verschoben hat. Aber die Eltern haben nie selbst negative Sachen über die eigenen Leute gesagt. Gut, man hat gewusst, dass es ein paar Bösewichte gab, wie den Renner usw. Aber gegen die Bevölkerung, gegen die Situation, gegen die Nation ist nie etwas gesagt worden. Auch über Czernin ist nichts gesagt worden, obwohl er zweifelsohne ein übles Element war.

Einmal sind wir bei Tisch gewesen mit meinem Vater, und da hat jemand ziemlich scharf gegen Juden und gegen Sozialdemokraten gesprochen. Mein Vater war gewöhnlich ein sehr ruhiger Mensch. Aber das war einer der ganz seltenen Augenblicke seines Lebens, wo ich ihn wirklich in Erregung und Zorn gesehen habe, als er dem Betreffenden gesagt hat, er soll schweigen, denn solche generellen Urteile dürfe man überhaupt nie fällen, und wenn man sie fälle, so auf keinen Fall vor Kindern, denn gerade die Kinder müssten verstehen, in dem Betreffenden nicht den Parteigänger, nicht die Rassengruppe, sondern den Menschen zu sehen.«

In Eckartsau verbringen die Kinder viel Zeit mit ihren Eltern. Otto ist oft mit seinem Vater zusammen. Er erinnert sich: »*Eigentlich war es in Eckartsau sehr schön für uns Kinder, es hat viele Tiere dort gegeben, Rebhühner, Krammetsvögel und Kormorane. Wir sind sehr viel hinausgegangen. Dadurch waren wir Kinder auch etwas abgelenkt von der schwierigen Zeit für unsere Eltern, die sich sehr viel mit uns beschäftigt haben.*« Die Eltern versuchen, ihrer kleinen Schar ein schönes Weihnachtsfest zu bereiten, dem der Kaiser, der an der spanischen Grippe erkrankt ist, nur im Rollstuhl beiwohnen kann. Allmählich macht sich bei ihm die Erschöpfung der letzten Jahre bemerkbar.

Wien, nach den Parlamentswahlen unter sozialdemokratischer Regierung, übt Druck aus, der Kaiser möge einen endgültigen Thronverzicht unterzeichnen und das Land verlassen. In den Verhandlungen mit der neuen Regierung bekommt die kaiserliche Familie überraschend Unterstützung aus England. Nach einer Intervention von Prinz Sixtus von Bourbon-Parma bei König George V. stellt die englische Regierung Oberstleutnant Edward Strutt mit der Anweisung zur Verfügung, er solle mit allen ihm verfügbaren Mitteln versuchen, die Lebensbedingungen des Kaisers und der Kaiserin zu verbessern. Die Sicherheitslage rund um Eckartsau ist zwar nicht akut beunruhigend; es besteht aber die Gefahr von Übergriffen durch die marodierende Soldateska und die Rote Garde[1]. Die Renner-Regierung signalisiert mehrfach, keinerlei Sicherheitsgarantien für die kaiserliche Familie geben zu können.

Auf Anraten von Strutt beschließen Kaiser und Kaiserin die Ausreise in die Schweiz, die bereits Asyl angeboten hat. Heute wertet Otto von Habsburg die Frage der Ausreise so: »*Renner hat sehr großes Gewicht darauf gelegt, dass wir möglichst schnell aus dem Land verschwinden. Er ist ja sogar auch einmal herausgekommen, hat allerdings nur mit den Adjutanten sprechen können, mit dem Werkmann und mit dem Schonta[2]. Die Österreicher hatten sich hinter den Engländern versteckt, um die Ausreise durchzusetzen. Die Engländer, speziell die Dynastie, waren doch sehr schockiert darüber gewesen, was mit der russischen Zarenfamilie passiert ist. Man hatte doch die Engländer sehr kritisiert, dass sie das zugelassen haben. Und da hatten sie Angst, dass in Österreich dasselbe passieren würde. Deshalb drängten sie, dass man weggeht. Mein Vater wollte das Land eigentlich nicht verlassen, aber schließlich war er dazu gezwungen.*«

Am 23. März 1919 nimmt die kaiserliche Familie Abschied von Österreich. Kurz vor der Abfahrt wird in der Kapelle des Schlosses eine Heilige Messe gelesen, bei der der kleine Otto ministriert. Am Ende singen die Anwesenden die Kaiserhymne, deren letzte Zeile lautet »Innig bleibt mit Habsburgs Throne Österreichs Geschick vereint«. Auf dem Bahnhof von Eckartsau versammelt sich die Bevölkerung, um ihrem Kaiser Adieu zu sagen, bevor dieser mit seiner

---

[1] Bereits in Wien plante eine Rote Garde unter Führung des Journalisten Egon Erwin Kisch die Gefangennahme des Kaisers und seiner Familie in Schloss Schönbrunn, aber Julius Deutsch leitete die Aktion der Rotgardisten auf die Besetzung des Kaiserlichen Militärkommandos in der Liebiggasse um.

[2] Ins Exil folgten Karl einige seiner engsten Mitarbeiter: Hauptmann Baron Karl v. Werkmann, sein einstiger Sekretär, und Flügeladjutant Fregattenkapitän Emmerich Zeno v. Schonta.

Familie in den Zug steigt. Als der Zug Österreich verlässt, sagt Karl: »Vor 700 Jahren sind meine Vorfahren von der Schweiz nach Österreich gekommen, nun nach 700 Jahren nehme ich den gleichen Weg zurück.« Otto von Habsburg erinnert sich: »*Wir sind am Abend von der Station Kopfstetten gefahren, da waren sehr viele Leute, es war sehr rührend, denn es waren wirklich Getreue. Ich erinnere mich sehr genau an die Abfahrt. In der Früh waren wir in Tirol, in der Gegend von Kufstein und dann sind wir am Nachmittag in der Schweiz angekommen. Für mich als Kind war das schon sehr traurig. Ich habe verstanden, dass wir nun die Heimat verlassen mussten. Aber wir haben natürlich immer gedacht, dass das nicht lange dauern würde.*«

Im »Feldkirchener Manifest« vom 24. März 1919 macht Kaiser Karl nochmals seinen Standpunkt deutlich: »*Ich habe in meiner Kundgebung vom 11. November 1918 erklärt, Deutschösterreich die Entscheidung über seine Staatsform anheimzugeben. Die deutschösterreichische Regierung nun hat mein Manifest vom 11. November, das ich in schwerer Stunde erlassen habe, beseitigt, indem sie noch am gleichen Tage beschloss, der am 12. November tagenden provisorischen Nationalversammlung einen Antrag auf Proklamierung zur Republik vorzulegen, und damit der Entscheidung vorgriff (...) Hierbei ergab sich noch der Widerspruch, dass die selben Elemente des Umsturzes, die die Zusammensetzung der provisorischen Nationalversammlung bis dahin heftigst bekämpft hatten, gerade diese Versammlung dann das Schicksal Deutschösterreichs in einer seiner vitalsten Fragen bestimmen lassen wollten. Was deutschösterreichische Regierung, provisorische und konstituierende Nationalversammlung seit dem 11. November 1918 in diesen Belangen beschlossen und verfügt haben und weiterhin resolvieren werden, ist demnach für mich und mein Haus nichtig.*«

II. Jugendjahre eines Erzherzogs im Exil (1919–1933)

1. In der Fremde

Unweit der österreichischen Grenze liegt Rorschach. Dort nimmt die Familie zunächst Wohnsitz in der Villa Wartegg, einem Besitz der Familie Zitas. Karl Renner versucht noch kurz vor der Ausreise Karls, den Monarchen zur Abdankung zu zwingen. Mit Hilfe von Oberst Strutt kann dies abgewendet werden. Am 3. April 1919 beschließt der österreichische Nationalrat nicht nur die Abschaffung des Adels, sondern auch das sogenannte Habsburgergesetz. Das Staatsgesetzblatt für den Staat Deutschösterreich veröffentlicht am 10. April das »Gesetz vom 3. April 1919 betreffend der Landesverweisung und der Übernahme des Vermögens des Hauses Habsburg-Lothringen«. Darin heißt es:

»Die Nationalversammlung hat beschlossen:
I. Abschnitt
§ 1 Z 1 Alle Herrscherrechte und sonstige Vorrechte des Hauses Habsburg-Lothringen sowie aller Mitglieder dieses Hauses sind in Deutschösterreich für immerwährende Zeiten aufgehoben. Z 2 Verträge über den Anfall von Herrscherrechten über das Gebiet der Republik Deutschösterreich sind ungültig.
§ 2 Im Interesse der Sicherheit der Republik werden der ehemalige Träger der Krone und die sonstigen Mitglieder des Hauses Habsburg-Lothringen, diese, soweit sie nicht auf ihre Mitgliedschaft zu diesem Hause und auf alle aus ihr gefolgerten Herrschaftsansprüche ausdrücklich verzichtet und sich als getreue Staatsbürger der Republik bekannt haben, des Landes verwiesen. Die Festsetzung, ob diese Erklärung als ausreichend zu erkennen sei, steht der Staatsregierung im Einvernehmen mit dem Hauptausschuss der Nationalversammlung zu.

§ 3 Der Gebrauch von Titeln und Ansprachen, die mit den Bestimmungen des § 1 im Widerspruch stehen, ist verboten. Eide, die dem Kaiser in seiner Eigenschaft als Staatsoberhaupt geleistet worden sind, sind unverbindlich.
§ 4 In der Republik Deutschösterreich ist jedes Privatfürstenrecht aufgehoben.
II. Abschnitt
§ 5 Die Republik Deutschösterreich ist Eigentümerin des gesamten in ihrem Staatsgebiet befindlichen beweglichen und unbeweglichen hofärarischen sowie des für das früher regierende Haus oder für eine Zweiglinie desselben gebundenen Vermögens.
§ 6 Als hofärarisches Vermögen gilt das bisher von den Hofstäben und deren Ämtern verwaltete Vermögen, soweit es nicht ein für das früher regierende Haus oder für eine Zweiglinie desselben gebundenes Vermögen oder aber nachweisbar freies persönliches Privatvermögen ist. (...)
§ 9 Dieses Gesetz tritt am Tage seiner Kundmachung in Kraft.
Seitz m.p., Renner m.p., Schumpeter m.p., Hanusch m.p.«

Abgesehen von der Landesverweisung erwachsen der kaiserlichen Familie durch das Inkrafttreten der Habsburgergesetze erhebliche materielle Probleme. Alles was Strutt zu deren Lösung unternimmt, wird von österreichischer Seite konterkariert. Selbst der Familienfonds, der, wie erwähnt, auf Franz Stephan von Lothringen zurückgeht und reines Privatvermögen darstellt, wird konfisziert. Als verlustreich erweist sich das Vertrauen in einen Baron, der sich dem Kaiser angedient hat, dessen finanzielle Angelegenheiten zu regeln – unter Berufung auf seine Verwaltung des estensischen Vermögens für Erzherzog Franz Ferdinand. Kurze Zeit vor dem Zusammenbruch schickt der Kaiser den Oberkämmerer mit einigen Juwelen in die Schweiz; weniger um im Falle einer Flucht einen finanziellen Polster zu haben, sondern vielmehr, um die Stücke vor bolschewistischen Überfällen zu bewahren. Darunter befinden sich neben kleineren Stücken acht Collanen des Ordens vom Goldenen Vlies, die österreichische Kaiserinnenkrone und ein Rosenkranz Maria Theresias. Der zwielichtige Baron erhält die Vollmacht zur Veräußerung einiger Stücke aus dem Familienschmuck, verschwindet aber mit diesen.

Die Frage der finanziellen Ausstattung der kaiserlichen Familie beschäftigt auch die Regierungen der Staaten der Kleinen Entente: Emissäre aus Polen, Deutschösterreich, der Tschechoslowakei und dem SHS-Staat bieten eine Abfindung in astronomischer Höhe an, allerdings mit der Auflage, dass der Kaiser auf alle Thronrechte verzichten müsse. Karl lehnt dies mit der Begründung ab, dass »die Habsburgerkrone nicht Gegenstand eines Schachers sein« könne.

Schloss Wartegg erweist sich als viel zu klein, um die große Familie mit Begleitern und Getreuen auf Dauer zu beherbergen. Außerdem liegt es nach Ansicht der Schweizer Behörden viel zu nahe an der österreichischen Grenze. So übersiedelt die Familie im Mai 1919 in die Villa Prangins am Genfer See. Am 5. September 1919 gebiert Zita ihr sechstes Kind: Rudolf. Karl und Zita verbringen weiterhin viel Zeit mit den Kindern. Von Prangins aus unternehmen sie Ausflüge in die Umgebung: zum Wandern und zum Wintersport, aber auch auf die Habsburg, die Stammburg der Dynastie, wo Otto begeistert Steine für seine Sammlung sucht. Erstmals hat der Kaiser selbst viel Zeit, sich um die Erziehung und den Unterricht der Kinder zu kümmern.

Die Eltern beschließen, ihre Kinder nach dem österreichischen und nach dem ungarischen Lehrplan zugleich unterrichten zu lassen. Anfangs sind der Tiroler Lehrer Dittrich und der ungarische Priester Pál Zsambóki für die Ausbildung verantwortlich. Französisch wird von Mademoiselle Batard, später von Mademoiselle de Sépibus gelehrt, den Religionsunterricht übernimmt der ehemalige Burgpfarrer Bischof Dr. Ernst Seydl, der dem kleinen Otto am 2. Oktober 1918 die Erstkommunion spendet und der Familie später ins Exil folgt.

Neben den Eltern wacht Gräfin Therese Kerssenbrock, im Familienkreis »Korffi« oder »Korfferl« genannt, über die Erziehung der Kinderschar. Sie ist schon seit Jahren die Aja der Kaiserkinder und wird bis zu ihrem Tod in tiefer Treue der Kaiserin zur Seite stehen.[1]

---

[1] Gräfin Kerssenbrock war wie ein Mitglied der Familie. Sie starb 1973 in Zizers in den Armen der Kaiserin und wurde in der neuen Familiengruft im Kloster Muri in der Schweiz beigesetzt; ähnlich der Erzieherin Maria Theresias, der Gräfin Fuchs, die als einzige Nicht-Habsburgerin in der Kapuzinergruft beigesetzt ist.

Erinnerung
an die
heilige Erſt-Kommunion
des Kronprinzen Erzherzog
Franz Joſef Otto.

„Ich bitte Dich, lieber Gott, für die Vielen,
die heute für mich beten und die heilige
Kommunion aufopfern."

Reichenau
Schutzengelfeſt, 2./X. 1918.

Ungarische Abenteuer

Unterdessen überschlagen sich die politischen Ereignisse in Ungarn.

Der Vertrag von Trianon, am 4. Juni 1920 unterzeichnet, bedeutet für Ungarn einen schweren Verlust: Mehr als zwei Drittel des Staatsgebietes werden abgetrennt und den neu entstandenen Nachbarstaaten – Rumänien, Jugoslawien und der Tschechoslowakei – zugeteilt.

Nach dem kommunistischen Terrorregime von Béla Kun, das zwar kurz, dafür aber umso schrecklicher gewütet hat, gewinnt der monarchistische Gedanke abermals an Bedeutung. Im politischen Chaos wird die Republik aufgelöst, und Erzherzog Joseph wieder als »Homo regens« eingesetzt. Nun tritt der einstige Flottenadmiral Horthy auf den Plan, der nicht frei von Ehrgeiz ist, die Krone an sich zu reißen. Durch geschicktes Verhandeln erreicht er bei den Ententemächten die neuerliche Bestätigung ihrer Ablehnung einer Rückkehr der Habsburger auf den Thron und lässt sich selbst von der Nationalversammlung zum Regenten, zum Reichsverweser, wählen.

In dieser Zeit plant Karl seine Rückkehr auf den Thron. Zu diesem Schritt ermutigt ihn nicht nur die Botschaft vieler Ungarn, nur der rechtmäßige König könne dem Land Frieden und Versöhnung bringen, sondern auch geheime Verhandlungen mit Frankreichs Ministerpräsidenten und Außenminister Aristide Briand, die sein Schwager Sixtus führt. Briand hat längst erkannt, dass die Zerschlagung der Donaumonarchie ein schwerer Fehler gewesen ist – es fehlt in Mitteleuropa nun ein Bollwerk gegen mögliche Großmachtsansprüche Deutschlands. Der französische Staatsmann sichert Karl die sofortige Anerkennung einer erfolgreichen Restauration durch Frankreich zu. Gegenüber Horthy kündigt Karl seine baldige Rückkehr an, und bekräftigt seinen Willen, die Herrschergewalt wieder selbst auszuüben. Doch die Verhandlungen mit Horthy, die über Emissäre und Schriftwechsel geführt werden, bringen kein Ergebnis. Der Reichsverweser versucht, die Restauration durch permanente Ausflüchte, die Nachbarstaaten würden die Rückkehr des Königs als Kriegsgrund nehmen, zu verhindern.[1] Zwischenzeitlich aber zementiert er seine eigene Macht. Die Offiziere der Armee müssen einen Eid auf Horthy leisten. Karl weiß sehr wohl um die Bedeutung dieser Vorgänge, hegt aber dennoch keinen Zweifel daran, dass der Reichsverweser für ihn den Platz räumen werde. Dies sollte sich als Fehleinschätzung erweisen.

Am 24. März 1921 startet der Kaiser seinen ersten Restaurationsversuch. Zita bleibt mit den Kindern in Prangins. Wenige Tage zuvor erblickt das siebte Kind, Charlotte, das Licht der Welt. Außer Zita weiß niemand im Haus Bescheid. Erst einen Tag später unterrichtet die Kaiserin alle Anwesenden über das Unternehmen. Karl reist unter falschem Namen nach Wien und erreicht am 25. März, dem Gründonnerstag des Jahres 1921, in Begleitung von Graf Thomas Erdödy unerkannt das Bischofspalais von Szombathely (Steinamanger). Dort trifft er Ministerpräsident Teleki, Regierungskommissar Graf Antal Sigray und einen alten Getreuen, Oberst Antal Lehár, den Kommandanten der westungarischen Truppen. Die nächtliche Beratung schließt, da Teleki und Lehár von der Loyalität Horthys überzeugt sind, mit der Entscheidung, der König solle allein und ohne Truppen nach Budapest fahren und mit Horthy sprechen.

Am frühen Ostersonntagmorgen fährt Karl nach Budapest und stößt dort auf einen restlos überraschten Horthy. In einer zweistündigen Konfrontation verweigert Horthy die Übergabe der Macht. Auf seinen Eid hingewiesen erwidert er, dieser sei nicht mehr gültig. Karl erkennt, dass es ein Fehler gewesen ist, ohne militärische Unterstützung zu kommen und zieht sich nach Szombathely zurück. Nach tagelangem Tauziehen scheitert der Restaurationsversuch. Karl muss Ungarn verlassen. Zwischenzeitlich wird bekannt, dass sich der König im Lande befindet. Der Jubel der Bevölkerung bestärkt Karl darin, einen zweiten Versuch zu planen – mit der Erkenntnis, dass dieser nur mit bewaffneter Begleitung gelingen kann.

---

[1] Tatsächlich hatte Beneš gesagt, dass eine Restauration der Habsburger in Ungarn oder Österreich für die Tschechoslowakei der »casus belli« sei. Für die durch den Vertrag von Trianon begünstigten Nachbarstaaten Ungarns stellte eine habsburgische Restauration einen Vertragsbruch dar und hätte einen Militärschlag gerechtfertigt.

Dieser zweite Versuch sollte zwar besser organisiert, in seinem Ergebnis aber umso folgenschwerer sein. Am 20. Oktober startet Karl, dieses Mal in Begleitung von Zita, mit einem Privatflugzeug in Richtung Ungarn. In Hertenstein am Vierwaldstätter See, wo die Familie mittlerweile lebt, weiß niemand von dem Plan. Das Flugzeug landet in der Nähe von Sopron (Ödenburg). Unglücklicherweise kommt das Telegramm, das Oberst Lehár von der bevorstehenden Ankunft des Königs benachrichtigen soll, nicht zeitgerecht an, so dass weder die notwendigen Truppen noch die Eisenbahnwaggons zur Verfügung stehen, um König und Königin nach Budapest zu bringen. Die Anwesenheit des Herrscherpaares wird rasch bekannt. Erst viel zu spät kann die schicksalhafte Fahrt mit dem Zug beginnen. So misslingt der Überraschungscoup. Am 23. Oktober titelt das »Christliche Ödenburger Tagblatt«: »König Karl zurückgekehrt! – Ihre Majestäten, König Karl IV. und die Königin Zita in Ödenburg – Die Garnison leistet den Treueid – Die Reise des Königspaares – Die neue Regierung hat sich konstituiert.«

Horthy zögert nicht lange. Er ergreift die Initiative und lässt unter den Studenten der Budapester Universität verbreiten, tschechische Truppen seien eingefallen, um Ungarn zu unterwerfen. In Budaörs, am Stadtrand von Budapest kommt es zu Gefechten zwischen den Studententruppen und den königstreuen Einheiten. Durch das zwielichtige Spiel von Feldmarschallleutnant Hegedüs, der kurz zuvor von Karl zum Oberbefehlshaber ernannt wurde, aber Horthy in die Hände spielt, scheitert dieser zweite Restaurationsversuch. Karl und Zita werden in die Abtei Tihany am Plattensee gebracht, wo sie von Horthys Soldaten und Offizieren der Entente bewacht werden. Am 4. November beschließt die ungarische Nationalversammlung: »Die souveränen Rechte König Karls IV. sind erloschen.« Gleichzeitig aber wird der Fortbestand des Königreichs Ungarn proklamiert.

Im Nachhinein schildert Otto von Habsburg die Restaurationsversuche folgendermaßen: »*Die Wende in Ungarn nach dem Terror von Béla Kun ist ja eigentlich durch die royalistischen Truppen herbeigeführt worden. Und daher hat mein Vater den Versuch unternommen. Der erste ist dann schief gegangen, weil man an den Horthy geglaubt hat, und das war falsch. Und der zweite Versuch war schlecht geplant.*

Beim zweiten Versuch hatten wir ja die französische Unterstützung gehabt, wenngleich sich die Franzosen selbstverständlich viele Hintertüren offen gehalten haben. Der Versuch musste gemacht werden, weil unter Horthy die königstreuen Armeeeinheiten bald aufgelöst worden wären. Es war die letzte Möglichkeit. Er ist allerdings sehr amateurhaft gewesen. Allerdings muss man immer wieder die Zwänge sehen, unter denen die Einzelnen standen. Man wird dann doch im Nachhinein sehr mild, wenn man daran denkt, was man an deren Stelle getan hätte. Horthy allerdings war ein Verräter. Die Bevölkerung wäre absolut für die Restauration gewesen. Nachdem die Kommunisten gestürzt waren, hatte es den weißen Terror von Horthys Regime gegeben. Und es waren natürlich diejenigen, die vom weißen Terror betroffen waren, die gerufen haben, dass der König zurückkommen muss, die Sozialdemokraten, die Juden usw. So dass es faktisch für die Restauration eine Unterstützung in der Gesamtbevölkerung gegeben hat. Es hat ein paar Menschen gegeben, die sogenannten ›erwachenden Ungarn‹, die Horthy voll unterstützt haben. Darunter war auch einer, der dann später einer meiner besten Freunde wurde, Tibor Eckhardt. Der war damals unter den Horthy-Anhängern – also auf der anderen Seite. Aber ich habe immer etwas gelernt: Man muss die Menschen nach einer Kurve betrachten, ob sie schlecht anfangen und dann besser werden, oder ob sie gut anfangen und dann schlechter werden.«

Endstation Madeira

Aufgrund der ungarischen Ereignisse lehnt die Schweiz den weiteren Aufenthalt des Kaiserpaares ab. Lediglich die Kinder können im Land bleiben. Sie übersiedeln bald zu ihrer Großmutter nach Wartegg. Der Kummer über den gescheiterten Versuch in Ungarn sitzt tief, noch tiefer sitzt aber vermutlich der Schmerz über die Abwesenheit der Eltern. Der neunte Geburtstag Ottos am 20. November 1921 verstreicht ohne eine Nachricht von ihnen.

Innerhalb der Entente ist man übereingekommen, den Kaiser und seine Familie nun möglichst weit abzuschieben. Die Habsburger sind unbequem geworden, und man will sich künftig nicht über die

Maßen mit ihnen befassen müssen. Die Wahl fällt auf Madeira, eine portugiesische Insel im Atlantik. Über die Donau müssen Karl und Zita nun die ungarische Heimat verlassen. Der britische Kreuzer »Cardiff« bringt sie bis zur Schwarzmeerküste, wo sie am 31. Oktober den britischen Monitor »Glowworm« betreten, mit dem sie am 19. November in Funchal auf Madeira eintreffen. Die Kinder folgen erst zehn Wochen später nach.

Zunächst lebt die Familie in einer Dependance des berühmten Hotel Reids in Funchal. Die materielle Lage ist sehr angespannt, die einzige finanzielle Hilfe kommt vom Grafen Hunyady, der zusammen mit seiner Frau das verbannte Herrscherpaar von Ungarn aus begleitet. Doch bald ist es dem Ehepaar Hunyady nicht mehr möglich zu bleiben. Ende 1921 erfolgt der schmerzhafte Abschied. Andere Getreue aus Österreich und Ungarn wollen zu ihrem Herrscher nach Madeira reisen, doch werden ihnen die Reisevisa verweigert. Mitte Februar muss Karl, da der Aufenthalt im Reids unerschwinglich geworden ist, auf die Einladung eines reichen Portugiesen eingehen und dessen Villa, Quinto do Monte, in den Bergen beziehen. Anders als im sonnigen Funchal herrscht dort zu dieser Jahreszeit ein kaltes und feuchtes Klima. Dazu Otto von Habsburg: *»Im Jänner sind wir auf Madeira angekommen. Wir waren zuerst im Hotel Reids, aber das war dann nicht mehr zu zahlen. Wir haben kein Geld mehr gehabt und darum sind wir auf den Monte gezogen. Der Besitzer hat es meinem Vater zur Verfügung gestellt. Wir hatten keine Wahl mehr. Unsere Konten waren gesperrt, man konnte das Hotel nicht mehr bezahlen, da war es natürlich gut, dass man einen Ort hatte, wo man hingehen konnte. Es war unvermeidlich. Für meinen Vater waren die vergangenen Jahre schrecklich gewesen. Die misslungene Restauration in Ungarn war ein schwerer Schlag für ihn. Und solche psychischen Schläge wirken sich natürlich auf die Gesundheit aus.«*

Kaiser Karl beschäftigt sich intensiv mit den Kindern. Er versucht, Otto und Adelhaid auf das Leben vorzubereiten und unterrichtet sie auch selbst. Otto von Habsburg erinnert sich: *»Damals haben wir viel Zeit mit unserem Vater verbracht. Er ist mit uns spazieren gegangen. Es war eigentlich eine sehr kurze Zeit, nur drei Wochen. Ich habe den Eindruck, auch durch die Erzählungen meiner Mutter, dass*

1 Erzherzog Carl und Prinzessin Zita von Bourbon-Parma heiraten am 21. 10. 1911 im Beisein von Kaiser Franz Joseph.

2 Die erste Aufnahme von Erzherzog Otto: Der ersehnte Kronprinz kommt am 20. 11. 1912 in Reichenau zur Welt.

3 Erzherzog Otto als Baby

4 Der Thronfolger und spätere Kaiser Karl ist meist an der Front und selten bei seinem Erstgeborenen.

5 Bereits in jungen Jahren erfährt Kronprinz Otto die Leiden und Entbehrungen des Krieges …

6 … und erlebt nur wenige völlig unbeschwerte Tage.

7 Carl und Zita, vor Ausbruch des Weltkriegs, beim Spaziergang

8 Franz Joseph sieht im jungen Kronprinz die Zukunft seines Reiches.

9 1916: Kaiser Karl, Kaiserin Zita und Thronfolger Otto begleiten Kaiser Franz Joseph auf seinem letzten Weg.

10 Das Kaiserpaar mit Kronprinz Otto und seiner Schwester, Erzherzogin Adelhaid

11 Erzherzog Otto spielt mit seinen Geschwistern.

ihm bewusst war, dass er nicht mehr viel Zeit haben würde. Sie hat mir gesagt, dass er damals offensichtlich das Gefühl hatte, es werde nicht mehr lange gehen.«

Durch das kalte und feuchte Klima werden langsam alle krank. Zita und die Kinder erholen sich sehr schnell, doch Karl geht es immer schlechter. Mitte März muss er sich mit einer fiebrigen Grippe zu Bett legen. Sein Zustand verschlimmert sich von Tag zu Tag. Am 27. März wird Karl mit der Letzten Ölung versehen. Er lässt Otto holen, damit er zugegen sei. »Der arme Bub! Ich hätte es ihm gestern gern erspart –, aber es war nötig, ihn zu rufen, des Beispiels wegen. Er soll wissen, wie man sich in solchen Lagen benimmt – als Katholik und als Kaiser!«, sagt er einen Tag später. Der kleine Otto, noch nicht einmal zehn Jahre alt, weint, nachdem er im Krankenzimmer war, »weil der Papa so furchtbar elend ausgesehen hat, mit dem Kreuz in der Hand, als ob er sterben müsste«. Karls Zustand wird immer kritischer. Am 1. April lässt er Otto zum letzten Mal kommen. Der Sohn erlebt das Sterben des Vaters, weinend kniet er am Bett.[1] Noch am Totenbett Karls lässt Zita ihren Erstgeborenen schwören, seinen Völkern ein so guter Fürst zu sein, wie sein Vater es war. Otto von Habsburg erinnert sich: »*Als ich ihn an seinem letzten Tag – in der Stunde der Wahrheit, wie es die Spanier nennen – sah, wusste ich, dass sein Leben erfolgreich gewesen war. Angesichts des Todes gibt es keine Selbsttäuschung. Man bleibt allein und diesseitige Errungenschaft zählt nicht mehr. Wenn man seinem Schöpfer entgegentritt, gilt vor diesem nur Pflichterfüllung und guter Wille. Diese Lehre ist mir, wie es mein Vater wollte, die wertvollste Erfahrung für das spätere Leben geblieben. Sein Sterben hat mir gezeigt, dass es, solange das eigene Gewissen ruhig ist, keinen wirklichen Fehlschlag geben kann.*«

Vom Todestag seines Vaters an trägt Ottos Mutter nur noch schwarze Kleidung.[2] Nach habsburgischem Hausgesetz wird Otto durch den Tod des Kaisers selbst Kaiser. Der letzte Kaiser des Heiligen Römischen Reiches, Franz II., hatte durch das Pragmatikalpatent vom 11. August 1804 – wodurch das Haus Österreich zu einem Erb-

---

[1] Zita begründet später mehrfach: »Wir holten Otto, weil er erleben sollte, wie ein Kaiser stirbt.«
[2] Von der Nazi-Presse wird sie später als »Zita, die schwarze Witwe« verhöhnt.

kaiserlichen Haus Österreich wurde – den erblichen Kaisertitel angenommen, und zwar als Haupt des Erzhauses Österreich. Der Kaisertitel gebührt demnach dem jeweiligen Oberhaupt des habsburgischen Erzhauses und ist als dynastischer Begriff zu sehen.

In der Kirche »Nossa Senhora do Monte« findet Kaiser Karl seine letzte Ruhestätte. Bald schon beginnt eine große Verehrung des Kaisers durch die Madeiraner. Sie sehen in ihm einen Heiligen, weshalb der Bischof von Funchal ein Seligsprechungsverfahren einleiten lässt. Das Grab Kaiser Karls wurde bei der Abreise der Familie der Obhut des Bischofs von Funchal anvertraut. Die Herzurne des Kaisers, die Zita an alle ihre künftigen Exilorte begleitete, ist heute in der neuen Familiengruft im Kloster Muri in der Schweiz beigesetzt.

Der spätere österreichische Bundeskanzler, Kurt von Schuschnigg, schreibt über den letzten Monarchen Österreichs: *»Er konnte sich nicht wehren und musste die Erfahrung machen, dass schon nach knapp zwei Jahren dem Hosianna ein erbarmungsloses crucifige folgen kann, denn Volksgunst ist wandelbar. So waren der Träger des monarchischen Gedankens und die Monarchie als Staatsform überhaupt das erste Opfer. Kein Herrscher hat übleres Schicksal erfahren als Kaiser Karl, dessen tragisches Verhängnis es war, sich in eine Situation hineingestellt zu sehen, die nach menschlichem Ermessen überhaupt nicht mehr gemeistert werden konnte. Er hat sein Schicksal mit Würde getragen und die Feuerprobe, die er als Mensch und Habsburger zu bestehen hatte, in allen Ehren bestanden. Nicht ob er ein großer Träger der Krone war und ob er, jeweils richtig beraten, das Richtige getroffen hat, steht hier in Frage. Dass er grundanständig und tapfer als aufrechter Mann und ganzer Österreicher das Beste wollte und auch im Unglück sehr viel anständiger als manche anderen gehandelt hat, das festzustellen, heißt der Wahrheit die Ehre geben, die ihr leider allzu lange vorenthalten blieb.«*[1]

---

[1] Kurt Schuschnigg, »Dreimal Österreich«, Wien 1937, S. 52

2. Von Madeira nach Steenockerzeel

Nach dem Tod des Kaisers ist Zita zunächst ratlos. Wohin soll sie, hochschwanger, mit ihrer Familie und dem kleinen Gefolge gehen? Hilfe kommt von König Alfonso XIII. von Spanien.[1] Gegen den Willen des Botschafterrates, der für das Schicksal der kaiserlichen Familie eigentlich verantwortlich ist, lässt der spanische König Zita und ihre Kinder mit dem Schiff »Infanta Isabel« abholen und nach Cadiz bringen. Alfonso XIII. quartiert die Habsburger im Schloss El Pardo, einem Bau aus der Zeit Karls V., in Madrid ein. Dort kommt am 31. Mai 1922 das achte Kind, Elisabeth, zur Welt. Lange verweilt die Familie jedoch nicht in der prachtvollen Umgebung, denn auch hier machen sich die fehlenden finanziellen Mittel schnell bemerkbar.

Im Sommer 1922 übersiedelt die kleine Gemeinschaft nach Nordspanien, zunächst nach Algorta, dann in das Fischerdörfchen Lequeitio im Baskenland. Anfangs stellt der spanische Adelige Conde de Torregrossa das Haus »Palacio Uribarren« für ein halbes Jahr zur Verfügung, lehnt dann aber eine Verlängerung des Mietvertrages ab. Spanische und baskische Adelige sowie der frühere österreichisch-ungarische Konsul in Bilbao, Guillermo Wakonigg, kaufen das Haus daraufhin, damit die kaiserliche Familie dort ungestört leben kann. Das Haus existiert nicht mehr, weil es im spanischen Bürgerkrieg zerstört wurde. An seiner Stelle steht heute das »Hotel de la Imperatriz«.

Die Familie bleibt in der Heimat unvergessen. Es werden Geschenke geschickt und freundliche Gesten gesetzt, so kommt der Weihnachtsbaum alljährlich aus Tirol. Immer wieder treffen Gäste und Besucher aus Ungarn und Österreich ein. Gruppen, die sich gerade auf der Wallfahrt nach Lourdes oder Fatima befinden, statten der Familie Besuche ab – so eine Gruppe aus Ungarn unter der Führung eines zielbewussten jungen Priesters, des späteren Kardinal

---

[1] Kurz vor seinem Tod sagte Kaiser Karl zu Zita, dass er König Alfonso gebeten habe, seiner Familie zu helfen. Dabei hatte er Alfonso seit vielen Jahren nicht mehr gesehen. Auch Alfonso berichtete später, ihm sei in der Nacht vom 31. März auf den 1. April im Traum Kaiser Karl erschienen und habe ihn gebeten, seine Familie zu unterstützen.

Mindszenty. Auch die Brüder Hohenberg sind regelmäßig zu Gast. Herzog Max von Hohenberg, der älteste Sohn Erzherzog Franz Ferdinands, macht auf seiner Hochzeitsreise Station in Lequeitio. Zeit seines Lebens bleiben er und sein Bruder Ernst der kaiserlichen Familie ergeben. Max Hohenberg fungiert über Jahrzehnte als enger Mitarbeiter Ottos sowie dessen unmittelbarer Vertreter und Beauftragter in Österreich. Die vielen Besucher in Lequeitio führen mit Zita und später auch mit Otto zahlreiche Gespräche über die politische Entwicklung in der Heimat.

Bereits sehr früh zeigt sich bei Otto ein außergewöhnliches Interesse für Politik: *»Irgendwie ist es dann ganz selbstverständlich gewesen, dass ich in die Politik hineinkomme, wie bei meiner Tochter Walburga übrigens, die mir schon mit fünf Jahren erklärt hatte, sie würde Politikerin werden, wenn sie groß ist. Es war immer selbstverständlich, an etwas anderes habe ich gar nicht gedacht. Es war ganz normal.«*

Um die kaiserliche Familie über die Situation in ihrer Heimat zu informieren, reisen auch zahlreiche ehemalige oder aktive Politiker Österreichs und Ungarns nach Lequeitio. Doch diese Jahre bedeuten für Otto und seine Geschwister vor allem Jahre des Lernens. Bereits in der Schweiz schlugen Karl und Zita Vorschläge aus, den jungen Prinzen in einem Internat einer fremden Großmacht erziehen zu lassen. Nach Zitas Vorstellungen darf die Ausbildung Ottos keinen anderen Interessen gelten als der Verantwortung gegenüber den Völkern Österreichs und Ungarns. Zita nimmt ihre Erziehungspflicht sehr ernst, sie will Otto auf alle Eventualitäten des Lebens bestmöglich vorbereiten.

Doppeltes Schulprogramm und Zusatzunterricht

Zita entscheidet sich für den Unterricht durch Privatlehrer. Otto soll auch weiterhin das Gymnasium nach den alten Lehrplänen Österreichs und Ungarns zugleich absolvieren. Ein vertiefender Unterricht soll ihm in Geschichte und Geografie sowie in den wichtigsten im Reich gesprochenen Sprachen[1] zuteil werden. Die Kaiserin schafft einen Erziehungsbeirat, dem der ehemalige österreichische Unterrichtsminister und Ministerpräsident Freiherr von Hussarek und der ehemalige ungarische Unterrichtsminister Graf János Zichy angehören, die bei der Entwicklung des Lehrplans behilflich sind. Die Lehrer werden ebenso sorgfältig ausgewählt wie der Lehrstoff. Den ungarischen Part bestreiten Mönche aus der traditionsreichen Benediktiner-Abtei Pannonhalma. Bis heute fühlt sich Otto der alten Benediktinerabtei eng verbunden.[2] Der Leiter des Lehrkörpers heißt Heinrich Graf Degenfeld-Schonburg, ein österreichischer Staatsrechtler, dessen Vater bereits die Erziehung von Erzherzog Franz Ferdinand und Erzherzog Otto (Kaiser Karls Vater) überwachte. Graf Degenfeld bleibt sein Leben lang, ähnlich Gräfin Kerssenbrock, mit der Familie verbunden und über Jahrzehnte Ottos engster Mitarbeiter.[3] Zita fordert ein sehr intensives Lernprogramm. Es ist so intensiv, dass sogar die Lehrer meinen, dass es zuviel sei. Der Stundenplan gestaltet sich folgendermaßen: von sechs bis acht Uhr Hausaufgaben, von halb neun bis zwölf und von zwei bis fünf Uhr nachmittags Unterricht, anschließend wieder bis sieben Uhr Hausaufgaben. Am Abend erfolgt politischer Unterricht durch Graf Degenfeld.

Otto von Habsburg blickt auf seine Kindheit zurück: »*Meine Mutter war sehr streng gewesen. Und da war die Gräfin Kerssenbrock ein Segen für uns alle. Sie hat die übermäßige Strenge immer abgefangen. Sie hat immer wieder interveniert für uns und auch geschaut, dass die Strafen nicht allzu hart ausfallen würden. Meine Mutter hatte ein sehr hartes Lernprogramm aufstellen lassen: ›Schnell und viel‹, und speziell auch überhaupt keinen Urlaub. Bis ihr dann*

---

[1] Otto lernt auch Kroatisch und hat bei den Kroatisch-Prüfungen stets eine Eins. Doch jahrzehntelang ohne entsprechende Praxis, »verlor« er diese Sprache, wie er es selbst formuliert. Seit der Befreiung Kroatiens 1991 besucht er Kroatien jedes Jahr mehrfach und äußerte dabei öffentlich immer wieder den Wunsch, einige Monate im Land zu leben, um sich die Sprache erneut anzueignen.

[2] Bei der Feier der Goldenen Hochzeit am 27. 5. 2001 in Mariazell ist der Erzabt von Pannonhalma, Bischof Asztrik Várszegi, der Hauptzelebrant. Ein Zeichen der tiefen Verbundenheit Ottos.

[3] Der 1890 geborene Graf Heinrich Degenfeld ist der dritte Sohn des K.u.K.-Kämmerers und Feldmarschallleutnants Graf Ferdinand Degenfeld und der Gräfin Maria Wenckheim. Heinrich Degenfeld betrieb v.a. geschichtliche und juristische Studien. Er hatte für die Aufgabe bei Otto auf eine Habilitierung an der Universität verzichtet. Er starb 1978 in Pöcking.

alle gesagt haben, so geht das nicht, dann haben wir wenigstens den August frei gehabt. Das hat immer angefangen mit der Ignatiusfeier in Loyola, am 1. September war dann Schluss mit den Ferien. Es war sehr hart, aber man muss sagen ›Gott sei Dank‹.«

Otto von Habsburg meint, durch die strenge Erziehung seitens seiner Mutter habe er gelernt, seine eigenen Kinder liberal zu erziehen, doch gleichzeitig äußert er sich seiner Mutter gegenüber dankbar. Dank dieser Strenge habe er eine Selbstdisziplin gewonnen, die ihm lebenslang nützlich war: »*Ich verdanke meiner Mutter sehr viel. Ich glaube, das Allerwichtigste, was sie meinen Geschwistern und mir gegeben hat, war das Gefühl des totalen Zusammenhalts. (...) Das zweite, was ich meiner Mutter sehr danke, ist ihre stark religiöse Einstellung. Denn erst später im Leben, und speziell, wenn man einige Rückschläge erlebt hat, sieht man, was für einen unendlich kräftigen Rückhalt einem eine gute religiöse Erziehung in der Jugend gibt.*«[1]

Das Lieblingsfach Ottos ist Geschichte. Nur wenige Kinder werden wie er den Vorteil genießen können, gleichzeitig mit der eigenen Familiengeschichte die Geschichte Europas zu studieren. Seine Lektüre sucht er sich nach dieser Vorliebe aus: Die Geschichte Andreas Hofers, des großen Tiroler Freiheitshelden, das Leben Prinz Eugens, Aufstieg und Sturz Napoleons und die Geschichte des 30-jährigen Krieges, geschrieben von General Pappenheim. Auch belletristische Bücher beschäftigen den jungen Erzherzog in seiner knappen Freizeit: Er liest »David Copperfield« und vor allem ungarische Literatur. Obligatorisch ist die tägliche Lektüre wichtiger Tageszeitungen. Regelmäßig kommen österreichische und ungarische Blätter, auch die großen französischen und englischen Zeitungen werden gelesen.

Ausgleich und Erholung vom harten Lernprogramm bilden die sportliche Betätigung und Ausflüge in die nähere Umgebung. Die Kinder gehen gerne schwimmen und zum Segeln, vor allem aber fahren sie Rad. Otto interessiert sich sehr für den Radsport und verfolgt die »Tour de France«, wenn sie in Bayonne vorbeikommt, oder

---

[1] Günther Gaus, »Zur Person. Porträts in Frage und Antwort.« Bd. 2, München 1964, S. 129

das spanische Äquivalent, die »Vuelta al pais Vasco«. Zita hat neben den üblichen Studienfächern auch Sportarten in den Studienplan aufnehmen lassen, allerdings immer mit einem Hintergedanken. So soll der Fechtunterricht das rasche Abwägen von Situationen und das Entwickeln von schnellen Entscheidungen fördern.

In Lequetio empfangen Otto und seine Geschwister Adelhaid, Robert, Felix und Carl Ludwig am 24. August 1923 durch Bischof Seydl die Firmung. Ottos Firmpate ist Papst Pius XI., vertreten durch den Erzbischof von Toledo, Reigh y Casanova.

Zur Vervollkommnung seiner französischen Sprachkenntnisse verbringt Otto kurz vor Beendigung seiner Gymnasialstudien ein Jahr am Benediktinergymnasium der Abtei in Clervaux in Luxemburg. Von dort ist es nicht weit zum Schloss der großherzoglichen Familie, wo Otto oft und gerne zu Gast weilt. Es bestehen enge und verwandtschaftliche Beziehungen zu den Luxemburgern. Prinz Felix, ein Bruder Kaiserin Zitas, ist der Prinzgemahl von Großherzogin Charlotte. Er ist es auch, der sich für Ottos Einreisegenehmigung eingesetzt hat. 1927 besucht Otto mit seiner Mutter erstmals Nancy, die Hauptstadt Lothringens. Nach seinem Luxemburger Studienjahr kehrt er zunächst nach Lequetio zurück.

1929 steht die Kaiserin vor einer wichtigen Entscheidung: Wo soll Otto studieren? Madrid scheint zu teuer und auch aus Gründen der Sicherheit nicht ratsam. Schon kann man am Horizont das Wetterleuchten des sich abzeichnenden spanischen Bürgerkriegs erkennen. Aufgrund vielfacher verwandtschaftlicher Beziehungen bietet sich Belgien an, außerdem besitzt die katholische Universität von Löwen[1] einen hervorragenden Ruf. Zwischenzeitlich ist auch die Reisefrage einigermaßen geklärt worden. Ursprünglich durfte die kaiserliche Familie nämlich auf Anordnung der Entente nicht aus

---

[1] Die Universität von Löwen (belg. Leuven/dt. Löwen) ist die Erbin des durch eine Bulle Papst Martins V. 1425 errichteten »Studium Generale Lovainiense« und hatte ihre Blüte im 15./16. und nochmals im 17. Jh. Kaiser Karl V. hatte diese Universität unterstützt. Hier hatte sein Erzieher, der später als Hadrian VI. Papst wurde, gelehrt – ebenso wie Erasmus v. Rotterdam. Während der Französischen Revolution wurde die Universität aufgehoben, aber am 4. 11. 1834 schufen die belg. Bischöfe in Mecheln die »Katholische Universität«, die bereits 1835 nach Löwen übertragen wurde. 1914 setzten dt. Truppen die Bibliothek in Brand, wobei unersetzliche Kunstschätze verloren gingen.

Spanien ausreisen. Zita erbittet zunächst Ausreisegenehmigungen für die kleineren Geschwister, die dann für ein oder zwei Tage die Grenze nach Frankreich überschreiten, später für etwas längere Zeit. Man fällt also nicht mit der Tür ins Haus. So werden, wie Otto von Habsburg später sagt, die Behörden langsam an die Reisetätigkeit der kaiserlichen Familie gewöhnt.

Dank einer Intervention von Prinzgemahl Felix von Luxemburg beim belgischen König, gelingt es, für Otto eine Genehmigung zum Studium an der katholischen Universität in Louvain zu erhalten. 1929 übersiedelt die Familie zunächst in das Palais des Grafen d'Ursel in Brüssel, dann im Frühjahr 1930 in das Schloss Ham in Steenockerzeel. Der Ort liegt fast exakt in der Mitte zwischen Brüssel und Louvain. Seit 1783 ist Schloss Ham im Besitz der Grafen de Croix. Der Marquis Jean de Croix stellt es der kaiserlichen Familie zur Verfügung. Das im 16. Jahrhundert erbaute, von vier großen Rundtürmen flankierte und von einem Wassergraben umgebene Schloss liegt in einem ausgedehnten Park mit gepflegtem Rasen und mächtigen Bäumen.[1] Die Bevölkerung des kleinen Dorfes empfängt die neuen Bewohner warm und herzlich. Als besonderen Gruß läuten die Glocken der Dorfkirche die ersten Takte der Haydn-Hymne.

Als Herzog von Bar in Belgien

Otto tritt in Belgien als »Othon, Duc de Bar« (Herzog von Bar) auf, einem angestammten Titel aus dem burgundisch-lothringischen Erbe. Es ist damals üblich, dass sich in inoffizieller Eigenschaft im Ausland weilende Fürsten ein Inkognito zulegen, das ihnen und ihren Gastgebern erleichtert, störende protokollarische Pflichten zu umgehen. Diese Pseudonyme werden so gewählt, dass der Träger des Namens durchaus erkennbar bleibt. Die Habsburger ent-

---

[1] Nach den Zerstörungen während des Zweiten Weltkriegs – die dt. Truppen hatten Bomben auf das Haus werfen lassen, um die Habsburger zu treffen – wurde es von der flämischen Regierung wieder aufgebaut und dient heute als Konferenzzentrum.

lehnten ihre Titel dem sogenannten großen Kaisertitel[1], in dem der Titel eines Herzogs von Lothringen und Bar vorkommt. Bar war einst ein kleines Herzogtum unter lothringischer Herrschaft und existiert heute noch in der alten Gebietshauptstadt Bar-sur-Aube fort. Die Wahl dieses Titels beinhaltet eine pietätvolle Bedeutung: das Dragonerregiment Nr. 7, in dem Kaiser Karl einst Dienst tat, trug den Namen »Lothringen und Bar«.

Otto ist bereits an der Universität von Löwen eingeschrieben und nimmt an den dortigen Vorlesungen teil, als er sich noch auf die Maturaprüfungen vorbereiten muss. Bald darauf besteht er vor einer österreichisch-ungarischen Kommission die Reifeprüfung. Als Prüfungsthema hat er u.a. unter drei Themen zu wählen: »1. Vicisti Galilaee! – In der Menschheitsgeschichte – im einzelnen Menschen, 2. Welche Erfindungen fußen auf der Sehnsucht des Menschen nach der Ferne?, 3. Erinnerungen an die Herrschaft des Hauses Habsburg in Belgien.« Otto entscheidet sich für das erste Thema. In einem ersten Teil legt er den Gedanken zugrunde, dass das Christentum als das Prinzip des Guten nie überwunden werden kann. Im zweiten Hauptteil befasst er sich mit dem »Dualismus im Inneren des Menschen, den Kampf gegen innere und den Kampf gegen äußere Mächte«. Unter den weiteren Themen sind die Entwicklung des Britischen Weltreichs, Karl Marx und die Anfänge des Sozialismus sowie die deutsche Literatur mit Fragen zu Grillparzer, Goethe, Schiller und der romantischen Dichtung. In seiner ungarischen Matura befasst er sich mit dem »nationalen Sagenschatz in der Epik des János Arany«. Dieser war ein bedeutender, etwas schwermütiger ungarischer Dichter. Ferner geht es in den ungarischen Prüfungen um den Ursprung und die Wanderung der Ungarn, die Bekehrung dieses Landes zum Christentum, die Herrscherhäuser Ungarns in geschichtlicher Reihenfolge, das Herrscherhaus Anjou, die Lehre von der heiligen Krone (der Stephanskrone) und die Entwicklung der ständischen Verfassung. Otto besteht die Matura »reif mit Auszeichnung«. Im »*Protokoll über die Sitzung der zur Beurteilung der Prüfungserfolge S.M. Kaiser und König Otto zu Wien am*

---
[1] So hielt sich Kaiser Franz Joseph bei privaten Reisen unter dem Namen eines Grafen v. Hohenems im Ausland auf.

2. Januar 1931 zusammengetretenen österreichischen Kommission« heißt es, *»dass insbesondere der zweite Teil des deutschen Aufsatzes eine sehr hoch zu wertende Leistung des jungen Kaisers darstellt, welche nicht nur von der Klarheit seines Urteils und der philosophischen Durchdringung des Themas, sondern auch von einem gereiften Ernst und hochentwickeltem Pflichtbewusstsein Zeugnis ablegt«.*

Im Wintersemester 1929/30 fährt Otto täglich mit dem Fahrrad vom Schloss nach Cortenberg, von dort mit einer Vorortelinie nach Löwen. Nach einer Blinddarmoperation darf er das Fahrrad nicht benutzen – da kommt ihm der Wagen, den ihm die Austro-Daimler-Werke schenken, gerade recht. Seit dieser Zeit fährt er mit dem Auto zur Universität. Das ist noch ein echtes Statussymbol unter den Studenten damals.

Otto belegt zunächst Vorlesungen in Rechtsenzyklopädie und »historische Einführung in das Zivilrecht«, Elemente des Völkerrechtes und des internationalen Privatrechts, über Nationalökonomie, Grundlagen der zeitgenössischen Geschichte, moderne politische Geschichte, Moralphilosophie, Beziehungen des kanonischen Rechts zum zivilen Recht, Enzyklopädie der Philosophie, Institutionen des Mittelalters und diplomatische Geschichte. 1931/32 hört er Vorlesungen über Friedensrecht, europäische und amerikanische Geschichte, soziale Fürsorge, Staatsrecht, Staatsfinanzwissenschaft, Bankenwesen, Handel und Industrie, Landwirtschaft und Nationalökonomie. 1932/33 besucht er nur mehr wenige Vorlesungen, in erster Linie wegen seiner Dissertation im Fach Nationalökonomie.

Unabhängig vom Lehrplan belegt Otto einen Kurs über Diplomatie. Auf die Frage eines Dozenten, warum er sich so viel Arbeit auferlegt, antwortet er: »Ich stehe vor so viel Verantwortung, dass ich gar nicht genug wissen kann.« Seine Professoren erkennen bald, dass ein außergewöhnlich intelligenter und begabter junger Mann vor ihnen steht. Als Otto seine Dissertation 1935 abschließt, ist er erst 23 Jahre alt. Er hat das Studium in beachtlicher Geschwindigkeit absolviert: *»Meine Geschwister sind damals in die öffentlichen Schulen gegangen, ich war auf der Universität. Ich habe in drei Jahren das Programm von vier Jahren gemacht und das war eigentlich unklug. Man hat sehr schnell gelernt, und man hat es genauso schnell wieder vergessen. Ich erinnere mich, bei meiner letzten Prüfung für die Licence, da ist mir im letzten Moment klar geworden, dass ich für* *einen Kurs überhaupt nichts getan hatte, das war ein Kurs über Seerecht. Da gab es ein dickes Buch, das habe ich dann in 48 Stunden auswendig gelernt und habe eine der besten Prüfungen gemacht. Weil ich dem Kerl nur noch seine Zitate entgegengeworfen habe. Aber nach sieben Wochen hatte ich gar keine Ahnung mehr davon, was Seerecht ist. In der Retrospektive wäre ein langsameres Lernen bestimmt besser gewesen.«*

Besonderes Interesse hegt er für Fragen der Sozialpolitik. Bereits in Lequeitio hat er mit großem Interesse das Buch »Le christ dans la banlieue« von P. Lhande gelesen und sich mit Fragen der christlichen Soziallehre beschäftigt. Intensiv studiert er die Sozialzykliken »Rerum Novarum«, später »Quadragesimo Anno« und »Populorum Progressio«: *»Damals habe ich mich auch viel mit katholischer Soziallehre beschäftigt, die damals sozusagen in der Luft lag. Ich habe mich dafür sehr interessiert, auch deshalb, weil es schon die Welle des Faschismus und des Nationalsozialismus gegeben hat; und man hat gedacht, vielleicht kann man es damit aufhalten. Was dann nicht gegangen ist. Außerdem waren unter den österreichischen Monarchisten, mit denen wir sehr viel Kontakt gehabt haben, sehr viele aus der gleichen Schule gewesen. Etwa Ernst Karl Winter, der später zum Kommunismus übergegangen ist. In diesem Zusammenhang war ich auch viel zusammen mit Degrelle, der dann später zu einem der Faschistenführer geworden ist. Damals war er noch in der katholischen Bewegung, ein unsagbar talentierter Mensch und ein wunderbarer Schriftsteller. Es ist furchtbar schade, dass er dann so geworden ist. Ich habe später mit ihm gebrochen, als ich herausgefunden hatte, dass er von den Faschisten Geld angenommen hat. Da war unsere Freundschaft beendet.«*

Ottos Dissertation mit dem Titel »Coutumes et droits successoraux de la classe paysanne et l'indivision des proprietées rurales en Autriche« (»Das gewohnheitsrechtliche und gesetzliche Erbrecht und die Unteilbarkeit des ländlichen Grundbesitzes in Österreich«) umfasst knapp 400 Seiten. Er verteidigt die Arbeit am 27. Juni 1935 vor den Professoren der Fakultät. Die wesentliche These der Arbeit lautet: Die Unteilbarkeit des bäuerlichen Grundbesitzes ist ein Pfand für die Unabhängigkeit der bäuerlichen Gesellschaft und für ihren Wohlstand. (Ottos Schwester Adelhaid schreibt später ihre Dissertation an der Universität Brüssel über die Frage der ungarischen Einzelgehöfte.) Otto von Habsburg schließt seine Studien mit der Note »La plus grande distinction« und den Glückwünschen der Professoren ab.

*

Der Lebensstil auf Schloss Ham ist einfach. Es gibt keine aufwändigen Mahlzeiten, und auch sonst keine Prachtentfaltung. Ein Journalist, der zu einem Abendessen auf Ham eingeladen ist, berichtet etwas enttäuscht von Kartoffeln, Sardinen und Butter. Dass dennoch der Eindruck einer kleinen Hofhaltung entsteht, hängt mit den vielen Menschen zusammen, die die kaiserliche Familie in der einen oder anderen Weise unterstützen. Außer Gräfin Kerssenbrock und Graf Degenfeld kommen immer wieder Österreicher um zu helfen. Dazu zählt weiters Personal für Hausarbeiten und Sekretariat.

Der Tagesablauf unterscheidet sich kaum von dem in Lequeitio. Morgens wird in der Hauskapelle eine Messe gelesen. Nach dem gemeinsamen Frühstück gehen die Kinder zur Schule, an die Universität oder ins Arbeitszimmer. Nach dem Abendessen gibt es stets eine kurze Konversation, danach zieht man sich zurück. Zahlreiche Korrespondenz muss erledigt werden: Laufend treffen Briefe aus Österreich und Ungarn ein, die gewissenhaft beantwortet werden.[1] Neben all dem findet Otto Zeit für die Jagd, die er mit Passion und Geschick ausübt.[2]

Großjährig

Nach den Gesetzen des Hauses Habsburg wird der Thronfolger bereits mit 18 Jahren großjährig, während für alle anderen Mitglieder

---

[1] Während Ottos Studienjahren übernimmt Graf Degenfeld einen Großteil der Beantwortung der an »Seine Majestät« gerichteten Schreiben. Auch später ist Degenfeld jahrzehntelang Ottos »alter ego« in der Erledigung der Korrespondenz.

[2] Bis in die 80er Jahre hinein ist Otto passionierter Jäger. In seinem Arbeitszimmer in Pöcking hängen bis heute seine schönsten Trophäen. Später hört er mit der Jagd auf, »weil die Tiere lebendig viel schöner sind«.

das Volljährigkeitsalter von 20 Jahren gilt.[1] Am 20. November 1930 feiert Otto seinen 18. Geburtstag und wird damit Familienoberhaupt. Juristisch und faktisch endet damit die Vormundschaft seiner Mutter. Im offiziellen Rahmen legt sie die Verantwortung in seine Hände. Etwa vierzig Personen versammeln sich, um der Zeremonie beizuwohnen. Zita erklärt feierlich, dass Kaiser Karls Erstgeborener im Sinne der Hausgesetze und des Testaments von Kaiser Karl großjährig geworden sei und ihre Vormundschaft sowie jene von Erzherzog Max, dem Bruder des Kaisers, hiermit erloschen sei. Sie grüßt Otto als nunmehriges Oberhaupt der Familie.

Beim Geburtstagsabendessen am Vorabend tritt Otto in einer prachtvollen ungarischen Magnatenkleidung auf, zur Volljährigkeitszeremonie selbst erscheint er im schlichten schwarzen Anzug. In seiner Ansprache, noch im alten, am Hof üblichen Ton formuliert, dankt Otto seiner Mutter für alles, was sie für ihn getan hat und bittet sie, bis zur Beendigung seiner Studien, wie bisher seine Pflichten wahrzunehmen. Zita antwortet: »*Um sich der Vorbereitung auf Ihre Lebensaufgabe ungeteilt und mit allen Kräften hingeben zu können, haben sich aber Eure Majestät zu der Bitte bewogen gefunden, Ich möge diese Pflichten bis zu einem von Eurer Majestät zu bestimmenden Zeitpunkt weiterführen. Habe ich den heutigen Tag seit Jahren herbeigesehnt, um Mein verantwortungsschweres Amt niederzulegen, so will ich es doch, dem Wunsche Eurer Majestät gemäß, nochmals auf mich nehmen, wenn dies zum Wohle meines Kaisers und Königs und meines Vaterlandes gereichen kann.*«

Körbeweise kommen Briefe und Telegramme mit Glückwünschen. Zahlreiche Geschenke treffen ein, darunter ein goldenes Essbesteck ungarischer Aristokraten und Honig von einer Tiroler Bauersfrau. Mit der Großjährigkeit wird Otto Souverän des Ordens vom Goldenen Vlies. Nach dem Tod Kaiser Karls hatte zunächst dessen jüngerer Bruder Max das Amt des Souveräns übernommen, hatte aber in diesen Jahren kaum Aktivität gezeigt. Otto kann nun zwar neue Ordensritter ernennen, sich aber darüber hinaus nur wenig um den Orden kümmern, da er nicht nach Österreich einreisen darf. So muss das traditionelle Ordensfest, der Andreastag (am

---

[1] Kaiser Franz Joseph begann seine Herrschaft 1848 im Alter von 18 Jahren.

30. November), ohne den Souverän stattfinden. Herzog Max Hohenberg bemüht sich ab dieser Zeit um den Vlies-Orden. Otto von Habsburg erinnert sich dankbar: »Er hat diesen Orden wieder in Ordnung gebracht. In den Kriegszeiten sind ja so viele Dinge und so viele Leute verschwunden. Da hat er ausgezeichnet gearbeitet, denn ohne ihn wäre der Orden verfallen.«

In jenen Jahren unternimmt Otto viele Reisen. Ein geplanter Italienaufenthalt, der dann jedoch nicht stattfindet, lässt die Gerüchte über eine bevorstehende Eheschließung mit Prinzessin Maria von Savoyen kochen. Diese gehen auch auf den Wunsch Mussolinis zurück, der sich von einer solchen Verbindung politische Vorteile erhofft.

Auf einer Reise nach Schweden, Dänemark und Norwegen lernt Otto König Gustav von Schweden kennen und schätzen. Eine Reise nach England, um gemeinsam mit König Alfonso XIII. von Spanien dem britischen König einen Besuch abzustatten, scheitert noch an der Ablehnung des britischen Königshauses. Umso intensiver bereist Otto Frankreich. Sein Onkel Sixtus führt ihn in die politische Gesellschaft von Paris ein und verschafft ihm wertvolle Verbindungen und Freundschaften, die Otto später nützlich sein sollten. Zu Sixtus pflegt Otto eine enge Beziehung: »*Ich habe meinen Onkel sehr gerne gehabt. Leider ist er sehr früh gestorben, im Jahr 1934. Meine Mutter hat ihn schon auf der einen Seite respektiert, aber auf der anderen Seite hat er sie sehr gestört, weil er doch ein ziemlich unabhängiger Mensch gewesen war und auch Verschiedenes abgelehnt hat, wie z.B. die übermäßige Frömmigkeit. Bei uns wurde ja doch sehr viel gebetet und da hat er eher bremsend gewirkt.*«

3. Die Treuen in der Heimat: »Unser Motto – Kaiser Otto«

Die politischen Entwicklungen in Österreich und Ungarn werden in Steenockerzeel genauestens verfolgt, die Kontakte in die Heimat intensiv gepflegt. In Ungarn bleibt die Macht fest in den Händen von Reichsverweser Nikolaus von Horthy, der eine Rückkehr der Habsburger unmöglich macht. Anders entwickelt sich die Situation in Österreich. Seit der Ausrufung der Republik am 12. November 1918 hat sich weder ein gesellschaftlicher noch ein politischer Konsens darüber entwickelt, was eigentlich eine österreichische Nation konstituiere. Dies hat mehrere Gründe: Die Revolution hat ohne nennenswerte Beteiligung der Bevölkerung stattgefunden. Sie war eine Revolution aus den Büros der Parteifunktionäre, die über die Köpfe der Österreicher hinweg über das weitere Schicksal des Landes bestimmten. Die großen politischen Parteien, die Sozialdemokraten und die Christlich-Sozialen, haben sich niemals miteinander ausgesöhnt. Dazu kommt die Unsicherheit, ob das kleine Österreich alleine als Staat politisch und wirtschaftlich überhaupt überleben kann.

Österreich verharrt in einer Identitätskrise: Sind die Österreicher ein deutscher Stamm oder eine eigene Nation? Vor allem die Linke kann sich kaum mit einem österreichischen Nationalgefühl identifizieren. So geistert seit der Gründung der Republik der Gedanke an einen Anschluss an Deutschland in den Köpfen herum. Vasari nennt dies eine »Selbstmordphilosophie als Staatsmythos«. Schon 1918 plädierte Viktor Adler, eine der großen Persönlichkeiten der österreichischen Sozialdemokratie, in der Provisorischen Nationalversammlung für einen Zusammenschluss mit dem Deutschen Reich. Der Vertrag von St. Germain von 1919 bereitete der praktischen Umsetzung dieser Gedankenspiele jedoch ein vorläufiges Ende, da der in ihm enthaltene Artikel 88 einen Anschluss Österreichs an Deutschland ausdrücklich verbietet.

Hoffnungen auf ein »Comeback« der Habsburger

Im republikanischen Österreich der beginnenden 30er Jahre steigen die Aussichten auf eine Heimkehr der Habsburger. Das Wetterleuchten der nationalsozialistischen Machtergreifung in Deutschland, von der nur politisch Naive behaupten können, dass sie keine Gefahr für Österreich darstellt, wird sichtbar. Dass Otto selbst die für Österreich drohenden Gefahren sieht, ist u. a. einem Brief zu entnehmen, den er am 7. 9. 1933 an den Erzbischof von Wien, Kardinal Innitzer, richtet und den »Der Österreicher« am 15. September 1933 veröffentlicht. Darin schreibt er: »*Meine heiß-*

geliebte österreichische Heimat feiert in diesen Tagen die zweihundertfünfzigjährige Erinnerung an die ruhmreiche Verteidigung Wiens und an den Sieg am Kahlenberg, welcher die Völker des christlichen Abendlandes durch Gottes Schutz aus höchster Not und Gefahr errettete. (...) Jetzt, in Tagen schwerer Not meiner geliebten Heimat, führt Gottes Vorsehung wiederum Hunderttausende glaubensstarker Männer in Österreich, in Wien zusammen. Wiederum kommen sie aus den Ländern, die so lange unter der Führung des Hauses Österreich vereint und dadurch stark und glücklich waren. – Mich und die Meinen zwingt bittere, ungerechte Verbannung, von dieser herrlichen Kundgebung katholischen Geistes fern zu bleiben! Kaum jemals war mir das Exil härter als in diesen Tagen! – Kann ich auch nicht persönlich – so sehr ich mich danach sehne – unter ihnen weilen, so werde ich doch im Geiste und im Gebete mit ihnen sein. (...) Ich flehe zu Gott dem Allmächtigen, dass, gleichwie 1683, so auch diese Septembertage einen Markstein bilden im Kampfe des katholischen Österreich um seinen Bestand, seine Unabhängigkeit und Zukunft. Ich flehe darum umso inniger, als ich mir stets bewusst bin, welche heilige Verpflichtung es für mich bedeutet, der Nachkomme eines Rudolf von Habsburg, eines Ferdinand II., eines Kaiser Leopold, eines Karl von Lothringen zu sein. Gebe Gott mir baldigste Rückkehr, damit auch ich mein geliebtes Österreich auf dem unerschütterlichen Fundament der ewigen Wahrheit wieder aufbauen und mit fester Hand einer schöneren Zukunft entgegenführen könne.«

Immer öfter finden in ganz Österreich, in ländlichen wie in städtischen Gebieten, Sympathiekundgebungen für »Kaiser Otto« statt, die von den verschiedensten Bevölkerungsgruppen getragen werden. 1930, kurz nach seiner Großjährigkeitserklärung, begegnet Otto zum ersten Mal Baron Friedrich von Wiesner, dem Leiter der Zentralkanzlei der legitimistischen Organisationen Österreichs. Wiesner, ein alter k.u.k.-Diplomat, ist davon überzeugt, dass Österreich nur durch eine Restauration aus dem politischen Wirrwarr des letzten Jahrzehnts herausfinden kann. Otto, der bereits eine gute Menschenkenntnis besitzt und zwischen Liebedienerei und Loyalität unterscheiden kann, erkennt in Wiesner den Mann, der mit Klugheit und Tatkraft in der Lage sein könnte, ein klares Konzept von der Rückkehr der Habsburger nach Österreich zu vertreten. Er beauftragt ihn mit der Leitung der sich formierenden legitimistischen Bewegung in Österreich.

Bis dahin verfügt die Bewegung über keine gefestigten Strukturen, sondern besteht aus einem Konglomerat verschiedenster Verbände. Es gibt darin religiöse Komponenten und politisch motivierte, Frontkämpferverbände (etwa den »Verband der jüdischen Frontkämpfer«) und den »Reichsbund der Österreicher«. Keimzellen der monarchistischen Bewegung bilden vor allem die Armee, das Beamtentum und der Adel, aber auch die Tiroler Schützen. Wiesner gründet 1931 den Eisernen Ring, in dem alle diese Verbände ihre neue Heimat und ihr Dach finden: der »Reichsbund der Österreicher«, die Jugendbewegung »Ottonia«, der »Altkaiserjäger-Klub«, das Pfadfinderkorps »Ostmark« und die »Vereinigung katholischer Edelleute«. Von Bedeutung sind auch die katholischen Landsmannschaften (»Maximiliana«, »Carolina«, »Ferdinandea«, »Josefina«, »Leopoldina« und »Theresiana«).

Wiesner gelingt es, durch die Betonung der Überparteilichkeit viele Sozialdemokraten einzubinden. Besonders intensiv und erfolgreich engagiert er sich in der Jugendarbeit. Unterstützung gewinnt er in Teilen des Judentums, das sich durch eine Restauration der Habsburger Schutz vor Hitlers antisemitischer Welle erhofft. Wiesner erstattet fast täglich Bericht über die innenpolitische Lage nach Steenockerzeel, wo seine Briefe mit großer Aufmerksamkeit gelesen und meist von Graf Degenfeld beantwortet werden. Als nach der Machtübernahme Hitlers in Deutschland der Postweg zu unsicher wird, läuft die Korrespondenz über eine Adresse in Genf, die die Briefe nach Belgien weiterleitet.

Der öffentlich sichtbare Repräsentant der Bewegung ist Herzog Max von Hohenberg. Er dient als Ehrenpräsident des Eisernen Rings und steht in unverbrüchlicher Loyalität zu Otto und der kaiserlichen Familie. Dies scheint bis heute manchem Beobachter bemerkenswert, weil Max Hohenberg selbst an Ottos Stelle gestanden wäre, hätte sein Vater nicht den Verzicht auf die Thronanwartschaft seiner Kinder unterschreiben müssen.

Das weltanschauliche Gerüst des Legitimismus beschreibt Baron Karl Werkmann: »*Legitimität ist die Gesetz- oder Rechtmäßigkeit eines Besitzes, eines Anspruches oder Verhältnisses und in noch en-*

gerer Bedeutung die Rechtmäßigkeit einer Staatsregierung. In einer Erbmonarchie ist legitim nur die Herrschaft der durch die Erbfolgeordnung unmittelbar hiezu berufenen Person – es sei denn, dass der zunächst Erbberechtigte auf seine Ansprüche freiwillig verzichtet habe. Die strengste und zweifellos richtige Auffassung anerkennt den Verzicht eines legitimen Herrschers oder Erbberechtigten nur für sich. (…) Otto von Habsburgs Rechte und Ansprüche fließen aus der sogenannten Pragmatischen Sanktion und noch vielen älteren und neueren Urkunden. Kraft ihnen ist er der rechtmäßige Erbe und Nachfolger des Kaisers und Königs Karl (…) Was Karl war und besaß: darauf hat Otto Anspruch.«[1] Über die Intentionen der Bewegung schreibt Werkmann 1932: *»Die legitimistischen Parteien verlangen die Heimberufung Ottos von Habsburg und seine Einsetzung in alle Rechte natürlich nicht um seiner Rechte und Ansprüche willen allein. Auch ihre Wahrung erscheint ihnen wichtig, weil in einem Rechtsstaate niemandes Recht verletzt werden darf. Auch wider die Fürsten darf kein Ausnahmsrecht, das heißt kein Unrecht, gelten. In erster Linie soll aber durch die Restauration der Despotismus der Parteien und Geschäftspolitiker überwunden werden. Die Revolution hat keinem Nachfolgestaate die Demokratie, den meisten aber die Diktatur des Eigennutzes gebracht.«*

Unter den verschiedenen legitimistischen Verbänden und Organisationen gibt es ebenso wie zwischen ihren führenden Gestalten zahlreiche zeit- und kraftraubende Kontroversen. Die Fehden zwischen Wiesner von der »Zentralkanzlei der legitimistischen Organisationen Österreichs« und dem früheren Kabinettsdirektor von Kaiser Karl, Graf Arthur Polzer-Hoditz, der bis 1932 den »Österreichischen Ring« leitet, sind durch Berge von Briefen, die beide nach Steenockerzeel sandten, dokumentiert. Insgesamt jedoch wächst der Legitimismus in der Ära Schuschnigg immer stärker:

---

[1] Karl Freiherr v. Werkmann, »Otto von Habsburg. Ein ungelöstes europäisches Problem«, Berlin/Wien/Leipzig 1932, S. 194ff. Dies ist vermutlich die älteste detaillierte Biografie über Otto von Habsburg, wenngleich sie nur die ersten zwei Jahrzehnte seines Lebens erfasst. Werkmann, der ein enger Mitarbeiter und Vertrauter Kaiser Karls war, besuchte die kaiserliche Familie vielfach im Exil und kannte Otto gut. Graf Degenfeld hat zu der Biografie umfangreiche Korrekturen und Ergänzungen beigesteuert.

1937 zählt die monarchistische Bewegung bei einer Bevölkerungszahl von etwa 6,6 Millionen fast 1,2 Millionen eingeschriebene Mitglieder. Ab 1936 gibt es in Österreich zahlreiche »Wir wollen den Kaiser«-Feiern.

Die »Kaisergemeinden« wachsen

Hunderte von Gemeinden verleihen während der 30er Jahre Otto die Ehrenbürgerschaft. Ausgelöst wird die Lawine durch einen kleinen Ort in Tirol: die Gemeinde Ampass. Deren Bürgermeister, Josef Kaltenbrunner, hat im September 1931 in der »Volkszeitung«, einem Organ der Tiroler Sozialisten, gelesen, dass nun bald mit der Rückkehr Ottos zu rechnen sei, da ihn mittlerweile fünfzig Gemeinden zum Ehrenbürger gemacht hätten. Kaltenbrunner gefällt die Idee. Am 6. Dezember verleiht der Gemeinderat von Ampass dem Oberhaupt des Erzhauses das Ehrenbürgerrecht. Was Kaltenbrunner nicht weiß: die Meldung war eine Erfindung der Sozialisten, um gegen Otto Propaganda zu betreiben. Die Ernennung des exilierten Thronfolgers zum Ehrenbürger bedeutet einen offenen Widerstand gegen das Habsburgergesetz, da die Ehrenbürgerschaft dem Betroffenen das Heimatrecht verleiht, also das Recht, sich in der Gemeinde niederzulassen.

Bis zum Anschluss Österreichs an Hitler-Deutschland im März 1938 folgen 1602 Gemeinden dem Vorbild von Ampass. Es entsteht eine regelrechte Welle von Ehrenbürgerschaften. Dazu kommen 475 Vereine, die Erzherzog Otto die Ehrenmitgliedschaft antragen. Besonders interessant sind die Urkunden, mit denen die Ehrungen verliehen werden; oftmals mit großer Mühe gestaltet, farbenfroh und prachtvoll, ein Zeugnis der Volkskunst. Bis heute wird ein Großteil dieser Urkunden im Archiv der Familie verwahrt. In einer Propagandaschrift für die Verleihung von Ehrenbürgerschaften heißt es: »Das Volk will also gutmachen, was sich gutmachen lässt, will dem Kaiser geben, was des Kaisers ist.«[1]

---

[1] Viele dieser Ehrenbürgerschaften werden von den Gemeinden nach Hitlers Einmarsch 1938 wieder aufgehoben, andere im Zuge der politischen Propaganda um die Wiedereinreise Ottos in den 60er Jahren. Manche Gemeinde

Die Ziele und Anliegen der legitimistischen Bewegung fasst Martin Fuchs[1] im Frühjahr 1938 zusammen: Die Bewegung sei stets konsequent und mit allen Mitteln für die Unabhängigkeit, Selbstständigkeit und Freiheit Österreichs eingetreten, während andere Parteien und Verbände mit dem Anschluss spekulierten. Die Legitimisten seien in Österreich zu einer der größten Bewegungen geworden: Sie zählen im Dezember 1937, also drei Monate vor dem Anschluss, 1,2 Millionen Mitglieder und erreichen nahezu alle gesellschaftlichen Schichten. Fuchs meint deshalb, der Legitimismus sei jene Bewegung, »die den Abwehrkampf gegen die nationalsozialistische Durchdringung mit größter Erfolgsaussicht organisieren kann«.

Österreichs Bundeskanzler Engelbert Dollfuß, selbst kein Monarchist, stellt aus patriotischen Gründen Überlegungen an, wie dem Haus Habsburg Gerechtigkeit widerfahren kann. (Zu Ottos Stab in Österreich gehört zeitweise auch der Wiener Vizebürgermeister Ernst Karl Winter, der Dollfuß immer wieder zur Restauration drängt.) Dollfuß führt die alten kaiserlichen Uniformen in der Armee wieder ein und ruft einen der populärsten Habsburger und legendären Soldaten, Erzherzog Eugen, aus der Emigration zurück. Bevor Dollfuß jedoch Schritte in Richtung Heimkehr des Thronfolgers unternehmen kann, wird er 1934 von den Nazis ermordet.

---

schreibt, sie entziehe ihm die Ehrenbürgerschaft wegen Unwürdigkeit. Die Gemeinde Steinfeld meinte damals feststellen zu müssen, dass Otto von Habsburg keine Handlungen gesetzt habe, die Verdienste um die Gemeinde Steinfeld im Allgemeinen erkennen ließen.
[1] Fuchs war Mitglied der österr. Botschaft in Paris und in jenen Jahren ein enger Mitarbeiter Ottos.

III. Gegen die braune Flut (1933–1945)

1. Kein Gespräch mit dem »Führer«

Otto von Habsburg sucht sich seine politischen Gegner selten aus. Sein christlich gebildetes Gewissen, seine Weltanschauung und das Bewusstsein, eine aus der Geschichte stammende Verantwortung gegenüber den Völkern Europas zu tragen, bestimmen stets sein Handeln. Sie bestimmen ebenso die Schlachten, in die er sich wirft – manchmal notgedrungen, mitunter aber auch mit Leidenschaft. Der erste große politische und weltanschauliche Gegner ist der Nationalsozialismus: zuerst ein unversöhnlicher Feind aller seiner Ideale, schließlich auch seiner selbst.

Der Kampf gegen Hitler und den von Otto von Habsburg selbst oft so bezeichneten »Hitlerismus« markiert aus zwei Gründen eine neue Epoche in seinem Leben. Zum einen, weil damit seine Jugendjahre, in denen er sich der Vorbereitung auf die Herausforderungen des Lebens widmen konnte, unwiderruflich zu Ende sind. Zum anderen, weil dieser zwölfjährige Kampf ihn mit all seiner Kraft und Zeit in Anspruch nimmt, ihn wie kaum ein zweites Ereignis beschäftigt und herausfordert, ihn über den Atlantik jagt – ins außereuropäische Exil, in eine neue Welt und ein neues Leben.

Otto von Habsburg meint in späteren Jahren – nachsichtig gegen jene, die der Versuchung des Nationalsozialismus erlagen – er habe es ja leicht gehabt, gegen Hitler zu sein. Schließlich habe er Hitlers »Mein Kampf« nicht nur gekauft, sondern auch gelesen. Deshalb sei ihm von Anfang an klar gewesen, dass dieser Mann Europa in einen fürchterlichen Krieg führen werde. Mit der ihm eigenen Ironie pflegt Otto von Habsburg dann oft hinzuzusetzen, das Buch sei so schlecht geschrieben, dass es besser »Mein Kampf mit der deutschen Sprache« heißen sollte. Im Rückblick auf jene Zeit sagt er: »Man musste blind sein, um nicht zu sehen, was da kommt!«

Hitler bringt in seinem Buch seinen Hass gegen die Habsburger und den österreichisch-ungarischen Vielvölkerstaat deutlich zur Sprache. Er ereifert sich über die Habsburger-Dynastie, »die in Vergangenheit und Gegenwart die Belange des deutschen Volkes immer und immer wieder um schmählicher eigener Vorteile wegen verriet«, die »das fremde Völkergift« hereinholte und Wien »tschechisierte wo immer nur möglich«. Hitler sprach in seinem Buch von seiner »Einsicht, (…) dass nämlich die Sicherung des Deutschtums die Vernichtung Österreichs voraussetzte, (…) dass vor allem das habsburgische Erzhaus zum Unglück der deutschen Nation bestimmt war«. Der Politikwissenschaftler Gottfried-Karl Kindermann schreibt dazu (in der »Neuen Zürcher Zeitung« vom 14. 1. 1999): *»Adolf Hitler war als Bürger der Habsburgermonarchie geboren worden. In seiner von irrationalen Gespenstern beherrschten Gedankenwelt geisterte das frühere Erzhaus als böser Feind herum. Er beschuldigte die Habsburger, sie hätten ihr ganzes Sinnen und Trachten auf die Slawisierung ihres Reiches gerichtet.«*

Bei Hitlers Kundgebung unter Kommunisten

Im Januar 1933 fährt Otto von Habsburg zusammen mit Graf Degenfeld nach Berlin, um Material und Anregungen für seine Dissertation zu sammeln.[1] Die Preußische Staatsbibliothek schien hier über einiges zu verfügen. Da ihm die Einreise nach Österreich verwehrt und der Zutritt zu österreichischen Universitäten, Bibliotheken und Archiven damit unmöglich ist, wendet er sich an die entsprechenden Institute in Deutschland. In Berlin tritt er mit dem deutschen Nationalökonom und Berliner Universitätsprofessor Dr. Max Sering in Kontakt. Wenngleich der Hauptgrund seines Berliner Aufenthaltes im schicksalsträchtigen Januar 1933 rein

---

[1] Seine erste von zahlr. Ehrendoktor-Würden bekommt er bereits am 17. 3. 1941 durch das »Mount Mary College« in Milwaukee (Wisconsin) verliehen. Später folgen Ehrendoktorate der Universitäten von Nancy, Tampa, Cincinnati, Ferrara, Pecs/Fünfkirchen, Budapest, Turku, Osijek und Skopje.

universitärer Natur ist, so nutzt der politisch hoch interessierte Habsburger seinen Aufenthalt doch auch, um politische Eindrücke zu sammeln. Unerkannt geht er in diesen Tagen kurz vor der Machtergreifung der Nationalsozialisten zu einer Großkundgebung Adolf Hitlers auf dem Bülow-Platz. Er will sich »den Mann einmal anschauen«. Otto von Habsburg steht auf dem Bülow-Platz, inmitten einer Gruppe von Kommunisten, die entschlossen sind, die Kundgebung zu stören. Doch als Hitler mit seinem Wagen durch die Menge fährt, zieht er die Kommunisten allein mit seinem Blick in seinen Bann: Hitler betrachtet die Menschenmengen so, wie Otto von Habsburg immer wieder verwundert erzählt, dass jeder den Eindruck gewinnt, er schaue ihn persönlich an. Otto von Habsburg – immun gegen die Verführungskunst des Braunauers – spricht später von der »Dämonie seines Blicks«. Die als Kommunisten zu der Kundgebung gekommen waren, schreien nach Hitlers Rede »Heil, Heil!«. Hitler hat sie tatsächlich »umgedreht«.

Auf dem Bülow-Platz blieb der österreichische Thronprätendent inkognito. Ganz offiziell dagegen besucht er in seinen Berliner Tagen den deutschen Reichspräsidenten Paul von Hindenburg, der Otto von Habsburg zu Ehren alle seine österreichischen Auszeichnungen anlegt. Es handelt sich um einen reinen Höflichkeitsbesuch. Der alte Reichspräsident erzählt dem jungen Habsburger seine Erlebnisse aus dem deutsch-französischen Krieg von 1870/71, während Franz von Papen und der Sohn des Reichspräsidenten im Vorzimmer sitzen. Weniger diplomatisches Gespür als der greise Reichspräsident beweist der Hohenzollern-Prinz August Wilhelm, der den Habsburger in der braunen SA-Uniform empfängt. Otto von Habsburg hatte es nur anständig gefunden, in Berlin auch den beiden Söhnen Kaiser Wilhelms II. seine Aufwartung zu machen. Als nun Hitler, wenige Tage vor seiner Ernennung zum Reichskanzler, erfährt, dass sich der Habsburger in Berlin aufhält, lässt er Prinz August Wilhelm, der NSdAP-Abgeordneter im Preußischen Landtag ist, die Nachricht zukommen, er wolle ihn treffen. Spätestens die braune Uniform des Hohenzollern-Prinzen zeigt Otto, was Hitler von ihm möchte: »Er wollte mich in Österreich ebenso vor seinen Karren spannen wie August Wilhelm in Preußen.« Genau dazu ist der Habsburger auf keinen Fall bereit. Eine andere Parallele, aber mit ähnlichem Sinngehalt zieht Vasari: »*Hitler hatte damit gerechnet, dass Otto von Habsburg für ihn die konservativen österreichischen Kreise gewinnen könne. Er hatte dem jungen Habsburger die Rolle eines österreichischen Papen zugedacht, umsomehr, als er unter den jugendlichen Mitgliedern des deutschen Kaiserhauses viele Anhänger besaß.«*

Doch im Gegensatz zu den Hohenzollern will der junge Habsburger Hitler nicht einmal die Möglichkeit geben, sich auf ein Gespräch oder einen Händedruck mit ihm berufen zu können. Es sollte nicht einmal die Chance einer Fehl- und Uminterpretation eines Gespräches durch die Nazis geben. Als August Wilhelm ihm eröffnet »Der Führer wünscht mit Dir zu sprechen!«, zögert er nicht einen Augenblick: Otto von Habsburg lehnt gegenüber dem Preußen ein Gespräch mit Hitler mit der Begründung ab, dass sein Besuch in Berlin dadurch zum »Politikum« würde. Später meint er dazu oft, es sei dies wohl die einzige interessante politische Konversation in seinem Leben gewesen, die er ausgeschlagen habe. Otto von Österreich und August Wilhelm von Preußen wissen beide genau, dass die Begründung für die Absage falsch ist. Ottos Gespräche mit Politikern des Zentrums und der SPD in jenen Tagen sind ausreichend bekannt.

Kein Gespräch mit Hitler, kein Abendessen bei Göring

Noch einmal versucht Hitler, über den späteren deutschen Unterrichtsminister Bernhard Rust, Otto von Habsburg zu einem Abendessen bei Hermann Göring einzuladen. Otto lehnt auch diese Einladung ab. Er weiß, dass er damit den »machtgierigen Proleten Hitler« stark beleidigt. Und in der Tat: Hitler spricht danach über Otto nur zornig von dem »ungezogenen Bürschchen, Sohn des Verräterkaisers Karl und der weltweiten Intrigantin Zita«.

Otto von Habsburg ist der Meinung, dass 1932 die Machtergreifung Hitlers noch zu verhindern gewesen wäre. Der Nationalsozialismus sei erst zu einem Zeitpunkt an die Macht gelangt, als er seinen Höhepunkt bereits überschritten hatte. Doch die Chancen wurden vertan, ebenso wie später die Möglichkeiten, den Anschluss Österreichs zu verhindern. Der junge Thronfolger Otto, bei der Machtübernahme der Nazis gerade zwanzig Jahre alt, hat in dieser Zeit durchaus politische Gespräche und Begegnungen, die ihm so manchen Blick hinter die Kulissen geben. Drei Jahrzehnte später, auf dem Höhepunkt der sogenannten »Habsburger-Krise« in Österreich, berichtet er in einem Beitrag in der »Furche« (Nr. 25/1964) von einer unheimlichen Begegnung »an einem grauen, kalten, düsteren Jännernachmittag des Jahres 1933«. Während seiner Studien in Berlin kaufte er eines Tages auf dem Heimweg zu seiner Wohnung am Hohenzollerndamm eine Zeitung. Dabei begegnete er auf der Straße einem Politiker der Zentrumspartei, nahm ihn mit in die Wohnung und sprach mit ihm über die Regierungskrise. *»Mein Besucher war optimistisch. Jawohl, Hitler würde der nächste Kanzler sein. Man dürfe aber die Gefahren nicht überschätzen. Er sei gut abgeschirmt, vor allem könne man auf den Reichspräsidenten zählen: einige Monate nur werde es dauern, dann werde der Nationalsozialismus abgewirtschaftet haben. – Würde inzwischen nicht unendlich viel unwiederbringlich zugrunde gehen? – Nein, gewiss nichts, was nicht später repariert werden könne. Natürlich würden die Juden zum Handkuss kommen, aber das sei weiter nicht tragisch zu nennen. Sie seien nun einmal unpopulär, wer sie verteidige, riskiere viel und gewinne wenig. Sie zählten auch kaum als Wähler. Man müsse klug sein, die Juden der Stimmung opfern – denn wichtiger sei es, vor allem die Macht der Gewerkschaften und der kirchlichen Organisationen zu retten. Gleichheit und Rechte der jüdischen Staatsbürger? Ja, wolle man denn wirklich die Interessen der Gemeinschaft so unbedeutenden Belangen weniger opfern? Das Recht sei nun einmal etwas, was die Massen nicht verstehen – das gehe nur Professoren an. Politik sei doch die Kunst des Möglichen. (…) Die Nacht war hereingebrochen. Wir verabschiedeten uns. Ich sollte ihn nie wiedersehen. Ein Jahr später erfuhr ich von seiner Verhaftung durch eine Dreizeilendepesche der Weltpresse. (…) Für mich jedenfalls ist die Konversation von jenem Jännerabend am Hohenzollerndamm in Berlin unvergesslich geblieben, der Beweis, dass das Recht unteilbar ist. Die Demokratie wird dort geprüft und gewogen, wo es sich um das Recht der Minderheiten, besonders der unbeliebten Minderheiten handelt (…)«*

Am 30. Januar 1933, dem Tag der Machtergreifung, arbeitet Otto von Habsburg am Agrarinstitut in Berlin, doch noch am selben

Abend fahren er und Graf Degenfeld nach Belgien zurück. Gegenüber dem Schriftsteller Lucian O. Meysels meint er dazu: »Nicht etwa, weil ich ahnte, dass es sich um die endgültige Machtübernahme in Deutschland handeln würde, sondern rein routinemäßig. Von den monströsen Demonstrationen am gleichen Abend habe ich erst im Zug erfahren.« Die Gefahr, die Hitler für Deutschland und ganz Europa bedeutet, ist ihm bereits bewusst. Nicht zur Gänze klar ist ihm die Gefahr, die Hitlers Machtergreifung für ihn persönlich und für seine Familie bedeuten könnte. Am 17. März 1933 schreibt Otto einen Brief an den Bürgermeister von Erl in Tirol, in dem er den nationalsozialistischen Terror der illegalen Nazis in Österreich mit scharfen Worten geißelt. In Erl war das Festspielhaus abgebrannt, und man verdächtigte die in Österreich illegale NSdAP als Brandstifter. Otto sieht seinen Brief als offene »Kriegserklärung«. – Von den Nazis wird er auch so verstanden.

Der Verhaftung knapp entronnen

Im März 1933 trifft sich Otto von Habsburg in Mittenwald noch einmal mit seinen engsten Vertrauten aus Österreich, mit Herzog Max Hohenberg und Friedrich Wiesner. Von der Besprechung in Mittenwald fährt er nach München, wo er in der Geiselgasteiger Villa seiner Großmutter väterlicherseits, der Erzherzogin Maria Josepha, absteigt. Hier erscheint völlig überraschend ein kroatischer Emigrant, der deutscher Staatsbürger wurde und der Gestapo angehört, um Otto von Habsburg zu warnen: Er wisse, dass Korrespondenz von ihm aufgefunden worden sei und der Befehl ausgegeben wurde, ihn zu verhaften. Er müsse augenblicklich aus Deutschland verschwinden, meint der Kroate aufgeregt, der trotz seiner Arbeit für die Gestapo im jungen Otto seinen Kaiser und König sieht. Otto von Habsburg ist sofort klar, dass keine Zeit mehr zu verlieren ist. Er und Graf Degenfeld nehmen den nächsten Zug vom Münchener Hauptbahnhof nach Brüssel. Deutschen Boden sollten beide erst wieder nach dem Zweiten Weltkrieg betreten.

Unterdessen arbeitet der deutsche Reichswehrminister Werner von Blomberg den Plan »Otto« aus – den deutschen Einmarschplan für den Fall einer Restauration der Habsburger und einer Thronbesteigung Ottos in Österreich. Dieser Plan wurde nie ganz vollendet. Doch General Alfred Jodl erinnert sich unmittelbar vor dem Einmarsch der Wehrmacht in Österreich an die Skizzen von Blomberg, woraufhin General Wilhelm Keitel diese vom Chef des Generalstabs, Ludwig Beck, ausfindig machen lässt.[1]

Hitler fürchtet Otto aber auch in Ungarn. Den ungarischen Innenminister Nikolaus Kozma soll er bei dessen Berlin-Besuch im Dezember 1936 gewarnt haben: »Krönt keinen Habsburger!«[2]

Wer hält Hitler von Österreich fern?

Mit dem österreichischen Kanzler Engelbert Dollfuß, der nie einen Hehl daraus machte, kein Legitimist zu sein, stimmt Otto von Habsburg in vielen Fragen ganz und gar nicht überein. In erster Linie kritisiert Otto dessen systematische Ausschaltung der Sozialdemokratie. Dennoch lässt er in Zeiten, in denen eine positive Nennung des von Hitler als »Millimetternich« verhöhnten kleinen Kanzlers nicht opportun ist, an einem keinen Zweifel: Er schätzt Dollfuß als Ehrenmann und Patriot, vor allem aber als ersten österreichischen Gefallenen im Widerstand gegen Hitlers Annexionspläne. Dollfuß wird am 25. Juli 1934 beim Putschversuch der österreichischen Nazis erschossen.

Als Kanzler hat Dollfuß das Gespräch mit Otto gesucht und im Frühjahr 1933 seinen Kultusminister Kurt von Schuschnigg zu einem Treffen mit dem Habsburger nach Paris entsandt. Schuschnigg teilt in dem Gespräch mit, dass Dollfuß die Zusammenarbeit wünsche, eine Rückkehr und die Rückgabe des habsburgischen Privatvermögens erwäge und seinerseits um die Unterstützung der Monarchisten für die Vaterländische Front bitte. Die Möglichkeit

---
[1] Auch andere militärische Operationen hatten Tarnnamen: So wurde das Unternehmen zur Besetzung Ungarns 1944 »Margarete« genannt, der Angriff auf die UdSSR lief als Operation »Barbarossa«, die 1940 geplante Eroberung Gibraltars als »Felix«.
[2] So zit. bei Nikolaus Szinai/László Szücs, »Horthy Miklós titkos iratai«, Budapest 1962, S. 168

einer Restauration sei jedoch noch nicht gegeben. Otto dagegen meint, dass einer Restauration in Österreich keine außenpolitischen Gründe entgegenstünden. Er wolle bei den westlichen Regierungen Dollfuß unterstützen, weil die Abwehr des Nationalsozialismus nun das Wichtigste sei.

Am 1. Mai 1934 proklamiert Dollfuß den Ständestaat. Benito Mussolini gefällt die darin beschriebene christlich-berufsständische Gesellschaftsordnung, und er sagt Österreich militärische Hilfe für den Fall eines deutschen Einmarsches zu. Otto jedoch warnt den Leiter der Heimwehr und späteren Vizekanzler Ernst Rüdiger Fürst Starhemberg bereits damals, Österreich dürfe sich nicht auf Italien allein verlassen, sondern müsse sich das Wohlwollen Londons und Paris' sichern. Außerdem müsse ein Weg der Zusammenarbeit mit der österreichischen Sozialdemokratie gefunden werden, die etwa die Hälfte der Wählerschaft vertrete. Letzteres will Starhemberg jedoch ganz und gar nicht, weil es ihm um die Ausschaltung der parlamentarischen Opposition geht.

Ottos größte Sorge wird die Bewahrung der Unabhängigkeit und Freiheit Österreichs. Auch deshalb beginnt sich die Nazi-Propaganda früh auf Otto von Habsburg einzuschießen: Am 14. April 1935 erscheint im NS-Parteiorgan »Der Völkische Beobachter« ein Beitrag unter dem Titel »Marxisten-Propaganda unter Habsburger Flagge«. Darin heißt es über den Redner einer Kundgebung des Eisernen Rings in Wien: »Unter dem Schutz der schwarz-gelben Fahne nahm er denn auch kein Blatt vor den Mund und entpuppte sich als der typische marxistische Agitator, der mit der Berufung auf Otto und die Monarchie marxistische Stimmungsmache trieb.« Das Nazi-Blatt »Der SA-Mann« schreibt am 20. Februar 1937: *»Hinter dem teuflischen Bolschewismus steht der Jude, hinter allerlei kapitalistischen Restbeständen steht der Jude, hinter der Reaktion steht der Jude – darum haben die Wiener Synagogen gerade in letzter Zeit einen großen Bittgottesdienst für die Heimkehr vom Habsburger Otto gemacht – und hinter den politisierenden hetzenden Pfaffen steht der Jude auch.«*

Als deutscher Botschafter in Österreich protestiert Franz von Papen regelmäßig gegen monarchistische Kundgebungen beim

Bundeskanzler in Wien. Kanzler Kurt von Schuschnigg fordert deshalb die Anhänger der Monarchie zu »größerer Zurückhaltung« auf. Die zahlreichen Neugründungen monarchistischer Vereine tragen nicht dazu bei, »die Atmosphäre im Lande zu verbessern«, meint Schuschnigg. In seinem Buch »Die verhinderte Dynastie« schreibt Lucian O. Meysels: »Alsbald erkannte auch Hitler, dass nicht Schuschnigg und dessen Ständestaat die eigentlichen Widersacher in Österreich waren, sondern die Monarchisten mit ihrem verbannten Souverän.«

Der amerikanische Journalist H.R. Knickerbocker, der 1933 zu einer Audienz bei Otto von Habsburg in Belgien ist, schreibt in seinem 1934 erschienenen Buch »Kommt Krieg in Europa?«: »*Man richtet seine Augen auf Otto von Habsburg. Ist er der Mann, mit dem die Nationalsozialisten fern zu halten wären? Könnten die Habsburger Hitler Einhalt gebieten? (…) Er lehnt die Nationalsozialisten ab und verdammt ihre Philosophie mit einer Festigkeit, die eine Gewähr dafür ist, dass er ihnen niemals freiwillig Macht einräumen würde. Er glaubt, dass die Habsburgerkrone Mitteleuropa befrieden und schließlich ein wirtschaftliches Einverständnis unter seinen Staaten herbeiführen könnte, das die Prosperität wieder herstellen würde. (…) Otto verwirft völlig die nationalsozialistische Rassenlehre. (…) Ottos Persönlichkeit würde, gäbe man ihm eine Möglichkeit sich bekannt zu machen, eine Stärkung der monarchistischen Sache bedeuten. Nur wenige Restaurationsparteien haben mit ihren Kandidaten ein solches Glück gehabt.*« Damit hat Knickerbocker treffend jene Konfrontation vorausgeahnt, die sich 1934 noch kaum ahnen ließ, die aber in den folgenden Jahren zunehmend die Politik Österreichs prägen sollte.

2. Ein Fuß in der Türe: Die Ära Schuschnigg

Am 25. Juli 1934 dringen 154 österreichische Nazis in das Wiener Bundeskanzleramt ein und töten Kanzler Dollfuß. In Steenockerzeel wird in größter Sorge um die Freiheit Österreichs Ottos sofortige Abreise nach Wien beschlossen. Ottos Berater meinen, ein überraschendes Erscheinen würde nicht viel Widerstand auslösen und der Bevölkerung Hoffnung geben. Sogar seine Gegner würden ein entschlossenes Auftreten respektieren, weshalb der Moment günstig sei. Auch Otto von Habsburg hält diese Diagnose für richtig. Er will aber nicht ohne das Wissen und die ausdrückliche Zustimmung des neuen Bundeskanzlers heimkehren.[1]

Im Gegensatz zu Dollfuß ist Kurt von Schuschnigg Monarchist und gehört der »Vereinigung katholischer Edelleute« – und damit dem Eisernen Ring – an. Herzog Max von Hohenberg – dem gegenüber Schuschnigg bekennt, seit 1920 für die Aufhebung der Habsburgergesetze und die »Herbeiführung der Monarchie in Österreich« zu kämpfen – geht bereits am Tag nach dem missglückten Nazi-Putsch zu Kanzler Schuschnigg und bittet ihn um eine sofortige Antwort auf Ottos Frage. Schuschnigg sagt ein »vorläufiges Nein«. »Seine Majestät« möge ihm Zeit lassen. Später sendet Schuschnigg Staatssekretär Karl Karwinski und Hofrat Lechner nach Steenockerzeel, um Otto von Habsburg davon zu überzeugen, dass er, Schuschnigg, für seine Wiedereinreise den richtigen Zeitpunkt finden und bestimmen müsse. Gefunden und bestimmt hat er ihn jedoch nie.

In seinem 1937 erschienenen Buch »Dreimal Österreich« schreibt Schuschnigg über die Zeit nach 1934: »*Die Frage des Monarchismus in Österreich beschäftigte damals zumal im Ausland aufs lebhafteste die Gemüter. Die einen begriffen nicht, warum die Propagandatätigkeit der Legitimisten in Österreich geduldet werde, die anderen wünschten das Fallenlassen jedweder Beschränkung. Der österreichische Standpunkt war klar und eindeutig bestimmt. Eine Propaganda, die den österreichischen Staat als solchen bejaht und sich in die Verfassung einfügt, somit den Boden der Vaterländischen Front nicht verlässt, begegnet keinem Anstand. Soweit dieser eben gezogene Rahmen, der für alle gleichermaßen gelten muss, gesprengt wird, bliebe es unerlässlich, die unverrückbar gezogenen Schranken in Erinnerung zu rufen. Wir dürfen eines nicht vergessen: die Frage*

---

[1] Vasari schreibt dazu: »*In der Beurteilung Otto von Habsburgs war es einer seiner schwersten und entscheidendsten Fehler, dass er die Situation nach der Ermordung Dollfuß, nämlich die darauffolgende totale Isoliertheit Hitlers, nicht ausgenützt hat. Es war ein Fehler, dass er damals auf Schuschnigg hörte, statt sofort nach Österreich zurückzukehren.*«, S. 45

nach der Staatsform kann dann nicht von entscheidender Bedeutung sein, wenn die Frage um den Staat selbst zur Debatte steht. Das neue Österreich verlangt daher von keinem seiner Vertreter ein bestimmtes Bekenntnis hinsichtlich der äußeren staatsrechtlichen Gestaltung. Es verlangt jedoch die Respektierung der großen Überlieferung und der geschichtlichen Werte, ohne die sich Österreich nicht denken lässt. (…) Hingegen sollte jeder deutsche Österreicher sich daran erinnern, dass mannigfacher Verleumdung zum Trotz unser Kaiserhaus sich unvergängliche Verdienste um Land und Volk erworben hat; ein Erbe, das uns auch im neuen Österreich auf Schritt und Tritt begegnet; und Dankesschuld verpflichtet.«[1]

Wie Kanzler Schuschnigg ist auch Bundespräsident Wilhelm Miklas legitimistisch eingestellt und hält über Wiesner den Kontakt zu Steenockerzeel. Der Bundespräsident übernimmt 1934 selbst den Ehrenschutz über die »Vereinigung zur Errichtung eines Kaiser Franz Joseph-Denkmals in Wien«. Miklas ist der Meinung, dass die Sozialdemokraten bereit seien, die Wiedereinführung der Monarchie zu akzeptieren, um als Partei fortbestehen zu können. Der Vertrauensmann Ottos in Wien, Vizebürgermeister Ernst Karl Winter, verhandelte mit Dollfuß über die Begnadigung verurteilter Sozialdemokraten – zuletzt übrigens am Tag vor Dollfuß' Ermordung. In diesem letzten Gespräch soll, so berichtet Vasari, der Republikaner Dollfuß zu der Erkenntnis gelangt sein, »dass im Interesse der inneren Konsolidierung die Monarchie wiedererrichtet werden müsse«.

Die »Habsburgergesetze« werden aufgehoben

Nach der Ermordung Dollfuß' verhandelt Max Hohenberg mit Schuschnigg über die Aufhebung der Ausnahmegesetze. An seinen Vetter Otto – den er zeitlebens als »Majestät!« tituliert, während dieser ihn mit »lieber Max!« anredet – berichtet der Herzog von Hohenberg über sein Gespräch mit Schuschnigg am 17. August 1934: *»1. Er sei prinzipiell für die absolute und restlose Aufhebung*

---

[1] Kurt Schuschnigg, »Dreimal Österreich«, S. 281ff.

der Schandgesetze in möglichst kurzer Zeit – die Frist von 6 Monaten wäre ihm nur zu recht (...) 2. Möchte er die Vermögensfrage zuerst in Ordnung bringen (...) 3. Die Gesetze sofort und bedingungslos aufheben, also einschließlich der Landesverweisung (...) Nur um eines bitte der Kanzler, Euer Majestät mögen ihm die bindende Zusage gewähren, auch nach Aufhebung der Landesverweisung die Bitte des Kanzlers nach eventuellem weiterem Verbleiben im Auslande zu erfüllen. Diese Bitte würde der Kanzler nur dann stellen, wenn sie im dringendsten Interesse des Vaterlandes sich notwendig erweist.«

Otto antwortet umgehend: »Mir geht das Wohl und das Interesse Österreichs über alles, ich werde daher nicht in einem Momente nach Österreich zurückkehren, in welchem dies für Österreich schädliche Folgen nach sich ziehen würde.« Noch einmal bekennt sich Otto von Habsburg dazu, im Einvernehmen mit Schuschnigg vorzugehen, »dessen Treue mir wohl bekannt ist«. Allerdings will er die Gründe für eine Verzögerung der Heimkehr prüfen und dann die Bevölkerung darüber informieren, dass diese auf Bitten der Regierung geschieht.

Schon wenig später zeigt sich Otto von Habsburg mit der Haltung Schuschniggs unzufrieden. An Max Hohenberg schreibt er am 29. Dezember 1934 über die hinausgeschobene Aufhebung der Ausnahmegesetze: *»Das Vorschützen des Mangels an Zeit seitens Dr. von Schuschnigg kann ich nicht gelten lassen, solange dieser die Möglichkeit findet, statt der Verhandlungen mit der Dynastie, mit ›betont nationalen‹ Elementen zu sprechen. Ferner wird es Dir sicher nicht entgangen sein, dass Dr. von Schuschnigg sich unter anderem freimachen konnte, um am 27. Oktober beim ›Grünen Tor‹ dem Freiheitsbunde, am 28. November im freimaurerischen Paneuropakongress ein Expose zu halten (...) Das Angebot Dr. von Schuschnigg's auf Zahlung von 50 000 Schilling nehme ich aus prinzipiellen Gründen nicht an (...)«*[1]

---

[1] Interessant ist, dass Otto die Propagandalüge, Paneuropa sei eine freimaurerische Gründung damals für wahr hielt. Gegen solche Vorwürfe hatte sich Richard Coudenhove-Kalergi bereits Anfang der 20er Jahre zu wehren.

Im Juli 1935 hebt die Bundesregierung die Habsburgergesetze – Landesverweisung und Vermögensberaubung – auf.[1] Schuschnigg wagt aber keinen Ansatz zur Restauration, in erster Linie weil er weiß, dass dies für Berlin einen Kriegsgrund darstellen würde. Nach der Verfassung vom 1. Mai 1934 sind die Habsburgergesetze nicht mehr Verfassungsgesetze, so dass sie durch ein einfaches Gesetz abgeschafft werden können. Hitler lässt übrigens bereits am 14. März 1939 dieses Gesetz vom 12. Juli 1935 wieder außer Kraft setzen.[2]

Am 29. April 1936 erlässt Innenminister Eduard Baar-Baarenfels die Durchführungsbestimmungen des neuen Gesetzes. Darin heißt es: *»Der durch Kaiserin Maria Theresia gegründete Familienversorgungsfonds des Hauses Habsburg-Lothringen samt dem Avitikalfonds hat infolge der durch die Gesetze vom 3. April 1919, StGBl. Nr. 209, und vom 30. Oktober 1919, StGBl. Nr. 501, angeordneten Übernahme seines Vermögens in das Eigentum des Staates Österreich zu bestehen aufgehört. Aufgrund der mit dem Bundesgesetz, betreffend die Aufhebung der Landesverweisung und die Rückgabe von Vermögen des Hauses Habsburg-Lothringen, BGBl. Nr. 299 von 1935, der Bundesregierung erteilten Ermächtigung sollen Vermögenschaften, die aufgrund der erwähnten Gesetze vom Jahre 1919 in das Eigentum des Staates Österreich übergegangen sind und derzeit diesem oder dem Kriegsentschädigtenfonds gehören, einem zu errichtenden Fonds ausgefolgt werden.«* Zurückgegeben werden soll, was vom ursprünglichen Familienversorgungsfonds übrig geblieben ist: etwa 27 000 Hektar Wald und einige Mietshäuser. Die Nazis lösen diesen neu gebildeten Fonds 1938 wieder auf. Und als Bundeskanzler Julius Raab Anfang der 60er Jahre eine Studie anfertigen lässt, sind nur mehr 17 000 Hektar übrig, in erster Linie der Kobernaußer Wald mit 10 000 Hektar und der Gutsbetrieb Pöggstall mit 5500 Hektar. Am 1. Dezember 1936 werden Otto von Habsburg – als Chef des Hauses und damit des Fonds – fünf Wiener Mietshäuser, einige Wertpapiere sowie eine monatliche Wiedergutmachung in

---

[1] Bundesgesetz vom 12. 7. 1935, BGBl. Nr. 299. § 1 des von Bundespräsident Miklas unterschriebenen Gesetzes »Über die Aufhebung der Landesverweisung des Hauses Habsburg-Lothringen und Rückerstattung seines Eigentums« lautet schlicht: »Der Paragraf 2 des Gesetzes vom 3. 4. 1919, St.G.Bl. Nummer 209, tritt außer Kraft.«

[2] Gesetzblatt für das Land Österreich, Nr. 311

der Höhe von 20 000 Schilling zugesprochen. Der Anschluss an das Deutsche Reich 1938 verhindert jedoch die Realisierung der Pläne.

Es geht bei den Rückstellungen – ebenso wie bei allen späteren Debatten um die »Vermögensfrage« – in keinem Fall um das so genannte »hofärarische Vermögen«, also etwa um die Hofburg, Schloss Schönbrunn o. Ä., sondern um das »gebundene Vermögen«, das bis 1918 von der »Generaldirektion der Privat- und Familienfonds Seiner k.u.k. Apostolischen Majestät« verwaltet wurde. Dieses geht auf eine Stiftung Kaiserin Maria Theresias zurück und umfasst – wie bereits erwähnt – das Vermögen, das ihr Gatte, der römisch-deutsche Kaiser Franz Stephan von Lothringen, durch geschickte Investitionen und Spekulationen erworben hat. Franz Stephan hinterließ seinem Erben, Kaiser Joseph II., 18,5 Millionen Gulden. Dieser überschrieb davon 12 Millionen Gulden der Staatskasse zur Tilgung von Staatsschulden. Mit dem Rest wurde der Familienversorgungsfonds gegründet, wodurch die Familienmitglieder von staatlichen Zuwendungen unabhängig wurden. Bis 1918 versorgte dieser Fonds aus Zinserträgen die Mitglieder der kaiserlichen Familie, die – im Gegensatz zu anderen regierenden Häusern – keine Gehälter vom Staat bezogen.

Wichtiger als die Frage der materiellen Gerechtigkeit ist für Otto die Heimkehr. Drei Kinder Kaiser Karls gehen nach Österreich zurück: Adelhaid übernimmt eine Aufgabe bei der Wiener Caritas, Felix besucht die Militärakademie in Wiener Neustadt und Carl Ludwig tritt in das Gymnasium der Benediktiner in der Wiener Schottengasse ein, das auch sein Vater einst besucht hat. Erzherzogin Adelhaid, die zu Ottos engster Mitarbeiterin werden sollte, vertritt ihren Bruder bei vielen offiziellen Anlässen in Österreich, etwa bei der Verleihung von Ehrenbürgerschaften. Den Chef des Hauses jedoch bittet Schuschnigg immer wieder, den richtigen Zeitpunkt abzuwarten. Die weiter und weiter hinausgeschobene Heimkehr Ottos begründet der Kanzler stets mit den zu befürchtenden Reaktionen des Auslands. Dabei kann er nur an Berlin, Prag und Belgrad denken, wo betont Habsburg-feindliche Kräfte herrschen. In London und Paris ist Otto längst hoch angesehen. Und selbst Mussolini macht im November 1936 in einem Gespräch mit Wiesner in Rom deutlich, dass Italien gegen die Rückkehr der Habsburger keine Einwände hat – vielleicht, weil er auf eine Hochzeit Ottos mit Maria von Savoyen hofft. Bereits im August 1934 sagte Mussolini dem österreichischen Kanzler bei einem Treffen in Florenz, dass Italien bei einer Restauration in Österreich keine Probleme machen würde.[1]

Der Legitimismus erstarkt

In einem vertraulichen Bericht der Bundespolizeidirektion Wien an die Generaldirektion für öffentliche Sicherheit vom 26. 1. 1937 heißt es: »*Der Eiserne Ring ist bestrebt, alle Personen in seinen Reihen zu vereinen, welche zur Erkenntnis gelangt sind, dass Österreichs Wiedererstarkung und volle Unabhängigkeit nur unter dem legitimen Herrscherhaus zu erreichen sind. (…) Die Leitsätze der Bewegung sind: Erstens: Wiederherstellung der legitimen Monarchie auf dem Boden des Bundesstaates Österreich in dessen heutigen Grenzen; zweitens: Ausgestaltung der ständischen Verfassung (…) sodass dem Volke die Möglichkeit der Teilnahme an der Willensbildung gegeben ist; drittens: Volle Wiederherstellung und weiterer Ausbau der Grundlagen eines Rechtsstaates im Sinne des alten habsburgischen Reichs- und Rechtsgedankens; viertens: Ausbau der sozialen Gesetzgebung zur Sicherung der Grundlagen eines nach allen Richtungen sozial gerechten Staates; fünftens: Durchdringen des Staatslebens mit christlicher Erziehung, Familien- und Lebensgestaltung, sowie Gleichheit aller Bürger vor dem Gesetz ohne Rücksicht auf Nationalität oder Religion.*« Erwähnt wird, dass sich die Legitimisten »zu einer Wirtschaftsunion der Nachfolgestaaten im Donauraum« bekennen. Der Bericht schließt mit der Bemerkung, dass die Legitimisten der Meinung sind, dass »die Restauration in Österreich das einzige und beste Bollwerk gegen das Vordringen des

---

[1] Hellmut Andics dazu: »*Dass Prag und Belgrad Ottos Rückkehr nicht widerstandslos hinnehmen würden, stand fest. Tatsächlich haben sich, wie später herauskam, die Generalstäbe der Kleinen Entente mit der Habsburgerfrage eingehend beschäftigt. Bei ihren Jahreskonferenzen 1935, 1936 und 1937 wurden detaillierte militärische Operationen für den Fall eines Restaurationsversuches in Österreich ausgearbeitet. Tschechische Truppen sollten von Prag und Brünn nach Wien, jugoslawische nach Graz vorstoßen. An eine Rückkehr war also nicht zu denken, das sah Otto selbst ein.*«, S. 82

deutschen Nationalsozialismus und des russischen Bolschewismus ist«.[1]

Während sich die kaisertreuen Vereine in Österreich strikt an die Propagierung ihrer Ideen innerhalb der österreichischen Landesgrenzen halten, wächst auch in Ungarn eine legitimistische Bewegung heran. Energisch kämpft Ministerpräsident Gyula Gömbös gegen die Habsburger: Er hatte Horthy im Herbst 1921 veranlasst, bei Budaörs auf König Karl schießen zu lassen und wird später zu einem der Architekten der »Achse« Berlin-Rom. Die Opposition jedoch – die Kleine-Landwirte-Partei, die Sozialdemokratische Partei sowie bürgerliche und radikale Gruppen – blickt auf ihren im belgischen Exil weilenden König Otto. Leiter der ungarischen Legitimisten ist Graf Antal Sigray, der dem gesetzgebenden Oberhaus angehört. Der Obmann der Kleinen-Landwirte-Partei, Tibor Eckhardt, zählt 1921 noch zur Habsburg-feindlichen Front, trifft sich jedoch mit Otto zu einer ausführlichen Unterredung 1935 in Lyon. Otto von Habsburg und Eckhardt stimmen darin überein, dass der Nationalsozialismus die größte Gefahr für Europa darstellt, und dass Hitler den Krieg vorbereitet. Nach dem Treffen von Lyon tritt Eckhardt in Ungarn offen für die Restauration auf. Später, während des Zweiten Weltkriegs, wird er in den USA einer der engsten ungarischen Vertrauten Ottos.

In Ungarn wird eine breitere Legitimisten-Organsiation gegründet: »Magyar Szentkorona Szövetség«, der Verband der ungarischen Heiligen Krone. Vasari schreibt dazu: »*Einer der führenden Monarchisten, der katholische Priester Miklós Grieger, trat für das ›soziale Königtum‹ ein, machte die fortschrittlichen sozialpolitischen Ansichten des jungen Otto bekannt und prägte den Satz, der zurückerwartete Otto sei der ›König der Armen‹.*«

---

[1] Die Historikerin Gudula Walterskirchen bemerkt in ihrem Buch »Blaues Blut für Österreich«: »*Auffallend viele adelige Widerstandskämpfer bekannten sich zum Legitimismus oder sie wurden verfolgt, weil sie Legitimisten waren. Die Legitimisten setzten sich für die Rückkehr der aus ihrer Sicht legitimen Herrscher, der Habsburger, auf den Thron ein. In jener Zeit ging es ihnen aber vor allem um die Befreiung Österreichs vom Nationalsozialismus. Sie zählten neben den Kommunisten zu den entschlossensten Gegnern der Nationalsozialisten und wurden besonders grausam verfolgt.*«, Amalthea Verlag, Wien 2000, S. 12

Mit allen Mitteln gegen Hitler

Die österreichischen Monarchisten sind durch die Aufhebung der Habsburgergesetze einigermaßen befriedigt und konzentrieren sich nun auf den Kampf gegen den Nationalsozialismus und für die Freiheit und Unabhängigkeit Österreichs. Am 11. Januar 1938 werden in Wien und allen österreichischen Landeshauptstädten Massenversammlungen der Monarchisten abgehalten, mit insgesamt rund 80 000 Menschen.

Im September 1935 treffen sich Kanzler Schuschnigg und Otto von Habsburg im französischen Mühlhausen – im »Hotel du Parc«, das sich im Besitz des französischen Geheimdienstes befindet. An der Spitze des Geheimdienstes steht ein Bourbone, der Otto angesichts der starken Präsenz von Nazi-Spionen in Frankreich das Hotel des Geheimdienstes als einzig absolut sicheren Ort empfahl. Vasari berichtet über dieses Treffen: »*Man kam überein, dass der Kanzler Otto als eine Art Außenmitglied der Wiener Regierung betrachten und ihn von allen entscheidenden innen- und außenpolitischen Änderungen im Voraus informieren würde. Die Aufgabe der Benachrichtigung sollte Hofrat Weber übernehmen, der das Vertrauen beider genoss. Otto betonte wieder, man müsse gegen einen Einfall Hitlers die seelischen, geistigen und politischen Bollwerke festigen.*« Zwischen Otto von Habsburg und Schuschnigg wird eine klare Abmachung getroffen: Otto verspricht, nicht ohne Schuschniggs Zustimmung heimzukehren. Dafür verpflichtet sich der Kanzler, Otto über alle Entscheidungen hinsichtlich der Beziehungen zwischen Österreich und den Nazis vorab zu informieren.

Doch die Regierung in Wien hält sich nicht an diese Abmachung. Über das Abkommen Schuschniggs mit Hitler vom 11. Juli 1936 wird Steenockerzeel erst wenige Stunden vor dessen Bekanntwerden informiert. Schuschnigg hat mit Hitler ausgehandelt, dass Deutschland die Unabhängigkeit Österreichs anerkennt und verspricht, sich nicht in innere Angelegenheiten einzumischen. Österreich erklärt sich im Gegenzug als deutscher Staat und nimmt einen deutsch-nationalen und einen nationalsozialistischen Politiker in die Regierung auf: Edmund Glaise-Horstenau und Guido Schmidt. Kurz vor der Veröffentlichung der Erklärung lässt Schuschnigg

Otto von Habsburg über Hofrat Edmund Weber informieren und bittet um dessen Einverständnis. Selbstverständlich verweigert Otto dieses wütend, denn er erkennt im Arrangement mit Hitler den ersten Schritt zum Anschluss! Über Hofrat Weber lässt Otto dem Kanzler mitteilen, Hitler werde der Regierung in Wien kontinuierlich Vertragsbruch vorwerfen, wenn diese gegen Nazi-Agitatoren und Unruhestifter vorgehe. Auch Herzog Max Hohenberg protestiert in Ottos Auftrag heftig im Bundeskanzleramt. Nach hektischen Telefonaten zwischen Wien und Steenockerzeel entschließt sich Otto jedoch, nicht öffentlich gegen das Abkommen aufzutreten, um den schwachen Schuschnigg nicht noch weiter zu schwächen. Rückblickend meint Otto von Habsburg dazu: »Es gab dann einige äußerst unangenehme Auseinandersetzungen mit der Wiener Regierung über dieses berüchtigte Juliabkommen. Ich intensivierte daraufhin auch die Kontakte mit der deutschen Widerstandsbewegung.« Schuschnigg sei zwar von lauterem Charakter gewesen, habe aber nicht begriffen, mit wem er es in Hitler zu tun hatte. Dem deutschen Botschafter in Wien, Franz von Papen, wirft Otto von Habsburg einen »dämonisch bösen Einfluss« vor.

Otto von Habsburg und Kurt von Schuschnigg treffen sich im späten Sommer 1936 erneut, doch unter angespannteren Vorzeichen. Schuschnigg bringt seinen neuen Außenminister Guido Schmidt zum Treffen in der Genfer Villa mit. Otto erkennt in Schmidt den Vertrauensmann Hitlers in der österreichischen Regierung. Kontrovers diskutieren sie die Vereinbarung mit Hitler vom 11. Juli. Man trennt sich kühl und ohne Ergebnis.

Bei einem offiziellen Besuch in Wien im Februar 1937 fordert der deutsche Außenminister Konstantin von Neurath, begleitet von Botschafter Franz von Papen, Schuschnigg und Guido Schmidt auf, vor einer Restauration der Habsburger die Zustimmung Deutschlands einzuholen. Schuschnigg soll ihm dafür eine förmliche Zusicherung geben. Nachdem Schuschnigg ausweicht, betont Neurath, Deutschland könne eine Restauration in Österreich nicht dulden, weil sie zu einem Konflikt im Donauraum führen würde. Neurath bezeichnet einen Restaurationsversuch als glatten »Selbstmord« Österreichs. Außenminister Guido Schmidt versteht, dass Hitler die

Habsburgerfrage als Kriegsgrund betrachtet. Anschließend fährt Neurath nach Belgrad, wo er sich mit dem jugoslawischen Ministerpräsidenten Milan Stojadinovic darüber einigt, dass die Restauration der Habsburger in Österreich verhindert werden muss. Als Schuschnigg im April 1937 nach Venedig fährt, um Mussolini zu treffen, warnt ihn auch der »Duce« vor einer Rückkehr der Habsburger, weil diese für Deutschland und für Jugoslawien ein Anlass zum Einmarsch sein könnte.

Am 3. März 1937 kündigt Hitler dem britischen Botschafter in Berlin, Neville Henderson, an, dass er im Falle »innerer Explosionen« in Österreich oder der Tschechoslowakei »blitzschnell handeln« werde. In der ersten großen Kriegsplanung der Deutschen Wehrmacht, der sogenannten »Blomberg-Weisung« vom 24. Juni 1937, verfügt der deutsche Kriegsminister unter dem Stichwort »Sonderfall Otto«: *»Ziel dieser Intervention wird sein, Österreich mit Waffengewalt zum Verzicht auf eine Restauration zu zwingen. Hierzu ist unter Ausnutzung der innerpolitischen Spaltung des österreichischen Volkes in allgemeiner Richtung auf Wien einzumarschieren und jeder Widerstand zu brechen. Teile der Luftwaffe sind zur unmittelbaren Unterstützung des Heeres einzusetzen.«* Dazu meint Andics: »So betrachtet, scheint Hitler angenommen zu haben, dass Otto Habsburg tatsächlich zum Sammelpunkt einer Volksfront gegen den Nationalsozialismus werden könnte, wenn er erst einmal im Lande war.«

Im Dezember 1937 findet in Einsiedeln ein neuerliches Treffen zwischen Otto und dem österreichischen Kanzler statt – das letzte vor dem Untergang Österreichs. Guido Schmidt nimmt abermals an dem Gespräch teil. Wieder kommt es zum Streit über das Abkommen mit Hitler. Otto von Habsburg fordert Schuschnigg auf, die Nazis aus der Regierung zu entfernen und stattdessen Sozialdemokraten einzubeziehen. Ohne Umschweife fragt er, ob Schuschnigg bereit ist, einem deutschen Angriff nötigenfalls bewaffneten Widerstand entgegenzusetzen. Der Kanzler gibt keine klare Antwort. Schuschnigg hofft zu dieser Zeit wohl noch auf einen Interessenausgleich zwischen Italien und den Westmächten. Hinsichtlich einer Rückkehr Ottos plädiert der Kanzler einmal mehr für ein Abwarten. Otto dagegen meint, die Freiheit Österreichs sei durch die Wiederherstellung der Monarchie und die entschlossene Erklärung, dass Österreich seine Unabhängigkeit mit allen Mitteln verteidigen werde, zu retten.[1]

3. Der Kampf gegen den Anschluss

Adolf Hitler verstärkt seinen Druck auf die Regierung in Wien. Am 12. Februar 1938 zwingt er Schuschnigg zur Umbildung der Bundesregierung. Otto von Habsburg ist alarmiert: Hektisch telefoniert er mit seinen Vertrauten in Österreich, mit Fuchs und Wiesner, trifft sich in Paris mit Georges Mandel und seinem Onkel Xavier. Er weiß, dass gehandelt werden muss. Aufgrund seiner Erfahrungen mit Schuschnigg seit 1934 fürchtet er, dass dieser nicht der Mann ist, Hitler aufzuhalten.[2] Der exilierte Thronprätendent ist bereit, selbst die Führung des Widerstandes gegen Hitler zu übernehmen. Die Frage der Restauration spielt dabei keine Rolle.

Ottos Krisenplan: Ein Selbstmordkommando für Österreich

Ottos Brief an Kanzler Schuschnigg wurde oft verkürzt dargestellt und fehlinterpretiert. Nur das Wissen um die hoffnungslose Lage und die Vertrautheit mit dem vollständigen Schreiben erklären diesen Brief, den der junge Habsburger am 17. Februar 1938 an Bundeskanzler Schuschnigg schreibt[3]:

---

[1] Max Hohenberg traf – wie erwähnt – im Juli 1936 Mussolini in Rom, wobei es offiziell um die Abwicklung des Verkaufs Estensischer Güter geht, tatsächlich aber vor allem um Österreich. Laut Lucian O. Meysels bedrängt Herzog Max den ital. Diktator, Österreich zu retten, weil er nicht an die Hilfe der Westmächte glaubt. Er schlägt Mussolini die Einführung der Monarchie in Österreich vor, in der Otto als Erzherzog von Österreich, nicht als Kaiser regieren soll.
[2] Dagegen hofft und glaubt General Zehner, den Otto sehr schätzt, bis zuletzt, dass Schuschnigg kämpfen lassen werde.
[3] Seiner Mutter zeigt er den Brief erst, nachdem er ihn fertig geschrieben hat. Otto von Habsburg erinnert sich, dass seine Mutter ihn noch am Tag vor dem Anschluss drängte, ohne Rücksicht auf die Umstände nach Österreich einzureisen.

»Lieber Herr von Schuschnigg!
Die Ereignisse der letzten Tage zwingen mich, Ihnen zu schreiben. Ich will hiebei nicht über die Dinge der Vergangenheit sprechen. Sie wissen ja am besten, dass ich stets Ihnen gegenüber den Standpunkt vertreten habe, dass wir eine endgültige Sicherung unserer Unabhängigkeit durch eheste Einführung der legitimen Monarchie brauchen. Trotz Ihrer loyal-legitimistischen Gesinnung, an der ich nie gezweifelt habe und an der ich auch heute nicht zweifle, haben Sie es für Ihre Pflicht gehalten, diese Dauerlösung des österreichischen Problems hinauszuschieben. Sie wissen auch, dass ich das Abkommen vom 11. Juli 1936 in der Form und mit dem Inhalt nie gebilligt habe. Sie wissen schließlich, dass ich stets für eine Politik weitgehendster Befriedung gegenüber der großen Masse der Arbeiterschaft war, hingegen eine Politik der Nachgiebigkeit gegenüber den Mördern Dollfuß', gegenüber den nationalsozialistischen Volks- und Vaterlandsverrätern stets verurteilt habe.

Mit den Ereignissen der letzten Tage hat eine neue Phase im Leben unseres Volkes begonnen. Es ist dem Feinde Österreichs gelungen, durch einen Gewaltakt ohnegleichen Ihre Regierung in eine bedrohliche Lage zu zwingen, die unseren weiteren Widerstand in gefährlicher Weise erschwert. Es ist ihm gelungen, uns ein neues Abkommen zu diktieren, welches seinen Einmischungen Tür und Tor öffnet. Ein Präzedenzfall ist geschaffen worden, der jeden Österreicher nur mit größter Besorgnis erfüllen kann.

In dieser Stunde muss ich reden – zu Ihnen reden, der Sie heute so große Verantwortung für meine Heimat vor Gott und dem Volke tragen. Diese Verantwortung ist furchtbar. Sie besteht gegenüber dem Volke, welches an Sie als den Verfechter des Unabhängigkeitsgedankens glaubt und Sie in dieser Politik unterstützen will. Sie besteht gegenüber der ehrwürdigen österreichischen Idee, die durch Jahrhunderte in ihrer übernationalen, völkerverbindenden Macht ein geeintes, starkes Donaubecken zusammenhielt und auch heute noch die Kraft besitzt, einen Neuaufbau zu bewerkstelligen. Sie besteht gegenüber dem wahren Deutschtum, welches heute, entgegen den artfremden, neuheidnischen Bestrebungen im Reiche, in seiner alten Stärke, die der Grundgedanke des Heiligen Römischen Reiches Deutscher Nation war, nur mehr in Österreich eine Heimat hat; nur in Österreich kann sich das Deutschtum erhalten und dereinst Retter Deutschlands sein, soll nicht das Deutschtum in einem schrecklichen Chaos untergehen. Die Verantwortung besteht schließlich und hauptsächlich gegenüber unserem höchsten Gut, dem katholischen Glauben. Im Deutschen Reich wütet ein systematischer Kampf gegen den Katholizismus, der auf die Dauer zu dessen Ausrottung in den breiten Volksschichten führen muss. Im ganzen deutschen Raum ist heute Österreich die letzte Stellung des Katholizismus, mit dem auch unser Volk steht und fällt. Bricht dieses letzte Bollwerk zusammen, so verödet die alleinseligmachende Kirche in Mitteleuropa und gehen Millionen von Seelen, deren ewiges Heil heute noch zu retten ist, für alle Ewigkeit verloren.

Diese Verantwortung tragen Sie aber nicht allein. Auch ich habe daran teil. Als legitimer Erbe einer Dynastie, die durch 650 Jahre Österreich schirmte, als Sohn meines in Gott ruhenden Vaters, der für sein Volk sein Leben auf ferner Insel hingab, kann und darf ich meiner ererbten Pflicht nicht untreu werden.

Im vollen Bewusstsein der ganzen Tragweite dessen, was ich Ihnen jetzt sagen werde, und nach reiflicher Überlegung der großen Verantwortung, die ich damit übernehme, halte ich es für meine Pflicht, Ihnen, lieber Herr von Schuschnigg, folgenden Plan zur Rettung der schwerstbedrohten Heimat auseinander zu setzen, für den ich, als legitimer Kaiser Österreichs, die Verantwortung übernehme:

Der erste Punkt dieses Planes betrifft die Außenpolitik. Wir sind heute in Österreich dem Drucke eines gewaltigen Nachbarn ausgesetzt, der unsere Existenz zerstören will. Wir müssen uns daher nach Mächten umsehen, die diesen Druck aufwiegen können. Die Wahl kann hiebei nur auf die Westmächte fallen, die unserem Vaterland sympathisch gegenüber stehen. Gewiss entspricht deren innere Struktur nicht unserer Idealauffassung, aber das darf im Falle der Frage Sein oder Nichtsein keine Rolle spielen. Diese notwendige Annäherung an die Westmächte muss selbstverständlich geheim bleiben, solange uns dies möglich ist. Daher müssen Sie diese Annäherung selbst in die Hand nehmen, nicht nur wegen des Vertrauens der Westmächte zu Ihrer Person, sondern auch, weil ich Minister Guido Schmidt gegenüber kein Vertrauen haben kann. Auch ist er den Mächten sichtlich unsympathisch, und ich weiß, dass er Ihnen gegenüber nicht immer loyal war; außerdem sind seine Neigungen zu Deutschland mir wohl bekannt. Es wäre demnach unumgänglich notwendig, dass

Sie selbst diese Politik, unter Umgehung des amtlichen Apparates, in die Hand nehmen. Sie können versichert sein, dass ich Ihnen diesbezüglich jederzeit zu helfen bereit bin, weiß ich doch, dass dies der einzige Weg einer außenpolitischen Sicherung ist.

Auf militärischem Gebiet muss Österreich nach Kräften für seine Aufrüstung wirken und dieser imperativen Pflicht anderweitige, noch so dringende finanzielle Begehren unterordnen. Haben wir ein starkes Heer, so werden wir keine so große Gefahr mehr laufen wie in der Vergangenheit. Von diesem Standpunkt aus kann ich Sie nur zu Ihrer Entschlossenheit beglückwünschen, mit der Sie, trotz allen Druckes, an General der Infanterie Zehner festgehalten haben. Seine Person ist uns Gewähr, dass das Heer weiter ein österreichisches Heer bleiben wird.

In den Fragen der Innenpolitik wird es für das Heil der Heimat notwendig sein, nach drei Richtungen hin zu wirken, wozu Ihnen Ihre Machtvollkommenheit als Frontführer die Möglichkeit bietet. Vorerst muss die Befriedung nach links aktiv betrieben werden. Die Arbeiter haben in den letzten Tagen bewiesen, dass sie Patrioten sind. Diese Gruppe kann durch den Nationalsozialismus nicht vergiftet werden, wird daher stets am sichersten für Österreich eintreten, wogegen die Regierung ihr die Möglichkeit geben muss, an der Gestaltung des Vaterlandes – für welches sie sich einzusetzen bereit ist – aktiv mitzuwirken. Eine weitere Kraft, die noch nicht verbraucht ist, ist der Legitimismus. Diese Bewegung – und für das übernehme ich die Garantie – geht mit Ihnen durchs Feuer, wenn sie die Gewissheit hat, damit für die Unabhängigkeit Österreichs zu wirken. Ich bitte Sie, die Bewegung nach Kräften zu unterstützen, da jeder neue Legitimist eine Sicherung mehr für die Unabhängigkeit der Heimat ist. Schließlich, dies glaube ich Ihnen gegenüber nicht betonen zu müssen, wird es eminent wichtig sein, unter der Hand gleich vom ersten Augenblick an der verderblichen Arbeit der Betont-Nationalen entgegenzuwirken.

Dies wären meines Erachtens diejenigen Maßnahmen, die augenblicklich zur Rettung Österreichs vor der Gefahr der Gleichschaltung ergriffen werden müssten. Ich bin überzeugt, dass Sie darin mit mir übereinstimmen.

Nun für die Zukunft:
Der entscheidende Augenblick kommt, sobald Deutschland mit

Drohungen und Erpressungen weitere Konzessionen von uns verlangt. Ich glaube, gewiss nicht fehlzugehen, wenn ich annehme, dass Sie wie ich der Ansicht sind, dass Österreich die äußerste Grenze dessen erreicht hat, was es Deutschland zugeben kann. Jeder weitere Schritt zurück würde die Vernichtung Österreichs, die Vernichtung Ihres und Dollfuß' mühsamen Aufbauwerkes bedeuten. Mein kaiserlicher Vater wäre umsonst gestorben, Hunderttausende wären umsonst gefallen, die Opfer seit 1933 wären umsonst gebracht worden. Dieses aber können wir Österreicher nicht zugeben. Lieber alles, als unser Vaterland zu verlieren!

Nun habe ich gehört, Sie, lieber Herr von Schuschnigg, hätten sich geäußert, einem neuen Druck von deutscher Seite nicht mehr widerstehen zu können und in diesem Falle von Ihrem verantwortungsvollen Amte zurücktreten zu wollen. So wende ich mich jetzt an Sie als den seinem Kaiser und seinem Volke unerschütterlich treuen Mann mit Bitten, auf deren Erfüllung ich in meinem Gewissen vor Gott dringen muss.

Erstens: Ich bitte Sie, solange Sie das Bundeskanzleramt innehaben, keine wie immer geartete neue Konzession an Deutschland oder an die österreichischen Betont-Nationalen zu machen.

Zweitens: Sollten Sie den Eindruck haben, dass von Deutschland neue Forderungen oder Drohungen gegen Österreich bevorstehen, bitte ich Sie, mir dies sofort zur Kenntnis zu bringen.

Drittens: So unerwartet Ihnen Nachstehendes vorkommen wird, so reiflich ist es in diesen schweren Stunden in äußerster Gefahr erwogen: Sollten Sie einem Druck von deutscher oder von betont-nationaler Seite nicht mehr widerstehen zu können glauben, so bitte ich Sie, mir, wie immer die Lage auch sei, das Amt eines Kanzlers zu übergeben. Ich bin fest entschlossen, zum Schutze von Volk und Staat bis zum Äußersten zu gehen, und ich bin überzeugt, dabei Widerhall beim Volke zu finden. Infolge der Lage, die ein langwieriges Anerkennungsverfahren seitens der Mächte nicht erlauben würde, will ich von Ihnen für diesen Anlass nicht die Restauration der Monarchie verlangen. Ich würde Sie nur auffordern, mir die Kanzlerschaft zu übergeben, so dass ohne Änderung der Verfassung, ohne neue Anerkennung – wenigstens für die entscheidende Lage – die gleichen Vorteile erreicht werden könnten wie durch den formellen Akt der Wiederherstellung der Monarchie. Ich möchte hier nochmals beto-

nen, dass ich für diesen schwerwiegenden Entschluss vor Gott, dem Volke, der Welt und der Geschichte allein die volle Verantwortung übernehme.

Ich habe mich verpflichtet gefühlt, Ihnen dies alles in diesen schicksalsschweren Stunden zu schreiben. Ich bin überzeugt, hiemit am besten meiner Pflicht als Sohn des Märtyrerkaisers Karl, als glühender österreichischer Patriot und als legitimer Kaiser dieses Landes nachzukommen. Sie, lieber Herr von Schuschnigg, beschwöre ich im Andenken an Ihren einst geleisteten Offizierseid, im Andenken an Ihre selbstlose patriotische Arbeit mir in diesen Bitten entgegenzukommen. Glauben Sie nicht, dass dieser Brief etwa dem Machthunger eines jungen, ambitionierten Mannes entspringt. Solche Ambitionen – wenn ich sie je gekannt hätte – würden schweigen angesichts der furchtbaren Lage und der ungeheuren Verantwortung. Ich handle nur deswegen so, weil ich dies als meine Pflicht ansehe, denn wenn Österreich in Gefahr ist, hat der Erbe des Hauses Österreich mit diesem Lande zu stehen und zu fallen.

Von dem Inhalt dieses meines Briefes an Sie weiß außer mir niemand. Ich habe sogar meinen Vertrauensmann, Gesandten von Wiesner, hierüber keine wie immer geartete Mitteilung gemacht. Ich bitte Sie, auch Ihrerseits von diesem Brief niemand gegenüber Erwähnung zu tun und ihn brieflich so bald wie möglich zu beantworten und mir Ihre Rückäußerung auf gleichem Wege zukommen zu lassen.

Ich versichere Sie weiter meines Vertrauens sowie meines Entschlusses, Ihnen in allem in dieser schweren Zeit behilflich zu sein. Möge Gott Sie segnen und Ihnen den richtigen Weg zum Wohle und zur Rettung der Heimat weisen!

In der Fremde, am 17. Februar 1938.«

Bundeskanzler Schuschnigg antwortet Otto von Habsburg mit einem Schreiben, datiert »Wien, am 2. März 1938«:

»*Eurer Majestät*

bestätige ich das Schreiben vom 17. Februar, welches Eure Majestät an mich zu richten die Güte hatten.

Ich sehe die Sachlage folgendermaßen:

Oberste Pflicht der verantwortlichen Führung im Staate ist es, das Land zu erhalten. Alles, was dazu dient, ist gut, alles, was das Land gefährdet, ist schlecht und muss jenseits der Erwägung bleiben. Die große internationale Situation, welche sich fallweise ändert, bleibt in Rechnung zu stellen. Der Grundsatz, welcher der österreichischen Ideologie als Pfeiler dient, heißt: Dienst am Frieden. In dem Moment, in welchem Österreich, um seine Existenz zu sichern, genötigt ist, einen internationalen Krieg heraufzubeschwören, gibt es zu, dass es seiner Aufgabe nicht getreu bleiben konnte. Außerdem kann ein Krieg nur dann geführt werden, wenn, entgegen den Voraussetzungen des Jahres 1914, die Erfolgschancen gegeben sind. Schließlich darf man auf fremde Hilfe nur rechnen, wenn man ihrer sicher ist.

Die geografische und die geopolitische Lage des Landes bedingen zwingend einen Frieden mit Deutschland. Hiefür sprechen außer sehr ernst in Betracht zu ziehenden psychologischen Erwägungen nüchterne Wirtschaftssorgen, die z.B. in der Zeit nach dem 12. Februar auch bei sehr konservativen Bauernschichten, unter anderem in Tirol, eine sehr eindeutige Stellungnahme bedingten. Ein Land kann nur am Leben erhalten werden, wenn ihm ein wirtschaftliches Existenzminimum gesichert ist.

Die Stimmung im Lande und die wahren Verhältnisse, über die meiner unmaßgeblichen Meinung nach Eure Majestät seit je nicht richtig oder zumindest nicht vollständig orientiert sind, zwingen mich auf den gleichen Weg.

Insbesondere würde ich es als geradezu mörderisch für den Gedanken der Dynastie halten, wenn sich dieselbe eine vorübergehende oder selbst vorläufig bleibende Restauration nur mit schweren Blutopfern und mit fremdnationaler Hilfe erkaufen könnte. Damit wäre meiner tiefsten Überzeugung nach das Schicksal Österreichs gleichermaßen besiegelt.

Selbst wenn daher, was Gott verhüten möge, ein geschichtlicher Rückschlag eintritt und Österreich der Gewalt weichen müsste, der es sich in Ehren lange und hartnäckig widersetzt hat, dann ist es immer noch besser, dies geschieht, ohne dass die Dynastie dabei mit ins Spiel gezogen wird. Denn einmal würde auch dann die Zeit der Wiederauferstehung kommen mit einer völlig neuen Gestaltung Europas; dass dies voraussichtlich erst nach einem neuen großen Krieg sein dürfte, ist eine unendlich tragische, aber leider wahrscheinliche Gegebenheit. Das Land jedoch in einen von vornherein aussichtslosen Kampf zu führen, kann meines Erachtens unter gar keinen Umständen verantwortet werden. Ich weiß, was Krieg heißt, und habe auch

Bürgerkriege erlebt. Ich weiß daher auch um die Pflicht, das Äußerste daranzusetzen, um unser Land vor solchen Situationen zu bewahren. Wem die Zukunft Österreichs am Herzen liegt, der kann und darf nicht daran denken, wie man in Ehren untergehen kann, sondern er muss seine Kräfte darauf konzentrieren, wie das Land in Ehren bestehen kann, um für bessere Zeiten, die einmal kommen müssen, gerüstet zu sein.

Ich bin durchaus nicht pessimistisch, aber ich verschließe meine Augen nicht vor dem ganzen Ernst und der ganzen Schwere der Situation. Ich darf hiebei auch nicht verschweigen, dass manche legitimistischen Parolen, vor denen ich lange und leider vergeblich gewarnt habe, zur Verschärfung der zwischenstaatlichen Lage wesentlich beigetragen haben, ohne dem freien Bestand Österreichs zu nützen. Unsere Politik von heute ist zeitgebunden; der Begriff Österreich, einschließlich des Hauses Österreich, ist meiner Meinung nach ein Begriff, der nicht mit dem Zeitmaß einer Generation gemessen werden darf. Die müssen bleiben, wir einzelnen und unser Schicksal können darüber vielleicht zugrunde gehen.

Dies, Majestät, ist meine Meinung!

Ich bedaure unendlich, dass es mir nicht gelungen ist, meine aus genauer Kenntnis der zwischenstaatlichen und innerstaatlichen Situation gefassten Ansichten und Überzeugungen Eurer Majestät so zu übermitteln, dass sie Glauben gefunden hätten. Ich bitte inständigst, mir jetzt zu glauben, dass unendlich viel, vielleicht alles auf dem Spiele steht und dass jeder Versuch einer Restauration, sei es in den letzten Jahren oder in der nächsten, absehbaren Zeit, mit hundertprozentiger Sicherheit den Untergang Österreichs bedeuten müsste.

Ich brauche nicht hinzuzufügen, dass ich glücklich wäre, wenn es sich anders verhielte, aber ich kann Eure Majestät nur beschwören, mir zu glauben: es ist so.

Ich bin selbstverständlich gern bereit, nach Maßgabe der mir zustehenden Möglichkeiten von eventuellen Änderungen der Lage Eure Majestät in Kenntnis zu setzen. Einstweilen kann ich nur sagen: Was geschah, musste geschehen und war richtig so. Und wenn es nicht geschehen wäre, hätte heute kein österreichischer Verantwortlicher mehr die Möglichkeit, Eurer Majestät hierüber zu berichten. Dies gilt insbesondere auch für den 11. Juli 1936.

Ich würde Eure Majestät dringendst bitten, zu erwägen, dass das Zweckmäßige oder Unzweckmäßige so grundlegender Entscheidungen nur an Ort und Stelle und schwerlich aus der Distanz beurteilt zu werden vermag. Niemand von uns hat es absolut in der Hand, zu sagen, dass es ihm gelingen wird, in dieser überaus verworrenen und schweren Zeit das sichere Ziel zu erreichen. Aber ebenso ist auf der anderen Seite völlig außer Zweifel gestellt, dass es einen anderen realpolitisch gangbaren Weg für uns nicht gibt. Unsere Aufgabe kann nur sein, die Wege für eine künftige Entwicklung offen zu halten; denn was jetzt verschüttet würde, bliebe auf Menschengedenken hinaus für jeden Neuaufbau verloren.

Schließlich darf ich Eure Majestät ergebenst darauf verweisen, dass für uns alle nur der legale Weg der Verfassung gangbar ist und nach dieser Verfassung Abberufung und Neubestellung des Bundeskanzlers dem Herrn Bundespräsidenten zukommen.

Mit dem aufrichtigen Herzenswunsch, dass Gott Eure Majestät und das Haus Österreich schützen möge, und in der festen Überzeugung, dass die Sache Österreichs, ob mit oder ohne Rückschläge, den Weg neuer geschichtlicher Bedeutung gehen wird, mit der Versicherung schließlich, dass für mich pflichtgemäß der Kampf um das Land und die Verantwortung für jeden Österreicher das einzige Motiv aller Entschlüsse bleibt, verharre ich (...)«

Schuschnigg, der den Briefwechsel im Wortlaut in seinem 1969 erschienenen Buch »Im Kampf gegen Hitler« abdruckt, kommentiert diesen als »Ausdruck einer bis zur Siedehitze gesteigerten Spannung«. Die Briefe seien ein »Zeitdokument, das vielleicht klarer als manches internationale Protokoll von der Verzweiflung zeugt, in der Österreicher damals – angesichts der undurchsichtigen Zukunft – um Österreich bangten«. Aufschlussreich dürfte an der Korrespondenz sein, dass Schuschnigg auf die Forderung nach Aussöhnung mit der Sozialdemokratie und nach unversöhnlichem Widerstand gegen Hitler überhaupt nicht einging. Auch Ottos Plädoyer für eine Annäherung an die Westmächte scheint den Kanzler nicht sehr interessiert zu haben. Schuschnigg betont stattdessen die Abhängigkeit Österreichs vom Deutschen Reich und kalkuliert bereits sehr konkret mit der Möglichkeit, dass »Österreich der Gewalt weichen« könnte.

Otto von Habsburg, der dem drohenden Anschluss Österreichs an Hitler-Deutschland mit allen, auch mit allen militärischen Mitteln Widerstand leisten wollte, sagt dazu rückblickend: Er habe damals seine persönliche Vernichtung einkalkuliert. Das Angebot, die Kanzlerschaft zu übernehmen, sei »ein Selbstmordkommando« gewesen, aber nötig, weil die Gefahr bestand, dass Österreich endgültig von der Landkarte verschwände. Er habe den Brief an Schuschnigg geschrieben, als er zum ersten Mal davon gehört habe, dass man keinen Widerstand leisten wolle, falls Hitler einmarschierte. *»Ich vertrat in allen Gesprächen die Ansicht, dass ein Staat, der sich nicht verteidigt, aufhört, eine Existenzberechtigung zu haben. (...) Dass Hitler seinen Krieg schlussendlich verlieren würde, davon war ich immer überzeugt. Es ging mir damals um die Frage, ob sich Österreich in der entscheidenden Stunde verteidige, denn dann war mir sein Wiedererstehen gewiss.«* In einem Interview der »Kleinen Zeitung« am 28. 11. 2000 antwortet Otto von Habsburg auf die Frage »Hätten Sie damals, im Feber 1938, tatsächlich die Regierung übernommen? Was, glauben Sie, wäre aus Ihnen geworden?«, so: »Da gab es für mich nicht den geringsten Zweifel: Ich hätte mit dem Leben bezahlt, noch im selben Jahr. Ich hätte den Tod in Kauf genommen.«

Nach Angaben Otto von Habsburgs wusste Bundespräsident Miklas von seiner Initiative und war damit einverstanden.[1] Er selbst hätte ohne Schwierigkeiten den nötigen Eid abgelegt. Nach dem Weltkrieg will Schuschnigg mehrfach die damalige Situation mit Otto von Habsburg »durchspielen«, doch dieser winkt stets mit der Bemerkung ab: »Ihr Spiel ist gespielt worden. Wir wissen, wie es geendet hat. Meines ist nicht gespielt worden. Lassen wir es dabei.« Er lehne es ab, wie Generäle verlorene Schlachten nochmals im Sandkasten zu schlagen – und sie dort dann zu gewinnen, meint Otto von Habsburg. Historische Tatsache bleibt, dass Schuschnigg alle Ratschläge Ottos ignorierte, seine weltpolitische Einschätzung nicht teilte und sich besser informiert glaubte. So kam es weder zur Aussöhnung mit der Sozialdemokratie noch zur Annäherung an Paris und London. Erst recht wagte Schuschnigg keinen entschlos-

---

[1] Wiesner, der »politische Kopf« der Bewegung, hatte Miklas mündlich informiert.

senen Widerstand gegen Hitler und dessen expansionistische Ambitionen. Als einen der Gründe für das Verhalten Schuschniggs macht Otto von Habsburg »unglaubliche Minderwertigkeitskomplexe«, vor allem gegenüber den Deutschen, verantwortlich.

Schuschniggs letzte Manöver – und der Untergang Österreichs

Am 9. März 1938 kündigt Schuschnigg überraschend in einer Rede in Innsbruck eine Volksabstimmung über die Unabhängigkeit Österreichs für den folgenden Sonntag, 13. März, an. Otto erfährt davon durch seinen Mitarbeiter Martin Fuchs und notiert an diesem Tag in seinem Kalender: »Plebiszit am Sonntag in Österreich.« Doch schon zwei Tage später muss er notieren: »Telefon Dr. Fuchs: deutsches Ultimatum, Plebiszit verschoben.« Am selben Abend ergänzt er in seinem Kalender: »Rücktritt Schuschnigg, unzähl. Tel., Seyss Kanzler, Gleichschaltung Österreichs.« Am Abend des 11. März 1938 telefoniert ein machtloser und fast verzweifelter Thronprätendent im Exil, die Katastrophe vor Augen, bis drei Uhr früh.[1] Zumindest telefonisch will er bei seinen Landsleuten sein.

Hitler kann Schuschnigg durch Bundespräsident Miklas zur Verschiebung der für 13. März geplanten Volksabstimmung bewegen. Wien gibt Görings Forderung nach Rücktritt Schuschniggs und Absetzung der Volksabstimmung nach. Kämpfen will in Wien lediglich der frühere Verteidigungsminister, General Zehner, mit dem Otto von Habsburg engen Kontakt hält. Bis heute ist Otto von Habsburg davon überzeugt, dass die britische Regierung Berlin zum Losschlagen gegen Österreich ermuntert hat. Der Herzog von Windsor sei von der Regierung London zu Göring geschickt worden, um diesen zu fragen, warum Deutschland nicht zuschlage. London habe klar gesehen, dass Hitler Krieg will. Weil Großbritannien selbst aber noch nicht ausreichend gerüstet gewesen sei, wollte es ihn auf den Osten lenken, meint Otto von Habsburg.

---

[1] Otto hält sich einige Tage in der Schweiz auf, um im gegebenen Fall schnell die österr. Grenze überschreiten zu können. Da sein Bruder Robert Flieger ist, gibt es auch Pläne, von Brüssel aus nach Österreich zu fliegen.

Am Abend des 11. März hält Schuschnigg eine Rundfunkansprache:»Bundespräsident Miklas hat mich gebeten, dem österreichischen Volk zu sagen, dass wir vor der Gewalt zurückgewichen sind (...) Wir haben beschlossen, den Truppen zu befehlen, keinen Widerstand zu leisten.« Kurz darauf, um 20.45 Uhr, gibt Hitler an die bereitstehenden deutschen Truppen den Befehl, am nächsten Tag in Österreich einzumarschieren. Otto, in Steenockerzeel, notiert am 12. März abends in seinem Kalender »Hitler in Linz«, und einen Tag später »Anschluss offiziell«.

Das amtliche Dokument zum Anschluss lautet:
»GEH, 24-10/C 182
OKW L 1a Nr. 427/38
Äußerst Geheim! Berlin, 11. März 1938, 20 Uhr 45.
Oberkommando der Wehrmacht. Operation Otto. Weisung Nr. 2
Die Forderungen des deutschen Ultimatums an die österreichische Regierung sind nicht erfüllt worden.
Die österreichische Wehrmacht ist angewiesen worden, sich beim Einmarsch der deutschen Truppen zurückzuziehen und Kämpfe zu vermeiden. Die österreichische Regierung hat die Wirksamkeit ihres eigenen Abkommens aufgehoben.
Um weiteres Blutvergießen in österreichischen Städten zu vermeiden, wird der Einmarsch der deutschen Wehrmacht in Österreich gemäß Weisung Nr. 1 bei Tagesanbruch am 12. März beginnen. Ich erwarte, dass die gestellten Ziele durch Anwendung aller Kräfte vollständig, so rasch als möglich erreicht sind.
Gezeichnet A. Hitler.«

Eine finanzielle Wahlkampfhilfe für das Unabhängigkeitsreferendum, die Otto von Habsburg in England organisiert hat, und die auf abenteuerlichen Wegen nach Wien gebracht worden ist, kommt zu spät. Georg Bittner, ein emigrierter jüdisch-österreichischer Journalist, der 1937 gemeinsam mit Wiesner und Max Hohenberg in Wien die Zeitschrift »Österreicher« aufbaute, hält sich im Auftrag Ottos in Österreich auf. Otto von Habsburg übergab Bittner in Paris einen Koffer voll Geld für Schuschniggs Volksabstimmung. Als Bittner am 12. März mit dem Zug in Wien eintrifft, ist es bereits zu spät. Bittner lässt den Koffer in der Wohnung des legitimistischen

Jugend-Aktivisten August Lovrek, bleibt drei Tage in Wien und informiert aus dem besetzten Wien telefonisch Otto von Habsburg in Paris. Anschließend rettet er sich mit Hilfe eines französischen Presseausweises ins Rheinland, von wo aus er die Grenze nach Frankreich überschreitet.

Der Thronprätendent mobilisiert die westliche Öffentlichkeit

Rückblickend bezeichnet Otto von Habsburg den 12. März 1938 – den Tag, an dem Hitlers Truppen in Österreich einmarschierten – als einen der düstersten Tage seines Lebens. Zwei Tage später fährt Otto nach Paris, um mit 25 Getreuen zu beraten, wie »Österreich wieder auf die Landkarte« zu bringen ist. Seine wichtigsten Ratgeber und Mitarbeiter heißen dabei Martin Fuchs, Georg Bittner, Georges Mandel. Am 16. März trifft er in Paris mit Kardinal Verdier zusammen.

Nicht nur viele Staaten beeilen sich, die Annexion Österreichs anzuerkennen. Am 3. April 1938 begrüßt sogar Staatskanzler a.D. Dr. Karl Renner in einem Interview mit dem »Neuen Wiener Tagblatt« die Volksabstimmung über die Zugehörigkeit Österreichs zum Deutschen Reich: »Obwohl nicht mit jenen Methoden errungen, zu denen ich mich bekenne, ist der Anschluss nunmehr doch vollzogen, ist geschichtliche Tatsache, und diese betrachte ich als wahrhafte Genugtuung.«

In krassem Gegensatz dazu veröffentlicht Otto von Österreich einen Beitrag in den französischen Medien, in dem er das österreichische Volk aufruft, den Glauben nicht zu verlieren und die fremde Besetzung nicht zu akzeptieren. Nachfolgender Text ist zitiert aus »Le Jour« (Paris, 16. 3. 1938): »*Im Augenblick, da die Österreicher sich vorbereiteten, der Welt ihren Willen nach Unabhängigkeit durch eine freie Volksabstimmung zu beweisen, ist das Deutsche Reich einmarschiert und hat Österreich durch militärische Gewalt annektiert. In meiner Eigenschaft als Nachkomme einer Dynastie, die Österreichs Größe und Wohlstand durch 650 Jahre geleitet hat, als Sprecher der Gefühle von Millionen Österreichern, die für ihr Vaterland die reinste und glühendste Liebe empfinden, erhebe ich den em-*

pörtesten Protest gegen die unerhörte Aggression von deutscher Seite, der Österreich zum Opfer gefallen ist.

Diese Aggression ist eine Herausforderung der grundlegenden Prinzipien des Völkerrechts. Ich protestiere gegen die gewaltsame Annexion Österreichs durch Deutschland und weise eine Volksabstimmung zurück, die unter der Kontrolle der deutschen Truppen die vollzogene Tatsache nach dem Gewaltakt legalisieren würde.

Die durch einen flagranten Rechtsbruch entstandene Situation kann niemals meine oder des österreichischen Volkes Zustimmung finden. Ich setze meine ganze Hoffnung in Gott und glaube, dass am Ende das verletzte Recht siegen wird. Im Namen des unterdrückten österreichischen Volkes appelliere ich an das Gewissen aller Völker, denen Freiheit, Friede und Gerechtigkeit keine leeren Worte sind. Ich fordere sie auf, das österreichische Volk in seinem unbeirrbaren Willen nach Wiedergewinnung der Unabhängigkeit und der Freiheit zu unterstützen.«

Im »Petit Parisien« vom 29. März verlangt Otto, den Anschluss Österreichs nicht widerstandslos hinzunehmen. Der »Völkische Beobachter« entblödet sich nicht, diese Erklärung wörtlich – garniert mit einigen Ausrufezeichen – zu publizieren.

20. April 1938: An »Führers Geburtstag« veröffentlicht das Wiener Justizministerium, das zu diesem Zeitpunkt zwar noch existiert, aber bereits Berlin unterstellt ist, einen Steckbrief gegen Otto von Habsburg. Der Kronprinz wird zur Fahndung ausgeschrieben: *»Das*

österreichische Justizministerium hat gegen Otto von Habsburg wegen des Verbrechens des Hochverrates, begangen am 29. März 1938, einen Haftbefehl erlassen. Da Otto von Habsburg sich im Ausland aufhält, ist ein Steckbrief gegen ihn ausgestellt worden. Der Tatbestand des Hochverrates wird darin gesehen, dass Otto von Habsburg ausländische Mächte zum Eingreifen gegen das Deutsche Reich und das Land Österreich aufgefordert hat (...)«*

Die NS-Zeitung »Völkischer Beobachter« titelt am selben Tag auf Seite 1: »Steckbrief gegen Otto von Habsburg«. Untertitel: »Habsburgs entarteter Spross – ein landesflüchtiger Verbrecher«. Der »Völkische Beobachter« schreibt: »*Wie Dienstagmittag bekannt wird, ist vom österreichischen Landesjustizministerium gegen Otto von Habsburg, den ehemaligen Anwärter auf den österreichischen Thron, wegen des Verbrechens des Hochverrates am 29. März d.J. ein Haftbefehl erlassen worden. Da der Hochverräter landesflüchtig geworden ist – er hielt sich in den letzten Wochen in Paris auf und flennte um Hilfe für das ›arme unterdrückte österreichische Volk‹ gegen Hitler – wurde ein Steckbrief gegen ihn erlassen.«*

Der Anschluss Österreichs ändert Otto von Habsburgs Leben grundlegend. Seine bisherigen Bemühungen und Ambitionen sind an ein Ende gelangt. Neue Aufgaben, größere Herausforderungen warten.[1]

---

[1] Vasari dazu: »*Als Hitlers Truppen in Österreich einfielen, wo seine Ahnen jahrhundertelang regiert hatten, fasste der erst 26-jährige Habsburger einen überraschenden Entschluss. Einen, der auf den ersten Blick inkonsequent oder unverständlich erscheinen mag. Damals ›verzichtete‹ Otto auf die Restauration. Er gab gegenüber den österreichischen Emigranten die Erklärung ab, dass er von nun an kein Thronprätendent mehr sei, nicht mehr der ›Kaiser‹ und dass er den Namen Habsburg als Familiennamen führe. Von jetzt ab sei er nur ein österreichischer Patriot, dessen höchstes Ziel es sei, Österreichs Unabhängigkeit wiederherzustellen. Er kenne nichts Trennendes, er sei bereit, sich mit jedem zu verbinden und jedem zu helfen, der darum kämpft, Österreich vom Hitlerjoch zu befreien.*« – Hier ausnahmsweise irrt der sonst gut informierte Vasari. Eine derartige Erklärung gab es nie; sie hätte auch nicht Ottos Denken in jener Zeit entsprochen.

Steckbrief gegen Otto – KZ für seine Getreuen

Viele Emigranten unterstützt Otto von Habsburg auf der Flucht vor den Nazis. Doch einigen seiner besten und treuesten Mitarbeiter kann er nicht helfen, etwa den Brüdern Ernst und Max Hohenberg, die vergeblich versuchen, in der britischen Gesandtschaft in Wien Asyl zu erhalten. Ernst Hohenberg wird am 16. März verhaftet. Als Max erfährt, dass auch gegen ihn ein Haftbefehl vorliegt und er die Unmöglichkeit einer Flucht erkennt, stellt er sich am 18. März der Polizei. In der Nacht von 25. auf 26. März 1938 werden die Söhne von Erzherzog Franz Ferdinand nach Dachau überführt. Ernst von Weizsäcker, Staatssekretär im deutschen Außenministerium, schreibt im Mai 1938 in einem Brief an den Österreich-Referenten Günter Altenburg: »*Ebenso wurden eine Anzahl leitender Persönlichkeiten der legitimistischen Bewegung aufgrund der provozierenden Bekanntmachung Otto von Habsburgs in Konzentrationslager überführt. Hier wären etwa zu nennen: die beiden Fürsten Hohenberg und Graf Balthasar Hoyos.*« Max wird sechs Monate später – nach Interventionen seiner Frau bei Hermann Göring – wieder freigelassen. Ernst Hohenberg verbleibt bis 20. 9. 1939 in Dachau, danach wird er in ein anderes KZ gebracht. 1954 stirbt er an den Spätfolgen der KZ-Haft.

Die Nazis verbreiten, dass der Auslöser für die Verhaftung der Monarchistenführer eine Rede Otto von Habsburgs in Paris am 16. März 1938 gewesen sei, in der Otto die Fortsetzung des Kampfes für die Wiederherstellung eines unabhängigen Österreich gefordert habe. Die britische Diplomatie interveniert daraufhin bei Otto von Habsburg, er möge »im Interesse seiner verfolgten Anhänger« seinen Ton mäßigen und auf derartige Deklarationen verzichten.[1] Otto

---

[1] Gegenüber Erich Feigl sagt Otto von Habsburg später: »*Ich erinnere mich, um nur ein Beispiel zu nennen, an einen ganz prominenten, österreichischen Diplomaten, der damals, im März 1938, also unmittelbar nach der Besetzung Österreichs durch Hitler, zu mir nach Belgien gekommen war, um mir bittere Vorwürfe zu machen, dass ich auch nach der Okkupation Österreichs für meine Heimat aufgetreten bin und gegen die Okkupation protestierte. Meine Erklärung über die Vergewaltigung Österreichs war ihm völlig unverständlich, schließlich bezeichnete er mich förmlich als ›Verräter‹ (...) Mit einem gewissen Vergnügen konnte ich später, nach dem Krieg beobachten, dass der nämliche*

entbindet daraufhin seine Anhänger von jeglicher Treuepflicht und löst seinen »Großen Rat« auf, in dem Herzog Max Hohenberg den Vorsitz geführt hat. Damit können seine Getreuen nicht mehr für seine Worte und Taten verantwortlich gemacht werden. Persönlich will er den Kampf gegen Hitler und den Einsatz für die Befreiung Österreichs fortsetzen.

Von 1938 bis 1945 brechen über viele Österreicher schwerste Verfolgungen herein, auch über Legitimisten und Kommunisten. Insbesondere in den Jahren 1943/44 werden zahlreiche Legitimisten aufgrund ihrer Ablehnung des Anschlusses und ihrer monarchistischen Gesinnung wegen »Vorbereitung zum Hochverrat« verurteilt. Im Gegensatz zu vielen anderen halten die Legitimisten stets unbeirrbar an der Eigenstaatlichkeit Österreichs fest und lehnen jede Form von Anschluss an Deutschland ab. Bereits im März 1938 werden die monarchistischen Verbände zwangsweise aufgelöst, ihr Eigentum geplündert und führende Persönlichkeiten unter Arrest gestellt. Wiesner wird schon am ersten Tag der Nazi-Herrschaft verhaftet und in das Gestapo-Gefängnis in Berlin, später ins KZ Buchenwald deportiert. Hingerichtet werden die Monarchisten Dr. Jakob Kastelic, Pater Roman Scholz und Hauptmann Karl Burian. Hans Karl Zeßner-Spitzenberg, einer der führenden Legitimisten, der auch Ottos Promotion beigewohnt hat, stirbt am 1. August 1938 im KZ Dachau an den Misshandlungen.[1] Er ist der erste Österreicher, der in einem KZ ums Leben kommt. August Lovrek, der später eine wichtige Rolle in der Monarchistischen Bewegung und im Beraterkreis um Otto von Habsburg spielen sollte, sitzt zwischen 1938 und 1945 die meiste Zeit im Konzentrationslager. Zuvor hat er gemeinsam mit Wiesner zahllose Briefe und Unterlagen der Bewegung vernichtet, um Gesinnungsfreunde zu schützen.

Über einen Vertrauensmann wendet sich Otto von Habsburg an die britische Königin-Mutter Mary, sie möge sich für die Brüder

---

Diplomat einen ganz hohen Posten in der Zweiten Republik eingenommen hat, während ich aus Österreich verbannt, um nicht zu sagen verdammt blieb.«, Erich Feigl, »Otto von Habsburg. Profil eines Lebens«, Amalthea Verlag, Wien 1992, S. 11

[1] Otto riet ihm zuvor rechtzeitig telefonisch zur Flucht aus Österreich.

Hohenberg sowie für die ebenfalls verhafteten Karl Werkmann, Friedrich Wiesner und August Lovrek einsetzen. Daraufhin wird der britische Botschafter in Berlin, Henderson, tätig und spricht mit dem ehemaligen Außenminister Konstantin von Neurath darüber. Ob Henderson Weiteres tut, ist ungewiss. In einem Brief an das Foreign Office in London schreibt er: »Ich mache mir keine Sorgen, dass die Verhafteten wirklich in Gefahr geraten könnten.« Gegenüber Henderson gibt Göring bei einem Gespräch am 20. April 1938 zu, dass er selbst die Verschickung der Brüder Hohenberg nach Dachau angeordnet hat. Der spätere österreichische Außenminister und Bundeskanzler Leopold Figl, selbst Inhaftierter von Dachau, wird von Meysels so zitiert: »*Das erste, was ich in Dachau sah, waren die beiden Hohenberger vor dem Kloakenkarren. Entblößt von allen Titeln und Ämtern, stündlich den Tod vor ihren Augen, ertrugen sie die qualvollen Demütigungen nicht mit dem stoischen Stolz von Herrenmenschen, sondern mit der unerschütterlichen heiteren Würde von Nachkommen eines alten Geschlechts, dem herrschen dienen und dienen herrschen bedeutet hatte. Sie teilten mit uns den letzten Bissen, den letzten Tschik und waren die liebenswertesten Kameraden. Alle – Kommunisten, Heimwehrleute und Schutzbündler – gingen für sie durchs Feuer.*«[1] In einem Gespräch mit Staatssekretär von Weizsäcker am 5. Juli 1938 sagt der Leiter des Sicherheitsdienst-Hauptamtes, Reinhard Heydrich, die Legitimisten hätten durchwegs bedenkliche Handlungen auf dem Kerbholz. Das englische Eintreten für die Betroffenen sei ein deutlicher Hinweis auf ihre streng anti-deutsche Einstellung.

Am 14. März 1939 geht das in »Großdeutschland« befindliche Vermögen des Hauses Habsburg durch ein von Reichsstatthalter Arthur Seyss-Inquart erlassenes Gesetz an den Staat. Im August 1941 werden Zita und ihre acht Kinder, die durch den Anschluss nach NS-Lesart zu deutschen Staatsbürgern geworden sind, ausdrücklich und auf direkten Befehl Hitlers ausgebürgert. In einer Geheimakte des Reichssicherheitshauptamtes in Berlin vom 25. 8. 1941 (Nr. II A 5b-390/4g) heißt es dazu: »*Der Führer hat nach Vortrag befohlen, dass der früheren Kaiserin Zita von Habsburg-Lothringen (...) die*

---
[1] Meysels, »Die verhinderte Dynastie«, S. 178

deutsche Staatsangehörigkeit aberkannt und die Ausbürgerung zugleich auf ihre Söhne und Töchter unter Beschlagnahme ihres zum Teil noch nicht eingezogenen Vermögens erstreckt wird. (...) Von den Söhnen haben sich in erster Linie Otto und Felix von Habsburg-Lothringen in deutschfeindlicher Weise im Auslande betätigt. Insbesondere hat Otto von Habsburg-Lothringen die Restaurationspläne einer österreichisch-ungarischen Monarchie bis zum heutigen Tage weiter verfolgt. Er bereiste Frankreich, England und Amerika, um insbesondere in den katholischen und jüdischen Kreisen für seine Ideen zu werben. Hierbei nahm er in schärfster Weise gegen das nationalsozialistische Deutschland und seinen Führer Stellung. Anlässlich der Wiedervereinigung der Ostmark mit dem Altreich und der Besetzung Böhmen-Mährens veröffentlichte er Aufrufe in den ausländischen Zeitungen, die zum Teil hochverräterischen Charakter tragen. (...) Gegen Otto von Habsburg-Lothringen schweben gleich zwei gerichtliche Verfahren wegen Hochverrats, gegen Felix von Habsburg-Lothringen wegen Untreue. Gegen beide wurden Steckbriefe erlassen. (...) Der Führer wünscht, dass keine Veröffentlichung der Ausbürgerung der Angehörigen des früheren Kaiserhauses Habsburg-Lothringen erfolgt.«

Zusätzlich enthält der Waffenstillstand mit Frankreich von 1940 Bedingungen, wonach Frankreich auf seinem Territorium befindliche Habsburger an Hitler ausliefern muss. Adolf Hitler hat nicht nur Österreich annektiert. Er hat auch dem Haus Habsburg den Krieg erklärt!

4. Auf der Flucht ein Helfer der Verfolgten

In Paris wohnt Otto von Habsburg im Hotel Cayré, am Boulevard Raspail. Hier trifft er zahlreiche prominente Politiker unterschiedlicher Nationalität. Hier sammelt sich um ihn ein Teil der österreichischen Emigration. Gleich in den ersten Tagen nach dem Anschluss Österreichs gründen Otto von Habsburg und Martin Fuchs, der frühere Presseattaché an der österreichischen Gesandtschaft in Paris, die »Entre-Aide-Autrichienne«, die zunächst im Gebäude des österreichischen Generalkonsulates untergebracht ist, bis dieses übergeben wird. Die einzigen österreichischen Bundesminister, die rechtzeitig emigrieren, heißen Guido Zernatto und Hans Rott.

Zernatto war Generalsekretär der Vaterländischen Front, Rott Postminister unter Schuschnigg.[1] Vergeblich bemüht sich Otto von Habsburg, die österreichischen Konsuln im Westen davon abzuhalten, ihre Konsulate an die deutschen Vertretungen zu übergeben.

Ein Kreis von Legitimisten gibt in Paris die Zeitung »Österreichische Post« heraus. Darin schreiben Persönlichkeiten wie Franz Werfel, Alfred Polgar und Richard Coudenhove-Kalergi. Joseph Roths berühmter Roman »Kapuzinergruft« erscheint als Fortsetzungsserie. Roth sucht in Paris den Kontakt zu Otto, den er – der altösterreichisch denkende Jude aus Ostgalizien – als seinen Kaiser verehrt. Durch die Traurigkeit über den Verlust der Heimat in den Alkoholismus geflüchtet, entwickelt Roth die »phantastischsten« Ideen: Einmal versucht er Graf Degenfeld dafür zu gewinnen, Otto in einem Sarg nach Wien zu schmuggeln und ihn dort als Kaiser auszurufen. Eines Tages kommt Joseph Roths Arzt zu Otto von Habsburg und bittet ihn, er möge – als die letzte von Roth noch akzeptierte Autorität – ihm das Trinken verbieten. Andernfalls werde Roth in wenigen Wochen tot sein.[2] Otto zitiert also den Schriftsteller zu sich und »befiehlt« ihm in bemüht majestätischer Tonlage, vom Alkohol zu lassen. Roth, deutlich angetrunken, nimmt Haltung an, salutiert und ruft: »Jawohl, Majestät!«[3]

---

[1] Der 1880 in Sangerberg bei Marienbad geborene Rott wirkt nach dem Zweiten Weltkrieg als österr. Generalkonsul in New York und kehrt erst 1960 nach Österreich zurück. Zernatto stirbt 1943 in New York.
[2] Am 6.11.1938 schreibt Joseph Roth aus Paris an Graf Degenfeld nach Steenockerzeel: »*Mein Freund, Herr Klaus Dohrn, berichtet mir, dass Seine Majestät, unser Kaiser, mir den Wunsch übersenden lässt, ich möchte gesünder werden, als ich es im Augenblick bin, und mich den ärztlichen Vorschriften unterwerfen. Ich bitte Sie, sehr verehrter Graf, Seiner Majestät meinen ergebensten Dank zum Ausdruck zu bringen und meine Versicherung, dass ich selbstverständlich jeder Anordnung Seiner Majestät Folge leisten werde. Insbesondere freue ich mich, mit der Einladung Seiner Majestät, Sie in der nächsten Woche besuchen zu dürfen. Ich bin von der Gnade Seiner Majestät, die mich Ihres Interesses gewürdigt, äußerst gerührt.*«
[3] Otto von Habsburg ist davon überzeugt, dass Roth ab diesem Tag bis zu seinem Tod tatsächlich keinen Alkohol mehr anrührte, dass sein gesundheitlicher Verfall aber bereits zu weit fortgeschritten gewesen sei. Roth-Biografen dagegen berichten, wie er noch an seinem Todestag in Fieberschüben nach dem Zechkellner rief. Joseph Roth stirbt am 27.5.1939. Graf Trauttmansdorff legte

Von seinem Onkel Sixtus bestens in hohe politische und gesellschaftliche Kreise Frankreichs eingeführt,[1] bemüht sich Otto, zu verhindern, dass Flüchtlinge aus Österreich als deutsche Staatsbürger registriert werden. Paris erfindet daraufhin den Terminus »exautrichien«. Frankreich erlaubt im Mai 1939 allen Ausländern, sich zum Militärdienst zu melden und regelt die »Unterstellung der staatenlosen Ausländer und der anderen Nutznießer des Asylrechtes unter die den Franzosen (...) auferlegten militärischen Pflichten«.

Damals unterhält Otto von Habsburg noch Verbindungen nach Deutschland, insbesondere zu Männern der Kirche und der Armee. Um die Zeit des Münchner Abkommens trifft er einen Informanten in St. Jean in Belgien, nahe der deutschen Grenze. Der Informant, ein junger Kaplan, übergibt ihm Unterlagen aus einer Lagebesprechung bei Hitler, die zum Teil von der bevorstehenden Besetzung Prags handeln. Der Kaplan ist Rudolf Graber, der spätere Bischof von Regensburg, zu dem die kaiserliche Familie über Jahrzehnte eine freundschaftliche Beziehung pflegen sollte.[2] Otto zeigt die Unterlagen dem amerikanischen Botschafter in Paris, William C. Bullitt, der sie an Präsident Roosevelt weiterreicht. Als sich der Inhalt dieser Unterlagen dann später bewahrheitet, lädt Roosevelt den jungen Habsburger nach Washington ein.

---

in Otto von Habsburgs Auftrag bei Roths Beisetzung auf dem Cimetière Thiais, südöstlich von Paris, einen Kranz mit schwarz-gelber Schleife nieder, worauf die Kommunisten unter der Führung des Journalisten Egon Erwin Kisch wütend protestierten.

[1] Sixtus war nach Otto von Habsburgs Meinung »unendlich talentiert, aber etwas exzessiv in allem«. 1930 machte er sich mit einem Buch über die Okkupation Algeriens als Schriftsteller einen Namen. Sein wirtschaftliches Talent bescherte ihm großen Wohlstand. Otto von Habsburg ist der Ansicht, dass er noch eine große politische Rolle in Frankreich gespielt hätte, wäre er nicht 1934 gestorben.

[2] Otto von Habsburg nimmt 1962 an der Bischofsweihe Rudolf Grabers in Regensburg teil. Graber tauft nicht nur Ottos jüngsten Sohn Georg, sondern publiziert auch viel über die Heiligmäßigkeit von Kaiser Karl.

Die Gestapo greift nach dem Kronprinz

Die Gestapo versucht, den Chef des Hauses Habsburg zu entführen: Zu diesem Zweck begibt sich ein Gestapo-Mann, der sich »Fischler von Treuberg« nennt und behauptet, ein Emigrant zu sein, in Ottos Nähe. Otto von Habsburg schildert die Situation so: »*Es war eine Zeit voller abenteuerlicher, oft schillernder Gestalten. Tauchte doch da eines Tages ein sehr umgänglicher Herr Fischler von Treuberg auf, der alles Mögliche organisierte und auftrieb, auch ein Flugzeug, das mich im Juli 1939 rasch nach London bringen sollte wegen einer dringenden Besprechung. Im allerletzten Augenblick zerschlug sich die Reise wegen einer anderen, wichtigeren Sache. Monate später erfuhr ich dann über den britischen und den französischen Geheimdienst, dass der Mann meine Entführung nach Deutschland geplant hatte (...)*« Als Otto wegen einer kurzfristigen Besprechung mit französischen Regierungskreisen nicht zum Abflug nach London, wo er Churchill treffen soll, erscheint, glaubt sich der Gestapo-Agent enttarnt und flieht nach Deutschland. Der britische Geheimdienst enthüllt den Entführungsplan später.[1]

Otto von Habsburg hat im Juli 1939 auf Schloss Chantilly eine Unterredung mit Ministerpräsident Edouard Daladier, den er über William C. Bullitt kennen lernte. (Bullitt spielt für Österreich und sein Kaiserhaus noch länger eine wichtige Rolle. Er ist von 1934 bis 1936 erster US-Botschafter in Moskau und leitet ab 1936 die US-Botschaft in Paris. Lange Jahre genießt er das Vertrauen des amerikanischen Präsidenten Franklin D. Roosevelt, doch 1944 zieht er sich enttäuscht aus der Politik zurück, als er erkennt, dass Roosevelt seine Warnungen vor den Plänen Stalins nicht hören will.) Bereits im August 1939 versichert Ministerpräsident Daladier Otto von Habsburg, dass die Wiederherstellung der österreichischen Eigenstaatlichkeit ein Ziel der französischen Politik bleiben wird. Otto helfen in jenen Tagen auch Offiziere des Generalstabs. Im Außenministerium, wo er zu mehreren Führungspersönlichkeiten Kon-

---

[1] Auch ein Attentatsplan der Nazis gegen Otto scheitert: Der belgische Geheimdienst, der mit dem französischen in jener Zeit eng zusammenarbeitet, nimmt die Attentäter bereits an der belgischen Grenze fest.

takt hält, wohnt er einer umfangreichen Dokumentenverbrennung bei. Im Innenministerium verhandelt er noch mit den Beamten, als sich der Minister bereits aus Paris abgesetzt hat.

Ottos »Gesellschaft für Österreicherhilfe« müht sich, jenseits aller Parteigrenzen allen österreichischen Emigranten zu helfen. In der Zeit nach 1938, als sich sowohl die verlängerten Arme des Dritten Reiches nach dem Habsburger ausstrecken als auch die Intrigen der Emigranten die sonderbarsten Blüten zu treiben beginnen, führt Otto unter seinen Vertrauten ein System von Decknamen ein. Mit komplizierten Codes und Schlüsseln werden Personen und Orte getarnt. So erhält Martin Fuchs den Tarnnamen »Olivier«, Graf Degenfeld ist »Adamson« oder in den Briefen Ottos »Der Gütige«. Otto von Habsburg selbst wird als »M. Senancourt« oder »Der Herr« bezeichnet. Das System wird in den USA später mehrfach geändert und überarbeitet. Über Jahrzehnte aber bleibt Ottos Anrede an seinen engsten Vertrauten, Graf Heinrich Degenfeld, »lieber Gütiger« oder »bester Gütiger«.

Erste Versuche einer österreichischen Exilregierung

Zusammen mit Martin Fuchs verfasst Otto von Habsburg ein Memorandum, um die französische Regierung zur Anerkennung einer österreichischen Exilregierung zu bewegen. In dem »Memorandum zur Rechtsbegründung des Anspruches auf Anerkennung als Fortsetzung der letzten legalen Regierung Österreichs« heißt es wörtlich, es *»übernimmt Bundesminister Hans Rott bis zur Wiederherstellung normaler Verhältnisse in Österreich als ältestes Regierungsmitglied der legalen Regierung Schuschnigg, Leiter der Frei-Österreicher-Bewegung, die Leitung der Geschäfte der österreichischen Regierung, ersetzt nach Artikel 82, 77 (1) und 81 (2) der österreichischen Verfassung die funktionsunfähigen Mitglieder der Bundesregierung durch andere«.* Mit Rott soll eine sichtbare Kontinuität in der rechtmäßigen österreichischen Regierung geschaffen werden, ein Versuch, den Otto später in den USA fortsetzt. Otto selbst hat als Motor einer österreichischen Exilregierung in Paris vier wesentliche Vorteile: Er drängte Schuschnigg stets zu einer Aussöhnung mit der Sozialdemokratie; er ist unbestreitbar ein unversöhnlicher Gegner Hitlers; er kennt die französische Innenpolitik bestens und besitzt bei den führenden Kreisen in Paris einen hervorragenden Ruf; er spricht – neben seinen Muttersprachen Deutsch und Ungarisch – Französisch, Spanisch und Englisch in muttersprachlicher Perfektion.

Finanzielle und organisatorische Unterstützung erfährt das Projekt einer Exilregierung durch die Familie Rothschild. Die Wohnung von Ernst Hoor in der Rue Lincoln in Paris dient Ottos Anhängern als Versammlungsstätte. Otto von Habsburg ist bereits damals der festen Überzeugung, dass in der Emigration keine Innenpolitik gemacht werden dürfe. Die österreichischen Sozialisten jedoch protestieren gegen Ottos Memorandum bei der französischen Regierung und versuchen, die Aufstellung einer österreichischen Exilregierung zu verhindern.[1] Die nach 1934 gegründeten »Revolutionären Sozialisten« von Joseph Buttinger können Julius Deutsch das Versagen des Republikanischen Schutzbundes während der Februarkämpfe nicht verzeihen. Andics schreibt dazu 1965: »Ein Teil der linken Emigration wollte die Wiedererrichtung eines selbstständigen Österreich überhaupt nicht. Der andere Teil, der sie wollte, wollte sie nicht mit Otto Habsburg.«

Die »Auslandsvertretung der österreichischen Sozialisten« meldet mit Datum »Paris, 13. Mai 1940« an Hans Rott u.a. Folgendes: *»Der Kampf gegen Hitler, der unsere gegenwärtige Hauptaufgabe ist, wird nicht gefördert, sondern geschädigt durch die Zusammenarbeit 1.) mit den Habsburgern, auf denen die unsühnbare Schuld der Provokation des Krieges im Juli 1914 lastet und deren Wiederkehr von allen Völkern der alten österreichisch-ungarischen Monarchie entschieden abgelehnt wird, während die Aufrechterhaltung guter Beziehungen unter all diesen Völkern ein lebenswichtiges Interesse des europäischen Friedens ist; 2.) mit Gruppen und Personen, die der Eroberung Österreichs durch Hitler den Weg gebahnt haben (…) Wir wissen, dass die politische Opposition gegen Hitler, die in Österreich*

---

[1] Mit gutem Grund schreibt Erich Feigl, dass »der völlig harmlose Hans Rott« den Sozialisten als Vorwand diente, »gegen Schuschnigg aufzutreten, der längst in Hitlers Lagern schmachtete, während Dr. Karl Renner nun in einem groß angelegten Aufsatz die Annexion der Tschechoslowakei begrüßte und mancherlei Privilegien genoss (…)«, Feigl, »Otto von Habsburg«, S. 108

wirksam ist, jede Zusammenarbeit mit habsburgischen Agenten oder Mitschuldigen am System Dollfuß-Schuschnigg als ärgste Kompromittierung ansehen wird (...)«

Die Aufstellung einer Exilregierung sei »am Widerstand Englands und an der Uneinigkeit der Emigration« gescheitert, urteilt Otto von Habsburg heute. Die Sozialdemokraten hätten keine Exilregierung gewollt, weil sie »damals jedenfalls noch eine Verbindung mit Deutschland bejahten«. Frankreich hätte eine Exilregierung anerkannt, aber nur mit britischer Zustimmung. Die Sozialdemokraten jedoch seien im Grunde anschlussfreudig und großdeutsch gewesen. Viele hätten im Anschluss an Hitler-Deutschland den ersten Schritt zu einem künftigen sozialistischen großen Deutschland gesehen.

Die Bemühungen um eine einheitliche österreichische Exilvertretung in Paris bringen Otto erstmals in engeren Kontakt mit dem Präsidenten der Paneuropa-Union, Richard Coudenhove-Kalergi, dessen Nachfolger er 34 Jahre später werden sollte. Coudenhove-Kalergi schreibt über diese Begegnung ein Jahrzehnt später: *»In Paris traten wir auch mit Führern der österreichischen Emigration in Verbindung, um zu versuchen, eine Exilregierung zu errichten, die Österreich bei den Friedensverhandlungen in die Reihe der Siegerstaaten gestellt hätte. Leider waren die Parteigegensätze zu groß, um diesen Plan zu ermöglichen.*

Diese Verhandlungen brachten uns auch in Verbindung mit Erzherzog Otto, dem ältesten Sohn Kaiser Karls, einem ungewöhnlich begabten und hochstehenden jungen Mann von umfassender Bildung und großem persönlichen Charme. Wäre sein Reich nicht in den Tagen seiner Kindheit zusammengebrochen, so wäre er wahrscheinlich als einer der bedeutendsten Herrscher seiner Dynastie in die Geschichte eingegangen. Wir sahen uns auch später oft in Washington, und ich unterhielt mich immer gern mit ihm über die politische Lage.«[1]

---
[1] Richard N. Coudenhove-Kalergi, »Der Kampf um Europa. Aus meinem Leben«, Wien–Zürich 1949, S. 215

12 Karl wird 1916 als letzter Monarch mit der Stephanskrone in Budapest zum König Ungarns gekrönt.

13 Feldmesse in Ungarn während des zweiten Restaurationsversuches: Das Kaiserpaar kniet neben den Zuggeleisen.

14 Der frühe Tod des Vaters prägt Ottos Jugend. Trauernd steht er am Grab.

15 Pater Zsambóki spendet Otto nach dem Tod seines Vaters Trost.

16 Otto und seine Brüder als Ministranten in Spanien

17 Zita erzieht ihren Erstgeborenen zu Disziplin, Verantwortung und Fleiß.

18 Erzherzog Otto im Oktober 1921

19 Ausgiebige Touren mit dem Fahrrad begeistern Otto, alleine …

20 … und ebenso mit seiner Schwester Adelhaid

21 Otto in Spanien mit Lederhosen und Espandrillos

22 Otto und seine Geschwister mit »dem Federvieh«

25 Seit früher Jugend ist Erzherzog Otto naturverbunden, tierliebend …

23 Die Kaiserkinder bei einer fröhlichen Schneeballschlacht

24 Otto und sein Erzieher, Lehrer und späterer Sekretär Degenfeld (mit Barett) auf Bootsfahrt

26 … und sportlich auch auf dem Pferd.

Erste Fühlung mit der »Neuen Welt«

Früher als Otto reist sein Bruder Felix in die USA, weil ihn sein Onkel, Felix von Luxemburg, einlädt, zur Eröffnung der Weltausstellung nach Kanada mitzukommen. In der »Neuen Welt« eingetroffen, kann er nicht mehr zurück. Otto schreibt ihm am 18./19. September 1939 einen 34 Seiten langen, handschriftlichen Brief mit Analysen, Instruktionen, Verhaltensmaßregeln und Anweisungen zur USA-Reise. Zur politischen Lage meint er: »*Die Leitung der ganzen österr. Aktion liegt hier in Paris, wo ich mich nun schon seit etwa 3 Wochen aufhalte. (…) Ich selbst bin noch nicht in Erscheinung getreten, außer bei den Verhandlungen mit der hiesigen Politik, um nicht die Fiktion der Überparteilichkeit – die man scheinbar in England noch glaubt, und hier ist es sowieso einerlei – der österr. Aktion zu beeinträchtigen.*« Mit »dem hiesigen Chef (Ed. Da.)« – gemeint ist Ministerpräsident Daladier – habe er »folgende Abmachungen getroffen«, berichtet Otto seinem Bruder Felix: »*a) im Kriegsfall Schaffung eines österr. Nationalrates und Anerkennung desselben durch die französische Regierung: dieser Punkt wurde akzeptiert, mit der Einschränkung, dass die Anerkennung davon abhängig gemacht wurde, dass London keine Objektionen dagegen erhebe. (…) b) im Kriegsfall, Schaffung einer österr. Legion. Wurde ohne Einschränkung akzeptiert. c) Ausbau der österr. Kriegspropaganda (…) über den französischen Rundfunk (…) d) Schaffung einer französischen Verbindungsstelle, mit der die ganzen Sachen verhandelt werden können (…) Es ergab sich allerdings eine ganz interessante Konversation über etwaige Kriegsziele, die darin mündete, dass es unumgänglich notwendig sei, Deutschland ein für allemal in die Unmöglichkeit zu versetzen, innerhalb der nächsten 50 Jahre noch einmal einen Krieg zu provozieren. Dies sei nur durch eine Zerstückelung zu erreichen und, wie es mein Gesprächspartner zu wünschen schien, einen Anschluss süddeutscher Gebiete an Österreich.*« Otto nimmt hierzu nicht direkt Stellung, schreibt jedoch: »Wien könne es nicht übernehmen, München und Stuttgart auf den richtigen Weg zu führen, wenn es nicht auf totale und rückhaltlose Unterstützung in Budapest, Prag, Pressburg und wenn möglich Zagreb rechnen könne.« Als Ziele definiert Otto von Habsburg »die vollkommene Herstellung der österreichischen Unabhängigkeit und die Schaffung einer

Donauföderation«. Auch für den österreichischen Nationalrat habe Otto bereits umfangreiche Vorkehrungen getroffen: 2 »Bundisten« (Zernatto, Starhemberg), 5 Legitimisten (Fuchs, Kupza, Plöchl, Rott, Hula), 3 Sozialdemokraten (Hartl, Brenner, Kaiser). In London habe sich unterdessen ein Gegen-Nationalrat gebildet, der »unter kommunistischer Inspiration zusammengesetzt« sei. Otto informiert Felix auch über eine österreichische Legion innerhalb der französischen Streitkräfte: Am 11. September habe das französische Kriegsministerium die Schaffung einer österreichischen Armee angekündigt, wobei »die hiesigen Österreicher nicht freiwillig, sondern aufgrund von Einberufungen in die Legion kommen«.[1] Otto weiter: »Die Österreicher in England werden voraussichtlich in der französischen Legion kämpfen.« Schwierigkeiten gebe es bei der Anerkennung in London, weshalb »die ganze propagandistische Arbeit auf London konzentriert werden« müsse. In den USA könne so lange nichts unternommen werden, wie diese neutral seien. »Ich bin aber in ständiger Verbindung mit dem hiesigen Gesandten Bullitt.«

Bereits zu dieser Zeit zeichnet sich die später in Großbritannien und den USA mit aller Vehemenz ausgetragene Konfrontation mit dem tschechoslowakischen Präsidenten Beneš ab. Aus Paris kann Otto jedoch berichten: »B's Position ist hier sehr schlecht und wird allgemein gehasst.« Für die Darstellung in den USA beschreibt Otto von Habsburg seine eigene Haltung so: »*Ich bin ausgesprochener Demokrat. Unser primäres Ziel ist eine friedliche und freie Zusammenarbeit mit den Donauvölkern, um die Unterdrückung kleinerer Nationen durch übermächtige Nachbarn durch gemeinsame Kraft zu verhindern. Die Vorbedingung sei allerdings die volle Unabhängigkeit Österreichs.*« Otto weiter: »*(...) der Krieg ist ganz anders wie man ihn sich vorstellt: er besteht darin ununterbrochen politische Gespräche zu führen, sich viel zu ärgern über die Kleinlichkeiten (...) Was die Flugalarme betrifft, so ist das ganz besonders unangenehm: man muss in einen grauslichen Keller, denn sonst erwischt einen die Polizei (...)*«

Auch taktische Überlegungen und Benimmregeln gibt Otto sei-

---

[1] Ein nicht unwesentlicher Unterschied zu dem später in den USA gescheiterten Projekt eines »Austrian Battalion«.

nem kleinen Bruder Felix mit auf den Weg: »*Gib acht mit der Presse! Nie die Journalisten beleidigen, ihnen aber möglichst wenig sagen. (…) Behüte gründlich Deine Zunge! Lieber ein Wort zu wenig als eines zu viel! (…) Trachte vor der Abreise Dir andere Papiere zu beschaffen, wenn möglich von einer neutralen Nation, damit Du bei einem Unfall nicht erkannt wirst. (…) Was gesellschaftliche Veranstaltungen betrifft, so gehe nur zu solchen, die von Nutzen für die Sache sind. Sonst halte Dich ferne, denn es gehört sich nicht, dass man zu Festen gehe, während die Heimat verhungert und verblutet. Hüte Dich was die Moral betrifft, da diese gerade in Amerika nicht immer vorbildlich ist. Gib acht, dass Du nicht unvorsichtig in so was hineingleitest. Halte Dich in diesen Sachen fest an Gott und an Seine Gebote!*«

Amerika – Das Vorspiel auf der großen Weltbühne

Am 3. März 1940 reist der österreichische Thronprätendent auf Einladung von Präsident Franklin D. Roosevelt selbst in die Vereinigten Staaten von Amerika. Sein Ziel liegt darin, Roosevelt über Hitlers Absichten aufzuklären und die Wiedererrichtung Österreichs zu einem Anliegen der amerikanischen Außenpolitik zu machen. Am 4. März trifft er mit einem Clipper der Panamerican Airways in Baltimore ein. Das Interesse der amerikanischen Medien am jungen Habsburger ist gigantisch. Wohin er auch kommt, überall muss er Interviews geben, die Berichterstattung blüht. Am 6. März ist er bei Erzbischof Francis J. Spellman im erzbischöflichen Palais in New York zum Essen eingeladen. Der Kontakt zu Spellman sollte viele Jahre halten und so manche politische Frucht tragen. Am Tag darauf fährt Otto, begleitet von seinem Bruder Felix, mit dem Auto von New York nach Washington. Dort trifft er sich mit der Washingtoner ungarischen Kolonie, gibt eine Pressekonferenz und spricht mit seinem Freund Bullitt und dem Gesandten Wilson, der früher in Berlin wirkte und der nun im State Department mit der Vorbereitung einer Friedenskonferenz beauftragt ist.

Am 8. März 1940 schließlich erfolgt eine Einladung des Kronprinzen bei Präsident Roosevelt zum Tee. Eineinhalb Stunden diskutie-

DEPARTMENT OF STATE
WASHINGTON

August 27, 1940

My dear Monsignor:

Many thanks for your letter of August 22 written on the occasion of my speech at Philadelphia. It was most kind of you to have taken the trouble to write to me and I am grateful to you.

I have already sent word to the White House regarding your desires pertaining to a meeting between your mother and the President, and I am sure that you will have some word directly from the White House in the near future.

Every good wish and kindest regards,

Sincerely yours,

William C. Bullitt

The Duke of Bar,
Inglewood,
Bar Harbor, Maine.

ren Otto und der Präsident in Anwesenheit von Roosevelts Gattin, Erzherzog Felix und Bullitt. Otto sucht die Gewissheit, dass die USA die Annektierung Österreichs nie anerkennen, sondern an der Unabhängigkeit seiner Heimat festhalten werden. Roosevelt verspricht dies, bittet Otto von Habsburg aber, ins Außenministerium und in den Senat zu gehen, um sich dort die gleiche Zusicherung geben zu lassen. Otto erklärt Roosevelt, viele Österreicher hätten den Eindruck, ihr Land sei nur mehr ein Gau des Hitlerreiches – und gekettet an die nationalsozialistische Kriegsmaschinerie, würde die österreichische Jugend auf dem Schlachtfeld geopfert werden. Das Gespräch handelt auch ausführlich von Ungarn, wobei Otto darlegt, warum der Vertrag von Trianon Ungarn ungerecht und unsinnig bestraft habe. Es verstoße überdies gegen das von Wilson proklamierte Selbstbestimmungsrecht der Völker, dass die vom Mutterland losgetrennte ungarische Bevölkerung nie nach ihren Wünschen gefragt wurde. Deshalb sei die ungarische Forderung nach einer Revision von Trianon kein Chauvinismus. Gesprochen wird auch über die Sehnsucht der Kroaten nach Freiheit. Otto von Habsburg plädiert für eine Föderation der mitteleuropäischen Staaten nach dem Krieg und betont, dass er eine Einmischung des Auslands auf die Wahl der Staatsform dieser Länder ablehne. Nur die Völker selbst dürften in Freiheit über ihre Staatsform bestimmen. Roosevelt pflichtet bei, eine solche Föderation sei nötig, um einerseits den Pangermanismus und andererseits die russische Übermacht in die Schranken zu weisen. Der Präsident versichert, Otto dürfe mit der Sympathie seines Landes rechnen und räumt ein, dass die Zerstörung Österreich-Ungarns ein schwerer Fehler gewesen sei.

Noch am selben Tag unterhält sich Otto von Habsburg mit dem Secretary of State, Cordell Hull, mit dem Innenminister, einem ranghohen General und der Sekretärin Roosevelts. Alle Kontakte hat Bullitt hergestellt. Otto charakterisiert Bullitt als einen Mann, der »das Ohr von Roosevelt gehabt hat« und eine der führenden Persönlichkeiten der demokratischen Partei gewesen sei. Bullitt sei ein »echter Antitotalitärer« gewesen, der ebenso gegen Hitler wie gegen Stalin war. Über ihn laufen anfangs Otto von Habsburgs Verbindungen zum Präsidenten. Vasari schreibt dazu: »Bullitt leitete Ottos Informationen immer direkt an Roosevelt weiter und der amerikanische Präsident merkte mit Erstaunen, dass die Voraussagen dieses jungen Mannes immer eintrafen.« Gegenüber dem langjährigen Gouverneur von Pennsylvania, Earle, soll Roosevelt bemerkt haben: »Ich sage Ihnen, die zwei Persönlichkeiten, die am besten über Europa informiert sind, sind der Papst und Erzherzog Otto.«

In den darauffolgenden Tagen sprechen Otto und Felix mit Vizepräsident John N. Garner, Verteidigungsminister Harry Woodring, den Otto als »besonders freundlich und unserer Sache sympathisch« einschätzt, Landwirtschaftsminister Henry A. Wallace, FBI-Chef Edgar Hoover und mehreren Senatoren.[1] Außenminister Hull bestätigt Otto, »dass Amerika niemals die Hitlersche Besetzung Österreichs rechtlich anerkennen werde«.

Am 26. April 1940 trifft »Otto of Austria« noch einmal mit Präsident Roosevelt zusammen. Dabei bietet dieser der ganzen kaiserlichen Familie Asyl in den USA an. Auf Einladung von Ministerpräsident Meckenzie King besucht Otto von Habsburg Kanada. Otto und Felix reisen überdies nach Cincinnatti, New York und Chicago. Der junge Chef des Hauses Habsburg hält eine Reihe von Radiovorträgen, besucht Partys und Essenseinladungen und gibt zahllose Stellungnahmen gegenüber der Presse ab. Amerikanische Zeitungen bezeichnen Otto von Habsburg als »the Clark Gable of European royalty« und als »the glamour-boy son of the late Emperor Karl of Austria-Hungary«[2].

Otto scheint anfangs der Meinung gewesen zu sein, gegen Hitler werde sich in Mitteleuropa ein nennenswerter Widerstand regen. »The Detroit News« zitiert ihn in der Ausgabe vom 1. April 1940 so: »Die gegen Hitler gerichtete Opposition in Mitteleuropa ist einer der wirklich wichtigen Schlüssel zur europäischen Lage.« Otto von Habsburg ist von allem Anfang an von einer Niederlage Hitlers überzeugt, glaubt allerdings auch, dass es diesem nie gelingen werde, die besetzten Völker tatsächlich zu kontrollieren. Aus nationalen, religiösen und wirtschaftlichen Gründen würden die Österreicher, Tschechen oder Ungarn gegen Hitler aufstehen. Auch eine Revolution innerhalb Deutschlands hält er für möglich. Anderer-

---

[1] Am 20. 3. 1940 notiert Otto von Habsburg nach einem Mittagessen mit Kriegsminister Woodring und dem Secretary for Agriculture, Wallace, in seinem Kalender: »Politisch ist Woodring ausgesprochen für uns, Wallace scheint auch sehr freundlich.«
[2] So die »Daily News« am 5. 3. 1940

seits ist ihm eines glasklar, »solange Hitler an der Macht ist, ist kein Frieden möglich«. (»Daily Mirror«, 3. Mai 1940) Bereits bei diesem ersten Aufenthalt in den USA im Frühjahr 1940 wirbt Otto öffentlich für eine »Föderation der Staaten Mitteleuropas« mit der Begründung, dass nur eine solche Union die kleinen Staaten vor Aggressionen aus Deutschland oder Russland schützen kann.

Letzte Stunden in Steenockerzeel

Von Amerika kehrt Otto zunächst nach Paris zurück, um dann zum 48. Geburtstag seiner Mutter wieder in Steenockerzeel zu sein. Doch gerade am 9. Mai 1940, am Geburtstag von Zita, verdichten sich die Anzeichen für eine unmittelbar bevorstehende deutsche Offensive. Géza Pálffy, einer der Führer des ungarischen Widerstandes, berichtet nach Steenockerzeel, seine Leute in Den Haag wüssten, dass die Deutschen starke Truppeneinheiten an der holländischen Grenze konzentrierten. Der belgische Verteidigungsminister ruft persönlich in Steenockerzeel an, um die kaiserliche Familie zu warnen. Gegen Mitternacht verständigt Otto von Habsburg seine Verwandten in Luxemburg, seinen Onkel Felix, den Bruder Zitas und Gemahl der Großherzogin Charlotte. Felix berichtet, dass seine Familie sofort fliehen müsse, da es Plan der Deutschen sei, die Großherzogin zu kidnappen. Otto informiert telefonisch König Leopold von Belgien. In seinem Tagebuch trägt er um ein Uhr nachts ein: »O. Felix Telefon: Unruhe und Angriffsgefahr in Lxbg. Wir packen ein.« Wenige Stunden später bombardiert die deutsche Luftwaffe bereits Brüssel.

Frühmorgens wird die Familie durch Geschützlärm geweckt. Otto von Habsburg notiert an diesem Tag, dem 10. Mai 1940, in seinem Kalender: »4.45 deutsche Beobachtungsflieger über Bruxelles. 5.10 erster Bomberraid[1] (…) Viele Flugzeuge über Steen.« In drei Wagen verlässt die kaiserliche Familie zusammen mit den Kindern der Großherzogin von Luxemburg Steenockerzeel, insgesamt 17 Personen in drei Autos, ausgerüstet nur mit dem Notwendigsten.

---

[1] »raid«: frz./engl. für Luftangriff

Ottos Bücher müssen zurückbleiben und werden, wie viele persönliche Erinnerungen, Wertsachen und Dokumente ein Opfer der Vernichtung. Schloss Ham wird kurz nach der Flucht der Habsburger von der deutschen Luftwaffe bombardiert.

In Schloss Bostz, wo Prinz Xavier von Bourbon-Parma wohnt, rasten die Fliehenden einige Stunden. Zu diesem Zeitpunkt weiß Otto von Habsburg nicht, dass der »Stellvertreter des Führers«, Rudolf Hess, an die nach Belgien einmarschierenden Truppen den schriftlichen Befehl ausgegeben hat, Otto von Habsburg und seine Brüder im Falle einer Festnahme ohne jedes weitere Verfahren sofort zu erschießen.[1] Und etwa zehn Minuten nachdem die Familie das Städtchen Allost durchquert hat, wird es bombardiert. Bei der Übernachtung in Dünkirchen hören die Fliehenden den Lärm der marschierenden Soldaten.

Am 12. Mai 1940 verlässt Otto zusammen mit Graf Degenfeld die Familie, um in Paris Rott, Fuchs, und Willibald Plöchl[2] zu treffen. In Frankreich werden angesichts der deutschen Offensive auch österreichische Sozialisten interniert. Otto interveniert für ihre Freilassung beim französischen Innenminister Georges Mandel. Daraufhin werden die Österreicher Ende Mai freigelassen. Die Bemühungen um eine überparteiliche Vertretung Österreichs in Belgien und Frankreich laufen noch auf Hochtouren.

Letzte Tage in Paris

Am 16. Mai 1940 stehen die deutschen Truppen wenige Kilometer vor Paris. Österreichische Sozialisten und Kommunisten bitten den

---

[1] Otto von Habsburg setzt sich Jahrzehnte später für eine Freilassung von Hess ein, weil dieser »ein alter Mann und geistig gestört« sei. Die jugendlichen Linksradikalen, die immer wieder Paneuropa-Veranstaltungen störten, und Otto von Habsburg seine Unterschrift für die Freilassung von Hess vorwarfen, wussten offensichtlich nichts von der Geschichte.
[2] Plöchl gehörte – ebenso wie Hans Karl v. Zeßner-Spitzenberg, Friedrich v. Wiesner, Ernst Karl Winter, Erich Thanner oder August Lovrek – der Landsmannschaft Maximiliana an und genoss deshalb Ottos Vertrauen, bis er es im amerik. Exil missbrauchte.

Kaisersohn um gültige Reisedokumente. Otto notiert an diesem Tag in seinem Kalender: »Große Aufregung wegen angebl. deutschen Vormarsch auf Paris. Furcht aller. Vorbereitung auf Abreise.« Noch in derselben Nacht verhandelt er wegen der Österreicher mit der amerikanischen Botschaft. Otto und Degenfeld organisieren die notwendigen Ausreisestempel in den Pässen. Feigl erzählt dazu folgende Begebenheit: »*Als Otto sich mit einem dicken Packen von Pässen und Papieren, allesamt ohne den lebensrettenden Ausreisestempel, ins Innenministerium begibt und dort von einem Beamten die sehr praktische Frage hört: ›Was kümmert Sie das – Sie haben doch Ihren Ausreisestempel?‹, antwortet er schlicht: ›Ja, aber der Kapitän verlässt als letzter das sinkende Schiff.‹ Der Beamte gibt die Ausreisevisa.*«

Martin Fuchs und Otto von Habsburg entwerfen in Paris Pläne für den Rückzug der Emigranten nach Südfrankreich. Am 28. Mai kapituliert Belgien. Am 3. Juni beginnen die Deutschen, Paris zu bombardieren. Sechs Tage später erhält Graf Degenfeld eine verschlüsselte Nachricht vom französischen Generalstab: Er solle einen schönen, kleinen Spaziergang machen! Das bedeutet, man müsse Paris innerhalb von Stunden verlassen und nach Bordeaux fahren, wohin die französische Regierung bereits geflohen ist.

Der frühere amerikanische Gesandte in Brüssel, Gibson, lädt ins »Ritz« zu einem letzten Treffen ein. So versammeln sich am 9. Juni um 20 Uhr Claire Booth-Luce, die Gattin des Herausgebers des »Time-LIFE« Henry Luce und spätere amerikanische Botschafterin im Vatikan, Gibson selbst, Carl Ludwig und Otto. Später stößt ein polnischer Offizier dazu. Es ist eine wunderschöne, warme Frühjahrsnacht. Otto von Habsburg erinnert sich, dass die Stadt so menschenleer gewesen sei, dass sie das Echo ihrer Schritte von den Mauern zurückhallen hörten, als sie über die Place Vendôme gingen. Am Horizont sind die Blitze des Kanonenfeuers zu sehen. Die von Gibson Eingeladenen sind die einzigen Gäste im Ritz, trotzdem tragen die Diener korrekt Frack. Alle, auch Otto von Habsburg, signieren das Gästebuch. Die nächsten, die sich hier verewigen, sind der deutsche General Erwin Rommel und sein Stabschef Cruwell. Auf Rommels Frage bestätigt der Inhaber des Ritz, dass am Abend zuvor Seine Kaiserliche und Königliche Hoheit, Monseigneur Otto de Habsbourg, hier gespeist habe und mit der Kochkunst des Chefs sehr zufrieden gewesen sei ...

Zu diesem Zeitpunkt befindet sich der Thronprätendent nur knapp außer Reichweite. Am 10. Juni 1940 notiert Otto in seinem Kalender: »11 h – 3 h Paris bombardiert«. Auf dem Briefpapier des Hotel Cayré verfasst er einen exakten Fluchtplan: »Route: 1.) Rendez-vous Cayré: 2.) Ausgänge entweder a.) Porte d'Orléans: Bvd. Raspail hinauf bis zur Place Denfert Rochereau, dort halb rechts Avenue d'Orleans bis zur Porte d'Orleans. Von da geradeaus hinaus – Croix de Berny (...)« Er listet penibel auf, wer mit welchem Wagen zu fahren habe, um jedes Chaos und alle Missverständnisse auszuschließen. Um 12.30 Uhr verlässt er zusammen mit »Lulitz« (Bruder Carl Ludwig), Graf Degenfeld, Onkel Xavier, Rott, Plöchl und anderen Vertrauten Paris.

Am selben Tag erklärt Mussolini Frankreich den Krieg.[1] Graf Galeazzo Ciano, Mussolinis Schwiegersohn und Außenminister Italiens, hat noch Ende 1939 über Otto von Habsburg Kontakt zu nazi-feindlichen Mitgliedern der französischen Regierung gesucht. Ciano wollte Mussolinis Allianz mit Berlin und seine Kriegspläne verhindern und die Aussöhnung mit Frankreich suchen. Otto von Habsburg stellte über Georges Mandel die Verbindung zur französischen Regierung her, übernahm aber selbst keine aktive Rolle. Otto von Habsburg erinnert sich, dass Graf Ciano erkannt habe, dass der Abessinien-Krieg Mussolinis alte Krankheit wieder zum Ausbruch gebracht habe, die den Verstand des »Duce« in Mitleidenschaft zog. Doch Ciano war politisch nicht stark genug, um sich gegen seinen Schwiegervater durchzusetzen. Otto hatte Mus-

---

[1] »Othon d'Autriche« – darunter »Othon Duc de Bar, Besson (Allier)« – schreibt am 22. 6. 1940 an den frz. »Président du Conseil-Ministère de la Guerre«, Paul Reynaud: »*Angesichts des niederträchtigen, von Italien entfesselten Angriffskrieges möchte ich Sie sowohl meiner persönlichen Solidarität sowie jener der Österreicher mit der Sache der Alliierten versichern, aber auch der Völker des Donauraumes. (...) die Österreicher (...) sind bereit und hoffnungsvoll, schon bald an der Seite Frankreichs gegen den gemeinsamen Feind kämpfen zu können. Mehr denn je sind wir davon überzeugt, dass Gott jenen den Sieg geben wird, die für das christliche Ideal des Rechts, der Gerechtigkeit und der Freiheit kämpfen.*«

solini bis zu dessen Annäherung an Hitler stets verteidigt, da ohne ihn Österreich bereits 1934 von der Landkarte verschwunden wäre.[1]

Die schrecklichen Tage von Bordeaux

Aus Bordeaux, wohin die französische Regierung geflohen ist, lässt Innenminister Georges Mandel, der in jungen Jahren Assistent von Clemenceau gewesen war, aber seine früheren Fehler eingesehen hatte, die kaiserliche Familie informieren, sie solle ihm eiligst folgen, sonst sei der Fluchtweg versperrt.

Am 16. Juni 1940 trifft sich die Familie mit den Luxemburgern in Schloss Lamonzie-Montastruc, nahe Bordeaux. Von den zuständigen Beamten des Innenministeriums in Bordeaux erhält Otto von Habsburg die Zusicherung, dass die neuerlich internierten österreichischen Flüchtlinge freigelassen würden. Zu diesem Zeitpunkt ist die französische Regierung noch entschlossen, nicht aufzugeben. Dies versichert sie auch dem neuen britischen Premierminister Winston Churchill. Innenminister Mandel trifft Otto um 22 Uhr nach einer stürmischen Kabinettssitzung, in der beschlossen wurde, den Widerstand in den Kolonien fortzusetzen. Mandel will ein Schiff organisieren, das die Regierung nach Marokko bringen soll, und lädt Otto auf dieses Schiff ein.

Der französische Minister Pierre Laval, der nach dem Krieg wegen Kollaboration mit Deutschland zum Tode verurteilt werden sollte, erläutert ihm – unbelehrbar – seine Vision eines französisch-deutschen Bündnisses. Am 15. Juni hat Laval in einer Ministerkonferenz vergeblich die Kapitulation Frankreichs durchzusetzen versucht. In der Nacht des 16. Juni übernimmt schließlich Marschall Henri Philippe Pétain die Macht und bittet Hitler um Waffenstillstand.

---

[1] In der kaiserlichen Familie hatte es damals eine italophile und eine italophobe Gruppe gegeben, erinnert sich Otto von Habsburg. Er selbst habe zu den Freunden Italiens gezählt.

Mandel wird am 17. Juni kurz vor einer geplanten Unterredung mit Otto von der neuen Regierung Pétain verhaftet. Otto und Carl Ludwig entgehen nur knapp einer Verhaftung. Der Generalsekretär des französischen Außenamtes, Charles Rochat, informiert Otto von Habsburg, dass er auf der ersten Auslieferungsliste stehe. Zur gleichen Zeit verhandelt der Habsburger noch mit französischen Politikern, während er – aufgrund der Bemühungen Pétains um Hitlers Gunst – bereits in Frankreich mit Haftbefehl gesucht wird. Im Juli 1940 schreibt Otto von Habsburg an seinen Bruder Robert: *»Diese Tage in Bordeaux – der letzte Tag des Kabinetts Reynaud und der erste Tag von Pétain – haben mir leider bewiesen, dass das französische Regime ganz faul war: Vor dem heranrückenden Feind ein Ausbruch der Feigheit, der wirklich abstoßend war: Es dreht einem den Magen um. Ich traf nur einen einzigen wirklichen Charakter: Georges Mandel. (...) Als ihn das Pétain-Regime verhaften ließ, war das eben zur Stunde, wo ich ein Rendez-vous mit ihm hatte. Er hatte die Geistesgegenwart, im Augenblick wo man ihn abführte, noch seiner Sekretärin zu sagen, sie möchte mich von seiner Verhaftung verständigen und mir seinen Rat übermitteln, dass wir möglichst bald Frankreich verlassen sollen.«*

Otto steht auf der sogenannten »Wiesbadener Liste«: Bei den Verhandlungen über die Kapitulation Frankreichs wird den Franzosen eine Liste von 76 Personen übergeben, die sofort zu verhaften und auszuliefern seien. Trotz dieser Bedrohung reist Otto von Habsburg am 17. Juni nochmals nach Bordeaux, um für die österreichischen Flüchtlinge bei der portugiesischen und der spanischen Botschaft Visa auszuhandeln. Dem spanischen Botschafter erklärt er, er solle weder Sozialisten noch Kommunisten ablehnen, denn jetzt gehe es nicht um Weltanschauungen, sondern um Menschenleben. Der Botschafter verspricht, diesen Wunsch zu erfüllen. Einen Tag später erhält Otto von den Diplomaten Spaniens und Portugals die Zusicherung, jedem österreichischen Flüchtling das lebensrettende Visum auszustellen.

Der Habsburger trifft weiters General Sikorski, den Chef der polnischen Exilregierung, der einstmals Soldat in der K.u.K.-Armee gewesen war, und der ihm in späterer Zeit ein nützlicher Freund sein sollte.

Eine ganz besondere Zusammenarbeit entwickelt sich in diesen dramatischen Stunden aber mit dem portugiesischen Generalkonsul Aristide de Sousa Mendes, der sich einen Rabbiner als Assistent engagiert und zwei Tage und Nächte ohne Unterbrechung arbeitet, um unaufhörlich Visa auszustellen. In einem Buch[1] schildert Otto von Habsburg die Tage von Bordeaux: »*Hunderttausende wurden auf einem immer engeren Raum zusammengedrängt, unter ihnen eine große Anzahl von Flüchtlingen aus Hitlers Reich. Die französische Verwaltung war weitgehend zusammengebrochen, die Lage an der Front undurchsichtig. (...) Nur jene konnten Frankreich verlassen, die den Beweis in Händen hatten, dass sie anderswo aufgenommen würden, bei dem herrschenden Chaos eine schier unerfüllbare Forderung. Ich selbst hatte mich vor allem mit dem Problem der geflohenen Österreicher zu befassen. Wir hatten deren viele Zehntausende (...) Die Menschen waren verschreckt und entmutigt. Ihre Überlebenschance schien gering; man rechnete nicht mehr in Tagen, sondern in Stunden. In dieser verzweifelten Situation trat ein Mann auf den Plan, der portugiesische Diplomat Dr. de Sousa Mendes. Er leitete das Generalkonsulat seines Landes in Bordeaux. Seine Regierung hatte ihm die strikte Weisung gegeben, keine Visa zu erteilen. Portugal war schwach, man fürchtete sich vor den unaufhaltsam herannahenden Truppen Adolf Hitlers und wollte den Zorn des Diktators nicht herausfordern. Die Spanier wiederum wollten nur Personen durchlassen, die ein Endziel auf ihrem Pass hatten. Dr. de Sousa Mendes war ein überzeugter Christ und daher ein Mann mit tiefem menschlichem Gefühl. So beschloss er, entgegen den Befehlen seiner Regierung zu handeln. Er erteilte allen Flüchtlingen portugiesische Visa, ohne viel nachzufragen. Ich habe selbst Dr. de Sousa Mendes ganze Berge von Flüchtlingspässen überreicht, die er, nur auf mein Wort hin, mit einem portugiesischen Sichtvermerk versehen hat, worauf der Vertreter Spaniens, Propper y Callejon, die Durchreise durch sein Land erteilte. Das portugiesische Generalkonsulat war in diesen Tagen rund um die Uhr geöffnet. Der Generalkonsul persönlich arbeitete in einem fort 48 Stunden. Alle Telegramme aus Lissabon, die ihn erneut an die Weisung erinnerten, endeten im Papierkorb. So ge-*

---

[1] »Niemand ist allein. Begegnungen«, hrsg. von Rainer Didszuweit und Rainer Meier, Gütersloh 1987

lang es Dr. de Sousa Mendes, durch seinen Einsatz mehr als 30 000 Menschen das Leben zu retten.«[1] Sousa Mendes wird für diesen Edelmut fristlos entlassen. Er lebt und stirbt in äußerster Armut. Die Zahl derer, für die Otto von Habsburg die Ausreise aus Frankreich erwirkte, kann auf mindestens 15 000 Personen geschätzt werden.

Franco und Salazar helfen

Am 19. Juni fährt die kaiserliche Familie bis zur spanischen Grenze. Bei der Überquerung der Grenze ruft ein spanischer Wachkommandant, der Zita erkennt: »Aber das ist doch die Kaiserin von Lequetio!« Otto bringt aber nicht nur seine Familie, sondern mehrere hundert Menschen über die französisch-spanische Grenze. In Spanien verhandelt er sofort mit Franco[2], obwohl er genau weiß, dass viele der Emigranten im Spanischen Bürgerkrieg auf Seiten der Roten gegen Franco gekämpft haben. Otto von Habsburg hatte Franco erstmals als Adjutanten von König Alfonso XIII. getroffen, besser kennt er dessen Bruder Nicolas.

---

[1] Im November 1998 findet im EVP-Fraktionssaal des Europäischen Parlaments in Straßburg eine Gedenkfeier für Aristide de Sousa Mendes statt. Otto von Habsburg soll die Festrede halten, kann aber aufgrund einer schweren Lungenentzündung, die ihn während des Oktober-Plenums ereilt, nicht teilnehmen. Sein Sohn Karl, damals ÖVP-Europaabgeordneter, verliest die Rede seines Vaters: »*In den furchtbaren Tagen von Bordeaux, als tatsächlich viele von uns annehmen mussten, dass ihre Hoffnung zu überleben äußerst gering geworden war, hat ein einfacher Mann, ein Gewerkschaftsfunktionär aus Wien, der im letzten Kabinett Schuschnigg das Postministerium geführt hatte, Rott, mir gegenüber die Lage sehr klar ausgesprochen. Er sagte: ›Jetzt weiß ich endlich, wie der Jüngste Tag, das Ende der Welt ausschauen wird. Alles wird wegfallen, übrig bleibt nur mehr der Mensch mit seinen guten und mit seinen schlechten Qualitäten.‹*«

[2] Otto von Habsburg sieht es als große Leistung Francos an, dass er sein Land aus dem Zweiten Weltkrieg heraushielt, vor allem weil Francos Ministerrat mehrheitlich für den Kriegseintritt gewesen war. In einem Beitrag über König Juan Carlos schreibt er (veröffentlicht in »Deutschland Magazin« Feb./März 1976): »Insbesondere im Jahre 1940, als die meisten an den Sieg Hitlers glaubten, war das eine hervorragende Leistung staatsmännischer Klarsicht und diplomatischer Klugheit, dabei keineswegs ein risikoloses Beginnen.«

In Lissabon spricht Otto direkt mit Ministerpräsident Salazar, den er bereits im Februar kennen gelernt hat. Er bittet Salazar, vor allem jüdische Flüchtlinge aufzunehmen. Doch Portugal verlangt Garantien, dass die Flüchtlinge weiterreisen. Otto von Habsburg verspricht, sich in Amerika dafür einzusetzen. Er sammelt Gelder für ein Flüchtlingsbüro in Lissabon, das sich um die Rettung der Emigranten, in erster Linie der Juden kümmert. Walter von Schuschnigg, ein Vetter des Bundeskanzlers, der zuvor österreichischer Konsul in Brasilien gewesen ist, leitet das Büro. Sollten die USA nicht zur Aufnahme der jüdischen Emigranten bereit sein, so werde er in Lateinamerika dafür werben, meint Otto. Daraufhin öffnet Salazar nicht nur für die politisch, sondern auch für die rassisch Verfolgten die Grenzen. Zugleich warnt Salazar Otto von Habsburg, er solle das Land baldigst verlassen, da die deutsche Regierung bereits wegen Hochverrats seine Auslieferung fordere. Lissabon werde ihn zwar auf keinen Fall an die Deutschen übergeben, doch sei es für das Land besser, wenn er ginge.

Nachdem sich Otto von Habsburg in Paris und Bordeaux unter Lebensgefahr für die Flüchtlinge eingesetzt hat, nachdem er in Madrid und Lissabon durch seine Verhandlungen Visa für die Emigranten erreichte, macht er sich nun in Übersee an die Arbeit. Otto wendet sich an den Diktator der Dominikanischen Republik, Rafael Trujillo, und dessen Staatssekretär Pastoriza um Hilfe, woraufhin diese 3000 Visa für die Dominikanische Republik gewähren. Die Bedingung allerdings lautet, es müsse sich um Landwirte handeln. Otto und der New Yorker Rechtsanwalt James Naumburg-Rosenberg, der ihn auf dieser Reise begleitet, machen daraufhin 3000 Emigranten auf ihren Listen kurzerhand zu Landwirten.

Der kubanische Staatspräsident Fulgencio Batista gewährt Otto von Habsburg Ende Oktober 1940 etwa 2000 Visa. Außerdem besorgt Otto Visa von China, mit denen wiederum die Flüchtlinge amerikanische Transitvisa bekommen, um damit in den USA unterzutauchen. Einer der Transitvisa-Besitzer lässt sich in New York-Chinatown von einem Chinesen den Wortlaut des chinesischen Visums übersetzen. Darauf steht, dass der Betreffende überall hin darf, nur nicht nach China. Im Gegensatz zu den lateinamerikanischen Potentaten sagt der US-amerikanische Unterstaatssekretär Breckenridge Long wörtlich zu Otto und Felix von Habsburg: »Wir haben hier genug Juden. Soll sie doch der Hitler nehmen.«

5. Amerika – In den Wirren des Exils

Am 11. Juli 1940 trifft Otto von Habsburg mit Flug aus Lissabon in den USA ein. Diesmal soll sein Aufenthalt vier Jahre dauern. Registriert wird er in den Vereinigten Staaten als »Otto of Austria, Duke of Bar«, in der Rubrik »professional names, nicknames and aliases« gibt er an: »Emperor Otto of Austria, King of Hungary, Archduke of Austria«. Als »present job« nennt er: »Arbeit für die Befreiung meiner Heimatländer.« Der Verein »Jewish Foreign War Veterans of America« schreibt einen Willkommensgruß: *»Im Namen meiner Organisation, dem ehem. Bund jüdischer Frontsoldaten Österreichs, bitte ich Sie den Ausdruck unserer großen Freude und Genugtuung über das Eintreffen der kaiserlichen Familie hier im Lande der Freiheit an Ihre Majestät Kaiserin Zita und Seiner kaiserlichen Hoheit Kronprinz Otto gehorsamst weiterleiten zu wollen. Wir haben unter dem kaiserlichen Doppeladler in Erfüllung unserer staatsbürgerlichen Pflicht und unseres Eides vier Jahre gekämpft und freuen uns aus ganzem Herzen die engsten Familienangehörigen unseres letzten obersten Kriegsherren hier in Sicherheit zu wissen.«*

Am 8. September 1940 besucht Otto zusammen mit seiner Mutter und seinen Geschwistern Adelhaid, Felix und Rudolf Präsident Roosevelt und dessen Gattin. Der Präsident sagt zu Otto, dass nun wohl eine enge Zusammenarbeit zwischen ihnen beiden beginnen würde. Otto von Habsburg erwidert, dass er dies sehr hoffe, aber zugleich betonen wolle, dass dabei nie von der zukünftigen inneren Gestaltung Österreichs die Rede sein dürfe. Dies gehe nur das österreichische Volk etwas an und dürfe nicht von außen beeinflusst werden. Im Gegensatz zu vielen anderen Emigranten setzt Otto von Österreich also von Anfang an das Staatsinteresse über das persönliche oder parteiische Interesse. Damit erreicht er auch die amerikanische Mentalität, wie u.a. eine Aussage des »Secretary of State«, Cordell Hull – nicht gerade ein Freund Ottos[1] –, beweist, der bei einer Pressekonferenz im März 1943 betont, dass die eroberten Länder, sobald sie befreit seien, in der Lage sein müssten, »ihre eigenen Führer und ihre Regierungsform zu wählen«.

Ein internationales Netzwerk entsteht

Die kaiserliche Familie unter der Führung von Zita lässt sich in der Nähe von Montreal in Kanada nieder, weil die jüngeren Kinder in Brüssel französische Schulen besucht haben und ihre Ausbildung in dieser Sprache fortsetzen sollen. Die Kaiserin hat erfahren, dass an der dortigen Universität zwei Professoren aus Löwen lehren und ihre Kinder so nach den gewohnten Lehrplänen ihre Studien vollenden können. Das Haus, in dem die Familie wohnt, hat der Kardinal-Erzbischof von Quebec besorgt.[2] Zita steht mit ihrem Erstgeborenen stets in engem Kontakt, auch wenn es über politische und taktische Fragen hin und wieder unterschiedliche Ansichten gibt. Im Herbst 1940 sind die USA noch nicht in den Krieg eingetreten, weshalb die Kaiserin einen Aufenthalt Ottos in Kanada für opportuner hält. Streng mahnt sie ihn in einem Brief vom 26. November 1940: »*Hier in Canada français bin ich aufs Freundlichste aufgenommen, da ist für mich nichts zu bekehren. Auch für das kath. Österreich interessieren sich die franz. Canadier ausnehmend, bis zu*

---

[1] Gegenüber Feigl meint Otto von Habsburg: »*Zu einem weit größeren Ausmaß, als im Allgemeinen bekannt war, hat sich im Zweiten Weltkrieg auch so etwas wie ein unsichtbarer Religionskrieg abgespielt. Ich wurde gefragt, warum etwa Cordell Hull, der Außenminister der Vereinigten Staaten, so total negativ mir gegenüber war. Das war eindeutig die Folge seines abgründigen Hasses gegen Katholiken. (...) Ich musste somit in Washington mit einer sehr starken Front antikatholisch motivierter Kräfte rechnen (...) Demgegenüber hatte ich eindeutig die Unterstützung der Katholiken oder zumindest der meisten unter ihnen.*«, Feigl, »Otto von Habsburg«, S. 129. Im Gegensatz zu Hull sind Roosevelts Sekretärin Grace Tully, der Präsident des Abgeordnetenhauses John McCormack, ein Richter am Obersten Gerichtshof Frank Murphy Katholiken – und Freunde Ottos.

[2] In der Villa St. Joseph wohnt Zita bis 1949, dann übersiedelt sie nach New York.

den einfachsten Leuten herunter (...) Aber im englischen Teil? – Es ist mir sehr leid es Dir tout franchement zu sagen, aber Dein Nichtmitkommen hat die ganze canadische Sache eher schlechter als besser gestaltet. (...) Ich habe den Eindruck, dass es nicht nur ein Schlag ins Wasser dadurch geworden ist, sondern direkt die Wirkung gehabt hat zu rehaussieren, dass Du lieber bei den Neutralen bleibst als bei den Kriegsführenden. Ich habe Dir in meinen Briefen immer wieder gesagt Du möchtest kommen. – Ich glaube ein Verlegen der Konferenzen und ein Hiersitzen durch 4–6 Wochen hätte unsere Sache mehr avanciert als viele mühsame Arbeit von Robert in London. Da ich sehe, dass ich mit dem Gefühl Du solltest sehr bald kommen recht behalten habe – ich hatte es Dir übrigens auch mündlich gesagt, als Du mir eröffnetest, dass Du hauptsächlich in U.S. bleiben wolltest und nur kurze Abstecher hierher machen wolltest –, Du aber wieder einmal derart von der Schusselei eingenommen bist, das Du alles andere übersiehst, will ich es Dir hier nochmals mit aller Deutlichkeit sagen. Ich bin jetzt hier machtlos, jede Bewegung von mir macht mehr hervorstechen, dass Du nicht da bist. (...) Aber es ist immer bei Dir so: zuerst wird mit furchtbarer Eile etwas lanciert, dann interessiert es Dich nicht mehr und wird ohne ein weiterer Gedanke stehen gelassen, um einem anderen Plan nachzujagen.«

Präsident Roosevelt rät Otto, sich nicht in New York, sondern in Washington niederzulassen, nachdem er sich zuvor eine Wohnung in New York, unweit des Central Park gemietet hatte. So lebt nun Graf Degenfeld überwiegend in New York, im Essex House, 160 Central Park South, während Otto von Habsburg in Washington D.C. ist und im Broadmoore Apartment Hotel wohnt. Roosevelt meint, Otto solle zunächst Amerika bereisen und sich dann in Washington niederlassen. Spätestens ab dem Kriegseintritt der USA ist es entscheidend, dass Otto nicht dem Rat seiner Mutter gefolgt ist, sondern sich auf Washington konzentriert hat.

Das »Broadmoore« auf der Connecticut Avenue in Washington wird zu einem Zentrum der Aktivitäten eines großen Teils der österreichischen Emigration. Von hier aus hält Otto Kontakt mit Hans Rott, Bruno Walter, Martin Fuchs, Felix Frankfurter (einem aus Wien stammenden Professor an der Harvard University), Felix

Somary[1] und vielen anderen. Befreundet ist Otto von Habsburg mit dem erwähnten New Yorker Erzbischof, Kardinal Francis J. Spellman, mit Postminister Frank Walker und dem Präsidenten des Außenpolitischen Komitees im Senat, Sol Bloom. Im Jahr 1942 knüpft er engen Kontakt zum Staatssekretär des Äußeren, Sumner Wells, der nach Ottos Einschätzung Europa viel besser versteht als Außenminister Cordell Hull. Mit dem Außenamt hat Otto von Habsburg mehrfach Probleme. So schreibt er am 1. Juni 1943 an Roosevelt: »*Wie ich nun erfahre, widersetzen sich gewisse Kräfte im State Department sogar einer provisorischen Lösung der österreichischen Frage. (…) Ich bin sicher, dass die Schaffung einer österreichischen Repräsentanz in Amerika vom österreichischen Volk begrüßt werden würde.*« Unter den Emigranten pflegt Otto von Habsburg gute Beziehungen zur Trapp-Familie, die er mehrfach trifft und mit der er korrespondiert, mit dem österreichischen Schriftsteller und Gelehrten Erik von Kuehnelt-Leddihn, mit Coudenhove-Kalergi[2], mit dem Schriftsteller Franz Werfel und dessen Frau Alma. Ende 1940 hält »Otto of Austria« bereits zahlreiche gut besuchte Vorträge in den USA. Diese schaffen tiefe Verbindungen und machen großen Eindruck.

Robert koordiniert unterdessen die Arbeit in Großbritannien und hält Kontakt zum britischen Premier Churchill. Im Mai 1941 erscheint in London ein Manifest der von den Habsburgern stark beeinflussten »Austrian League« unter dem Titel »Viribus unitis«.

---

[1] Somary ist Jude und stammt aus Galizien. Als Schweizer Staatsbürger war er jahrelang einer der wirtschaftlichen Berater der US-amerik. Regierung. Otto von Habsburg schätzt ihn und seinen Rat. Er arbeitet während des Exils in Amerika und auch nachher in Europa mit ihm vielfach und eng zusammen. Er bezeichnet Somary als »einen der brillantesten Köpfe, die ich in meinem Leben kennen gelernt habe«.

[2] Coudenhove-Kalergi bemüht sich in Zusammenarbeit mit Otto ebenfalls um die Aufstellung einer einheitlichen österr. Repräsentanz. Seine Bemühungen um eine Exilregierung scheitern an den Kreisen um Julius Deutsch. Der Historiker Martin Posselt resümiert: »*Die Gräben zwischen Katholiken und Sozialisten, Monarchisten und Republikanern waren zu tief. Zu kontrovers waren die Biografien der Akteure, zu frisch die Wunden vergangener Konfrontation; und das Exil war als Ort für eine nationale Versöhnung denkbar schlecht geeignet.*«, in: Gehler/Steininger, »Österreich und die Europäische Integration 1945-1993«, Wien/Köln/Weimar 1993, S. 384

Darin heißt es: »*In diesem Krieg für die Freiheit und gegen Unterdrückung und Barbarei wünschen wir Österreicher auf jede mögliche Weise für den Sieg Großbritanniens zu kämpfen. Wir kämpfen für ein unabhängiges, freies Österreich (...) Wir kämpfen für die Wiedervereinigung Südtirols, versklavt durch den italienischen Faschismus und verkauft in die Gefangenschaft durch Hitler, mit Österreich. (...) Nach der Befreiung unserer Heimat ist unser weiterreichendes Ziel die demokratische Erbmonarchie unter dem Haus Österreich. (...) Nie werden wir dem zustimmen, dass Österreich eine Provinz Großdeutschlands bleibt, weder eines Hitler-Deutschland noch eines freien Deutschland, ob nun seine Regierung links oder rechts sei.*«

In Kuba kooperiert Edgar von Russ – als Korrespondent des »United States Tobacco Journal« in sicherer Stellung – mit Otto von Habsburg. Russ organisiert Ottos Kuba-Besuch und resümiert anschließend in einem Brief an Erzherzog Felix vom 7. April 1942, »dass der Kaiserbesuch für die hiesige österreichische, aber auch für die königstreue ungarische Kolonie von allergrößter Bedeutung war«. Russ wird Präsident der kubanischen »Frei Österreich Organisation« und meldet stolz, dass die Monarchisten in deren Führung eindeutig die Mehrheit stellen. Er wolle »unter vollständiger Ausschaltung von etwaigen Nazis und Kommunisten, alle Österreicher in Kuba erfassen«. An Walter von Schuschnigg schreibt Russ am selben Tag: »*Als unmittelbare Folge des Kaiserbesuches in Havanna, der für die gesamte österreichische Kolonie von allergrößter Bedeutung war, hat sich der kubanische Premierminister Dr. Carlos Saladrigas, mit dem Seine Majestät eine halbstündige Unterredung pflegen konnte, bereit erklärt, die Situation der hier lebenden Österreicher derjenigen anzupassen, die derzeit in den Vereinigten Staaten herrscht – somit auch hier die Österreicher nicht mehr als feindliche, sondern als neutrale Ausländer zu betrachten. (...) Die ganze Presse hat sich ausführlichst mit der Kaiservisite befasst, ebenso wie das Radio und das Kino.*«

Beneš – der ewige Widersacher

Der tschechoslowakische Staatspräsident Eduard Beneš, seit 1938 im Exil, ist massiv anti-habsburgisch eingestellt.[1] Er prägte einst die Formel »Lieber Hitler als Habsburg«, die er später in »Weder Hitler noch Habsburg« abwandelte. 1908 hatte Beneš noch geschrieben, nirgendwo könne es den Tschechen besser gehen als in der Monarchie. Doch am Ende des Ersten Weltkrieges forderte er: »Détruisez l'Autriche-Hongrie!« Dagegen pflegte Ministerpräsident Milan Hodža einen Kontakt zu Steenockerzeel.

Die Gegnerschaft der tschechoslowakischen und pro-sowjetischen Kreise um Beneš prägt die Exilzeit Otto von Habsburgs in Amerika. Beneš und seine Leute scheinen über schier unendliche Geldmittel zu verfügen.[2] Mit Beneš kooperiert zeitweise Ferdinand Czernin, ein Sohn des früheren Außenministers Ottokar Czernin.[3] Unzweifelhaft erhält Beneš massive politische, logistische und vermutlich auch finanzielle Hilfe aus Moskau. Ab 1942 werden durch sowjetische und tschechoslowakische Gelder pro-kommunistische Organisationen errichtet, wie die »Austrian Action« und die »Austro-American Tribune«. Dass keine einheitliche und offizielle Repräsentanz der Österreicher in den USA aufgebaut werden kann,

---

[1] Otto trifft Beneš nie persönlich, jedoch viele seiner Anhänger und engen Vertrauten.
[2] Gegenüber Feigl meinte Otto von Habsburg: »*Ich hatte lange geglaubt, dass diese Gelder aus der UdSSR kamen. Erst später bin ich aufgrund einer Konversation mit Botschafter Ossutzky und einer mit Hodža darauf gekommen, dass die Gelder von Beneš zu einem guten Teil von Präsident Emil Hácha stammten, dem Nachfolger von Beneš in Prag. Dieser, ein großer Patriot, hatte noch in den letzten Tagen, in denen er über Mittel verfügen konnte, gewaltige Gelder nach London geschickt, damit sie dort Beneš für eine Emigration zur Verfügung stünden. Das war sicherlich das Anfangskapital, mit dem Beneš zu arbeiten beginnen konnte. Es dürfte übrigens das auch erklären, warum Hácha so elend zugrunde gehen musste, als der Krieg vorbei war. Beneš hatte gar kein Interesse daran, dass diese Verbindungen offenkundig werden.*«, Feigl, »Otto von Habsburg«, S. 129. Auch gegenüber den Autoren bestätigt er, dass Beneš über riesige Summen aus der tschechoslowakischen Staatskasse verfügte.
[3] Auch Ferdinand Czernin sei von Beneš finanziert worden, erinnert sich Otto von Habsburg.

ist einerseits auf die Zerstrittenheit der Exilanten, andererseits aber auch auf die Intrigen Beneš' zurückzuführen.

An Erzherzog Felix schreibt Otto, dass Bullitt ihn darüber informiert habe, »*dass wir von den Tschechen auf das schärfste überwacht werden, und dass jede unserer Moves bei ihnen bekannt ist. Der Verdacht besteht, dass jemand in unserer immediaten Umgebung Berichte schreibt. Es besteht die Möglichkeit, oder es wird die Möglichkeit bestehen, mit Hilfe amerikanischer Behörden den Betreffenden herauszufinden.*« Umgekehrt erhält aber auch Otto von Habsburg über einen jüdisch-tschechischen Journalisten namens Tyrnauer, der US-Staatsbürger und Korrespondent der Hearst-Presse ist, Informationen aus dem Beneš-Lager. In der unmittelbaren Umgebung Roosevelts sitzen zunehmend auch Vertraute von Beneš und dezidierte Gegner Ottos, etwa Harry Hopkins und dessen Mitarbeiter Alger Hiss, der später als Sowjetspion enttarnt wird.

Am 24. April 1942 schreibt Graf Degenfeld an Dr. Franz Klein, den Herausgeber der »Voice of Austria«: »Die Offensive des Herrn Beneš gegen uns nimmt stark an Kraft zu, besonders in den Linkskreisen.« Als eine der zu propagierenden Forderungen nennt Degenfeld im Auftrag Ottos deshalb: »Wichtigkeit einer neuen bill of rights für die Donaustaaten. Nicht die Rechte der Individuen allein, sondern auch der Nationen und Minoritäten müssen gesichert werden.« Klein berichtet am 10. Mai 1942 Otto von Habsburg: »Ich bin noch immer im Mittelpunkt verschiedener Kämpfe. Sie können sich nicht vorstellen, wie schrecklich sich die Benešleute vor meiner Voice ängstigen.« Klein vermutet, dass Beneš sich Prag anstelle von Wien als Hauptstadt einer neuen Donauföderation wünscht. Otto von Habsburg selbst informiert Klein am 15. Mai 1942: »Beneš ist sehr aktiv und hat genügend Geld: er ist nun dabei, seine Frühjahrsoffensive zu starten. Die Offensive geht gegen Österreich als Ganzes, nicht besonders gegen diesen oder jenen Sektor.« Degenfeld ermahnt Klein, trotz der »Feindschaft der Beneš-Tschechen«, »dieser Hostilität nicht Material und Ursache zu liefern«.[1] Auch Otto sei der Ansicht, »*dass es richtiger ist, im gegenwärtigen Zeitpunkte, wo*

---
[1] Degenfeld an Klein, Brief vom 23. 5. 1942

die Lage Österreichs hier eine sehr schwere ist – dies ist gegenwärtig der Fall – in der Voice und auch sonst nicht aggressiv gegen Beneš vorzugehen, denn dies beziehen nun einmal die Tschechen und Außenstehende auf alle Tschechen.« Man solle deshalb »eine Polemik gegen Beneš vermeiden« und stattdessen hin und wieder einen freundlichen Artikel über das tschechische Volk und die tschechische Kultur bringen.

Aus heutiger Sicht sagt Otto von Habsburg über Beneš, er sei ein »Genius des Bösen« gewesen. Anthony Eden und Eduard Beneš waren »Menschen, von denen man sagen kann, sie sind von Grund auf schlecht«. Ziel Beneš' sei ein sowjetisch dominiertes Europa gewesen, in dem die Tschechoslowakei eine möglichst bedeutsame Rolle spielen sollte.

Gegen Ottos offen propagierte Vorstellungen einer mitteleuropäischen Föderation treten viele Kräfte auf. In Leserbriefen etwa polemisiert ein gewisser Luigi Criscuolo dagegen, der sich als früherer Delegierter Montenegros bei den USA entpuppt: Er unterstellt Otto von Habsburg gute Finanzquellen zu haben, und behauptet, dass der Name Habsburg bei den Slowenen, Kroaten, Serben, Ungarn und Rumänen keinen guten Klang habe.

Ottos Erfolge für Österreich

Otto von Habsburgs erstes Ziel in der Emigration ist es, Österreich wieder auf die Landkarte zu bringen. Dazu entwirft er mit seinen Vertrauten Pressekampagnen, um Österreich als erstes Opfer Hitlers darzustellen. In einem dieser Skripte heißt es über die Schwerpunkte: *»Die Majorität des 10. April ist nur durch Schwindel und Terror erreicht worden. Die Kämpfe der Illegalen dauern seit dem 11. März. (...) Ziel: Befreiung Österreichs vom preußisch-nazistischen Joch – Demokratie – Christentum, gegen Rassenhass. (...) Nie ein Kompromiss mit Hitler! (...) Glaube, dass Hitler von innen heraus gestürzt werden kann.«*
   Um dieses Bild Österreichs als Opfer Hitlers hervorzuheben, ini-

tiiert Otto den »Austrian Day«, jährlich am 25. Juli, dem Tag der Ermordung von Bundeskanzler Dollfuß durch die Nazi-Putschisten in Wien. Darin sei der Anfang der Aggression Hitlers gegen Österreich zu sehen. Im Jahr 1942 bereitet er persönlich den Gedenktag vor und notiert in seinem Kalender »unzählige Telefonate«. Fünfzehn Staaten der USA erklären diesen Tag zum offiziellen Gedenktag für Österreich. Außenminister Hull betont in einer Rundfunkansprache, dass die USA niemals die Okkupation Österreichs anerkennen werden.

Durch den befreundeten Postminister Frank Walker erreicht Otto von Habsburg die Aufnahme Österreichs in eine Briefmarkenserie über die von Hitler eroberten Länder. Am 28. November 1943 ist Ersttag für die Serie »Occupied Nations«. Die amerikanische Briefmarke zeigt eine rot-weiß-rote Flagge und den Wert von 5 Cent. Die Serie besteht aus insgesamt 13 Marken und symbolisiert in der Reihenfolge ihrer Besetzung die Staaten Österreich, Tschechoslowakei, Polen, Dänemark, Norwegen, Niederlande, Belgien, Luxemburg, Frankreich, Albanien, Griechenland, Jugoslawien und Korea. Der Präsident des »Free Austrian Movement«, Bundesminister Hans Rott, organisiert Messen in amerikanischen Kirchen »zum Gedenken an die zahlreichen Österreicher, die den schon im Jahre 1933 begonnenen Angriffen Nazi-Deutschlands auf Österreich zum Opfer fielen«.

Es ist weitgehend Otto von Habsburg zu verdanken, dass die USA den Österreichern den Status »friendly aliens« geben. Für viele tausend Österreicher in den USA kann so eine wirtschaftliche und soziale Besserstellung erreicht werden. Als »Deutsche« wären sie von der Sperrung der Konten und der Internierung bedroht gewesen. Unterstützung erhält Otto von Habsburg dabei von Justizminister Anthony Biddle und von Felix Frankfurter. Denselben Status wie die Österreicher erhalten auch die Tschechen. Nur die Anerkennung einer – aus dem von Otto initiierten und von Rott präsidierten »Österreichischen National-Komitee« heraus gebildeten – österreichischen Exilregierung, die offiziell die Anliegen des Landes vertreten kann, gelingt nicht. Otto schreibt dazu am 13. Februar 1942 an Degenfeld: »*Der Status ist also vollständig und zufrieden-*

stellend geregelt und es bleibt uns in dieser Frage kein Wunsch offen. Juristisch sind wir zufriedengestellt. (...) Die Position des Komitees hat in jüngster Zeit große Fortschritte gemacht. (...) Dies bedeutet natürlich nicht die Anerkennung als Regierung, was zur Zeit nicht in Frage kommt, aber als anerkannte Autorität um Österreich in der Zeit der Besetzung durch Deutschland zu repräsentieren.« Verärgert zeigt sich Otto von Habsburg über die Langsamkeit der US-Behörden: »Es ist ja hier alles voll besten Willens. Aber die Leute scheinen die Ewigkeit vor sich zu haben. In diesem Schneckentempo wird man den Krieg nicht gewinnen.«

Auf Ottos Betreiben bringt der Vertreter von Connecticut, James A. Shanley, eine Entschließung im Kongress ein, dass die USA den Anschluss Österreichs an das Deutsche Reich nie anerkennen würden, und Außenminister Cordell Hull wiederholt – bei mehreren Gelegenheiten –, dass seine Regierung den »Raub« Österreichs niemals akzeptierte. Auch Ottos Einfluss auf Roosevelt trägt Früchte: Der Präsident nennt bereits am 27. Mai 1941 und am 9. Dezember 1941 in öffentlichen Reden Österreich unter jenen Ländern, die zu befreien seien und deren Eigenstaatlichkeit wieder hergestellt werden müsse. Am 12. Juni 1943 schreibt Roosevelt an Otto: »*Diese Regierung wird fortfahren, alle Pläne zu überprüfen, die dem einigen Volk von Österreich nützlich sein können, (...) und wir werden ihnen dabei helfen, in Übereinstimmung mit den allgemeinen Zielen der Vereinten Nationen, um einen wirksamen Beitrag zu seiner Befreiung zu leisten (...)*« Vor der Konferenz der Alliierten im November 1943 ist Otto mehrfach bei Roosevelt und übergibt ihm ein Memorandum mit dem Wunsch, die Alliierten mögen die Unabhängigkeit Österreichs garantieren. Diese Formulierungen werden dann in der Moskauer Deklaration vom 1. November 1943 im Wesentlichen übernommen.

Otto von Habsburg wendet sich mit einer Schrift »The Case of Austria« und durch Publikationen in der Zeitschrift »The Voice of Austria« an die Öffentlichkeit. Die »Voice«, offiziell von Franz Klein herausgegeben, ist im Wesentlichen durch die Bemühungen der Habsburger finanziert. Als regelmäßige Autoren fungieren neben Klein Otto selbst, Erzherzog Felix, Walter von Schuschnigg, Ernst

Karl Winter, Erich Hula, Ludwig von Mises, Aurel Kolnai, Hermann Steinhausen und George M. Wrong. Das Blatt gilt innerhalb der österreichischen Emigration als Stimme des legitimistischen Lagers.

Immer Ärger mit »Neugröschl«

Während Otto von Österreich sich für das Land und die österreichischen Emigranten einsetzt und ihnen dazu verhilft, nicht als feindliche Staatsbürger den gleichen Diskriminierungen ausgesetzt zu werden, die Deutsche treffen, müht sich ein Großteil der österreichischen Emigration, im Exil die parteipolitischen Kämpfe fortzusetzen. Die Intrigen der Emigranten schaffen dabei immer wieder Schwierigkeiten, die Otto mühsam und teilweise nicht ohne Schaden ausräumen muss. »Es ist uns gelungen, die über den Österreichern drohende Gefahr des enemy aliens wieder abzuwehren. Ich bin allerdings bei dieser Operation in den Augen des State Departments nicht populärer geworden«, schreibt er einmal an Degenfeld.

Und am 14. Februar 1942 meint er wieder an Degenfeld: »*Die Österreicher werden bald, so nehme ich an, eine ganz große Opportunität haben und es wird von der Haltung der Emigration abhängen, ob es gelingen wird, diese Opportunität voll & ganz auszunützen. Wenn die Leute mich ruhig arbeiten lassen, habe ich mehr und mehr den Eindruck, dass ich ihnen mit der Zeit die Anerkennung bringen kann. Wenn sie aber ihre Kunststücke versuchen, wird es ihnen gelingen auch die besten Opportunitäten zu verhauen.*« Schon am 29. März 1942 klagt er gegenüber Degenfeld, dass »*es den charmanten Österreichern wieder gelungen ist, hier einen Saustall zu veranstalten, aus dem ein Ausweg gefunden werden muss (...) Die ärgste Sache ist, dass durch die Uneinheit im eigenen Lager, die Kontrolle des Komitees mehr und mehr in die Hände Zernatto-Czernin gleitet. (...) Ich persönlich aufgrund meiner momentanen Eindrücke würde denken, dass in allen das Komitee betreffenden Angelegenheiten Rott diktatorische Gewalt zu geben wäre. Nur im Falle Ihrer Anwesenheit in New York und von genügend Zeit, wäre ein Appell an Sie zu gestatten. Der Appell an mich ist überhaupt zu eliminieren, denn unter diesem Prätext ist schon allzuviel Unfug getrieben wor-*

den. Wie ich die Leute kenne, werden sie sich alle weinend und drohend unterwerfen. (...) Ich möchte dann sozusagen nur noch den Scharfrichter spielen, ohne Untersuchung, Prozess, Richter und Geschrei.« Otto weiter: »*Die Sache der Neugröschler[1] ist wirklich zum Auswachsen.«*

Am 5. Juni 1942 schreibt Otto an seinen Bruder Felix über die »zahlreichen unerfreulichen Nachrichten aus Neugröschl«, also aus der New Yorker Exil-Gemeinde: »Es ist nur ein Glück und Gottes Segen, dass es fast keine Österreicher hier in Washington gibt, sonst wäre es ihnen schon gelungen, dass durch ein spezielles Gesetz des Kongresses alle Österreicher interniert werden sollten.« Felix rät der ältere Bruder, sich nicht zu tief in die Intrigen zu verstricken, sondern dies »Adamson« (Degenfeld) zu überlassen: »Es ist immer besser, wenn er die Sachen macht, als wie wenn wir in dem Schlamm herumwaten müssen.«[2] An Degenfeld schreibt Otto von Habsburg am 6. Juni 1942: »*(...) hocherfreulich, dass Sie nach New York zurückeilen, um dort das liebliche Geschlecht der Neugröschler zu Paaren zu treiben. Ich halte dafür, dass man dem Rott gegenüber mit äußerster Energie auftreten muss. Er ist ja ein ganz braver Mensch, aber leider recht dumm.«*

Als Minister der letzten Regierung Schuschnigg stellt Rott wie erwähnt ein Aushängeschild und ein Symbol der staatlichen Kontinuität dar. Otto von Habsburg, der Rott gegen allerlei Verleumdungen schützt, hat auch seine Not mit ihm: »*Zu Rott persönlich möchte ich nochmals betonen, dass ich ihn trotz aller Ansicht aus anderen Kreisen nicht für unanständig halte. Gewiss er ist unendlich dumm, aber ich halte dafür, dass er in seiner Dummheit sich vorstellt, dass er uns einen großen Dienst leistet.«* Es würde das Komitee sehr schwächen, wenn sein Name darin nicht mehr aufscheinen würde, meint Otto. Auch das State Department signalisiert, dass Rott – als

---
[1] Der Ausdruck »Neugröschler« ist abgeleitet vom New Yorker »Café Neugröschl«, einem Treffpunkt der österr. Emigration.
[2] Am selben Tag schreibt er an Degenfeld: »Neugröschl needs you, and Schames Feigelbaum ist wieder auferstanden und führt den Fluch und Totentanz gegen das Committee auf.« In einem Brief vom 1. 1. 1942 an Degenfeld schreibt Otto: »Ad Neugröschl: (...) Unser ärgster Feind ist das Spießertum der eigenen Leute.«

Minister der Schuschnigg-Regierung und als Gegenpol zu Zernatto, der einen allzu nationalen Ruf hat – ein wichtiger Faktor im »Austrian National Committee« (ANC) sei und sein Ausscheiden das ANC kompromittieren würde. Der Doppelvorsitz Rott-Zernatto macht aber, wie Otto erfährt, keinen guten Eindruck bei den amerikanischen Behörden.

Eine der fatalsten Aktionen der »Neugröschler« bildet die Initiative Willibald Plöchls, der sich im September 1941 zum Kanzler einer österreichischen Exilregierung machen will. Ohne Absprache mit Otto, dessen Lager er zugerechnet wird, schreibt Plöchl am 19. September 1941 direkt an Außenminister Cordell Hull und versucht ihn davon zu überzeugen, dass Rott »als das älteste, freie Mitglied des Kabinetts von Schuschnigg die Aufgaben eines Bundespräsidenten übernehmen sollte, gemäß Artikel 77 der Österreichischen Bundesverfassung.« Plöchl weiter an Hull: »*Im Hinblick auf die besonderen Umstände der gegenwärtigen österreichischen Situation erklärt Minister Rott offiziell seine Position, in der er die Aufgaben eines amtierenden Bundespräsidenten von Österreich übernimmt. Darüber hinaus hat Herr Rott mit Blick auf die gegenwärtige internationale Lage einen Freien Österreichischen Nationalrat unter seiner Präsidentschaft eingesetzt, mit Dr. Willibald Plöchl als Kanzler. (…) Es ist meine Ehre und meine Pflicht, den Freien Österreichischen Nationalrat gegenüber den Vereinigten Staaten zu repräsentieren.*« Erst einen Tag später, nämlich am 20. September 1941 schreibt Plöchl an Rott, er habe nach »*reiflicher Überlegung und nach Rücksprache mit meinen Freunden, den Beschluss gefasst, in der Frage der Bildung einer Nationalvertretung mit Ihnen an der Spitze die ersten Schritte zu unternehmen*«. Als Grund dafür gibt er »die unhaltbare Situation im New Yorker Lager« (gemeint ist: unter den österreichischen Emigranten) an. Im Folgenden sucht Plöchl Rott davon zu überzeugen, dass es »wesentlich eindrucksvoller« sei, wenn er sich als Bundespräsident erkläre und »wir damit die Rechtskontinuität bereits in der Spitze herstellen und überdies alle Fragen der Staatsform, die an uns gerichtet werden könnten, ausschließlich beseitigen können«. Damit bekennt er sich dazu, Otto von Habsburg bewusst auszuspielen. Ganz ohne Umschweife diktiert Plöchl Rott, was er nun zu tun habe. In vagen Formulierungen dagegen begründet er, dass er zur Übernahme der Kanzlerschaft »die Ermunterung im State Department selbst gefunden habe«.

Otto von Habsburg telegrafiert an Plöchl am 25. September: »*Idee Rott als provisorischer Präsident ist im Gegensatz zu unseren Prinzipien. Nur provisorische Kanzlerschaft wäre akzeptabel und juristisch zu verteidigen. Ich warne Sie zum letzten Mal, unseren besten Trumpf nicht ohne meine vorherige Zustimmung auszuspielen. Ich verbiete weitere Schritte vor meiner Rückkehr. Otto.*«

Am 10. Oktober 1941 schreibt Degenfeld »Streng vertraulich« an Rott: »*Dr. Plöchl hat durch sein eigenmächtiges, gegen den ausdrücklichen Befehl Sr. Majestät erfolgtes Vorgehen, zu welchem absolut kein Grund vorlag, der Sache Österreichs den schwersten Schaden angetan.*

Er hat nicht nur sich selbst vollkommen lächerlich und unmöglich gemacht, sondern er hat leider auch Sie aufs schwerste geschädigt und Ihre Stellung in einer Weise erschüttert, die kaum gut zu machen ist. Seine Majestät will Sie halten und bemüht sich mit aller Energie und Anstrengung, dieses zu erreichen, aber es ist nicht zu leugnen, dass dadurch Sr. Majestät selbst in eine außerordentlich schwierige Lage kommt. (…) Auf jeden Fall bittet Seine Majestät Sie aufs Dringendste, bis auf weitere Mitteilung von Seiten Sr. Majestät, absolut keine Äußerung in der Presse oder überhaupt gegenüber jemandem zu machen. Es stehen sehr große Dinge auf dem Spiel. (…)

Auf keinen Fall wären was immer für Mitteilungen oder Angaben von Dr. Plöchl als Weisungen oder Meinungen Sr. Majestät anzusehen. Ich teile Ihnen dies ausdrücklich mit, denn es hat sich hier herausgestellt, dass er die Unwahrheit gesagt hat, indem er angab, Seine Majestät sei von allem orientiert, dadurch den Schein erweckte, die Zustimmung des Kaisers zu haben, während er von Sr. Majestät längst den ausdrücklichen gegenteiligen telefonischen Befehl hatte.

Dr. Plöchl hat das Vertrauen des Kaisers in der ärgsten Weise missbraucht und nunmehr natürlich verloren.«

Otto von Habsburg schreibt am 4. Dezember 1941 an Degenfeld, er habe Rott eine Antwort an »den Clown von der Kalorama Road« (gemeint ist Plöchl) aufgesetzt, die diesem nicht passen werde. Weiter heißt es in dem Brief: »*Rott ist anständig, ganz auf unserer Seite gegen den Kanzler (...) Überhaupt scheinen alle Österreicher gegen den Kanzler zu sein. (...) Kanzler Willibald hat sich eine Gang zusammengestellt (...) Brauche wohl nicht die Herren vorzustellen: Irländer, Faschisten, Antisemiten und Feinde Englands. Schon im August wurde ich von dieser niedlichen Gesellschaft bedroht, dass ein Artikel, der mich als Naziagent entlarvt, erscheinen würde, wenn ich nicht die Linie der Politik dieser Gang annehmen würde. Als ich in Chicago war, traf ich den reizenden Kilbourn wieder, der mir sagte, dass ein Artikel über mich erscheinen würde, dass ich ein Nazist und anderes sei. (...) Er (Kilbourn) habe das Erscheinen bisher hintangehalten, könne das aber nur weitertun, wenn ich mit Kallir, allen Juden, den New Dealern und dem Mr. Geo M. Morris brechen würde. Ich sagte ihm darauf, dass ich verkehre mit wem ich wolle und dass der Artikel nur ruhig erscheinen solle. Daraufhin, am vorigen Freitag, erschien der obgenannte Artikel in der Washinton Daily News. Der Titel war: Otto Link to Nazi Agent. Die Geschichte kurz die: Ich sei unter dem Einfluss des jüdischen Naziagenten Nierenstein gekommen. (...)«*

*

Viele Emigranten im »Free Austrian Movement« werden von oder über Otto von Habsburg finanziert. Doch auch dieser hat ernste Geldsorgen. An Degenfeld antwortet er auf die Finanzwünsche der Emigranten: »Leider geht das Geld aus. Ich kann nicht erhöhen. Sollen sich um part-time Jobs mühen.« Am 2. Juli 1942 schreibt er an Degenfeld, dass er *»nicht wusste, mit was ich nach Erschöpfung meines Monatskontingentes zahlen sollte. Ich war gestern wirklich ohne Geld und hatte als alles nur mehr den Silberdollar, den ich unter gar keinen Umständen weggeben wollte. Ich habe aber den geldlosen Tag überlebt, und bin halt ohne Abendessen schlafen gegangen, was mir wenigstens eine halbe Stunde mehr für Arbeit gab, und für die Linie nur zuträglich war«.*

Auch für die »Voice« muss Otto von Habsburg sammeln. Klein verspricht er am 5. Mai 1942, »dass ich mein Möglichstes tun werde, um die Voice am Leben zu erhalten, obwohl dies nicht leicht ist«. Degenfeld teilt Klein mit: »Ich kann Ihnen nicht verhehlen, dass die Finanzfrage eine sehr kritische wird, trotz aller Bemühungen von mir aus, etwas zu erreichen. Die Kosten müssen wesentlich herabgesetzt werden.« Otto muss aber auch immer wieder die Inhalte korrigieren. An Degenfeld schreibt er am 6. Juni 1942: *»Ich muss Ihnen sagen, dass ich auf Klein sehr böse bin. In der letzten Nummer der Voice hat er nicht nur taktlose Bemerkungen gegen Amerika, sondern auch gegen die österreichische Emigration und gegen das Komitee gemacht. Ich glaube, es wird langsam an der Zeit sein, dass ich dem Klein klarmache, dass die Voice nicht ihm gehört. Es ist doch schließlich unmöglich, dass in meinem eigenen Blatt gegen meine eigene Politik polemisiert wird und diejenigen Sachen, die ich aufzubauen trachte, mit Begeisterung abgerissen werden.«*

Eine besonders üble Rolle spielt Ferdinand Czernin. Walter von Schuschnigg berichtet Otto von Habsburg am 5. Juni 1942 von den Streitigkeiten im ANC: *»Czernin wird sicher seinen großen Ehrgeiz dahin lenken, möglichst alle Macht an sich zu reißen; in Washington als Vice President des National Committees in alle Ämter laufen und seinen momentan sehr verblassten Ruhm als ›Führer der Österreicher‹ sehr bald aufzufrischen trachten. (...) Ich werde meine ganze Kraft darein setzen, dass endlich mit positiver Arbeit begonnen wird und nicht ununterbrochen mit Streitfragen um eine imaginäre Liliputmacht innerhalb des Committees die Zeit vergeht.«* Schuschniggs Vorschlag: *»(...) dass Eure Majestät (...) Minister Rott zu sich rufen zu lassen, ihn an den Eid zu erinnern, den er Eurer Majestät in Paris geleistet hat[1] und ihn aufzufordern, rückhaltlos alles zu berichten, was sich getan hat, sich gegenwärtig tut und welche Verhandlungen gegenwärtig laufen. Es ist ausgeschlossen, dass der 1. Vertreter Eurer Majestät im Committee, welches auf ausdrücklichen Wunsch Eurer Majestät bestehen bleiben soll und arbeiten muss, gleichzeitig Verhandlungen führt, die zu dessen Zertrümmerung führen müssen.«* Schuschnigg über Rott: »Vom Makel des Plöchelschen Abenteuers hat er sich nie ganz reinwaschen können. (...) Politische Trapez-

---

[1] Otto von Habsburg erklärt, dass er jedwede Eidesleistungen von Mitarbeitern stets abgelehnt habe. Auch Rott habe er nie einen Eid abverlangt und könne sich auch nicht erinnern, dass Rott einen solchen seinerseits angeboten oder geleistet habe.

künstler können wir in der legitimistischen Bewegung nicht brauchen.«

Nachdem sich Czernin öffentlich gegen Otto von Habsburg wendet, schreibt ihm Walter von Schuschnigg am 8. August 1942 einen Brief, in dem er ihm seinen »perfiden Angriff« und »blinden Hass gegen den Kaiser« vorwirft: »Graf Czernin! Welches Interesse haben Sie an den Interessen anderer Nationen? Wer hat nur von Ihrer Wiege die beiden Feen ›Takt‹ und ›Würde‹ mit nassen Fetzen aus dem Zimmer gejagt?!« Besonders bei ihm ganz nahestehenden und finanziell von ihm abhängigen Emigranten ärgern Otto von Habsburg die ständigen Intrigen und kleinlichen Profilierungsversuche. Ein Zitat aus einem Brief an Degenfeld zeigt, dass dem jungen Habsburger durchaus einmal der Kragen platzen kann: *»Die Leute sollen verstehen, dass sie von sich aus nichts sind, und dass sie nur als meine porte paroles irgendetwas sein dürfen. Die Leute mögen sich an das Ende des Plöchl erinnern: der heute hier schwer krank und ganz mutterseelenallein dasteht, dem kein Österreicher mehr die Hand gibt. Diesmal heißt es dreinhauen, sonst nehmen sich später die Herrschaften alles Mögliche heraus.«* Rückblickend betrachtet es Otto von Habsburg als seinen größten Fehler, sich im amerikanischen Exil überhaupt so viel mit den Emigranten abgegeben zu haben. Er meint, er hätte sich deutlicher von ihnen absetzen sollen: »Jede Emigration ist entsetzlich.« Wenn Menschen aus ihrem gesellschaftlichen Rahmen herausgebrochen werden, dann sinke eben jeder auf das eigene Niveau herab.

Das »Austrian Battalion«

Bei einer Unterredung mit Otto und Felix Ende August 1942 äußert Präsident Roosevelt den Wunsch, im Rahmen der US-Streitkräfte ein »Österreichisches Bataillon« – ähnlich den griechischen und norwegischen Einheiten – aufzubauen. Die Habsburgbrüder sind von Roosevelts Plan nicht sonderlich begeistert, weil sie ein eigenes österreichisches Heer – ähnlich dem polnischen – für besser halten, und weil es in den USA keine ausreichende Zahl wehrfähiger österreichischer Männer gibt. Roosevelt dagegen meint, dass eine solche militärische Einheit zum »nucleus« einer möglichen österreichischen Exil-Regierung werden kann. In einem »Spiegel«-Interview vom 12. Mai 1965 erklärt Otto von Habsburg im Rückblick zu diesem Projekt: »*Die Idee war nicht von mir, die war von Roosevelt. Ich hatte versucht, die Anerkennung irgendeiner österreichischen politischen Autorität zu erreichen. Meine Idee war eine Art österreichischer Nationalrat, der aus allen im Ausland verbliebenen Konsuln und diplomatischen Funktionären zusammengesetzt hätte werden können. Roosevelt aber hatte die Idee, ein österreichisches Bataillon aufzustellen, so wie man auch ein griechisches und andere versucht hatte. Es wurde aber dann nichts daraus, da Leute, die nicht daran interessiert waren, dass Österreich irgendeine Vertretung erhält, einen politischen Sturm dagegen entfachten. (…) Spezifisch die Gruppe des Tschechen Beneš, der ja ein Genie der Propaganda, ein wahrer Napoleon der Emigranten war.*«

Otto spricht zunächst ganz gegen die Idee, stellt sich aber darauf ein, als er merkt, dass Rossevelt nicht davon abzubringen ist. In der Folgezeit wirbt er eifrig für das Anliegen, dass es den Österreichern möglich sein müsse, »unter ihrer eigenen Fahne in einer Österreichischen Kampfeinheit für die Befreiung ihres Landes und für die Freiheit der Welt zu kämpfen«, wie er in einem Interview formuliert. Es wird das »Military Committee for the Liberation of Austria« gegründet. Als »Secretary of War« bestätigt Henry L. Stimson mit Brief vom 19. 11. 1942 an »Otto von Oesterreich, President, The Military Committee for the Liberation of Austria« die Mitarbeit des Komitees »bei der Rekrutierung von Freiwilligen für das österreichische Bataillon«. Auf Englisch oder Deutsch können sich Österreicher in den USA als Freiwillige zur Österreichischen Einheit in der Armee der USA einschreiben.

Die Schwierigkeiten, sich zu dieser Einheit zu melden, schildert Otto seinem Vertrauensmann in Havanna, Russ, am 14. Januar 1943: »Das Österreichische Bataillon darf nur Leute von 18 bis 37 aufnehmen. Das ist in Linie mit der allgemeinen Politik der amerikanischen Armee, keine Leute über 37 aufzunehmen.« Für außerhalb der USA lebende Österreicher ist die Aufnahme besonders kompliziert: »*Der Freiwillige geht zum amerikanischen Konsulat und er-*

bittet ein Visitor-Visum um in das Austrian Battalion eintreten zu können. Sobald er amerikanischen Boden betritt, meldet er sich beim Draftboard des nächsten Ortes (...) Was die Reisekosten betrifft, so müssen diese vom Freiwilligen selbst bestritten werden. Die amerikanische Regierung bezahlt nur den Transport innerhalb der Vereinigten Staaten. Ebenso muss man damit rechnen, dass die Formalitäten innerhalb der Vereinigten Staaten etwa 14 Tage in Anspruch nehmen, während denen der Freiwillige Kost und Aufenthalt selbst bestreiten muss. (...) Es ist denkbar, dass Freiwillige bei der ärztlichen Untersuchung abgelehnt werden.« Die Erzherzöge Felix und Carl Ludwig waren bereits eingerückt, als US-Offizier Vincent J. Conrad im Staat Indiana mit der Ausbildung des »Austrian Battalion« beginnt.

Doch das sowjetisch-tschechische Büro mit Sitz im Rockefeller Center von New York beginnt sogleich mit der Hetze. Vasari berichtet: »Bezahlte Agitatoren suchten der Reihe nach die sich freiwillig Meldenden auf. Das war das erste Anzeichen dafür, dass die sowjetische Propagandamaschinerie in Amerika Fuß gefasst hatte.« Österreich wird als Nazi-Land diffamiert. Es ist vor allem die Kampagne in den Medien, unter Beteiligung einiger Österreicher, die das Projekt zu Fall bringt. An Russ schreibt Otto, die Presseangriffe würden »hauptsächlich durch die tschechische Propagandamaschine vorbereitet und durchgeführt«. Otto von Habsburg meint, dass der Hauptgrund für das Scheitern des Bataillons in dieser höchst erfolgreichen Agitation zu suchen ist. Nicht nur die Politiker, sondern auch jene Österreicher, die sich freiwillig meldeten, seien unter Druck geraten: »Die Leute sind regelrecht terrorisiert worden.«

Am 17. April 1943 berichtet Kriegsminister Henry L. Stimson an Präsident Roosevelt: »*Das Österreichische Bataillon wurde von Erzherzog Otto von Habsburg-Lothringen gefördert, der ein militärisches Komitee organisierte, um der Rekrutierung von Freiwilligen unter den Österreichern in diesem Lande beizustehen. Die Bemühungen dieses Komitees haben sich als nicht erfolgreich erwiesen. Bis heute haben sich sehr wenige Freiwillige gemeldet, und es ist äußerst unwahrscheinlich, dass sich jemals eine genügende Zahl von Freiwilligen melden wird, um dieses Bataillon in voller Stärke aufzustellen und es auf dieser Stärke zu halten. (...) Ein Bataillon dieser Art*

MILITARY COMMITTEE
FOR THE LIBERATION OF AUSTRIA

Post Office Box 4866
Post Office Cleveland Park Station
WASHINGTON, D. C.

New York Branch Office
1775 BROADWAY — ROOM 831
Phone: Circle 7-5140

Washington, im November 1942.

Das Military Committee for the Liberation of Austria hat am 19. November 1942 dem Secretary of War Henry L. Stimson seine Mitarbeit bei der Aufstellung der Oesterreichischen Einheit in der Armee der Vereinigten Staaten
1. durch die Bekanntgabe der Moeglichkeit des Eintritts in die oesterreichische Einheit an die Oesterreicher,
2. durch die Entgegennahme der Anmeldung von Freiwilligen, und
3. als Mittelstelle zwischen dem War Department und den Oesterreichern zu wirken,

angeboten.

Dieses Angebot wurde vom Secretary of War der Vereinigten Staaten mit folgendem Brief angenommen:

WAR DEPARTMENT
Washington, D. C.

19. November 1942.

Otto von Oesterreich, President
The Military Committee for the Liberation of Austria
Washington, D. C.

Sir,

Ich habe Ihren Brief vom 19. November 1942 erhalten und mit Dank zur Kenntnis genommen.

Das Angebot des Military Committee for the Liberation of Austria wurde durch dieses Department angenommen. Die Mitarbeit Ihres Committees bei der Rekrutierung von Freiwilligen fuer das oesterreichische Bataillon wird zum Erfolg dieser Einheit wirksam beitragen.

Ich bin davon ueberzeugt, dass die Oesterreicher in den Vereinigten Staaten die Gelegenheit wahrnehmen werden, unserer gemeinsamen Sache zu dienen.

Ihre sofortige Antwort auf die Einladung des War Departments wird von mir besonders hoch geschaetzt.

Ihr aufrichtiger,
HENRY L. STIMSON,
Secretary of War.

ANMELDUNG

Ich ....
Name in Blockschrift
melde mich als Freiwilliger zu der Oesterreichischen Einheit in der Armee der Vereinigten Staaten.

Adresse ....

Staatsbuergerschaft ....

Geburtsort ....

Geburtsdatum ....

Ich habe / habe nicht gedient in der .... Armee.
(Staat)

Selective Service classification und nummer ....

Nummer und Adresse meines Selective Service Board ....

Unterschrift ....

Bitte in beigelegtem Kuvert kostenfrei an das Military Committee senden.

Die Zusage an Otto von Habsburg für ein »Austrian Battalion« und das Anmeldeformular zum Eintritt in diese österreichische Einheit braucht eine Stärke von 931 Mann. Es hat den Anschein, dass nur 144 Männer bleiben werden, wenn die, die nicht bleiben wollen, zu ihren Einheiten zurückgeführt werden. (...) Der Stabschef empfiehlt, das Österreichische Bataillon aufzulösen, und ich stimme mit ihm überein.«

Erzherzog Robert versucht mit einem an Roosevelt gerichteten Memorandum vom 5. September 1943 das Bataillon in voller Kenntnis der Fakten doch noch zu retten: »*Im Gegensatz zur Meinung einiger Leute liegt die Bedeutung des Österreichischen Bataillons weniger in seinem Wert als Kampfeinheit, (...) sondern viel mehr in seinem ungeheuren politischen Wert. (...) dass ein Großteil der Österreicher aufseiten der Alliierten steht und bereit wäre zu helfen, würde man ihnen nur irgendeine Art von Ermutigung dazu geben. (...) Das Bewusstsein, dass es hier ein Österreichisches Bataillon in der amerikanischen Armee gibt, wird für die Österreicher eine große Ermutigung sein, zu desertieren, sobald sie auf dem Kontinent alliierten Truppen gegenüberstehen.*«

1943 lässt die US-Regierung den Plan von österreichischen, griechischen und norwegischen Militäreinheiten fallen. Hinsichtlich des Scheiterns des »Austrian Battalion« nimmt Otto von Habsburg öffentlich die Schuld auf sich. Dazu meint Vasari: »*Otto war über diesen Misserfolg nicht sonderlich unglücklich, war jedoch so taktvoll, niemals zu erwähnen, dass die Idee von Roosevelt stammte. Der Präsident war ihm für dieses diplomatische Verhalten aufrichtig dankbar, und das Weiße Haus stand für Otto noch weiter offen als vorher.*«

Tag- und Nachtwache gegen die Bombardierung Österreichs

Stalin und Beneš fordern von Anfang an nicht nur die Bombardierung deutscher, sondern auch österreichischer Städte. Otto von Habsburg gelingt es in rastloser Arbeit, lange die Bombardierung österreichischer Städte zu verhindern. Bei der Verschiebung von Bombardierungen geht es um einen regelrechten Kleinkrieg zwischen Otto auf der einen Seite und der Einflusssphäre der Sowjet-

Agenten und des Beneš-Kreises auf der anderen. Die Nachricht von derartigen Plänen kommt über einen Mann im »Bomb Target Command« in Cravelly Points (Maryland), der mit Felix Somary befreundet ist und diesen immer sofort verständigt, wenn Gefahr droht. Somary ruft dann Otto an und dieser interveniert bei der Sekretärin von Roosevelt, die für ihn telefonisch fast immer erreichbar ist. So geht es eineinhalb Jahre – laut Otto von Habsburg »die anstrengendste Zeit meines Lebens«.

Er raucht jetzt viel und schläft wenig.[1] Nach seinen Aussagen schläft er unter der ständigen Anspannung eineinhalb Jahre lang nie wirklich ruhig. Washington kann er nicht einen einzigen Tag verlassen, sondern muss ständig präsent sein. Da hat etwa irgendjemand der amerikanischen Regierung erklärt, in Bad Vöslau in Niederösterreich seien die wichtigsten Kriegsindustrien Deutschlands. Also müsse man Bad Vöslau dem Erdboden gleichmachen. Otto von Habsburg gelingt es, die Verantwortlichen von der Ungefährlichkeit des Ortes zu überzeugen. Bis zum August 1943 können Felix Somary und Otto von Habsburg die Bombardierung österreichischer Städte verhindern; dann wird trotz Ottos Widerstand Wiener Neustadt bombardiert.

Wenn es in Österreich weniger Ziviltote gegeben hat und Österreich nach dem Krieg nicht ähnlich zerbombt war wie Deutschland, dann verdankt es dies vor allem dem unermüdlichen Einsatz Otto von Habsburgs.

Otto of Hungary

Ungarn tritt im Juni 1941 aufseiten der Achse Berlin-Rom in den Krieg ein. »Otto of Austria-Hungary« arbeitet unterdessen im amerikanischen Exil eng mit Tibor Eckhardt, dem Präsidenten der Klein-Landwirte-Partei, zusammen, der nach Washington emigriert

---

[1] Bis zu drei Päckchen Zigaretten raucht Otto in dieser Zeit. Als die Korea-Krise beginnt, hört er von einem zum anderen Tag zu rauchen auf. Nur an dem von der UNO proklamierten »Welt-Nichtrauchertag« – und das ist bezeichnend für seinen Humor – gönnt er sich symbolisch eine Zigarette.

ist.[1] Beider Ziel besteht darin, Ungarn aus der Allianz mit Hitler herauszubrechen; später dann eine sowjetische Besetzung Ungarns zu verhindern. Eine erste Chance bietet sich, als 1942 Miklós Kállay Ministerpräsident wird. Dieser erkennt, dass Hitler den Krieg verlieren wird und will Ungarn aus der Katastrophe heraushalten. Weil er von Ottos guten Beziehungen zu Roosevelt und Churchill weiß, setzt er sich mit ihm in Verbindung.

Als das US-Justizministerium Otto von Habsburg bittet, beim Studium der fremdsprachigen Presse behilflich zu sein, um subversive ausländische Zeitungen verbieten zu können, ersucht dieser Eckhardt, ihm alle ungarischen Zeitungen und Zeitschriften zu nennen und dabei die »nazistischen und naziphilen Blätter, deren Verbot erwünscht wäre« sowie die kommunistischen Zeitungen besonders zu markieren.

Ab dieser Zeit ist es eine der Hauptsorgen Ottos, in Washington dafür zu sorgen, dass Ungarn unter günstigen Bedingungen die Seite wechseln kann. Kállay übergibt Horthy am 1. September 1942 ein Memorandum über einen möglichen Sieg der Westmächte und die sich daraus ergebenden Konsequenzen für Ungarn. Darin meint der Ministerpräsident, dass im Hinblick auf Ottos gute Position bei Roosevelt im Fall eines Siegs der Westmächte an eine Restauration der Habsburger gedacht werden müsse. Im März 1943 sendet Kállay Botschafter Gyula Barcza nach Rom zu Verhandlungen mit dem britischen Botschafter am Vatikan, D'Arcy Osborne. Dieser meint in dem Gespräch, »dass Churchill an einer Föderation der Donaustaaten unter der Führung Otto von Habsburgs interessiert sei«. Noch im selben Monat beauftragt Kállay den ungarischen Botschafter in Lissabon, Wodianer, Verbindung mit Otto von Habsburg aufzunehmen und ihn um die Vertretung der ungarischen Interessen in den USA zu bitten.

In einem ersten Memo an die Regierung in Budapest teilt Otto mit, dass alles davon abhänge, ob Ungarn bereit sei, in den Krieg

---

[1] Der in London erscheinende »Central European Observer« lobt Eckhardt 1942 als guten Redner, der in den gesamten USA als Vortragender große Erfolge feiere. In demselben Artikel heißt es aber auch diffamierend, er sei »bekannt als ein Reaktionärer, ein Antisemit und Freund der Lehren von Horthy und Hitler«.

gegen Hitler einzutreten. Ende April antwortet Botschafter Wodianer aus Lissabon, dass die ungarische Regierung entschieden habe, im gegebenen Fall aktiv gegen Hitler zu kämpfen. Otto möge einen persönlichen Vertreter nach Lissabon senden. Der Chef des Hauses Habsburg sendet daraufhin seinen Bruder Carl Ludwig nach Portugal. Später folgt auch Erzherzog Rudolf. Über die verschlüsselten Wege der amerikanischen Regierung kann Otto mit seinen Brüdern und mit Botschafter Wodianer in Verbindung bleiben.

Am 19. November 1943 meldet Otto nach Budapest: Die Konferenz von Teheran habe das Schicksal Österreichs und Ungarns vorerst in den Händen des Westens belassen. Die Gebietsforderungen seien noch nicht entschieden, denn die Frage des strittigen Siebenbürgen hänge davon ab, ob zuerst Ungarn oder Rumänien auf die Seite der Alliierten übertrete; Budapest solle nicht länger zögern, diesen Schritt zu tun. Am 28. November 1943 kommt der Antwortbrief Kállays: Es könne sich eine Situation ergeben, in der Reichsverweser Horthy zurücktrete oder seines Amtes enthoben werde. In diesem Fall solle, so bat Kállay, Otto sofort als Staatsoberhaupt Ungarns fungieren. Otto ist mit diesem Brief nicht glücklich, da er keine konkreten Hinweise auf die Art und Weise eines Frontwechsels enthält.

Anfang Januar 1944 erhält Otto ein Schreiben von Graf Sigray, dem Führer der ungarischen Legitimisten: Die Budapester Regierung sei uneins über die Frage des Austritts aus dem Krieg. Kállay und Innenminister Franz Keresztes-Fischer seien für sofortigen Übertritt, Horthy und einige seiner Ratgeber für Aufschub. Horthy rechne damit, dass die Alliierten auf dem Balkan an Land gehen würden und Ungarn dann mit weniger Risiken und größeren Vorteilen aus dem Krieg ausscheiden könne.[1] Otto antwortet Graf Sigray, dass die Landung auf dem Balkan unsicher sei, dass aber ein sofortiger Frontwechsel Ungarns diese wahrscheinlicher mache.

---

[1] Horthy dürfte die eigenen Vorteile im Blick gehabt haben. Otto erhält viele Protokolle, in denen Horthy derart peinlich eigene finanzielle und politische Interessen zur Sprache bringt, dass man sie der amerik. Regierung nicht vorlegen kann.

Am 16. Januar 1944 erläutert Otto von Habsburg Präsident Roosevelt im Weißen Haus die Lage in Ungarn und die Nachrichten, die er über Lissabon aus Ungarn erhielt. Im Falle des Übertrittes werde Horthy die Macht an eine All-Parteien-Regierung übergeben. An die Stelle des Staatsoberhaupts würde der Primas von Ungarn, Kardinal Justinian Serédi, treten. Roosevelt antwortet, das sei eine gute Übergangslösung, er wisse aber, dass mehrere Mitglieder der ungarischen Regierung Otto als Staatsoberhaupt wünschten. Otto sagt, er werde sich nur an die Spitze des Staates stellen, wenn die Mehrheit des ungarischen Parlaments ihn dazu auffordere und dies nachträglich durch eine Volksabstimmung bestätigt werde.[1] Roosevelt plädiert daraufhin für möglichst rasche amerikanisch-ungarische Militärverhandlungen – für die Sicherung der ungarischen Flughäfen und die Landung alliierter Luftstreitkräfte. Er meint, der Übertritt Ungarns könne in der Region eine Kettenreaktion auslösen. Otto verlangt eine Garantie, dass Ungarn bei einem Übertritt als verbündeter kriegsführender Partner anerkannt werde. Doch Roosevelt verspricht lediglich, sich bei den anderen Verbündeten für einen solchen Status einzusetzen.

Am 1. März 1944 verdeutlicht Otto dem US-Präsidenten in einem Memorandum neuerlich die politische und militärische Lage Ungarns.[2] Darin verteidigt er Ministerpräsident Miklós Kállay, und hebt hervor, dass die Lage für die rund 750 000 ungarischen Juden unvergleichlich besser sei als für die meisten Juden in Europa[3]. Gleichzeitig versucht Otto die Ungarn zu überzeugen, dass sie sich einseitig dem Westen ergeben, um eine Besetzung durch die Sowjetunion zu verhindern. Am 21. März 1944 schreibt Otto an Roosevelt über die Bemühungen Carl Ludwigs, »*das, was von einem freien Ungarn außerhalb des Landes noch übrig bleibt, zu mobilisieren,*

---

[1] Auch später tritt Otto von Habsburg immer für eine Volkswahl der Staatspräsidenten ein. Nach der Befreiung Ungarns vom kommunistischen Joch plädiert er sehr für diese Lösung, doch in Ungarn entscheiden sich die Parteien dafür, den Präsidenten durch das Parlament zu wählen.

[2] Roosevelt interessierte sich »für Ungarn viel stärker als für Österreich«, was Otto von Habsburg darauf zurückführt, dass Roosevelt in seiner Jugend eine Fahrradtour durch Ungarn gemacht und dabei das Land kennen gelernt hatte.

[3] Die ungar. Regierung gewährte rund 100 000 Juden aus dem Ausland Zuflucht in Ungarn; Otto wollte Roosevelt davon überzeugen, dass die Machtübernahme durch Szálasi und die SS verhindert werden muss.

sodass sich die beklagenswerten Ereignisse, welche die Annexion Österreichs durch Deutschland begleiteten, im Falle Ungarns nicht wiederholen können (...) Sogar eine eingeschränkte Unabhängigkeit könnte es erlauben, dass Ungarn irgendwann einmal in der Zukunft einen Seitenwechsel vornehmen könnte«.

Otto und Tibor Eckhardt glauben sich dem Ziel nahe. Doch am 19. März 1944 besetzt Hitler Ungarn. Die Verbindung von Budapest nach Lissabon und von dort zu Otto von Habsburg bricht ab. Das Zaudern Budapests hat zur Katastrophe geführt. Ungarn hat seine Chance verspielt. Gleichzeitig rücken sowjetische Truppen in Richtung ungarischer Grenze vor. Die Situation in Mitteleuropa wird immer schwieriger. Die Deutschen sperren Horthy ein.[1] Eine neue Regierung wird von Ferenc Szálasi gebildet, den Otto von Habsburg für einen »Psychopathen« hält. Otto wörtlich: »Szálasi und seine Leute, das waren kriminelle Banden.« Am 13. Februar 1945 nimmt die Rote Armee Budapest ein.

6. Verantwortung für Nachkriegs-Europa

Seit dem gewaltsamen Anschluss seiner Heimat an Hitler-Deutschland, seit dem 12. März 1938, besteht Otto von Habsburgs erklärtes Ziel in der Wiederherstellung eines freien, unabhängigen Österreichs. Mit der Einstufung der Österreicher als »befreundete Österreicher« statt als »feindliche Deutsche« – wodurch sie ihre Pässe behielten und ihr Vermögen nicht beschlagnahmt wurde – und mit der Anerkennung Österreichs als besetztes Land hat er die wichtigsten Grundlagen dafür gelegt. Doch der zum Staatsmann gereifte Habsburger begnügt sich nicht damit, die Wiederherstellung von Vorkriegs-Europa zu propagieren. Sein Einsatz gilt einer stabi-

---

[1] Horthy, der jahrzehntelange Widersacher Kaiser Karls und Otto, stirbt am 19. 2. 1957 in Estoril, im port. Exil. Er hatte zwar Otto, wie mehrfach irrtümlich behauptet wurde, nie um Verzeihung gebeten, doch gab es im Vorfeld der Ungarischen Revolution 1956 Gespräche zwischen beiden, um die ungar. Emigration zu einer Front zusammenzuschweißen.

leren, friedlicheren und gerechteren Ordnung in Europa. Deshalb stemmt er sich gegen die unmenschlichen Pläne von Beneš und Stalin, die er – früher als die meisten – in ihrer ganzen Tragweite durchschaut.

Plädoyer für eine mitteleuropäische Föderation

Otto spricht ab 1940 bei seinen Vorträgen in den USA über die notwendige Nachkriegsordnung – zu einem Zeitpunkt, als überhaupt noch nicht allen Amerikanern klar ist, dass die USA in den Krieg eintreten werden, geschweige denn, dass dieser mit einer Niederlage Hitlers enden wird. Mehr als hundert Vorträge an Universitäten und in Clubs absolviert Otto von Habsburg im Laufe seiner amerikanischen Exilzeit.

Hervorzuheben ist jene Rede, die er am 10. Juni 1942 in der »Library of Congress«, der Bibliothek des US-Kongresses, vor dem »Library of Congress Political Science Club« über das Thema »Danubian Reconstruction« hält. Darin sagt Otto von Habsburg: »*Das Ziel des kommenden Friedens muss es sein, der Welt eine Zeit der Sicherheit zu garantieren und so allen Nationen die Vorteile der Freiheit und des ökonomischen Wohlstandes zu geben. Der kommende Friede muss realistisch, konstruktiv und universal sein.*« Zur Zusammengehörigkeit des Donauraumes meint er: »*Aus kultureller Sicht hat dieser Raum seine eigene Kultur, die eine eigenständige Mischung aus lateinischen, germanischen, slawischen und ungarischen Einflüssen ist. Diese Kultur tendiert unzweifelhaft zum Westen und ist viel enger verbunden mit Rom oder Paris als mit Berlin oder dem Balkan. Aus ökonomischer Sicht ist dieser Raum als eine Einheit sich selbst genügend. Politisch hat der Donauraum für mehr als 600 Jahre eine Einheit gebildet. (...) So war das Bild des Donauraumes als Hitler an die Macht kam geprägt von politischer Uneinigkeit, wirtschaftlichem Bankrott und nationalem Kampf. Die kleinen Staaten, die vereint in der Lage gewesen wären, der Aggression Widerstand zu leisten, zankten sich bis zum bitteren Ende. Uneinig fielen sie. (...) Was wir bräuchten, wäre eine weise Synthese zwischen den Prinzipien von 1914 und jenen von 1919. Dies würde für den Donauraum vor allem anderen die absolute und bedingungslose Befreiung des ganzen Landes vom Nazi-Joch bedeuten. Ich sage absolut und bedingungslos, denn wenn wir den Fehler machen, den Deutschen eine Quadratmeile von Hitlers Eroberungen zu überlassen, so würde dies das deutsche Volk lehren, dass Aggression sich bezahlt macht. (...) Aber diese Befreiung wird nur der erste Schritt sein. Jeder Nation sollte die Gelegenheit gegeben werden, offen ihre Präferenz zu zeigen. Jede Nation sollte das Recht haben, ihren eigenen Staat zu bilden. Wenn diese Phase der Desintegration erreicht ist, wird die Phase der Reintegration kommen. Ich glaube fest, dass unsere Nationen erkannt haben, dass die Zeit kleiner, unabhängiger Staaten vorbei ist. Dies soll nicht bedeuten, dass wir nicht für kleine Staaten wären, aber wir fühlen, dass die kleinen Staaten einen Teil ihrer Souveränität an einen größeren gemeinsamen Nenner – an eine Bundesgewalt – übergeben müssen.«*

Diese Bundesgewalt (»federal power«) der »Vereinigten Staaten des Donauraumes«, die Otto von Habsburg 1942 beschreibt, weist deutliche Ähnlichkeiten mit der heutigen Ordnung der EU auf, aber auch einige markante Unterschiede: Die Bundesgewalt soll in Fragen der Wirtschaft, der Außenpolitik und der Verteidigungspolitik Zuständigkeiten besitzen, aber nur Teile des nationalen Lebens kontrollieren, nämlich »so weit es wesentlich ist für die gemeinsame Sicherheit und Wohlfahrt«[1]. Dazu soll es eine Bundesregierung geben, die Exekutivgewalt in den Bundesangelegenheiten haben soll, einen gemeinsamen obersten Gerichtshof, der die Streitfragen zwischen den Staaten zu entscheiden hat, und ein Bundesparlament sowie eine zweite Kammer auf der Basis der gleichberechtigten Vertretung jedes Volkes – egal ob groß oder klein, stark oder schwach.

Otto von Habsburg schlägt außerdem eine »Danubian Bill of Rights« vor, die nicht nur die Rechte des Einzelnen, sondern auch

---

[1] Diesen subsidiären Ansatz vertritt Otto von Habsburg später stets auch im Hinblick auf die europäische Integration und die Reformen in der EU. Unverkennbar ist dieses Denken von der kath. Soziallehre und ihrem Subsidiaritäts-Prinzip geprägt, welches Eingang in die Verträge von Maastricht und Amsterdam fand.

die Rechte der Volksgruppen sichern soll.[1] In dieser programmatischen Rede nimmt Otto scharf Stellung gegen die unmenschlichen Pläne Beneš', die zur Vertreibung von mehr als drei Millionen Sudetendeutschen führen sollten: »*Einige Staatsmänner haben die Idee angeregt, dass es eine weise Politik sei, einen riesigen Bevölkerungsaustausch zu machen, um so die Zahl der Minderheiten zu verringern. Wir, die wir die freiheitliche Idee im Donauraum vertreten, stehen in absoluter Opposition gegen eine solche Idee. Wir spüren, dass dies eine kriminelle Verletzung der Rechte des Bürgers wäre, zu wohnen wo immer er es entschieden hat. Es wäre eine Nachahmung der Verbrechen Hitlers. Wir spüren, dass es unsere Pflicht ist, die Probleme der Minderheiten ohne eine Vergewaltigung der heiligen Rechte des Einzelnen und der Volksgruppen zu lösen.*«

Otto von Habsburg spricht überdies auch die Beziehungen Österreichs zu seinen Nachbarstaaten an, wobei er meint, dass die Beziehungen zu Italien – abgesehen vom Faschismus – überschattet seien von der italienischen Herrschaft über Südtirol. Besonders kritisch äußert er sich über Deutschland: Es müsse Garantien geben, dass es nicht zu neuerlichen Aggressionen Deutschlands kommen könne. »Die Deutschen müssen verstehen, dass ihr pangermanischer Traum einer Weltdominanz ein für allemal vorbei ist.«[2]

Der Kampf für Südtirol

Die Frage der Selbstbestimmung für Südtirol beschäftigt die Habsburger intensiv: Felix führt darüber Gespräche mit dem US-Außenamt und findet Aufgeschlossenheit bei Staatssekretär Sumner Wells; Robert initiiert ein »Südtiroler Komitee« in London. Otto spricht nicht nur mit Wells, sondern auch mit Roosevelt und

---

[1] Ein europäisches Volksgruppenrecht existiert bis heute nicht, obwohl neben Otto von Habsburg andere große Europapolitiker dies seit Jahrzehnten fordern. Auch die Grundrechtscharta der EU konnte sich – vor allem wegen des Widerstands Frankreichs – nicht zu einem Volksgruppenrecht durchringen.

[2] Diese Rede erscheint auf Antrag des demokratischen Abgeordneten Pete Jarman im vollen Wortlaut am 20. 7. 1942 in den Protokollen des US-Parlamentes. Sie löst eine heftige Kampagne gegen Otto aus.

Churchill über die Lösung der Südtirol-Frage und übergibt ihnen umfangreiches, auch kartografisches Material. Im März 1944 eröffnet Otto in Anwesenheit mehrerer Senatoren, Kongressmitglieder, Oberster Richter und Medien in Washington eine Südtirol-Ausstellung. Bekannte Journalisten wie William P. Simms und Walter Lippman schreiben daraufhin Leitartikel für die Befreiung Südtirols.

Zusammen mit Coudenhove-Kalergi arbeitet Otto von Habsburg ein Memorandum über Südtirol aus, in dem eine Volksabstimmung unter internationaler Kontrolle und Volksgruppenrechte für alle dortigen Volksgruppen – unabhängig vom Ausgang der Abstimmung – vorgesehen sind. Wörtlich heißt es dazu im Text vom Juli 1944, Österreich und Italien müssten sich verpflichten, »dass für jene Minderheiten, die nach der Abstimmung verbleiben, vollständige und absolute Garantien in welcher Hinsicht auch immer gewährleistet sind«. Otto bittet Coudenhove-Kalergi mit Brief vom 11. Juli 1944, das Memo unter seinem Namen laufen zu lassen: »*Es wäre dann gut, führende Österreicher (…) zur Unterstützung des Planes zu gewinnen, was ja nicht schwer sein dürfte. Ist dann einmal die Harmonie diesbezüglich hergestellt, könnte es dann zur Besprechung mit Sturzo und anderen italienischen Führern kommen. Es wäre so vielleicht möglich, ein österreichisch-italienisches Einverständnis über diese Fragen zu erzielen. Gelingt dies, so besteht vielleicht die Hoffnung, dass andere europäische Völker diesen Präzedens zur Schlichtung ihrer eigenen Schwierigkeiten benützen können.*« Aber Coudenhove ist der Meinung, Otto von Habsburg solle das Memo unter eigenem Namen an Staatsmänner senden.[1] Am 8. August 1944 schreibt Otto jedoch erneut an ihn: »*Ihre überparteiliche und internationale Haltung ist so gut bekannt, dass man in Ihrer Stellung weniger eine österreichisch-nationalistische Haltung vermuten wird. Sollte ich es schicken, könnte es allzu leicht als ein Plädoyer pro domo ausgelegt werden.*«

---

[1] Coudenhove-Kalergi meint, Otto könne das Dokument als »Count of Tyrol« unterschreiben. Er selbst verfasst Leserbriefe zu Südtirol, etwa in der »New York Times«.

Noch Anfang Januar 1946 verhandelt Felix mit der Vorsitzenden der territorialen Kommission des State Department, Dr. Isaia Bowman, über Südtirol. Doch zugleich kommen aus Wien kontraproduktive Signale. Deprimiert schreibt Otto an Degenfeld: »*Kaum ist es gelungen, die Amerikaner in dieser Frage zu interessieren, schon kommt Nachricht aus Wien, wonach die Österreichische Regierung sich an Welschtirol desinteressiert. Man soll klar verstehen, dass wir gegen den Willen der Österreichischen Regierung nicht die Amerikaner zu etwas veranlassen können.*« Otto hatte bereits einen französischen Anwalt organisiert, der die Verhandlungen um Südtirol mit den West-Alliierten hätte führen können. Jahre später entdecken die Habsburger durch einen Beamten im Wiener Außenministerium, dass alle an Außenminister Gruber übersandten Unterlagen zu Südtirol in Wien unbearbeitet in den Archiven verschwunden waren.

Habsburg gegen Beneš –
Heimatrecht statt Vertreibung

Otto von Habsburg ist seriös informiert, als er in der zitierten Rede in der Bibliothek des Kongresses Beneš so hart attackiert. General Sikorski von der polnischen Exilregierung in London, zu dem er bereits in Frankreich Kontakt gepflegt hat[1], und detaillierter noch jener Journalist, der ihn regelmäßig über die Interna im Beneš-Lager unterrichtet, haben Otto über die Vertreibungspläne des tschechoslowakischen Ex-Präsidenten informiert. Gegenüber Feigl bestätigt Otto von Habsburg: »Der Gedanke der Austreibung der Sudetendeutschen ist – dafür bin ich persönlicher Zeuge – ausschließlich auf dem Mist von Beneš gewachsen. Weder Stalin noch Roosevelt wollten anfänglich diese Austreibung.« Immer wieder betont Otto von Habsburg, dass Beneš Josef Stalin eingeredet habe, Roosevelt sei mit der Vertreibung der Sudetendeutschen einverstanden. Roosevelt habe dann, als Stalin davon überzeugt

---

[1] Otto konnte für Ungarn mehrfach den Code der polnischen Exilregierung benutzen. Später ermöglichte ihm Roosevelt, in ungarischen Agenden den Geheimcode des amerikanischen Präsidenten zu verwenden.

war, aus Angst vor diesem zugestimmt. Roosevelt habe ihm diese Taktik schlussendlich sogar bestätigt, sagt Otto von Habsburg. Gegenüber dem amerikanischen Botschafter Averell Harriman hatte sich Stalin ursprünglich sogar reserviert über die Vertreibungspläne geäußert: Er wolle weder seine Leute dem Westen zeigen, noch seinen Leuten den Westen zeigen, habe seine Formel gelautet.

Die »Chicago Sun« zitiert Otto von Habsburg am 23. Februar 1943: »Wenn Präsident Beneš sagt, Minderheiten müssten vertrieben werden, dass sie aus den Staaten und ihren selbstgewählten Ghettos hinausgejagt werden müssten, dann lädt er zu einem neuen Krieg ein.« In zahllosen Reden, auch vor dem US-Kongress, erläutert Otto von Habsburg, dass diese Menschen seit Jahrhunderten in dieser Region lebten und dass die Vertreibung ganzer Volksgruppen aus ihrer angestammten Heimat die Atmosphäre in Mitteleuropa vergiften würde. Auch bei Präsident Roosevelt leistet Otto gegen Beneš' Pläne Widerstand, mit dem Argument, dass die Vertreibung eine typisch hitlerische Politik sei und es daher ein Verbrechen wäre, wenn die Alliierten diese selbst aufnehmen würden.

Otto von Habsburg glaubt, dass er sein »Konto« in Washington und London überziehen würde, wenn er sich bei den westlichen Alliierten auch noch für die »Reichsdeutschen« einsetzen würde. Dies vor allem deshalb, weil er Wert darauf legen muss, dass die Österreicher nicht als Deutsche behandelt werden. So schreibt er streng an Walter von Schuschnigg: »*Es ist impossible, dass wir für Deutsche intervenieren. Dies wird hier entschieden abgelehnt. (…) Ich bitte Sie ernstlich, in der Zukunft Schritte für Deutsche hier zu unterlassen. Es ist möglich, dass dieser Irrtum unseren Österreichern das Visum kosten wird.*« Diskret hilft Otto jedoch selbst vielen Deutschen, indem er sie »zu Österreichern naturalisierte«. In vielen Fällen genügt den amerikanischen Behörden seine Unterschrift, um einen Deutschen nicht zu internieren, sondern als Österreicher anzuerkennen. Nicht zu vergessen ist auch sein vehementer Widerstand gegen den Morgenthau-Plan, Deutschland durch die totale Demontage seiner Industrie wirtschaftlich zu ruinieren und zum Agrarstaat zu degradieren.

Warnung vor Stalins Expansion

Otto versucht, seinen guten Kontakt zu Roosevelt nicht zu sehr zu strapazieren, nimmt sich aber immer wieder die Freiheit, den Präsidenten zu kontaktieren, wenn er es für politisch notwendig hält. Am 3. Februar 1942 bittet er ihn um eine Unterredung, »weil ich spüre, dass die Fragen, die ich mit Ihnen bereden möchte, von einiger Bedeutung für den weiteren Verlauf des Krieges als auch für die Planung von Nachkriegs-Europa sein können«. Otto von Habsburg will die Niederlage Hitlers, aber er will ebenso verhindern, dass diese zu einem Sieg Stalins wird.

Darin stimmt er mit seiner Mutter überein, die bereits früh vor Moskaus Plänen warnt. In einem Brief vom 27. Juni 1941 an Otto schreibt Zita: »*Ich bin einfach entsetzt über die ungeheure Dummheit der Menschheit. Jetzt haben die Engländer zuerst zugesehen und unter der Hand die Ascension der Nazis gefördert: da hieß es ›Sie werden uns vor der Bolschewikengefahr beschützen!‹ Und jetzt sollen dieselben Bolschewiken gefüttert werden, ihre bluttriefenden Hände gedrückt werden, weil: ›Sie werden uns gegen die Nazis helfen!‹ (…) dass alle die, die das Zeichen des Tieres auf ihrer Stirne getragen haben, für Gott keine brauchbaren Instrumente mehr sind. Und dieses Zeichen des Tieres ist ebenso gut das Hakenkreuz als der bolschewistische Hammer und die Sichel.*«

Bei der 1. Konferenz von Quebec vom 14. bis 24. August 1943 zeichnet sich Hitlers Niederlage bereits ab; zugleich wächst jedoch der sowjetische Einfluss auf Roosevelt. Otto nimmt auf Einladung des britischen Premierministers Churchill an der Konferenz teil und versucht dort seine Ziele für die Nachkriegsordnung durchzusetzen: die Feststellung Österreichs als Opfer Hitlers, eine Garantie für die Unabhängigkeit und territoriale Integrität Österreichs, das Selbstbestimmungsrecht für Südtirol. Die Konferenz sichert in der Folge tatsächlich die Wiederherstellung Österreichs. Am 10. August 1943 notiert Otto in seinem Kalender: »Nachricht, dass Churchill und Roosevelt in Quebec sind. Alle Pläne anders.« Am 21. August 1943 steht unter 16 Uhr: »Telef. Churchill Sekr.: Ch. wird mich sehen.« Zwei Tage später: »Telefon Roosevelt an Mama.« Am 31. August 1943 trägt Otto unter 17 Uhr in den Kalender ein: »Bei

Churchill auf der Citadelle (25´).« Am 7. September telefoniert er erneut mit Churchill. Otto von Habsburgs hektisches Verhandeln trägt Früchte.

Am 2. September 1943 lädt Roosevelt Kardinal Spellman zum Essen ins Weiße Haus. Der mit Otto befreundete Kardinal ist entsetzt, wie sehr Roosevelt die Gefahren des russischen Vordringens in Europa unterschätzt. Nach dem Gespräch mit dem Präsidenten notiert Kardinal Spellman: »*Der Präsident schätzt die Ungarn. Er möchte, dass sie zu uns übergehen. Er wäre bereit, sie als Alliierte aufzunehmen, wenn sie umschwenken. Für eine österreichische Exilregierung ist kein Plan aufgestellt oder gebilligt. Gegen ein von Russland gesteuertes Regime in Österreich wird man keine Einwände erheben. Das Einzige, was Österreich vor den Kommunisten retten könnte, wäre, dass es Otto von Habsburg gelänge, mit Hilfe Ungarns den Thron zu besteigen. Aber auch Otto von Habsburg würde sich mit den Russen arrangieren müssen.*«

In der Rückschau meint Otto von Habsburg zu den Plänen Stalins, dieser habe ursprünglich nur die Karpato-Ukraine besetzen wollen. So wäre in Europa der Eindruck von den Russen als Befreiern geblieben – danach hätte Stalin ganz Europa innerhalb weniger Jahre serviert bekommen. »Ich bin eigentlich der Meinung, dass, wenn die ursprünglichen Pläne von Stalin durchgeführt worden wären, die Russen bis an die atlantische Küste gekommen wären.« Doch mit diesen Gedanken eines taktischen Rückzugs aus Mitteleuropa habe sich Stalin in Moskau nicht durchsetzen können. Roosevelt habe in jener Zeit »überflüssige, mächtige Konzessionen an Stalin gemacht« und die russischen Expansionspläne ignoriert, weil er dachte, die USA seien nach dem Krieg so mächtig, dass sie alle Entscheidungen problemlos revidieren könnten. Erst in Jalta habe Roosevelt begriffen, dass er sich damit irrte.[1]

---

[1] Heute sagt Otto von Habsburg über Roosevelt, er sei »eine gespaltene Person« gewesen: »Er war an sich ein guter Mensch und hat viel Schlechtes getan.«

Die »Moskauer Deklaration« – Ottos Sieg und Grenze

Von 19. bis 30. Oktober 1943 konferieren in Moskau die Außenminister Anthony Eden[1] (Großbritannien), Cordell Hull (USA) und Wjatscheslaw Michailowitsch Molotow (UdSSR). In der »Moskauer Deklaration« vom 1. November 1943 heißt es – vorbereitet durch die intensiven Verhandlungen Otto von Habsburgs mit Roosevelt und Churchill – wörtlich: »*Die Regierungen des Vereinigten Königreiches, der Sowjetunion und der Vereinigten Staaten von Amerika sind darin einer Meinung, dass Österreich, das erste freie Land, das der typischen Angriffspolitik Hitlers zum Opfer fallen sollte, von deutscher Herrschaft befreit werden soll. Sie betrachten die Besetzung Österreichs durch Deutschland am 13. März 1938 als null und nichtig. Sie betrachten sich durch keinerlei Änderungen, die in Österreich seit diesem Zeitpunkt durchgeführt wurden, als irgendwie gebunden. Sie erklären, dass sie wünschen, ein freies, unabhängiges Österreich wiederhergestellt zu sehen und dadurch ebenso sehr den Österreichern selbst wie den Nachbarstaaten, die sich ähnlichen Problemen gegenübergestellt sehen werden, die Bahn zu ebnen, auf der sie die politische und wirtschaftliche Sicherheit finden können, die die einzige Grundlage für einen dauerhaften Frieden ist.*«

Josef Stalin, der über seine tschechischen Mittelsmänner wie erwähnt die Aufstellung eines »Österreichischen Bataillon« durch Otto von Habsburg in den USA behindern ließ, setzt – wohl auf Initiative von Beneš – folgende Formulierung durch: »*Wir erinnern Österreich daran, dass es die Verantwortung teilt und den Folgen der Tatsache, dass es an der Seite Hitler-Deutschlands am Krieg teilgenommen hat, nicht ausweichen kann. Die endgültige Regelung hängt zwangsläufig davon ab, inwieweit Österreich seinen Teil zu seiner Befreiung beiträgt.*«

Otto von Habsburg, der darin einen gefährlichen diplomatischen Vorstoß der Sowjetunion Richtung Wien sieht, protestiert entschieden und schriftlich bei den alliierten Regierungen gegen diese Formulierung. In dieser zwiespältigen Deklaration spiegeln sich die Einflüsse widerstreitender Kräfte: Ohne die erfolgreiche Arbeit

---
[1] Eden wollte nach Otto von Habsburgs Einschätzung »Österreich endgültig verschwinden lassen«.

Ottos wäre die Rolle Österreichs als Opfer und das Ziel seiner Wiederherstellung der Souveränität nicht in die Erklärung der Alliierten eingegangen. Ohne Beneš' Wirken wäre die Mitverantwortung Österreichs für den Krieg und Hitlers Verbrechen nicht festgeschrieben worden.

Die 2. Konferenz von Quebec –
Dramatischer Einsatz für Österreich

Winston Churchill und Franklin D. Roosevelt laden Otto von Habsburg zur 2. Konferenz von Quebec ein. Roosevelt will Otto vor allem wegen Ungarn dabei haben. Otto, vorgewarnt durch Felix Somary[1], verhandelt am 15. September 1944 mit Roosevelt im der Zitadelle von Quebec: Er protestiert massiv gegen den Morgenthau-Plan, der inhuman, politisch unsinnig und moralisch absurd sei. Otto kennt US-Finanzminister Henry Morgenthau persönlich und hält ihn für sehr überschätzt. Skurrilerweise bedingt ein Terminchaos beim Präsidenten, dass Otto und Morgenthau zur selben Stunde bei Roosevelt vorstellig werden: Roosevelt schickt Morgenthau ins Grüne und unterhält sich unterdessen mit Otto von

---

[1] Felix Somary erinnert sich später: »*Am Morgen des 11. September 1944 wurde ich im Ambassador-Hotel in New York von Erzherzog Otto, dem Chef der Habsburger Kaiserfamilie, angefragt, ob ich sofort auf die Central Station zu einer dringenden Besprechung kommen könnte. Erzherzog Otto war in der Nacht aus Washington gekommen und wartete auf den Zug nach Quebec, wohin er eingeladen worden war. Otto von Habsburg war durch sein beispiellos hartes Lebensgeschick vor Illusionen gefeit. Seine kühle Überlegenheit hatte ihn gegen alle Angriffe immunisiert, mit denen ihn bezahlter und unbezahlter Mob reich bedachten. Für die beiden führenden Diktatoren, für Hitler wie für Stalin, war er der Feind Nummer eins – sie beide mit ihrem scharfen politischen Instinkt, und vielleicht sie allein, kannten die Bedeutung seines Namens. Otto von Habsburg fragte mich um meine Beurteilung der Lage. (...) Erzherzog Otto erzählte mir wenige Tage später über die Vorgänge in Quebec. Er war um vier Uhr zum Präsidenten Roosevelt gekommen. Der Präsident teilte ihm mit, er hätte eben den ihm vom Secretary of the Treasury vorgelegten Plan akzeptiert. Erzherzog Otto machte auf die Gefahren aufmerksam, aber Roosevelt wusste offenbar kaum, um was es sich handelte und erklärte, er hätte das Memorandum überhaupt nicht gelesen. (...) ›Das ist ein todkranker Mensch‹, sagte mir Erzherzog Otto noch in tiefer Erschütterung.*«, Felix Somary, »Erinnerungen eines politischen Meteorologen«, München 1994, S. 323f.

Habsburg. Otto und der Präsident sprechen über einen Telegrammentwurf an die ungarische Regierung; Budapest soll sofort eine Militär-Delegation nach Rom oder in die Schweiz senden, um die militärische Abwicklung des Kriegsaustritts zu konkretisieren. Darauf gesteht Roosevelt, anglo-amerikanische Einheiten stünden bereit, zu einem vereinbarten Zeitpunkt Fallschirm-Einheiten über Ungarn abzusetzen.

Roosevelt zeigt Otto von Habsburg eine Karte Österreichs, auf der bereits Besatzungszonen eingezeichnet sind. Das Land soll in zwei etwa gleich große Besatzungszonen eingeteilt werden: eine russische und eine britisch-amerikanische. Nach diesem Plan fallen Wien, Niederösterreich, das Burgenland und die Steiermark ganz unter sowjetische Besatzung! Otto ist schockiert. Man dürfe Wien nicht den Sowjets überlassen, beschwört er den Präsidenten, denn sonst wäre die dortige österreichische Regierung gänzlich dem sowjetischen Druck ausgeliefert und die Lage der pro-westlichen Minister untragbar. Österreich dürfe keinesfalls in nur zwei Zonen eingeteilt werden. Nach diesem Plan sei eine Bolschewisierung Österreichs nicht aufzuhalten. Dies würde auch für die angrenzenden Länder katastrophale Folgen haben. Otto von Habsburg bittet Roosevelt, Österreich stattdessen in vier Besatzungszonen aufzuteilen, unter Einbeziehung der Franzosen – damit wäre das Verhältnis entscheidend zugunsten des Westens verändert.[1]

Otto gelingt es, Roosevelt von diesem Vorhaben zu überzeugen. Und der Präsident verspricht, den Alliierten bei den Verhandlungen Ottos Plan zu unterbreiten. Mit Stalin werde er erneut sprechen, sobald Otto die Zustimmung von Churchill erhalten hat. Roosevelt meint aber, man müsse sich Moskau gegenüber für die Dauer des Krieges nachgiebig zeigen. Bei Kriegsende sei die Sowjetunion dann wirtschaftlich so geschwächt, dass der Westen

---

[1] Später gibt es in den USA nochmals Zweifel an einer eigenen US-Besatzungszone in Österreich. Otto von Habsburg schildert dies so, dass Washington beinahe Salzburg und Oberösterreich der russ. Besatzung überlassen hätte. Beneš-Freunde und linke Agenten versuchten der US-Regierung einzureden, dass eine Besatzungszone in Österreich eingespart werden könne. Doch hier intervenierte Erzherzog Robert massiv beim neuen US-Botschafter in London, John Winant, der darüber Außenminister Stettinius informierte. US-Präsident Truman habe die Gefahren erkannt, als die Kommunisten in Griechenland knapp vor dem Sieg standen.

wieder Positionen zurückgewinnen könne.[1] Otto lässt noch in derselben Nacht Churchill im unteren Stockwerk der Zitadelle wecken – und dieser versteht sofort.[2] Otto von Habsburg erinnert sich, dass Churchill sagte, der Weg über Wien zum Mittelmeer sei für die Erhaltung von Indien wesentlich, deshalb helfe er. Churchill entscheidet sich für eine Revision der Besatzungszonen – ganz im Sinne Ottos und Österreichs.

In Otto von Habsburgs Kalender steht mehrfach an diesen Tagen »Zitadelle mit Memos für FDR« (was »Franklin Delano Roosevelt« heißt). Am 17. September verhandelt Otto erneut mit Churchill. Anfangs sind Churchills Frau und Außenminister Eden mit anwesend, dann bleibt der Habsburger mit Churchill allein. Letztlich gelingt es Otto von Habsburg bei der 2. Konferenz von Quebec zu verhindern, dass halb Österreich und ganz Wien sowjetisch besetzt werden! Dieser Erfolg, der die spätere Überwindung der Besetzung Österreichs und seine Freiheit vermutlich überhaupt erst möglich machte und die Grundlage dafür legte, dass Österreich im Gegensatz zu anderen Staaten Mitteleuropas nicht im »Ostblock« verschwand, wurde Otto von Habsburg vonseiten der Zweiten Republik nie wirklich gedankt.

Richard Coudenhove-Kalergi schreibt am 10. April 1967 – nach dem Ende der Habsburg-Krise – einen Brief an den SPÖ-Klubobmann Bruno Pittermann, einen der erbittertsten Gegner Habsburgs, in dem er zu seiner und Otto von Habsburgs Rolle im Exil deutlich Stellung nimmt: »*Über das Ringen im alliierten Lager während des Zweiten Weltkrieges um die Behandlung Österreichs bei Kriegsende, bin ich vielleicht besser orientiert, weil ich damals in engster Verbindung mit den Alliierten in Amerika gelebt habe. Es existiert eine Korrespondenz zwischen Churchill und mir, über die*

---

[1] Diese naive Position Roosevelts wird durch die Tatsache gefördert, dass Außenminister Hull zwar die Niederlage Deutschlands wünscht, aber keine darüber hinaus reichende Perspektive hat. Hull und der brit. Außenminister Eden sind außerdem latent habsburg-feindlich und anti-österr. eingestellt. Über Eden meint Otto sogar, er habe einen tiefen Hass gegen Österreich empfunden, weil er als Atheist dieses kath. Land nicht mochte.
[2] Über dieses Gespräch sagt Otto von Habsburg später: »Es war wunderbar mit Churchill. Sie konnten in zwei bis drei Minuten eine Konversation beenden, weil er sofort begriffen hat, um was es gegangen ist.«

Schaffung eines Österreich-Comités im Rahmen der damals gegen Hitler verbündeten Staaten. Churchill war bereit, mich als Präsident eines solchen Comités anzuerkennen, falls es mir gelingt, führende Emigranten beider Lager zur Teilnahme zu gewinnen. Ich habe durch viele Monate mit Dr. Julius Deutsch über diese Frage verhandelt. Leider sind diese Verhandlungen gescheitert. Die klarste Antwort gab mir der von mir sehr verehrte Senior Ihrer Partei, Ellenbogen: ›Ich bin ein alter Mann und habe keinen Grund, Ihnen etwas vorzumachen. Unsere Partei wird sich keinem Österreich-Comité anschließen, um sich nicht die Tür zum Anschluss zuzuschlagen. Unser Kriegsziel ist ja nicht ein unabhängiges Österreich, sondern ein österreichischer Bundesstaat in einem sozialdemokratischen Großdeutschland.‹ Inzwischen hat Habsburg seine engen Beziehungen zu Präsident Roosevelt und zur amerikanischen Regierung dazu verwendet, zu verhindern, dass Österreich von den Alliierten als Vasall des Dritten Reiches betrachtet und als solcher bestraft werde. Dies war das Ziel des tschechoslowakischen Außenministers Dr. Beneš und seiner politischen Freunde. Wenn schließlich Österreich, das in Washington unvertreten war, das Schicksal Deutschlands nicht geteilt hat, so ist dies zum großen Teil der Intervention Habsburgs zu danken.«

Heim nach Europa

Im Herbst des Jahres 1944 rüstet Otto von Habsburg zur Rückkehr aus dem amerikanischen Exil. Er will heim, heim nach Europa. Rückblickend sagt Otto von Habsburg: »Zum Europäer bin ich in Amerika geworden.« In den Jahren des amerikanischen Exils habe er erkannt, worum es wirklich geht: »Entscheidend ist die europäische Kultur und die christliche Zivilisation.« Nach eigenen Aussagen entschloss er sich auch deshalb zur Rückkehr nach Europa, weil er in den USA aufgrund der Intrigen von Beneš und der Blockade durch Cordell Hull nicht mehr wirken konnte.[1] Viele

---
[1] Andics schreibt dazu: »*Otto Habsburg hatte am Gedanken der Donauföderation festgehalten; er war an den Sowjets und an den von ihnen vorgeschobenen Tschechoslowaken gescheitert. Er war zugleich gescheitert an der Linken, die ihrerseits weder über das Jahr 1918 noch über das Jahr 1934 hinwegzukommen vermochte.*«, S. 128

Mächtige dieser Zeit, so auch Außenminister Hull, seien »schlicht wahnsinnig geworden«. Da es selbst in den demokratischen Ländern während des Kriegs keine offene Kritik an der Regierungspolitik gab, hätten viele die rechten Maßstäbe verloren: »Die Menschen vertragen nicht zu viel Macht.«[1]

Hull intrigiert gegen Otto von Habsburgs Bestrebungen, Washington solle sich zur Schutzmacht des ungarischen Widerstandes erklären. Der US-Außenminister will in allen ungarischen Agenden die absolute Koordination mit Moskau, wie ein Brief Hulls vom 12. 4. 1944 an Roosevelt beweist. Otto dagegen betreibt eine Kapitulation Budapests alleine gegenüber dem Westen. An Roosevelt schreibt er noch am 22. September 1944, »dass die Chancen für eine frühe Kapitulation Ungarns gegenüber den anglosächsischen Mächten sehr gefördert werden können (...)« Dem ungarischen Außenminister lässt er ein verschlüsseltes Telegramm zukommen, in dem er zur »bedingungslosen Kapitulation gegenüber den Vereinigten Staaten und Großbritannien allein« und zum »aktiven militärischen Beistand für die anglo-amerikanische Armee für die Befreiung von Österreich« rät. Nur so könne »Ungarn seinen Platz in der westlichen Welt behaupten. Bitte handeln Sie schnell.«

Am 31. Oktober 1944 notiert Otto von Habsburg penibel in seinem Kalender: »1.28 Clipper setzt sich in Bewegung, 1.43 Take off, 10´ später letzter View v. USA: Long Beach.« Erstes Ziel sind die Bermudas. Dort wird der Clipper immer weiter verschoben. Am 7. November 1944 um 17.15 Uhr landet Otto endlich wieder in Europa – in Lissabon. Später sagt er häufig, es sei ihm dabei aufgefallen, dass Europa ein christlicher Kontinent sei, denn er habe hier zum ersten Mal nach vierjährigem Exil wieder Städte gesehen, »in deren Mitte eine Kirche stand und nicht eine Großbank«.

---

[1] Als poln. Exilkreise Hull warnen, die kath. Kirche könnte mit seinen Plänen zu Polen nicht einverstanden sein, antwortet der »Secretary of State« lapidar: »Wenn es der katholischen Kirche nicht gefällt, werden wir sie auflösen!«

Noch am Abend seiner Ankunft in Europa trifft Otto von Habsburg in Lissabon Ministerpräsident António de Oliveira Salazar, später seinen Bruder Carl Ludwig, und tags darauf den Gesandten Wodianer. Aus Lissabon schreibt er am 8. November 1944 an Präsident Roosevelt: »*Die Nachrichten aus Ungarn sind niederschlagend und das Volk wird von den Nazibarbaren und den Kommunisten in gleicher Weise dezimiert. Überall hinter den russischen Linien ergreifen die Kommunisten die Macht. Das Überleben der Nation als solche steht in Frage. Was Österreich betrifft, gibt es viel mehr und viel besser organisierten Widerstand, als ich erwartet hatte. Ich meine, dass wir einen wertvollen Beitrag zur Befreiung leisten können, wenn wir von außen ein wenig Hilfe erhalten.*«

Am 26. Januar 1945 verlässt Otto Lissabon, fährt nach Lequetio, das Dorf seiner Kindheit, wo er alte Bekannte besucht, und von dort weiter nach San Sebastian. Am 29. Januar erreicht er Bordeaux, das er fünf Jahre zuvor so überstürzt hatte verlassen müssen. Einen Tag später ist Otto von Habsburg in Paris. In einem Brief, den er von hier an Präsident Roosevelt schreibt, heißt es: »*In diesen entscheidenden Tagen, in denen wir für die Ideale unserer gemeinsamen christlichen Zivilisation kämpfen, denken alle Europäer, besonders aber wir, die Vertreter der Nationen, die heute unter dem deutschen Joch sind, mit Gefühlen tiefer Dankbarkeit an die große amerikanische Nation und deren Führung, an die zahlreichen Zeichen der Sympathie für unseren Kampf gegen die totalitäre Barbarei.*« Otto nimmt Kontakt auf zu Charles de Gaulle, der zusammen mit Dwight David Eisenhower am 28. August 1944 Paris eingenommen hat, und zum neuen US-Botschafter Caffery. In Paris erlebt er trotz der guten Kontakte zu de Gaulle viele Schwierigkeiten mit Außenminister Georges Bidault, einem früher Linksradikalen, der sich zum Extrem-Rechten gewandelt hat.

Bei der Fahrt von Luxemburg nach Brüssel wird Otto beinahe von den Deutschen verhaftet. Amerikanische Offiziere weisen ihm versehentlich einen falschen Weg, doch er erkennt in letzter Minute, dass die nahenden Panzer nicht zu den US-Streitkräften gehören, sondern zur deutschen Wehrmacht. Im März 1945 hält sich Otto wieder in Brüssel auf. Alarmiert notiert er am 30. März in seinem Kalender: »Russen erreichen österreichische

Grenze«.[1] Otto schreibt mehrfach an Präsident Roosevelt, auch an Mrs. Roosevelt, die einen unseligen, deutlich Moskau-freundlichen Einfluss auf ihren Gatten ausübt, an Roosevelts Nachfolger Harry S. Truman und an Grace Tully, Roosevelts Sekretärin. Das Kriegsende erlebt Otto von Habsburg in Paris.

Zur Koordinierung des Widerstandes in Österreich sendet Otto seinen Bruder Rudolf mit einem gefälschten französischen Pass nach Österreich. Weil die Kommunisten Anfang 1945 in Österreich eine Kampfeinheit bilden – und damit die von Stalin in die »Moskauer Deklaration« gepresste Forderung von linker Seite erfüllen wollen –, schlägt Otto Präsident Roosevelt in einem Brief vom 19. Februar 1945 vor, patriotische Österreicher, die sich als gefangene Wehrmachtsangehörige in den USA und in Kanada befinden, zu sammeln, um ein nicht-kommunistisches österreichisches Kontingent aufzustellen. Ottos Sorge ist, dass ein vorrangig kommunistischer Beitrag zum Widerstand und zur Befreiung Österreichs von der Nazi-Herrschaft von Stalin als Hebel zur Sowjetisierung Österreichs benützt werden könnte. Doch die pro-kommunistischen Kräfte rund um das Weiße Haus sind bereits zu mächtig. In Roosevelts Auftrag schreibt Grace Tully in einem Telegrammentwurf an die US-Botschaft in Paris: *»Über Anweisung des Weißen Hauses setzen Sie Erzherzog Otto bitte davon in Kenntnis, dass sein Vorschlag für die Verwendung österreichischer Kriegsgefangener im Sinne der Vorschläge, die er in seinem Brief vom 19. Februar 1945 an den Präsidenten richtete, kaum ausführbar ist.«*

---

[1] Mit der Führung tagebuchähnlicher Kalender, in denen er seine Termine und Aktivitäten stichwortartig auflistet, begann Otto von Habsburg im Jahr 1938. Interessanterweise sind die Kalender ausgerechnet ab 1945, also nach der Rückkehr aus dem amerikanischen Exil, in englischer Sprache geführt.

IV. Weit über das tragische Österreich hinaus (1945–1967)

1. Verjagt, verfolgt und nochmals verjagt

Seit dem Anschluss hat Otto von Habsburg für die Unabhängigkeit Österreichs gekämpft. Nun, als die Befreiung seiner Heimat von der Hitler-Diktatur in greifbare Nähe rückt, will er nach Österreich heimkehren, um am Neuaufbau des Landes aktiv mitzuarbeiten. Doch die rückwirkend zum 1. Mai 1945 in Österreich wiederhergestellte Verfassung von 1920/29 beinhaltet das Habsburgergesetz. Mit dem Verfassungsüberleitungsgesetz sind nicht nur alle Gesetze seit dem Anschluss (also seit 12. März 1938), sondern alle seit dem 5. März 1933 erlassenen Bundesverfassungsgesetze aufgehoben worden. Gleichzeitig mit der Nazizeit wollen die neuen Machthaber die Ära Dollfuß-Schuschnigg über Bord werfen. Gültigkeit erlangt auch Artikel 60/3, nach dem »Mitglieder regierender Häuser oder solcher Familien, die ehemals regiert haben« in Österreich nicht das passive Wahlrecht zum Amt des Bundespräsidenten besitzen.

Unmoralische Autoritäten – Der wendige Doktor Renner

Als Otto von Habsburg im Juni 1945[1] endlich die notwendigen Absprachen mit der französischen Regierung zur Einreise nach Österreich getroffen hat, regiert in Wien bereits wieder Karl Renner.[2] Weder die Regierung Renner noch der alliierte Kontrollrat werden über die Einreise informiert. Innenminister ist der Kommunist Karl

---
[1] Bis heute führt Otto von Habsburg sein stichwortartiges Tagebuch. Nur im Jahr 1945 bricht er seinen Kalender im Januar ab – aus Sicherheitsgründen.
[2] Renner, einst sozialdemokratischer Reichsratsabgeordneter, war 1918 Staatskanzler der Republik Deutschösterreich.

Honner, der die Kriegszeit in der UdSSR verbracht hat. Um Renner beurteilen zu können, muss man wissen, wie er sich durch die Wechselfälle der österreichischen Geschichte bewegte. Ganz im Gegensatz zu Otto von Habsburg, der in seinem Denken und Handeln stets ein konsequenter Gegner aller totalitären Bewegungen – des Nationalsozialismus ebenso wie des Kommunismus – war, arrangierte sich Renner mit beiden auf seine Weise. Karl Renner hatte 1916 die Franzosen wegen ihres Republikanismus beschimpft, doch bei den Verhandlungen in St. Germain war für ihn das alte Österreich ein »Völkerkerker«. Nach Hitlers Einmarsch hatte er im März 1938, wie in den Zeitungen zitiert war, für den Anschluss an Nazi-Deutschland optiert und seinen Landsleuten geraten, bei Hitlers Schwindel-Abstimmung mit einem zustimmenden Ja zu votieren:[1] *»Ich habe seit 1919 den Kampf um den Anschluss weitergeführt. Ich müsste meine ganze Vergangenheit verleugnen, dass ich die große geschichtliche Tat des Wiederzusammenschlusses der deutschen Nation nicht freudigen Herzens begrüßte. (...) Als Sozialdemokrat und als Verfechter des Selbstbestimmungsrechtes der Nationen werde ich mit ›Ja‹ stimmen.«*

Derselbe Renner schreibt am 15. April 1945 einen devoten Huldigungs- und Ergebenheitsbrief an den sowjetischen Diktator Josef Stalin: *»Sehr geehrter Genosse! In der Frühzeit der Bewegung haben mich mit vielen russischen Vorkämpfern enge persönliche Beziehungen verknüpft, es war mir bisher jedoch nicht vergönnt, Sie, werter Genosse, persönlich kennen zu lernen. (...) Nun fügte es das wechselvolle Spiel der Geschichte, dass ich in einem Alter, wo ich mit meiner öffentlichen Tätigkeit abgeschlossen zu haben glaubte, auf so ungewöhnliche und bedeutungsvolle Weise zu Ihnen in persönliche Beziehung gerate.*

Die Rote Armee hat mich und meine Familie bei ihrem Einmarsch in meinem Wohnort Gloggnitz angetroffen, wo ich mit den Parteigenossen vertrauensvoll die Besetzung abwartete. Die zuständigen Kommandanten haben mich sogleich auf das achtungsvollste in

---

[1] Kuehnelt-Leddihn bezeichnete Renner als »Chamäleon«. Friedrich Adler, der Generalsekretär der Sozialistischen Internationale, hat über Renner einst gemeint, er habe »den Geist der Prinzipienlosigkeit, den Geist der Gaukelei in unsere Partei gebracht, dass man sich immer schämen muss«.

Schutz genommen und mir die volle Handlungsfreiheit wiedergegeben, die ich seit 1934, während der Herrschaft des Dollfuß- und Hitlerfaschismus, schmerzlich entbehren musste.
Dafür danke ich der Roten Armee und Ihnen, deren ruhmbedeckten Obersten Befehlshaber, im persönlichen wie im Namen der Arbeiterklasse Österreichs aufrichtig und ergebenst. (...) Ohne die Rote Armee wäre keiner meiner Schritte möglich gewesen, und dafür bleibe nicht nur ich, dafür bleibt die künftige ›Zweite Republik Österreich‹ und ihre Arbeiterklasse Ihnen, Herr Marschall, und Ihrer siegreichen Armee für alle Zukunft zum Danke verpflichtet. (...) Schon heute bitte ich Sie im Rate der Großen Österreichs wohlwollend zu gedenken und uns, soweit es die tragischen Umstände gestatten, in Ihren mächtigen Schutz zu nehmen. (...) Dank Russlands erstaunlicher Machtentfaltung hat unser ganzes Volk die Verlogenheit zwanzigjähriger nationalsozialistischer Propaganda völlig durchschaut und es ist voll Bewunderung für die gewaltige Leistung der Sowjets!
Das Vertrauen der österreichischen Arbeiterklasse, insbesondere in die Sowjetrepublik, ist grenzenlos geworden.
Die österreichischen Sozialdemokraten werden sich mit der KP brüderlich auseinandersetzen und bei der Neugründung der Republik auf gleichem Fuße zusammenarbeiten. Dass die Zukunft des Landes dem Sozialismus gehört, ist unfraglich und bedarf keiner Betonung.
Ihr ergebener Dr. Karl Renner«

Das war also der Mann, der Österreich in eine neue Zukunft führen wollte. Kein Wunder, dass Otto von Habsburg ernstlich besorgt ist, Renner – »voll Bewunderung für die gewaltige Leistung der Sowjets!« – würde das Land Stalin ausliefern. Tatsächlich saßen ja Kommunisten in der ersten, nicht demokratisch gewählten österreichischen Regierung von 1945 in Schlüsselpositionen.

Ein Brief, der Otto Ärger bringt

Am 2. Juli 1945 schreibt Otto von Habsburg einen ausführlichen Brief an den neuen US-Präsidenten Harry S. Truman. Der Brief bringt ihm Jahrzehnte später – verfälscht und in Auszügen zitiert oder paraphrasiert – großen Ärger. Wörtlich bemerkt Otto an Truman: »*Lieber Herr Präsident, mit Rücksicht auf die herannahenden internationalen Entscheidungen, möchte ich Ihnen über die Lage in Österreich schreiben. (…) Zwei Monate nach der Befreiung ist die Lage keineswegs so, wie sie sein sollte. Der lebende Körper des österreichischen Staates ist durch die vier Besatzungszonen zerrissen. Es fehlt eine allgemeine wirtschaftliche und politische Planung. Die wirtschaftliche Lage ist beinahe verzweifelt. Die alliierten Okkupationstruppen leben trotz gegenteiliger Befehle von und auf Kosten des Landes.*

Den Länderverwaltungen – ausgenommen in der Französischen Zone – wird die notwendige Autorität vorenthalten; es fehlen ihnen daher die Mittel, um dem drohenden Unheil zu begegnen.

Dank der Untätigkeit der alliierten Militärbehörden wird nicht geerntet, und die Fabriken stehen still. Es herrscht Arbeitslosigkeit. Die Inflation greift um sich. All dies wird in wenigen Wochen zu einer großen Katastrophe führen. In der Russenzone tragen die russischen Truppen die industriellen Einrichtungen weg und rauben systematisch die Privatwohnungen aus.

Nebst dieser schwierigen Wirtschaftslage haben die Amerikaner und Engländer, im Gegensatz zu den Franzosen, eine Politik der ›Nonfraternisation‹ erlassen. Diese Politik verbreitet das Gefühl, dass die Alliierten die Österreicher wie Deutsche behandeln; sie wird von den Österreichern als eine große Ungerechtigkeit betrachtet.

Dazu kommt ein allgemeines Verbot für Reisen und Güterverkehr, die Einstellung des Post-, Telegrafen- und Telefondienstes, allgemeiner Missbrauch des Requisitionsrechtes sowie abendliches Ausgehverbot für die Bevölkerung.

All dies Dinge, die in einem eroberten Feindesland berechtigt wären, nicht aber bei befreiten Freunden.

Wir waren das erste Land, das gegen Hitler-Deutschland gekämpft hat, und wenn wir im Jahre 1938 zusammengebrochen sind, war es unter dem Druck der Übermacht und weil uns die Westmächte im Stich gelassen hatten. Unter Berücksichtigung der besonderen Lage war unsere Widerstandsbewegung nicht minder stark als die anderer Länder. (…) Die Russen haben in Wien einseitig ein Regime aufgestellt, das unter dem Druck der Kommunisten steht. Es gibt da Gerüchte, dass die Alliierten dieses kommunistische Regime anerken-

nen würden, diese sogenannte ›Provisorische Regierung‹. Ich kann Ihnen versichern, dass die überwältigende Mehrheit der Österreicher eine solche Regierung ablehnen würde, weil sie keine durch Kommunisten kontrollierte Wahlen wollen, nachdem diese selbst zugeben, dass sie eine Diktatur anstreben und demzufolge alles tun würden, um wirklich freie und ehrliche Wahlen zu verhindern.

Die Österreicher werden es nicht akzeptieren, durch die kommunistische Partei beherrscht zu werden.

Das ist die Lage. In diesem Zusammenhang möchte ich einige Maßnahmen vorschlagen, die ergriffen werden sollten, um Österreich wieder ein Leben in Freiheit zu geben und damit dem österreichischen Volk gegenüber Gerechtigkeit walten zu lassen.

1. *Ermächtigung für die Schaffung starker Länderregierungen, die auf eigene Verantwortung handeln können. (Diese Länder sind: Tirol, Vorarlberg, Salzburg, Kärnten, Oberösterreich und Steiermark. Dies schließt nicht ein Niederösterreich, Burgenland und Wien, die sich unter russischer Okkupation befinden.)*
2. *Freiheit für die österreichischen Länderregierungen, miteinander in Fühlung zu treten und sich über Angelegenheiten gemeinsamen Interesses zu verständigen.*
3. *Zusicherung, dass die Alliierten die selbstherrlich ernannte provisorische Regierung in Wien, die unter dem Vorsitz Doktor Renners steht, nicht anerkennen werden.*
4. *Abschaffung der Politik der Nonfraternisation durch die amerikanischen und britischen Besatzungskräfte.*
5. *Bewilligung zur Schaffung einer freien Presse.*
6. *Beendigung der gegenwärtigen Inflation durch einen gemeinsamen Plan für das ganze österreichische Gebiet.*
7. *Einbeziehung Österreichs in das allgemeine Hilfsprogramm.*
8. *Anerkennung des Rechtes der österreichischen Länderregierungen, deutsche Staatsbürger rückzuführen, da diese derzeit eine schwere Belastung für das Land sind.*[1]

---

[1] Zu Punkt 8 muss bemerkt werden, dass diese Deutschen reichsdt. Treuhänder, Beamte und Polizeiorgane waren, die 1938 installiert worden waren. Außerdem hatten sich zahlr. Nazigrößen im Salzkammergut und in Tirol festgesetzt.

Ich bin sicher, Herr Präsident, dass diese Maßnahmen eine baldige Konsolidierung in Österreich erlauben würden. Sie würden Österreich jene Grundlage geben, die das Land braucht, um aus seinen Ruinen neu zu erstehen.
Andererseits würde eine Fortführung der gegenwärtigen Politik zur Anarchie führen.
Da ich Ihre edle Sympathie für mein Land kenne, lenke ich Ihre Aufmerksamkeit auf diese Probleme, da ich überzeugt bin, dass in Fortsetzung der großen Politik Amerikas gegenüber Österreich Sie darüber wachen werden, dass mein Vaterland so bald als möglich das innere Gleichgewicht und die Freiheit wiederfindet.
Indem ich Ihnen in diesen Tagen, da eine der schwersten Verantwortungen der Geschichte auf Ihren Schultern lastet, den Segen des Allmächtigen wünsche, bin ich – Otto von Österreich.«

Über diesen Brief gibt es – wegen der Forderung in Punkt 3 – viel Aufregung, aber auch bislang unzureichend erhellte Hintergründe. Die Forderung, Renners Regierung nicht anzuerkennen, bringt Otto von linker Seite den Vorwurf des mangelnden Patriotismus ein. Die »Arbeiter Zeitung« etwa kommentiert am 7. 5. 1961 – als die Stimmung in Wien wegen der drohenden Wiedereinreise Ottos siedet: »*Falls die Westmächte der Forderung Otto Habsburgs nachgekommen wären und die Regierung Renner nicht anerkannt hätten, dann wäre wohl eine ähnliche Teilung und Entwicklung in Österreich eingetreten wie in Deutschland. Glücklicherweise sind die Westmächte dem Rat des Herrn Habsburg nicht gefolgt.*«

Andics schreibt am 11. 1. 1966 in einem Brief an Otto von Habsburg, er habe »Andeutungen gehört, dass dieser Brief nicht spontan, sondern nach Rücksprache mit dem damaligen Staatssekretär Figl und sozialistischen Funktionären zustande gekommen sein soll«. Otto von Habsburg antwortet darauf am 15. 1. 1966: »*Wenn ich diesbezüglich geschwiegen habe, so geschah dies vor allem deshalb, weil die Vorgeschichte des Briefes einen Herrn belasten könnte, der heute noch im öffentlichen Leben steht und der von mir die Zusicherung hat, dass sein Name nicht an die Öffentlichkeit kommt.*« Dieser ist allerdings nicht Figl, wie Andics vermutet, sondern Außenminister Gruber, der Otto persönlich bat, den Brief an Truman zu schreiben und einige der Formulierungen anregte.

In einem in der »Furche« 1964 (Nr. 25, S. 5) veröffentlichten Beitrag nimmt Otto von Habsburg zum Truman-Brief Stellung: *»(...) habe ich in meinem Brief vom 2. Juli 1945 an Präsident Truman auf die damals bestehenden Gefahren infolge der russischen Besetzung weiter Teile Österreichs und den damit verbundenen unverhältnismäßig großen Einfluss der Kommunisten hingewiesen und Mittel und Wege aufgezeigt, um eine freie Wahl und eine demokratische Entwicklung zu ermöglichen. Übrigens haben der heutige Bundespräsident Dr. Schärf und der ehemalige Innenminister Oskar Helmer genau die gleichen Beobachtungen gemacht, wie in ihren Erinnerungswerken zu lesen ist.«* In einem »Spiegel«-Interview von 1965 sagt er: »Mein Vorschlag zielte lediglich darauf ab, einen Gegendruck zu schaffen, so dass der Druck nicht nur von einer Seite kam (...)«

Nach eigenen Angaben hatte Otto von Habsburg damals befürchtet, dass »unter der Führung von Renner Österreich ganz in das sowjetische Fahrwasser kommen würde«. In Renners von den Sowjets eingesetztem Koalitionskabinett gab es neben 10 Sozialisten und 9 Volksparteilern auch 7 Kommunisten und einige Parteilose. Die Kommunisten hielten mit dem Innenministerium eine Schlüsselposition in der Hand. Auch Polen, Ungarn, Rumänien, Bulgarien und die Tschechoslowakei wurden etappenweise über Koalitionsregierungen sowjetisiert. In Österreich wurden die Kommunisten bei den ersten Wahlen am 25. November 1945 jedoch marginalisiert.

Heim nach Tirol

Bereits vor diesen Wahlen, in einer restlos ungeklärten Weltlage und mitten in eine unsichere Situation Österreichs hinein, reist Otto gemeinsam mit seinem aus London kommenden Bruder Robert und seinen aus Lissabon herbeigeeilten Brüdern Carl Ludwig und Rudolf nach Tirol. Die Habsburger übersiedeln im Oktober 1945 nach Innsbruck, wo sie im Hotel Kreith – Besitz eines führenden Monarchisten – wohnen, mit Wiesner Kontakt aufnehmen und sich mit vielen Getreuen treffen. Dem Vermächtnis Kaiser Karls entsprechend, beschließt man, die Abhaltung einer Volksabstimmung über die Staatsformfrage vorzubereiten. Aber viele Monarchisten

27 Erzherzogin Charlotte als Baby, umringt von ihren Geschwistern (Schloss Wartegg 1921)

28 Der Zusammenhalt macht die Kaiserkinder stark, …

29 … jahrzehntelang werden sie als eingespieltes Team arbeiten.

30 Mit dem 18. Geburtstag wird Otto großjährig und übernimmt offiziell die Verantwortung als Chef des Erzhauses Österreich.

31 Im Spanischen Bürgerkrieg besucht Otto die Front.

32 Otto mit dem schwedischen König Gustaf V. auf Jagd im Jahr 1934

33 Zita im Jahr 1948 mit sechs ihrer acht Kinder in Kanada

34 Familienchef mit Brüdern – seine besten Mitarbeiter im amerikanischen Exil

35 »The Clark Gable of european royalty …«

36 Im Exil wird Otto zum Kettenraucher, später hört er abrupt damit auf.

37 Am 10. 5. 1951 heiraten Otto und Regina in Nancy, der traditionsreichen Hauptstadt Lothringens.

haben ihr Leben durch die Nazis verloren; Hinterbliebene müssen getröstet werden; viele Legitimisten kommen jetzt erst aus dem KZ zurück. Einen von ihnen, Ernst von Hohenberg, nimmt Otto im November 1945 in den Orden vom Goldenen Vlies auf. Sein älterer Bruder, Herzog Max, bereits 1923 aufgenommen, leitet als Kanzler die Treffen der Vlies-Ritter in Ottos Abwesenheit.

Im September 1945 bemühen sich die Legitimisten um die offizielle Zulassung durch den »Alliierten Rat für Österreich«. In einem Schreiben an den Vorsitzenden des Alliierten Rates, General Mac Creery, das von den Führern der österreichischen Legitimisten unterzeichnet ist, heißt es: »*Der Alliierte Rat für Österreich hat durch eine Entscheidung vom 11. September 1945 den politischen Parteien in Österreich, und zwar der sozialistischen, der kommunistischen und der österreichischen Volkspartei gestattet, ihre Tätigkeit in ganz Österreich auszuüben. Punkt 3 der Entschließung des Alliierten Rates vom 15. September 1945 enthält jedoch die Feststellung, dass andere bestehende oder neu entstehende politische Parteien, um eine Erlaubnis für ihre Aufstellung und ihre Betätigung in ganz Österreich zu erhalten, dem Alliierten Rate ihre Programme zur Genehmigung vorlegen und die in dem gleichen Beschluss festgelegten Bedingungen erfüllen müssen (...)*«

Es folgt eine historische Erläuterung des Eisernen Rings. Danach steht: »*Nunmehr erachten aber die monarchistischen Verbände den Zeitpunkt für gekommen, wieder als geschlossener politischer Verband unter dem Namen: ›Österreichische monarchistische Volksbewegung‹ in ganz Österreich aufzutreten und den Alliierten Rat hiermit ihr Ansuchen (...) vorzulegen.*« Aus dem in diesem Schreiben geschilderten Programm: »*1.) Die ›Österreichische Monarchistische Volksbewegung‹ ist eine überparteiliche politische Bewegung, die rechtlich als Partei zu werten ist. Sie wendet sich an alle Österreicher ohne Unterschied der Partei. 2.) Sie verlangt für Österreich die Wiederherstellung der erblichen Monarchie unter dem nach der Erbfolgeordnung des Hauses Österreich berufenen Erben nach Kaiser Karl. Diese Monarchie soll eine auf demokratischer Grundlage ruhende soziale und konstitutionelle Monarchie sein. 3.) Sie verlangt eine Volksabstimmung über die Staatsform, die Österreich erhalten soll. (...) 5.) Sie meldet jedoch jedenfalls schon jetzt den Anspruch auf Wiedervereinigung Südtirols mit Österreich an (...)*«

Moskau erhebt jedoch im »Inter-Allied-Council«, das Parteigründungen genehmigt, Einspruch gegen die Zulassung einer monarchistischen Partei. Der sowjetische Oberbefehlshaber legt sein Veto gegen eine legitimistische Partei ein, die die Amerikaner und die Franzosen bewilligen wollen, und lässt mehrere Führer der Bewegung in Wien und in der sowjetischen Besatzungszone verhaften. Darunter befinden sich viele, die zuvor von den Nazis inhaftiert worden waren. Offiziell lehnt der Alliierten-Rat die Ansuchen monarchistischer Organisationen auf Zulassung mit der Begründung ab, dass diese der demokratischen Entwicklung Österreichs abträglich seien.

Unter Berufung auf die französische Nachrichtenagentur AFP meldet die »Tiroler Tageszeitung« am 17. November 1945, *»dass der österreichische Thronprätendent Otto von Habsburg heimlich nach Tirol eingereist sei. Die französischen Behörden haben Dr. Renner um seinen Entschluss gebeten, was zu tun sei. Dr. Renner ersuchte die französischen Behörden, dem Aufenthalt Otto von Habsburgs kein Hindernis in den Weg zu legen, solange sich dieser jeder staatsfeindlichen Aktion enthält«.* Drei Tage später wird eine offizielle Erklärung Renners veröffentlicht: *»Es ist unverständlich, wie Otto Habsburg und sein Bruder bei der strengen Kontrolle die Grenze Vorarlbergs überschreiten und wie und wo in Innsbruck Quartier finden konnten, ohne von den österreichischen Behörden angehalten und zur Ausweisleistung verhalten zu werden.*[1] *Die provisorische Staatsregierung ist zwar ermächtigt, ihre Verwaltung auf die Länder auszudehnen, aber die Durchführung dieser Vollmacht verzögert sich begreiflicherweise. Ich habe zunächst Zurückhaltung beobachtet, erstens um nicht eigenmächtig, sondern aufgrund eines Beschlusses des Kabinettsrates vorzugehen und zweitens aus internationalen Rücksichten. Die Rechtsstellung des Hauses Habsburg scheint in unserem Nachbarstaat Ungarn nicht völlig geklärt und offenbar schuldet die österreichische Staatsregierung, wenn Habsburg doch als ungarisches Königshaus betrachtet werden sollte, diesem Umstand Rücksichtnahme. Die Mitglieder der Familie Habsburg sind des Lan-*

---

[1] Das Geheimnis ist aufklärbar: Otto reiste mit einem frz. Militärfahrzeug ein. Da es keine normalen Grenzkontrollen, sondern Militärkontrollen durch die jeweilige Besatzungsmacht gab, blieb das Militärfahrzeug unbehelligt.

des verwiesen. Wollen sie in dasselbe zurückkehren, so haben sie, bevor sie das Land betreten, die Zuerkennung der österreichischen Staatsbürgerschaft unter den im Habsburgergesetz angeführten Bedingungen anzusuchen. Sie kann jedem Mitglied, außer demjenigen gewährt werden, das sich als Kronprätendent aufspielt.«

Renner will die Habsburger los werden, aber seine Macht reicht nicht bis in das westliche Bundesland. An Otto von Habsburgs 33. Geburtstag, am 20. November 1945, schreibt die kommunistische »Tiroler Neue Zeitung«: »*Schon seit längerer Zeit machten sich in Tirol reaktionäre Kräfte bemerkbar, die eine rege, planmäßig organisierte, monarchistische Tätigkeit entfalteten. Es ist unverständlich, dass die Sicherheitsbehörden gegen das Treiben dieser Hochverräter, die den Sturz der Republik und die Aufrichtung einer Monarchie ganz offen und unverschämt auf ihr Banner geschrieben haben, nicht schon längst eingeschritten sind. Das hat sich nun bitter gerächt. Das Auftauchen Otto Habsburgs in Tirol setzt den reaktionär-monarchistischen Quertreibereien die Krone auf (…) Dunkle reaktionäre Kräfte im heutigen Österreich spekulierten offensichtlich darauf, Otto Habsburg zu einem reaktionären Sammelpunkt aller derjenigen zu gestalten, die wieder einen ›Führer‹ für neue imperialistische Abenteuer suchen.«*

Die sozialistische »Volkszeitung« kommentiert zwei Tage später: »Die arbeitenden Massen Österreichs haben im Jahre 1918 die Habsburger auf den Misthaufen der Weltgeschichte geworfen und haben keine Lust, sie nach 30 Jahren von dort zurückzuholen.«

Und in der Moskauer »Prawda« ist zu lesen: »*Zita, die lustige Witwe, siedelte sich in Kanada an und eröffnete dort einen monarchistischen Salon für reaktionäre internationale Abenteurer. Der älteste Sohn Otto rief sich zum österreichischen Kaiser in den Vereinigten Staaten von Amerika aus. (…) Da die Habsburger in den Vereinigten Staaten von Amerika und England keine Untertanen besaßen, lebten sie von Geldspenden aus geheimen und ziemlich fragwürdigen Quellen. Übrigens waren sie immer bei Kasse. (…) Während der Verbannung waren die Brüder Habsburg Handlungsreisende in sowjetfeindlicher Propaganda.«*

Die Rechtsauffassung der Habsburger dürfte am ehesten aus einem vertraulichen Dokument hervorgehen, das nur mit »Dr. H.G.D.«

(Dr. Heinrich Graf Degenfeld) gezeichnet und auf den 8. Dezember 1945 datiert ist. Darin heißt es: »*Mit Gesetz der Republik Österreich (...) wurde gegen die Mitglieder des Hauses Habsburg-Lothringen die Landesverweisung ausgesprochen, sofern sie nicht auf ihre Zugehörigkeit zu diesem Hause (Ein juristisches Unding!) ausdrücklich verzichten. (...) Mehrere Mitglieder des Kaiserhauses haben diesen Verzicht geleistet und sind im Lande geblieben. Die übrigen Mitglieder des Erzhauses verweigerten den Verzicht und folgten dem Kaiser außer Landes. Mehrere Erzherzoginnen leisteten nie den Verzicht, sind aber trotzdem immer unbehelligt im Lande geblieben (z.B. Erzherzogin Maria Theresia, die Großmutter Kaiser Karls, gestorben 1944), (...) Erzherzog Eugen kam im Jahre 1934, mit ausdrücklichem Vorwissen, ja sogar infolge direkter Einladung der Regierung Dollfuß, nach Österreich herein, zeigte sich bei zahllosen Anlässen in aller Öffentlichkeit, reiste in ganz Österreich, selbstverständlich ohne dass er jemals einen Verzicht auf seine Zugehörigkeit zum Erzhause geleistet hätte. (...) Die Ernennung von Kaiser Otto zum Ehrenbürger von so vielen Gemeinden Österreichs – in Tirol allein über 250 Gemeinden! – und die unzähligen Protestschritte bei der österreichischen Regierung veranlassten diese, im Juli 1935 die Habsburgergesetze, also sowohl die Landesverweisung, als auch die Vermögensberaubung, ausdrücklich durch formelle Gesetze abzuschaffen (...) Die provisorische Renner-Regierung nun erließ, laut einem am 1. Mai 1945 herausgegebenen sogenannten Staats-Gesetzblatt aus eigener Machtvollkommenheit, natürlich ohne irgendeine Volksvertretung zu befragen oder ohne selbst eine Volksvertretung zu sein, eine Art provisorischer Verfassung.*« Degenfeld referiert im Folgenden, dass durch Artikel 1 des Verfassungsüberleitungsgesetzes das Bundesverfassungsgesetz von 1929 wiederhergestellt wird, und gleichzeitig durch Artikel 3 alle Gesetze der Dollfuß-Schuschnigg-Ära aufgehoben werden. Degenfeld weiter: »*Der verstorbene Kaiser Karl war zweifelsohne österreichischer Staatsbürger, daher sind seine Kinder selbstverständlich und ohne jeden Zweifel derselben Staatsbürgerschaft, solange sie dieselbe nicht ausdrücklich ablegen – was natürlich nie geschehen ist. Überdies ist die Schaffung und Existenz bis zur 1929er Verfassung der Habsburgergesetze allein schon ein Beweis für die Staatsbürgerschaft der Mitglieder des Hauses Habsburg: Wären sie nicht österreichische Staats-*

bürger, so hätte ein einfacher Akt der Verwaltungsbehörde genügt, sie als Ausländer auszuweisen.«

In Tirol, wo ihnen die französische Besatzung kaum Schwierigkeiten macht und die großen Sympathien der Bevölkerung viele Chancen eröffnen, können sich die Habsburgbrüder schnell etablieren. Robert scheint im Tiroler Ort Rum sogar in der Wählerliste für die Nationalratswahlen auf. Renner hält sich während des Wahlkampfs im November 1945 einige Tage in Innsbruck auf, es kommt jedoch zu keiner persönlichen Begegnung mit Otto von Habsburg.

Lebensmittel für das hungernde Österreich

Aus Innsbruck schreibt Otto am 21. November 1945 an den in New York lebenden Richard Coudenhove-Kalergi, der zusammen mit Zita in den USA Hilfslieferungen für Österreich organisiert: *»Die Lebensmittellage ist am schlechtesten in der russischen Zone. Im südlichen Niederösterreich, ja auch in Wien verhungern Leute jeden Tag. Auch in der französischen Zone ist das Lebensniveau viel zu tief, da wir neben der Bevölkerung auch noch 50 000 Franzosen ernähren müssen, die sich nichts abgehen lassen wollen und eine kaum erträgliche Belastung darstellen. (...) Außer den Lebensmitteln fehlen Kleider und Schuhe, besonders bei den Heimkehrern. Aus Salzburg z.B. höre ich, dass bei Heimkehrern auf drei Mann ein Paar Schuhe entfällt. Zivilkleider sind unerhältlich, und mit 1. Dezember ist das Tragen der Wehrmachtsuniformen bei Gefängnisstrafe verboten. Wie sich die Leute dann anziehen werden, ist mir schleierhaft. (...) Viele Leute erfrieren, besonders in der älteren Generation.«*

Das American Relief for Austria ist die einzige von der US-Regierung offiziell anerkannte amerikanische Hilfsorganisation für Österreich. Sie besteht aus Amerikanern, ist jedoch im Wesentlichen organisiert durch Zita, Felix, Ida und Richard Coudenhove-Kalergi sowie andere Österreicher. Ihre Aufgabe liegt in der Sammlung von Kleidern, Medikamenten und Lebensmitteln für Österreich.

Julius Deutsch, Hans Rott und Ferdinand Czernin intrigieren heftig gegen die Organisation und gründen als Konkurrenz ein »Associated American Relief«.

Da Österreich keine Exilregierung besaß, kann es bei der »United Nations Relief and Rehabilitation Administration« (UNRRA) nicht vertreten sein. Otto hat jedoch erreicht, dass die USA bei der UNRRA-Konferenz nach dem Krieg die Frage der Lebensmittellieferungen nach Österreich aufgriffen. Daraufhin kann Zita von 1945 bis 1948 die Österreichhilfe in den USA organisieren. Ihr Name wird dabei nie genannt. Die Kaiserin berichtet darüber hinaus in Kanada über die Not des österreichischen Volkes und löst damit viele Hilfssendungen aus. Der Biograf Werner meint: *»Kaiserin Zitas Appell an die Frauen der Abgeordneten des amerikanischen Kongresses in Washington verdankt es Österreich, dass es in die Marshall-Plan-Hilfe einbezogen wurde und dass es einer der ersten Staaten war, der UNRRA-Hilfssendungen erhielt.«* Zita reist nach dem Krieg in Kanada und in den Vereinigten Staaten unentwegt von Ort zu Ort, um für die notleidenden Österreicher zu sammeln. 1949 übersiedelt sie von Quebec nach Tuxedo im Staat New York, wo sie bis 1953 wohnt.

Der Retter Österreichs wird erneut vertrieben

Der Oberkommandierende der französischen Besatzungszone, General Béthouart, widersetzt sich im Herbst 1945 ersten Versuchen der Renner-Regierung, Otto von Habsburg auszuweisen. Um den Franzosen keine Schwierigkeiten zu bereiten, übersiedelt Otto von Innsbruck nach Feldkirch, wo seine Anwesenheit nur wenigen bekannt ist. Damals schreibt er folgenden undatierten Brief an die interessierte Öffentlichkeit: *»Landsleute! Die österreichische provisorische Staatsregierung unter dem Vorsitz von Dr. Karl Renner will mich mit Gewalt zwingen, die Heimat zu verlassen. Dieser Beschluss ist mit Zustimmung der derzeitigen Leitung der drei sogenannten demokratischen Parteien, der Kommunistischen Partei, der Sozialdemokratischen Partei und der Österreichischen Volkspartei gefasst worden.*

Vor der gewaltsamen Besetzung Österreichs durch Deutschland im Jahre 1938 hatten über 1600 österreichische Gemeinden mir ihr Ehrenbürgerrecht verliehen, um mir damit den Weg zurück in die Heimat zu ebnen. Als im Jahre 1938 Österreich überfallen wurde, habe ich von der ersten Stunde ab den Kampf für die Befreiung Österreichs geführt. Ich bin dafür von Hitler verurteilt worden. In der gleichen Zeit hat Dr. Karl Renner öffentlich, frei und unbeeinflusst den Anschluss an das hitlerische Reich begrüßt. Er hat vonseiten Hitlers nicht die geringste Verfolgung zu erdulden gehabt.

Meine Rückkehr in die Heimat entsprang nicht bloß meiner Sehnsucht nach Bergen und Tälern Österreichs. Ich wollte als österreichischer Staatsbürger meine Pflicht erfüllen und am Aufbau Österreichs mitarbeiten.

Es ist mein Programm, für wahre Freiheit, für soziale Gerechtigkeit, für inneren Frieden und für die Gleichheit der Staatsbürger vor dem Gesetz einzutreten. Vor diesem Programm zittern die heutigen Machthaber, weil sie mit Recht darin ein Ende ihrer Herrschaft sehen. Darum greifen sie, nach faschistischem Muster, zur Gewalt, verletzen die Grundrechte eines österreichischen Staatsbürgers und versuchen, mir die Heimat zu rauben.

Landsleute, ich überlasse diese Tatsachen Euerer Beurteilung! Otto von Österreich.«

Ende 1945 fordert die Regierung erneut die Ausweisung Ottos und seiner Brüder mit der Begründung, die Verfassung von 1920 sei wieder in Kraft, weshalb das Habsburgergesetz neuerlich Geltung habe. Das unter Schuschnigg 1935 erlassene Gesetz, das die Rückkehr der Habsburger ermöglichte, wurde also zuerst von Hitler und dann von Renner aufgehoben.

Der Kabinettsrat, bestehend aus Renner, Figl, Schärf und dem Kommunisten Koplenig, beschließt knapp nach dem Jahreswechsel erneut, die Ausweisung der Erzherzöge durchzusetzen. Dies geschieht auf Druck, oder zumindest mit dem Einverständnis der sowjetischen Besatzungsmacht. Im Januar 1946 schickt Renner seinen Staatssekretär für Äußeres, Karl Gruber, mit einem versiegelten Brief zu Otto von Habsburg nach Innsbruck. Gruber, selbst Tiroler, hat sich als Vermittler angeboten, um eine Eskalation zu vermeiden. Zur Übergabe des Briefes kommt es jedoch nicht. Laut Andics stand in dem Brief der Befehl der Wiener Zentrale an die Tiroler Landesregierung, die Landesverweisung der Habsburger notfalls mit Gewalt durchzuführen. Gruber soll das gewusst haben.

General Béthouart stellt es Otto zwar noch frei, zu gehen oder zu bleiben. Doch der Erbe der habsburgischen Tradition, dem Österreich zu einem Gutteil seine Wiedergeburt verdankt, zieht »an einem kalten Januarmorgen« 1946 erneut in die Fremde. Otto und seine Brüder verlassen Tirol am 21. Januar 1946. Die Regierung Renner hat zu dieser Zeit bereits viele Mitarbeiter Ottos verhaften lassen. Am 22. Januar 1946 notiert Otto in seinem Kalender, Degenfeld, Leopold Künigl u.a. seien »wirklich verhaftet« worden: »Alles auf russisches Verlangen. CL & RS nur durch Wunder vor Russen gerettet.«[1] Am 30. Januar werden Werkmann, Degenfeld u.a. aus dem Gefängnis entlassen, Künigl noch nicht. Otto von Habsburg sieht in der Arretierung der Monarchisten damals »den ersten Schritt zur Errichtung einer kommunistischen Diktatur in Österreich«.

Rückblickend meint Otto von Habsburg, dass die neuerliche Verbannung für ihn eine arge Situation gewesen sei, »eine hoffnungslose Situation«.[2] Er sei aber seit seinen Kindertagen »Stehaufmännchen« genannt worden, und dafür bekannt gewesen, nach jedem Sturz schnell wieder auf die Beine zu kommen. Auch in den vielen politischen Niederlagen und Demütigungen seines Lebens hat sich Otto von Habsburg als »Stehaufmännchen« erwiesen. Jahre später wird er – in einer politisch vergleichbar schwierigen Lage – eine Boxerweisheit zum Besten geben: »Es kommt nicht darauf an, wie oft man zu Boden geht, sondern wie oft man wieder aufsteht!«[3]

---

[1] »CL« ist Ottos Bruder Carl Ludwig, »RS« der jüngste Bruder Rudolf.
[2] Vasari schreibt über Ottos Ausweisung 1946: »*Nicht die Völker haben sein Schicksal bestimmt, sondern die Machtverhältnisse. Nicht das österreichische Volk hatte ihn ausgewiesen, sondern Moskau. So gehörte Otto von Habsburg, wie viele andere prowestliche demokratische Politiker, die während des Krieges Hitler bekämpft hatten, zu den Verlierern des Zweiten Weltkrieges.*«, S. 67
[3] Noch in der Zeit als Europaabgeordneter sieht er sich spätnachts im Fernsehen Boxkämpfe an.

Die Ausweisung aus dem wiederaufgerichteten Österreich trifft Otto hart; er wird deshalb sogar physisch krank. Dann, nach kurzer Überlegung, stürzt er sich auf den Journalismus und entwickelt neue, weitere Ziele.

Wieder heimatlos, wieder auf Reisen

Weil Otto von Österreich im belgischen Thronstreit für den rechtmäßigen König Leopold und gegen die Thronansprüche von dessen Bruder, Prinz Charles, optiert, obstruiert letzterer zusammen mit einem früheren belgischen Ministerpräsidenten, der sich stets als Ottos Freund gab, dagegen, dass Otto von Habsburg abermals einen belgischen Pass bekommt. In Frankreich ist es Georges Bidault[1], der einen Pass für Otto von Habsburg verhindert. Otto pflegt in Frankreich jedoch gute Kontakte zu Außenamt und Geheimdienst. Wie die Franzosen, dank General de Gaulle, zuvor in Österreich als einzige gegen Ottos Ausweisung gewesen waren, so lassen sie ihn nun halb-legal in Frankreich leben – ebenfalls dank de Gaulle sowie Charles Vitasse im Außenamt und Comte François de Lannot im Geheimdienst. Otto von Habsburg besitzt in dieser Zeit keinen Pass, nur einen selbst gefälschten Ausweis der »Monegassischen Okkupationsarmee in Deutschland« (die es gar nicht gibt). Später erhalten er und seine Brüder, auf Vermittlung von Charles de Gaulle, einen echten monegassischen Pass sowie einen Pass des Malteserordens, noch später über Vermittlung des spanischen Außenministers Alberto Martín Artajo einen spanischen Diplomatenpass. Damals kommt er zu der später immer wieder geäußerten Erkenntnis, man könne gar nicht genug Pässe besitzen. War es in der Zeit nach dem Zweiten Weltkrieg für ihn ein gravierendes Problem, legale Papiere zu bekommen, so besitzt er heute vier Pässe: neben dem österreichischen und dem 1978 erworbenen deutschen, auch den nach 1989 zuerkannten ungarischen und den nach 1991 überreichten kroatischen.

---

[1] Otto von Habsburg sagt heute über Außenminister Bidault, er sei »total versoffen« gewesen. Dreimal habe er ihn persönlich gesehen, davon zweimal im volltrunkenen Zustand. Einmal trug die Polizei den Außenminister in Paris aus einem Lokal, während dieser sich übergab.

Im August 1946 unternimmt Otto eine erste Nordafrika-Reise nach Medina, Algier, Tunis. Später reist er von Portugal nach Tanger, und im November von Paris nach Kairo, wo er am 19. November 1946 König Farouk I. besucht. 1947 lebt Otto von Habsburg weit mehr als die Hälfte des Jahres in Nordamerika: Zum Jahreswechsel ist er in Quebec, dann bis 26. August unterwegs in den USA, denn die dortigen Vortragstourneen über »Christian Democracy or Communism«, »World trouble zones«, »The challenge of Communism« und »Europe today« helfen ihm, die im Krieg aufgebauten Schuldenberge abzutragen und sein Leben zu finanzieren. Den Rest des Jahres wohnt er in Paris, mit kurzen Abstechern nach Zürich, Dafundo, Brüssel und London. Ab 23. Dezember ist er wieder in Quebec. In New York besucht er mehrfach Kardinal Spellman. Intensiven Kontakt pflegt er weiterhin zu Bullitt und Somary sowie zu einer Reihe von Senatoren.

1948 macht Otto eine Reise um die Welt: Das Jahr beginnt er in Quebec; es folgen ausführliche Reisen mit Gesprächen und Vorträgen in den USA zwischen 3. Januar und 24. Mai, dazwischen am 29./30. April 1948 ein Tagesausflug nach Havanna; ab 25. Mai weilt er in London, von 6. Juni bis 2. Juli in Paris, anschließend in Spanien und Portugal, dann wieder in Paris und London. Am 30. August 1948 reist Otto von Habsburg von London nach Ankara und Istanbul, am 6. September weiter nach Damaskus, wo er mit dem Staatspräsidenten und mehreren Ministern zusammentrifft, von dort weiter nach Karachi, New Delhi[1] sowie Kalkutta und am 19. September weiter nach Bangkok, zwei Tage später nach Hongkong, Shanghai, Peking, Nanking und Manila. Am 4. Oktober trifft er in Honolulu ein, wenig später fliegt er weiter nach San Francisco und bereist die USA. Erst Anfang Dezember 1948 kehrt Otto wieder nach Paris und damit nach Europa zurück.[2]

Auf 302 Flugstunden kommt er im Jahr 1950, in dem er sehr viel Zeit in den USA und in Mexiko verbringt, aber auch Guatemala, El Salvador, Belize, Managua, San José und Ancon besucht. Überall auf seinen Reisen führt er interessante Gespräche mit Botschaftern, Ministern und Bischöfen. In Portugal (Estoril) begegnet

---

[1] Hier trifft er am 16. Sept. Pandit Nehru.
[2] Nach eigener Berechnung, die mit Bleistift im Terminkalender eingetragen ist, bringt er es im Jahr 1948 auf 297 Flugstunden.

am 21. Mai 1950 erneut Salazar zu einem längeren Gespräch; am 24. Mai trifft er gemeinsam mit seinem Bruder Robert im Schloss Pardo bei Madrid Franco zu einer Unterredung. Am 2. September 1950 empfängt Papst Pius XII. Otto von Habsburg in Audienz. Regelmäßig besucht er bei seinen Reisen rund um den Globus österreichische und ungarische Emigranten.

Staatsvertrag – Mit Moskaus Hilfe gegen Habsburg

Paragraf 10 des am 15. Mai 1955 von Bundeskanzler Julius Raab unterzeichneten Staatsvertrages »betreffend der Wiederherstellung eines unabhängigen und demokratischen Österreich« beinhaltet das Anti-Habsburgergesetz von 1919 – ein Widerspruch zu Paragraf 26, der besagt, dass »*in allen Fällen, in denen Vermögenschaften, gesetzliche Rechte oder Interessen in Österreich seit dem 13. März 1938 wegen der rassischen Abstammung (…) oder aus anderen Gründen Gegenstand gewaltsamer Übertragungen oder von Maßnahmen der Sequestrierung, Konfiskation (…) gewesen sind, das angeführte Vermögen zurückzugeben und die gesetzlichen Rechte (…) wiederherzustellen sind.*« Wörtlich lautet Artikel 10, Absatz 2 des Staatsvertrages von Wien[1]: »Österreich verpflichtet sich ferner, das Gesetz vom 3. April 1919, betreffend das Haus Habsburg-Lothringen, aufrecht zu halten.«

Bruno Kreisky soll im Gespräch mit dem Journalisten Hermann A. Griesser bestätigt haben, dass es Sozialisten und Deutschnationale gewesen seien, die sich nicht schämten, diesen Artikel in den Staatsvertrag hinein zu reklamieren. Unter der Überschrift »Kehrt der Kaisersohn zurück?« schreibt Hanni Konitzer in der »Frankfurter Allgemeinen Zeitung« am 23. 1. 1960: »*Längst ist Kaiser Karl tot. Die für einen modernen Rechtsstaat außergewöhnlichen Habsburgergesetze aber bestehen weiter und haben so etwas wie eine Sippenhaftung geschaffen, die heute bereits die Enkel des letzten Kaisers trifft. Damals manifestierte sich in den Habsburgergesetzen der aus einer Revolutionszeit herrührende Hass der österreichischen Sozial-*

---
[1] Veröffentlicht im Bundesgesetzblatt Nr. 952/1955

demokratie gegen das Kaiserhaus. Dagegen ist schwerer zu begreifen, wieso noch vor fünf Jahren der damalige sozialistische Parteiobmann und Vizekanzler Dr. Adolf Schärf – heute als österreichischer Bundespräsident Hausherr der kaiserlichen Gemächer in der Wiener Hofburg – die Sowjetregierung drängte, sie möge doch auf der Verankerung der Habsburgergesetze im österreichischen Staatsvertrag bestehen. Das ist dann auch geschehen. Ohne die Intervention Schärfs wären die Sowjets nie auf diese Idee gekommen. Das ist die Meinung von Bundeskanzler Ingenieur Raab, der damals zusammen mit seinem sozialistischen Koalitionspartner in Moskau war.«

Hellmut Andics schildert in seinem Buch »Der Fall Otto Habsburg« ein Gespräch mit dem Bundespräsidenten Dr. Adolf Schärf im Jahr 1960. Auf die Frage, wer eigentlich verlangt habe, dass der Habsburger-Paragraf in den Staatsvertrag hineinkomme, habe Schärf ihm geantwortet: »*Ich weiß es nicht. Als wir im Januar 1947 in London den ersten Entwurf zu Gesicht bekamen, stand er schon drin. Ich vermute, dass die Idee von den Franzosen stammte, die damals noch hofften, die Kleine Entente wieder zu errichten. Die Russen hatten natürlich nichts dagegen. Aber das ist, wie gesagt, nur eine Vermutung.*«

Bei den Verhandlungen über den Staatsvertrag in Moskau unternehmen die österreichischen Vertreter, weil sie sich selbst uneins sind, jedenfalls keinen Versuch, den Habsburger-Paragrafen zu streichen. Offensichtlich versucht aber Raab noch über Bundespräsident Theodor Körner, den Paragrafen zu Fall zu bringen, denn Körner schreibt an Bundeskanzler Raab am 12. März 1955: »*Lieber Freund, Herr Vizekanzler Schärf und Staatssekretär Kreisky sind der Ansicht, dass es den Russen auffallen würde, wenn man den bereits erledigten Artikel 10 jetzt noch ändern wollte. Die Russen könnten irgendetwas Besonderes vermuten und würden wahrscheinlich Schwierigkeiten machen. Auch aus innerpolitischen Gründen sind sie für Belassen des Artikels 10. Mit besten Grüßen, Körner.*«

So wird am 15. Mai 1955 der Staatsvertrag einschließlich der Diskriminierung der Familie Habsburg unterzeichnet. Fast ein ganzes Jahrzehnt lang hat Otto von Habsburg mit Rücksicht auf die Besatzungsschwierigkeiten Österreichs und auf die Verhandlungen über den Staatsvertrag keine Schritte hinsichtlich seiner Rückkehr unternommen. Erst 1955, als Österreich frei ist, müht er sich erneut um die Wahrung der Rechte seiner Familie und um seine Heimkehr nach Österreich.

2. Regina – Mariazell kommt nach Nancy

Bereits in den 30er Jahren hat es immer wieder Gerüchte um eine bevorstehende Verehelichung Ottos gegeben. Alle waren grundlos. Dementieren kann auch »Die neue Münchner Illustrierte« am 25. März 1950 unter der Überschrift »Habsburg sondiert in Deutschland«: »Otto von Habsburg war nicht auf ›Brautschau‹ in Europa: von den beiden in diesem Zusammenhang genannten Damen befindet sich die eine im Kloster, die andere ist – verheiratet.« Otto von Habsburg sei lediglich in Deutschland gewesen, um Emigranten aus den einstigen Kronländern zu helfen und ihnen Erleichterungen zu verschaffen. »Es handelte sich dabei fast ausschließlich um Ungarn.«

Schicksalhafte Begegnung

Tatsächlich ist Otto auf Bitten ungarischer Emigranten in Flüchtlingslager nach Deutschland gekommen. In Allach III, einem Lager nahe München, hilft er im Juli 1950 spontan als Dolmetscher aus, als eine junge Fürsorgerin Verständigungsprobleme hat. Es handelt sich bei dieser jungen Frau um Regina von Sachsen-Meiningen und Hildburghausen, die in dem Flüchtlingsspital bedürftige Ungarn betreut.

Trotz ihrer Jugend hat Regina bereits einiges erlebt und erlitten. Ihre Eltern wurden 1919 in Freiburg im Breisgau katholisch getraut, obgleich Herzog Georg Protestant blieb. Die Mutter erzog die Kinder katholisch. Regina kam am 6. Januar 1925 in Würzburg zur Welt und wuchs auf der Heldburg in Thüringen und auf dem nahe bei Mariazell gelegenen Högerhof, einem Besitz ihrer Mutter, auf. Ihr Vater, Herzog Georg von Sachsen-Meiningen, war von den Russen nach Tschernopowetz verschleppt worden und dort ums Leben gekommen. Ihr Bruder Anton Ulrich fiel 1940 an der Westfront. Regina war mit ihrer Mutter Klara-Marie, einer geborenen Gräfin von Korff-Schmising (genannt Kerssenbrock), zunächst nach Bamberg geflohen, danach arbeitet sie als Sozialfürsorgerin in München. Ihr zweiter Bruder, Friedrich Alfred, studiert Theologie und lebt als Pater Marianus im Benediktinerstift Niederaltaich in Bayern, bis er in den Karthäuserorden übertritt.

Auch wenn sich Journalisten hin und wieder enttäuscht zeigen, wie »unromantisch« Otto und Regina von Habsburg ihr Kennenlernen im Rückblick zu schildern wissen, so dürfte es doch sofort zwischen den beiden »gefunkt« haben. Dafür spricht nicht nur, dass Prinzessin Regina nicht auf der Liste relevanter Heiratskandidatinnen steht, die Zita für Otto angefertigt hat, sondern auch, dass sich Otto und Regina in sehr knapper Zeit auffallend häufig treffen. Am 12. Juli 1950 notiert Otto in seinem Kalender ein Abendessen mit »Regina & Mädi«[1]. Nach kurzen Fahrten in Bayern – nach Mittenwald, Cham, Passau und München – heißt es am 14. Juli bereits erneut im Kalender: »Abendessen mit Regina im Hotel.« Schon am nächsten Tag besucht er mit Regina und seiner Schwester Adelhaid Reginas Mutter. Einen Tag später, am Sonntag 16. Juli 1950, macht Otto von Habsburg ausführliche Spaziergänge und badet im Starnberger See. Auch am Montag sieht er Regina kurz.

Otto wohnt zu dieser Zeit überwiegend in Paris. Am 16. September besucht ihn Regina dort. Otto zeigt ihr in den folgenden Tagen die Sehenswürdigkeiten von Paris und dem Umland. Sogar in ein Musical geht er mit ihr – er, der (mit Ausnahme von Jazz) sicher nicht als ausgesprochener Musikliebhaber bezeichnet werden kann. Paris ist in diesen Tagen kalt und regnerisch. Otto und Regina besuchen zusammen den Jardin de Luxemburg, St. Germain, Versailles. »More with Regina« findet sich an diesen Tagen mehrfach im Kalender. Am 26. September ruft jedoch die Pflicht: Otto reist nach New York ab und von dort weiter nach Tuxedo.

---

[1] »Mädi« ist einer der Spitznamen seiner Schwester Adelhaid.

Regina und Otto dürfte schnell klar gewesen sein, dass sie füreinander bestimmt sind. Doch als Otto von seinen längeren USA-Reisen kein einziges Mal anruft, ist Regina verstimmt. Aus Paris bringt er ihr zur Versöhnung ein teures Parfum mit und plant sie am selben Abend zu fragen, ob sie ihn heiraten will. Regina nimmt das Parfum, um es auf einen Tisch zu stellen. Es fällt jedoch zu Boden und zerspringt. Durch dieses Missgeschick verärgert, verschiebt Otto die entscheidende Frage um zwei Wochen. Als er sie dann fragt, geschieht dies am Telefon. Regina zögert, sie wird ihm die Antwort per Telegramm zusenden. Aus Sparsamkeit sendet sie aber kein Eil-Telegramm, sondern – zum Entsetzen ihrer Mutter – ein normales, so dass Otto bereits abgereist ist, als das Telegramm bei ihm ankommt. An ihrem Ja gibt es trotz dieser kleinen Pannen keinen Zweifel.

Nach seiner Rückkehr aus den USA hält es ihn nur zwei Tage in Paris, dann fährt Otto über eisglatte Straßen und durch Schneegestöber nach Seeheim in Oberbayern. Angesichts des stets dichten Arbeitsprogramms des pflichtbewussten Habsburgers haben Kalendereintragungen wie diese Seltenheitswert: »All day at home with Regina« oder (vom Christtag des Jahres 1950) »All day done nothing in particular«. Abgesehen von kleineren Ausflügen verbringt Otto die Zeit von 16. Dezember 1950 bis 7. Januar 1951 mit Regina und ihrer Mutter in Seeheim. Zu Weihnachten 1950 findet die offizielle Verlobung statt.

Am 13. Januar 1951 notiert Otto in seinem Kalender: »Vorbereitungen für Nancy mit Adelhaid & Robert.« Die Hochzeit wird geplant. Am 22. und 23. Januar ist er selbst in Nancy, um entscheidende Anordnungen zu treffen: Gespräche mit dem Bürgermeister Lionel Pélerin etwa, bei denen der 10. Mai als Datum fixiert wird. Er sucht Bischof Lallier und den Präfekt auf. Als Regina Ende Januar mit ihrer Mutter nach Paris kommt, hat die Presse bereits Wind von der bevorstehenden Eheschließung bekommen. Otto notiert im Kalender: »18.21 Regina & Duchesse de Saxe arr. – Much press.«[1], am Tag darauf »Modeschauen«.

---

[1] Seine Schwiegermutter nennt Otto im Hinblick auf ihren herzoglichen Titel auch später gerne »Duchesse«.

Im März zeigt er Regina Spanien und Portugal: Von Paris geht die Reise über Bordeaux nach Lourdes, von dort weiter nach San Sebastian, Santander, Burgos und Madrid, wo Franco Otto das Großkreuz Carlos' III. verleiht. Auch Toledo, Santiago de Compostela – einem der später bevorzugten Wallfahrtsorte des Paares –, Porto, Dafundo und Lissabon, wo es erneut zu einem Treffen mit Salazar kommt, stehen auf dem Programm. Über Merida, Sevilla, Cadiz, Malaga, Granada, Alicante kehren die Verlobten dann zurück nach Paris. In Paris hat er noch viel zu arbeiten, insbesondere zu schreiben.

Die glanzvolle Hochzeit von Nancy

Zwei von Ottos Geschwistern sind zu dieser Zeit bereits verehelicht: Elisabeth heiratete am 12. September 1949 in der Kirche von Lignières in Frankreich Prinz Heinrich von und zu Liechtenstein. Carl Ludwig vermählte sich am 17. Januar 1950 auf dem belgischen Schloss Beloeil mit Prinzessin Yolande de Ligne, der Tochter eines belgischen Diplomaten.[1]

Am 9. Mai 1951, dem 59. Geburtstag von Zita, reisen Regina von Sachsen-Meiningen und Otto von Habsburg-Lothringen von Paris über Luxemburg und Verdun nach Nancy. Noch an diesem Tag trifft Otto seine engsten österreichischen Vertrauten der Nachkriegszeit, Herzog Max Hohenberg und August Lovrek. Von 14 bis 15.30 Uhr werden Otto und Regina im Hochzeitsgewand fotografiert. Nach dem Abendessen findet ein Empfang statt. Zita verleiht zum letzten Mal als oberste Schutzfrau des Sternkreuzordens einigen Damen diesen Orden, am nächsten Tag geht ihr Amt auf Regina über.

---

[1] Felix heiratet am 19. 11. 1952 in Beaulieu-sur-Mer (Frankreich) die Prinzessin und Herzogin Anna-Eugenie v. Arenberg; Rudolf am 23. 6. 1953 in Tuxedo die Gräfin Xenia Czernischew-Besobrasow (deren Eltern Russland 1917 verließen); Robert am 29. 12. 1953 in Bourg-en-Bresse (Frankreich) die Prinzessin Margherita v. Savoyen-Aosta und Charlotte am 25. 7. 1956 in Pöcking den Herzog Georg v. Mecklenburg-Strelitz.

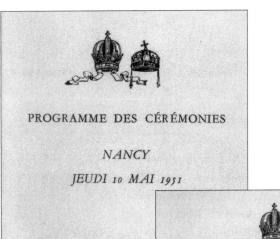
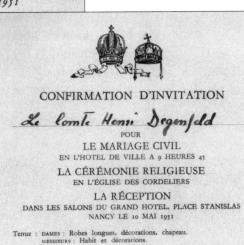

Die Einladung und die Programmkarte zur Hochzeit an Graf Degenfeld

Am 10. Mai 1951 erlebt das lothringische Nancy einen Höhepunkt seiner neueren Geschichte: Die ganze Stadt ist geschmückt mit lothringischen, französischen und österreichischen Fahnen. Um 10 Uhr vollzieht der Bürgermeister von Nancy, Senator Lionel Pélerin, im Rathaus die standesamtliche Trauung. Die Frage an Regina lautet: »Regina, Prinzessin von Sachsen-Meiningen, sind Sie gewillt, die kaiserliche und königliche Hoheit Otto von Österreich, den Herzog von Lothringen, zu Ihrem Ehemann zu nehmen?« In seiner Ansprache bemerkt der Bürgermeister, an Otto gewandt: »Das Unglück hat Ihrer Jugend nicht gefehlt. Starken Seelen aber verleiht es Charakterstärke und Herzensgüte. Diese Tugenden haben Ihre Vorfahren, die Herzöge von Lothringen, ausgezeichnet.« Und an Regina gewandt, sagt er: »Madame, auch Sie haben die Schwere des

Lebens kennen gelernt. Diese Erfahrung hat Sie gereift, ohne Ihnen den Zauber Ihrer Jugend zu nehmen.«

Draußen vor dem Rathaus wartet der Hochzeitszug: die Ritter vom Goldenen Vlies, 21 Erzherzöge, 17 Fürsten, Prinzen und Prinzessinnen, mehr als tausend Mitglieder des Adels. Auch ungarische »Eljen! Eljen!«-Rufe erklingen. In einem Sonderzug und mit Bussen sind Österreicher angereist.

Die Trauung findet um 11.30 Uhr in der »Eglise des Cordeliers« statt – ein alter habsburgischer Besitz, den Franz Stephan von Lothringen seiner Gattin Maria Theresia zum Geschenk gemacht hatte. Die Kirche, den Franziskanern überantwortet, ist von Herzog René II. zum Gedenken an seinen 1477 vor den Mauern der Stadt errungenen Sieg über Herzog Karl den Kühnen erbaut worden und gilt als das Nationalheiligtum Lothringens. Sie birgt in der »Chapelle des Ducs de Lorraine« die Gräber der Herzöge von Lothringen und ihrer Gemahlinnen.

Papst Pius XII., dem Erzhaus stets wohlgesonnen, sendet seinen Segen und einen Legaten. Wienerinnen haben die beiden Brokatpolster, auf denen das Brautpaar kniet, mit österreichischer Erde gefüllt. Regina trägt einen Schleier, den einst Maria Theresia ihrer Tochter Christine schenkte, und ein Diadem, das Kaiser Franz Joseph Zita zur Vermählung überreichte. Das Brautbukett enthält Myrthen aus dem Park von Schloss Schönbrunn.

Die Trauung zelebriert der Bischof von Nancy, Lallier, der in der Predigt u.a. feststellt: »*In der Tat haben Eure Hoheit seit frühester Jugend die überraschendsten Wechselfälle des Lebens kennen gelernt. Sie haben sie ohne Bitterkeit hingenommen als den Ausdruck des göttlichen Willens (...) Ich denke an Ihren Vater, Madame, der seinen Lieben grausam entrissen wurde, von einem Lager zum anderen geschleppt wurde und in der Verlassenheit der Verbannung gestorben ist. Ich denke, Monseigneur, an Kaiser Karl, den Friedfertigen, der so frühzeitig, fern von seiner Heimat, in das Vaterhaus heimberufen wurde. In den Augen von uns Christen war er weniger groß durch den Glanz seiner Krone als durch die seltene Innigkeit seines religiösen Lebens. (...) Ihre so vorbereiteten Seelen haben gelernt, das Leid mit Gelassenheit hinzunehmen und sich ohne sonderliche Mühe an ein einfaches, mitunter sehr hartes Leben zu gewöhnen, ja an Formen des christlichen Opferlebens, die für Euch ungewohnt und neu waren.«*

Am Ende seiner Predigt verliest der Bischof den Segensgruß des Papstes: »*An Unseren lieben Sohn, den Prinzen Otto von Habsburg-Lothringen.*

Bald wird der Tag anbrechen, an dessen Morgen Eure Kaiserliche und Königliche Hoheit Ihre durchlauchtigste Hoheit, die Prinzessin Regina von Sachsen-Meiningen ehelicht. Dieses frohe Ereignis wollen Wir nicht vorbeigehen lassen, ohne Euch die Freude Unserer väterlichen Glückwünsche zu gewähren. Unsere Liebe zu Euch will es so und Eure kindliche Pietät verlangt danach. Daher beten Wir zum ewigen und liebevollen Gott, dass Ihr den Tugenden Eurer Vorfahren treu bleibet und dass Er Euch ein langes Leben gewähre in Frieden, reich an Arbeit und Verdiensten. Das wünschen und erflehen Wir für Dich aus ganzem Herzen und Wir gewähren Dir, lieber Sohn, für Dich, Deine hohe Gemahlin und Dein ganzes Haus Unseren Apostolischen Segen.

Pius XII., Papst«

An die Trauung schließen sich Empfänge für die Österreicher und Ungarn sowie ein Besuch im Musée Lorraine und in der Gruft der lothringischen Herzöge an. Noch am selben Abend verlässt das Brautpaar Nancy und fährt nach Contrexeville – am Tag darauf nach Montélimar. Später weiter nach Nîmes, Gerona, Barcelona, Valencia und Marbella.

Die »Magna Mater Austriae« in Lothringen

Das schönste Hochzeitsgeschenk für das Brautpaar ist nach beider Aussagen, dass eine historische Kopie der Gnadenmutter von Mariazell zur Trauung nach Nancy gebracht worden ist. Dieses wohl ausdrucksstärkste Symbol österreichischer Präsenz stand auf dem Altar. Der Superior von Mariazell, Pater Beda Döbentai, hatte alle Konflikte mit der Habsburg-feindlichen Republik auf sich genommen, doch die »Magna Mater Austriae« sollte in Nancy dabei sein. Nach einer heute nicht mehr verifizierbaren Anekdote soll – als sich in Wien Gerüchte breit machten, Pater Beda habe die Gnadenstatue außer Landes und zur Habsburger-Hochzeit geschafft – Bundeskanzler Leopold Figl den Pater empört angerufen und gefragt haben:»Pater Beda, wo ist die Gottesmutter?« Trocken antwortete der Superior von Mariazell:»Aber das wissen Sie doch, Herr Bundeskanzler. Die Muttergottes ist im Himmel!«

Nach der Trauung spendet Regina der »Magna Mater Austriae« eine goldene, mit Brillanten und Barockperlen verzierte Krone, angefertigt aus Teilen des Familienschmucks der herzoglichen Familie von Sachsen-Meiningen. Der Dekan des Kardinalskollegiums, Kardinal Eugène Tisserant, vollzieht später im Auftrag von Papst Pius XII. die Krönung der Gnadenstatue.

Es ist wohl nicht zu gewagt, zu spekulieren, dass Otto und Regina in Mariazell geheiratet hätten, wenn ihnen dies durch die Habsburgergesetze nicht unmöglich gewesen wäre. Nancy stellte als traditionsreiche Hauptstadt Lothringens eine gute zweite Wahl dar. Die Verehrung der Gottesmutter von Mariazell – der »Magna Mater Austriae«, »Magna Mater Gentium Slavorum« und »Magna Domina Hungarorum« – durch die Völker des einstigen Habsburgerreiches hat eine lange Tradition. Die drei genannten Titel zeigen, dass Mariazell weit über die Grenzen des heutigen Österreich hinaus eine geschichtliche, religiöse und identitätsstiftende Bedeutung hatte und hat.[1]

Mariazell erhielt während der Zeit der Gegenreformation einen besonderen Zustrom als Anziehungspunkt für die verschiedenen Völker des Donauraumes. Eine große Bedeutung hatte die Ungarnwallfahrt.[2] 1636 gelobte Ferdinand II. anlässlich der Wahl seines Sohnes Ferdinand III. zum Römischen König eine Pilgerfahrt nach Mariazell. Besonders unter Kaiser Leopold I. stand Mariazell

---

[1] Von Rudolf v. Habsburg, der mit seinem Sieg über Ottokar 1276 in der Schlacht bei Dürnkrut und Jedenspeigen die Habsburgerherrschaft in Österreich begründete, wird erzählt, er habe nie ein schwieriges Unternehmen begonnen, ohne die Muttergottes um Mithilfe zu bitten. Ferdinand II. stellte Österreich unter den Schutz der Jungfrau Maria, als 1645 ein schwedisches Heer Wien bedrohte. Ferdinand III. soll anlässlich eines Besuches in Mariazell 1642 den Anstoß zum Neubau der Kirche gegeben haben.
[2] So ist es kein Zufall, dass der große ungar. Bekenner unserer Zeit, Kardinal-Primas Mindszenty, hier bestattet und von unzähligen Pilgern verehrt wurde, bis er nach der Wiedererlangung der Freiheit seiner Heimat nach Ungarn überführt werden konnte.

auf der Höhe seiner Bedeutung innerhalb der Pietas Austriae, als Heimstätte der Patrona der »Monarchia Austriaca«. Er legte der Mariazeller Gnadenmutter den Titel einer »Generalissima familia austriacae« bei und erläuterte dies folgendermaßen: »Ich will die allerheiligste Jungfrau Maria im Kriege zu meiner Befehlshaberin und bei Friedenstraktaten zur Bevollmächtigten machen.« 1655 pilgerte Leopold zum Dank für den Sieg über die Türken bei St. Gotthard nach Mariazell. 1683 wurde zur Zeit der zweiten Türkenbelagerung von Wien die Gnadenstatue nach St. Lambrecht gebracht, um sie zu schützen. Auch Maria Theresia vertraute ihr familiäres Glück, sowie die Sorge um die dynastische Existenz und ihre Länder der Gottesmutter an. Sie machte reiche Schenkungen an Mariazell und förderte den Wallfahrtsort durch zahlreiche Privilegien. Unter Kaiser Joseph II. nahm die Bedeutung Mariazells ab. 1783 wurde die Mariazeller Wallfahrt sogar untersagt. Als der Kaiser 1786 persönlich nach Mariazell kam und sah, was seine Kommissare angerichtet hatten, ließ er alles rückgängig machen. Die Wallfahrt begann erneut aufzuleben. 1857, anlässlich der 700-Jahr-Feier, strömten Deutsche, Slawen und Magyaren nach Mariazell. Kaiser Franz Joseph entschloss sich als 80-Jähriger und nach einer Pause von 57 Jahren 1910 nochmals zu einer Wallfahrt nach Mariazell, das 1907 zum Österreichischen Reichsheiligtum erklärt worden und 1908 von Papst Pius X. zur Basilika erhoben worden war.

Eine besondere Beziehung besteht zwischen Regina von Habsburg und Mariazell, da sie in ihrer Jugend viel Zeit auf dem unweit des Gnadenortes liegenden Högerhof verbracht hat. Bei der Trauung von Otto und Regina in Nancy ist die historische Kopie der Mariazeller Gnadenstatue mit original Mariazeller Gewändern bekleidet, während zur gleichen Zeit in Mariazell die Glocken läuten und Pater Beda am Gnadenaltar eine Messe feiert.[1]

---

[1] Bei der Feier der Silberhochzeit von Otto und Regina v. Habsburg im Herbst 1976 in Mariazell und wiederum bei der Feier der Goldenen Hochzeit im Mai 2001 wird die »Magna Mater Austriae« mit jener Krone geschmückt, die Regina 1951 nach ihrer Vermählung der Gottesmutter von Mariazell geschenkt hat. Der älteste Sohn von Regina und Otto, Karl v. Habsburg, heiratete am 30. Januar 1993 in Mariazell Baronin Francesca v. Thyssen-Bornemisza.

Ein neuer Lebensabschnitt beginnt

Bereits am 5. Juli kehrt das frisch vermählte Paar über Madrid und Paris nach Nancy zurück, besucht dort Bürgermeister und Bischof, die Kirche und die Gruft der lothringischen Herzöge. Gemeinsam fahren sie weiter nach Straßburg, dann über Karlsruhe, Stuttgart und München nach Seeheim. Mitte Juli absolvieren die jungen Eheleute Exerzitien im Walpurgiskloster zu Eichstätt: Die insgesamt neun Vorträge hält der Theologe und Jesuitenpater Hugo Rahner, ein Bruder des bekannteren Theologen Karl Rahner.

Der Wohnsitz des Ehepaares liegt in Clairefontaine, 60 Kilometer von Paris, in einem Schlösschen, das einst zu einer Abtei gehörte. Doch am 26. September beginnt wieder die alljährliche Pflicht der Vortragstourneen in den Vereinigten Staaten: Tuxedo, Fairbanks, Salt Lake City, Pittsburgh, Philadelphia, Chicago, Washington ... Erst am 12. Dezember kehrt Otto nach Clairfontaine zurück.

Otto von Habsburg ist kein besonders romantischer Mensch. Bereits im Jahr nach seiner Hochzeit klebt er sich zur Erinnerung am 9. Mai in den Kalender einen kleinen Aufkleber »Tomorrow is your wedding anniversary«. Den Hochzeitstag widmet er zur Hälfte einem Besuch mit Regina in Rambouillet, aber anschließend kümmert er sich um die Korrespondenz. Immerhin: Es gibt Tage, an denen im Kalender »überwiegend im Garten« steht oder »Konzertabend mit Regina«. Dabei meidet er Theateraufführungen und Konzerte soweit es nur geht. Als seine Frau Jahre später in Monte Carlo Karten für die Oper besorgt, muss sie mit ihrer Schwägerin Charlotte ausgehen. Otto zieht es vor, mit seiner Schwester Adelhaid zu Hause zu arbeiten. Im Jahr 1958, wieder während des Urlaubs in Monte Carlo, lässt Otto Regina mit einer Bekannten ins Konzert gehen, während er Briefe schreibt. Am nächsten Tag wollen die »ladies« erneut ins Konzert, die Herren dagegen ins Kino. Nur in Ausnahmefällen ist er zu solchen kulturellen Aktivitäten zu bewegen, etwa am 16. April 1956, als er und Regina in München mit Konstantin und Hella von Bayern das Theater besuchen. Gerne geht Otto von Habsburg in jener Zeit jedoch ins Kino: Während Regina am 13. August 1956 in Monte Carlo ein Konzert anhört, sieht Otto im Kino den Western »Wichita«. In Chicago gönnt er sich am

8. Februar 1957 mit dem nobelpreisgekrönten Wirtschaftswissenschaftler Prof. Friedrich August von Hayek sogar eine Kino-Doppelvorstellung: »The Big Sleep« und »Key Largo«, mit Humphrey Bogart und Lauren Bacall in den Hauptrollen. Hin und wieder schauen sich Regina und Otto auch gemeinsam einen Film an, etwa in München 1963 »El Cid«.[1]

Starkes Interesse entwickelt Otto von Habsburg auch für manche Sportarten: 1955 besucht er einen Streckenabschnitt der »Tour de France«. Im Fernsehen bevorzugt er Boxkämpfe oder Freistilringen. In jüngeren Jahren pflegt er die Jagd und notiert stets exakt die erlegte Wildzahl. Bei seinen sommerlichen Aufenthalten in Benidorm schaut er sich ab und zu einen Stierkampf an, so etwa am 15. August 1962 mit dem bulgarischen Exil-König und heutigen Ministerpräsidenten Simeon von Sachsen-Coburg-Gotha.

Aber als Regina 1955 in Bilbao das Museum besichtigt, widmet sich Otto lieber der Beantwortung von Post. Zusammen statten sie Lequeitio einen Besuch ab, dem Ort seiner Kindheit. Die gemeinsamen Spanien-Aufenthalte dienen aber vor allem politischen Auftritten. Bei seiner Rede in Bilbao über »Europa zwischen Ost und West« sind 600 Zuhörer anwesend. In Madrid hält er einen Vortrag vor 400 Personen und einen zweiten vor 200; in der Universität von Granada vor 600 Zuhörern einen weiteren über soziale Fragen. Otto von Habsburgs Lebensmittelpunkt beginnt sich in dieser Zeit deutlich nach Europa zurückzuverlagern.

Andrea, Monika, Michaela, Gabriela, Walburga,
Karl und Georg

Die erste Tochter, Andrea Maria, wird am 30. Mai 1953 – um 5.45 Uhr, wie der Vater exakt in seinem Kalender notiert – in Würzburg geboren, obwohl der Wohnsitz damals noch Clairefontaine heißt. Nach ihrer Geburt verbringt Otto von Habsburg noch einige Tage in Würzburg und Seeheim. Berge von Glückwunschpost sind zu be-

---

[1] Noch als über 80-Jähriger blamiert er eine Reihe junger Mitarbeiter (darunter die Autoren), weil er sich bei den James Bond-Filmen einschließlich der Filmmusik viel besser auskennt.

antworten; die Presse interessiert sich sehr für den Nachwuchs im Hause Habsburg. Getauft wird Andrea am 6. Juni 1953. Taufpaten sind Zita, vertreten durch Adelhaid, und Reginas Bruder, Pater Marianus OSB. Die Taufe spendet der Bischof von Graz-Seckau, Dr. Ferdinand Pawlikowski. Das Taufwasser haben königstreue Ungarn der Theiss entnommen, gemischt mit Wasser aus dem Brunnen von Mariazell und aus dem Jordan.

1953 verbringt die junge Familie viel Zeit in Bayern, vor allem in Seeheim, wo Reginas Mutter wohnt. Dort kommt es zu zahllosen Begegnungen mit Österreichern, insbesondere mit August Lovrek, Erich Thanner, Philipp Gudenus und Otto Czernin. Am Freitag, dem 18. Dezember 1953, hält sich Otto von Habsburg in Bonn auf, wo er sich mit Bundeskanzler Konrad Adenauer und mehreren Ministern trifft. Ein Wohnortwechsel wird vorbereitet. An diesem Tag notiert er in seinem Kalender »OK für Übersiedlung«. Regina geht auf Haussuche, irgendwo zwischen München und der österreichischen Grenze. Die Villa in Pöcking, erbaut von einem Kammersänger im 19. Jahrhundert, hatte zeitweise Australiern gehört und ist in der NS-Zeit beschlagnahmt worden. Als Regina und Otto von Habsburg sie kaufen, ist sie »eine Bruchbude«, aber – wie ein befreundeter Architekt meint – von guter Bausubstanz. Otto will näher zu Österreich leben, vor allem aber sicherstellen, dass seine Kinder im deutschen Sprachraum aufwachsen. Am 10. Mai 1954, dem dritten Hochzeitstag, ist es dann so weit: Regina und Otto von Habsburg beziehen die »Villa Australia« in Pöcking – ab diesem Zeitpunkt »Villa Austria« genannt.

Am 13. September 1954 schenkt Regina von Habsburg Zwillingen das Leben: Monika Maria und Michaela Maria kommen ebenfalls in Würzburg zur Welt. Otto trifft gerade noch rechtzeitig von einem CEDI-Kongress in Santander ein. Am Tag der Geburt hält er fest: »twin girls born, went up to Krankenhaus, seen children – all day press, up at Krankenhaus seeing Regina, beginning arrival of mails.« Schon am nächsten Mittag fährt er nach Pöcking, am übernächsten mit jeder Menge Arbeit zurück nach Würzburg. Die Taufe spendet abermals Bischof Pawlikowski.

Die vierte Tochter, Gabriela, erblickt am 14. Oktober 1956 in Luxemburg das Licht der Welt. Ihre Taufe nimmt der Wiener Erzbischof DDr. Franz Jachym vor. Während Otto von Habsburg daran scheitert, seine Tochter Andrea in Würzburg als Erzherzogin registrieren zu lassen, wird Gabriela in Luxemburg sowohl beim Standesamt als auch im Taufregister als »Erzherzogin von Österreich« registriert.[1]

Walburga Maria, geboren am 5. Oktober 1958 in Berg beim Starnberger See, wird am 12. Oktober in der Pfarrkirche Pöcking getauft. In Vertretung des Erzbischofs von Salzburg spendet Prälat Josef Feichtner die Taufe. Paten sind Erzherzogin Maria und Prinz Franz von Bayern. Als Walburga zur Welt kommt, nimmt ihr Vater gerade in Brüssel an einer CEDI-Sitzung teil. Regina – so erzählte sie einmal den Autoren – ruft ihn an und sagt: »Otto, es tut mir leid, ich kann nichts dafür: Es ist schon wieder ein Mädchen!« Otto telefoniert zwar ausführlich mit Regina, bleibt aber bis 8. Oktober abends weg, zunächst bei den CEDI-Sitzungen in Brüssel, dann später in Nancy.

Der lange ersehnte Bub erblickt am 11. Januar 1961 in Starnberg das Licht der Welt: Karl wird nach dem kaiserlichen Vater Ottos benannt. Es ist ein Mittwoch, gegen 10 Uhr vormittags – um 11.30 Uhr erscheint der Vater, um den erstgeborenen Sohn zu sehen. Bischof Wechner tauft den Jungen am 18. Januar 1961 unter großem Presserummel in Pöcking auf den Namen »Karl Thomas Robert Maria Bahnam Franziskus«; Taufpatin ist seine Tante Adelhaid. Bischof Wechner verliest den Glückwunsch von Papst Johannes XXIII.: *»Mit inniger Freude erfahren wir von der Geburt des jungen Prinzen Karl und beglückwünschen die erlauchten Eltern von Herzen, indem wir Ihnen wie Ihrem hohen Hause, insbesondere auch dem neugeborenen Sohn, Gottes reichsten Segen und bleibenden*

---

[1] Otto wollte seine Erstgeborene ins standesamtliche Geburtenregister in Würzburg als »Andrea Maria Erzherzogin von Österreich, Königliche Prinzessin von Ungarn« eintragen lassen. Nach einem fünfjährigen Rechtsstreit unterliegt er. Das Gericht befindet, dass die Bundesrepublik Deutschland nach den allgemeinen völkerrechtlichen Grundsätzen an die Gesetzgebung der Republik Österreich gebunden sei.

Schutz erflehen.« Otto von Habsburg verleiht dem Kind bereits am Tauftag das Goldene Vlies, dessen Souverän Karl Ende November 2000 wird.

Auch Karl, 43 Jahre nach dem Zusammenbruch der Monarchie geboren, erhält von der Republik Österreich einen Reisepass (Nr. 5714/61) mit dem handschriftlichen Vermerk »Berechtigt nicht zur Einreise nach Österreich und nicht zur Durchreise durch Österreich«. An die Geburt des Sohnes knüpfen viele hohe Erwartungen. Der mit Otto von Habsburg eng verbundene Professor Thomas Chaimowicz, der später in Salzburg einer der wichtigsten Lehrer Karls werden sollte, schreibt im Januar 1961 nach Pöcking: »Möge Gott dem Kinde ein friedliches und ein für Österreich glückbringendes Leben verleihen! Es ist wahrlich an der Zeit, dass das Regiment des Unrechtes, dieses moderne Latrocinium nun einmal durch ein Regiment der Gerechtigkeit abgelöst werde.«

Paul Georg, der Jüngste, kommt am Mittwoch, dem 16. Dezember 1964 gegen 8 Uhr vormittags in Starnberg zur Welt. Um 10.30 Uhr geht Otto von Habsburg in die Klinik, nachdem er den Nuntius und Bischof Graber von Regensburg telefonisch unterrichtet hat. Die Taufe spendet Bischof Graber, den Otto seit 1939 kennt, am 22. Dezember in Pöcking. Papst Paul VI. – vertreten durch den Apostolischen Nuntius in Deutschland, Erzbischof Bafile – ist Taufpate.

Wie zuvor für seine Geschwister und engen Vertrauten entwickelt Otto bald Spitznamen für die Kinder: Michaela etwa nennt er »Michi« oder »der Mick«, Gabriela ist »Krabbi« oder »die Krabbine«, Walburga ist »Burgi«, später auch »Fischke« oder »Fisch«, Karl heißt »Carlito«, Georg ist »das Pint«. Regina wird »die Superioridad«, seit die Bauarbeiter, die das Haus in Benidorm renovierten, meinten, sie müssten erst die »Superioridad« fragen, als Otto ihnen eine Anweisung gibt.

Erstmals kommen Otto und Regina von Habsburg vom 10. bis 14. Juni 1957 nach Benidorm, wo sie im Hotel Europa absteigen. Ende Juli 1959 reisen sie zusammen mit Andrea und Monika in fünf Tagen per Auto erneut von Pöcking nach Benidorm. Das Haus, das sie dort gebaut haben, ist offensichtlich noch nicht ganz perfekt, denn der Regen dringt in die Zimmer ein. Michaela und Gabriela folgen zusammen mit Graf Degenfeld per Flugzeug und werden von ihrem Vater am Flughafen Valencia abgeholt. Später hilft der prominente Habsburger sogar bei der Fremdenverkehrswerbung des Städtchens mit: »*In Benidorm findet man alles: Sonnenschein, Mondlicht, milde Temperaturen, Strand, Berge, Blumengärten, typisch spanischen Lebensstil, Freundschaft, internationale Atmosphäre, Freude, die verschiedensten Vergnügungen, Charakter, Gastlichkeit, schimmernde Farbenpracht bei Tag und Nacht.*«

Schon damals – zwei Jahrzehnte vor dem Beginn seiner parlamentarischen Tätigkeit – hat Otto von Habsburg die Angewohnheit, seinen Sommerurlaub für politische Termine zu unterbrechen: 1959 fliegt er kurzfristig von Valencia nach Zürich, lässt sich dort abholen, spricht in Donaueschingen, hält einen Vortrag vor der Ackermann-Gemeinde in Freiburg und fliegt zwei Tage später zurück nach Spanien. Nach drei Tagen in Benidorm fährt er in den Escorial, um dort einen Vortrag zu halten.

Ist Otto von Habsburg ein Familienmensch? Offensichtlich ist, dass er trotz zahlreicher Reisen, Tourneen in den USA, ausgedehnter Weltreisen bis zu seiner Wahl ins Europäische Parlament 1979 viel Zeit mit seiner Familie verbringt. Häufige und lange Auslandsreisen bleiben zwar die Regel, doch dazwischen arbeitet er in Pöcking und findet dann auch Zeit für seine Kinder. Er unternimmt weite Fahrten mit den Kindern und im Sommer geht es jedes Jahr nach Benidorm. Prioritär ist für ihn aber doch die Arbeit, also die politische Pflichterfüllung. Bezeichnend dürfte sein, was er am 21. 3. 1965 in seinem Kalender notiert, als er unter einem Grippeanflug leidet: »Zu krank, um zu arbeiten, also mit den Kindern gespielt.« Anderseits finden aber auch die ersten Ski-Lektionen von »Burgi« und »Carlito« oder die Kinderkrankheiten von »Krabbi« und »Michi« in seinem Kalender ihren Niederschlag.[1]

---

[1] Auch die eigenen Krankheiten – oftmals »fever« oder »flu« – werden stets erwähnt.

3. »Solange ich eine Schreibmaschine habe ...«

Nach seiner Ausweisung aus Österreich stürzt sich Otto von Habsburg auf zwei Beschäftigungen: einerseits auf »lecture-tours«, Vortragstourneen kreuz und quer durch die USA, andererseits auf die journalistische und schriftstellerische Arbeit. Er betrachtet seinen Journalismus stets als ernsthafte Aufgabe, der er sich mit Leidenschaft, mit Akribie und Selbstdisziplin widmet.

Klare Positionen in Reportagen und Kolumnen

Zeitweise bringen bis zu vierzig amerikanische Zeitungen gleichzeitig eine Kolumne von »Otto of Austria«. Auch in Westeuropa ist er Kolumnist und Autor zahlreicher Tages- und Wochenzeitungen, von denen er einige bis heute mit wöchentlichen Artikeln versorgt.

So hat er jahre- und teilweise sogar jahrzehntelang regelmäßige Spalten in Zeitschriften wie »Diplomatiens« und »Abendland«, in der spanischen »Ya«[1], im »Luxemburger Wort«, in »Die Tagespost« (vormals: »Deutsche Tagespost«), im »Wochenspiegel für das südliche Afrika«, in den »Vorarlberger Nachrichten«, im »Westfalen Blatt«, in der Südtiroler Tageszeitung »Dolomiten«, in der »China Post« oder im »Indianapolis Star«. Die Themen seiner Berichte und Kommentare sind vielfältig: weltpolitische Betrachtungen, etwa zur Friedens- und Sicherheitspolitik, Polemiken über den Kommunismus und den Ost-West-Konflikt, Fragen der europäischen Einigung und des Friedens im Mittleren und Nahen Osten. Aber auch die Problematik des Donauraumes und Südtirols kommen zur Sprache, außerdem gesellschaftliche Fragen sowie Reportagen aus Afrika und Asien. Ottos Beiträge zeugen von seiner Internationalität. Dabei scheut er nie den Widerspruch zum Zeitgeist. So titelt er einen ganzseitigen Artikel im »Rheinischen Merkur« vom 4. 11. 1966: »Vietnam ist anders. Reisenotizen eines europäischen Beobachters«. Auch in der aktuellen Außenpolitik setzt sich Otto von Habsburg originell mit Kontroversen auseinander – und damit oft in Gegensatz zu herrschenden Meinungen. Eine große Zeitung stellt seine Kolumne ein, weil er einen Konflikt zwischen Stalin und Mao voraussagt – der dann ja tatsächlich eintritt. Zu wütenden Leserreaktionen führen seine Beiträge zum Islam, in denen er für ein Verständnis dieser monotheistischen Religion wirbt – und so ein betont christliches Publikum »erschreckt«.

Unter seinen Zeitungsbeiträgen finden sich, als Frucht seiner Weltreisen, viele tagesaktuelle Reportagen. So beginnt ein Beitrag über Rhodesien im »Luxemburger Wort« am 31. Juli 1971 mit den Worten: »*Salisbury, 1971: Ich schrieb diesen Artikel um sechs Uhr früh, bei einem herrlichen afrikanischen Tagesanbruch am äußersten Rand der Hauptstadt Rhodesiens, in der Villa eines Mitgliedes der Regierung. Das kleine, sehr bequeme und gutgeführte, aber durchaus einfache Haus steht offen. Es gibt keine Wachen und keine Polizei.*« Rhodesien fasziniert ihn, obgleich er seine Schattenseiten sieht: »*Man spricht viel von den politischen Rechten*

---
[1] Hier erscheint seine erste Kolumne im Juli 1953.

der Schwarzen. Natürlich gibt es in Rhodesien bloß eine beschränkte Demokratie, da das Wahlrecht nur bei einem festgesetzten Wissensgrad oder Steueraufkommen gegeben wird. Auch wählen die Schwarzen auf getrennten Listen und werden im Senat durch die Häuptlinge vertreten. Man vergisst allerdings nebst der Tatsache, dass Demokratie in Afrika Mangelware ist, die Neuheit des Landes. Die meisten Neger sind erst jüngst dem Steinzeitalter entkommen und leben daher noch wie unsere Ahnen zur Zeit der Völkerwanderung.«

Ein Kronprinz als Schriftsteller

In seinen Büchern und Zeitungsbeiträgen scheut er nie klare Positionen. So äußert er sich in seinem 1962 in Frankreich erschienenen Buch »L'Extreme-Orient n'est pas perdu« betont kritisch über Prinz Sihanouk und die Infiltration der Kommunisten in Kambodscha, was zu einer wütenden Reaktion des kambodschanischen Botschafters in Paris führt. Das auf Französisch verfasste Buch übersetzt Otto von Habsburg selbst ins Deutsche (1963 bei Herold erschienen: »Der Ferne Osten ist nicht verloren«). Bei einer längeren Asienreise besucht er jeden wichtigen Staat und spricht mit namhaften Politikern. In Thailand ist er beim Königspaar zu Gast, in Japan beim Tenno und in Taiwan bei Tschang Kai-schek. Otto von Habsburg zeigt sich, wie aus mehreren Briefen hervorgeht, von Taiwan außerordentlich beeindruckt.

In seinem ersten Buch nimmt er bereits ausführlich zur europäischen Integration Stellung. »Entscheidung um Europa«, 1953 in Innsbruck erschienen, ist ein leidenschaftliches Plädoyer für die paneuropäische Idee und eine Suche nach der Identität Europas, nach Perspektiven für den Donauraum und für ganz Europa. Es kommen auch schon Otto von Habsburgs Grundüberzeugungen zum Tragen, etwa in der Sicherheitspolitik: »*Es ist immer ein Fehler zu glauben, dass der Friede ein für allemal gewonnen wird. Wie die Freiheit ist er ein Wert, dessen Erhaltung fortlaufende Anstrengung fordert. Das ist einer der Gründe, weshalb wir uns stets vergegenwärtigen müssen, dass noch wesentlicher als die glatte Aufstel-*

lung einer neuen Ordnung deren dauernde Erhaltung und Sicherung ist.«[1]

Zwei Jahre später veröffentlicht Otto von Habsburg unter dem Titel »Probleme des Atomzeitalters« welt- und gesellschaftspolitische Analysen. Mehrere Auflagen und zahlreiche Übersetzungen erfährt seine 1957 veröffentlichte Publikation »Soziale Ordnung von Morgen«. Dieses Buch beeinflusst seine Anhängerschaft in Österreich stark und führt die »Monarchistische Bewegung Österreichs« (MBÖ) von der Staatsformfrage zur Frage nach den Staatsinhalten. Otto von Habsburg setzt sich hier sehr grundsätzlich mit den Fragen von Staat und Gesellschaft auseinander. Er führt aus, es sei *»die höchste Aufgabe des Staates auf dieser Welt, in der Gemeinschaft Hüter und Vorkämpfer des Naturrechtes zu sein. Dieses rechtfertigt die Autorität und ist damit das Lebensprinzip der Gemeinschaft. Naturrecht sind jene ewig gültigen Grundsätze, die der Schöpfer selbst als ungeschriebene, aber lebendige Verfassung der Welt gegeben hat. (…) Aus dieser Erkenntnis folgern wir, dass nur eine Ordnung des Rechtes und der Gerechtigkeit die Probleme der Zukunft lösen kann. Wir müssen daher einen Staat anstreben, welcher in seinen Institutionen den Primat der richterlichen Funktion praktisch festlegt.«* Dabei stellt Otto eine – insbesondere für seine Anhängerschaft – aufschlussreiche Parallele her: Staatsform und Staatsinhalt verhielten sich wie die Form zum Wesen bzw. der Körper zur Seele. Entsprechend müsse die Staatsform dem Inhalt angemessen gestaltet und verändert werden: »*Was wir uns jeweils fragen müssen, ist, ob unter den heute gegebenen Umständen diese oder jene Staatsform zur Sicherung des Naturrechts besser geeignet erscheint.*«[2] Die Funktion eines modernen Monarchen kann Otto nur darin sehen, dass dieser »der oberste Rechtswahrer« sei, der un-

---

[1] Otto von Habsburg, »Entscheidung um Europa«, Tyrolia, Innsbruck/Wien/München 1953, S. 188f.
[2] Otto definiert: »*Monarchie ist eine Staatsform, in welcher an der Spitze des Staates eine von der Wahl unabhängige Person steht, die ihre Aufgabe unter Berufung auf ein höheres Recht erfüllt und dies damit begründet, dass alle Macht aus dem Transzendenten kommt. In Republiken wieder geht der oberste Beamte des Staates aus der Wahl hervor und leitet daher seine Autorität von seinen Mandanten, das heißt jener Gruppe ab, die ihn erwählt oder bestimmt hat.*«, S. 130

abhängig sein könne, weil er niemandem seine Funktion verdankt. Otto argumentiert hier eindeutig nicht-legitimistisch: *»Die Berechtigung einer Monarchie liegt nicht in dem Anspruch dieser oder jener Dynastie. Sie ruht lediglich in der Erkenntnis, dass diese Staatsform unter den zu erwartenden Umständen dem öffentlichen Wohle besser dienen könne, als es eine andere vermag. (…) es wäre falsch, wollte sich ein Herrscher von Gottes Gnaden als etwas Besonderes betrachten. Vielmehr sollte ihn das Wort ›von Gottes Gnaden‹ daran erinnern, dass er zu seiner Stelle nicht aus eigenem Verdienst berufen wurde, sondern nur, um dort durch Gerechtigkeit und rastloses Wirken seine Berechtigung zu erweisen.«* Deutlich spricht Otto von Habsburg in seinem Buch auch sein europapolitisches Bekenntnis aus: sein unverrückbares Festhalten an der Notwendigkeit der europäischen Integration unter Wahrung des Prinzips der Subsidiarität und ebenso seine Forderung nach einer Besinnung auf die christlichen Grundlagen.

1961 erscheint »Im Frühling der Geschichte«, 1962 – als Ergebnis seiner Reisen – »L'Extreme Orient n'est pas perdu«, 1963 – ebenfalls eine Frucht ausgedehnter Reisen – »Européens et Africains – l'entente nécessaire«[1]. Sein Buch »Europa – Großmacht oder Schlachtfeld« schreibt er ebenfalls 1963 innerhalb von fünf Tagen.

1966 verfasst er »Gottes Hand in der Geschichte«, im Jahr darauf die umfangreiche Biografie über einen seiner berühmtesten Ahnen: Kaiser Karl V. Dieses Buch wird in sechs Sprachen übersetzt und erlebt zahlreiche Auflagen. Nach Ansicht von Otto von Habsburgs Verleger, Dr. Herbert Fleissner, ist dieses Werk »geradezu beispielhaft für wissenschaftlich fundierte und gut erzählte große historische Biografien«.

Kleinere Biografien verfasst Otto von Habsburg über »Rudolf von Habsburg« und über »Karl IV. – Ein europäischer Friedensfürst«.[2] Überwiegend sind seine Bücher aber aktuellen welt-, europa- und auch gesellschaftspolitischen Themen gewidmet: 1971 »Damals begann unsere Zukunft«, 1974 »Bis hierher und weiter«, 1975

---
[1] Auf Deutsch unter dem Titel »Afrika ist nicht verloren«
[2] 1976 bzw. 1978 bei Herold erschienen.

»La Naissance d'un Continent«, 1976 »Idee Europa – Angebot der Freiheit«, 1980 »Europa – Garant der Freiheit«. Seit 1986 erscheinen die Bücher Otto von Habsburgs im Amalthea Verlag des sudetendeutschen Verlegers Dr. Herbert Fleissner: 1986 »Die Reichsidee. Geschichte und Zukunft einer übernationalen Ordnung«, 1989 »Macht jenseits des Marktes«, 1991 »Zurück zur Mitte«, 1995 »Friedensmacht Europa«, 1999 »Die paneuropäische Idee«. Für das ungarische Publikum – vor allem für das ungarische Exil während der Zeit der kommunistischen Diktatur in Budapest – macht Otto von Habsburg eine Reihe von Übersetzungen, aber auch eigens verfasste Kleinschriften.

Otto von Habsburg pflegt persönlichen und brieflichen Umgang mit zahlreichen Schriftstellern und Künstlern. So finden sich in seinen Unterlagen Briefwechsel mit Gertrude von Le Fort, Franz Werfel, Ernst Fuchs oder Friedensreich Hundertwasser. Otto von Habsburg nimmt regen Anteil an der von Thomas Chaimowicz aufgebauten »Österreichischen Edmund-Burke-Gesellschaft« und anderen wissenschaftlichen Einrichtungen. Er kümmert sich um Kontakte in der ganzen Welt; so ist in Japan sein Vertrauter und persönlicher Freund Seigen Tanaka, der Präsident der »Maruwa Trading Co.«[1] Tanaka schreibt ihm nach einem Schussattentat 1963, bei dem er schwer verletzt wird: »Dieses Attentat hat mich zu einer hundertmal stärkeren Entschlossenheit gebracht, gegen Kommunismus und Faschismus zu kämpfen. Ich zögere nie, für unseren gemeinsamen Endzweck der Mont Pelerin Gesellschaft, für den Neu-Liberalismus mein Leben zu opfern.« Auch Otto von Habsburg ist oft Gast der Mont Pelerin Gesellschaft, in die er über Vermittlung des Nobelpreisträgers Friedrich August von Hayek kommt, und in der die Professoren Röpke, Friedman, Frankel, Kuehnelt-Leddihn aber auch Kanzler Erhard wirken.

---

[1] Tanaka war in seiner Jugend ein prominenter japanischer Kommunist und saß dafür jahrelang im Gefängnis. Als sich seine Mutter wegen dieser Schande selbst tötet, studiert er den Kommunismus von Grund auf neu und lehnt ihn daraufhin vehement ab. Später wird er Zen-Buddhist, erfolgreicher Geschäftsmann sowie berühmter Karate-Kämpfer.

Diesseits und jenseits des Atlantiks ein gefeierter Redner

Neben seiner Arbeit als Buchautor absolviert Otto von Habsburg zwischen 1948 und 1966 mit Ausnahme der Jahre 1958 und 1962 – wie bereits erwähnt – breit angelegte Vortragstourneen in den USA, organisiert von professionellen Agenturen.[1] Otto von Habsburg, zu dessen Hobbys das Sammeln von Übernachtungsorten gehört, nächtigt alleine in den Vereinigten Staaten in 490 verschiedenen Städten und Ortschaften! Bei seinem größten Vortrag, am 29. Oktober 1961 in Provo (Utah), hören 15 000 Menschen zu. Die Chicagoer »Sonntagspost« jubelt nach zwei überfüllten Veranstaltungen: »*Dr. Otto von Habsburg hat in Chicago bewiesen, dass er als Mensch, Politiker und Wissenschafter alle herkömmlichen Schranken durchbricht und mit Herz und Seele dabei ist, seine glänzende Begabung und seinen geistigen Einfluss zugunsten einer geplagten Menschheit in die Waagschale zu werfen, die vor den Gefahren des Kommunismus und des Atomzeitalters nicht mehr zur Ruhe kommt. Er ist der Erbe und Repräsentant eines Lebensgefühls, das über Jahrhunderte hinweg seine staats- und völkererhaltende Kraft aus lateinischen, deutschen, magyarischen und slawischen Quellen zog. Sein politisches Credo in einer durch zwei Weltkriege veränderten Welt zielt auf eine Realisierung der klassischen ›Concordia discors‹ ab, einer im Zeichen des Christenkreuzes geeinten Vielheit von Völkern und Sprachen.*«

Otto wählt stets mehrere Themen, mit denen er die Lecture-Tours in den USA bestreitet, so etwa im Jahr 1953 »World Danger Zones« und »Europe & World Security«. Friedenspolitik ist schon damals einer seiner zentralen Punkte. 1954 lautet der Titel eines Aufsatzes der Lecture-Tour in den USA: »What price World Peace«. Am 4. April 1954 spricht er vor 2000 Zuhörern in St. Paul (Minnesota) über »The causes of Communism in Europe«. Weniger als einen Monat nach der Geburt seiner Zwillinge muss Otto auch im Oktober 1954 zu Vortragsreisen in die USA fliegen.

Wo er auch auftritt, das Interesse der Medien ist gewaltig. Meist trifft er mit dem örtlichen Bischof, mit Abgeordneten und Ministern

---

[1] Harold Beat, der anfangs die Vortragstourneen organisiert, hatte zuvor Felix gemanagt. Später gibt es einen Vertrag mit Mc Fadden.

und, vorzugsweise, mit ungarischen Emigranten zusammen. 1954 etwa besucht er, nach der Rückkehr von der USA-Tour, die ungarische Kolonie in Madrid, wo er mehrere Vorträge hält und Interviews gibt.

Bei seiner USA-Tournee im April 1959 ist Otto wieder einmal Gast von Kardinal Spellman; mehrere Botschafter geben zu seinen Ehren Empfänge; er isst mit Senatoren und Kongressabgeordneten, diskutiert mit führenden Politikern, darunter auch mit dem demokratischen Präsidentschaftskandidaten, Senator John F. Kennedy, und dem Leiter der Demokraten im Senat, Senator Lyndon B. Johnson.[1] Bei einer Rede in Toronto am 13. 1. 1953 nehmen rund 1100 Personen teil. Otto beurteilt seine Reden durchaus auch selbstkritisch: »Lecture rather weak – did not get off the ground« oder »very satisfactory«.

Obwohl er sehr viel Zeit in den USA verbringt, denkt Otto von Habsburg nie daran, sich dort niederzulassen. Er begründet dies damit, dass in den USA »eine verkehrte Ordnung der Werte« herrsche. Ehre spiele keine Rolle, stattdessen sei der Materialismus in den Vereinigten Staaten zur tragenden Idee geworden. Der materielle Erfolg sei als Gradmesser von Glück und Zufriedenheit durch die puritanischen Pilgrim Fathers nach Amerika transponiert worden.

Nach und nach beginnen die Vortragsverpflichtungen diesseits des Atlantiks: In Deutschland spricht er über »Europa und der Donauraum«. In Spanien absolviert er zwischen 1955 und 1958 unzählige Vorträge, so spricht er am 7. Mai 1958 in Salamanca vor 1200 Zuhörern über Karl V. Seine Vorträge schreibt und hält er in diversen Sprachen: Englisch, Französisch, Spanisch, Ungarisch und Deutsch. 1959 hält Otto eine Vortragstournee in Belgien, zu der zwischen 500 und 1000 Zuhörer pro Vortrag strömen. Bei einem Auftritt in Vaduz im Dezember 1959 erscheinen 800 Personen, vornehmlich Vorarlberger.

Erste Vortragstourneen in Frankreich 1963/64 behandeln in erster Linie europapolitische Themen. Im Jahr 1963 schreibt Otto in einem Brief an Coudenhove-Kalergi, dass »*sogar in Orten wie Can-*

---

[1] Beide wurden später US-Präsidenten.

nes und Nizza, obwohl ich in den größten Sälen sprach, die Lokale lange vor Beginn polizeilich gesperrt werden mussten. Es besteht für mich kein Zweifel, dass die junge Generation ganz plötzlich Interesse an der Politik gewonnen hat und außerdem, dass sie besser als die Alten versteht, dass die Stunde Europas gekommen ist«.

Bei einer Rede im Kurfürstenpalais in Mainz sind am 16. Mai 1952 500 Zuhörer anwesend. Ebenso viele kommen zu einer Rede vor dem Bund Deutscher Föderalisten in Bonn, darunter die Minister Dehler und von Merkatz sowie mehrere Bundestagsabgeordnete. Am Tag darauf trifft Otto von Habsburg den Familienminister, den Flüchtlingsminister und mehrere Botschafter. Besonders intensiven Kontakt pflegt er zum CSU-Politiker und Vizepräsidenten des Deutschen Bundestags Dr. Richard Jaeger, der häufig in Pöcking zu Gast ist. Am 18. Dezember 1956 führt Otto in Paris ein langes Gespräch mit Robert Schuman, einem der großen Baumeister des vereinten Europa. Am 13. September 1957 besichtigt er das SPD-Büro in Braunschweig und besucht anschließend einen Auftritt des SPD-Vorsitzenden Ollenhauer, den er als »schwach« bewertet. Einen Tag später begeistert er sich für eine Veranstaltung mit Franz Josef Strauß in Garmisch.

Kein Zweifel, dass es ihn politisch bereits sehr »in den Fingern juckt«! Doch für eine klar definierte politische Rolle scheint die Zeit noch nicht reif zu sein.

4. Der einzige private Staatsmann Europas

Der jüdische Publizist William S. Schlamm[1] schreibt Otto von Habsburg zu dessen 65. Geburtstag, im November 1977, einen offenen Brief: *»Als wir beide Kinder waren, hatten Geschichte und Schicksal*

---

[1] W.S. Schlamm kam 1904 im alten Österreich-Ungarn zur Welt, war Mitarbeiter der Zeitschriften »Simplizissimus« und »Jugend«, bevor er 1933 dem von den Nazis inhaftierten Chefredakteur der »Weltbühne« Carl v. Ossietzky nachfolgte. Anfänglich Kommunist veröffentlichte er 1937 unter dem Eindruck der Schauprozesse eine Abrechnung mit Stalin: »Die Diktatur der Lüge«. 1938 emigrierte er in die USA, wo er für renommierte Zeitungen wie »Fortune« und »Time« schrieb. Mit Büchern wie »Die Grenzen des Wunders«

Sie dazu bestimmt, mein Kaiser zu werden. (...) In meinem langen und bewegten Leben, das mich jahrzehntelang mit der sogenannten Prominenz unserer Zeit in Berührung brachte, habe ich keinen Staatsmann, keinen Politiker, keinen Denker von Ihrer Menschlichkeit, Ihrem Pflichtbewusstsein, Ihrer unerschütterlichen Glaubensfähigkeit kennen gelernt (...) Wären Sie das geworden, wozu Sie bestimmt waren, dann hätte das Abendland den bedeutendsten Kaiser seit Karl dem Großen erlebt. Weil aber 1918 das Abendland aus den Fugen geriet, hat heute Europa in Ihnen den einzigen privaten Staatsmann, dem es vertrauen kann (...)«

Ein »privater Staatsmann, dem Europa vertrauen kann« – diese in keiner Verfassung vorgesehene Rolle übt Otto von Habsburg über Jahrzehnte aus. Im Gegensatz zu vielen abgesetzten oder exilierten Monarchen und deren Angehörigen, die sich mit ihren Geschäften, Jagden und gesellschaftlichen Zusammenkünften begnügen, ist Otto von Habsburg stets ein »homo politicus« – ein durch und durch politischer Mensch. Wohin er auch kommt, wohin ihn das Schicksal auch treibt: Immer nimmt er die politische Verantwortung, die ihm sein Gewissen und sein politisches Talent diktieren, offensiv wahr.[1] Nach der Wiederherstellung des unabhängigen – wenngleich durch die vier Mächte besetzten – Österreichs im Jahr 1945 gerät dabei mehr und mehr das gesamte Europa in seinen Blick.

Keine vatikanische Verschwörung

Die vatikanischen Verbindungen, die Otto von Habsburg oftmals – vor allem von linker Seite – zugeschrieben wurden, bleiben maßlos überschätzt. Zwar trifft sich Otto tatsächlich mit vielen Päpsten,

---

und »Die jungen Herren der alten Erde« meldete er sich Ende der 50er Jahre in Europa zurück. 1959 bis 1963 war er Kolumnist des »Stern«, später gründete er die »Zeitbühne«, deren Mitherausgeber Otto von Habsburg wurde.

[1] Die »Schaffhauser Zeitung« schreibt am 4. 7. 1957: *»Seinen politischen Ruf hat er freilich nicht von dieser Prätendentschaft her (...) Er verdankt ihn vielmehr einer ausgezeichneten staatswissenschaftlichen Bildung und seinen durch ein stupendes Gedächtnis unterstützten Fähigkeiten eines Journalisten und geschickten Meisters der politischen Konzepte.«*

etwa mit Pius XII., Johannes XXIII., Paul VI. und mehrfach mit Johannes Paul II., und die wechselseitige Wertschätzung ist stets offenkundig, doch gehören die Behauptungen einer vatikanischen Verschwörung zugunsten Otto von Habsburgs ins Reich der Propaganda. Bei seinem Besuch im Juni 1959 in Rom spricht Otto zuerst mit vielen Kardinälen, bevor er bei Papst Johannes XXIII. zur Audienz geladen ist. Papst Paul VI. lernt er mit Regina am 26. September 1964 in Rom kennen. Immer wieder gibt es Themen, die ihn in Tuchfühlung mit den Spitzen der Kirche bringen.

Kaum bekannt ist, dass sich Otto von Habsburg in Frankreich hinter den Kulissen engagiert, um eine von Rom getrennte französische Nationalkirche – wie General de Gaulle sie zeitweise wünscht – zu verhindern. Papst Pius XII. entsendet Anfang 1945 Erzbischof Angelo Giuseppe Roncalli, den späteren Papst Johannes XXIII., als Nuntius nach Paris. De Gaulle ist entschlossen, die Beziehungen zum Vatikan abzubrechen. Nuntius Roncalli hat eine Idee, die angesichts der Hunger leidenden Bevölkerung genial ist: Er bestellt den besten Koch des Landes in die Nuntiatur und lässt sich von den Bischöfen Spezialitäten aus allen Landesteilen senden. Bald ist allen Parisern bekannt, dass der Nuntius den besten Tisch Frankreichs hat – ein in diesem Land nicht zu vernachlässigender Faktor, denn jeder will nun an Roncallis Tafel. Otto von Habsburg ist nicht nur einer der Gäste an diesem Tisch, sondern stellt auch viele Kontakte für den Nuntius her. Er habe hinter den Kulissen »Atmosphäre für ihn gemacht«, meint Otto von Habsburg dazu heute.

Als Papst Johannes XXIII. fordert Roncalli den Habsburger später auf, Vorschläge für das Zweite Vatikanische Konzil zu machen und lädt ihn zur Eröffnung des Konzils nach Rom ein. 1962 sind Otto und Regina Ehrengäste bei der Eröffnung des Zweiten Vatikanums. Der Papst teilt Kardinal Tappouni, den Patriarchen der syrischen Kirche, als Betreuer der beiden ein. Regina und Otto treffen am 10. Oktober 1962 in Rom ein, sprechen mit Kardinal Franz König und dem Großmeister des Souveränen Malteser-Ritterordens. An der Eröffnung des Konzils am 11. Oktober in St. Peter nimmt Otto von Habsburg von 9 bis 13.30 Uhr teil. In den folgenden Tagen trifft er zahlreiche Kardinäle und Bischöfe, besucht einen

Empfang der österreichischen Bischöfe und redet mit Kardinal-Staatssekretär Cicognani.

1949 spricht Otto in London Winston Churchill und Anthony Eden. Mit Deutschland kommt er erst im November 1949 in Berührung. Am 27. November 1949 reist er von Metz nach Frankfurt und Speyer, wo er den Dom und die Gruft Rudolf von Habsburgs besucht, weiter nach Worms, Mainz, Maria Laach, Aachen, Düsseldorf, Bamberg und Konnersreuth[1]. Am 6. Dezember 1949 fährt er – erstmals nach mehr als sechzehn Jahren – nach München, wo er Prinz Albrecht von Bayern sieht.[2] 1950 bereist er Mexiko, allerdings nicht aus politischen Gründen: Hier, in Acapulco, finden sich seltene Eintragungen wie »all day swimming« und »fine weather. good day«.

Wiederholt trifft er nun Robert Schuman[3], einen der Väter des geeinten Europas, so etwa am 2. Mai 1952. Im Kalender steht: »18.30 Robert Schuman, Quai d'Orsay: very satisfactory.« Zeitweise gehört Otto jener Gruppe an, mit der Schuman seine Pläne zu Europa diskutiert, wobei er gegen einen ökonomischen Beginn des europäischen Einigungsprozesses argumentiert.[4] Der exilierte König von Italien besucht Otto von Habsburg in seinem Haus in Clairfontaine am 30. Juli 1953. König Alexander von Jugoslawien spricht er 1957 bei einer Taufe in Frankreich.[5] Am 16. April 1953 hält Otto von Habsburg eine große Rede in Lissabon über »Prinzipien der Sicherheit Europas« in der »Gesellschaft für Geografie«. Am nächs-

---

[1] Dort trifft er die in der Oberpfalz bereits zu Lebzeiten wie eine Heilige verehrte Therese Neumann und Pfarrer Naber.
[2] An diesem Tag ist der Kauf eines Lodenmantels vermerkt – später ein Markenzeichen Ottos.
[3] Für Robert Schuman läuft ein vatikanisches Seligsprechungsverfahren, ebenso wie für einen anderen großen Baumeister Europas, den italienischen Politiker Alcide de Gasperi.
[4] Otto von Habsburg betont später in öffentlichen Reden mehrfach, er habe Schuman geraten, mit der Kultur anstatt mit der Wirtschaft die europ. Einigung zu beginnen. »Gott sei Dank, dass er nicht auf mich gehört hat.«
[5] Daraus wird verständlicherweise keine Freundschaft. Alexander Karadjordjević schreibt ihm zu Beginn des kroatischen Unabhängigkeitskrieges 1990 als »King of Yugoslavia« einen Brief mit der Anrede »Dear Mr. Habsburg«. Otto – mit der ihm eigenen Ironie – antwortet höflich »Your Royal Highness« und unterschrieb streng bürgerlich als »Otto Habsburg«.

ten Tag besucht er Präsident Salazar zu einem einstündigen Gespräch. In Madrid kommt er mehrfach mit dem exilierten König von Bulgarien, Simeon II., und dessen Frau zusammen.

Zunehmendes Interesse für Deutschland

1952 hält Otto von Habsburg vor einem Kongress der Finanzfachleute des Rheinlandes einen Vortrag über aktuelle Fragen der Weltpolitik. Der anwesende Bundeskanzler Konrad Adenauer meint danach: »Schade, dass wir seine politische Tätigkeit nicht in den Dienst Deutschlands stellen können. Aber seine Aufgaben sind größer und der Zukunft vorbehalten.« Tatsächlich beginnt Otto von Habsburg in dieser Zeit, sich zunehmend für die deutsche Politik zu interessieren, ohne allerdings in diesem Zusammenhang an eine eigene Karriere zu denken. Am 30. April 1954 trifft er in Bonn mit Adenauer zusammen und verfolgt eine außenpolitische Debatte im Deutschen Bundestag.

Begeistert von Adenauer, bleibt er stets skeptisch gegenüber Erhard. Am 28. Dezember 1963 schreibt er an Coudenhove-Kalergi, dass *»hier in Deutschland in der neuen Regierung der europäische Geist stark zu mangeln scheint (...) dass das neue Bonn beinahe ausschließlich wirtschaftlich denkt und sich außerdem atlantisch orientiert, was die ganze Idee des vereinten Europas notgedrungen verwässern muss«*. Otto von Habsburg kritisiert Erhards Unverständnis für das besondere deutsch-französische Verhältnis und dessen anglo-amerikanische Orientierung. Heute meint er über Erhard: »Seine Religion war das Geld!« Erhard sei ein guter Wirtschaftsminister, aber ein katastrophaler Bundeskanzler gewesen.[1]

1963 diskutiert Otto in den USA mit vielen »der jüngeren Ratgeber Kennedys«, die – wie er Röpke[2] mitteilt – »in Chruschtschow den berufenen Partner der Vereinigten Staaten für die Weltherrschaft

---

[1] Am 16. 4. 1963 schreibt Röpke an Otto von Habsburg: »Wie kann man nur das Unglück verhindern, dass Erhard – dessen politischer Horizont der eines Boy-Scouts ist – Kanzler wird?«
[2] Brief vom 10. 4. 1963

sehen«. Otto von Habsburg weiter: »*Einig sind sie ferner in einem abgrundtiefen Hass gegen Deutschland und selbstverständlich im Kampf gegen de Gaulle und seine Force de frappe (...) Allerdings möchte ich betonen, dass ich aus mehreren Tatsachen schließe, dass der Präsident selbst diese Ansichten nicht voll teilt und aus der Praxis der Machtausübung heraus sich in eine andere Richtung entwickelt (...)*« Otto von Habsburg erkennt: »*Die Tatsache, dass so mancher prominente CDU-Politiker sich in allen wichtigen Fragen von Frankreich distanzierte und nicht genug betonen konnte, was für brave, gelernte Demokraten und sühnebereite Schwächlinge die Deutschen geworden sind, hat geradezu dazu geführt, die anti-deutsche Stimmung noch zu verstärken. Es wird dies nämlich nicht als Tatsache angenommen, sondern im Gegenteil als Beweis dessen, dass die Deutschen, wenn sie stark sind, unerträglich, wenn sie schwach, servil sind.*« In einem anderen Brief äußert sich Otto von Habsburg skeptisch über »die Garnitur von Wunderknaben, die mit Kennedy nach Washington gekommen sind«.

Trotz des zunehmenden Interesses für deutsche und europäische Fragen, verliert Otto seine ungarischen Landsleute nicht aus dem Blick. 1948 kommt er mit dem in Spanien lebenden Exil-Ungarn Ferenc de Marosy in Kontakt, der früher ungarischer Gesandter in Helsinki war. Beide sorgen sich um die ungarischen Soldaten, die in Spanien interniert sind. Otto gebiert bei einem Spaziergang in Madrid die Idee, die dortige ungarische Gesandtschaft zu übernehmen, und der spanische Außenminister Martín Artajo organisiert dies tatsächlich. Mit dem Einverständnis der spanischen Regierung übernimmt Marosy – ohne Anerkennung durch Budapest, versteht sich – die Gesandtschaft in Madrid. Dort finden Marosy und Otto von Habsburg viele unbearbeitete ungarische Pässe, die sie sogleich für die Emigranten ausfüllen. In Spanien und in Lateinamerika werden die Pässe mit dem Stempel der Gesandtschaft anerkannt. Vor allem nach 1956 hilft dieser »Trick« vielen ungarischen Flüchtlingen, sich in Südamerika eine neue Existenz aufzubauen.

Im Orient

Ab der zweiten Hälfte der 40er Jahre vervollständigt Otto von Habsburg – wie erwähnt – sein außenpolitisches Wissen durch ausgedehnte Weltreisen, bei denen er stets die Spitzen von Politik, Diplomatie, Wirtschaft und Medien aufsucht. Ein Beispiel dafür bildet seine große Orientreise im Jahr 1955. Otto und Regina von Habsburg besuchen den Orient in 22 Reiseabschnitten: Ab 14. September 1955 nehmen sie auf Einladung des griechischen Ministerpräsidenten an der Gründungsversammlung des CEDI-Griechenland in Athen teil, treffen das griechische Königspaar in Schloss Totoi und besichtigen Marathon und Korinth. Am 18. September fliegen sie in die Türkei, besuchen Istanbul und Ankara, wo Otto von Habsburg nicht nur hochrangige Gespräche im türkischen Außenamt führt, sondern auch einen Kranz am Grabmal des von ihm – wegen dessen brutalem Umgang mit der eigenen Tradition – gar nicht geschätzten Staatsgründers Kemal Atatürk niederlegt.

Am 24. September treffen die Habsburger in Teheran mit Ministerpräsident Hussein Ala, Justizminister Amini und Außenminister Abdullah Entezam sowie dem Apostolischen Nuntius zusammen. Hier, wie bei vielen anderen Reisestationen, gibt die spanische Botschaft zu Ehren Ottos einen Empfang und organisiert das Praktische vor Ort. Nach Gesprächen mit Schah Mohammed Reza Pahlevi auf Schloss Saadabad reisen Otto und Regina weiter nach Pakistan. In Karachi verabreden sie sich mit Ministerpräsident Chaudry Mohammed, mit Handels- und Industrieminister Habib Ibn Ibrahim Rahimtoola sowie mit Außenminister Rahim und besuchen das Parlament. Dort sieht Otto nicht nur Vertreter der Mehrheitspartei, sondern auch der Opposition. Am 3. Oktober kommt es in Jiddah (Saudi-Arabien) zu einer Begegnung mit König Ibn Saud, vielen Prinzen und dem Finanzminister. Für die Besichtigung der Sehenswürdigkeiten stellt der König dem Paar ein Privatflugzeug, eine DC 3, zur Verfügung, womit sie Kuweit und Bahrein erreichen.

Am 13. Oktober 1955 begrüßt der Protokollchef des irakischen Außenamtes Regina und Otto in Bagdad in deutscher Sprache, denn er hat in Wien studiert. Es folgen Besuche bei Ministerpräsident Nuri as Said Pascha und beim stellvertretenden Außenminister Al

Ghailani. Am 18. Oktober werden Otto und Regina in Bagdad von König Faisal und Kronprinz Abdullah empfangen. Am Tag darauf besuchen sie Beirut und Damaskus. Dort treffen sie am 22. den syrischen Staatspräsidenten Schukry el Quatly. In Beirut spricht Otto mit dem libanesischen Ministerpräsidenten Rashid Abd Al Hamid Karamé und dem Patriarchen der syrischen Katholiken, Kardinal Tappouni.[1] Dieser erzählt Otto, dass er 1917 als Bischof von Aleppo zusammen mit 18 anderen Geistlichen von den Türken zum Tode verurteilt worden war. Der damalige österreichisch-ungarische Konsul von Aleppo versuchte daraufhin, die Hinrichtung zu verhindern und wandte sich an Zita um Hilfe. Zita konnte tatsächlich erreichen, dass das Todesurteil aufgehoben wurde.

Am 26. Oktober 1955 treffen Otto und Regina in Jerusalem ein: Zur Begrüßung kommen der spanische Generalkonsul, der französische Konsul und der Vertreter des jordanischen Kommandos im zweigeteilten Jerusalem. Bereits am Tag der Ankunft besuchen sie den Ölberg und das Heilige Grab. Am Tag darauf folgen Visiten beim Lateinischen Patriarchen, beim Apostolischen Delegaten und selbstverständlich bei den heiligen Stätten Jerusalems. Dann fährt das Paar weiter nach Bethlehem, Nazareth, Tiberias, zum See Genezareth, auf den Berg Tabor, nach Kapharnaum, Haifa und auf den Berg Karmel. Am 30. Oktober 1955 besichtigen Otto und Regina das Österreichische Hospiz in Jerusalem, das Kaiser Franz Joseph gegründet und 1869 auch selbst besucht hat. Am nächsten Tag reisen Otto und Regina nach einer Messe in der Grabeskirche und einem Besuch auf dem Kalvarienberg aus Jerusalem ab. Auf der Fahrt nach Amman – mit dem Auto des spanischen Generalkonsuls – besichtigen sie das Tote Meer und Jericho.

In Jordanien ist der Chef des Hauses Habsburg Gast des Außenministeriums, wird von König Hussein II. und seiner Frau empfangen und nimmt an der Eröffnung des Parlamentes teil. Am 3. November fliegen Otto und Regina von Amman nach Kairo, das Otto bereits von seiner Reise im Jahr 1946 gut kennt. Erst am 14. November betreten die beiden wieder europäischen Boden: in Rom,

---
[1] Er wurde, wie bereits erwähnt, Otto als Betreuer während der Eröffnungssitzung des Zweiten Vatikanums zugewiesen.

wo sie von einer Delegation österreichischer und ungarischer Freunde erwartet werden. Nach einem Besuch des österreichischen Priesterkollegs, der »Anima«, und Begegnungen mit Bischöfen und einem Priester des Opus Dei werden Regina und Otto am 17. November im Staatssekretariat, und am folgenden Tag von Papst Pius XII. empfangen.

Auch später nimmt Otto von Habsburg an der Entwicklung des Nahen und Mittleren Ostens regen Anteil: So notiert er am 14. Juli 1958 in seinem Kalender: »Eve. tragic news from Iraq. Abdullah & Nun-Said killed, King arrested – Republic proclaimed.«[1] Otto von Habsburg ist nicht nur eines der wenigen nicht-muslimischen Mitglieder der Königlichen Akademie von Marokko, deren Tagungen er regelmäßig besucht, sondern bemüht sich stets um den europäisch-arabischen ebenso wie um den christlich-muslimischen Dialog. Dieses Engagement bringt ihm wie bereits erwähnt Kritik und polemische Angriffe ein. Trotz seines allgemein bekannten Eintretens für ein christliches Europa und seiner offensichtlichen Verbundenheit mit der katholischen Kirche meinen Leserbrief-Schreiber, Otto von Habsburg Vorwürfe machen zu müssen.[2]

Otto, König von Spanien?

Massiv setzt sich Otto von Habsburg für das unter Francisco Franco weitgehend isolierte Spanien ein: Wohl nicht nur aus Dankbarkeit gegenüber Franco, der Zehntausenden Emigranten, darunter vielen Juden, 1940 auf sein Betreiben hin die Einreise bzw. Durchreise ermöglicht hat, sondern weil Spanien als altes christliches

---

[1] Am Abend tragische Nachrichten aus dem Irak. Abdullah und Nun-Said ermordet. König eingesperrt. Republik ausgerufen.
[2] Im kath. Monatsmagazin »PUR« (Nr. 10/2000) meint ein Leser: »Gott behüte uns vor so einem Kaiser!«, ein anderer schreibt: »Die von vielen Christen angestrebte Verbrüderung mit dem Islam ist im Wesentlichen ein Werk der Freimaurer mit dem Ziel, eine künftige Welteinheitsreligion zu schaffen.« Hier kann empfohlen werden, in der Dogmatischen Konstitution über die Kirche (»Lumen Gentium«) des Zweiten Vatikanums Nr. 16 nachzulesen, oder auch die Predigt von Papst Johannes Paul II. an die islamische Jugend, gehalten 1985 in Casablanca, zu studieren.

Land für Europa unverzichtbar ist. Der Beginn seines spanischen Engagements kann mit dem Eucharistischen Kongress von Barcelona 1952 angesetzt werden, der gleichzeitig die Geburtsstunde des CEDI ist – Ottos erster breiter europapolitischer Basis, auf die im folgenden Kapitel ausführlich eingegangen wird. Otto von Habsburg trifft Franco immer wieder. Dabei sprechen sie kaum über spanische Innenpolitik, sondern über weltpolitische, sicherheits- und außenpolitische Fragen.

Franco lässt bei Otto über einen Mittelsmann anfragen, ob er bereit wäre, die spanische Krone anzunehmen.[1] Der Diktator sorgt sich um die Zukunft des Landes nach seinem Tod. In den bourbonischen Kronprätendenten, den Grafen von Barcelona, setzt er dabei offenbar ebenso wenig Vertrauen wie in eine republikanische Zukunft Spaniens. Außenminister Martín Artajo und José Ignacio de Valdeiglesias sind sehr für die angedachte Lösung, dem Chef des Hauses Habsburg die spanische Krone anzutragen. Als Otto dies jedoch klar ablehnt, wird darüber nie wieder gesprochen. Otto betont, er wolle »auf keinen Fall ein Usurpant sein«. Heute meint er, die Habsburger seien zwar einmal spanische Könige gewesen, doch: »Wir haben auf diese Legitimität verzichtet.«[2] Otto befürwortet von Anfang an den heutigen König Juan Carlos, womit er im europäischen Hochadel weitgehend alleine steht. Viele königliche Familien in Europa, die den Graf von Barcelona, Juan Carlos' Vater – den Otto von Habsburg für ungeeignet hält –, als legitimen Monarchen unterstützen, nehmen ihm dies übel. Heute resümiert Otto von Habsburg, Juan Carlos habe »es sehr geschickt gemacht« und erfolgreich das Erbe des Bürgerkriegs überwunden.[3]

---

[1] Ausführlich und aus der Sicht eines span. Journalisten schreibt Ramón Pérez-Maura in seinem Buch »Del Imperio a la Unión Europea. La huella de Otto de Habsburgo en el siglo XX«, erschienen in Madrid 1997, darüber.
[2] König Alfonso XIII. hatte von Kaiser Karl geträumt, er solle dessen Familie zu sich holen, denn auch er würde einmal umgekehrt deren Hilfe brauchen. Daraufhin holte der span. König tatsächlich die Familie Karls von der Insel Madeira nach Spanien.
[3] Wie schwer dieser Bürgerkrieg zu bewältigen war, wusste auch Franco. Als Hitler ihn bedrängte, aufseiten der Achse in den Weltkrieg einzutreten, stellte Franco ihm die rhetorische Frage, ob er wohl einen Freund, dem gerade ein Bein amputiert wurde, zu einem Tänzchen auffordern würde.

Otto spricht Franco oftmals alleine, aber auch zusammen mit der Spitze des CEDI. Dies führt auch in Österreich zu Spekulationen: In der Ausgabe vom 7. 4. 1961 meint der »Express« auf Seite 1 unter dem Titel »Spanier wünschen Otto Habsburg als Franco-Nachfolger«: »*Ausgestattet mit den gleichen und weiten Vollmachten wie sie der Präsident der Vereinigten Staaten von Amerika besitzt, soll Dr. Otto von Habsburg, Sohn des letzten österreichischen Kaisers, Staatschef von Spanien werden: Das ist laut ›Kathpress‹ (katholischer Pressedienst) der Plan spanischer Politiker, die auf diese Weise den Streit um die Nachfolge Generalissimus Francos salomonisch beenden wollen. (...) Ein republikanischer Präsident königlichen Blutes erscheint den jüngst aufgetretenen Vermittlern als einzige Lösung, um Republikaner und Monarchisten vor schwerem Streit zu bewahren.*« Auf Seite 2 die Fortsetzung: »*(...) haben bereits 1955 führende Publizisten Spaniens bekannt gegeben, ›dass sie keine Bedenken hätten, ihre Stimme einem Präsidentschaftskandidaten zu geben, der Otto von Habsburg heißt‹. Treibende Kraft bei diesen und den jüngsten Aktionen soll, so heißt es weiter, die Erwägung sein, dass das umstrittene Nachfolgegesetz, das die Restauration der Monarchie vorsieht, ›einen Prätendenten auf den Thron bringen könnte, der über keine politischen Erfahrungen verfügt‹.*« Am Tag darauf setzt der »Express« seine Geschichte unter der Überschrift »Jagd auf Dr. Otto Habsburg in den USA: Alle wollen wissen, ob er der Präsident von Spanien wird« so fort: »*Der gestrige EXPRESS-Bericht über spanische Pläne, Dr. Otto von Habsburg zum Präsidenten der temperamentvollen Südländer zu machen, hat nicht nur in Spanien ein starkes Echo gefunden, sondern ist bis nach den Vereinigten Staaten gedrungen, wo die Vertreter verschiedener Nachrichtenagenturen eine regelrechte ›Jagd‹ auf den Sohn des letzten österreichischen Kaisers gestartet haben. Dr. Habsburg befindet sich zur Zeit nämlich auf seiner alljährlichen Vortragstournee durch die USA, in deren Verlauf er innerhalb von knappen drei Monaten rund 50 außenpolitische Vorträge vor führenden politischen Gesellschaften und wirtschaftlichen Vereinigungen hält.*« Eine Antwort Otto von Habsburgs auf die Spekulationen kann der »Express« nicht berichten.

1997 rollt das »Profil« die alte Geschichte noch einmal auf: »*Der faschistische Diktator Francisco Franco wollte 1952 den konservativen Habsburger auf den Thron hieven, um die liberalen Bourbonen fernzuhalten. (...) Geboren wurde die Idee ›Otto‹ offenkundig von Francos Außenminister Martín Artajo. Sie zerschlug sich schließlich, weil Otto selbst Bedenken hatte.«*

Aber Ottos Einsatz gilt dem christlichen und europäischen Spanien, das er aus seiner Isolation befreien will. An ein politisches Amt denkt er dabei in keinem Augenblick, die entsprechenden Gerüchte nimmt er mit Gleichmut hin. 1966 sagt Otto von Habsburg im Gespräch mit der »Wochenpresse«: »*Natürlich hat meine Freundschaft mit Spanien meinen Gegnern immer wieder Argumente geliefert. (...) Ich habe meine Jugend in Spanien verbracht, meine Familie ist dort gastfreundlich aufgenommen worden, als wir überall sonst in Europa ausgewiesen waren. Ich habe viele Freunde in Spanien und kenne das spanische Volk gut. Ich müsste mich selbst verachten, würde ich diese Freundschaft nur deshalb verleugnen, weil dies heute opportun wäre.*«

Das CEDI – Eine wohltätige Geheimgesellschaft

Ab dem Eucharistischen Kongress in Barcelona 1952 hält Otto von Habsburg engen Kontakt zu hochrangigen spanischen Politikern und besucht das Land mehrfach im Jahr zu Kongressen, Vorträgen und zahllosen politischen Gesprächen. Seine wichtigsten Gesprächspartner in Madrid sind Außenminister Alberto Martín Artajo, José Ignacio de Valdeiglesias, Alfredo Sánchez-Bella, der ungarische Gesandte Marosy, und der junge Informationsminister Manuel Fraga Iribarne, der später die »Alianza Popular« gründet.

Das Centre Européen de Documentation et d'Information (CEDI), das im Escorial bei Madrid seine jährlichen Konferenzen abhält, soll zum Instrument der Reintegration Spaniens in Europa werden. 1952 wird das CEDI ins Leben gerufen, anlässlich eines Kongresses über »Studien zur politischen, wirtschaftlichen, sozialen und kulturellen Situation Europas« an der Universität Menendez Pelayo in Santander. Initiator der Gründung ist, so berichtet der spätere Generalsekretär, Georg von Gaupp-Berghausen, der damalige Direktor des »Instituto de Cultura Hispánica« und spätere

Minister für Information und Tourismus, Alfredo Sánchez-Bella. In den folgenden Jahren werden in mindestens zwölf europäischen Staaten nationale Zentren gegründet. Diese funktionieren unabhängig und werden nur durch das Internationale Generalsekretariat und den Internationalen Rat des CEDI koordiniert.

An den Tagungen und Präsidiumssitzungen des CEDI nimmt Otto von Habsburg als dessen erster Präsident und, ab 1960, Ehrenpräsident stets teil. Am 21. Juni 1958 unternehmen die Kongressteilnehmer eine Exkursion von El Escorial ins Valle de los Caidos, das von Franco geschaffene »Tal der Gefallenen«. Otto besucht regelmäßig die nationalen Zweige des CEDI, etwa die deutsche, französische, englische, griechische und Liechtensteiner Sektion.

Das Internationale CEDI wird 1957 eine juristische Person nach deutschem Vereinsrecht. Seine Präsidenten sind nach Otto von Habsburg Alberto Martín Artajo, der deutsche Bundesminister Hans-Joachim von Merkatz, Edmond Michelet, John Rodgers, Adriano Moreira und der Marqués de Valdeiglesias. Offizielles Ziel des CEDI ist, Kontakte zwischen den führenden Persönlichkeiten Europas auf politischem, wirtschaftlichem und geistigem Gebiet herzustellen – sowie zwischen diesen Persönlichkeiten »eine Atmosphäre brüderlichen Verständnisses zu schaffen, die erlaubt, selbst die heikelsten Probleme mit völliger Offenheit zu behandeln«.[1] Die ersten Jahreskongresse finden in Santander, Madrid, El Escorial und Valle de los Caídos, in Alvor (Portugal), Santiago de Compostela und in Pareja/Entrepenas statt. Außerdem werden Tagungen in Stuttgart, Salzburg, Brüssel, Madrid, Paris, London, Rom, Vaduz, Lissabon und in Funchal auf Madeira abgehalten.

---

[1] In § 3 der Statuten des CEDI heißt es u.a.: »*Das Ziel des Europäischen Dokumentations- und Informationszentrums ist: In allen europäischen Ländern die Kräfte zu sammeln, die bereit sind, im öffentlichen Leben die Grundsätze der europäisch-christlichen Kultur zu verteidigen. Zur Erreichung dieses Zieles dient vor allem eine ständige Zusammenarbeit führender Männer (...)*« In § 12 steht: »*Das Präsidium des Europäischen Dokumentations- und Informationszentrums besteht aus dem Ehrenpräsidenten, Erzherzog Otto von Habsburg, gewählt auf Lebenszeit, dem Präsidenten, 2 bis 3 Vizepräsidenten und je 2 bis 3 Vertretern der Gründungsländer des CEDI sowie je einem Vertreter aller übrigen nationalen Zentren.*«

Auch der deutsche Bundesminister Franz Josef Strauß hält im Escorial in Spanien eine Rede bei einem CEDI-Kongress und ist mehrfach Gast der Kongresse. Generalsekretär Gaupp-Berghausen berichtet: »*1965 versuchte das CEDI, vermittels einer Wallfahrt nach Santiago de Compostela, die Jugend Europas für die Ziele des CEDI zu interessieren, d.h. für ein Europa der Konföderation, ein christliches Europa, stark und vereint. Der Wunsch und Wille zur Brüderlichkeit und Einheit Europas waren die Opfergabe der über 200 Jugendlichen aus allen Teilen Europas für den hl. Santiago von Compostela.*« Zu den CEDI-Vorstandsmitgliedern zählen neben Otto von Habsburg zeitweise Hans-Joachim von Merkatz und Georg Fürst von Waldburg zu Zeil; zum Internationalen Rat u.a. der deutsche Publizist Otto B. Roegele, der französische Politiker Michel Habib-Deloncle[1], der polyglotte Schwede Arvid Fredborg und der Spanier Manuel Fraga Iribarne.

Von linker Seite wird das CEDI als gefährliche Geheimorganisation angesehen. So schreibt die österreichische »Arbeiter Zeitung« am 7.7.1962 unter der Überschrift »CEDI – eine blaublütige Verschwörung«: »*Dr. Habsburg herrscht über einen Verein, der seine Mitglieder an die Macht bringen soll (...) Und wie man hört, sollen manche CEDI-Leute bei ihren Tauschgeschäften nicht einmal vor Staatsgeheimnissen haltmachen.*«

Otto von Habsburg meint dazu heute: »Es war zweifellos eine politische Macht.« Viele Kontakte seien über das CEDI gelaufen, etwa bei der abenteuerlichen Rückkehr de Gaulles an die Macht in Frankreich.

Pläne für Mitteleuropa

Otto von Habsburg behandelt das CEDI als eine europäische und ausdrücklich politische Plattform, wenngleich er mit vielen der führenden CEDI-Leute auch persönlich eng befreundet ist. Als in Wien im März 1958 eine Arbeitstagung des Österreichischen Do-

---

[1] Minister a.D. Habib-Deloncle übernimmt später eine führende Rolle in der Paneuropa-Union Frankreich und wird einer von Otto von Habsburgs Vizepräsidenten in der Internationalen Paneuropa-Union.

kumentationszentrums stattfindet, schreibt er – weil es ihm »aus formal-politischen Gründen nicht möglich« ist, zu kommen – eine lange Rede, in der er zu wichtigen weltpolitischen Fragen Stellung nimmt. Der Text zeigt nicht nur den Charakter des CEDI, sondern auch das damalige Denken Otto von Habsburgs: »(...) *Allerdings hat diese moralische Krise unserer Völker ihre Berechtigung. Es fehlt uns nämlich im Westen ein politischer Plan – das große außenpolitische Konzept. (...) Der Westen ist immer in den negativen Phasen der Ost-West-Politik groß gewesen: War eine positive Politik möglich, hat er zuerst versagt. (...) Die Sowjetunion hat niemals ihre großen Pläne geheim gehalten. Die russischen Führer sprechen heute ebenso offen von der Weltrevolution als zur Zeit Lenins oder Stalins. Chruschtschow unterstreicht seine Zielsetzung immer wieder – sogar bei Empfängen fremder Diplomaten! Weltrevolution ist ein Konzept, für das man aufrüsten kann. Soweit bekannt steht dieser Idee auf amerikanischer Seite nichts Gleichwertiges gegenüber – außer Waffen für die Defensive zu schmieden. Und das ist kein politisches Konzept. – Eine gefährliche Lage! (...) In dieser ernsten Perspektive liegt eine gewaltige Aufgabe für uns Europäer. Von allen Erdteilen besitzen wir am meisten diplomatisches Wissen, Erfahrung, Geschicklichkeit und die Gabe, geschichtliche Ereignisse zu meistern. (...) Unser großes Unheil, das Jalta-Abkommen, war hauptsächlich deswegen möglich, weil kein einziger wirklicher Europäer an dem Konferenztisch gewesen ist – zumindest kein Kontinentaleuropäer.«*

Otto von Habsburg versucht im Folgenden, eine Strategie für Verhandlungen mit Moskau zu skizzieren. Die Zielsetzung umschreibt er so: »*Die Freie Welt strebt es an, eine Situation herbeizuführen, in der die Völker wieder in Sicherheit leben können. Die letzten fünfzehn Jahre beweisen, dass dies bei Andauern der gegenwärtigen Lage nicht möglich ist. Aus dieser allgemeinen Prämisse ist für Europa die Folgerung zu ziehen, dass der Osten dieses Erdteils bis zu den natürlichen Grenzen Russlands von raumfremden Kräften, also von der Sowjetunion, evakuiert werden muss, und dass den Völkern dieser Gebiete, unter internationaler Kontrolle, das Recht gegeben werden muss – welches auch im Jalta-Abkommen verbrieft ist – ihre eigene Zukunft in freier Wahl zu bestimmen. Ist dies erreicht, wird es möglich sein, jene Verträge zu beenden, die heute Europa militärisch aufspalten: der Warschauer Pakt im Osten, der NATO-Pakt im Westen. (...) Im Mittleren Osten ist die Unruhe weitgehend auf fremde Einmischung zurückzuführen.«*[1]

Aus dem amerikanischen Exil als überzeugter Europäer zurückgekehrt, will Otto für die Einigung Europas und für die Befreiung der sowjetisch besetzten Länder Mittel- und Osteuropas kämpfen. Die »Frankfurter Rundschau« berichtet am 13. 11. 1957 über einen Vortrag Ottos: »*Die Sowjetunion befinde sich augenblicklich in einer schweren Wirtschaftskrise und werde vielleicht gezwungen sein, die osteuropäischen Länder freiwillig zu räumen (...) Letztlich mache aber nur eine ›Politik der Kraft‹ eine Schaffung ›Großeuropas‹ auf diesem Wege möglich.*«

Otto von Habsburg gibt der »Passauer Neuen Presse« ein am 27. 10. 1952 veröffentlichtes Interview. Darin sagt er, auch um anderslautenden Gerüchten entgegenzutreten, dass eine Donauföderation Bayern nicht mit einschließen solle: »*Es ist nur an die ehemaligen Kronländer gedacht, nicht aber etwa an Bayern. Deutschland ist eine Einheit und eine Realität. Dabei ist immer vorausgesetzt, dass eine derartige Föderation der ausdrückliche Wunsch der betreffenden Völker wäre, denn ich denke nur an einen freiwilligen Zusammenschluss. Daran beteiligt wären neben der Slowakei auch Böhmen und Kroatien, wobei ich von dem Gedanken ausgehe, dass der Donauraum schon immer eine geografische Einheit gebildet hat. Das heißt auch, dass nicht alle Länder, die früher zur Monarchie gehörten, an diesem Zusammenschluss beteiligt werden. So wäre etwa ganz Ostgalizien ausgenommen und natürlich auch Serbien.*« Das größere Ziel einer europäischen Einigung hat er dabei schon im Visier: »*Die vereinigten Staaten von Europa müssen auf regionaler Basis zusammengeschlossen werden. Europa muss zuerst reorganisiert werden und dann vereinheitlicht. Eine Donauföderation würde unbedingt ein bedeutsamer Teil des vereinten Europas sein.*«

---

[1] Ansichten wie diese, die Otto von Habsburg auch später in seiner Rolle als Paneuropa-Präsident und als Europaabgeordneter äußert, bringen ihm von linker und pazifistischer Seite den Ruf eines »Kalten Kriegers« ein, wobei er selbst den »Kalten Krieg« stets als den Dritten Weltkrieg – ausgetragen mit anderen Waffen – bezeichnet.

De Gaulle – Der größte Staatsmann seiner Zeit

Zu einem längeren Gespräch trifft Otto von Habsburg den von ihm bewunderten General Charles de Gaulle erstmals am Sonntag, dem 5. Oktober 1947, in Vincennes. Er hat den General während des Weltkriegs flüchtig getroffen, sein Bruder Robert jedoch kennt ihn näher. Unwahr ist die Anekdote, Charles de Gaulle sei durch Otto von Habsburgs 1962 erschienenes Werk »L'Extreme Orient n'est pas perdu« auf den Erzherzog aufmerksam geworden. Angeblich soll de Gaulle dieses Buch in einer einzigen Nacht gelesen, und dann beeindruckt ausgerufen haben: »Kein Wunder, er ist ja ein Lothringer!«

Otto von Habsburg sieht in de Gaulle den bedeutendsten Staatsmann seiner Zeit und verteidigt ihn gegen Angriffe von allen Seiten.[1] In einem Brief vom 18. 10. 1962 bemerkt er an Coudenhove-Kalergi, der ebenfalls ein Freund und Bewunderer des Generals ist: *»Sie werden sicher gehört haben, dass derzeit in der ganzen Welt ein wahres Kesseltreiben gegen de Gaulle unternommen wird, ebenso von rechts wie von links. Die sehr einflussreiche National Review in den Vereinigten Staaten hat sich stark in den Dienst dieses Treibens gestellt (...) Da ich mit dem Herausgeber der National Review gut befreundet bin, schrieb ich ihm mehrfach sehr scharfe Protestbriefe gegen seine anti-gaullistische Haltung. Das Ergebnis war, dass ich nunmehr von der National Review die Aufforderung erhielt, in einem größeren Artikel meinen Standpunkt niederzulegen und sozusagen mit den Anti-Gaullisten zu polemisieren.«* In dem Beitrag, der in der »National Review« am 18. 12. 1962 erscheint, meint Otto von Habsburg: *»De Gaulle hat die kommunistische Partei nicht aufgelöst, weil er fühlte, dass diese Partei, trotz ihrer großen Mitgliederzahl, sehr krank ist. Der Kommunismus ist nirgends legal an die Macht gekommen. Es gab niemals eine kommunistische Revolution von unten, sie kam immer von oben. Der gefährliche Kommunist ist nicht der Wähler, sondern der Geheimagent (...) Der französische Staats-*

---

[1] Wilhelm Röpke schreibt am 28. 2. 1963 an Otto von Habsburg: »Ich sehe zu meiner Genugtuung, dass wir sehr weitgehend einig sind, auch in der Frage, wie man de Gaulle beurteilen soll.«

lenker ist nicht das Oberhaupt eines Clans, welcher den Staat für seine Freunde eroberte, und der diejenigen abschlachtet, die zu opponieren wagen, wie es etwa Hitler und Mussolini praktizierten; de Gaulle, der Geschichte studiert und auch verstanden hat, weiß, dass ein echter Staatsmann sich gleicherweise für seine Anhänger wie für seine Gegner verantwortlich fühlen muss. Er muss der Garant der Gerechtigkeit sein, und zwar für alle, und das ohne Unterschied.«

Auch die europapolitischen Ansichten General de Gaulles verteidigt Otto von Habsburg, wenngleich er sie – auch hierin Coudenhove-Kalergi ähnlich – nicht bis ins Detail teilt. In einem Vortrag, den er am 21. November 1966 in München hält, bemerkt Otto von Habsburg: »*Wenn man von Europa spricht, ist das zweite Wort Frankreich und die französische Politik, sowie die angeblichen Hegemoniebestrebungen General de Gaulles. Ich bin ziemlich lang schon in europäischen Bestrebungen tätig, ich habe viel öffentlich über Europa gesprochen, auch schon vor dem Jahre 1958, als Frankreich zur Fünften Republik wurde. Damals war es außerhalb der Bundesrepublik unvermeidlich, dass innerhalb der ersten fünf Minuten die Frage aufgetaucht ist: sind Sie denn ein Agent des Pangermanismus? Europäische Einigung bedeutet nämlich deutsche Vorherrschaft. Das war, weil wir damals einen starken Bundeskanzler hatten, Herrn Adenauer, während in Frankreich die Regierungen der Vierten Republik sich in atemberaubendem Tempo abwechselten. Inzwischen ist es anders geworden. In Frankreich regiert nunmehr die stärkste Persönlichkeit unseres Erdteiles; daher das Gejammer über die Hegemoniebestrebungen von Paris.«* In einer Besprechung[1] der »Memoiren der Hoffnung« des Generals schreibt Otto von Habsburg von den »Memoiren des größten politischen Geistes der Welt nach Jalta«.

Als William S. Schlamm Otto von Habsburg 1972 zur Mitarbeit an seiner neuen Zeitschrift »Zeitbühne« auffordert, sagt dieser mit einem langen, in Briefform gehaltenen Beitrag über einen Streitpunkt zwischen beiden zu: über General de Gaulle. Dieser Beitrag zeigt wohl am deutlichsten die Wertschätzung des Habsburgers für

---
[1] Veröffentlicht in der »Presse« am 27./28. 2. 1972

de Gaulle, und zugleich die Unterschiede in der Europavision: »*Sie wissen, dass zwischen uns eine Gestalt steht, über die unsere Meinung grundlegend auseinandergeht: General Charles de Gaulle. Wenn auch das gewesene französische Staatsoberhaupt heute nicht mehr unter den Lebenden weilt, ist doch sein Lebensprogramm weiter aktuell (...) Ich glaube an ein föderales Europa; ich glaube an supranationale Institutionen. General de Gaulle, der im nationalen Gedankengut vor dem Ersten Weltkrieg seine entscheidenden Impulse erhalten hat, wollte nicht so weit gehen. Für seine Generation aber hat der alte Herr bewundernswerte Aufgeschlossenheit gezeigt. Man darf nicht vergessen: er war der Mann der deutsch-französischen Aussöhnung. Er war es auch, der immer wieder die europäische Einigung, wenn auch in konföderaler Form, als Europa der Vaterländer, in den Vordergrund gestellt hat. Er war zweifelsohne der beste Partner, den Konrad Adenauer in Frankreich finden konnte. (...) Das wichtigste und aktuellste Erbe General de Gaulles ist der Gedanke des europäischen Europa. Unsere Zukunft liegt weder in der Vereinigung mit dem »Ostblock« noch in einer verwaschenen atlantischen Gemeinschaft. Sie kann nur ein kräftiges Europa sein, das nicht nur den eigenen Völkern Sicherheit und Wohlstand gewährleistet, sondern auch unseren Brüdern, die durch den unseligen Vertrag von Jalta in das koloniale Regime der Sowjetunion überantwortet wurden, eine greifbare Alternative für kommende Zeiten bietet. Das kann ein Europa nicht, welches weiterhin vom Schilde der NATO abhängt. Wir sind den Amerikanern zu großem Dank verpflichtet. Wir können aber diesen am besten damit abstatten, dass wir ihr Werk vollenden und durch ein europäisches Europa für sie Partner und nicht nur Protektorat werden.*«

Revolution in Ungarn –
Wendepunkt des Kalten Krieges

Die ungarische Revolution zeichnet sich bereits in der Zeit vor 1956 ab. Immer mehr Ungarnreisende berichten, die Menschen hätten die Angst verloren. Otto, Sohn des letzten gekrönten ungarischen Königs Karl IV., hat sich stets für Ungarn eingesetzt und enge Kontakte gepflegt. Wie sehr das kommunistische Regime diese Verbindungen fürchtet, zeigt die Tatsache, dass die Kommunisten Kardinal-Primas József Mindszenty vorwerfen, mit Otto zu kollaborieren.[1] Später beschuldigt die kommunistische Propaganda Otto von Habsburg, er habe zusammen mit westlichen imperialistischen Kräften den Aufstand von 1956 angezettelt.

Die Vorzeichen des Aufstands können ihm nicht verborgen bleiben. Im Januar 1956 trifft er in New York – wie in den Jahren zuvor – mit den dortigen Exil-Ungarn zusammen. Auch zu den von Marosy in Madrid gepflegten Exilkreisen hält er Kontakt. Am 24. Oktober 1956 notiert Otto in seinem Kalender »Rebellion in Ungarn«, am Tag darauf »Der Aufstand in Ungarn scheint anzuhalten«. Am nächsten Tag ruft er Franco an, um ihn für eine Initiative zu gewinnen. Und tatsächlich: Spanien kündigt an, wegen Ungarn die UNO anzurufen! Otto von Habsburg will erreichen, dass die Vereinten Nationen Ungarn als neutralen Staat anerkennen.

Otto kontaktiert Ungarn-Experten, mobilisiert Vertrauensleute in Madrid, Paris, London und Wien. Eilig entwirft er den Plan einer Österreichisch-Ungarischen Wirtschaftsunion – alles, um Ungarn möglichst rasch und unwiderruflich aus dem »Ostblock« herauszubrechen und seine Neutralität zu sichern.[2] Am 31. Oktober kehrt der aus seiner Haft befreite Kardinal Mindszenty im Triumph nach Budapest zurück.[3] Otto schreibt ihm am selben Tag. Doch schon einen Tag später notiert er »Nachrichten aus Ungarn chaotisch«; drei Tage später dann »news of tragedy« von der sowjetischen

---

[1] Auch dem Erzbischof von Kalocsa, József Grósz, wird 1950 in einem von brutalen Folterungen und Gehirnwäsche begleiteten kommunistischen Schauprozess vorgeworfen, er habe eine Verschwörung angestiftet, um Otto von Habsburg auf den Thron zu bringen.
[2] Tatsächlich ist das Leitbild der Revolution weniger das titoistische Jugoslawien, sondern das benachbarte Österreich, das durch den Staatsvertrag vom 15. 5. 1955 seine Freiheit und Unabhängigkeit wiedererlangt und gesichert hat. Ministerpräsident Nágy verkündet am 1. 11. 1956 offiziell die Neutralität Ungarns.
[3] Mindszenty ist weit über die Grenzen Ungarns hinaus zu einem Symbol geworden. Am Tag nach seiner Befreiung empfängt er in- und ausländische Delegationen, gibt Interviews und zeigt sich den Massen. Ministerpräsident Imre Nágy hebt die Verurteilung des Kardinals offiziell auf und bestätigt seine bürgerlichen und kirchlichen Rechte.

Aggression gegen Ungarn. Anstelle des Mittagessens betet Otto von Habsburg an diesem Tag einen Rosenkranz für Ungarn. Am 6. November meint Otto mittags »noch immer einige Inseln des Widerstandes in Ungarn« ausmachen zu können, doch am selben Abend bemerkt er resignierend: »Der Westen kapituliert wieder einmal.«

Otto von Habsburg war und ist überzeugt, dass die Ungarische Revolution von 1956 der Wendepunkt im Kalten Krieg war. Bereits 1957 analysiert er die kommende Krise der Sowjetunion als Folge der Erschütterungen der Ungarischen Revolution[1]: »*Darüber hinaus ist jedem objektiven Beobachter klar, dass die Entwicklung, die durch den ungarischen Aufstand vom Oktober und November 1956 eingeleitet wurde, keineswegs stillsteht. Die Krise des Sowjetreiches geht weiter und nimmt an Intensität zu.*« In einer Ansprache, die ein spanischer Radiosender ausstrahlt, erklärt Otto von Habsburg auf Ungarisch: »Wir haben eine Schlacht verloren, nicht den Krieg.« Ungarn ist für ihn der Beweis, dass die These von der Irreversibilität des Kommunismus nicht stimmt. Viele Kommunisten glaubten bis dahin, der Kommunismus könne nicht von innen heraus gestürzt werden. In Ungarn wurde er von innen gestürzt und nur mit militärischer Macht von außen wieder installiert. »Ein schwerer moralischer Schock für viele Kommunisten«, meint Otto von Habsburg.[2]

Ab 1956 steht Ungarn regelmäßig auf der Tagesordnung der UNO. Als dies 1962 unterbleibt, bildet sich ein Kreis von Amerikanern un-

---

[1] In einem Interview mit dem »Luzerner Vaterland« vom 30. 10. 1957
[2] In der Folge versucht er, das ungarische Exil weiter zu einen und zu stärken. So spricht Otto von Habsburg am 23. Januar 1957 in New York bei einem »Charity Dinner« der »Hungarian-American Catholic League« vor 400 Zuhörern. In Vorträgen kritisiert er massiv »Radio Free Europe«, das während der Revolutionstage westliche Hilfe versprach. Die »Frankfurter Rundschau« berichtet am 15. 11. 1957: »*Im Übrigen war Ottos Einschätzung der ungarischen Ereignisse von beachtlichem Realismus. Es seien Fehler gemacht worden, die schwer wiedergutgemacht werden könnten. Besonders die Tätigkeit von Radio Free Europe kritisierte der Kaisersohn heftig: es habe den ungarischen Patrioten unerfüllbare Hoffnungen gemacht und sie in eine Katastrophe hineinrennen lassen.*«

garischer Abstammung, als deren Sekretär Tibor Eckhardt fungiert, der sich mit der Bitte um internationale Unterstützung an Otto von Habsburg wendet.

1963 kommt es zu intensiven Verhandlungen Ungarns mit dem Vatikan und den USA über das weitere Schicksal von Kardinal-Primas Mindszenty, der seit 1956 in der US-Botschaft in Budapest lebt. In einem Brief vom 9. April 1963 an Röpke schätzt Otto von Habsburg die Verhandlungen noch so ein: »*Entgegen Pressestimmen kann ich Ihnen persönlich und vertraulich mitteilen, dass die Verhandlungen nicht im Sinne einer Ausreise des Kardinals verlaufen: es ist vielmehr davon die Rede, dass er im Land selbst Aufenthalt nehme. Ich glaube sagen zu können, dass die führenden Elemente im Vatikan sich haben überzeugen können, dass eine Ausreise des Kardinals von ungeheurem Nachteil wäre; andererseits versucht das Regime so verzweifelt ein Abkommen herbeizuführen, dass es bereit ist, auch auf sonst sehr unangenehme Bedingungen einzugehen.*« Überlegt werde die Gründung einer internationalen Organisation, die offiziell um eine Amnestie für den Kardinal ansuchen soll, da Mindszenty nicht selbst um Amnestie bitten kann, ohne indirekt eine Schuld einzugestehen: »*Ich bin nun gebeten worden, an der Vorbereitung dieser Organisation mitzuwirken. Natürlich darf ich unter gar keinen Umständen vor der Öffentlichkeit erscheinen. (…) In der jetzigen Phase handelt es sich nur darum, von prominenten Persönlichkeiten eine grundsätzliche Zustimmung zu erreichen, so dass man im gegebenen Falle innerhalb weniger Tage wissen könnte, wen man zur Mitarbeit bitten darf. (…) Auf jeden Fall bin ich gebeten worden, die Grundlagen so aufzustellen, dass Kardinal König bei seiner Abreise nach Budapest eine ungefähre Vorstellung hat, ob das Projekt möglich ist.*«

Auch an den Vizepräsidenten des Deutschen Bundestages, Richard Jaeger (CSU), wendet sich Otto von Habsburg im April 1963 mit der Bitte, diesem Komitee beizutreten (was Jaeger umgehend zusagt): »*Weiterhin wird von der Kirche versucht, alles zu machen, damit der Kardinal das Land nicht zu verlassen hat. Es wird verstanden, dass eine solche Ausreise schlechte Folgen haben müsste und würde daher nur im äußersten Falle, wenn überhaupt, ins Auge gefasst werden. Die Aussichten, dass der Kardinal im Land bleiben kann, sind nicht schlecht.*« Dies wird sich als Irrtum erweisen. Der

```
DEUTSCHER BUNDESTAG
DER VIZEPRÄSIDENT                            53 BONN   3.5.1963
```

S.K.u.Kgl. Hoheit
Erzherzog Otto von Österreich
<u>8134 P ö c k i n g</u>
Hindenburgstr. 15

Euere Kaiserliche Hoheit!

Da ich gerade erst vom Urlaub zurückgekommen bin, ist mir leider eine frühere Beantwortung Ihres freundlichen Briefes vom 22. April nicht möglich gewesen. Ich möchte mich deshalb beeilen, Ihnen mitzuteilen, daß ich selbstverständlich bereit bin, einem Komitee beizutreten, das die Freilassung von S.Exz. Kardinal Mindszenty fordert.

Ich hoffe sehr, daß ich anläßlich der Tagung im Escorial wieder Gelegenheit habe, Sie zu treffen.

               Mit herzlichen Grüßen verbleibe ich

                    Ihr ergebener

                    (Dr. Richard Jaeger)

Vatikan stimmt der Ausreise Mindszentys zu, für das Regime in Budapest ist das Problem damit entschärft. 1971 kommt der Fürstprimas nach Rom, verlässt es aber rasch wieder.[1]

---

[1] Der ukrainische Bekenner und griech.-kath. Großerzbischof von Lemberg, Kardinal Josyf Slipyj, war aufgrund der damaligen vatikanischen Ostpolitik ebenfalls freiverhandelt worden. Er kam direkt aus einem sowjetischen Arbeitslager nach Rom. Slipyj, der sich zeitlebens in Rom unwohl fühlte, warnte Mindszenty, er solle die Stadt baldigst wieder verlassen. So ließ sich Kardinal Mindszenty in Österreich nieder – nah zur Heimat, die er nicht freiwillig aufgegeben hatte.

1972 feiert Kardinal Mindszenty zum 80. Geburtstag von Kaiserin Zita die Messe – ein großer Kreis der Familie ist dabei, auch Otto und Regina. 1974 enthebt Papst Paul VI. Mindszenty aus pastoralen Gründen, aber gegen den Willen des Betroffenen, seiner Ämter. 1975 stirbt der große ungarische Bekenner-Kardinal im österreichischen Exil und wird – auf eigenen Wunsch – in Mariazell beigesetzt. Erst nach der Wiedererlangung der Freiheit Ungarns wird er seinem Testament entsprechend nach Esztergom überführt. Einem Komitee für die Seligsprechung Mindszentys gehören heute weit über eine halbe Million Menschen an.

Zukunftshoffnung Sahara?

Im Januar 1958 besucht Otto von Habsburg zusammen mit seinem Bruder Robert auf Einladung der »Compagnie Française des Pétroles« die neuen Erdöl- und Erdgasbohrungen in der Sahara. Sie fliegen von Paris nach Algier, über das Atlas-Gebirge und die Sahara nach Hassi Messaoud, von dort zurück nach Algier. Im Anschluss an diese Reise schreibt Otto von Habsburg begeistert über »die Erschließung des europäischen Reiches in der Sahara«[1]: »*Die Sahara ist also nicht nur reich, sie ist auch bewohnbar. Allerdings herrscht in Europa der Glaube, dass die große Wüste bloß ein Anhängsel Nordafrikas sei. (...) Die Sahara ist heute noch eine menschenleere neue Welt. In dem gewaltigen Gebiet, welches sich von der sudanesischen Grenze bis zum Atlantischen Ozean erstreckt, leben heute nur rund 600 000 Menschen. Diese sind fast durchwegs Nomaden, vom Stamme der Tuaregs und Chamah, die mit den Arabern und Berbern Nordafrikas nichts gemein haben. Man kann diese Nomaden rechtlich nicht ›Einwohner‹ nennen, denn ihre Wohnung ist das Kamel. Sie besitzen auch kein Staatsbewusstsein. (...) Bestimmt, man kann mit viel Recht gegen den Kolonialismus Stellung nehmen. Es gibt aber zwei Typen von Kolonialismus. Unrecht ist er, wenn man einen schon bestehenden Staat oder eine Nation ihrer Unabhängigkeit beraubt und ihr das eigene Regime, aus wirtschaftlichen oder im-*

---

[1] Aus einer in schriftlicher Form gesandten Rede an das Österr. Dokumentationszentrum, März 1958

perialistischen Gründen, aufnötigt. Grundverschieden und berechtigt ist aber die Besetzung von praktisch unbewohnten Gebieten. Das war bei der Sahara der Fall. Wir können daher hier von legitimer europäischer Herrschaft sprechen. Die Zukunft dieses Raumes wird durch den bestimmt werden, der ihn bevölkert.«

Fast vier Jahrzehnte später kann Otto von Habsburg im Europäischen Parlament bei einer kurzfristig angesetzten Dringlichkeitsdebatte spontan und ohne weitere Vorbereitung sachkundig über Geschichte und aktuelle Situation der Tuareg Auskunft geben, wodurch er allgemeines Staunen auslöst. An Debatten über Algerien nimmt er als einer der wenigen Nicht-Franzosen mit Leidenschaft teil, und wenn von linker Seite gegen Marokko polemisiert wird, ist mit seinem Widerspruch immer zu rechnen. Oft betont Otto von Habsburg die Wichtigkeit des südlich an das Mittelmeer angrenzenden Raumes für Europa und streicht die Unterschiede zwischen dem arabischen Nordafrika und Schwarzafrika heraus. Während sich also halb Österreich Sorgen um seine mögliche innenpolitische Rolle nach einer Rückkehr macht, ist er längst zum Weltpolitiker geworden. An Anfragen, Anliegen und Bitten mangelt es ihm nie. Eines von vielen Beispielen: Coudenhove-Kalergi gründet eine Organisation in Japan, die sich »Youth for Fraternity« nennt. In einem Schreiben vom 11. 9. 1962 trägt er Otto die Führung des aufzubauenden europäischen Zweiges dieser Bewegung an.

5. Die politische Klasse in Wien wird nervös

1950 versetzt das Gerücht, Otto von Habsburg plane seinen Wohnsitz nach Konstanz zu verlegen, die Sicherheitsdirektion des Bundeslandes Vorarlberg in Aufregung. »Die Angelegenheit wird weiterhin im Auge behalten werden«, heißt es in einem Schreiben des Sicherheitsdirektors an das Innenministerium vom 18. 7. 1950. Der Hintergrund ist banal: Am 13. Juli 1950 befindet sich Otto von Habsburg einige Stunden ganz nahe der österreichischen Staatsgrenze bei Leutasch.

Die kommunistische Zeitung »Der Abend« titelt eine Geschichte am 26.7.1950 so: »USA und Vatikan planen Thron für Otto Habsburg.« In dem reichlich spekulativen Beitrag steht unter anderem: *»Schon während des Krieges hatten bekanntlich die Habsburger zusammen mit dem Vatikan und dem amerikanischen Außenamt den Plan eines ›Katholischen Blocks‹ ausgearbeitet, der von den Alpen bis zu den Karpaten reichen und autoritativ von einer ›katholischen Majestät‹ regiert werden soll. (…) Otto Habsburg und seine Hintermänner in Washington und in der Vatikanstadt sind sich also völlig darüber klar, dass die Pläne einer katholischen Monarchie den Völkern Mitteleuropas nur durch Krieg aufgezwungen werden können. Auf dem Weg zur Vernichtung der Volksdemokratien und zur Errichtung eines neuen mitteleuropäischen Völkerkerkers sind sie bereit, über Millionen Leichen zu gehen.«*

Drehscheibe Pöcking

Erste regelmäßige Gespräche mit österreichischen Vertrauten beginnt Otto von Habsburg bereits Ende November 1947 in Paris. Auch in Seeheim, wo Ottos Schwiegermutter wohnt, finden nach 1950 häufig Besprechungen statt. Zur ständigen Einrichtung mit strategischer Zielsetzung werden seine Treffen aber erst ab der Übersiedlung nach Pöcking. 1954 nimmt die Regelmäßigkeit der Zusammenkünfte zu. Zu seinen engsten politischen Vertrauten zählen Ernst und Max Hohenberg, MBÖ-Chef August Lovrek, der frühere Finanzminister Schuschniggs, Rechtsanwalt Dr. Ludwig Draxler, Dr. Wolfram Bitschnau, Erich Thanner, Theobald und Carl Czernin.

Ab 1952 begegnet Otto immer häufiger österreichischen Abordnungen, zunächst in Altötting oder Seeheim, ab 1954 dann in Pöcking. Auch österreichische Politiker suchen den Kontakt zu ihm. Wann immer Otto von Habsburg in Südbayern ist, empfängt er Delegationen von Österreichern. Ab dem Wohnortwechsel häufen sich die Besuche größerer Reisegruppen in Pöcking: am 27. Mai 1954 kommen 213 Vorarlberger nach Pöcking und bleiben insgesamt zehn Stunden mit Otto beisammen, am 30. Mai 435 Tiroler, am 7. Juni 88 Wiener; am 13. Juni besuchen 400 Österreicher den

Thronprätendenten in Pöcking; am 26. Juni wieder 300 Tiroler und am 15. August 300 Vorarlberger. Auch unterwegs trifft sich Otto von Habsburg nun systematisch mit Delegationen von Österreichern, so etwa mit 600 Wienern im Juli 1954 in Monaco. 1955 reisen auch Abordnungen diverser ÖVP-Verbände nach Pöcking an. Otto von Habsburg bespricht Tonbänder, die dann in Österreich bei Veranstaltungen abgespielt werden. Am 15. Februar 1958 fahren 70 Mitglieder des österreichischen Zweiges des CEDI nach Mittenwald, um einen Vortrag Otto von Habsburgs zu hören.

Solange fremde Besatzungstruppen in Österreich standen, wollte Otto nichts unternehmen, um die Situation der österreichischen Regierung nicht zu erschweren. 1955 entsteht durch den Staatsvertrag, der Österreich Freiheit und Unabhängigkeit zurückgibt, eine neue Lage. Bereits im Vorfeld berät sich Otto von Habsburg ausführlich darüber mit seinen Vertrauten. Obwohl Otto von Habsburg 1955 seine große Orientreise unternimmt und auch viel Zeit in Spanien, Portugal und Frankreich verbringt, verstärkt er doch auch seine Anstrengungen um Österreich und die Möglichkeit der Heimkehr.

Am 22. 2. 1955 »beehrt sich« die Bundespolizeidirektion Salzburg, dem Bundesministerium für Inneres und der Sicherheitsdirektion für das Bundesland Salzburg »eine von August Lovrek herausgegebene Broschüre ›Otto von Habsburg – Gedanken zum Staatsvertrag‹ vorzulegen«.[1] In der Broschüre schreibt Otto: »*Der Staatsvertrag in seiner derzeit bestehenden Form ist beinahe ausschließlich das Werk der Sowjetunion. Schritt für Schritt haben die Westmächte bei so ziemlich allen Punkten den russischen Forderungen nachgegeben. (...) Heute ist das Werk daher eine Kapitulation – auf unsere Kosten. (...) Österreich, im Sinne des sogenannten Staatsvertrages, ist somit keine befreite Nation, sondern ein besiegtes Land. Dies ist eine Vergewaltigung des Völkerrechtes durch die Okkupationsmächte. (...) Denn für ein ›befreites‹ Land braucht man keinen Friedensvertrag (...) ein einfaches Protokoll über die Wiederherstellung der Unabhängigkeit und das Ende der Okkupation müsste vollauf ge-*

---

[1] Davon wurden 20 000 Stück gedruckt.

nügen.« Otto wendet sich im Folgenden besonders gegen Artikel 6, 9 und 10 des Vertrags; ebenso gegen die Artikel 17-33, die Österreich jede Hoffnung nehmen würden, »sich jemals wieder selbst verteidigen zu können«; Artikel 56/57 würde »Österreich einer dauernden politischen Kontrolle der Großmächte unterwerfen«, fürchtet er.

Dass Otto von Habsburg den Staatsvertrag später milder beurteilt, geht aus einem Artikel hervor, den er zehn Jahre später schreibt: »*Das Österreich von 1918 litt daran, dass ein bedeutender Teil des Volkes den Staat verneinte und dieser schließlich Selbstmord beging. Die Zweite Republik konnte demgegenüber den Traumatismus heilen, weil an ihrer Wiege ein bedeutender Sieg des Landes – der Staatsvertrag – Pate stand. Ohne diese Überwindung der Besatzungsmächte und dem Erringen der Freiheit, weitgehend aus eigener Kraft, wäre es nicht möglich gewesen, Österreich in jener Weise lebensfähig zu gestalten und als Selbstverständlichkeit in die Reihen der freien Völker des Kontinentes einzugliedern. (…) Weltpolitisch gesehen gleicht die Situation zur Zeit des Staatsvertrages der zweiten Belagerung Wiens.«*

Am 18. April 1955 berät sich Otto mit Vertrauten in Pöcking intensiv über den Staatsvertrag. Am 7. Mai erfährt er von Lovrek, dass der die Habsburgergesetze betreffende Artikel 10 im Vertrag bleiben soll. Am 15. Mai wird der Staatsvertrag unterzeichnet. Von 12. bis 15. Juni finden in Pöcking erneut ausführliche Beratungen über den Staatsvertrag und auch über das weitere Vorgehen Ottos statt.

In dieser Zeit ist Otto von Habsburg durchaus eng in die Interna der Monarchistischen Bewegung involviert: 1957 wird die Bewegung, die bisher unter dem Namen »Bund österreichischer Patrioten« aufgetreten ist, in »Monarchistische Bewegung Österreichs« (MBÖ) umbenannt – gegen den Widerstand einiger führender Persönlichkeiten, wie etwa Lovrek selbst. Seit 1953 erscheint »Die Krone«, deren Redaktionskonferenz mehrfach in Pöcking tagt.

Otto von Österreich – ein Österreicher?

Otto beantragt 1954 die Feststellung seiner österreichischen Staatsbürgerschaft. Das Wiener Magistrat, Abteilung 61, lehnt ab, worauf sein Rechtsanwalt Alois Streif mit Brief vom 27. 2. 1955 an das Magistrat schreibt: *»Sie teilen mir laut Aktennotiz vom 4. November 1954 mit, dass weder Otto von Habsburg-Lothringen, bzw. Otto von Österreich aus dem Hause Habsburg-Lothringen, geboren am 20. November 1912 in Reichenau, N.Ö., noch sein Vater Kaiser Karl I. von Österreich in der Wiener Heimatrolle als in Wien heimatberechtigt, verzeichnet sind. Ich ziehe somit den Antrag auf Ausfertigung eines Auszuges aus der Heimatrolle, laut seinem Antrag vom 28. April 1954 zurück.«* Die Stadt Wien verweist Ottos Rechtsanwalt an die niederösterreichische Landesregierung, weil er ja in Reichenau zur Welt gekommen ist. Das Amt der niederösterreichischen Landesregierung teilt dann am 8. Mai 1956 (Aktenzeichen LA 1/4.1996/14-1956) mit: »Otto Österreich (Habsburg-Lothringen), geb. 20. November 1912 in Reichenau, ist ab 27. April 1945 gemäß § 1, lit. a des Staatsbürgerschafts-Überleitungsgesetzes 1949 (St. UG 1949) BGBl Nr. 276 österreichischer Staatsbürger.«

Aber das Innenministerium fragt in den USA an, um herauszufinden, ob Otto zwischenzeitlich eine andere Staatsbürgerschaft angenommen hat, und damit der österreichischen verlustig gegangen sei. Bundesinnenminister Oskar Helmer (SPÖ) lässt sich mehr als neun Monate Zeit, bevor er am 18. Februar 1957 den Heimatschein ausfertigt und folgenden Bescheid (Aktenziffer 33.709-9/57) unterschreibt: »Es wird mit allgemein verbindlicher Wirkung festgestellt, dass Sie als österreichischer Staatsbürger nur berechtigt sind, den Familiennamen Habsburg-Lothringen zu führen.«

Diese Festlegung ist insofern interessant, als im Pragmatikalpatent Kaiser Franz' vom 11. August 1804 ausdrücklich festgesetzt worden war, dass »Österreich« der »Name unseres Erzhauses« ist. Otto von Habsburg müsste demzufolge »Otto von Österreich« heißen bzw. »Dr. Otto Österreich«. Auf der Basis des von Innenminister Helmer erlassenen Heimatscheins erhält Otto von Habsburg später auch Pässe für seine Kinder, allerdings mit dem diskriminierenden Vermerk: »Berechtigt nicht zur Einreise nach und nicht zur Durchreise durch Österreich.«

38 Bischof Wechner spendet dem erstgeborenen Sohn, Karl, das Sakrament der Taufe. Tante Adelhaid ist Taufpatin.

40 Regina (mit Walburga) und Otto – stolze Eltern von fünf Töchtern

39 Karl, Michaela, Walburga (mit Hut) und Gabriela beim 1. Besuch in Wien

41 Otto mit seiner Verlobten Regina am Tag vor der Eheschließung

42 Weil Otto nicht nach Österreich reisen darf, strömen Tausende Österreicher zu ihm nach Pöcking.

43 Drei Generationen: Otto mit Sohn Karl vor dem Gemälde von Kaiser Karl

44 Bei einer Tagung 1960 besucht Otto die Zonengrenze, die Grenze zur DDR.

45/46 Das Bild des Vaters steht immer auf Ottos Schreibtisch.

47 Otto von Habsburg mit dem österreichischen Nationalratspräsidenten (und früheren Bundeskanzler sowie Außenminister) Leopold Figl 1960 in München

48 Habsburg mit seinem treuen Mitarbeiter Graf Degenfeld an der bayerisch-österreichischen Grenze

49 Beim Paneuropa-Kongress in Wien 1972 wagt Bundeskanzler Bruno Kreisky den »historischen Handschlag« und springt damit über den Schatten, den seine Partei auf das Verhältnis Österreichs zu den Habsburgern geworfen hatte.

Wie hat doch im August 1956 der ÖVP-Nationalratsabgeordnete und spätere Bundeskanzler Dr. Alfons Gorbach im Nationalrat gesagt? – »Vogelfrei wird bei uns ein Haus erklärt, das durch einige Jahrhunderte nicht eben zur Unehre Österreichs seinen Dienst an Volk und Vaterland versah.«

»Republik oder Monarchie?«

In einem Beitrag in der »Wochenpresse« vom 5.10.1957 nimmt Otto von Habsburg noch einmal zur Frage »Republik oder Monarchie?« (so der provokative Titel des Beitrags) Stellung. Für das Verstehen seiner späteren Verzichtserklärung ist dieser Beitrag aufschlussreich: *»Das Wesen des Staates – also der Staatsinhalt – ist im Naturrecht verankert. Der Staat ist nicht Selbstzweck. Er ist für seine Bürger da. Er ist daher keineswegs Quelle des Rechts noch – wie heute allzu oft geglaubt wird – allmächtig. Seine Befugnisse sind durch die Rechte seiner Bürger beschränkt. (…) Hier wird meist von Monarchisten behauptet, dass die Demokratie in Monarchien besser funktioniere als in Republiken. Wenn wir das heutige Bild Europas betrachten, hat das Argument zweifellos viel für sich. (…) Vorerst ist die Republik mit ganz wenigen Ausnahmen keine sakrale Staatsform. Sie braucht keine Berufung auf Gott, um ihre Autorität zu rechtfertigen. Denn in ihrem System stammt die Autorität, die Souveränität als Quelle der Macht, vom Volke.«* Otto referiert die Argumente beider Seiten, auch die der Monarchisten: *»Der Herrscher ist zu seinem Beruf geboren. Er ist in ihm aufgewachsen. Im wahrsten Sinne des Wortes ist er ein ›Professional‹, das heißt, ein Sachverständiger auf dem Gebiet der Staatskunst. In allen Sparten des Lebens zieht man den berufsmäßigen Sachverständigen dem genialen Amateur vor (…) Wichtiger noch als die berufliche Befähigung ist die Parteilosigkeit des Herrschers. (…) Der Präsident ist immer irgendwem verpflichtet. (…) Der Herrscher in der Monarchie dagegen ist nicht abhängig und für alle gleichermaßen da. Er wird daher den Starken gegenüber wesentlich freier sein und den Schwachen eher zu ihrem Recht verhelfen.«*

Eine Umfrage aus den Jahren 1957/58 des Wiener Gallup-Institutes ergibt, dass 17% der Befragten gerne einen Kaiser an der Spitze des

Landes sähen, 34% wären mit jeder Art von Staatsoberhaupt zufrieden und 49% wären eher für einen Bundespräsidenten.[1] »Der Tagesspiegel« (Berlin) meldet am 16. 2. 1958 den Zusammenschluss der *»diversen eigenbrötlerischen ›kaisertreuen‹ Vereinigungen und Grüppchen in einer ›Monarchistischen Bewegung Österreichs‹ (MBÖ) (...), die eine überraschend jugendliche Agilität an den Tag legt und demonstrativ mehr nach der Zukunft als nach der Vergangenheit schielt. (...) Das kluge Konzept der MBÖ verrät denn auch deutlich sichtbar Ottos Hand«.*

Am 25. November 1957 berichtet die Bundespolizeidirektion Linz an das Innenministerium, dass bei der *»am 24. 11. 1957 vormittags anlaesslich des geburtstages des dr. otto habsburg in der minoritenkirche in linz abgehaltenen messe ca. 200 personen und an der am gleichen tage um 14.30 uhr im bahnhoffestsaale in linz veranstalteten festversammlung ca. 300 personen teilgenommen haben«*. In Österreich erregt jeder Schritt Ottos höchste Aufmerksamkeit.

Und es gibt auch genug öffentliche Auftritte, Begegnungen und Gespräche, die registriert werden können. So treffen beispielsweise am 26. und 27. April 1958 Regina und Otto mit dem Wiener Erzbischof Franz König, dem St. Pöltener Bischof Franz Zak und Staatssekretär Grubhofer in Lourdes zusammen; zahlreiche Österreicher besuchen gemeinsam mit Otto eine Messe, die Kardinal König zelebriert. Am folgenden Tag geben der Bürgermeister von Lourdes und der Präfekt einen Empfang, zu dem Grubhofer, Kardinal König und Otto von Habsburg geladen sind.

Jahrelang kursieren die sonderbarsten Vermutungen darüber, was Otto von Habsburg in Österreich wohl plane. So berichtet der »Schwarzataler Bezirksbote« am 18. 4. 1958 unter der Überschrift »Die unsichtbare Hand«: »Seit einigen Tagen wird in den Semperit-Werken geflüstert: Hast du gehört, Otto von Habsburg soll der neue Generaldirektor werden?« Die »Sozialistische Korres-

---

[1] Andics schreibt im Jahr 1965: *»Das Phänomen besteht darin, dass der Monarchismus 47 Jahre nach dem Ende der Monarchie noch nicht ausgestorben ist und dass die Republikaner 47 Jahre nach der Gründung der Republik ihrer eigenen Schöpfung noch nicht sicher sind.«*, S. 9

pondenz« verbreitet das Gerücht, Otto wolle eine Professur in Wien. Das Blatt »Neues Österreich« übernimmt dieses am 31. 5. 1961 und schreibt Otto »beabsichtige nämlich, sich in Wien niederzulassen und strebe eine Professur an der Wiener Universität an«. Und der »Express« titelt: »Dr. Otto Habsburg will Professor in Wien werden.«

Am 21. Februar 1958 erklärt Otto von Habsburg, dass er »als österreichischer Staatsbürger die derzeit in Österreich geltenden Gesetze« anerkenne und sich »als getreuer Bürger der Republik« bekenne. Die wörtliche Formulierung lautet: »*Um in meine Heimat zurückkehren zu können, erkläre ich im eigenen Namen und im Namen meiner Gemahlin und meiner minderjährigen Kinder als österreichischer Staatsbürger, die derzeit in Österreich geltenden Gesetze anzuerkennen und mich als getreuer Bürger der Republik zu bekennen.*« Aber Bundeskanzler Raab fürchtet bei einer Rückkehr Ottos eine Radikalisierung der Linken und eine Spaltung der ÖVP. Offiziell wird die Erklärung als »unzureichend« beurteilt, weil sie keinen ausdrücklichen Verzicht enthält.

Auch im inneren Kreis Otto von Habsburgs ist das Vorgehen nicht unumstritten. Im Jahr 1959 wird mit den Vertrauten intensiv über die Rückkehrfrage diskutiert. August Lovrek versucht – laut Otto von Habsburg auch manchmal gegen die eigene Überzeugung – die Linie der MBÖ im Sinn Ottos zu gestalten. So sagt Lovrek bei einer programmatischen Rede am 21. November 1960 im Wiener Konzerthaus: »*(...) wir wollen keine Restauration der alten Monarchie und wir wollen auch keine Staatsformänderung nach dem Muster der heute bestehenden Monarchien. Beides wäre genauso falsch als wenn man glauben wollte, es müsste das heute bestehende republikanische System verewigt werden. Unser Ziel ist eine neue Staatsform, die, vom Naturrecht ausgehend, eine echte soziale und politische Ordnung gewährleistet, wie sie aus Otto von Habsburgs Schriften hervorgeht. (...) Im Staate der Zukunft sollten daher die Autoritäten – um jede Zentralisierung der Rechte und Zuständigkeiten zu verhindern – voneinander getrennt werden und auf Geburt und Wahl beruhen. Die schützende richterliche Gewalt wäre auf die allein Unabhängigkeit und Kontinuität garantierende Berufung durch Geburt, die anordnende Gewalt hingegen – also Parlament und Regie-*

rung – wäre auf die politische Wahl zu gründen.«[1] Aus dieser Zielsetzung erklärt Lovrek seinen Mitgliedern im Voraus die Loyalitätserklärung: »*Das Wissen um die Zukunft, um größere Maßstäbe als es die der kleinlichen Tagespolitik sind, hat Otto von Habsburg dazu bestimmt, jene Loyalitätserklärung abgeben zu wollen, die im Habsburgergesetz vorgeschrieben ist.*« In der Rede, die auszugsweise in »Der Krone« vom 15. 1. 1961 abgedruckt ist, heißt es weiter: »*Gerade deshalb, weil wir die Gedanken der Sozialen Ordnung von Morgen Ottos von Habsburg als richtig erkannt haben und weil sie nichts anderes sind als die legitime und zukunftsbezogene Fortsetzung des christlich-abendländischen Geistes, des an keine politischen Grenzen gebundenen geistigen Raumes des Imperium Romanum, der – wie bisher, auch künftighin – nie untergehen wird, da er der echte europäische Gedanke ist, gerade deshalb also muss diese Erklärung abgegeben werden. Sie reißt das Tor in die Zukunft auf, räumt Ressentiments weg und schafft für alle Beteiligten Freiheit des Handelns und Denkens! Sie gibt den Weg frei zum großen Händereichen über alle parteipolitischen, religiösen und rassischen Grenzen hinweg.*«

»Der Tagesspiegel« meint bereits am 18. 5. 1958 davon berichten zu können, dass Otto von Habsburgs Verbannung bald zu Ende sei. Über die Habsburgergesetze meint die »Berliner Zeitung«: »*Die Volkspartei des Bundeskanzlers Raab plädiert für ihre Aufhebung. Sie möchte dem österreichischen Thronprätendenten Otto von Habs-*

---

[1] Die »Programmatische Erklärung der Monarchistischen Bewegung Österreichs«, am 1. 2. 1961 in der»Kronen Zeitung« veröffentlicht, formuliert: »Die Monarchistische Bewegung Österreichs bekennt sich zu der Tatsache, dass das Haus Österreich in Jahrhunderten durch Verwirklichung der überzeitlich wirkenden kaiserlichen Idee eine Völkerfamilie geschaffen hat, die bis heute das einzige Vorbild einer europäischen Integration darstellt!« Hier wird der Monarch als »Schutzherr« der richterlichen Gewalt gesehen, als »Anwalt aller für das Gemeinwohl durch Wahrung des Rechtes, für die Einheitlichkeit der Rechtsprechung, für die unbeeinflusste Ausübung der richterlichen Gewalt, für den Ausgleich gegensätzlicher Interessen sowie für den Schutz jeglicher Minderheit und der politisch und sozial Schwachen.« Weiter heißt es in der Erklärung: »Die soziale Monarchie kennt keine Vorrechte und Privilegien eines Standes, einer Klasse oder Partei.«
Klar ist aber auch das Bekenntnis zu Europa, hier – schon Anfang 1960! – verankert: »*Die Schaffung der europäischen Föderation ist Ziel der österreichischen Außenpolitik.*«

burg nach fast vierzigjähriger Verbannung die Rückkehr in die Heimat ermöglichen und scheint bereits das Placet ihrer sozialistischen Koalitionspartner gewonnen zu haben.« Weiter steht in demselben Beitrag: »*Erzherzog Otto darf mit gutem Recht die Rückkehr nach Österreich fordern. Er war es ja, der dieses Österreich durch lange Verhandlungen mit alliierten Staatsmännern erst wieder auf die Landkarte gebracht hat. Auch kann er sich darauf berufen, dass er wiederholt seine Loyalität gegenüber der Republik bewies – erstmals 1938, als er die Rettung der österreichischen Unabhängigkeit versuchte; dann während des Krieges in seiner Funktion als Berater des amerikanischen Präsidenten, und zuletzt im Herbst 1944, als er eine Neuaufteilung der österreichischen Okkupationszonen erreichte, nachdem die unselige Quebec-Konferenz bereits ganz Wien, Oberösterreich, Niederösterreich, das Burgenland und die Steiermark den Russen zugesprochen hatte.*« »Der Tagesspiegel« erklärt seinen Lesern aber auch, warum sich die österreichische Politik mit Otto so schwer tut: »*Ein vorschriftsmäßig leicht degenerierter Kaisersohn ließe sich als Staffage für Bälle und Opernpremieren, zur Hebung des Fremdenverkehrs und zur Propagierung von Kurorten ideal verwenden. Mit diesem vorschriftswidrig klugen, sachlichen Otto von Habsburg aber weiß unsere wohlkatalogisierte Welt, die so gerne in Einheitsmaßen misst, offenbar nichts Rechtes anzufangen. Er ist zu eigenwillig, um sich in ein Schema zu fügen. Unbekümmert leistet er sich seine Persönlichkeit.*«

Vorspiel eines großen Konfliktes

Das Dilemma von Kanzler Raab lautet: Er darf nicht gegen die Wiedereinreise agieren, um keine Stimmen der Monarchisten oder traditionell gesinnten Wähler zu verlieren, aber er fürchtet zugleich die Wiedereinreise, weil Otto mit einer eigenen Liste antreten und die ÖVP damit spalten könnte. Die SPÖ dagegen muss für ihre Wähler Habsburg-feindlich agieren, insgeheim aber hofft sie zumindest zeitweise auf eine Wiedereinreise, die ja der ÖVP Turbulenzen oder sogar die Spaltung brächte.

Raab berichtet beim ÖVP-Parteitag in Innsbruck 1958, dass er einen persönlichen Brief von Otto von Habsburg erhalten habe, in dem dieser Max Hohenberg zu seinem offiziellen Vertreter ernannt habe. In dem Schreiben habe Otto den Wunsch nach Rückkehr geäußert. Gegenüber Journalisten erklärt Raab, Otto müsse eine Verzichtserklärung leisten; anschließend habe die Bundesregierung im Einvernehmen mit dem Nationalrat darüber zu befinden, ob diese ausreichend sei. »Die Presse« schreibt daraufhin am 29. 11. 1958: »Das heißt, dass de facto eine Rückkehr Otto von Habsburgs, auch wenn er eine Verzichtserklärung abgibt, nur mit Zustimmung des Nationalrates und damit der beiden Koalitionsparteien erfolgen kann.« Am 2. 12. 1958 berichtet die »Neue Zürcher Zeitung«: »*In seiner Antwort auf den Brief Ottos erinnerte der Bundeskanzler an den Staatsvertrag und die Habsburgergesetze (...) In diesem Brief Raabs soll sich auch eine Klausel befinden, in der ausdrücklich auf die schwierigen Beziehungen Österreichs zu den benachbarten kommunistischen Volksdemokratien hingewiesen wird, die eine vorsichtige Behandlung des gesamten Fragenkomplexes erforderten (...)*«

Am 4. Dezember 1958 sagt der SPÖ-Abgeordnete Otto Probst in einer Parlamentsdebatte: »Die Familie Dr. Otto Habsburgs durfte bisher deshalb nicht nach Österreich einreisen, weil Dr. Otto Habsburg seinen Verzicht nicht ausgesprochen hat. Und ich glaube, uns kommt eine österreichische Initiative nicht zu. Das muss er tun (...)« Als die ÖVP-Abgeordnete Grete Rehor zwischenruft, setzt Probst hinzu: »Ja, das ist die Verfassungs- und Rechtslage, Frau Kollegin! Und ohne jede weitere Bedingung kann er kommen, wenn er diese formelle Verzichtserklärung unterzeichnet.«

Laut dem ehemaligen sozialistischen Innenminister und Gewerkschaftsboss Franz Olah sei SPÖ-Chef Bruno Pittermann 1958/59 durchaus bereit gewesen, Otto von Habsburg zurückkehren zu lassen, um der ÖVP innerparteiliche und politische Schwierigkeiten zu bereiten. Am 11. 3. 1959 notiert Pittermann: »Ich halte weiterhin an meiner Auffassung fest, es sei gegen die Rückkehr der Habsburger nichts einzuwenden, wenn sie auf die Mitgliedschaft zum Hause verzichten und eine entsprechende Erklärung abgeben.« Innenminister Oskar Helmer (SPÖ) schreibt auf dem Briefpapier des Innenministeriums – nicht der SPÖ! – an Otto von Habsburg: »*(...) Wie Sie aus den zahlreichen Gesprächen unserer Vertreter mit Ihnen, beziehungsweise Ihrem Beauftragten wohl wis-*

sen, ist der Standpunkt des Bundesparteivorstandes zu Ihrer möglichen Rückkehr nach Österreich grundsätzlich positiv. Nichtsdestoweniger ist es klar, dass der endgültige Entscheid vor allem von der Stimmenabgabe unserer Vertreter in der Bundesregierung und (...) im Nationalrat abhängig ist.« Weiter heißt es in dem Schreiben, Otto von Habsburg solle »auch die Proteste eines Teiles der Bevölkerung gegen Ihre Rückkehr« in Betracht ziehen. »Wir vertreten vielmehr die Ansicht, dass es notwendig ist, Ihre Rückkehr stufenweise in den Reihen unserer Partei vorzubereiten.« Er wolle Otto von Habsburg deshalb auch »auf die unserer Auffassung nach unrichtige und der ganzen Sache schädliche Politik der führenden Monarchisten in Österreich aufmerksam« machen. »Ich möchte Ihnen nicht verheimlichen, dass ich als Innenminister wohl und ausführlich über die zwischen den Vertretern der Monarchistischen Bewegung und der ÖVP geführten Gespräche informiert bin (...)« Deshalb, so meint Innenminister Helmer, würde der Vorstand der SPÖ auf ein Gespräch mit Otto von Habsburg oder Herzog Max Hohenberg (wörtlich: »mit Ihrem Herren von Hohenburg«) Wert legen. Der Brief schließt mit: »Wollen Sie versichert sein, dass die SPÖ, sowie auch ich persönlich durch den besten Willen und das aufrichtige Bestreben geführt sind, Ihre Rückkehr nach Österreich möge spätestens nach den Parlamenteswahlen verwirklicht werden.« Das wäre bereits im Mai 1959!

Kanzler Raab lässt unterdessen Otto von Habsburg signalisieren, dass die ÖVP bei einem Aufschub seiner Rückkehr bis nach den Wahlen gewillt sei, die Vermögensrückgabe so rasch wie möglich durchzuführen. – Nach den Wahlen von 1959 ist jedoch bei ÖVP und SPÖ von einer baldigen Rückkehr keine Rede mehr.

Auch innerhalb der MBÖ gibt es unterschiedliche Diskussionen, Interpretationen und Gerüchte. Otto hält deshalb im November 1959 eine Tonbandansprache an die MBÖ-Bundesleitung: *»Von verschiedenen, mehr oder weniger wohlwollenden Seiten sind der Obersten Leitung der Bewegung und mir Gedanken angedichtet worden, die eine Änderung der Linie unserer Politik, also unserer Strategie, bedeutet hätten. Ich musste mit Bedauern feststellen, dass sogar einzelne Funktionäre diesen zweckgesteuerten Gerüchten Glauben geschenkt haben. (...) Ich muss Sie daher nachdrücklich* *bitten, solche Geschichten, die Ihnen zugetragen werden, nicht ernst zu nehmen. (...) Ich stelle daher nochmals fest, dass nur dann Aufträge als gültig anzusehen sind, wenn diese durch den Bundesobmann oder durch einen der Funktionäre der Bundesleitung überbracht werden. (...) dass die Strategie unverändert ist. Dies gilt insbesondere für die Frage meiner Heimkehr. (...) Ich halte nach wie vor an meiner Heimkehr nach Österreich fest und glaube damit im allgemeinen Interesse zu handeln.«*

Die »Frankfurter Allgemeine Zeitung« berichtet am 23. Januar 1960 über die Wende in der Haltung der SPÖ: »*Plötzlich möchte Vizekanzler Pittermann die Rückkehr Ottos noch möglichst weit hinausschieben. ›Konkordat und Kaisersohn auf einmal, das ist zuviel für meine Leute‹, soll er gesagt haben. (...) Man vermutet, dass der hochgebildete, vielseitig interessierte Habsburger auch heute noch politische Ambitionen hegt, die allerdings keinesfalls auf die Wiedererrichtung eines Throns in Wien, sondern auf reale Ziele gerichtet sind, über die seine Bücher und zahlreichen Schriften, aber auch seine Betätigung in verschiedenen internationalen Gesellschaften Aufschluss geben.*«

Über die Vermögensfrage meint die »Frankfurter Allgemeine Zeitung«: »*Die unter Bundeskanzler Dr. Schuschnigg begonnene vermögensrechtliche Auseinandersetzung mit den Habsburgern, die eine Teilrückgabe dieser Vermögenschaften vorsah, konnte 1938 wegen des ›Anschlusses‹ nicht mehr zu Ende geführt werden. Vielmehr wurden die den Habsburgern bereits restituierten Vermögenschaften von den Nationalsozialisten sofort wieder beschlagnahmt. Das hat für Otto heute den juristischen Vorteil, dass er aufgrund der österreichischen Rückstellungsgesetze für NS-Geschädigte einen Rechtsanspruch auf einzelne Vermögenschaften besitzt.*« Der »Kurier« titelt dagegen am 22. 7. 1960 »SPÖ an Raab: Habsburg steht nichts zu«, Untertitel »Das Vermögen sei 1919 der Republik verfallen«. Die tschechoslowakische Zeitung »Rudé Pràvo« polemisiert am 13. 4. 1960: »*Die langjährige, sich hinter den Kulissen abspielende Tätigkeit hoher klerikaler Kreise, die darauf gerichtet ist, ›seine kaiserliche Hoheit‹ Otto Habsburg, nach Österreich hineinzubekommen, geht, wie es scheint, ihrem ›erfolgreichen Ende‹ entgegen. Otto Habsburg, der politische Agent des Vatikans, der faschistischen spanischen Regierung und der reaktionärsten amerikanischen monopolitischen Kreise, könnte leicht zu einer zentralen Figur der reaktionärsten Kreise in Österreich werden (...)«* Die »Arbeiter Zeitung« mutmaßt: »Packelt Bundeskanzler Raab mit Otto Habsburg?« In dem Beitrag heißt es, Meldungen, wonach Otto von Habsburg enteignete Güter zurückgegeben werden sollten, hätten in der Öffentlichkeit starke Unruhe hervorgerufen: »*Die sozialistischen Abgeordneten (...) bezeichnen den Plan einer Preisgabe von Staatsbesitz im Werte von hunderten Millionen – man spricht davon, dass Otto Habsburg zahlreiche Güter mit zehntausenden Hektar Grundbesitz im Werte von 700 Millionen bis zu einer Milliarde bekommen soll – als alarmierend und aufreizend angesichts der Notlage hunderttausender Rentner, politisch Verfolgter, Opfer des Krieges und der Nachkriegsereignisse.«*

Am 21. 7. 1960 berichtet die »Kronen Zeitung« unter der Überschrift »Raab bestätigt, dass Rückkehr Otto Habsburgs vorbereitet wird«: »*Der Bundeskanzler bestätigte im Übrigen Berichte der ›Kronen Zeitung‹, denen zufolge ein Gesetz aus der Schuschnigg-Ära zur Vermögensübertragung an die Familie Habsburg herangezogen werden soll. (...) Bundeskanzler Raab teilte im Weiteren mit, der Bevollmächtigte Dr. Otto Habsburgs habe auch Vizekanzler Dr. Pittermann und Außenminister Dr. Kreisky auf die Notwendigkeit einer gesetzlichen Regelung des Habsburg-Problems aufmerksam gemacht. Diese seien also über die Angelegenheit unterrichtet gewesen. Demgegenüber stellte Außenminister Dr. Kreisky sofort Folgendes fest: ›Es ist richtig, dass Dr. Max Hohenberg mit mir vor etwa anderthalb bis zwei Jahren einige Unterredungen gehabt hat, bei denen er mir auch den Entwurf einer Verzichtserklärung vorlegte. Ich musste ihn darauf aufmerksam machen, dass diese Verzichtserklärung nicht mit den österreichischen Gesetzen übereinstimmt und dass meine Partei nicht bereit wäre, eine solche Verzichtserklärung zu akzeptieren.‹«*

Am 25. 7. 1960 bestellt Außenminister Kreisky in Paris den österreichischen Botschaftssekretär, Georg von Hohenberg – einen Sohn von Herzog Max – zu sich. In einem Gedächtnisprotokoll heißt es, Kreisky »*habe immer versucht, eine befriedigende Lösung der Vermögensfrage zu erzielen, doch sehe er augenblicklich keine solche. (...) Tito hätte ihm lächelnd erklärt, dass er nichts gegen eine*

Rückkehr Ottos habe, doch habe er sichere Informationen, dass die Tschechoslowakei und Ungarn – vielleicht nicht unmittelbar bei der Rückkehr Ottos, doch sicherlich bei einer Verschärfung des Kalten Krieges – die Anwesenheit des Habsburgers zum Anlass nehmen würden, um Unannehmlichkeiten zu bereiten.«

Max Hohenberg hatte sich tatsächlich in einem Schreiben an Außenminister Kreisky u.a. für die Rückerstattung des »geraubten Familienversorgungsfonds« eingesetzt, obwohl Otto von Habsburg stets auf die Heimkehrfrage mehr Wert legte als auf die Vermögensfrage. Hinsichtlich der tatsächlichen oder vorgeschobenen Befürchtungen, Österreichs Nachbarn könnten Ottos Rückkehr zum Anlass für eine neue Eiszeit nehmen, schreibt Herzog Max an den Außenminister: »Lieber Doktor, mit diesem Gespenst ist mir schon der selige Seipel gekommen.« Der Kreisky-Brief, aus dem der Außenminister im Jahr 1964 sogar im Parlament zitiert, wird Hohenberg später als Illoyalität gegenüber Otto ausgelegt.[1] – Herzog Max' Sohn Albrecht von Hohenberg meint gegenüber den Autoren, sein Vater habe damit deutlich machen wollen, dass auch der Verbannte in Pöcking irgendwann die Geduld verlieren könnte. Außerdem wollte er erreichen, dass seine Rolle als Vermittler ins rechte Licht gerückt würde. Wörtlich steht in Herzog Maxs Schreiben: *»Wenn diese einmalig günstige Gelegenheit (...) verhindert wird, was geschieht dann? Dann ist kein Hohenberg mehr da und dann wird ›jemand‹, der sehr aktiv (ist) und der nach dem bekannten Slogan ›Nichts mehr zu verlieren, als seine Ketten‹ (lebt), im ungünstigsten Moment doch nach Österreich einreisen. Wie will man ihn auch daran hindern? Wenn er öffentlich erklärt, jede gewünschte Erklärung zu unterschreiben und alle vierzehn Tage eine neu textierte vorlegt? Wenn er unerlaubt einreist, sich abschieben und einsperren lässt? Dann muss er konfiniert werden und es gibt kein besseres ›Vorzimmer zur Macht‹ als das Gefängnis.«*

---

[1] Tatsächlich ist das Verhältnis zwischen Otto und seinem Onkel Max stets von großem Vertrauen und uneingeschränkter Loyalität geprägt. 1950/51 diskutiert Otto von Habsburg mit seinen österr. Vertrauten über eine mögliche Kandidatur von Max Hohenberg für das Amt des Bundespräsidenten. Die Idee kommt im Juni 1950 auf und wird – nach Otto von Habsburgs Erinnerung – durch Herzog Max selbst am 14. Januar 1951 verworfen.

Verhandlungen mit Raab und allerlei Skurrilitäten

Die Habsburger verhandeln mit Vertretern des Bundeskanzleramtes, des Finanz- und des Handelsministeriums über ein neues Fondsgesetz. Der Anwalt der Familie Hohenberg, Streif, legt der Bundesregierung am 16. 2. 1959 den ersten Entwurf für ein neues Fondsgesetz vor. Darin listet er die Bezugsberechtigten auf: die Nachkommen des Vaters von Kaiser Karl – Erzherzog Otto –, die des Großherzogs Leopold von Toskana, die des Erzherzogs Karl (des Siegers von Aspern) und die des Erzherzogs Joseph. Laut Streif würden die Bezugsberechtigten zwei Drittel des Fondsertrags bekommen, Otto als Fondschef ein Drittel. Streif beruft sich auf § 26 des Staatsvertrages, in dem steht, dass »*in allen Fällen, in denen Vermögenschaften, gesetzliche Rechte oder Interessen in Österreich seit dem 13. März 1938 wegen der rassischen Abstammung oder der Religion des Eigentümers oder aus anderen Gründen Gegenstand gewaltsamer Übertragung oder von Maßnahmen der Sequestrierung, Konfiskation oder Kontrolle gewesen sind, das angeführte Vermögen zurückzugeben und die gesetzlichen Rechte und Interessen wiederherzustellen sind.*«

Aufgrund des Streif-Vorschlags lässt Raab tatsächlich eine Bestandsaufnahme der noch im Bundesbesitz befindlichen ehemaligen Habsburg-Liegenschaften machen. Doch Finanzminister Wolfgang Schmitz sagt am 19. Juni 1964 bei einer Pressekonferenz: »Es besteht kein rechtlicher Anspruch Dr. Otto Habsburgs beziehungsweise des Familienversorgungsfonds des Hauses Habsburg auf bestimmte Vermögenswerte.« Tatsächlich hätte der bis 13. 3. 1938 Bezugsberechtigte, also Otto von Habsburg, einen Rückstellungsantrag stellen müssen, was er aber nie tat.

Doch die in Österreichs politischer Klasse gegen Ende der 50er Jahre wachsende Unruhe und Nervosität ist weniger finanziell als politisch bedingt. Das Außenministerium übersendet dem Innenministerium mehrere ins Deutsche übersetzte Anti-Otto-Artikel kommunistischer tschechoslowakischer Zeitungen. Dutzende Polizeiakten werden über angebliche Sichtungen Ottos in Österreich oder an der österreichischen Grenze aufgenommen und nach Wien weitergemeldet. Die Otto-Hysterie nimmt mehr und mehr skurrile Züge an. – Der »Express« titelt am 22. 8. 1958: »Mitternächtliche Polizeijagd auf Otto von Habsburg in Wien.« Ein Anrufer hatte bei der Staatspolizei gemeldet, Otto von Habsburg sei im Restaurant »Linde« in der Rotenturmstrasse in Wien gesehen worden. Er habe dort mit Fritz Molden von der »Presse« u. a. gespeist. Die Polizei geht dem Verdacht sofort nach: bei der nächtlichen Suche und Verfolgungsjagd kann die Polizei den Mann stellen – der Otto angeblich täuschend ähnlich sieht. Am 31. März 1959 berichtet die Grenzkontrollstelle Großgmain an die Sicherheitsdirektion für Salzburg Ottos »Anwesenheit an der Bundesgrenze«. Zitat aus dem Akt: *»(...) lehnte Otto von Habsburg am deutschen Fahnenmast mit dem österreichischen Zollamt als Hintergrund. (...) Zollamtsleiter Wohlschlager glaubte in einem seiner Begleiter ein Mitglied aus dem Hause ›Wittelsbach‹ zu erkennen (...) Weder Otto von Habsburg, noch einer seiner Begleiter versuchten die Bundesgrenze nach Österreich zu überschreiten.«* Am 4. Oktober 1959 macht das Bundespolizeikommissariat St. Pölten eine Meldung bzgl. »vermuteter Anwesenheit Ottos von Habsburg in St. Pölten«. Darin heißt es im Stil eines Groschenromans: *»Zur gleichen Zeit gingen aus der Domgasse ein Mann und eine Frau auf den PKW zu. Mir fiel sofort auf, dass dieser Mann eine sehr starke Ähnlichkeit mit dem aus Österreich landesverwiesenen Otto von Habsburg hatte. (...) Ehe ich den Mann anhalten und perlustrieren konnte, stiegen die beiden Personen in den dort wartenden PKW, welcher sich in Richtung Bahnhof entfernte.«*

Am 15. Mai 1960 – auf den Tag fünf Jahre nach Unterzeichnung des Staatsvertrags – beschließt die SPÖ, dass eine »Volksabstimmung« darüber entscheiden soll, *»ob Otto Habsburg landesverwiesen bleibt. Das Ergebnis dieser Volksabstimmung muss von allen Österreichern und Österreicherinnen respektiert werden, um unserem Volk das Unglück einer neuerlichen Aufspaltung zu ersparen«.*

Bei einem Empfang der Bayerischen Staatsregierung am 6. August 1960 spricht Otto von Habsburg persönlich mit Raab, Figl und mit österreichischen Bischöfen über die Frage seiner Heimkehr nach Österreich. Am Rande des in München stattfindenden Eucharistischen Kongresses treffen Otto und sein Bruder Robert am

7. August 1960 im Münchener Hotel »Vier Jahreszeiten« den österreichischen Bundeskanzler.[1] Dabei erklärt der Kanzler, dass die SPÖ im Ministerrat stets ein Veto einlegen kann. Dies ließe sich nur durch eine ÖVP-Alleinregierung ändern, was aber die absolute Mehrheit seiner Partei voraussetze. Weil dies in absehbarer Zeit nicht erreichbar sei, rate er zur Unterzeichnung der entsprechenden Passagen des Gesetzes von 1919 und zur Einforderung des Vermögens nicht über die Regierung, sondern auf gerichtlichem Wege. Raab meint, dass eine Heimkehr unter den gegenwärtigen Umständen unmöglich, jedoch das Vermögen durchaus einklagbar sei. Ein Gesetzesentwurf über die Vermögensrückgabe sei fertig, scheitere aber an einem Veto der SPÖ. Raab rät, die Familie solle als Musterprozess die Rückgabe einiger Objekte aus der Schatzkammer einklagen. – Der Kanzler plädiert für eine finanzielle Abfindung, während für Otto von Habsburg die Frage der Rückkehr viel wichtiger ist, um seine Wurzeln auf österreichischem Boden nicht zu verlieren. Otto von Habsburg meint heute, Raab habe sich einzig für die Frage des Vermögens interessiert und sei eben »ein reiner Wirtschaftsmann« gewesen. Raab bittet Otto, seine radikalen Anhänger zu zügeln und nicht immer vom »Kaiser« sprechen zu lassen.

Bundeskanzler Raab gibt kurz darauf gegenüber der »Kärntner Volkszeitung« folgenden Bericht über das Gespräch: *»Otto drückte mir gegenüber den Wunsch aus, nach Österreich zurückzukommen. Ich erklärte ihm, dass dies nur ginge, wenn er die nach dem Habsburgergesetz vorgeschriebene Verzichtserklärung gegenüber der Regierung abgäbe. Dann müsse die Bundesregierung dazu Stellung nehmen und der Hauptausschuss des Nationalrates die Bewilligung erteilen. Was die vermögensrechtliche Seite anlangt, so bleibe nichts übrig, als die Republik zu klagen.«* – Eine Vermögensrückstellung an Otto von Habsburg wird nie beantragt. Rechtsanwalt Streif verlangt die Rückstellung des habsburgischen Privatvermögens – nie des sogenannten »hofärarischen Vermögens« – an den neu zu errichtenden Familienversorgungsfonds, der 1939 durch ein NS-Gesetz aufgehoben worden ist. Streif erklärt in einer Presseaussen-

---

[1] Gerüchte, Konrad Adenauer habe das Treffen zwischen Otto und Raab eingefädelt, lassen sich nicht mehr verifizieren, aber auch nicht falsifizieren.

dung, dass dieser Fonds unter staatlicher Kontrolle stehen soll und der Fondschef nicht als freier Eigentümer darüber verfügen können werde. Dem Fondschef würde demnach ein Drittel des jährlichen Reinertrags zur Verfügung stehen, zwei Drittel würden an die diversen Nachkommen von Maria Theresia verteilt. Der Reinertrag werde auf drei bis vier Millionen Schilling geschätzt, davon würde etwa die Hälfte als Steuer wieder an den Staat fallen. Damit bliebe für Otto selbst ein Rest von rund 500 000 Schilling jährlich, so die Schilderung Streifs.

Über die Frage der Prioritäten sind sich Otto und sein Vertreter und Verhandler Max Hohenberg nicht einig: Herzog Max hält die Vermögensfrage für vorrangig, weil sie nicht nur den Chef des Hauses, sondern einen großen Kreis teilweise alter und wenig begüterter Mitglieder des Erzhauses betrifft. Otto dagegen ist die Frage des Vermögens eher lästig. Trotz dieser Differenzen bleibt der Erstgeborene Erzherzog Franz Ferdinands dem Chef des Hauses gegenüber immer loyal, führt für den Verbannten den Vlies-Orden[1] und hilft mit seiner hohen Reputation, Kontakte zu Spitzenpolitikern der Zweiten Republik herzustellen. Enttäuscht über die Falschheit und Feigheit der Politiker, schreibt Max Hohenberg am 19. September 1960 einen Brief an Bundeskanzler Raab, in dem er sein Verhandlungsmandat niederlegt: *»Sehr geehrter Herr Bundeskanzler! Am 8. Oktober 1958 hatte ich die Ehre, Ihnen ein Schreiben meines Neffen Dr. Otto Habsburg-Lothringen zu überreichen, mit welchem ich bevollmächtigt wurde, mit Ihnen als dem Chef der österreichischen Bundesregierung die Verhandlungen aufzunehmen (…) Die von mir mit Ihrer Billigung geführten Verhandlungen mit den Herren der Koalitionspartei erbrachten keine wie immer gearteten Ergebnisse, wovon ich Ihnen am 6. Februar 1960 Mitteilung machte.*

Und, obwohl zur Vereinfachung des ganzen Fragenkomplexes und um wenigstens eine Teillösung zugunsten der ärmsten Familienmit-

---

[1] Herzog Max hat festgesetzt, dass die Vlies-Ritter nach der Messe auseinander gehen, weil man nicht gemeinsam Champagner trinken könne, solange der Souverän im Ausland sei. Aus dem Exil zurückgekehrt sagt Otto von Habsburg beim Konvent des Vliesordens 1967: »Dass wir hier stehen, verdanken wir dem Max Hohenberg.«

glieder des Erzhauses herbeizuführen, die Behandlung der Frage der Einreise, der Restitution der Kunstschätze sowie die Auszahlung einer lebenswichtigen, bescheidenen Monatsrente von meinem hohen Mandanten in entgegenkommendster Weise zurückgestellt wurde und das nötige Finanzgesetz bereits in ausgearbeitetem Entwurf vorlag, teilten Sie mir, sehr geehrter Herr Bundeskanzler, in der Unterredung am 14. September 1960 mit, dass eine gütliche Bereinigung am Widerstand des Koalitionspartners gescheitert sei und dass es Ihnen nicht gelungen ist, eine Sinnesänderung herbeizuführen.

Hiermit ist meine Mission erloschen, und ich lege mein Mandat nieder (...)

Ich bedauere es tief, dass mein Vermittlungsversuch vergeblich war, den ich nur deshalb übernahm, um mein Vaterland von dem Makel eines schreienden Unrechts zu befreien.

Ich verbleibe, sehr geehrter Herr Bundeskanzler, Ihr stets aufrichtiger
Max Hohenberg«

Tatsächlich hat sich die SPÖ zu jener Zeit bereits auf das Feindbild Otto eingeschworen: Der SPÖ-Abgeordnete Peter Strasser bezeichnet Otto von Habsburg in einer Versammlung am 23. November 1960 als »Narren und Phantasten«. Vom 19. bis 21. November 1960 finden in mehreren österreichischen Städten Anti-Habsburg-Demonstrationen statt: Sprechchöre unterbrechen eine monarchistische Veranstaltung in Klagenfurt; zu Zusammenstößen kommt es auch in Linz. Aufsehen erregt die Störung einer monarchistischen Kundgebung im Wiener Konzerthaus. Der »Kurier« schreibt in seiner Ausgabe vom 22. 11. 1960 auf Seite 1 unter der Überschrift »Wien: KP-Sturm gegen Habsburg«: »*Mit Steinen, Eisenstücken und Säureflaschen gingen gestern Abend etwa 2000 kommunistisch geführte Demonstranten vor dem Wiener Konzerthaus gegen ein Großaufgebot der Polizei vor. Die Polizisten konnten nur unter Einsatz des Gummiknüppels verhindern, dass die Demonstranten in das Wiener Konzerthaus eindrangen, wo die Monarchisten den 48. Geburtstag Dr. Otto Habsburgs feierten. Auf beiden Seiten gab es Verletzte.«*

6. Verzichtserklärung

Die alte Tradition wird neu interpretiert

Erst nach der Geburt seines ersten Sohnes, Karl, unterschreibt Otto von Habsburg die vom Habsburgergesetz vorgeschriebene Verzichtserklärung. Am 11. Januar 1961 notiert er in seinem Kalender, dass Karl gegen 10 Uhr zur Welt gekommen sei. Um 11.30 Uhr geht er, um Mutter und Sohn zu sehen, anschließend verfasst er zu Hause einen Artikel und »unzählige Briefe«. Mehrfach telefoniert er an diesem Tag mit Lovrek und Draxler über die zu unterschreibende Erklärung.[1] Am nächsten Tag werden in Absprache mit Lovrek die letzten Korrekturen am Text vorgenommen. Wien verursacht eine sonderbare Dringlichkeit, die heute schwer erklärbar ist. »Signing rapidly demanded«, heißt es am 12. Januar im Kalender. An diesem Tag unterzeichnet er um 15 Uhr den »Wisch« – so steht es, ausnahmsweise auf Deutsch, im Kalender.

Am folgenden Tag wird in Telefonaten zwischen Pöcking und Wien vereinbart, dass Ottos Rechtsanwalt Ludwig Draxler das Dokument am 3. Februar dem Bundeskanzler übergeben soll. Weil Raab an diesem Tag krank ist, wird die Übergabe verschoben. Tatsächlich kommt es erst am 5. Juni zur Übergabe des Dokuments[2], das das offizielle Datum 31. Mai 1961 trägt. Der Wortlaut: »*Ich, Endesgefertigter, erkläre hiermit gemäß § 2 des Gesetzes vom 3. April 1919, Staatsgesetzblatt für den Staat Deutschösterreich Nr. 209, dass ich auf meine Mitgliedschaft zum Hause Habsburg-Lothringen und auf alle aus ihr gefolgerten Herrschaftsansprüche ausdrücklich verzichte und mich als getreuer Staatsbürger der Republik bekenne.*
Pöcking, den 31. Mai 1961
Otto Habsburg-Lothringen«

---

[1] Wörtlich steht in seinem Kalender: »Phone with Lovrek & Draxler on signing paper.«
[2] Draxler überreicht das Papier im Bundeskanzleramt in Wien Bundeskanzler Gorbach (seit 11. April 1961 im Amt).

>Ich, Endesgefertigter, erkläre
hiemit gemäß § 2 des Gesetzes vom 3.April 1919,
Staatsgesetzblatt für den Staat Deutschösterreich
Nr.209, daß ich auf meine Mitgliedschaft zum
Hause Habsburg-Lothringen und auf alle aus ihr
gefolgerten Herrschaftsansprüche ausdrücklich
verzichte und mich als getreuer Staatsbürger
der Republik bekenne.
Urkund dessen habe ich diese Erklärung eigenhändig unterschrieben.

Pöcking, am 31. Mai 1961

Die SPÖ ist von Anfang an entschlossen, die Erklärung nicht gelten zu lassen. Bereits vor ihrer Übergabe, nämlich Anfang Februar 1961, polemisiert die »Sozialistische Korrespondenz«, die Loyalitätserklärung sei nicht das Papier wert, auf dem sie stünde. Laut »Kurier« vom 2. 2. 1961 sagt Vizekanzler und SPÖ-Chef Pittermann vor sozialistischen Abgeordneten: »Von einem Mann, der sich bei der Taufe seines Sohnes als Majestät bezeichnet hat, muss man annehmen, dass jede Loyalitätserklärung gegenüber der Republik falsch und betrügerisch wäre.«[1]

---

[1] Andics dagegen schreibt: »*Wer diesen Dr. Otto Habsburg heute als einen Mann betrachtet, dessen Herzenswunsch es ist, mit der Rudolfskrone auf dem Kopf in Wien Einzug zu halten und auf dem Thronsessel in der Hofburg Platz zu nehmen, der tut ihm unrecht. Wäre dies sein Ziel, so gäbe es keinen Grund, ihm die Einreise nach Österreich zu verweigern – auch seine Gegner, diese besonders, könnten dann nichts Besseres tun, als ihn im Triumph zurückzuholen und ihn seiner eigenen Lächerlichkeit preiszugeben. Aber die Gefahr – wenn man von Gefahr sprechen will – liegt darin, dass dieser Dr. Otto Habsburg seit seiner Rückkehr aus Amerika die Krone als den berühmten alten Hut betrachtet. Sein Traum von der Monarchie hatte sich, wenn man so sagen will, amerikanisiert.*«, S. 136

Aus anderen Gründen opponiert Max Hohenberg dagegen.[1] Der Sohn des in Sarajewo ermordeten Erzherzog-Thronfolgers Franz Ferdinand ist mit der geplanten Verzichtserklärung von Anfang an nicht einverstanden. An seinen Neffen Otto schreibt Max Hohenberg: »*Wenn einem Menschen eine Loyalitäts- und Verzichterklärung vorgelegt wird, mit der Drohung, dass er nur durch das Unterschreiben (...) das Leben, die Freiheit oder das Vermögen erhält, so nenne ich so eine Erklärung eine ›Gestapo-Erklärung‹, da die Gestapo den Schutzhäftlingen solche (...) zur Unterschrift vorgelegt hat. Eine solche, unter Zwang geleistete Unterschrift, ist in den Augen jedes rechtlich denkenden Menschen null und nichtig.*« Hohenberg weiß, wovon die Rede ist: Er selbst hat bei seiner Entlassung aus dem KZ Dachau eine Erklärung unterschreiben müssen, die er mit Ottos Verzichtserklärung vergleicht.

Ähnlich argumentiert 36 Jahre später Otto von Habsburgs älterer Sohn und Erbe. Karl von Habsburg-Lothringen beurteilt die Erklärung in einer Festschrift[2] für seinen Vater im Jahr 1997 so: »*Bevor ich etwas näher auf den Hintergrund dieser Erklärung eingehe, möchte ich bemerken, dass diese auf mich als in einem Rechtsstaat lebender Bürger überhaupt keine Auswirkung hat, da, wie wir aus den elementarsten Grundlagen der Rechtslehre wissen, eine erzwungene Erklärung keine Rechtsgültigkeit erlangen kann. Die Erklärung meines Vaters war zweifellos erzwungen, da nur sie es ihm ermöglichte, als österreichischer Staatsbürger das selbstverständliche Recht, in seine Heimat einreisen zu können, auszuüben.*« Karl – der zu dieser Zeit als Zweiter auf der Liste der ÖVP Mitglied des Europäischen Parlamentes ist – zur Rolle der ÖVP: »*Der Grund für Teile der ÖVP, ebenfalls in diese Kampagne, wenn auch etwas verhaltener, einzusteigen, war die Angst, dass mein Vater nach seiner Rückkehr nach Österreich eine eigene Partei gründen könnte, die die Masse ihrer Wählerschaft aus der damaligen ÖVP bezogen hätte. So ging es also darum, meinen Vater zu kriminalisieren und zu diskreditieren und ihm das Recht auf Einreise in seine Heimat zu nehmen.*«

---

[1] Noch vor der Übergabe, am 28. 3. 1961, sucht Max Hohenberg im Erzbischöflichen Palais in Wien Kardinal Franz König auf, um ihn über den Stand in der Causa Habsburg zu informieren. (Max Hohenberg stirbt am 9. 1. 1962.)
[2] Walburga Douglas/Stephan Baier (Hrsg.), »Otto von Habsburg. Ein souveräner Europäer«, Amalthea Verlag, Wien 1997, S. 20

Zu jener Zeit taten sich auch viele von Ottos Bewunderern und Anhängern mit der Verzichtserklärung schwer: In der MBÖ, die damals rund 1200 Ortsgruppen und 6000 Funktionäre zählt, herrscht trotz der intensiven Vorbereitungsarbeit der Spitze akuter Erklärungsbedarf. In dem 1999 im Leopold Stocker-Verlag erschienenen Buch »Konservativismus in Österreich« schreibt August Lovrek rückblickend: »Am 31. Mai 1961 unterschrieb Otto von Habsburg die vom Habsburgergesetz geforderte Verzichtserklärung. Dies war für die Monarchisten ein schwerer Schlag. Für viele ging, bildlich gesprochen, die Welt unter.« Auch für Lovrek selbst dürfte es schwer gewesen sein. Otto von Habsburg bestätigt, er habe »lange gebraucht, ihn zu überzeugen«. Lovrek erläutert bereits am 29. Januar 1961 in Innsbruck vor der MBÖ-Landesgruppe Tirol: *»Es ist rechtlich unbestritten, dass mit dieser Erklärung nicht der Austritt aus dem Begriff ›Familie‹, wie ihn das Allgemeine Bürgerliche Gesetzbuch kennt, verlangt wird, sondern lediglich der rechtsstaatliche Begriff der ehemaligen Dynastie gemeint ist. Es ist weiterhin rechtlich bemerkenswert, dass Otto von Habsburg und jeder, der eine solche Erklärung abgibt, auf etwas verzichten muss, was ihm kraft Gesetz schon abgesprochen ist (...) Mit wirklicher staatsmännischer Kühnheit und Klugheit hat Otto von Habsburg schon seit vielen Jahren den Entschluss gefasst gehabt und daraus auch kein Hehl gemacht, durch die Erklärungsabgabe eine Tat setzen zu wollen, die echte Freiheit schafft, um den neuen Gegebenheiten mit ihren entsprechenden Mitteln und Ideen zu begegnen. Dafür sind wir ihm Dank schuldig!«*

Der jüdische Rechtsgelehrte und Philosoph Thomas Chaimowicz schreibt am 26. Juni 1961 an Graf Degenfeld über die Loyalitätserklärung: »*Es ist ja nicht nur das Verlangen dieser Erklärung ein Frevel, denn das Haus Österreich ist und bleibt Repräsentant Österreichs und die Loyalitätserklärung müsste man deshalb von den Herren Pittermann, Probst, Olah und wie die Catilinarier unseres Jahrhunderts sonst noch heißen mögen, verlangen.*« In einem anderen Schreiben meint Chaimowicz: »Armes Österreich! Ein berufsmäßiger Winkeladvokat und Gewerkschaftsfunktionäre bestimmen darüber, ob der Kaiser heimkehren darf oder nicht!« In einem an Otto von Habsburg gerichteten Brief schreibt er: *»Ich bitte Eure Majestät, nicht mutlos zu werden. Ich glaube, dass es nicht im Willen Gottes liegen kann, das Unrecht ewig dauern zu lassen.«*

Später, nach seiner Einreise, sagt Otto von Habsburg selbst in einem Interview mit der »Wochenpresse« am 9. November 1966 auf die Frage »Wer ist denn eigentlich nach Ihrer Verzichterklärung Chef des Hauses Habsburg?«: »*Nach dem österreichischen Gesetz vom 3. April 1919 ist jedes Privatfürstenrecht aufgehoben, daher auch die Eigenschaft eines Chefs des Hauses für Fürstliche Familien. Daher ist gemäß dem österreichischen Gesetz, nach dem ich mich richte, diese Frage gegenstandslos.*« Mehr als 36 Jahre nach der Verzichtserklärung, am 24. November 1997, sagt Otto von Habsburg gegenüber der »Kronen Zeitung«: »Ich wurde erpresst, aber meine Unterschrift gilt. Ich stelle keine Herrschafts- oder Vermögensansprüche.«

Die Verzichtserklärung bildet einen der tiefen Einschnitte im Leben Otto von Habsburgs, auch wenn sich dieser Schritt seit Jahren abgezeichnet hat. Dennoch darf man sich Otto von Habsburg in dieser Zeit nicht in Pöcking sitzend und gebannt in Richtung österreichischer Grenze schauend vorstellen: Er hält pausenlos Vorträge in Belgien, Frankreich, Deutschland und der Schweiz, schreibt weiterhin unzählige Artikel, Bücher, sowie täglich Berge von Briefen. Auch seine spanischen Aktivitäten laufen normal fort: Vom 18. bis 23. März 1961 hält er sich in Madrid auf, wo er Politiker trifft und Vorträge am »Instituto de Cultura Hispanica« hält. Vom 8. bis 30. April ist er in den Vereinigten Staaten, um große Reden in New York, Princeton, Detroit, Los Angeles und u.a. Städten zu halten. Nach dieser Reise beginnt er mit Arbeiten zu einer Kleinschrift mit dem Arbeitstitel »Kennedy's Amerika«, später »Kennedy und seine Mannschaft« genannt.

Das Veto der Sozialisten

Gegenüber der Tageszeitung »Die Presse« erklärt Rechtsanwalt Draxler bereits am Tag der Überreichung der Verzichtserklärung, »es widerspreche der Verfassung, einem österreichischen Staatsbürger, der bereit sei, die geforderte Loyalitätserklärung abzugeben, den Aufenthalt in seiner Heimat zu verweigern«. »Die Presse« mutmaßt daraufhin in einem Beitrag vom 6. 6. 1961: »*Sobald die Bundesregierung und der Hauptausschuss des Nationalrates die Er-*

klärung Otto Habsburgs als ausreichend anerkannt haben, würde dieser die Führung der Agenden des Familienoberhauptes des Erzhauses an seinen Bruder Robert übergeben.« Am selben Tag recherchiert die »Tiroler Tageszeitung«: *»Die Volkspartei, so erfuhr man am Montagabend, ist der Auffassung, dass Otto von Habsburg durch seine Verzichtserklärung den verfassungsmäßigen Voraussetzungen für seine Rückkehr nach Österreich Rechnung getragen habe und somit gemäß den Grundgesetzen des Rechtsstaates kein Hindernis für seine Rückkehr bestehe. Die Sozialistische Partei vertrat noch am gleichen Abend den gegenteiligen Standpunkt.«*

Am nächsten Tag beginnt in den Wiener Sophiensälen der SPÖ-Parteitag, von den »Salzburger Nachrichten« als »die Heerschau der zweiten Regierungspartei« bezeichnet. Über die Rede von Pittermann schreiben die »Salzburger Nachrichten«: »Er erreichte einen Beifallsorkan, als er verlangte, dass Dr. Otto Habsburg von der SPÖ niemals nach Österreich zurückgelassen werden dürfe (…)« Wie der »Kurier« berichtet, meint der SPÖ-Abgeordnete Hillegeist, »die Wahrung des inneren und äußeren Friedens in Österreich und die Erhaltung der Republik stehe höher als das ›angeblich verletzte Rechtsgefühl‹ Dr. Habsburgs.« Die »Salzburger Nachrichten« bemerken am 9. 6. 1961 neuerlich: *»Wie schon Mittwochs, reagierten sich Diskussionsredner und Plenum an der Habsburg-Rückkehr ab. Der Sturm erreichte den Höhepunkt, als Pittermann in seinem Schlusswort aus dem Akt im Bundeskanzleramt bekannt gab, dass Dr. Otto Habsburg im Begleitschreiben zu seiner Loyalitätserklärung mitteilte: Diese werde ihn aber nicht hindern, alle Rechte eines österreichischen Staatsbürgers und auch alle Rechte aus seiner Familienzugehörigkeit, besonders was das Vermögen betreffe, in Anspruch zu nehmen. Pittermann wiederholte dann, dass die Rückkehr Dr. Otto Habsburgs am Widerstand der SPÖ in der Bundesregierung scheitern werde.«* Die »Salzburger Nachrichten« am selben Tag, an anderer Stelle: *»Der SPÖ-Parteitag wurde an der Habsburgerfrage richtiggehend aufgeputscht. Ottos Verzichtserklärung sei nur der erste Schritt, meinte Dr. Pittermann (…) Die Reaktion führe noch viel Ärgeres im Schilde – was, das sagte er allerdings nicht – und die Demokratie in Österreich stehe heute vor ihrer ernstesten Bedrohung seit dem KP-Putsch des Jahres 1950.«*

Bereits Jahre vor der Verzichtserklärung kommt es von sozialistischer Seite zu Resolutionen gegen die Rückkehr Ottos wie beispielsweise vom Gemeinderat der Marktgemeinde Arnoldstein (am 21. 12. 1960). Darin heißt es: »Der Gemeinderat der Marktgemeinde Arnoldstein sieht in einer Rückkehr Otto Habsburgs mit dem angeführten Ziele eine Gefahr für den inneren Frieden Österreichs und eine Störung der friedlichen Entwicklung unseres Staates.« Ein ähnliches Schreiben richtet die »Fraktion sozialistischer Gewerkschafter in der Glanzstoff AG St. Pölten« am 19. 9. 1960 an das Bundeskanzleramt.

Um eine Entschärfung der innerösterreichischen Debatte besorgt, schreibt Richard Coudenhove-Kalergi am 7. Juni 1961 an Otto von Habsburg: »*Majestät – Es hat mich ganz besonders gefreut, dass nunmehr der erste offizielle Schritt zu Ihrer Heimkehr erfolgt ist! Ich habe inzwischen viel darüber nachgedacht, wie es möglich wäre, Ihren Gegnern alle Waffen aus der Hand zu schlagen. Ich bitte Majestät im Voraus, entschuldigen zu wollen, wenn meine Gedanken Ihnen nicht zusagen. Bitte in diesem Fall meinen Brief einfach in den Papierkorb zu werfen und ihn als ungeschrieben zu betrachten!*
Mein unmaßgeblicher Rat wäre:
1. Sie wählen den Schriftstellernamen ›Dr. OH‹.
2. Solange die Verhandlungen schweben, betrachten Sie, ohne Präjudiz, diesen Schriftstellernamen als Ihr Inkognito.
3. Als Präsident (oder Ehrenpräsident) der Informationszentrale lassen Sie sich von den Ihren als ›Herr Präsident‹ anreden.
4. Für Amerika sind Sie: ›President Otto‹ (oder ›Crownprince of Austria-Hungary‹). Dieser Zusatz wäre kein Titel, sondern nur eine Feststellung.
Nachdem sich Ihre Persönlichkeit international durchgesetzt hat, ist die Titelfrage von sekundärer Bedeutung. Dem Chef des Hauses Habsburg-Lothringen kann es völlig gleichgültig sein, ob er mit ›Kaiser Otto‹ angesprochen wird, mit ›Erzherzog Otto‹, mit ›Präsident Otto‹ oder mit ›Doctor Otto‹ (…)
In treuer Ergebenheit
Richard Coudenhove-Kalergi«
Otto von Habsburg antwortet darauf am 9. Juni: »*Lieber Graf Coudenhove, (…) Gerade in Augenblicken wie dem jetzigen ist es*

mir besonders wertvoll, Sie an meiner Seite zu wissen. Bezüglich der Titulaturfrage benütze ich einfach, wo immer möglich, den Namen Dr. Otto von Habsburg, der eh der Name ist, unter dem meine Schriften erschienen sind. Das entspricht also ganz Ihrem Ratschlag.«

Am 13. Juni 1961 legt Bundeskanzler Dr. Alfons Gorbach die Verzichtserklärung des vormaligen Thronprätendenten dem Ministerrat der Großen Koalition vor und empfiehlt im eigenen Namen und im Namen der ÖVP, die Erklärung als ausreichend zu betrachten. Der sozialistische Verkehrsminister Karl Waldbrunner erklärt im Namen der SPÖ, dass seine Partei im Interesse der Sicherheit der Republik die Rückkehr Otto Habsburg-Lothringens ablehne. Damit gibt es »keine Einigkeit«!

Die Bezeichnung »abgelehnt« scheint im Protokoll der Sitzung nicht auf, sondern wird erst in späteren Protokollen eingefügt. Im Beschlussprotokoll über die Sitzung der Bundesregierung vom 13.6.1961 (Nr. 9, Pkt. 12) heißt es: *»Der Ministerrat hat in seiner Sitzung vom 13. Juni 1961 nach dem Bericht des Bundeskanzlers Zl. 92.002-2 a/61, betreffend Dr. Otto Habsburg-Lothringen; Verzichtserklärung gemäß § 2 des Gesetzes vom 3. April 1919, StGBl. Nr. 209, betreffend die Landesverweisung und die Übernahme des Vermögens des Hauses Habsburg-Lothringen, festgestellt, dass keine übereinstimmende Auffassung erzielt werden konnte.«* Erst am 21. Juni 1961 wird folgender Nebensatz angefügt: *»(...) und dass damit der Antrag als abgelehnt gilt.«*[1]

Die ÖVP gibt im Anschluss an die Ministerratssitzung folgende Erklärung ab: *»Dass die nunmehr abgegebene Loyalitätserklärung Dr. Otto Habsburgs in formaler Hinsicht den gesetzlichen Bestimmungen entspricht, wurde von keiner der beiden Regierungsparteien bestritten. Dagegen wurde von sozialistischer Seite wiederholt erklärt, die Loyalitätserklärung sei nicht glaubwürdig. Dies widerspricht den rechtlichen Grundsätzen, zu denen sich Österreich in seiner Verfassung und in seinen Gesetzen bekennt. Das Vertrauen zu abgegebenen Willensäußerungen, aus denen ein Rechtsverhältnis*

---

[1] Wenig überrascht notiert Otto von Habsburg an diesem Tag in seinem Kalender: »PM Ministerrat in Vienna rejects my paper.«

hervorgeht, ist eine Grundlage der rechtlichen Ordnung und Sicherheit. Kein Vertrag, weder im Privatrecht noch zwischen Staaten, könnte abgeschlossen werden, wenn man dem Rechtspartner von vornherein nicht zu glauben bereit ist.«

Justizminister Broda (SPÖ) erklärt das Vorgehen seiner Partei später so[1]: *»Das Votum der sozialistischen Minister stützte sich dabei auf drei Erwägungen: Dr. Otto Habsburg-Lothringen hatte nahezu bis zur Vollendung seines 50. Lebensjahres (!) niemals die Absicht zur Abgabe einer Loyalitätserklärung zu erkennen gegeben und sogar im Gegenteil durch Jahrzehnte als ›Kaisersohn‹, ›Otto von Österreich‹ und ›Chef des Hauses Habsburg‹ eine sehr intensive politische Aktivität in vielen Ländern entfaltet, deren Gegenstand die innerösterreichischen Angelegenheiten bildeten. Die Sozialisten glaubten daher, Zweifel an der Echtheit des plötzlichen Sinneswandels bzw. der Ernstlichkeit der nunmehr abgegebenen Loyalitätserklärung des früheren Thronprätendenten hegen zu müssen. Die Sozialisten meinten weiter, im Sinne des Habsburgergesetzes ›im Interesse der Sicherheit der Republik‹ dem erst 1955 frei gewordenen Österreich die Belastungsprobe innerer und äußerer Unruhe, die ihrer Meinung nach die Rückkehr Dr. Otto Habsburgs nach Österreich zwangsläufig erzeugen musste, ersparen zu sollen. Schließlich überlegten die verantwortlichen sozialistischen Funktionäre, dass immer noch für eine ganze Generation von Österreichern, die den Ersten Weltkrieg schon als Erwachsene mitgemacht haben, die Stellung zum Haus Habsburg pro und kontra mit so vielen Emotionen verbunden ist (…)«*

Die »Wiener Zeitung« berichtet am 14. Juni 1961, dass sich die Regierung über Ottos Erklärung nicht eindeutig einig geworden sei, weshalb der Antrag nach der geltenden Verfassung als abgelehnt einzustufen sei.

Der Antragsteller selbst wird jedoch vom Beschluss des Ministerrates nicht einmal benachrichtigt! Zufällig wäre er an diesem Tag sogar zu Hause in Pöcking gewesen. Danach widmet er sich wieder seinen Terminen in Frankreich, Spanien, Italien, besucht die CEDI-Tagung in Madrid und eine Versammlung der Mont-Pelerin-Ge-

---

[1] In der »Frankfurter Allgemeinen Zeitung« vom 2. 10. 1963

sellschaft in Turin, hält Vorträge in Belgien und in den USA, reist nach Kolumbien[1] und London.

In Wien echauffiert sich die sozialistische Partei unterdessen über Ottos Heimkehrpläne. Die »Arbeiter Zeitung« zitiert am 17. Juni 1961 den Gewerkschaftsführer und Innenminister Olah (SPÖ): »*Das Schicksal von sieben Millionen Österreichern ist es wert, dass wir alles verhindern, was die innen- und außenpolitische Situation Österreichs verschlechtern könnte (...) Dr. Habsburg soll mit seiner Familie in Frieden im Ausland leben, damit unsere Familien in Frieden in Österreich leben können. Im Falle seiner Rückkehr wäre eine Radikalisierung des innenpolitischen Lebens unvermeidlich (...)*« Otto von Habsburgs einstige Warnung vor einer Renner-Regierung – im zitierten Truman-Brief – bezeichnet Olah unumwunden als »Hochverrat«.

Die Kontroversen um die Habsburgerfrage beginnen zum Sprengstoff der Koalition zu werden. Der »Express«, der im Zusammenhang mit den Plänen Otto von Habsburgs mehrfach durch abenteuerliche Spekulationen glänzt, veröffentlicht am 20. Juni 1961 auf der ersten Seite: »Plan in Wiener ÖVP: Dr. Otto Habsburg soll Bundespräsident oder Kanzler werden«. Die These lautet: In der Wiener ÖVP werde geprüft, »*ob man den Heimkehrer besser als Kandidat für die Bundespräsidentenwahl oder lieber als kommenden Bundeskanzler forcieren soll. Gleichzeitig wird Unterrichtsminister Dr. Drimmel bedrängt, eine Professur für Otto an der Wiener Universität zu sichern.*« »Das Kleine Volksblatt« meint am Tag darauf nur: »Den Redakteuren des ›Express‹ scheint die Hitze nicht gut getan zu haben.« Jede Beschäftigung der Partei mit der Rückkehr von Otto von Habsburgs wird glatt dementiert. ÖVP-Landesparteisekretär Matthias Glatzl schreibt sofort einen Brief an den »Express«: »*Keinerlei Gremium der Wiener ÖVP, weder der Landesparteivorstand noch die Landesparteileitung oder irgendein Ausschuss, hat sich in den letzten Monaten mit dem Thema Dr. Otto Habsburg beschäftigt. Es ist deshalb weder ein ›verwegener‹ noch sonst ein Plan diskutiert worden, geschweige denn hat man eine po-*

---

[1] In Kolumbien absolviert er Vorlesungen und Pressekonferenzen, zum Spaß nimmt er an der Wahl einer Schönheitskönigin teil.

litische Position für Dr. Otto Habsburg oder eine Professur für ihn an der Wiener Universität verlangt – ganz abgesehen davon, dass eine solche Entscheidung nicht in die Kompetenz einer Landesparteileitung, sondern in jene der Bundesparteileitung fallen würde.«

Auf dem Rechtsweg

Gegen den unbefriedigenden Nicht-Beschluss des Ministerrats legt Otto von Habsburgs Rechtsanwalt Ludwig Draxler Beschwerde beim Verfassungsgerichtshof ein. »Die Presse« berichtet am 30. 7. 1961: »*In der Verfassungsbeschwerde stützt sich Dr. Otto Habsburg darauf, dass er österreichischer Staatsbürger sei und deshalb die in der Verfassung gewährleisteten Rechte geltend machen könne. Die Regierung habe bei der Zurückweisung der Verzichtserklärung das Gesetz nicht eingehalten, weil die Ablehnung erfolgte, obwohl der Wortlaut der Erklärung den Anforderungen des Gesetzes entsprochen habe. Damit sei der Verfassungsgrundsatz der Gleichheit aller vor dem Gesetz verletzt worden.«*

Am 16. Dezember 1961 erklärt der Verfassungsgerichtshof seine »Unzuständigkeit«: »*Der Verfassungsgerichtshof hat über die Beschwerde, die Dr. Otto Habsburg-Lothringen, Pöcking am Starnberger See, Hindenburgstraße 15, vertreten durch Dr. Ludwig Draxler, Rechtsanwalt in Wien I., Reichsrathstraße 11, gegen die am 14. Juni 1961 in der Wiener Zeitung erfolgte amtliche Bekanntmachung über die Sitzung des Ministerrates vom 13. Juni 1961, wegen Verletzung verfassungsgesetzlich gewährleisteter Rechte erhoben hat, in seiner nichtöffentlichen Sitzung vom heutigen Tage gemäß § 19 Abs. 3 VerfGG. 1953 in der Fassung der Novelle BGBl. Nr. 18/1958 beschlossen: Die Beschwerde wird zurückgewiesen.«* In der Begründung heißt es: »Die sich daraus ergebende Unzuständigkeit des Verfassungsgerichtshofes lässt eine Erörterung aller sonstigen sich auf den Gegenstand beziehenden Fragen nicht zu.«

Nicht geprüft wird damit also, ob die Regierung gegen den Grundsatz der Gleichheit aller vor dem Gesetz verstoßen habe, oder ob die Erklärung als ausreichend anzusehen sei. Über diese Zurückweisung der Beschwerde Otto von Habsburgs durch den

Verfassungsgerichtshof wegen Unzuständigkeit schreibt der Verfassungsjurist Günther Winkler im Jahr 1963: »*Zur allgemeinen Überraschung der österreichischen Fachwelt aber nicht wegen mangelnder Erlassung (Zustellung) eines Bescheides, sondern weil die Bundesregierung bei ihrer Festsetzung mit dem Hauptausschuss des Nationalrates das Einvernehmen zu pflegen habe. Das bedeute, dass ein Doppelorgan (Bundesregierung und Hauptausschuss) zu entscheiden habe, welches nicht kontrollierbar sei, weil unabhängige Mandatare an der Erledigung mitzuwirken hätten. Ihnen fehle die Qualität von Verwaltungsorganen, sie seien einer richterlichen Nachprüfung nicht unterworfen (...) Ein Bescheid liegt unstreitig nicht vor, weil nichts erlassen worden ist. Das machte den Verfassungsgerichtshof unzuständig.*«

Es gibt in dieser Zeit mehrfach Versuche von »Wohlmeinenden«, die Rechtsmaterie an sich zu ziehen. So muss Graf Degenfeld einen »juristischen Einzelgänger« (so die Selbstdefinition des Briefschreibers) abwehren, der den Fall Dr. Draxler abnehmen will und deshalb Otto von Habsburg auffordert, er möge Draxler ihm gegenüber von der Verschwiegenheit entbinden und eine neuerliche Verzichtserklärung abfassen. Der Mann entwickelt eine ganz eigenwillige Auffassung über die rechtliche Lage. Wie weit es sich bei diesen »Ratgebern« um feindliche Agenten handelt, war und ist schwer zu beurteilen. Otto von Habsburg jedenfalls hält unbeirrt an Ludwig Draxler als Rechtsanwalt fest[1], wie auch – trotz allerlei Intrigen und Empfehlungen, sich zu distanzieren – an seinen engsten politischen Mitarbeitern.[2]

Der einstige Bundeskanzler Kurt von Schuschnigg schreibt mit Datum vom 1. Jänner 1962 an Otto von Habsburg, er sei überzeugt, »dass ruhige Beurteiler (z.B. Raab) dem Recht eine Chance geben«.

---

[1] Klar widerlegbar ist die Behauptung, Dr. Draxler sei auf Empfehlung von Kanzler Raab von Otto von Habsburg als Anwalt verpflichtet worden. Draxler zählte lange vor Ottos Gespräch mit Raab im Aug. 1960 zum engsten Beraterkreis.
[2] Lanciert wird mehrfach, Otto von Habsburg sei willkommen, wenn er sich von der MBÖ distanziere; oder, dass es in der MBÖ einen radikal-gefährlichen und einen akzeptablen Flügel gebe.

Schuschnigg unterzeichnet als »Eurer Majestät treugehorsamster Kurt Schuschnigg«. Otto von Habsburg antwortet Schuschnigg: »*Sie werden ja inzwischen erfahren haben, dass der Verfassungsgerichtshof meine Klage abgewiesen hat.* (Klage am 6. Februar 1962, Anm.) *Ich bin darüber nicht erstaunt und es wird nun der Weg zum Verwaltungsgerichtshof beschritten werden. Auch dort habe ich nicht viele Illusionen. Es ist aber notwendig dies zu machen, um den Weg nach Straßburg freizubekommen. Jedenfalls werde ich den Herren nicht die Freude machen, mich durch die Rückschläge zum Nachgeben bringen zu lassen.*«

Otto von Habsburg rechnet offensichtlich von Anfang an damit, innerhalb Österreichs nicht zu seinem Recht zu kommen und plant den Gang nach »Straßburg«, womit nur der »Europäische Gerichtshof für Menschenrechte« gemeint sein kann.

Angst vor Habsburg – Otto auf Weltreise

Während 1962 viele in Österreich auf die nächsten Schachzüge des Habsburgers lauern, geht dieser unbekümmert seiner Arbeit nach. Am 5. Februar tritt er gemeinsam mit seiner Frau eine Fernostreise an, nicht ohne zuvor Dutzende Artikel für die Zeit seiner Abwesenheit geschrieben und seinen Rechtsvertretern in Wien die nötigen Vollmachten gegeben zu haben.

Am 5. Februar 1962 reisen Otto und Regina von Habsburg mit Zwischenlandungen in Rom, Kairo und Dhahran nach Karachi, am Tag darauf weiter nach Kalkutta und Bangkok. Am 9. Februar geht es weiter nach Kuala Lumpur, wo Regina und Otto die Spitzen der Regierung und das Königspaar treffen. Am 12. Februar sprechen sie in Singapur Ministerpräsident Lee Kuan Yew, der zugleich Führer der sozialistischen Partei und Finanzminister ist. Während Regina am nächsten Tag mit einem Privatflugzeug nach Kambodscha fliegt, um den Tempel von Angkor Vat zu besuchen, spricht Otto in Saigon[1] mit Staatspräsident Ngo Dinh Diem. Am 16. Februar geht es gemeinsam weiter nach Hongkong und Macao, wo Gespräche mit China-Experten auf dem Plan stehen.

---

[1] Saigon wurde später in Ho Chi Minh-Stadt umbenannt.

In Taipei trifft Otto von Habsburg am 22. Februar mehrere taiwanesische Regierungsmitglieder, bespricht sich mit dem Zentralkomitee des Kuomingtang und ist Ehrengast eines Empfangs der spanischen Botschaft, an dem die gesamte Regierung und das diplomatische Corps teilnehmen. Am 1. März reden Regina und Otto mit Präsident Tschang Kai-schek und seiner Gattin, mit der Antikommunistischen Liga, den Militärs und dem Erzbischof. Am 5. März reisen sie weiter nach Tokio, wo sie zu einer Audienz mit Kaiser Hirohito und dessen Frau geladen sind.[1] An der Universität in Tokio hält Otto von Habsburg einen Vortrag über Europa. Über Alaska kehren Otto und Regina am 9. März nach Deutschland zurück.

Doch nach wenigen arbeitsreichen Tagen in Pöcking ist Otto von Habsburg am 26. März bereits wieder unterwegs: nach Spanien, Portugal, dann am 4. April in Begleitung von Marcus Noronha da Costa, einem Mitarbeiter des Lissabonner Außenamts, von Lissabon nach Luanda in Angola, das mit Mozambique eine portugiesische Kolonie in Afrika ist. Otto von Habsburg besucht dort außerdem S. Antonio do Zaire, Sao Salvador do Congo[2], Carmona, Malange, Nova Lisboa und kehrt erst am 19. April 1962 zurück nach Lissabon, um sich am Abend mit Salazar zu treffen. Nach Zwischenstationen in Benidorm, wo er Regina und die Kinder wiedersieht, und Lourdes trifft er erst am 1. Mai in Pöcking ein. Bereits im Mai 1963 fährt er wieder nach Afrika – mit dem Nachtzug von Madrid nach Ceuta und per Boot weiter nach Melilla, den beiden spanischen Ecken Nordafrikas. Später fliegt er von Madrid nach Marokko, zu einer Zusammenkunft mit prominenten Muslimen.

In jenen Tagen erreichen Otto von Habsburg unzählige Solidaritätsadressen österreichischer Bürger. Der Bischof von Eisenstadt, Stefan László, übersendet ihm eine Gedenkplakette zur Erinnerung an die Erhebung des Burgenlands zur eigenen Diözese und schreibt dazu: »*Weil ich weiß, dass Ew. Majestät am Leben unseres Vaterlandes innigsten Anteil nehmen und unsere Heimat auch als die*

---
[1] Otto von Habsburg notiert dazu in seinem Kalender »lots of Hofschranzen«.
[2] Hier trifft er die »Queen of Congo«, Donha Isabel do Congo, die über mehrere Stämme herrscht.

Ihre betrachten, erlaube ich mir, diese Plakette, die eine Erinnerung an ein großes Ereignis in unserer Heimat darstellt, Ew. Majestät zu übermitteln und hoffe, damit eine kleine Freude bereitet zu haben. (...) Im Gebet bitte ich Gott, dass Seine Gnade Ew. Majestät auch weiterhin geleiten möge und dass sich Sein heiliger Wille an uns allen erfüllen möge.« Aber auch im politischen Österreich gibt es Habsburg-Sympathisanten: Der steirische Landeshauptmann Josef Krainer I. etwa tituliert Otto von Habsburg in einem Brief vom 14. 3. 1963 als »Majestät!«[1].

Niemand über dem Recht, niemand außerhalb des Rechtes

Enttäuscht vom endlosen Taktieren der ÖVP mit der SPÖ schreibt Otto von Habsburg am 2. Januar 1963 an Draxler: »*Der immer dringender an mich herangetragene Wunsch, nach Bildung einer neuen Partei, erhält, im Lichte derartiger Begebenheiten – vorausgesetzt, dass die ÖVP-Führung wirklich den Boden der Demokratie und des Rechtsstaates (...) verengen will – seine Berechtigung, der ich mich kaum auf die Dauer verschließen werde können. Es gäbe bei einem derartigen Verhalten der ÖVP-Spitze kaum noch Argumente, die es mir erlauben gegen solche Pläne aufzutreten.«* Im Juni desselben Jahres präzisiert er an Draxler: »*Ich bitte Sie ferner, Gorbach auf die ganze Unmöglichkeit dieser Sache hinzuweisen und ihm schließlich zu sagen, dass es mir bisher mit äußerster Mühe möglich war zu verhindern, dass meine Anhänger eine politische Partei bilden. Ich bin*

---

[1] Über seinen ersten Besuch in Pöcking erzählt Andics: »*Einige Leute hatten mir Geschichten von der gespenstischen Betulichkeit erzählt, mit der hier die letzten Reste eines einst eisernen Hofzeremoniells am Leben erhalten würden. Der Graf Degenfeld (...) pflege die Besucher eindringlich auf die Gepflogenheiten des Hauses aufmerksam zu machen: Warten, bis man von seinem hohen Herrn angesprochen wird, nur über jene Themen reden, die Otto selbst anschneidet, den Empfangsraum rückwärts gehend in Richtung Tür verlassen – ein äußerst schwieriges Unterfangen, da zur Tür dieses Empfangsraumes drei Stufen aufwärts führen! Aus einem Raum, der mit seinen Karteischränken wie die Registratur eines größeren Warenlagers aussah, tauchte ein alter Herr auf. Dr. Heinrich Degenfeld-Schonburg – Graf Degenfeld. Er drückte mir die Hand, führte mich in eine große Bibliothek und sagte:* ›*Nehmen S'Platz, bitte, der Herr Doktor wird gleich kommen.*‹ *Mehr sagte er nicht.*«, Andics, S. 23

bisher diesen Absichten entgegengetreten, weil ich die ÖVP nicht schwächen wollte, da ich in ihr eine rechtsstaatliche Partei gesehen habe.« Otto von Habsburg bestätigt gegenüber den Autoren, dass solche Drohungen stets rein taktischer Natur waren. Er dachte keinen Augenblick ernsthaft daran, eine Partei in Österreich zu gründen, und damit in die Niederungen österreichischer Parteipolitik zu steigen.

Am 24. Mai 1963 kommt endlich die gute Nachricht: Der Verwaltungsgerichtshof erklärt, dass die Regierung »säumig« gewesen sei und die Erklärung Otto von Habsburgs als »ausreichend« anzusehen sei, um die Landesverweisung aufzuheben. Am 31. Mai 1963 hält Otto von Habsburg endlich einen positiven Gerichtsbescheid in Händen – zwei volle Jahre nach der Unterzeichnung der Verzichtserklärung!

Der Verwaltungsgerichtshof überlässt die Entscheidung nicht erneut dem »Doppelorgan« Regierungshauptausschuss, sondern beurteilt die Erklärung selbst.[1] Die Richter halten den Hauptausschuss des Nationalrates für nicht befugt, mitzuwirken, weil in Artikel 55 der Verfassung, wo die Fälle der Mitwirkung einzeln aufgezählt sind, eine Mitwirkung des Hauptausschusses an Entscheidungen über Loyalitätserklärungen nicht genannt ist. Deshalb hat die Regierung alleine zu handeln – ist aber säumig geworden. Der Verwaltungsgerichtshof prüft, ob bei früheren Loyalitätserklärungen mehr als der formal vorgeschriebene Wortlaut gefordert worden ist. Offensichtlich ist dies aber nicht der Fall. Deshalb sei die Erklärung »Dr. Otto Habsburg-Lothringens« als ausreichend anzusehen. Das Urteil schließt mit der Bemerkung, dass in einem Rechtsstaat niemand über dem Recht und niemand außerhalb des Rechtes stehe.

Der Wiener Verfassungsrechtler Günther Winkler beurteilt die Entscheidung des Verwaltungsgerichtshofes so: *»Nach der Verfassung hat er zu entscheiden, wenn die Verwaltungsbehörde untätig bleibt, obwohl sie nach dem Gesetz tätig werden müsste. Doch vor-*

---
[1] Bearbeitet wird der Fall durch einen verstärkten Senat des Verwaltungsgerichtshofs unter dem Vorsitz von Dr. Guggenbichler. Die Ausarbeitung liegt v. a. beim Innsbrucker Universitätsprofessor Hofrat Dr. Hans Klecatsky.

erst forderte der Verwaltungsgerichtshof die Bundesregierung zur Entscheidung auf. Diese fand wiederum keine Einigung und übersendete die Akten. Nun erst entschied der Verwaltungsgerichtshof in der Sache.« Der damalige Sozialist DDr. Günther Nenning schreibt im Juniheft 1963 des »FORUM« in einer Glosse: »*Wir dürfen uns zu Sozialisten beglückwünschen, die sich der Entscheidung der Richter, der Volksvertretung, des Volkes jedenfalls unterwerfen. Solange wir solche Sozialisten haben, brauchen wir für die Zukunft nicht schwarz zu sehen.*« Weil die SPÖ aber ganz anders reagiert, muss Nenning im Juliheft sein voreiliges Lob revidieren: »*Der Redaktionsschluss kam dazwischen. So betrieb ich gewissermaßen ›sozialistischen Realismus‹, dessen Definition bekanntlich dahin lautet, dass er die erhoffte Zukunft als bereits greifbare Gegenwart schildert.*«

Am 5. Juni 1963 stellt die SPÖ eine parlamentarische Anfrage an Bundeskanzler Gorbach. Justizminister Christian Broda (SPÖ) fordert im Nationalrat, das Parlament solle den Richterspruch durch eine rückwirkende Bestimmung außer Kraft setzen, und außerdem solle die Rückkehr Otto von Habsburgs Thema einer Volksabstimmung werden. Über dem Rechtsstaat stehe der Verfassungsstaat, meint der Justizminister. Die FPÖ bringt einen Entschließungsantrag im Nationalrat ein, in dem behauptet wird, dass die »*Entscheidung des Verwaltungsgerichtshofes vom 24. Mai 1963 über die Beschwerde von Doktor Otto Habsburg-Lothringen gegen die Bundesregierung wegen Verletzung der Entscheidungspflicht in klarem Widerspruch zur Rechtsauffassung des Verfassungsgerichtshofes steht (...)*«. Die von der »Arbeiter Zeitung« gefeierte »politische Sensation« besteht darin, dass die SPÖ erstmals den »koalitionsfreien Raum« in Anspruch nimmt, um gegen den Regierungspartner ÖVP und mit der FPÖ zu stimmen. Die »Arbeiter Zeitung« jubelt: »SPÖ-FPÖ-Mehrheit – Schlappe der ÖVP.«

Vizekanzler Pittermann spricht im Zusammenhang mit dem Urteil des Verwaltungsgerichtshofs von einem »Juristenputsch«. Justizminister Broda erklärt am 6. Juni vor den Delegierten des 16. Parteitags der SPÖ: »*Und nun erhebe ich Anklage gegen die Richter des Verwaltungsgerichtshofes, dass sie sich über dieses entscheidende Argument hinweggesetzt haben, ohne es auch nur zu berühren – aus Unkenntnis oder aus böser Absicht.*« Gemeint ist die Auffassung des Verwaltungsgerichtshofes, dass die Bestimmungen des Habsburgergesetzes – also eines Verfassungsgesetzes – durch die Geschäftsordnung des Nationalrates und des Hauptausschusses – also durch ein einfaches Gesetz – außer Kraft gesetzt werden kann. Die »Süddeutsche Zeitung« berichtet am 7. 6. 1963: *»Der Parteitag der österreichischen Sozialisten, der am Donnerstag in Wien begann, steht ganz im Zeichen der erregten Debatten um die Rückkehr Otto von Habsburgs. (...) Pittermann bezeichnete die Versuche, Otto von Habsburg nach Österreich zu holen, als sichtbaren Ausdruck einer planmäßigen Kampagne der Reaktion, die nicht nur in Österreich, sondern in ganz Westeuropa am Werk sei, um den sozialistischen Einfluss zurückzudrängen. ›Das sind keine Gespenster, die ich da sehe‹, sagte Pittermann, ›sondern Menschen aus Fleisch und Kapital‹.«* Pittermann macht den Delegierten weis, dass Otto von Habsburg im Fall seiner Rückkehr ein Vermögen von 700 Millionen Schilling zurückerhalten würde, das jetzt der Kriegsopferversorgung diene. Mit diesem Geld könne sich der Habsburger eine wirtschaftliche Hausmacht aufbauen.

Nüchterner und kühler bilanziert die Hamburger Wochenzeitung »Die Zeit« am 14. 6. 1963: *»Die Sozialisten sind sicherlich aufrichtig davon überzeugt, dass die Rückkehr des Habsburgers der Anfang vom Ende wäre, die Konservativen glauben ebenso fest, dass die Sozialisten diesen Fall nur durchexerzieren, um die gesamte unkontrollierbare Macht an sich zu reißen. Für jeden jedoch, der nicht im Bann dieser Furchtkomplexe steht, ist es klar, dass keines von beiden stimmt: Die Republik ist gefestigt genug, den Kaisersohn zu beherbergen.«*

Nicht so im österreichischen Nationalrat: Am 26. Juni 1963 unterstützt die FPÖ die »Unerwünscht«-Formel der SPÖ. Sozialisten und »Freiheitliche« bringen im Nationalrat einen gemeinsamen Entschließungsantrag ein, in dem die Rückkehr Otto von Habsburgs als unerwünscht bezeichnet wird. Dieser Antrag wird am 4. Juli 1963 nach einer heftigen Auseinandersetzung gegen die Stimmen der ÖVP angenommen: *»Der Nationalrat beauftragt die Bundesregierung in Würdigung der Tatsache, dass – ohne Bezugnahme auf die einander widersprechenden Rechtsauffassungen des Verfassungs- und Verwaltungsgerichtshofes in dieser Angelegenheit – eine Rück-*

kehr von Dr. Otto Habsburg-Lothringen nach Österreich nicht erwünscht ist, weil sie ohne Zweifel mit schwerwiegenden Konsequenzen für die Republik Österreich verbunden wäre und wegen der Gefahr daraus entstehender politischer Auseinandersetzungen zu wirtschaftlichen Rückschlägen führen würde, dieser Feststellung als Willenskundgebung der österreichischen Volksvertretung in geeigneter Weise zu entsprechen.«

Die »Frankfurter Allgemeine Zeitung« berichtet am 19. Juni 1962: *»Die Sozialisten haben um ihrer Feindschaft gegen Otto von Habsburg willen die Axt an die Koalition mit der Volkspartei gelegt (...) Schwerer wiegt, dass sie mit ihrem Widerstand gegen den Spruch eines höchsten Gerichts den Rechtsstaat an einer empfindlichen Stelle getroffen haben.«*[1]

Eine Karikatur der »Arbeiter Zeitung« vom 7. Juli 1962

---

[1] Die »Frankfurter Allgemeine« druckt am 2. Oktober 1963 zwei konträre Stellungnahmen zum »Fall Habsburg« ab: Auf der einen Seite argumentiert der Verfassungsjurist Dr. Günther Winkler, Ordinarius für Staatslehre, Verfassungsrecht und Verwaltungsrecht an der Universität Wien, im Sinn des Urteils des Verwaltungsgerichtshofs; auf der anderen hält Justizminister Christian Broda (SPÖ) dagegen. Winkler wirft Broda und der SPÖ vor, »frontal gegen den unabhängigen Richter« vorgegangen zu sein.

Otto von Habsburg selbst scheint davon auszugehen, dass die Richter des Verwaltungsgerichtshofs einem großen politischen Druck widerstanden haben, um ihr Urteil zu fällen. In einem Brief vom 17. 6. 1963 schreibt er nämlich: »*Weit über den persönlichen Aspekt hinaus ist dieses Urteil darum m. E. so glücklich, weil es beweist, dass es in Österreich trotz allem politischem Druck noch immer Richter gibt, die die innere Unabhängigkeit bewahrt haben. Wenn man nämlich verfolgt hat, was alles versucht wurde, um dem Gericht das Urteil zu diktieren, kann man erst ermessen, was für eine Leistung es vonseiten der Herren gewesen ist, Recht zu sprechen. Das politische Nachspiel ist gewiss nicht schön und wird meine Heimkehr, fürchte ich, noch eine ganze Weile hinausziehen. Jetzt soll sich nämlich zeigen, was alles mit administrativen Schikanen geleistet werden kann, wenn eine Partei, die den Sinn für den Rechtsstaat verloren hat, gleichzeitig das Innere, das Äußere und die Justiz in Händen hat.*«

Gegenwarts- und Zukunftspläne

In der Vermögensfrage will Otto von Habsburg einerseits den Sozialisten keine Angriffsfläche bieten, andererseits aber dieses letzte Druckmittel auch nicht ganz aus der Hand geben. An Draxler schreibt er am 17. Juni 1963: »*In der Frage der Vermögensrückgabe habe ich mit einer Anzahl von Leuten in den letzten Tagen gesprochen, die mir einstimmig sagten, dass ein Anschneiden dieses Problems von den Sozialisten dringend gewünscht ist, weil mich dies infolge der bekannten Neidkomplexe zwangsläufig sehr unpopulär machen würde. Unter diesen Umständen möchte ich Sie bitten zu studieren, ob es nicht möglich wäre, dass der Antrag auf Rückstellung nicht von mir, sondern von meinem Bruder Robert ausginge. Dadurch, dass ich den Revers unterschrieben habe, bin ich ja auch im Sinne des Fondsstatutes wahrscheinlich nicht mehr Fondschef.*«

Letzteres scheint jedoch nicht so eindeutig gewesen zu sein, denn mit Schreiben vom 9. Oktober 1963 erteilt Otto von Habsburg in der »Eigenschaft als am 12. 3. 1938 zur Vertretung des Familienversorgungsfonds des Hauses Habsburg-Lothringen berufener Fondschef« den Auftrag, »*alle Schritte zu unternehmen, die erforderlich sind, um die durch das Gesetz (...) bewirkte Vermögensentziehung aufzuheben und die vollen Rechte aller geschädigten Eigentümer wiederherzustellen. Ich behalte mir vor, zu gegebener Zeit meinen Bruder, Erzherzog Robert, mit der Ausübung meiner Rechte und Pflichten als Fondschef zu betrauen, für welchen Fall dieser Ihnen ebenfalls Vollmacht erteilt.*« Aus diesem Schreiben geht hervor, dass die Verzichtserklärung die Stellung Ottos als Fondschef nicht tangiert haben kann. – Dazu ist zu erwähnen, dass auch sein Bruder Robert 1969 eine Loyalitäts- und Verzichtserklärung unterschreibt, die mit der acht Jahre früher unterzeichneten Erklärung seines ältesten Bruders wortgleich ist. Die Urkunde trägt das handschriftliche Datum 10. Mai 1969 und wird mit Schreiben vom 27. Mai 1969 von Ludwig Draxler ergänzt.

In der »Furche« bestätigt Otto von Habsburg, er habe dem Verlangen entsprochen und den Verzicht unterzeichnet. An seinem Wort zu zweifeln, betrachte er als Beleidigung. Er habe das Recht, zurückzukehren und die Absicht, dies zu tun. Wenn er seine vom Gericht bestätigten Rechte freiwillig aufgäbe, wäre dies ein schlechter Dienst an allen österreichischen Bürgern, denn von da an könnte man auch von ihnen verlangen, auf ihre Rechte zu verzichten. Otto von Habsburg zu seinen Zukunftsplänen: »*Wenn die Republik meine Arbeitskraft brauchen kann, so werde ich selbstverständlich der österreichischen Regierung und dem österreichischen Volk jederzeit zur Verfügung stehen. (...) Es liegt mir aber fern, mich aufzudrängen. Ich habe nicht die Absicht, einer politischen Partei beizutreten, obwohl auch dies zu meinen staatsbürgerlichen Rechten gehört (...) Wenn ich also einen ›Plan‹ habe, so ist es der, meine bisherige Tätigkeit auf österreichischem Boden fortzusetzen und meinen Kindern das gleiche oder ein ähnliches Schicksal zu ersparen, wie es in seiner ganzen Problematik bis heute meinen Geschwistern und mir beschieden ist.*«

»Der Spiegel« veröffentlicht am 12. Mai 1965 ein großes Interview mit Otto von Habsburg, in dem dieser betont, »dass die Verzichtserklärung, die ich im Jahre 1961 unterschrieben habe, ernst gemeint war. Die Zeiten haben sich geändert, und man muss sich auch diesen Änderungen anpassen«. Auf die Frage, ob es Absicht sei, dass es für Ungarn, Böhmen und andere ehemalige Länder der Monarchie keine Verzichtserklärung gebe, antwortet er: »Schauen Sie, für Österreich, das hatte einen konkreten Sinn. Für andere Erklärungen war gar keine Veranlassung da. Genausogut könnte ich ja auch auf den Titel eines Königs von Jerusalem verzichten, der mit zum Habsburg-Titular zählte.« Auf die Frage, was er in Österreich wolle, sagt er: »Ich möchte dort die gleiche Arbeit weiter verfolgen, die ich auch im Ausland in den letzten Jahren getan habe, publizistisch und durch Vorträge für Österreich zu wirken, für seine Beziehungen zu Europa und seinen Platz in Europa.«

7. Wiedereinreise: Der lange Kampf um das Recht

Rechtlich ist mit dem Urteil des Verwaltungsgerichtshofs die Frage der Heimkehr geklärt, aber politisch kann davon noch keine Rede sein. Die ersten Reaktionen der SPÖ auf das Urteil geben einen Vorgeschmack darauf. Aus Genua schreibt Thomas Chaimowicz am 28. Juni 1963 an Bruno Pittermann zu diesem Thema einen aufschlussreichen Brief: »*Zunächst möchte ich feststellen, dass die These von der Existenz divergierender Urteile zweier Höchstgerichte eine Konstruktion ›post festum‹ darstellt; dies umso mehr, als Sie, sehr geehrter Herr Vizekanzler, selbst zu dem erstaunlichen Ergebnis gelangen, ›dass auch der Verwaltungsgerichtshof in dieser Sache keine Entscheidung treffen kann‹. Demnach müssten wir uns in einem rechtsleeren Raume bewegen, denn der Verfassungsgerichtshof hat die Beschwerde nicht negativ entschieden, sondern sich für unzuständig erklärt. Ich stelle mir manchmal die Frage, wie wohl die Reaktion der Sozialistischen Partei gewesen wäre, hätte der Verwaltungsgerichtshof dem parteipolitischen Druck nachgegeben – und negativ entschieden.*« Chaimowicz klärt Pittermann im Folgenden über die Grundprinzipien eines funktionierenden Parlamentarismus auf: »*Sie stellen an mich die Frage, wie ich mich zur Beschneidung der Rechte des Parlamentes durch einen Gerichtshof stelle und knüpfen hierbei an das österreichische Unglücksjahr 1934 an, dessen Folgen noch auf unsere Generation wirken. (…) Ich sehe vielmehr die umgekehrte Gefahr, nämlich die Beschneidung der Aufgaben unabhängiger Richter durch die an die Feudalzeit erinnernde Machtposition der Parteigremien.«* Vermutlich in Anspielung auf die These, der Verfassungsstaat habe über dem Rechtsstaat zu stehen, erläutert er, dass *»die Menge nur dann zum Volk wird, nur dann am Prozess der Rechtsgebung teilnehmen kann, wenn sie sich im ›consensus iuris‹, in der Übereinstimmung hinsichtlich eines höheren Rechtes als des positiven Rechtes zusammengefunden hat. Wo aber grundlegende Rechte verletzt werden, wo erlassene Gesetze gegen das Ewige Gesetz Gottes und das Naturrecht stehen, haben sie (...) keine moralische Gültigkeit und können keinen Menschen in seinem Gewissen binden. Als eine derartige Verletzung grundlegender Rechte betrachte ich die Intervention der Sozialistischen Partei im Falle des Habsburgergesetzes«.*

In Deutschland empört sich der Vizepräsident des Deutschen Bundestages, Richard Jaeger, über die Rechtsauffassung der SPÖ. In einem Beitrag in der Münchner »Abendzeitung« schreibt er am 20. 6. 1963: *»Der sozialdemokratische Außenminister hat die österreichischen Auslandsmissionen angewiesen, keine Streichung des Passvermerks vorzunehmen, der – einmalig auf der Welt! – den auf den Namen Habsburg lautenden Pass für alle Länder gültig erklärt, nur nicht für das eigene! Der sozialistische Innenminister hat die Grenzpolizei angewiesen, Otto von Habsburg an der Einreise in seine österreichische Heimat zu hindern. Die sozialistische Partei propagiert die unmögliche Idee, eine Volksabstimmung gegen das Gerichtsurteil zu organisieren, ja, es wird davon gesprochen, dass sie die Straße gegen das Recht mobilisieren will. Wohin ist man in Österreich gekommen?«*

»Da wäre er verhaftet worden«

Lovrek berichtet am 22. Juli 1963 brieflich folgende Anekdote nach Pöcking: Pittermann habe Simon Wiesenthal gefragt, was die Juden von der Stellung der SPÖ in der Habsburgerfrage halten. Hierauf habe Wiesenthal gesagt, die Juden seien jedenfalls für Otto, weil dieser ein unschuldig Heimatloser sei, wie sie. Erstaunt habe Pittermann weiter gefragt: »Wenn Sie ein Berater Ottos wären, was hätten Sie ihm in dieser Situation vorgeschlagen?« Die Antwort lautete: »No, an die Grenze gehen und hereinkommen.« Dazu Pittermann: »Da wäre er verhaftet worden.« Wiesenthal: »*Na und? Das hätte eine Einspruchsfrist gegeben und er wäre sechs Wochen in Schutzhaft gewesen. Innerhalb dieser sechs Wochen, Herr Vizekanzler, hätte er mindestens eineinhalb Millionen österreichische Wählerstimmen ohne Organisation und Geld auf der Straße liegend vorgefunden und damit wäre genau das passiert, was Sie nicht haben wollen.*« Eine andere Anekdote will wissen, dass Justizminister Broda Wiesenthal angerufen und gefragt habe: »Was sagen Sie dazu, dass ich den Brief Dr. Habsburgs an Schuschnigg in meiner Parlamentsrede verwendet habe?« Darauf Wiesenthal: »Was soll ich sagen? Ich hätte Sie sehr rasch zum Schweigen gebracht.« Broda: »Wieso?« Wiesenthal: »No sehr einfach: Ich hätte Sie gefragt, was Sie im Jahr 1938 für Österreich gemacht haben.«

Das ÖVP-»Volksblatt« schreibt am 18.7.1963: »(…) liegt es nun an Dr. Habsburg selbst, weiter um sein Recht zu kämpfen oder nicht. Von der Volkspartei wird man schwerlich erwarten können, dass sie Dr. Habsburg Anwaltdienste leistet.« Ein klares Signal der ÖVP nach Pöcking!

Otto von Habsburg reist unterdessen im August 1963 zusammen mit Marcus Noronha da Costa nach Bissau. Im Oktober fährt er nach Schweden, Finnland und Rom, wo er viele Kardinäle und Bischöfe trifft und am 17.10.1963 am Konzilsplenum in St. Peter teilnimmt. Vor großen Auditorien spricht er in diesem Jahr in Frankfurt, Köln und Brüssel, aber auch – jeweils über das Thema Europa – in Nantes, Bordeaux, Le Mans, Chartres, Montpellier und Monte Carlo. 1963 verbringt Otto von Habsburg nach eigener Berechnung 148 Stunden und 35 Minuten im Flugzeug. Um das Ausmaß seiner kaum vorhandenen Sesshaftigkeit zu zeigen: Er befindet sich 1963 ganze 116 Tage in Pöcking, also deutlich weniger als ein Drittel des Jahres! 1960 waren es 160 Tage, und 1961 waren es 123 Pöcking-Tage und 134 Flugstunden. 1965 sollte er auf 230 Flugstunden und auf 129 Pöcking-Tage kommen.

Wilde Polemiken, wüste Gerüchte, wirre Manöver

Während Otto von Habsburg in weiten Teilen der Welt höchstes Ansehen genießt und ein gern gesehener Gesprächspartner ist, plakatieren in seiner Heimat Österreich SPÖ und KPÖ gegen seine Rückkehr; der Österreichische Gewerkschaftsbund und viele Betriebsräte halten Protestversammlungen gegen das Urteil des Verwaltungsgerichtshofs ab. Gerüchte werden gestreut, Otto von Habsburg werde das habsburgische Vermögen zurückfordern und damit Österreich ausplündern. Es heißt sogar, wenn Otto von Habsburg käme, müsse man die Renten kürzen und die Arbeitslosenunterstützung einstellen. Tatsächlich handelt es sich bei den 1963 noch vorhandenen Werten um rund 17 000 Hektar land- und forstwirtschaftlichen Besitzes und einige Häuser.

Die »Welt am Sonntag« schreibt am 5. April 1964 in einem Beitrag unter dem Titel »Der Sohn des Kaisers will heim«: »*Die demagogische Behandlung des Falles zeigt sich nicht nur darin, dass ein Zusammenhang zwischen Rückkehr und Vermögensrückgabe konstruiert worden ist. Sie liegt auch darin, dass in eifriger Flüsterpropaganda behauptet wird, die Rückgabe der in Frage stehenden Wälder in Oberösterreich werde eine Steuererhöhung zur Folge haben müssen. Mit dem Wort Steuer werden sogar wohlmeinende Bürger aufgeschreckt.*« Die »Arbeiter Zeitung« titelt einen ganzseitigen Bericht mit der Schlagzeile »Die Milliarde, die Otto Habsburg haben möchte«. Und die SPÖ affichiert: »Die Republik ist in Gefahr – über Rückkehr Otto von Habsburgs kann nur das Volk entscheiden.« Die KPÖ druckt 1963 ein Plakat, auf dem Otto von Habsburg und Julius Raab zu sehen sind. Darauf steht: »*Einen Ersatz für Raab, der bei der Wahl des Bundespräsidenten geschlagen wurde, suchen die ÖVP-Scharfmacher. Darum wollen sie Otto Habsburg nach Österreich bringen, der als Justizminister der Reaktion das entscheidende Übergewicht verschaffen soll. Der Habsburger ist eine schwere Gefahr für Demokratie und Neutralität. Otto Habsburg hat in Österreich nichts verloren! KPÖ.*«

Gleichzeitig kommen die rührendsten Unterstützungserklärungen. So schreibt eine junge Schülerin: »Eure Majestät! Zu Eurem Geburtstag wünsche ich Euch im Namen der Hauptschüler alles Gute, besonders Gottes Segen. (…) Das Fräulein hat uns auch von

```
PRÄSIDENT
DER BUNDESKAMMER DER GEWERBLICHEN WIRTSCHAFT          WIEN, AM  20.11.1962
     ING. JULIUS RAAB                                 I, STUBENRING 12 TEL. 62 15 11




                    Kaiserliche Hoheit !

                Gestatten Sie mir, Ihnen zum 50.Geburtstag
         meine aufrichtigsten und herzlichsten Glück- und Segens-
         wünsche auszusprechen. Möge Ihnen unser Herrgott weiter-
         hin Ihre Gesundheit erhalten, damit Ihnen noch viele Jahr-
         zehnte Glück, Freude und Wohlergehen beschieden seien.
                Genehmigen Sie, Kaiserliche Hoheit, den Ausdruck
         meiner vorzüglichsten Wertschätzung


                                   Ihr ergebener

                                   Julius Raab



         S.H. Erzherzog
         Dr.Otto von Habsburg,
         Pöcking.
```

Auch Altbundeskanzler Raab gratuliert der »Kaiserlichen Hoheit« – eine Anrede, die noch vierzig Jahre später Vizekanzlerin Riess-Passer zum Vorwurf gemacht werden sollte.

Euch viel erzählt. Sie hat bedauert, dass Euch die Sozi nicht hereinlassen.« Otto von Habsburg antwortet dem Mädchen: »*Dir möchte ich auch noch besonders dafür danken, dass Du schon so brav in der patriotischen Arbeit mitwirkst. Ich bin sicher, dass es uns allen gemeinsam gelingen wird, unser Österreich groß, schön und*

sauber zu machen, so dass es seiner Geschichte würdig sei (...)«
Ein Volksschüler schreibt ihm am 27. 6. 1962: »Unser lieber Kaiser! (...) Wir alle werden fest für Dich beten, dass Du bald zu uns kommst. Mein Onkel heißt auch Otto. Er ist Priester. Ich werde ihm heute noch schreiben, er soll am Montag für uns drei die hl. Messe lesen.«

Am 31. 7. 1963 schreibt das Innenministerium an alle Sicherheitsdirektionen und Bundespolizeibehörden: Dr. Otto Habsburg-Lothringen besitze »keinen österreichischen Reisepass, sondern lediglich einen spanischen Diplomatenpass«. Gemäß Passgesetz dürfen österreichische Staatsbürger jedoch die Grenzen des Bundesgebietes nur mit einem gültigen Reisepass überschreiten. Deshalb: »*Da Dr. Habsburg-Lothringen weder über einen österreichischen Reisepass noch über einen amtlichen Personalausweis verfügt, kann ihm schon allein aufgrund der vorzitierten Bestimmung des Passgesetzes ein Überschreiten der österreichischen Bundesgrenze, d.h. die Einreise in das Bundesgebiet, nicht gestattet werden. Der spanische Diplomatenpass berechtigt nur spanische Staatsangehörige, nicht jedoch österreichische Staatsbürger, zur Einreise in das Bundesgebiet. Ergänzend hiezu wird darauf hingewiesen, dass im Hinblick auf den ausländischen Wohnsitz des Dr. Otto Habsburg-Lothringen weder die Ausstellung eines österreichischen Reisepasses noch die Ausstellung eines amtlichen Personalausweises an den Genannten durch die Sicherheitsbehörde rechtlich möglich ist.*« Im Klartext heißt das, dass der österreichische Staatsbürger weder an einen österreichischen Pass kommen solle noch ohne österreichischen Pass zu einer Einreise nach Österreich.

Im Sommer 1965 berichtet Ex-Innenminister Franz Olah in einer Zeugenaussage vor Gericht, »*im Sommer 1963 sei der Justizminister zusammen mit dem Parteianwalt der SPÖ zu ihm gekommen und habe verlangt, dass er, Olah, als Innenminister einen Erlass an alle ihm unterstellten Behörden und Sicherheitsdienststellen herausgeben solle, wonach nur der Spruch des Verfassungsgerichtshofes im Falle Habsburg, nicht aber der Entscheid des Verwaltungsgerichtshofes gültig sei. (...) Olah sagte, er habe damals das Ansinnen Brodas, das eine eklatante Verletzung der Verfassung bedeutet hätte, abgelehnt.*

Von jenem Zeitpunkt an habe die innerparteiliche Kampagne in der SPÖ gegen ihn ihren Anfang genommen. Der Ex-Innenminister teilte vor Gericht auch mit, dass die Sozialistische Partei von Habsburg Geld angeboten habe, falls er bereit wäre, auf eine Rückkehr nach Österreich zu verzichten.«[1]

Über die enttäuschende Haltung der ÖVP schreibt Otto von Habsburg in einem Brief vom 21. 11. 1963: »Die Haltung der Volkspartei ist übrigens mehr denn flau; wenn nicht die Angst vor den Wählern bestehen würde, hätten sie sich schon längst auf die Seite der SPÖ geschlagen.« Am 21. März 1964 fährt ÖVP-Generalsekretär Dr. Hermann Withalm mit seinem Wagen nach Pöcking. Das Gespräch zwischen ihm und Otto von Habsburg dauert ungefähr drei Stunden. Nachher erklärt Withalm: »Ich bin als Republikaner nach Pöcking gefahren und als Republikaner zurückgekehrt.« Seinen Besuch hat er so kurzfristig angekündigt, dass Pöcking nicht mehr zu- oder absagen konnte. Deshalb muss Otto das Gespräch unterbrechen, um eine Besuchergruppe aus Österreich zu empfangen, und lässt Withalm unterdessen eine Dreiviertelstunde warten, was diesen nachhaltig verärgert haben soll. Hintergrund des Gesprächs ist, dass Josef Klaus Dr. Gorbach als Bundeskanzler ablösen will, aber zur Regierungsumbildung die Zustimmung der koalierenden SPÖ nötig ist. Klaus will die SPÖ damit gewinnen, dass er Otto von Habsburg zu einem Verzicht auf die Einreise überredet.

1964 wird eine Neuauflage der zerbrochenen SPÖ-ÖVP-Koalition verhandelt: Als Bedingung fordert die SPÖ die Anerkennung der »Unerwünscht«-Formel von 1963 und droht mit einer kleinen Koalition. Die ÖVP braucht Ruhe an der habsburgischen Front, um die SPÖ erneut in eine Koalition zu führen – möglichst ohne das Gesicht zu verlieren. Otto von Habsburg, der um diese Winkelzüge Bescheid weiß, will der ÖVP keine Schwierigkeiten bereiten und schreibt deshalb in einem Brief an Klaus: »*Der Verwaltungsgerichtshof hat in seinem Erkenntnis vom 24. Mai 1963 die Verzichtserklärung, die ich abgegeben habe und zu deren Inhalt ich stehe, für ausreichend erkannt, meine Landesverweisung zu beenden. Die-*

---

[1] So berichtete die »Frankfurter Allgemeine Zeitung« am 12. 7. 1965.

ses Erkenntnis berechtigt mich, in die Republik Österreich einzureisen.

Ich weiß jedoch, dass in unserem Vaterland über die Frage meiner Heimkehr eine bedauerliche und wohl kaum zu begründende Auseinandersetzung entstanden ist und dass hierin die Standpunkte der politischen Parteien nicht übereinstimmen.

Nunmehr haben die beiden großen Parteien ihren Entschluss zum Ausdruck gebracht, nach der Bildung der neuen Bundesregierung Klaus-Pittermann eine gemeinsame, friedliche und dauernde Lösung auf dem Boden der österreichischen Bundesverfassung und des darin verankerten rechtsstaatlichen Prinzips zu suchen.

Unter dieser Voraussetzung will auch ich meinen Beitrag hierzu leisten. Diesen erblicke ich darin, dass ich, unter voller Wahrung meiner Rechte als Staatsbürger der Republik Österreich, auf die Dauer der erforderlichen Verhandlungen, längstens aber bis zum Ablauf der gegenwärtigen Legislaturperiode, von meinem Recht auf Einreise nicht Gebrauch machen werde.

Otto Habsburg-Lothringen.«

Am 1. April 1964 berichtet Otto von Habsburg seinem Rechtsanwalt Dr. Draxler, dass er, um die Heimkehrfrage nicht zu gefährden, die Vermögensfrage weiterhin hintanstellen wolle, allerdings nicht die Passfrage, da diese ein reines Rechtsproblem sei. Am 2. April 1964 erklärt Bundeskanzler Klaus im Parlament bei der Vorstellung der neuen ÖVP/SPÖ-Koalition: »*Angesichts dieses Zustandes sind die beiden Regierungsparteien entschlossen, die Habsburgerfrage in Wahrung der Verfassung und des Rechtsstaates gemeinsam in friedlicher Weise auf Dauer zu lösen. Die Bundesregierung wird dafür sorgen, dass es mittlerweile nicht durch übereilte Schritte irgendeiner Seite, insbesondere durch eine Rückkehr von Doktor Otto Habsburg-Lothringen zu politischer Zwietracht und damit zu einer Bedrohung der Zusammenarbeit kommt.«*

Keine »übereilten Schritte« also! Erst recht keine schnelle Rückkehr Ottos! Nichts, was zu »politischer Zwietracht« unter den Koalitionären führen könnte! In Österreich versucht die Regierungskoalition die Wiedereinreise auf die lange Bank zu schieben, während sich die Propaganda immer wieder an Kleinigkeiten erhitzt. So erregt die sozialistischen Gemüter etwa ein Fernseh interview Otto von Habsburgs in den USA, weil die Reporterin des Senders WRC ihn als »archduke« tituliert. Dass Otto von Habsburg auch in dieser Zeit in den USA ein gefeierter Vortragsreisender ist, der die größten Säle füllt und als brillanter Analytiker weltpolitischer Ereignisse laufend interviewt und eingeladen wird, will man in Österreich kaum zur Kenntnis nehmen.[1]

Otto von Habsburg wird unterdessen in Deutschland immer populärer: Im Juli 1962 spricht er beim Katholikentag in Speyer vor 45 000 Zuhörern. Zu Pfingsten 1964 hat er seinen ersten großen Auftritt beim Sudetendeutschen Tag in Nürnberg, den er später regelmäßig besucht. Am 7. Juni spricht er in Maria Laach bei der Ackermann-Gemeinde vor 2000 Zuhörern, anschließend bei Großkundgebungen in Bergneustadt, Münster, Fulda, Würzburg und in Tübingen. Es häufen sich die Auftritte bei deutschen Heimatvertriebenen, v.a. bei den Sudetendeutschen. Tausende Österreicher pilgern in diesen Monaten nach Pöcking oder an andere Orte, um Otto von Habsburg zu treffen.

Schweigen aus der Hofburg – und eine »vatikanische« Intrige

Am 24. Juni 1964 übergibt Rechtsanwalt Dr. Wolfram Bitschnau, einer der führenden Funktionäre der MBÖ, dem Kabinettsdirektor des Bundespräsidenten Adolf Schärf, Dr. Karl Trescher, ein Schreiben Otto von Habsburgs, in dem dieser um die Hilfe des Staatsoberhauptes bei der Durchsetzung seines Rechtes ersucht. Die Präsidentschaftskanzlei weigert sich, eine vorgefertigte Empfangsbestätigung zu unterschreiben. Andics schildert dies so: *»Dr. Trescher erklärte, der Bundespräsident sei bereit, den Brief in Empfang zu nehmen; er sei allerdings nicht gewillt, den Empfang zu bestätigen, das würde einem unangebrachten Misstrauen gleichkommen. Außerdem sei es Gepflogenheit, jeden Brief innerhalb weniger Tage zu beantworten.«*

---

[1] 1964 absolviert er vom 5. 4. bis 4. 5. ein dichtgedrängtes Programm in den USA. Dabei kommt es auch zu einer Unterredung mit dem republikanischen Abgeordneten Gerald Ford, dem späteren US-Präsidenten (1974–1977).

Der Brief aus Pöcking, datiert auf 20. Juni 1964, wird jedoch nie beantwortet. Der österreichische Staatsbürger Dr. Otto Habsburg-Lothringen hat an seinen Präsidenten geschrieben: »*Sehr geehrter Herr Bundespräsident! Da in der Frage meiner Heimkehr jüngst erneut politische Diskussionen aufgetaucht sind, die mit dem rechtlichen Charakter der Angelegenheit nichts zu tun haben, wende ich mich als Staatsbürger der Republik Österreich an Sie. (...) dass die Behauptungen, meine Erklärungen vom 31. Mai 1961 und vom 21. März 1964 seien unglaubwürdig, eine beleidigende Unterschiebung sind, gegen die ich mich nunmehr an höchster Stelle des Staates feierlich und ernsthaftest verwahre.*

Ich bitte Sie, sehr geehrter Herr Bundespräsident, versichert zu sein, dass ich mit meiner Heimkehr nach Österreich nichts anderes bezwecke, als gleich jedem Österreicher auf heimatlicher Erde zu leben und alle Rechte eines Staatsbürgers der Republik Österreich zu genießen, aber auch alle Pflichten, die sich daraus ergeben, zu erfüllen (...)« Der Verbannte aus Pöcking bittet den Präsidenten als überparteiische Staatsspitze im Sinne der rechtsstaatlichen Ordnung auf eine Klärung der Heimkehrfrage einzuwirken. – Auf dieses Schreiben erhält er keine Antwort. Das Kabinett des Bundespräsidenten hat sich zwar die Authentizität des Schreibens von Rechtsanwalt Draxler bestätigen lassen, begründet aber später das Nicht-Beantworten damit, dass das Kuvert keinen Absender getragen habe und die Unterschrift nicht identifizierbar gewesen sei.

Bereits im Juni 1963 verbreitet der ÖVP-Nationalrat Franz Kranebitter in ihm nahestehenden Kreisen die Fama, Otto von Habsburg habe ihm bei einem Gespräch im November 1960 die Zustimmung zu folgenden drei Punkten – die den Vorschlag Kranebitters an Otto darstellten – gegeben: »*1. Die Heimkehr muss in aller Stille erfolgen. 2. Um der SPÖ das bedeutendste Argument, die Staatsformänderung, förmlich aus der Hand zu schlagen, ist es notwendig, dass sich die MBÖ auf Wunsch Dr. Otto von Habsburgs selbst auflöst. Dieser Beschluss muss nun gleich gefasst werden, bekommt aber erst Wirkungskraft, wenn Dr. Otto von Habsburg als freier Bürger in Österreich lebt. 3. Die österreichische Bundesregierung soll Dr. Otto von Habsburg eine Mission als Botschafter im Ausland übertragen. Ge-*

rade die Erfüllung einer solchen Aufgabe würde es Dr. Otto von Habsburg ermöglichen, sich in Österreich populär zu machen.«[1]

Kranebitter wendet sich nun – auf dem Briefpapier »Nationalrat der Republik Österreich« – in dieser Sache am 7. 7. 1964 erneut direkt an Otto von Habsburg: *»Die Wiedergutmachung des Unrechts Ihrer Verbannung war mir seit meiner vor 17 Jahren erfolgten Berufung auf das Kampffeld der Politik in Wien stets ein echtes und großes Anliegen. (...) Die Sozialistische Partei Österreichs hat sich als Ihre fast hasserfüllte Gegnerin erwiesen. Sie hat daher Ihre Loyalitätserklärung als ein unehrliches Bekenntnis zur Republik Österreich und ihren Gesetzen gewertet. (...) dass nur eine Erklärung im Sinne meines Lösungsvorschlags imstande wäre, die SPÖ zur Änderung ihres ablehnenden Standpunkts zu zwingen (...) Ich fühle mich auch verpflichtet, meinen Vorschlag diesmal in die Form eines Entwurfs für Ihre öffentliche Erklärung zu kleiden.«* Es folgt der Vorschlag einer Erklärung, wie sie Otto nach Kranebitters Ansicht abgeben sollte: *»Ich erstrebe nach meiner und meiner Familie Heimkehr ins Vaterland Österreich trotz meiner vollen staatsbürgerlichen Rechte keine Führungsaufgabe in der österreichischen Innenpolitik. Meine Berufung und Aufgabe sehe ich nach wie vor darin, ein Wegbereiter zur Entfaltung der europäischen Wirtschafts- und Völkergemeinschaft und zur Festigung des Weltfriedens zu sein. Dieser Aufgabe könnte ich auch als Vertreter Österreichs an zentraler Stelle im Ausland dienen. Ich wäre daher bereit, als Gesandter (Botschafter) Österreichs beim Vatikan zu wirken, wenn mir die österreichische Bundesregierung die Ehre dieser Berufung zu übertragen bereit wäre. Und ich bin gewillt, diesen Posten sogleich nach meiner Heimkehr nach Österreich anzutreten. Dadurch könnte ich auch beweisen, dass meine Loyalitätserklärung ein ehrliches Bekenntnis zur demokratischen Republik Österreich ist und dass mir die Erhaltung des sozialen Friedens und der Wohlfahrt des österreichischen Volkes ein echtes Herzensanliegen ist. Aus diesem Grunde verzichte ich hiemit auch auf meinen Anteil am Familienvermögen des Hauses Habsburg (bis auf einen kleinen Rest von Grundbesitz, der der Sicherung der Existenz meiner Familienangehörigen dienen würde). Gleichzeitig*

---

[1] Zit. nach einem Brief des MBÖ-Mitarbeiter Hans Vögele an August Lovrek am 25. 7. 1963

bitte ich die Führung der Monarchistischen Bewegung Österreichs, im Augenblick der offiziellen Bewilligung meiner Heimkehr den Selbstauflösungsbeschluss fassen und vor der Verwirklichung der Auflösung der Bewegung noch sorgen zu wollen, dass meine Heimkehr ohne irgendwelche Demonstrationen der Bevölkerung erfolgen kann.«

Otto von Habsburg reagiert auf den sechsseitigen, engzeilig getippten Brief des ÖVP-Nationalratsabgeordneten mit einem knappen, klar ablehnenden Schreiben am 13. Juli 1964. Darin heißt es: »*Was Ihren Vorschlag betrifft, dessen Gesinnung ich schätze, fürchte ich, dass dieser weder von der ÖVP noch von der SPÖ angenommen würde. Ich habe allzu sehr erleben müssen, wie meine Erklärung vom 21. März d.J., mit der ich dem Bundeskanzler einen wirklichen Dienst geleistet habe, nur dazu verwendet wurde, um dann auch vonseiten der ÖVP gegen mich einen propagandistischen Vernichtungsfeldzug zu führen.*« Bereits zu diesem Zeitpunkt sieht Otto von Habsburg in der Botschafteridee einen »Versuch mich loszuwerden«. Er habe sich nie auf das »Abstellgleis« eines Vatikanbotschafters abschieben lassen wollen. Bezeichnend ist, dass sich Bruno Kreisky später als Bundeskanzler öffentlich mehrfach damit brüstet, er sei (als Außenminister) ja damit einverstanden gewesen, Otto als österreichischen Botschafter an den Vatikan zu entsenden.

Otto wird handgreiflich

Die ÖVP sendet – offensichtlich mit Einverständnis von Nationalratspräsident Alfred Maleta – im Vorfeld der Landtagswahlen in Wien und Niederösterreich den ÖVP-Landtagsabgeordneten Ernst Grundemann-Falkenberg nach Pöcking: Seine Forderung, Otto von Habsburg möge sich bereit erklären, erst im Fall einer parlamentarischen Zwei-Drittel-Mehrheit zur Heimkehrfrage wieder einzureisen, lehnt Otto ab. Am 9. Juli 1964, soeben von einem erfolgreichen CEDI-Kongress in Madrid (El Escorial) zurückgekehrt, notiert er in seinem Kalender: »ÖVP entschied, nicht das Recht zu unterstützen; neue Forderungen.« Grundemann-Falkenberg mag einen schweren taktischen Fehler in Pöcking begangen haben: Er versucht, Otto von Habsburg zu bestechen; er bietet ihm Geld an, damit dieser sich verpflichte, nicht nach Österreich zurückzukehren. Otto von Habsburg erinnert sich: »Er war einer von zwei Personen, die ich physisch hinausgeworfen habe.« Der andere war ein amerikanischer Finanzfachmann, der Ende des Zweiten Weltkriegs durch Getreidespekulationen auf Kosten der ausgehungerten Länder Europas ein Vermögen machen wollte. Otto von Habsburg, den dieser als Kompagnon gewinnen wollte, warf ihn hinaus und meldete den Plan den US-Behörden, die dem Mann daraufhin tatsächlich das Handwerk legen konnten.

In einem langen Beitrag in der »Furche«[1] setzt Otto von Habsburg Grundemann-Falkenau – wenngleich ohne Nennung des Namens – ein schriftliches Denkmal: »*In einem Eck der Bibliothek in Pöcking saß kürzlich ein österreichischer Politiker. Sein Name tut nichts zur Sache. Ich weiß auch nicht, was bei ihm Auftrag, was persönliche Ansicht war. Äußerlich war er von jenem behäbigen Typus, wie er in unserem öffentlichen Leben oftmals anzutreffen ist.*
Seitdem es einen ›Fall Habsburg‹ gibt, war er nicht der erste an diesem Ort. Ich habe mich seither auch niemals über einen Mangel an guten Ratschlägen zu beklagen gehabt. Ich kenne sie nachgerade schon alle auswendig.« Im Folgenden skizziert Otto von Habsburg die Argumentationen, das Sammelsurium an Appellen, Ratschlägen, vermeintlich freundschaftlichen Hinweisen, Drohungen und Versprechungen: Patriotische Pflicht, notwendiges bitteres Opfer, staatsmännische Klugheit, materielle Belange, vorerst die Frage des Habsburgervermögens lösen, politische Realitäten etc. etc.
»*Aus rechtlichen Erwägungen und aus Respekt vor den Gerichten habe ich bisher ein ganzes Jahr lang geschwiegen. (...) Man hat mir öffentlich und privat nahegelegt, über meine seinerzeitige Loyalitätserklärung hinauszugehen und sie erneut in erweiterter Form abzugeben. Wenn ich dies nicht getan habe, so vor allem deshalb, weil meine Loyalitätserklärung von einem der höchsten Gerichte der Republik als ausreichend anerkannt wurde. Quod scripsi, scripsi: Ich habe den in früheren Fällen üblichen Text unterschrieben; es ist eine schwere persönliche Kränkung, um nicht zu sagen eine Beleidigung, wenn*

---

[1] »Die Furche«, Nr. 25/1964, S. 4f.

man mir a priori die Glaubwürdigkeit abspricht. Für diejenigen aber, die Derartiges tun, werde ich dadurch nicht glaubwürdiger, dass ich dasselbe in verschiedenen Abwandlungen noch Dutzende Male wiederhole.

Man hält mir vor, dass ich mich vor meiner Verzichtserklärung in diesem oder jenem Sinn geäußert hätte. Ganz abgesehen davon, dass freie Meinungsäußerung zu den Grundrechten jedes Österreichers gehört, ist es doch wohl der Sinn der Loyalitätserklärung und des Gesetzes, dass sie vorschreiben, dass die Angehörigen des ehemaligen Herrscherhauses auf ein Recht verzichten, an dem sie tatsächlich oder angenommenerweise vorher festgehalten haben. Wozu bedürfte es denn sonst einer Verzichtserklärung? Ich habe mich selbstverständlich nicht leichten Herzens zu einer Erklärung entschlossen, die unter das, was ich als Vermächtnis meines Vaters übernommen hatte, einen Schlussstrich zieht.« Otto von Habsburg schildert, dass Politiker ihm raten, freiwillig auf das Heimkehrrecht zu verzichten. Das müsse er aber ablehnen, denn dies würde bedeuten, *»dass ich mich selbst für ebenso gefährlich halte, wie die Gegner meiner Rückkehr es von mir behaupten. Ich würde außerdem die Österreichische Republik durch die Insinuation beleidigen, sie sei so schwach, sich vor mir fürchten zu müssen, vor einem Menschen, der immer und überall die Idee des demokratischen Rechtsstaates verfochten hat. (...)«*[1]

Den Vorschlag, das Urteil des Verwaltungsgerichtshofs einer Volksabstimmung zu unterwerfen, lehnt Otto von Habsburg vehement ab, weil dadurch die verfassungsmäßige Ordnung untergraben würde. Doch das Justizministerium sucht im Sommer 1964 nach einer Möglichkeit, das Urteil des Verwaltungsgerichtshofes igno-

---

[1] Auch zur Vermögensfrage, konkret zum Familienversorgungsfonds, äußert sich Otto von Habsburg in dem *»Furche«*-Beitrag: *»Würde dieses Vermögen nur mir und meinen Geschwistern gehören, so wäre die ganze Angelegenheit sehr einfach. Seit Abschluss unserer Studien verdienen wir unseren Lebensunterhalt durch unsere Arbeit. An dem Fonds sind aber mehr als 100 Personen anspruchsberechtigt, unter denen sich Alte und Kranke befinden. Nach den geltenden gesetzlichen Bestimmungen bin ich derzeit der Vertreter aller dieser Rechtsinhaber. Mein Verhältnis zu ihnen ist ähnlich dem eines Rechtsanwaltes zu seinen Mandanten. Noch mehr: Das Gesetz legt mir sogar die Verpflichtung auf, für die Wiederherstellung des Fonds einzutreten.«*

rieren zu können. Man vermutet, dass das 1952 wiederverlautbarte Verwaltungsgerichtshofgesetz eine Lücke enthält, indem es keine Sanktion für das Verhalten einer Behörde gibt, die den Rechtszustand gemäß dem Erkenntnis des Verwaltungsgerichtshofs nicht herstellt.

Am 4. November 1964 beantragt Otto von Habsburg beim österreichischen Generalkonsulat in München einen Reisepass ohne den Zusatz »Gültig für alle Staaten der Welt, mit Ausnahme der Republik Österreich«. Das Generalkonsulat leitet den Akt – wie von Außenminister Kreisky einst angeordnet – unbearbeitet nach Wien weiter.

Immer neue Bedingungen

Am 8. Juni 1965 kommt es im Parlament zu einer heftigen Debatte über die Ausstellung des Reisepasses für Dr. Otto Habsburg-Lothringen. Bundeskanzler Klaus sagt, die Verzichtserklärung sei als ausreichend anzusehen. SPÖ-Politiker bezweifeln in dieser Angelegenheit eine gerechte und vollständige Information durch die Bundesregierung. Sie befürchten Vermögensansprüche durch das Haus Habsburg und bringen zwei Entschließungsanträge ein, in denen die Unerwünschtheit Ottos nochmals betont und mit denen eine Rückerstattung von Vermögen verhindert werden soll.

Im Juli 1965 verhandelt Bundeskanzler Klaus mit SPÖ-Chef Pittermann über eine einvernehmliche Lösung im Fall Habsburg. Klaus schlägt in einem Brief vor, Otto von Habsburg solle eine eindeutige Erklärung über einen Verzicht auf jede politische Tätigkeit in Österreich abgeben, danach sollten ihm und seiner Frau innerhalb von fünf Jahren Reisepässe ausgestellt werden. Diese neue Bedingung geht auf eine nie wirksam gewordene rot-schwarze Parteienvereinbarung zurück, die sich Klaus so vorstellte: *»In der Regierungserklärung vom 2. April 1964 haben sich die ÖVP und die SPÖ verpflichtet, das Habsburgproblem in Wahrung der Verfassung und des Rechtsstaates gemeinsam in friedlicher Weise auf Dauer zu lösen.*
Die Österreichische Volkspartei und die Sozialistische Partei Österreichs vereinbaren daher Folgendes:

»Die Krone« dokumentiert am 15. Juni 1965 Otto von Habsburgs Brief an Pittermann auf Seite 1.

1. Wenn das derzeit beim Verfassungsgerichtshof anhängige Kompetenzfeststellungsverfahren[1] zugunsten der Wiener Landesregierung ausgeht, wird die SPÖ ihren Vertretern in der Wiener Landesregierung empfehlen, über die Staatsbürgerschaft des Dr. Otto

---

[1] Im Kompetenzstreit zwischen Wien und Niederösterreich ging es darum, ob das Bundesland zuständig sei, in dem Otto zur Welt kam (also Niederösterreich), oder jenes, in dem er vor der Ausweisung 1919 zuletzt offiziellen Wohnsitz hatte. Letzteres beanspruchte das rote Wien mit dem Hinweis darauf, dass Wien der Residenzort des Kaisers gewesen sei – und damit auch der Wohnsitz der kaiserlichen Familie.

Habsburg-Lothringen unverzüglich, spätestens jedoch binnen drei Monaten nach Zustellung des Erkenntnisses, zu entscheiden. Die Dreimonatsfrist gilt auch für die neuerliche Entscheidung, falls eine Entscheidung der Wiener Landesregierung von einem Höchstgericht aufgehoben wird.

2. *Die folgenden Verpflichtungen gelten, wenn und solange folgende Bedingungen erfüllt sind: a) wenn endgültig feststeht, dass Dr. Otto Habsburg-Lothringen österreichischer Staatsbürger ist (Obsiegen der niederösterreichischen Landesregierung im Kompetenzstreit oder positive Entscheidung der Wiener Landesregierung bzw. eines Höchstgerichtes); b) wenn Dr. Otto Habsburg-Lothringen eine eindeutige Erklärung abgibt, dass er auf jede Art der öffentlichen politischen Betätigung verzichtet; c) solange Dr. Otto Habsburg-Lothringen die in dieser Erklärung übernommenen Verpflichtungen einhält.*

3. *Die SPÖ wird dem Bundesminister für Inneres empfehlen, den Kindern Dr. Otto Habsburg-Lothringens unverzüglich österreichische Reisepässe auszustellen, die zur Einreise nach Österreich berechtigen.*

4. *Die SPÖ wird dem Bundesminister für Inneres empfehlen, Dr. Habsburg-Lothringen und seiner Gattin innerhalb von fünf Jahren ab endgültiger Feststellung seiner Staatsbürgerschaft einen österreichischen Reisepass auszustellen, der zur Einreise nach Österreich berechtigt.*

5. *Sollte Dr. Otto Habsburg-Lothringen die in seiner Erklärung übernommenen Verpflichtungen nicht einhalten, so werden beide Parteien ihre Haltung einer Überprüfung unterziehen.«*

Am 20. Juli 1965 stellt die niederösterreichische Landesregierung für »Dr. Otto Habsburg-Lothringen« und seine Frau »Regina Habsburg-Lothringen« einen Staatsbürgerschaftsnachweis aus.[1] Einen regulären österreichischen Reisepass ohne den diskriminierenden Zusatz erhält Otto von Habsburg erst am 1. Juni 1966 durch

---

[1] In »Der Fall Otto Habsburg« schreibt Andics am Ende: »*So betrachtet, erweist sich der Fall Otto Habsburg als Generationsproblem, das sich eines Tages von selbst lösen wird. Das unverschuldete Verhängnis des Mannes, der in Pöcking auf seine Heimkehr wartet, ist dabei nur, dass er 53 Jahre alt ist. Er hat nicht mehr viel Zeit.«*, S. 206 – So kann man sich irren!

das Innenministerium. Der Pass wird von Rechtsanwalt Draxler entgegengenommen. Otto von Habsburg bekommt seinen Pass erst am 25. Juni von Lovrek.

Noch im März 1966 erklärt die SPÖ, dass sie Otto von Habsburgs Rückkehr verhindern wolle – doch sie verliert die Wahl. Die Habsburghysterie hat ihr offenbar keine Stimmen gebracht, sondern eher gekostet. Die ÖVP bildet erstmals eine Alleinregierung. August Lovrek gibt Otto die Wahlresultate am Telefon nach Frankreich durch, wo dieser gerade eine ausführliche Vortragstournee hält.

Ab jetzt geht es Otto von Habsburg darum, den rechten Zeitpunkt für eine erste Einreise zu finden. Noch im Juli 1966 verzichtet er aus Rücksichtnahme auf mögliche Debatten um seine Person darauf, an einem Kongress der Paneuropa-Union in Wien teilzunehmen. An Coudenhove-Kalergi schreibt er: »*Durch Dr. Draxler sind mir Bedenken höchster österreichischer Politiker des Regierungslagers bezüglich möglicher Schwierigkeiten aus Anlass meines Erscheinens bei dem Kongress der Paneuropa-Union in Wien zugeleitet worden. Wenn ich auch diese Bedenken nicht vollinhaltlich teile, möchte ich doch Bundeskanzler Klaus in seiner wertvollen Arbeit für Österreich unterstützen, insbesondere auch gegenüber gewissen Elementen, die versuchen Druck auf ihn auszuüben.*«

Überall, nur nicht in Österreich

In Österreich ist Otto von Habsburg nach wie vor nur medial und in den Kulissengesprächen der Parteien präsent, im Gegensatz zu vielen anderen Ländern, wo er persönlich auftritt. Am 27. Oktober spricht er in der Passauer Nibelungenhalle vor 3000 Menschen, wobei geschätzte zwei Drittel aus Österreich angereist sind. Bei Vorträgen in Regensburg und Amberg hören ihn jeweils 800 Menschen. Anschließend folgt eine große Tournee durch Frankreich. Politische Gespräche führt der Habsburger in Spanien, Frankreich und Deutschland. Am 18. Januar 1965 besucht er in München Coudenhove-Kalergi, fährt anschließend mit dem Nachtzug nach Bonn, wo er am Tag darauf Adenauer, Bundestagsvizepräsident Jaeger, zahlreiche Abgeordnete und den Nuntius trifft. Am selben Abend redet er vor 300 Zuhörern über Europa. In Brüssel konferiert er mit den Vorständen von CEDI und Paneuropa und hält mehrere Reden.

Anfang Februar 1965 fliegt Otto von Habsburg erneut nach Angola: zuerst nach Luanda, dann über kleinere Stationen weiter nach Léopoldsville (heute Kinshasa). Dort besucht er auch General Joseph Désiré Mobutu, den damaligen Oberbefehlshaber, der am 25. November desselben Jahres durch einen Staatsstreich Präsident von Zaire werden sollte. Hier hält Otto von Habsburg auch einen Vortrag vor 300 Diplomaten sowie Studenten und gerät dabei in eine heftige Diskussion mit Marxisten. In Luanda gibt er abschließend eine Pressekonferenz, trifft interessante Persönlichkeiten, fliegt zurück nach Lissabon und unterhält sich dort mit Salazar.

Zu einem Vortrag am 27. März 1965 in der Markthalle von Rosenheim versammeln sich etwa 2500 Zuhörer, mehrheitlich Österreicher; am Tag darauf dasselbe Bild in Garmisch: 2000 Zuhörer, überwiegend aus Österreich; einige Tage später 1500 Zuhörer in Lindau, fast ausschließlich Österreicher, tags darauf in Liechtenstein 700 Zuhörer. Im Spätsommer bricht Otto von Habsburg zu einer neuerlichen Weltreise auf: Am 11. September 1965 reist er nach Damaskus, von dort weiter nach Bombay und Colombo auf Ceylon (heute Sri Lanka), wo er an einer Parlamentssitzung teilnimmt und politische Gespräche führt. Am 15. September geht es weiter nach Kuala Lumpur und Singapur, dann nach Bangkok und Saigon, Rizal und Hongkong. In Taipei trifft er am 4. Oktober den Ministerpräsidenten und den Außenminister Taiwans, besucht Missionsstationen und die ungarische Kolonie. Am 12. Oktober erreicht er Tokio, spricht mit dem japanischen Ministerpräsidenten, dem Außenminister und mit seinem Freund Seigen Tanaka. Fünf Tage später landet er in New York, von dort aus startet er eine einmonatige Vortragstournee kreuz und quer durch die USA.

Auch im Jahr 1966 absolviert Otto von Habsburg vor allem Vortragsreisen. In Niederaltaich bestreitet er am 21. Mai 1966 einen gemeinsamen Auftritt mit Franz Josef Strauß. Ende Mai ist er wieder in Rom: zahlreiche Arbeitsgespräche und eine Audienz bei Papst Paul VI. stehen auf der Agenda. Beim Sudetendeutschen Tag 1966 in München wird dem Paneuropa-Präsidenten Coudenhove-Kalergi der Karlspreis der Sudetendeutschen Landsmannschaft verliehen. Otto von Habsburg nimmt daran teil, und spricht am Rande lange mit dem bayerischen Ministerpräsidenten Alfons Goppel, mit Richard Jaeger, Vittorio Pons und William S. Schlamm.

Erste Österreich-Besuche

Am 8. Juli 1966 unterzeichnen Regina von Habsburg und Ottos Schwester Adelhaid Verzichtserklärungen. Wieder versuchen die Staatsmänner der Republik, alles zu verzögern. Bundeskanzler Klaus schreibt an Rechtsanwalt Draxler am 14. Juli 1966, er halte es »*für richtig, die Bundesregierung und in weiterer Folge den Hauptausschuss des Nationalrates mit den gegenständlichen Verzichtserklärungen erst in einem Zeitpunkt zu befassen, in dem das Erkenntnis des Verwaltungsgerichtshofes über die ihm anhängige Säumnisbeschwerde von Regina Habsburg-Lothringen und Kinder wegen Ausstellung von Reisepässen ergangen ist*«. Erst am 19. 10. 1966 kann »Die Presse« unter der Überschrift »Neue Habsburg-Verzichte« berichten: »Der Ministerrat nahm am Dienstag die Verzichtserklärungen der Gattin und der ältesten Schwester Otto Habsburg-Lothringens, Regina und Adelhaid, zur Kenntnis. Die Erklärungen werden jetzt dem Hauptausschuss des Nationalrates vorgelegt.«[1] Erst am 2. Dezember 1966 stimmt der Hauptausschuss des Nationalrates über die Verzichtserklärungen ab: Die Abgeordneten von ÖVP und FPÖ stimmen für deren Annahme, die SPÖ verweigert die Zustimmung unter Berufung auf das Gesetz über die Landesverweisung der Habsburger von 1919.

Am 11. August 1966 um 15.05 Uhr – Otto von Habsburg ist an diesem Tag mit seiner Familie in Benidorm – meldet die Sicherheitsdi-

---

[1] Die Verzichtserklärung von Ottos jüngerem Bruder Robert 1969 spielt in den Medien keine Rolle mehr. Carl Ludwig und Felix weigern sich stets, eine solche Erklärung zu unterzeichnen; Rudolf muss es nicht, weil er nach 1919 zur Welt gekommen war.

Republik Österreich
DER BUNDESKANZLER

Wien, am 14. Juli 1966.

Kanzlei Dr. Draxl*
Eingelangt: 18. JULI 1966
Krtft:
Erlebigt:

Sehr geehrter Herr Minister!
Lieber Freund!

Auf Grund eines Gedankenaustausches, den ich über Deine an die Bundesregierung zu meinen Handen gerichtete Eingabe vom 8. Juli 1966 namens Deiner Mandanten Regina HABSBURG-LOTHRINGEN und Dr. Adelheid HABSBURG-LOTHRINGEN, Verzichtserklärungen gemäß § 2 des Gesetzes vom 3.4.1919, StGBl. Nr.209, in der Fassung des Bundesverfassungsgesetzes vom 4.7.1963, BGBl. Nr.172, hatte, halte ich es für richtig, die Bundesregierung und in weiterer Folge den Hauptausschuß des Nationalrates mit den gegenständlichen Verzichtserklärungen erst in einem Zeitpunkt zu befassen, in dem das Erkenntnis des Verwaltungsgerichtshofes über die bei ihm anhängige Säumnisbeschwerde von Regina HABSBURG-LOTHRINGEN und Kinder wegen Ausstellung von Reisepässen ergangen ist.

Abgesehen davon wäre auch eine endgültige Erledigung der beiden Erklärungen vor den Sommerferien nicht mehr möglich gewesen, weil der Hauptausschuß des Nationalrates keine Sitzungen mehr abhält und wohl nicht bereit wäre, nur wegen dieser Sache zu einer Sitzung zusammenzutreten.

Dies zu Deiner Information.
Mit besten Grüßen

Herrn Rechtsanwalt Dr. Ludwig DRAXLER
Reichsrathsstraße 11
Wien.

rektion für das Bundesland Salzburg an das Innenministerium: »Am heutigen Tag, um 13.15 Uhr ist Dr. Otto Habsburg-Lothringen mit zwei Kindern über den Steinpass nach Österreich eingereist. Er benützte hiezu einen offenen Volkswagen, weiß lackiert. Fahrziel unbekannt, Fahrtrichtung Lofer.« Das Innenministerium gibt daraufhin folgende Weisung aus: »Die Sicherheitsdirektionen für die

Bundesländer Salzburg und Tirol werden ersucht, einen Aufenthalt Dr. Otto Habsburgs wahrzunehmen und zu melden, darüber hinaus habe keine Behörde und kein Sicherheitsorgan tätig zu werden.« Später meldet die APA, dass es sich beim Eingereisten um Gottfried Habsburg-Lothringen, wohnhaft in St. Gilgen, handle. Otto selbst teilt aus Benidorm der APA mit: »Ich war die ganze Zeit über mit meiner Familie hier, genieße das herrliche Sommerwetter und schreibe. Gegenwärtig arbeite ich an mehreren Büchern. Allerdings beabsichtige ich, eines Tages in meine Heimat zurückzukehren.«

Der Beamte, der damals meinte, Zeuge der Einreise geworden zu sein, gibt gegenüber der Sicherheitsdirektion für das Bundesland Salzburg am 18. 10. 1966 Folgendes zu Protokoll: »*Nach Vorhalt der verschiedenen Widersprüche, die sich aus meinen Wahrnehmungen am 11. August 1966 und den daraus resultierenden Angaben mit den tatsächlichen Gegebenheiten zeigen, finde ich nun eigentlich keine richtige Erklärung für meine fälschlichen bzw. irrtümlichen Wahrnehmungen.*« Spannender als die Verwechslung selbst jedoch sind die innerösterreichischen Reaktionen: Pittermann kommt sofort, als er die APA-Falschmeldung hört, aus seinem Urlaubsort St. Jakob im Defereggental nach Wien zurück, um mit der SPÖ-Spitze zu beraten. Am 12. August findet in Wien vor dem »Denkmal der Republik« eine Protestkundgebung des »Verbands Sozialistischer Studenten Österreichs« mit etwa 100 Personen statt. Auf mitgebrachten Transparenten steht laut Polizeiprotokoll: »Die Republik braucht keinen Kaiser«, »Kein Platz für Otto«, »Otto, bleib in Pöcking!«, »Hat Österreich zu wenig Ruhestörer?« und »Für die Republik, gegen Habsburg«.

Otto indessen wartet in der Ferne auf die rechte Stunde. Zunächst reist er mit Regina nach Tokio, zu einer Mont Pélerin-Versammlung. Er referiert dort über Entwicklungshilfe. Es folgen Ausflüge nach Osaka, Kyoto, Toba, Kawana. Am 21. September kehren Otto und Regina wieder nach Taipei zurück, wo sie ein Programm voller Begegnungen und Vorträge erwartet. Über Hongkong reisen sie Ende September nach Saigon, am 6. Oktober nach Bangkok, tags darauf nach Karachi, wieder einen Tag später nach Hause.

*

Am 31. Oktober 1966 ist es endlich so weit. Otto von Habsburg besucht – erstmals seit 1946 – für wenige Stunden Tirol. Die Einreise am Vormittag und die Ausreise um 15.45 Uhr bei Leutasch nach Bayern wird polizeilich protokolliert.[1] Anrufern in Pöcking liest Graf Degenfeld eine bereits vorbereitete Stellungnahme vor: »*Am Montag, 31. Oktober, hat Dr. Otto Habsburg erstmalig von seinem Recht der Einreise nach Österreich Gebrauch gemacht. Er ist von Pöcking nach Innsbruck gefahren, um aus Anlass des Allerseelentages das Grab seines Großonkels, des Feldmarschalls Erzherzog Eugen, zu besuchen, und er kehrte noch am selben Tag nach Deutschland zurück.*«

Die sozialistische »Arbeiter Zeitung« kritisiert den Besuch zu Allerseelen als »pietätlos«. In der Ausgabe vom 1. 11. 1966 schreibt sie im Untertitel eines Artikels: »Unfassbare Pietätlosigkeit: Totengedenken soll die Empörung dämpfen.« Die »Volksstimme« berichtet am 1. 11. 1966 unter der Überschrift »Habsburg war in Innsbruck: Kurzbesuch als Gewöhnungsmanöver«: »*Es ist klar, welche Absicht Otto Habsburg mit diesem ›Kurzbesuch‹ verfolgt. Die Protestbewegung der österreichischen Arbeiterschaft im August, als seine Einreise gemeldet wurde, hat gezeigt, womit er zu rechnen hat. Deshalb sieht er sich zu einem ›Gewöhnungsmanöver‹ gezwungen. Er reist vorerst einmal ein – und ist ein paar Stunden später schon wieder draußen. Mit seiner Einreise wird auch schon die Ausreise gemeldet. Gegen einen ausgereisten Otto wird, das ist die Spekulation, niemand protestieren oder gar streiken. (…) Der innere und äußere Friede Österreichs ist durch die Ausstellung eines gültigen Reisepasses für Otto Habsburg auf das schwerste gefährdet.*«

In einer vom Innenminister telefonisch genehmigten »Presseverlautbarung« vom 31. 10. 1966 heißt es schlicht: »*Das Bundesministerium für Inneres gibt bekannt: Am Vormittag des 31. Oktober 1966 ist Dr. Otto Habsburg-Lothringen bei Niederndorf, Bezirk Kufstein, nach Österreich eingereist. Nach einem Besuch des Erzherzog-*

---

[1] In Ottos Kalender liest sich das so: »12:00 cross into Austria at Niederndorf, T. hence to Kufstein – Wörgl – Rattenberg – Schwaz. 13.45 Innsbruck, Pfarrkirche, Grave Egh. Eugen on to Zirl – Seefeld – Leutasch. lv. Austria 15:30 – home 17:00. Eve. with mother etc. – many press calls. phone with Robert & RS.«

Eugen-Denkmals am Rennweg und des Domes zu St. Jakob in Innsbruck setzte er seine Fahrt in Richtung Seefeld fort und verließ Tirol um 15.45 Uhr bei Leutasch. Die Durchreise und der Aufenthalt in Innsbruck sind ohne jeglichen Zwischenfall und ohne Aufsehen zu erregen, verlaufen.« Die Regierung ist nachweislich rechtzeitig von der Einreise Otto von Habsburgs informiert worden. Rechtsanwalt Draxler hat mit Kanzler Klaus darüber gesprochen und ihm mit Schreiben vom 27. Oktober 1966 mitgeteilt, »dass der geplante Kurzbesuch am Grab von Erzherzog Eugen am 31. Oktober stattfinden soll«. Penibel listet Draxler die Einzelheiten der Route auf.

Am 2. November 1966 streikt mit Billigung der Fachgewerkschaften etwa eine Viertelmillion Arbeitnehmer aus Protest gegen den Aufenthalt Ottos. Der ÖGB-Bundesvorstand fordert von der Bundesregierung eine Erklärung, diese solle die Übergabe von Staatsvermögen an Habsburg verhindern. Am 3. November 1966 berichtet die »Arbeiter Zeitung« unter der Überschrift »Einer Meinung: Wir brauchen keinen Habsburger!«: »*Sofort nach Bekanntwerden der Einreise Otto Habsburgs fanden einige Streikaktionen, besonders in Verkehrsbetrieben, statt, durch die aber der Verkehr nicht beeinträchtigt wurde. Montagabend gab es weitere Proteste, Betriebsdelegationen sprachen im ÖGB und im Bundeskanzleramt vor.*« Die SPÖ erinnert daran, dass die Einreise Otto von Habsburgs von einem »großen Teil des österreichischen Volkes als nicht erwünscht betrachtet wird«. In einem Beitrag der »Arbeiter Zeitung« heißt es: »Die Verantwortung für die Gefährdung des inneren Friedens, die sich durch die Einreise Otto Habsburgs, durch seine politische Tätigkeit und durch die Auslieferung von Staatsvermögen an ihn ergibt, trifft ausschließlich die ÖVP-Regierung.« Am 3. 11. 1966 meldet die »Volksstimme« unter dem Titel »Protest in ganz Österreich«: »*Wenn es nach dem Willen der großen Mehrheit des Volkes ginge, kommt Otto Habsburg nicht ins Land und kriegt keinen Groschen. (...) Auf hunderten Betriebsversammlungen herrschte die Meinung vor: Wenn Otto es wieder versucht, müssen schärfere Mittel, müssen einheitliche Aktionen der Arbeiter und Angestellten in ganz Österreich durchgeführt werden.*«

Zu dieser Zeit ist Otto von Habsburg längst in Lissabon, trifft dort mit Präsident Adriano Moreira zusammen, und fliegt am 6. November weiter nach New York, zu Vortragsreisen durch die USA und Kanada. Am 5. 11. 1966 betont Bundeskanzler Klaus in einer Rundfunkansprache, dass Otto von Habsburg aufgrund der Rechtslage keinerlei Anspruch auf eine Vermögensrückgabe habe. Die »Arbeiter Zeitung« meldet am 8. 11. 1966 unter der Überschrift »Pacht für Habsburg – ernst gemeint«: »*Trotz der Erklärung Dr. Withalms im Parlament, die ÖVP werde keine Gesetzesinitiativen für eine Rückgabe des Habsburgervermögens ergreifen, spekulieren gewisse ÖVP-Kreise offen damit, Otto Habsburg durch das ›Hintertürl‹, das Bundeskanzler Klaus offenließ, Millionenwerte zuzuschanzen. Über den Weg der Vermietung oder Verpachtung soll Otto Habsburg ein ›standesgemäßes‹ Leben gesichert werden. (…) Hat die ÖVP-Alleinregierung vielleicht schon einen geheimen Plan für das Arrangement? In einem solchen Fall müsste sie mit dem erbitterten Widerstand aller Demokraten in Österreich rechnen.*« Die »Arbeiter Zeitung« zitiert aus einem Klaus-Brief an den ÖGB, in dem der Bundeskanzler jegliche Vermögensrückgabe ausschließt: »*Ich füge hinzu, dass darunter auch die Einräumung von Miet-, Pacht- oder Baurechten zu verstehen ist, sofern eine solche oder die Einräumung ähnlich gearteter Rechte einer – wenn auch nur partiellen – Vermögensrückgabe gleichkäme. Abschließend wiederhole ich meine schon mehrmals geäußerte Auffassung, dass nach der derzeitigen Rechtslage keinerlei Ansprüche Doktor Habsburgs auf Rückstellung irgendwelcher Vermögenschaften bestehen.*«

Am 27. November ist Otto von Habsburg wieder in Österreich. Und wieder nur kurz: Um 16 Uhr überquert er mit seinem Mercedes die österreichische Grenze bei Lindau, steuert Bregenz und Dornbirn an, später Feldkirch, fährt gegen 17.30 Uhr weiter nach Zizers, um dort seine Mutter zu treffen. Am nächsten Tag fährt er von Zizers aus nach Feldkirch, Bludenz, Dornbirn und Bregenz, und verlässt Österreich wieder um 15.30 Uhr. Am 4. Dezember reist er von Zizers über Lustenau, Bregenz, Hörbranz, Hohenweiler nach Pöcking. Am Tag darauf nach Innsbruck und Ampass, in jene Gemeinde, die ihm als erste das Ehrenbürgerrecht verliehen hatte. Wenig später wirkt Otto von Habsburg an einer ORF-Sendung zum 50. Todestag Franz Josephs mit, Aufnahmeort ist jedoch nicht Wien, sondern Pöcking. Am 15. Dezember fährt Otto von Habsburg mit dem Zug nach Freilassing, wo er von Professor Chaimowicz abgeholt wird. Mit ihm fährt er durch Salzburg, danach trifft er Lovrek und fährt mit dem Zug nach München zurück.[1]

Das Bundesministerium für Inneres protokolliert am 17. 1. 1967: »Dr. Otto Habsburg-Lothringen ist in letzter Zeit insgesamt viermal (...) nach Österreich eingereist und hat jeweils das Bundesgebiet nach kurzem Aufenthalt wieder verlassen.« Die Einreisen werden jedesmal genau beobachtet und gemeldet. In einem Aktenvermerk der »Gruppe Staatspolizeilicher Dienst« im Innenministerium wird mit Datum vom 5. 12. 1966 festgehalten: »Der Sicherheitsdirektor ersucht, die Presse nicht zu verständigen.« Mit Datum vom 27. 2. 1967 meldet die Sicherheitsdirektion für das Bundesland Tirol an das Innenministerium, dass der Vorsitzende des Vereins »Europäische Studentenvereinigung in Österreich – Gruppe Innsbruck«, Rudolf Giesinger, Otto von Habsburg »für einen Vortrag in Innsbruck gewinnen konnte«. Termin: 27. 4. 1967, 17 Uhr. In dem Brief heißt es: »*Giesinger legte Wert auf die Feststellung, dass der Verein mit der Monarchistischen Bewegung nichts gemein habe und mit dem Vortrag auch keinerlei politische Ziele verfolge. Dr. Habsburg werde als eine Persönlichkeit, die sich um die europäische Frage äußerst verdient gemacht habe, anerkannt. Dr. Habsburg hat selbst als Thema für seinen Vortrag ›Europa – Großmacht oder Schlachtfeld?‹ vorgeschlagen.*«

Im Jahr 1967 hält Otto von Habsburg bereits mehrere Vorträge in Österreich und besucht einige der alten »Kaisergemeinden«, die ihm in den 30er Jahren die Ehrenbürgerschaft verliehen. Am 4. Juli 1967 sucht er Draxler in Wien auf. Vom 16. bis 20. Juli bleibt er in Osttirol und bestreitet dort mehrere Diskussionen. Die politischen Parteien werden abermals nervös, denn Otto von Habsburg agiert politisch, ohne ein karrieristisches oder parteipolitisches Ziel erkennen zu lassen – für parteipolitische Berufskarrieristen auf jeden Fall hoch verdächtig! Am 19. Juli 1967 fordert der Verband der Sozialistischen Frauen von der Bundesregierung Aufklärung über den

---
[1] Anschließend reist er nach Rom, wo er zahlr. politische Gespräche führt, darunter mit Giulio Andreotti. 1966 kommt Otto von Habsburg auf 142 Flugstunden.

Besuch des Habsburgers. Der Gesinnungsterror beginnt von neuem: Veranstalter werden diskriminiert oder unter Druck gesetzt, die Medien lässt man hetzen. Nachdem Otto europapolitische Vorträge gehalten hat, zieht die »Österreichische Hochschülerschaft« eine Einladung Otto von Habsburgs in die Universität Wien wieder zurück. Der Vorsitzende des Hauptausschusses an der Universität Wien, Wilhelm Dantine, begründet am 18. Juli 1967: »*Mit Ihrem öffentlichen Auftreten in Osttirol haben Sie alle jene Österreicher, die die Frage Ihrer Rückkehr als eine rein rechtliche sahen, vor den Kopf gestoßen. Sie haben damit zu erkennen gegeben, dass es durchaus politische Absichten waren, die Sie nach Österreich zurückgeführt haben. Wir haben nach Ihren damaligen Äußerungen gehofft, dass Ihre Loyalitätserklärung dahingehend zu verstehen ist, dass Sie eine politische Aktivität unserem Vaterland ersparen.*« Die KPÖ-Bezirksgruppe Meidling fordert am 3. 8. 1967 Innenminister Franz Hetzenauer auf, »der gegebenen Situation Rechnung zu tragen und die Einziehung des Passes anzuordnen«. In einem Flugblatt der KPÖ-Vorarlberg heißt es: »*Die Habsburger haben Österreich genug Leid zugefügt. Mit Recht hat sie das Volk nach dem Ersten Weltkrieg des Landes verwiesen. Es hatte genug und mehr als genug von ihnen. (...) Hinaus mit ihm aus unserem Land! Hinaus mit ihm aus Österreich! Wir wollen keine Habsburger mehr sehen oder hören!*«

Wirklich wütend reagiert Otto von Habsburg, als Pittermann in einem Prozess andeutet, es habe Verhandlungen der SPÖ mit ihm wegen eines Austauschs »Vermögen gegen Heimkehr« gegeben. Otto nennt dies in einem Brief an seinen Schwager Heinrich von Liechtenstein vom 3. 4. 1967 eine »ausgesprochen freche Lüge« und bestreitet vehement, »dass jemals Verhandlungen zwischen der SPÖ und mir stattgefunden hätten, die darüber gelaufen wären, dass ich bereit sei, gegen Rückgabe von Vermögen, auf mein Recht auf Heimkehr zu verzichten«.

Mitunter greifen die Habsburghysteriker auch zur Gewalt: Am 3. Juni 1967, als sich Otto von Habsburg in Seeham/Salzburg aufhält, wirft eine KP-Aktivistin mit roter Farbe gefüllte Eier. Laut Polizeiprotokoll beschmutzt sie dadurch das Auto Otto von Habsburgs sowie umstehende Personen. Auf Fotos ist aber klar zu erkennen, dass Otto und Regina von Habsburg im Gesicht und auf der Kleidung voller Farbe sind. Die KP-Aktivistin wird vom Bezirksgericht Salzburg am 29. 2. 1968 freigesprochen, obwohl sie die Tat gesteht. In der offiziellen Urteilsbegründung heißt es dazu, sie habe »nur zu Demonstrationszwecken die mit Wasserfarbe gefüllten Eier gegen das Auto des Dr. Otto Habsburgs in Seeham geworfen«. Attentatsversuche gegen Otto von Habsburg haben seit Nazizeiten Tradition; Attentatsdrohungen vor seinen Veranstaltungen gibt es immer wieder.

Die Politiker der Republik sind sich über die »Gefährlichkeit« des Kaisersohnes offenbar noch immer nicht im Klaren, denn das Innenministerium registriert alle seine Aufenthalte penibel. In Wien müssen zwei Veranstaltungen, die für 29. 4. und 13. 5. 1968 geplant sind, abgesagt werden, weil die KPÖ ca. 260 Demonstranten mobilisiert hat. Genau listet das Innenministerium alle Orte, Zeiten, eingesetzten Exekutivbeamte und Besucherzahlen der Habsburgkundgebungen in den Jahren 1967 und 1968 auf. Auch Versammlungsberichte werden von den Sicherheitsdirektionen mehrerer Bundesländer angefertigt und an das Innenministerium übersandt.

Die linke »Volksstimme« meint unter der Überschrift »Otto hat den Pass verwirkt« in einem Beitrag vom 18. 7. 1967, dass Otto von Habsburg dadurch, dass er eine Ehrenkompanie der Schützen abschritt, bewiesen habe, dass seine »Loyalitätserklärung nicht ernst genommen werden kann«. Man müsse ihm den Pass entziehen, weil »seine Aktionen den inneren und äußeren Frieden Österreichs stören«. Auch ÖVP-Generalsekretär Withalm kritisiert die Auftritte Ottos. »Wir beobachten die neue Form des Auftretens von Otto Habsburg, wie sie in diesen Tagen in Osttirol praktiziert wird, mit Interesse und großer Reserve«, zitiert »Die Presse« Withalm am 18. 7. 1967. Gemeint sind Veranstaltungen, »die weder rein folkloristischen noch staatsoffiziellen Charakter haben«, also politische Vorträge. Im selben Artikel wird aber auch betont, dass Otto von Habsburg beständig versichert, er sei nicht gekommen, um eine politische Partei zu gründen. Der »Kurier« zitiert Withalm am 18. 7. 1967 mit den Worten: »Wie immer sich Dr. Otto Habsburg in Zu-

50 General Francisco Franco Bahamonde sucht oft das Gespräch mit Otto von Habsburg. Den spanischen Thron trägt er ihm vergeblich an.

51 Auf seinen Weltreisen trifft der Chef des Hauses Habsburg viele Staatsmänner: am 25. 10. 1955 in Beirut den libanesischen Ministerpräsidenten Rachid Karame.

52 Otto von Habsburg zusammen mit Minister Alfredo Sánchez-Bella bei einem CEDI-Kongress 1970 in Madrid.

53 Mit Kardinal-Primas József Mindszenty verbindet Otto und Zita die Sorge um die ungarische Heimat. 1972 besucht der Kardinal die Kaiserin in Zizers, um ihr zum 80. Geburtstag zu gratulieren.

54 Ihre Silberhochzeit können Regina und Otto von Habsburg in Mariazell feiern.

55 Die vollzählige Kinderschar: auch Karl und Georg, die Jüngsten, sind nun schon dabei.

56 Der Paneuropa-Gründer Richard Coudenhove-Kalergi erkennt in Otto von Habsburg früh den Nachfolger und Erben seiner Idee.

57 Der stets kunstinteressierte Kaisersohn mit dem berühmten österreichischen Maler, Bildhauer und Musiker Ernst Fuchs

58 Im Einsatz für die Christen im Ostblock wird Habsburg zum Mitstreiter des »Brüsewitz Zentrums«, das nach einem Pastor benannt ist, der sich 1976 aus Protest gegen das DDR-Regime selbst verbrannte.

59 Von Heinrich Aigner (ganz re.) stammt die Idee für die CSU-Kandidatur Habsburgs bei den Europawahlen. (Mit Regina, Walburga und Georg)

60 Sie sollten gemeinsam in das Europäische Parlament einziehen: Otto von Habsburg mit dem Bayerischen Ministerpräsidenten Alfons Goppel.

61 Mit Franz Josef Strauß arbeitet Otto von Habsburg jahrelang eng zusammen. Hier überreicht ihm Strauß das Bundesverdienstkreuz.

kunft auch verhalten mag: Die Republik steht nicht zur Diskussion. Österreich ist eine Republik und wünscht auch eine Republik zu bleiben.«

Die »Wochenpresse« vom 26. 7. 1967 notiert unter der Überschrift »Otto als ÖVP-Olah«: »Der Habsburger hat Österreich verlassen, aber er kommt wieder; der Pfahl im ÖVP-Fleisch bleibt.« Gegenüber dem »Osttiroler Boten« erklärt Otto von Habsburg am 27. Juli 1967: »Ich bin entschlossen, nach Österreich zu übersiedeln. Aber ich habe noch keinen fixen Plan, weder hinsichtlich des Ortes noch der Zeit. Es dürfen ja meine Kinder noch nicht nach Österreich und es muss auch noch dieses Problem gelöst werden.«

Wie weit reicht die Sippenhaftung?

1967 versucht Otto von Habsburg, eine Verzichtserklärung seiner minderjährigen Kinder zu vermeiden, wie sie offenbar Innenminister Hetzenauer will. In einem Brief an seine Schwester Elisabeth schreibt Otto am 12. Juni 1967: »*(...) dass anscheinend auch Innenminister Hetzenauer absolut die Berechtigung unserer juristischen Auffassungen einsieht, aber aus reinen Gründen der politischen Opportunität die Unterzeichnung einer Erklärung für die Kinder fordert. (...) Wenn irgend möglich, müsste doch erreicht werden, dass es ohne diese Sache geht, umso mehr, dass damit die Kinder anders behandelt werden als die vielen Präzedenzfälle, die ja bereits auf diesem Gebiet bestehen. Ich würde Dir auch überlassen ob es psychologisch richtig ist, auf Klaus einen milden Druck auszuüben oder nicht. Schließlich sollten ihm die Erfolge der letzten Wochen gezeigt haben, dass wir eine politische Kraft darstellen, mit der es vielleicht für die Regierung nicht ganz unerwünscht ist, gut zu stehen.*«

Die Regierung versucht, die Frage der Kinderpässe zu verzögern. Draxler berichtet am 1. 8. 1967 brieflich nach Pöcking, er sei vom Bundeskanzleramt informiert worden, »dass der Bundeskanzler die Frage der Kinderpässe vor Antritt seines Urlaubs keiner Entscheidung mehr habe zuführen können. Die Angelegenheit ruhe daher zunächst.« Erst am 10. 12. 1968 kann »Die Presse« berichten: »*Am Montag wurde das langwierige Tauziehen um die Pässe der*

Kinder von Otto und Regina Habsburg beendet. Mit den Stimmen von ÖVP und FPÖ gegen die der SPÖ stimmte der Hauptausschuss des Nationalrates dem Bescheid der Bundesregierung vom 28. Mai 1968 zu, dass die minderjährigen Kinder in den Reisepass ihrer Mutter Regina eingetragen werden beziehungsweise der Ausstellung unbeschränkter Reisepässe für die Kinder nichts entgegenstehe.« Die ÖVP-Alleinregierung entscheidet, dass sich Verzichtserklärungen für Familienmitglieder, die nach dem 10. 4. 1919 (also nach Erlass des Habsburgergesetzes) geboren wurden, erübrigen. Die Zeitung zitiert Otto von Habsburg mit den Worten, er habe diese Entscheidung »erhofft, aber nicht mit ihr gerechnet«.

Am 15. Januar 1969 berichtet die »Wiener Zeitung«, dass Otto von Habsburg sich im heurigen Jahr vorzugsweise in Österreich aufhalten werde, um seine endgültige Übersiedlung vorzubereiten. »Heuer oder spätestens im kommenden Jahr will er mit seiner Familie ständigen Wohnsitz in Österreich nehmen.« Am 18. November 1970 schreibt die »Wochenpresse«: *»Warum Otto Habsburg, der erklärt, den größten Teil seiner Zeit in Österreich zu verbringen, noch nicht aus dem bayrischen Pöcking endgültig in das Land seiner Väter zurückgesiedelt ist, erklärte er mit Rücksichtnahme auf seine sieben Kinder, die derart ins bundesdeutsche Schulwesen ›hineingewachsen‹ wären, dass sie sich nur unter großen Schwierigkeiten aufs österreichische System umstellen könnten. In ein, zwei Jahren würde er sich aber sicher in Österreich, wahrscheinlich in Innsbruck, niederlassen.«*

Zu einer Übersiedlung der Familie kommt es letztlich aus mehreren Gründen nicht: einerseits wegen der Kinder, die tatsächlich in Bayern und dem dortigen Schulsystem gut integriert sind, andererseits weil Otto von Habsburg über Konstantin von Bayern – der sich selbst gerne als Ottos »Juniorpartner« bezeichnet und Bundestagsabgeordneter der CSU wird – mehr und mehr in die deutsche Politik und in die Kreise der CSU hineinwächst. An ein Mitmischen in der innenpolitischen Arena Österreichs hat Otto von Habsburg ohnehin nie ernsthaft gedacht.

Überwindet die Republik ihren Habsburger-Komplex?

Noch 1971 wird Kaiserin Zita die Einreise zum Begräbnis ihrer Tochter Adelhaid in Tulfes verweigert. Erst im nächsten Jahr, am 4. Mai 1972, kommt es in Wien zum so genannten »historischen Händedruck« zwischen Otto von Habsburg und Bundeskanzler Bruno Kreisky bei einer Paneuropa-Veranstaltung im Wiener Konzerthaus. Kreisky sagt gegenüber den Medien, es habe sich in der Zwischenzeit gezeigt, dass Otto von Habsburg die Loyalitätserklärung »in äußerst strenger Weise« beachtet habe, so dass für ihn kein Anlass bestehe, diese zu bezweifeln. Andere Sozialisten tun sich noch Jahrzehnte später mit solchen Aussagen schwer. So begründet der heutige Klubobmann der SPÖ im Nationalrat, Josef Cap, noch 1992 die Aufrechterhaltung der diskriminierenden Habsburgergesetze mit folgendem, aus dem Munde eines Politikers reichlich sonderbaren Vorwurf: »Ein Teil der Familie Habsburg hat noch immer politische Ambitionen.«

Rudolf von Habsburg betont, dass er als am 5. 9. 1919 Geborener vom Habsburgergesetz nicht betroffen sei, wird aber im November 1978 abgewiesen. Der Verwaltungsgerichtshof stellt jedoch fest, dass Rudolf, der nie Herrscherrechte besaß, auch nicht auf diese verzichten müsse, um nach Österreich einzureisen. Erst 1982 gestattet Kanzler Kreisky[1] dann der 90-jährigen Zita auch ohne Verzichtserklärung einen Besuch in Österreich.

Andere fordern immer wieder die Aufhebung der für Österreich peinlichen Gesetze. So sagt der Bundesratspräsident Alfred Gerstl (ÖVP) bei seiner Angelobungsrede am 2. Juli 1998 wörtlich: »*Dieses Vorleben und Überzeugen macht uns zum Beispiel auch Dr. Otto von Habsburg, einer der ganz großen Wegbereiter zum vereinten Europa, eindrucksvoll augenscheinlich. So wie die Habsburger Österreich als Heimat in unser Bewusstsein unauslöschlich einprägten. (...) Daher*

---

[1] Kreisky sei eben »schwarz-gelb angestrichen« gewesen, meint Otto von Habsburg heute. Auch war Kreisky mit Arvid Fredborg (dieser wiederum mit Otto) befreundet. Sicher dürfte sein, dass auch andere Kreisky zu diesem Schritt bewegt haben, etwa der span. König Juan Carlos und der Redakteur der »Kronen Zeitung« Dieter Kindermann.

glaube ich, dass wir uns, solange es Habsburgergesetze in Österreich gibt, weltweit nicht überall glaubhaft als humanistische Demokratie präsentieren können. Persönlich bin ich daher für die Aufhebung der Habsburgergesetze.« Dennoch wurden die diskriminierenden Habsburgergesetze in Österreich bis heute nicht aufgehoben.

8. Österreichs Zukunft und Berufung

Wie Otto von Habsburg die Geschichte und Gegenwart Österreichs sieht, geht aus einem Beitrag hervor, den er in der Zeitschrift »Sozialpolitische Korrespondenz« veröffentlicht[1]: »*(...) der 12. November 1918 sah nicht nur eine Wandlung der politischen Struktur unseres Landes. Er bedeutete auch den Zusammenbruch einer altehrwürdigen übernationalen Gemeinschaft, die eine mächtige geschichtliche Aufgabe im Donauraum erfüllte. (...) das Vielvölkerreich (...) war im Zeitalter der nationalistischen Irrlehre und Verblendung Wahrer europäischen Gedankengutes und abendländischer Tradition gewesen.*«

Über die Zukunft Österreichs meint Otto von Habsburg 1958, dass der Beitritt zum sich vereinigenden Europa der beste Weg sei: »*Der gemeinsame Markt (...) wird die zweitgrößte Wirtschaftsmacht der Welt sein (...) Wäre es da nicht klüger, schon jetzt im Planungsstadium dabei zu sein, mitzubestimmen, wie dieser gemeinsame Markt aussehen soll, als später sozusagen in Untermiete hineinzugehen unter Bedingungen, die uns dann wesentlich weniger gefallen würden als die, die wir heute noch auf dem Verhandlungsweg erreichen könnten? (...) Es ist wahr, dass Stimmen aus Russland sich gegen einen Beitritt Österreichs zum gemeinsamen Markt erhoben haben. Allerdings sei hier gesagt, dass den Begriff Neutralität wir und nicht Fremde definieren sollten.*«[2]

---

[1] Ausgabe von Nov. 1958/ VII. Jahrgang/11, S. 4f.
[2] Vor dem EU-Beitritt Österreichs spielt die SPÖ tatsächlich lange die Neutralitäts-Karte, um zu bremsen. Letztlich kann Alois Mock die SPÖ für den Beitritt gewinnen. Doch Otto von Habsburgs Argument, dass die Bedingungen zunehmend schwieriger werden würden, bekommen die Verhandler in Brüssel durchaus zu spüren.

Auch die Verantwortung Österreichs für seine Nachbarn, insbesondere für jene, die einst in der Donaumonarchie verbunden waren, formuliert Otto von Habsburg ganz klar: »Österreichs Name hat heute unter den Völkern des europäischen Ostens einen guten Klang. Es ist daher seine Pflicht, derjenigen Nationen nicht zu vergessen, mit denen es durch Jahrhunderte einer großen gemeinsamen Geschichte verbunden ist.«

Aus Monarchisten werden Europäer

Österreichische Anhänger versucht Otto von seinen europäischen Visionen zu überzeugen. Im Juli 1966 sagt MBÖ-Bundesobmann August Lovrek vor Funktionären seiner Organisation[1]: »*Aufseiten Habsburgs ist die Vergangenheit längst bewältigt. Otto war stets den Ereignissen um Nasenlängen voraus. Auch jetzt, da er sich in die vorderste Reihe derjenigen gestellt hat, die zur Einigung Europas aufrufen und einen wahren europäischen Patriotismus entfachen wollen. Er denkt nicht daran, sich in die österreichische Innenpolitik einzumischen, er will aber gemeinsam mit allen Gutgesinnten, in Österreich und auf dem ganzen Kontinent, für das Europa von morgen arbeiten. Jenen österreichischen Mitbürgern aber, die ihm heute noch aus irgendwelchen Gründen mit Reserve entgegentreten, will er sich zu offener Aussprache stellen.*«

In der ersten Hälfte der 60er Jahre wandelt sich die MBÖ in jene Richtung, die Otto selbst zuvor eingeschlagen hat, nämlich zu einer europäischen Organisation, genannt »Aktion Österreich-Europa« (AÖE). In den »MBÖ Nachrichten. Offizielles Informations- und Propagandablatt«[2] schreibt Wolfram Bitschnau: »*Bekanntlich hat die Hauptversammlung der MBÖ am 10. 12. 1966 in Linz beschlossen, sich in Namen und Zielsetzung umzugestalten. Entsprechend den Intentionen Dr. Otto Habsburgs wollen wir unser Augenmerk künftig mehr als bisher auf die europäische Aufgabe Österreichs richten. Daher lautet der neue Name unserer Organisation ›Aktion*

---

[1] Abgedruckt in der »Krone« vom 1. 8. 1966
[2] Jahrgang 11/Jän. 1967/Nummer 1

Österreich-Europa›. (...) Durch viele Jahre haben wir zwei Hauptziele verfolgt: zum Ersten die Heimkehr Dr. Otto Habsburgs nach Österreich, zum Zweiten die Errichtung der sozialen Ordnung von morgen in Form einer modernen Monarchie. Das erste Ziel konnten wir im Jahre 1965 glücklich erreichen. Im zweiten Punkt nehmen wir geschichtliche Realitäten zur Kenntnis. Nach wie vor sind wir als Monarchisten der Ansicht, dass eine moderne Monarchie mit der kontinuierlichen Staatsspitze einer republikanischen Staatsform vorzuziehen ist. (...) Aber wir haben auch erkannt, dass die Frage der Staatsform heute nicht mehr vordringlich ist. Über der Form steht der Inhalt. (...) Schon seit Jahren arbeitet Dr. Otto Habsburg für Europa. Sein Wirken findet sichtbaren Ausdruck in seiner Wahl zu einem der Vizepräsidenten der Paneuropa-Union. Er hat schon längst erkannt, dass es heute viel weniger um österreichische als um europäische Belange geht.«

In einem Rundbrief vom 12. Dezember 1969 schreibt Lovrek als Bundesobmann der AÖE an seine Gesinnungsfreunde, »dass der Vorkämpfer für ein vereintes Europa, Otto von Habsburg, im Jahre 1969 vor gegen 50 000 Personen in Österreich gesprochen hat«. Lovrek schärft in dem Brief das umfassende Bekenntnis zu Europa ein, »denn wir werden nur über das vereinigte Europa des Geistes zur politischen Vereinigung, also zum europäischen Bundesstaat gelangen«. Lovrek erinnert an Otto von Habsburgs Forderungen nach einer europäischen Wasser- und Verkehrsgemeinschaft und nach einer »Wahl der Europaabgeordneten durch das Volk«. Lovrek dazu: »Der Abgeordnete zum Straßburger Europaparlament darf nicht Delegierter seines nationalen Parlamentes und einer bestimmten Fraktion desselben sein, sondern ein von den Wählern seines Staates in das Europaparlament entsandter Mandatar (...)«[1]

---

[1] 1979 werden die Europaabgeordneten erstmals direkt gewählt und nicht mehr aus den nationalen Parlamenten delegiert. Doppelmandate gibt es jedoch in mehreren Mitgliedsstaaten bis heute.

Begegnungen mit dem zu lange Verbannten

Die »Kronen Zeitung« berichtet am 29. 4. 1967 über den ersten öffentlichen Vortrag Otto von Habsburgs in Innsbruck: Und siehe da, der Kaisersohn spricht nicht über Monarchie und Republik, nicht über die Vergangenheit Österreichs, sondern über die Zukunft Europas. Er referiert über die Entwicklungen in Amerika, Russland und China. Seine These: »Wir müssen entscheiden, entweder Großmacht zu werden, oder aber ein russisches beziehungsweise amerikanisches Kolonialgebiet, das nur zu leicht zum Schlachtfeld der Weltmächte werden könnte.« Dass dies für ihn tatsächlich die entscheidende Frage ist, hätten die österreichischen Politiker längst wissen können, wenn sie seine Schriften gelesen hätten, oder zumindest die Interviews, die er gegeben hat.

Otto von Habsburg setzt bei seinen Österreich-Auftritten Schwerpunkte, etwa in Osttirol. Der »Osttiroler Bote« berichtet am 14. März 1968: »*Ein Wiener Boulevardblatt schrieb (...), Dr. Otto Habsburg besuche in Osttirol hinterwäldlerische Bauern und erzähle ihnen Dinge, von denen sie nichts verstünden. Ja, so stellt sich ein biederer Asphaltschreiber unsere Bauern vor. Er hat aber weit danebengeschossen! Dr. Habsburg, der durch seine Reisen in alle Welt, seine Kontakte mit vielen Völkerschaften gewiss einer der Berufensten ist, ein Urteil abzugeben, versicherte uns, er hätte immer wieder über die hohe Intelligenz der einfachen Menschen in den Osttiroler Dörfern staunen müssen; darüber staunen, welche Fragen sie über das europäische Einigungsstreben, über nukleare Waffen, Weltraumfahrt, Konzil usw. aufwarfen, mit welchem Interesse und Verständnis sie den Erläuterungen kritisch folgten. Es ist also durchaus nicht so, dass sich unsere ›hinterwäldlerischen Bauern‹ etwas aufschwatzen ließen, im Gegenteil. Sie sind nicht sofort Feuer und Flamme, wer sie aber einmal überzeugt hat, der hat sie auch gewonnen.*« Die Zeitung berichtet über ein dreistündiges, lebhaftes Frage- und Antwortspiel zwischen Otto und seinen Zuhörern und resümiert: »*In leutseliger Art verabschiedete sich Dr. Habsburg von jedem Einzelnen und versprach, wieder einmal zu kommen. Allgemein tauchte bei den Anwesenden nachher die Frage auf, warum man einem so außergewöhnlich befähigten Menschen, der Ansehen und Kontakt bei den*

Mächtigen in Europa und Amerika besitzt, nicht ein wichtiges Amt in einem Ministerium überträgt, z.B. als Außenminister.«

Wie kleinkariert manche Angst der Linken ist, charakterisiert der damalige Chefredakteur der »Presse« Otto Schulmeister unter dem Titel »Otto zur Ablenkung« so (22. 7. 1969): »*Otto, als Kaiser von Klein-Österreich? Als Führer, getragen von einer plebiszitären Woge, sozusagen ein österreichischer Napoleon III.? Das alles ist lächerlich, ernster schon die Möglichkeit, man könnte einmal noch auf diesen Mann verfallen, wenn man des Parteigezänks und der Unterdurchschnittlichkeit so vieler Figuren auf der Bühne des öffentlichen Lebens müde würde.*«

Am 12. 11. 1970 berichtet »Die Presse« über Otto von Habsburgs Aufnahme in das »Institut de France«: »*In der französischen Hauptstadt fand am Dienstag die feierliche Inauguration Otto von Habsburgs als Mitglied der ›Académie des Sciences morales et politiques‹, der Akademie der Geistes- und politischen Wissenschaften im Institut de France, statt. Das Gremium hatte dem Österreicher den Platz zugesprochen, den Präsident Eisenhower bis zu seinem Tod innegehabt hat. Eisenhower war seinerseits als Nachfolger Churchills in die Akademie aufgenommen worden. An der Zeremonie nahmen zahlreiche Persönlichkeiten des öffentlichen Lebens sowie Mitglieder des diplomatischen Korps, an der Spitze der Nuntius, teil.*« Kommentierend setzt »Die Presse« fort: »*Es wird behauptet, dass bei der Inauguration Otto von Habsburgs als Mitglied des Institut de France weder der österreichische Botschafter noch der Leiter des österreichischen Kulturinstituts zu sehen waren. Dieses, scheint es, kann nur ein Irrtum sein, der bestimmt richtiggestellt wird. Oder sollten tatsächlich – zum Unterschied von Diplomaten anderer Länder – ausgerechnet die offiziellen Vertreter Österreichs gefehlt haben, als einem Bürger dieses Landes eine so bedeutende Ehrung zuteil wurde? Dann gibt es offenbar Österreicher verschiedener Kategorien. Otto von Habsburg scheint zur Gruppe jener zu gehören, derer man sich schämt.*« Der Grund für die Absenz des österreichischen Botschafters mag die Einladungskarte des Institut de France gewesen sein, auf der Otto von Habsburg als »Seine Kaiserliche und Königliche Hoheit, Erzherzog von Österreich« bezeichnet wird. Otto ist nicht nur der erste Österreicher, der in diesem Institut aufgenommen wurde, sondern auch der einzige bis heute.

Über den 1972 erfolgten »historischen Händedruck« zwischen Otto von Habsburg und Bundeskanzler Kreisky schreiben die »Salzburger Nachrichten« in ihrer Ausgabe vom 5. 5. 1972 unter der Überschrift »Im Sinne Europas: Händedruck Kreisky-Otto«: »*Die Jubiläumsfeier zum 50-jährigen Bestand der Paneuropa-Union wurde Donnerstag in Wien gleichzeitig zu einem Begräbnis des Habsburger-Kannibalismus in Österreich. Bei der Festsitzung im Wiener Konzerthaus begrüßte das Präsidium der Paneuropa-Union den Bundeskanzler. Nachdem Präsident Coudenhove-Kalergi Kreisky empfangen hatte, kam es auch zu einem Händedruck zwischen dem sozialistischen Bundeskanzler und Otto Habsburg-Lothringen, der Vizepräsident der Paneuropa-Union ist. Auf Wunsch der Kameraleute und Fotografen wurde der Händedruck zwischen Bruno Kreisky und Otto Habsburg wiederholt, worauf das Auditorium im Mozartsaal in Applaus ausbrach.*«

Richard Coudenhove-Kalergi, der bei der Begegnung Pate stand, kommentiert den Händedruck mit den Worten: »Es ist mir eine große Befriedigung, dass sich zwei gute Europäer – Bruno Kreisky und Otto von Habsburg – sozusagen auf europäischem Boden zum ersten Mal begegnet sind.«

Bundeskanzler a.D. Josef Klaus würdigt Otto von Habsburg zu dessen 60. Geburtstag folgendermaßen[1]: »*Als Otto von Habsburg Anfang der sechziger Jahre die Erklärung nach dem Habsburgergesetz abgab, um seine Heimkehr nach Österreich zu erwirken und über diese Frage eine Regierungs-, wenn nicht gar Staatskrise auszubrechen drohte, zählte ich zu jenen, die keine derartigen Befürchtungen hatten.*

Ich war der festen Überzeugung, dass sich das damalige Haupt des Hauses Habsburg in Österreich nicht als solches in erster Linie gezieren, sondern als ›Bürger unter Bürgern unserer Republik‹ verhalten und dass seine Rückkehr dem Lande nur Ehre und Nutzen, keineswegs aber Gefahr und Schaden bringen werde.«

---

[1] Zit. nach »Deutschland Magazin« von Dez. 1972/Jan. 1973

Geschichtliche Größe, gegenwärtige Verantwortung, zukunftsreiche Visionen

Die von Altbundeskanzler Klaus beschworene »Schließung alter Geschichtswunden« kann sich an Otto von Habsburg orientieren, der die aus der österreichischen Geschichte herrührende Mission in die Zukunft fortdenkt. Dieser Rolle als Übersetzer von Botschaften, Visionen und Verantwortungen aus der Geschichte in Gegenwart und Zukunft bleibt der Erbe des Hauses Habsburg treu. Zum 1996 begangenen »Ostarrichi«-Jubiläum schreibt Otto von Habsburg in einem in mehreren Zeitungen erschienenen Beitrag: *»Österreich hat schon viel zu lange die eigene Geschichte vergessen, allzu vieles verdrängt. Eine Besinnung auf die eigene Vergangenheit und die Lehren, die wir aus ihr ziehen können, ist deshalb von höchster Bedeutung. (...) Österreich war im Laufe der Jahrhunderte vielen Völkern eine Heimat, und es lebt in vielen weiter als die Idee eines übernationalen, christlich geführten Reiches. Das alte Österreich stand für eine Tradition, die am Anfang dieses Jahrhunderts oft als überholt empfunden wurde. In einer Zeit des aufkommenden Rationalismus verteidigte es die Kirche und die christliche Religion, in der Zeit des wachsenden Nationalismus war es eine tolerante Ordnung für die Völker und Volksgruppen Mitteleuropas. Am Ende des 20. Jahrhunderts wissen wir, was Neu-Heidentum und Nationalismus an Krieg, Vernichtung, Elend und Hass über diesen Kontinent gebracht haben. Wir müssen daraus die Konsequenzen für das Europa ziehen, an dem wir alle mitbauen sollten. (...) Die Idee, die das Vielvölkerreich Österreich-Ungarn zu verwirklichen trachtete, mündet deshalb in den Prozess der europäischen Einigung. (...) Österreichs Aufgabe ist es, Mittler zwischen Ost und West, zwischen dem germanischen, slawischen und romanischen Teil Europas zu sein. Die Geografie schreibt dem Land diese Aufgabe zu, denn Österreich ist nun einmal das östlichste Land Westeuropas und das südlichste Nordeuropas. Nicht Isolation und Neutralität, sondern Integration und europäische Solidarität entsprechen deshalb der Berufung Österreichs.«*

V. Paneuropa: Die größere Verantwortung ruft (1967–1977)

1. Ein politisches Netzwerk entsteht

Es ist nicht erstaunlich, dass viele Österreicher Ende der 60er Jahre einen Einstieg Otto von Habsburgs in die österreichische Innenpolitik erwarten. Die Häufigkeit seiner Auftritte und die gewaltige Resonanz, die seine Reden und Interviews in der Heimat erfahren, lässt für viele – insbesondere für jene, die den Blick nicht über die Grenzen der engeren Heimat hinaus richten konnten oder wollten – diesen Schluss nur logisch erscheinen. Wo immer Otto von Habsburg auftritt, sei es in der Bundeshauptstadt Wien, in den Landeshauptstädten oder in den kleinsten Orten, kommen Hunderte, oft Tausende Zuhörer. Er selbst genießt diese Auftritte, schüttelt leidenschaftlich Hände, gibt bereitwillig stundenlang Autogramme, absolviert Schützenaufmärsche ebenso wie Diskussionen bis in die späte Nacht oder dichtgedrängte Besichtigungsprogramme. Ohne Berührungsängste geht der Habsburger auf Distanzierte oder frühere Gegner zu: ÖVP-Politiker wie Withalm und Maleta besuchen seine Vorträge, dem Ex-Gewerkschaftsboss und Ex-Innenminister Franz Olah stattet er mehrfach Besuche ab.

Organisiert werden die Kundgebungen in Österreich meist durch die Aktion Österreich Europa (AÖE), ab 1974 mitunter auch durch die neu gegründete Junge Europäische Studenteninitiative (JES). Otto von Habsburg wohnt, wenn er sich länger in Wien aufhält, meist bei dem Industriellen Herbert Turnauer, mit dem er eng befreundet ist.[1] Zu seinen engsten österreichischen Beratern zählen neben August Lovrek und Erich Thanner weiterhin Bitschnau, Stefan Grünzweig, Baron Steeb, Erich Feigl, sein Neffe Vincenz Liech-

---
[1] Eine Freundschaft, die Herbert Turnauers Sohn Max aktiv fortsetzt.

tenstein und die JES-Aktivistin Carina Rys. Die AÖE verfügt in dieser Zeit über eine breite Mitgliederstruktur, auch die JES ist rasch in der Lage, große Veranstaltungen an den Universitäten abzuhalten.

Otto von Habsburgs journalistische Verpflichtungen wachsen stetig: Er verfasst Beiträge für die »Wochenpresse« und die »Vorarlberger Nachrichten«, ab 1972 für die Schweizer Zeitung »Finanz und Wirtschaft« und ab 1973 für William S. Schlamms monatlich erscheinende »Zeitbühne«. Der Karl-Kraus-Bewunderer Schlamm hatte – wie bereits in Kapitel 4 erwähnt – die »Zeitbühne« 1972 gegründet und mehr und mehr konservative Köpfe zu einem freien Redaktionsteam vereint. Zu diesem Kreis, der sich regelmäßig trifft, gehören Erik von Kuehnelt-Leddihn, Erich Thanner, Hans-Georg von Studnitz, Thomas Chaimowicz und Gerd-Klaus Kaltenbrunner. Otto von Habsburg wird schließlich auf Schlamms Drängen Mitherausgeber der »Zeitbühne«. Auch die in Würzburg erscheinende »Tagespost«[1] druckt ab 1973 regelmäßig Beiträge und Kommentare Otto von Habsburgs.

Nicht zu zählen oder zu schätzen ist die Zahl der Interviews, die der umtriebige Habsburger seit jenen Jahren gibt. Aber auch in der Beantwortung der Korrespondenz lässt er nie nach: Wer an Otto von Habsburg schreibt – dies ist für ihn eine Frage der Höflichkeit –, bekommt innerhalb von wenigen Tagen eine Antwort. Später, als er Abgeordneter im Europäischen Parlament ist, erreichen ihn oft Dankesbriefe, in denen Menschen erzählen, sie hätten an viele Politiker geschrieben, aber nur von ihm eine Antwort erhalten. Dieses Pflichtbewusstsein bei der Bearbeitung der Korrespondenz hängt bei ihm nicht mit dem politischen Mandat zusammen. »Post« war und ist für ihn stets ein Teil der täglichen Arbeit.[2]

---

[1] »Die Tagespost« (vormals »Deutsche Tagespost«) ist die einzige kath. Tageszeitung im deutschsprachigen Raum.
[2] Ohne ein Sekretariat ist eine solche Korrespondenz freilich nicht zu bewältigen. Otto von Habsburg hatte stets Mitarbeiter, die ihm bei der Bewältigung der zahllosen Briefe (Terminanfragen, Wünsche, Bitten, geschichtliche oder politische Fragen, etc.) halfen. Derzeit sind hier bes. Frau Hilga Weiss, Frau Eva Zingraff und Frau Elisabeth de Gelsey zu nennen. Sie alle arbeiten seit Jahrzehnten für Otto von Habsburg und teilen mit ihm die Leidenschaft für fehlerfreie Briefe in mehreren Sprachen.

Hinter dem Vorhang der Bühne namens Weltpolitik

Zu einer Zeit, da die Globalisierung noch nicht in aller Munde war, pflegte Otto von Habsburg Kontakte und Beziehungen kreuz und quer über den Globus, bereiste die Welt – nicht aus touristischen Gründen, sondern aus politischem Interesse. Bei einer Tagung in Österreich meint er im November 1971: »*Es ist nämlich (...) nicht mehr möglich, heute Politik zu machen und zu planen, ohne die Welt im Auge zu behalten. Denn ein Schuss im fernen Dschungel, der noch vor wenigen Jahrzehnten ungehört verhallt wäre, tönt heute um die ganze Erde und kann das Leben von Menschen auf Tausende Kilometer entscheidend beeinflussen.*«

Otto von Habsburg bereist die USA »vom Atlantischen bis zum Stillen Ozean«, spricht regelmäßig mit Mitgliedern der Regierung, des Kongresses, der Wirtschaft, der Medien. In Frankreich hält er engen Kontakt zu Staatspräsident Georges Pompidou[1] und dessen Nachfolger Valéry Giscard d'Estaing[2]. In Madrid zählen der Kardinal-Erzbischof und der Thronanwärter, Juan Carlos, zu seinen Gesprächspartnern. Am 13. März 1971 trifft er sich mit dem vormaligen Präsidenten der EWG-Kommission, Walter Hallstein.[3] In Monaco besucht er regelmäßig Fürst Rainier und dessen Frau.[4] In

---

[1] Am 9. 11. 1970 hat er eine lange Unterredung mit Präsident Pompidou in Paris. Am Tag darauf erreicht ihn die Nachricht vom Tod General de Gaulles. Letztmals trifft er Pompidou am 26. 10. 1973 in Paris.
[2] Von ihm erwartete er Großes. Im Nov. 1975 schreibt Otto von Habsburg: »*Seit Valéry Giscard d'Estaing am 19. Mai 1974 im Elysée eingezogen ist, weht ein neuer Geist in Frankreich. Des Präsidenten Vater, Edmond, war bereits im Jahre 1923 aktiver Mitarbeiter Coudenhove-Kalergis; sein Sohn ist Europäer nicht nur des Verstandes, sondern des Herzens. Er ist bestrebt, in der Zeit, in der er die Geschicke Frankreichs lenkt, die europäische politische Einigung durchzusetzen.*«
[3] Hallstein, 1951 bis 1957 Staatssekretär im Bonner Auswärtigen Amt, leitet die Kommission der EWG von 1958 bis 1967. Von 1968 bis 1974 ist er Präsident der Europäischen Bewegung und von 1969 bis 1972 für die CDU Mitglied des Deutschen Bundestages.
[4] Am 18. 3. 1974 nimmt er mehrere Stunden an einer Sitzung der von »Grace« gegründeten Stiftung AMADE (»Association Mondiale des Amis de l'Enfance«) teil, und spricht am selben Abend im Casino vor 550 Zuhörern.

Belgien wird Ministerpräsident Leo Tindemans[1] zu einem wirklichen Freund.

Ein besonders vertraulicher Umgangston herrscht in einer Gesprächsrunde konservativer Politiker, Wirtschaftstreibender und ehemaligen Nachrichtendienstler namens Le Cercle. Die ersten Ursprünge des Kreises sind in der französischen Résistance zu suchen. François de Lannot und der französische Ministerpräsident und zeitweilige Wirtschafts- und Finanzminister Antoine Pinay schufen eine äußerst diskrete Runde, die sich jenseits jeder Öffentlichkeit über aktuelle politische Fragen austauschte. Ursprünglich traf sich die französisch dominierte Runde in einer Pariser Kirche, die dem rechten Schächer geweiht ist. Die Zielrichtung ist konservativ und anti-kommunistisch, und damit von Anfang an nicht auf Frankreich begrenzt. Otto von Habsburg begegnet de Lannot erstmals unmittelbar nach dem Ende des Zweiten Weltkriegs am Tisch von Nuntius Angelo Roncalli, dem späteren Papst Johannes XXIII., in Paris.

Später stoßen der italienische Industrielle Carlo Pesenti, der Brite John Rodgers, der französische Dominikanerpater Dubois, der Adenauer-Berater Guttenberg, der italienische Spitzenpolitiker Giulio Andreotti, Franz Josef Strauß und Henry Kissinger zu dem Kreis dazu. Waren Pinay und de Lannot die Köpfe der Runde, so ist der jüdisch-französische Advokat Jean Violet, den Otto von Habsburg häufig und an unterschiedlichen Orten sieht, der Organisator des Cercle.[2] Über diesen Kreis entwickelt sich eine Zusammenarbeit zwischen Otto von Habsburg und Henry Kissinger, dem er gemeinsam mit David Rockefeller erstmals im Dezember 1968 in New York begegnet. Zwischen dem Cercle und dem CEDI gibt es personelle Überschneidungen, doch nur das CEDI arbeitet öffentlich.

---

[1] Über Tindemans schreibt Otto von Habsburg 1975: »Er ist Idealist und Realist gleichzeitig. Er greift nicht nach den Sternen.« Er konnte nicht ahnen, dass er mit dem belg. Ministerpräsidenten später einmal in der christdemokratischen Fraktion des Europäischen Parlamentes eng zusammenarbeiten würde.
[2] Alfredo Sánchez-Bella meint sich zu erinnern, dass Jean Violet ihn beim Eucharistischen Kongress 1952 in Barcelona Otto von Habsburg vorstellte. Aber das ist nicht mehr zweifelsfrei zu klären.

Besonders anti-kommunistische Staatsmänner, die über den gesellschaftlichen und weltpolitischen Linkstrend besorgt sind, finden sich im Cercle zusammen. Dieser Kreis trifft sich meist im Washingtoner »Watergate Hotel« – das durch die Affäre, die Präsident Nixon zu Fall bringt, später zu Berühmtheit gelangt. Otto von Habsburg bezeichnet den Cercle in seinem Kalendern deshalb mehrfach als »Club at Watergate« oder »Watergate Club«. Dem Cercle wurde mitunter eine Verquickung mit diversen Geheimdiensten nachgesagt. Otto von Habsburg erinnert sich zwar an gute Kontakte zum französischen Nachrichtendienst, steht selbst aber sehr kritisch gegenüber dem CIA, dem er wenig vertraut.[1]

Die Diskussionen mit Strauß, Andreotti, Kissinger u.a. dauern oft bis weit nach Mitternacht. Eine fast personengleiche Runde berät sich in kurzen Abständen in Washington, London und Paris, aber auch in Bayern findet ein Treffen der Runde statt: Im Dezember 1975 diskutieren in den Räumlichkeiten der Hanns-Seidel-Stiftung in Wildbad Kreuth u.a. Sánchez Bella, P. Dubois, Hans Graf Huyn, Pesenti, Pinay, Violet, Franz Josef Strauß und David Rockefeller. Otto von Habsburg sagt rückblickend, er habe in keiner Vereinigung oder Gesprächsrunde mehr und bessere Informationen erhalten als bei den Treffen des Cercle.

Unabhängig davon laufen seine großen Vortragstourneen in den USA weiter. Im November 1967 nutzt Otto von Habsburg eine solche Tournee zu Abstechern nach Jamaica und Mexiko. 1971 hält er gutbesuchte Vorträge in New York, Washington, Wichita, Greenville, Lubbock, Minot, Grants Pass, Denver und Shrereport. 1973 besichtigt er das »Space Center« in Houston, nach einer großen Rede in Dallas, und verabredet sich in Washington mit Gerald Ford, der wenig später – nach dem Rücktritt Nixons 1974 – als 38. Präsident

---

[1] Gegenüber den Autoren begründet dies Otto von Habsburg mit einem Gespräch mit Allan W. Dulles, der CIA-Chef von 1953 bis 1961 (und ein Bruder von Außenminister John Forster Dulles) war. Dulles habe ihm gesagt, er vertraue niemandem, den er nicht bezahle. Für Otto von Habsburg hatte er sich damit selbst diskreditiert. Er hält nämlich mehr von der Theorie eines früheren Chefs des brit. Geheimdienstes MI5, der ihm sagte, wirklich wichtige Informationen habe er nur von Menschen bekommen, bei denen er nicht einmal gewagt hätte, ihnen Geld anzubieten.

der Vereinigten Staaten vereidigt wird. 1974 besucht Otto von Habsburg Hollywood. Aber auch seine europapolitischen Vorträge in Frankreich finden gewaltige Resonanz: Jeweils zwischen 700 und 1000 Zuhörer kommen zu Otto von Habsburgs Vorträgen. Der Habsburger polarisiert jedoch: In Bozen und Meran werden seine Großkundgebungen von Randalierern der »Außerparlamentarischen Opposition« (APO) gestört.

Beim Sudetendeutschen Tag in München wird ihm zu Pfingsten 1970 der Europäische Karlspreis der Sudetendeutschen Landsmannschaft[1] verliehen. Bei dieser Gelegenheit treten Franz Josef Strauß, Richard Coudenhove-Kalergi und Fritz Pirkl[2] als Redner auf. Am 10. November 1970 wird Otto von Habsburg mit einer traditionsgemäßen Rede auf seinen Vorgänger, den amerikanischen General und Präsident Dwight D. Eisenhower, in das »Institut de France«[3] aufgenommen.

Die Arbeit im CEDI führt Otto von Habsburg ungebrochen weiter. Am 27. Juni 1970 nimmt der spanische Kronprinz und spätere König Juan Carlos[4] an der Eröffnung einer CEDI-Tagung in Madrid teil. Je mehr Verantwortung Otto von Habsburg in der Paneuropa-Union erhält, desto stärker überlappen sich die Führungs-

---

[1] Im Gegensatz zum Karlspreis der Stadt Aachen, der nach Carolus Magnus, dem fränk.König und Kaiser Karl I., benannt ist, erinnert der Europäische Karlspreis der Sudetendt. Landsmannschaft an Kaiser Karl IV. aus dem Hause Luxemburg. Otto von Habsburg verfasst 1978 über ihn eine Biografie: »Karl IV. Ein Europäischer Friedensfürst« (Herold Verlag, München-Wien), die er mit folgender Widmung versieht: »Meinen Sudetendeutschen Landsleuten, den Trägern, auch in der Vertreibung, einer großen, europäischen Friedensmission.«
[2] Staatsminister Pirkl wird später Listenführer der CSU im Europa-Wahlkampf 1984 und Otto von Habsburgs Kollege im Europäischen Parlament.
[3] Otto von Habsburg ist als Mitglied der Académie des Sciences morales et politiques gleichzeitig Mitglied des sog. Institut de France, welches die fünf frz. Akademien zusammenfasst: Académie Française, Académie des Sciences morales et politiques, Académie des sciences, Académie des inscriptions et belles lettres und die Académie des beaux-arts.
[4] Juan Carlos, ein Enkel des den Habsburgern gewogenen Königs Alfonso XIII., ist nach Otto von Habsburgs Ansicht der geeignete König, um Spanien in den Kreis der europ. Staatenfamilie zurückzuführen. 1969 wird er – gegen den Willen seines Vaters – von Franco zum späteren König bestimmt. Er bleibt Otto von Habsburg und seiner Familie stets eng verbunden.

riegen von Paneuropa und CEDI: Michel Habib-Deloncle und Arvid Fredborg etwa kommen aus dem CEDI und besetzen wichtige Positionen in der Paneuropa-Union. Anfang 1975, als sich das Ende der Franco-Ära bereits deutlich abzeichnet, berät sich Otto von Habsburg mit Manuel Fraga Iribarne, dem späteren Vorsitzenden der »Alianza Popular«, in London tagelang über die Zukunft Spaniens.[1] Nach Francos Tod am 20. November 1975 reist er nach Spanien, wo er von Juan Carlos empfangen wird. Jahre später fühlt sich Otto von Habsburg in seiner positiven Einschätzung des jungen Königs voll bestätigt. Im Februar 1979 schreibt er in einem Beitrag über Spanien zufrieden: »*Der Übergang war in den letzten Jahren nicht leicht. Es brauchte viel Geschicklichkeit, ein Land aus einem 40-jährigen autoritären System in eine westlich-demokratische Ordnung zu überführen. Jedermann, auch die persönlichen Gegner, muss zugeben, dass König Juan Carlos diese Aufgabe besser gelöst hat, als zu Beginn erwartet worden war. Die meisten Pessimisten hatten nach dem Tod des Generalissimus dem jungen Monarchen bestenfalls ein bis zwei Jahre gegeben.*«[2]

Am 14. Juni 1971 bricht er von Athen aus zu einer großen Afrikareise auf. In Capetown spricht er mit Mitgliedern der südafrikanischen Regierung und der Opposition. Am 18. Juni hält er einen Vortrag vor dem »South African Institute of International Affairs«. Es folgen Besichtigungen, Begegnungen und Interviews in Windhoek, Umhlanga Rocks und Salisbury (Rhodesien), wo er mit dem rhodesischen Premierminister Ian Smith zusammentrifft. Am 7. Mai 1972 fliegt er nach Bombay und Bangkok. Wenige Tage später nach Hong Kong, Taipei und Kyoto. Überall hat der Habsburger bereits gute Bekannte, überall gibt er Interviews und trifft auch neue, interessante Gesprächspartner. In Tokyo spricht er mit dem japanischen Ministerpräsident Sato und Ministern, bevor er über Anchorage in Alaska am 25. Mai zurück nach Deutschland fliegt. 1975 zieht es ihn neuerlich in den Fernen Osten.

---

[1] Otto von Habsburg sagt rückblickend, dass Fraga in der Übergangszeit eine »ausgezeichnete Rolle« gespielt habe, und charakterisiert ihn als einen Mann, »den die Macht nie kaputt gemacht hat«.
[2] Der Text erschien in mehreren Zeitungen. Hier zit. aus »Westfalenblatt« vom 9. 2. 1979.

Scharfe Kritik äußert der Außenpolitiker und Asienkenner Otto von Habsburg an der Entscheidung der Vereinten Nationen vom 25. Oktober 1971, Rotchina in die UNO aufzunehmen und National-China (Taiwan) auszuschließen: »*Es gibt nämlich so etwas wie eine Charta der UNO – obwohl diese weitgehend vergessen wurde. In ihr ist nichts von der Universalität der Organisation zu lesen, wohl aber davon, dass es sich um eine Gemeinschaft von Völkern handeln sollte, die die Menschenrechte und demokratischen Freiheiten achten. Das Reich Mao Tse-tung's so zu definieren, wäre aber ein schlechter Witz. Und gar davon zu träumen, dass man mit China in New York nunmehr eine weltweite Abrüstung erreichen kann, dürfte bloß unheilbaren Illusionisten möglich sein, die die letzten zwei Jahrzehnte durchschlafen haben.*«[1]

Familienbande

Engstens arbeitet Otto von Habsburg in jenen Jahren noch mit seinem Bruder Robert zusammen. Gelegentlich kommt es auch zu größeren Zusammenkünften der Familie. Vom 11. bis 13. Januar

---

[1] Während er die weltpolitische Rolle Rotchinas später günstiger beurteilt, kommentiert er die Aufnahme von Maos China in die UNO 1971 scharf: »*China wird damit nicht nur eine Mehrheit in der Generalversammlung hinter sich vereinigen und Amerika und Russland in die Enge treiben, es wird auch noch fähig sein, mit Hilfe seines Vetos den Sicherheitsrat zu lähmen. (…) Rotchina, der Maoismus, hat im wahrsten Sinne des Wortes die UNO erobert – ein erschreckendes Zeichen einer Entwicklung, in der das internationale Recht eine immer geringere Rolle spielt und die Kräfte der Zerstörung freien Lauf haben.*« Fast zwei Jahrzehnte später, bei einer Rede im Europäischen Parlament am 13. 6. 1990, beleuchtet Otto von Habsburg die Rolle Chinas mit deutlich mehr Sympathie, wenngleich er die Menschenrechtsverletzungen vehement verurteilt. Er meint, »*dass wir (…) gegenüber unseren chinesischen Freunden auch anerkennen müssen, dass sie eigentlich eine lange friedliche Karriere hinter sich haben. Sogar in revolutionären Zeiten haben sie nicht auf die Weltrevolution abgezielt (…) Umso bedauerlicher war es für uns, dass China in der letzten Zeit unter ein Regime zur Unterdrückung der eigenen Bevölkerung gefallen ist, und darum ist es auch unsere Pflicht, uns gegen dieses Regime und seine Verbrechen gegen die Menschenrechte, wie wir dies ganz besonders auf dem Tiananmen-Platz gesehen haben, aussprechen. (…) Wir lieben und bewundern die Chinesen, aber wir wollen ihnen helfen auf dem Weg zur Freiheit, indem wir gewisse Maßnahmen ergreifen, um der chinesischen Regierung eindeutig die Missbilligung der Europäischen Gemeinschaft zu zeigen.*«

1968 besucht Otto zusammen mit seiner Mutter das Grab Kaiser Karls in Funchal auf Madeira. Zizers, wo Zita wohnt, wird zu einem Treffpunkt für die Familie. Otto und Regina fahren häufig mit den Kindern hierher, aber auch größere Familientreffen finden in diesem Schweizer Kloster statt.

1971 stirbt Ottos Schwester Adelhaid, die über viele Jahre eine seiner engsten Vertrauten und eine treue Mitarbeiterin gewesen ist.[1] Bereits am 15. April notiert der Erstgeborene Kaiser Karls in seinem Kalender: »Schlechte Nachrichten über die Gesundheit von Néni.« In den darauffolgenden Tagen versucht er »Néni«, wie er seine Schwester nennt, möglichst häufig zu sehen. Allein am 19. April fährt er siebenmal von Pöcking in die Klinik in Feldafing, um sie zu besuchen. – Die Nachricht vom Tod seiner Schwester erreicht ihn am frühen Abend des 2. Oktober 1971 in Innsbruck. Noch am selben Abend spricht er mit Tiroler Freunden über die Beisetzung in Tulfes. In dieser Tiroler Gemeinde, die sich selbst in der Zeit der Nazi-Okkupation geweigert hatte, ihr die Ehrenbürgerschaft abzuerkennen, wollte Adelhaid bestattet sein. Die Republik Österreich beweist dabei wenig Sensibilität: Zita wird die Einreise zur Beisetzung ihrer ältesten Tochter verweigert. Otto, Regina und ihre Kinder geleiten Adelhaid zur letzten Ruhe. Auch Elisabeth und Heinrich von Liechtenstein, »Korffi«, Annemarie Ott und Graf Degenfeld sind zugegen. Zita jedoch steht erst am 16. Mai 1983, zwölf Jahre nach deren Tod, am Grab ihrer Tochter.

Aus Anlass des 50. Todestags von Kaiser Karl findet vom 30. März bis 2. April 1972 in Funchal ein großes Familientreffen statt. Otto, Robert, Carl Ludwig und Rudolf reisen mit Teilen ihrer Familien an. Bischof Wechner liest die Messen am »Monte« und in der Kathedrale von Funchal. Otto und Regina von Habsburg besuchen auf dem Rückweg den Wallfahrtsort Fatima. Nur zwei Jahre später, im April 1974, steht Otto von Habsburg neuerlich am Grab seines Vaters.

---

[1] 1935 kehrte Adelhaid nach Österreich heim, musste aber schon drei Jahre später erneut – über Ungarn, Belgien, Portugal – in die USA auswandern. Dort lehrte sie an der Fordham University New York Soziologie.

In bayerischen Gefilden

Als die »Landesfrauenvereinigung der CDU von Württemberg-Hohenzollern« im September 1967 Otto von Habsburg zu einem Vortrag über »Unsere Verantwortung für Deutschland und Europa« einlädt, sagt sein Mitarbeiter Graf Ernst Thun noch mit der Begründung ab, es sei »dem Herrn Erzherzog nicht möglich, hier als Ausländer lebend, bei einer deutschen Parteiveranstaltung im Gastland zu sprechen. Ich bin überzeugt, dass Sie Verständnis für diese grundsätzliche Haltung haben und verbleibe mit besten Empfehlungen (...)«. Gleichzeitig hat Otto von Habsburg aber keine Angst, sich deutlich und ungeschminkt in Kommentaren zur deutschen, französischen, britischen oder amerikanischen Politik zu äußern. Die Scheu, bei Parteiversammlungen in Deutschland aufzutreten, verliert er erst über Konstantin von Bayern, für den er 1969 erstmals CSU-Kundgebungen bestreitet.

Nach und nach beginnt Otto von Habsburg, an der politischen Landschaft Bayerns Gefallen zu finden. Ende der 60er Jahre gerät er zunehmend in Kontakt mit führenden Kreisen der CSU. Im Juni 1969 trifft er sich mehrfach mit Franz Josef Strauß und Ministerpräsident Alfons Goppel. Zentral ist für ihn dabei zunächst die enge und freundschaftliche Zusammenarbeit mit Konstantin von Bayern, der für die CSU im Deutschen Bundestag sitzt und politisch »auf dem besten Weg« ist. Doch Konstantin stirbt am 31. Juli 1969 bei einem Autounfall.

Erste konkrete Zeichen einer intensiveren Mitarbeit Otto von Habsburgs in der CSU sind im Jahr 1973 festzustellen: Im sommerlichen Urlaub in Benidorm verfasst er für die CSU ein Papier zur Europapolitik. In den folgenden Wochen trifft er sich mit CSU-Chef Strauß und Ministerpräsident Goppel. Beim CSU-Parteitag vom 28. bis 30. September 1973 erscheint er nicht nur mit seinen Töchtern Walburga und Andrea, sondern arbeitet auch eifrig an der Formulierung der Europa-Resolution mit, gemeinsam mit den CSU-Politikern Max Streibl, Richard Jaeger und Hans Klein.

Ab 1974 beginnt Otto von Habsburg eine intensive Beratertätigkeit für die Hanns-Seidel-Stiftung. Er schreibt umfangreiche außen- und europapolitische Expertisen und berät sich regelmäßig mit den CSU-Größen Franz Josef Strauß, Gerold Tandler[1], Sepp Hort, Fritz Pirkl und Max Streibl. Hat er noch wenige Jahre zuvor Rednerauftritte bei Parteiveranstaltungen gemieden, so spricht er nun zunehmend bei CSU-Veranstaltungen vor großem Publikum. Otto von Habsburg organisiert Auslandskontakte für die CSU und mitunter auch Reisen von Strauß, etwa nach Südamerika. Im November 1974 reist er mit einer hochrangigen CSU-Delegation, mit Strauß, Tandler, Huber, Pirkl u.a. zu politischen Gesprächen und zur Gründung einer französisch-bayerischen Gesellschaft nach Paris. Otto von Habsburg wird nicht nur als Redner in die CSU, sondern auch von den Führungsgremien der Partei als ein besonders klarsichtiger und welterfahrener Experte geschätzt. Wie sehr sich die politischen Kreise überlappen, zeigt ein Treffen am 24. und 25. September 1975, an dem Paneuropa-Generalsekretär Vittorio Pons, der schwedische CEDI-Diplomat Fredborg, der deutsche Paneuropa-Generalsekretär Rudolf Wollner und die CSU-Politiker Strauß, Goppel und Pirkl teilnehmen.

Zum Fixpunkt im Jahresplan des Habsburgers werden die pfingstlichen Sudetendeutschen Tage, die er stets mit mehreren seiner Kinder besucht. Seit Jahrzehnten vollzieht Otto von Habsburg beim Sudetendeutschen Tag ein geliebtes Ritual: Er schlendert, umringt von jugendlichen Anhängern, durch die Hallen, schüttelt viele Stunden lang Hände, gibt Autogramme, plaudert und diskutiert mit den Landsleuten. Die Verbindung mit den Sudetendeutschen – nicht nur wegen ihrer altösterreichischen Herkunft – ist für Otto von Habsburg ein echtes Herzensanliegen. Er, der selbst mehrfach aus der Heimat verjagt worden ist, und Jahrzehnte lang aus dem Vaterland verbannt leben musste, versteht die Gefühle und Gedanken der Sudetendeutschen, denen er sich zugehörig fühlt. Otto von Habsburg ist davon überzeugt, dass die Heimatvertriebenen eine besondere Berufung haben, sich für Europa einzusetzen.[2]

---

[1] Gerold Tandler hält er bis heute für den besten Generalsekretär, den die CSU je hatte.
[2] 1975 schreibt er: »*In der Arbeit für die Einigung Europas liegt daher die eigentliche Aufgabe der heimatvertriebenen Deutschen. Sie dienen damit nicht*

Bei einer Kundgebung der AÖE im November 1974 tritt Otto von Habsburg mit dem Sprecher der Sudetendeutschen Landsmannschaft,»meinem Freund Walter Becher« auf, und verweist in seiner Rede auf »*die Tatsache, dass wir hier sichtbar zeigen können, dass trotz der Wechselfälle der letzten Jahrzehnte Österreicher und Sudetendeutsche weiterhin Landsleute sind. (...) Wir haben gerade hier in Wien nicht das Recht zu vergessen, was alles die Sudetendeutschen für diese Stadt getan haben. Wien war und bleibt auch ihre Hauptstadt, ganz gleich wo das Schicksal sie hinverschlagen hat. In diesem Sinne sind wir aber nicht nur mit den Sudetendeutschen, sondern auch mit den Tschechen, Magyaren, Slowaken, Kroaten und Slowenen für immer verbunden. Sie alle sind in Wien zu Hause, sie alle können für uns keine Fremden sein ...*«

2. Coudenhove-Kalergi: Prophet mit Sinn für's Praktische

Um die zweite Lebenshälfte Otto von Habsburgs verstehen zu können, muss man sich mit dem europäischen Gedanken im Allgemeinen und der Paneuropa-Bewegung im Besonderen auseinander setzen. Dazu dient ein kurzer geschichtlicher Rückblick auf die Entwicklung der Paneuropa-Idee und die Bewegung, die spätestens ab Ende der 60er Jahre das Leben und Wirken Otto von Habsburgs entscheidend bestimmen sollte, und der er seinen Stempel aufdrückt.

Es war ein und dieselbe Persönlichkeit, die Anfang der 20er Jahre die Paneuropa-Idee entwickelte, sie ab 1922 öffentlich propagierte und ein halbes Jahrhundert lang der Motor dieser Bewegung war: Richard Coudenhove-Kalergi, geboren am 17. November 1894 in Tokio, gestorben am 27. Juli 1972 in Schruns in Vorarlberg. Seine Mutter, Mitsuko Aoyama, war Japanerin, die sein Vater, Heinrich Coudenhove-Kalergi, während seiner Zeit als Diplomat an der österreichisch-ungarischen Gesandtschaft in Japan kennen gelernt

---

nur der neuen Heimat; sie beweisen auch ihre Treue zur alten. Denn ohne Einigung wird es kein freies Europa geben.«, aus: »Baltische Briefe«, Nr.7/8, Juli/Aug. 1975

Richard Graf Coudenhove-Kalergi schreibt 1923 sein programmatisches Buch »Paneuropa«.

hatte.[1] Mit etwa anderthalb Jahren kam Richard Coudenhove-Kalergi nach Europa und wuchs im böhmischen Schloss Ronsperg, nahe der Grenze zu Bayern, auf. Inmitten einer Zeit des aufkeimenden Nationalismus schuf Richards aus dem diplomatischen Dienst des Kaisers ausgeschiedener Vater hier eine Sphäre des Kosmopolitismus, der Internationalität, der Gelehrsamkeit und der Toleranz. Darüber hinaus erschien den Kindern der Vater als Europäer, die Mutter als Verkörperung Asiens. Durch den Gegensatz zwischen der vielsprachigen und toleranten Welt auf Schloss Ronsperg und dem zunehmenden Nationalismus außerhalb sowie durch die Belehrung des Vaters »kamen wir frühzeitig auf den Verdacht, dass die sogenannten nationalen Erbfeindschaften letzten Endes auf Unwissenheit beruhen, auf Vorurteil und Volksbetrug«.

Den Zusammenbruch der alten Ordnung am Ende des Weltkriegs begrüßte der junge Richard Coudenhove-Kalergi. Er setzte auf Wilson und den Völkerbund, musste jedoch bald erkennen, dass

---
[1] Die Coudenhoves entstammen nordbrabantischem Uradel, urkundlich erstmals 1240 erwähnt. In den niederländ. Freiheitskriegen kämpften sie aufseiten der Habsburger, denen sie später nach Österreich folgten. Die Kalergis leiten sich von der byzantinischen Kaiserdynastie der Phokas her. Graf Franz Coudenhove und Marie Kalergi, durch deren Eheschließung sich die Adelsfamilien vereinten, waren die Großeltern Richards.

»1919 Europa uneiniger denn je seit den Tagen der Völkerwanderung« war. Aufgrund der gescheiterten Neuordnung Europas nach dem Ersten Weltkrieg wandte sich seine Perspektive schließlich ganz von der Philosophie zur Politik. Durch die Pariser Vorortverträge wurde er Staatsbürger der Tschechoslowakei, mit der ihn nach eigener Aussage nur die Verehrung für deren Staatspräsident, Thomas G. Masaryk, verband. Ihn versuchte er bereits 1920 davon zu überzeugen, dass »nur ein einiges Europa sich militärisch gegen die russische Drohung und wirtschaftlich gegen die wachsende amerikanische Konkurrenz schützen könnte«. Als Masaryk keine staatliche Initiative ergriff, entschloss sich Coudenhove-Kalergi selbst zur Initiative.

Paneuropas Geburtsstunde

Seine Vision eines vereinten Europa stellte Coudenhove-Kalergi erstmals in dem Artikel »Paneuropa – ein Vorschlag« dar, der am 15. November 1922 in der »Vossischen Zeitung« in Berlin, und zwei Tage später in der Wiener »Neuen Freien Presse« erschien. 1923 schrieb er sein programmatisches Buch »Pan-Europa«, dessen Inhalt zu seinem Lebensthema werden sollte. Coudenhove-Kalergi zeigte sich darin überzeugt, dass der Niedergang Europas keine biologischen, sondern politische Ursachen hat: »Nicht die Völker Europas sind senil – sondern nur ihr politisches System. Dessen radikale Änderung kann und muss zur vollen Heilung des kranken Erdteiles führen.« Er analysierte die europäische Gegenwart im weltpolitischen Kontext und forderte den Zusammenschluss Europas als Überlebensstrategie: »*Die europäische Frage wird erst gelöst werden durch einen Zusammenschluss seiner Völker. Dieser Zusammenschluss wird entweder freiwillig erfolgen durch Bildung eines Paneuropäischen Staatenbundes – oder aber gewaltsam durch eine russische Eroberung.*« Coudenhove-Kalergi warnte bereits 1923 vor dem »Zukunftskrieg«, der 1939 ausbrechen sollte: »Europa befindet sich gegenwärtig auf dem Weg zu einem neuen Krieg.« Die Jugend Europas hielt er für berufen, »*diese Bewegung zu führen: die Jugend der Jahre und der Gesinnung. Sie will nicht durch Politiker, die einer Umstellung ihres verkalkten Denkens nicht mehr fähig sind, in den Gaskrieg der Zukunft hineingetrieben werden.*«

Der paneuropäische Aufruf fand schnell Bewunderer und Anhänger in intellektuellen Kreisen. In Österreich wurde Bundeskanzler Ignaz Seipel Präsident der Paneuropa-Union, während – auf Seipels Anraten – Karl Renner und der Führer der Großdeutschen, Franz Dinghofer, als Vizepräsidenten fungierten. Damit hatte der Gründer der Paneuropa-Bewegung zumindest hier das Ziel erreicht, seine Bewegung über die Parteigrenzen hinaus zu verankern. Die österreichische Regierung stellte der Paneuropa-Union Räume in der Wiener Hofburg zur Verfügung, die bis zum Anschluss 1938 als Zentralbüro dienten.

Auf beharrliches Drängen Coudenhove-Kalergis schlug der französische Ministerpräsident Aristide Briand am 5. September 1929 in einer Rede vor dem Genfer Völkerbund die Schaffung einer Föderation der europäischen Nationen vor. Doch schon im Oktober 1929 veränderte sich die politische Lage durch den Tod des deutschen Außenministers Stresemann und den Ausbruch der Weltwirtschaftskrise. Mit den Stimmenzuwächsen der NSdAP in Deutschland und dem Sturz Briands in Frankreich war dieser Versuch der Einigung Europas gescheitert.

Um Hitlers Aufstieg in Deutschland entgegenzuwirken, berief die Paneuropa-Union ihren 2. Internationalen Kongress für den 17. 5. 1930 in Berlin ein. In den Jahren vor Hitlers Machtergreifung arbeitete sie für die deutsch-französische Aussöhnung und eine Teilrevision der Pariser Vorortverträge. Beim dritten Kongress im Oktober 1932 in Basel betonte Coudenhove-Kalergi seine kompromisslose Ablehnung Hitlers und Stalins, die ihn später mit Otto von Habsburg verbinden sollte: »Stalin bereitet den Bürgerkrieg vor – Hitler den Völkerkrieg.« Aus Gründen der Sowjetphilie wandte sich daraufhin Beneš, der eine Zeit lang eine führende Rolle in der tschechoslowakischen Paneuropa-Union gespielt hatte, von Coudenhove-Kalergi ab. Die Paneuropa-Bewegung konzentrierte sich ab 1933 stark auf Österreich. Coudenhove-Kalergi war überzeugt: »(...) von der Aufrechterhaltung der österreichischen Unabhängigkeit hängt die Zukunft Europas ab.«

Nach der Ermordung von Bundeskanzler Dollfuß übernahm dessen Nachfolger, Kurt Schuschnigg, das Ehrenpräsidium der österreichischen Paneuropa-Union. Unter seinem Vorsitz tagte 1935 im Wiener Parlament der 4. Paneuropa-Kongress »als große inter-

Titelblatt eines Paneuropa-Heftes mit einem Beitrag von Franz Werfel

nationale Kundgebung gegen den Nationalsozialismus«.[1] Unmittelbar nach dem Anschluss Österreichs 1938 wurde die Paneuropa-Zentrale in der Wiener Hofburg besetzt. Coudenhove-Kalergi verlagerte seine Aktivitäten in die Schweiz und nach Paris, wo er durch seine Bemühungen um die Gründung einer österreichischen Exilregierung seinen späteren Nachfolger, den österreichischen Kronprinzen Otto, näher kennen lernte.

Kriegsziele und Nachkriegspläne

Ebenso wie der junge Habsburger emigrierte der Präsident der Paneuropa-Union 1940 über Frankreich, Spanien und Portugal nach New York. Als Co-Direktor des »Research Seminar for Postwar European Federation« an der New York University arbeitete

---

[1] Coudenhove-Kalergi bemühte sich zwischen 1934 und 1938 um ein Bündnis zwischen Österreich, Frankreich und Italien und führte zu diesem Zweck auch Gespräche mit Mussolini.

er weiter an paneuropäischen Plänen. Neben seiner Propaganda für Paneuropa als Kriegsziel des Westens bemühte sich Coudenhove-Kalergi um eine offizielle Repräsentanz Österreichs.[1]

Mit Otto von Habsburg arbeitete Coudenhove-Kalergi in der Zeit des amerikanischen Exils sowohl im politischen Eintreten für Österreich, bei humanitären Hilfsaktionen und in der Südtirolfrage als auch in der paneuropäischen Arbeit zusammen. Später als Otto von Habsburg, nämlich 1946, kehrte er nach Europa zurück. Damals hatte er den Eindruck gewonnen, »dass Amerika, vom Weißen Haus zum State Department und vom Kongress zur öffentlichen Meinung« bereit sei, »(...) die Idee der Vereinigten Staaten von Europa zu fördern – unter der Voraussetzung, dass die Europäer selbst diese Einigung wünschten.«

In Europa angekommen, erkannte der Paneuropa-Gründer schnell, dass seine Nachkriegsvision nicht nur Freunde und Anhänger finden würde: »Die Sieger des Zweiten Weltkrieges waren Nationalismus und Kommunismus.« Die größte Gefahr drohte den Europäern nach Ansicht von Coudenhove-Kalergi durch den imperialistischen Kommunismus. Ähnlich wie Otto von Habsburg sah auch er, »*dass der lebende Stalin für ihre Freiheit gefährlicher war als der tote Hitler. Dass eine Fortsetzung der Rachepolitik gegen Deutschland dieses in die Arme Stalins treiben müsse. Und dass es nur mit Hilfe Deutschlands möglich wäre, die russische Drohung dauernd abzuwehren.*«

Zwei Themen wurden deshalb bestimmend für die Paneuropa-Arbeit zwischen dem Ende des Zweiten Weltkriegs und dem Zusammenbruch der kommunistischen Diktaturen in Mittel- und Osteuropa: einerseits die Konfrontation mit dem Kommunismus und die Propaganda für eine Befreiung der Völker Mittel- und Osteuropas von der sowjetischen Fremdherrschaft, andererseits das Streben nach einer tieferen wirtschaftlichen und politischen Vereinigung der freien Staaten Europas. In beiden Themen sollte Otto von Habsburg der Bewegung später ein noch klareres und kämpferischeres Profil verleihen.

---

[1] In seiner Autobiografie »Kampf um Europa« meint der Paneuropa-Gründer, dass eine erfolgreiche Exilregierung »Österreich bei den Friedensverhandlungen in die Reihe der Siegerstaaten gestellt« hätte.

Coudenhove-Kalergi sah nach dem Zweiten Weltkrieg zwei Persönlichkeiten, die er für entscheidende Impulse zur Einigung Europas gewinnen wollte: Winston Churchill und Charles de Gaulle. Der frühere britische Premier gründete jedoch auf Drängen seines Schwiegersohns Duncan Sandys eine eigene Organisation, das »United Europe Movement«. Coudenhove entschloss sich zu einer privaten Initiative mit dem Ziel einer Einberufung einer Europäischen Konstituante. So schrieb er im Herbst 1947 an 3913 Parlamentarier einen Brief mit der Frage: »Sind Sie für eine Föderation im Rahmen der Vereinten Nationen?« Die Fragen gingen an Abgeordnete der nationalen Parlamente in zwölf Staaten. Bewusst ausgelassen hatte Coudenhove-Kalergi Spanien und Portugal wegen der dortigen Machtverhältnisse sowie die Länder Mittel- und Osteuropas, in denen er wegen der sowjetischen Macht keine freien Parlamente annehmen konnte. In Deutschland gab es noch kein Parlament. Nach Österreich schickte er zunächst wegen der sowjetischen Besetzung keine Fragebögen.[1]

1947 gründete Coudenhove-Kalergi gemeinsam mit dem Vorsitzenden der Sozialisten im belgischen Senat, Georges Bohy, die Europäische Parlamentarier-Union (EPU) als die erste europäische Plattform für frei gewählte Parlamentarier. Die EPU wurde zum ersten Anstoß für die Gründung des Europarates 1949. Sobald Coudenhove-Kalergi sich wieder dem Aufbau seiner Paneuropa-Union widmete, nahm er verstärkt Kontakt zu Otto von Habsburg auf. Am 11. November 1956 spricht der österreichische Thronprätendent nach längeren Unterredungen mit Coudenhove beim Paneuropa-Kongress in Baden-Baden vor mehr als 300 Zuhörern über Europa und den Donauraum.

Paneuropäer für General de Gaulle

Der Paneuropa-Gründer setzte nicht länger auf den Europarat, sondern auf die Regierungen und auf »drei überzeugte und überra-

---

[1] »Aber bald erklärten sich beide großen Parteien, Katholiken wie Sozialisten, einmütig für eine europäische Föderation«, so umschreibt er die Tatsache, dass auf Initiative des ÖVP-Nationalrates Eduard Ludwig Österreich miteinbezogen wurde.

gende europäische Katholiken an der Spitze der drei großen kontinentalen Nationen«, nämlich Konrad Adenauer, Robert Schuman und Alcide de Gasperi. Wie de Gaulle gelangte Coudenhove-Kalergi zu der Ansicht, dass das politisch vereinigte Europa nicht aus dem Europarat hervorgehen würde, sondern aus der Versöhnung zwischen Deutschland und Frankreich. Über der Frage, ob de Gaulles und Adenauers Vorschlag eines europäischen Staatenbundes den europäischen Bundesstaat vorbereite oder verhindere, spalteten sich die Europa-Bewegungen. Die Paneuropa-Union stellte sich bei ihrem 9. internationalen Kongress in Nizza eindeutig auf die Seite de Gaulles, ebenso wie sie dessen Freundschaftspolitik gegenüber Deutschland förderte. Coudenhove-Kalergi berichtet Otto von Habsburg in einem Brief vom 18. 7. 1962 von der deutsch-französischen Versöhnungsfeier in Reims, an der er als Gast de Gaulles teilgenommen hatte: »Hoffentlich werden de Gaulle und Adenauer den deutsch-französischen Kern eines geeinten Europa schaffen ohne sich um die Opposition ihrer Gegner zu kümmern.«

Offensichtlich hatten Bewunderer an Coudenhove-Kalergi auch die Idee herangetragen, er wäre ein geeigneter österreichischer Bundespräsident, denn er schreibt am 9. Januar 1963 an Otto von Habsburg: »*Leider wäre es mir ganz unmöglich, eine Kandidatur anzunehmen. Erstens kann ich nur wirken, wenn ich meine völlige Unabhängigkeit aufrecht erhalte. Sobald ich genötigt wäre, die Interessen eines Staates zu vertreten, könnte ich nicht mehr Europa in der gleichen Weise dienen, als dies heute der Fall ist. Zweitens: Ich bin nicht geboren, zu regieren, sondern zu raten. Ich wäre sicherlich ein schlechter Bundespräsident.*« Otto von Habsburg antwortet ihm mit Schreiben vom 14. 1. 1963: »Ich teile zwar mitnichten Ihre Ansicht, dass Sie kein guter Bundespräsident wären, muss mich aber selbstverständlich Ihrer Auffassung über Ihre zukünftige Rolle beugen.«

Das Bekenntnis zur Politik de Gaulles und der Kampf gegen die in Jalta vollzogene Teilung Europas bestimmten die Politik des Paneuropa-Gründers. So interpretiert er in einem Brief, den er 1965 als Präsident der Paneuropa-Union Deutschland an alle Mitglieder schreibt: »*Der Austritt Frankreichs aus der NATO, unter Aufrechterhaltung des bisherigen Bündnissystems, ist ein historisches Ereignis erster Ordnung. Es ist der Beginn der Revision der vor 21 Jahren auf der Jalta-Konferenz geschaffenen europäischen Politik. (...) Um nie wieder zur Macht zu kommen, sollte Europa in zwei politisch und wirtschaftlich unvereinbare Hälften aufgeteilt werden, zerschnitten durch eine willkürliche Linie, die von Kiel bis Triest reichen sollte. Westlich dieser Linie sollten die europäischen Staaten von Amerika abhängig sein, östlich von dieser Linie von der Sowjetunion. Die Teilung Deutschlands sollte das Kernstück der Teilung Europas sein. Churchill wollte dieses anti-europäische Kriegsziel verhindern. (...) Um den anti-europäischen Plänen Stalins und Roosevelts entgegenzutreten, schlug er seinen Partnern vor, de Gaulle nach Jalta einzuladen. Er stieß auf die Ablehnung Roosevelts und Stalins, deren Übermacht schließlich über das paneuropäische Kriegsziel Churchills triumphierte. (...) De Gaulle blieb der geschworene Feind des ohne ihn beschlossenen Jalta-Systems. De Gaulles Unabhängigkeitserklärung von Washington, unter Wahrung des Bündnisses, bildet, historisch betrachtet, einen Schritt zur Revision des Jalta-Systems und damit zu Paneuropa.«*

1957 wird Otto von Habsburg in den Zentralrat der Paneuropa-Union gewählt und übernimmt drei Jahre später die Position eines Vizepräsidenten. Das Protokoll der Generalversammlung der Paneuropa-Union in Paris vom 14. Dezember 1964 nennt »S.A.I. et R. l'Archiduc Otto de Habsbourg-Lorraine« als ersten der sechs Vizepräsidenten. Coudenhove-Kalergi berichtet Otto von Habsburg bereits am 8. 11. 1960 brieflich, dass im Zentralrat der Internationalen Paneuropa-Union über seine Nachfolge und die Erweiterung des Vorstandes gesprochen wurde: *»Ich schlug vor, im Falle meines Todes niemanden anders als Sie, Majestät, zum Präsidenten der Paneuropa-Union zu wählen. Alle Mitglieder des Zentralrates haben diesen Gedanken begrüßt, mit der einen Ausnahme de Auers, der – trotz seiner Hochschätzung und Bewunderung für Ihre Person – Ihre Wahl zum Präsidenten der Paneuropa-Union mit seiner republikanischen Überzeugung nicht vereinbaren könnte. Nichtsdestoweniger habe ich heute die tröstliche Gewissheit, dass mit meinem Tod die Paneuropa-Bewegung nicht ihr Ende finden wird.«*

Zugleich wollte Coudenhove-Kalergi Otto von Habsburg dafür gewinnen, vorerst den Vorsitz der Paneuropa-Union Deutschland zu übernehmen. In einem Brief vom 9. 10. 1964 äußert der Paneuropa-Gründer: »*Auf jeden Fall möchte ich Ihnen baldigst den Vorsitz der Paneuropa-Union Deutschland übertragen. Da die deutschen Europäer sehr zahlreich sind und zugleich ohne Führung, wäre es Ihnen leicht, mit Hilfe Graus, eine starke Organisation mit Landesverbänden auf die Beine zu stellen, mit der alle Politiker zu rechnen hätten.*« Otto von Habsburg antwortet am 19. 10. 1964: »*(…) ist es mir derzeit, weil ich nicht deutscher Staatsbürger bin, unmöglich das Präsidium der Paneuropa-Union Deutschland zu übernehmen (…) und da andererseits von Wien dauernd Demarchen in Bonn unternommen werden, damit ich entweder von hier ausgewiesen werde oder zumindest mir jegliche Tätigkeit verboten werde, würde eine solche offizielle Stellung in einer so bedeutenden Organisation geradezu als Prätext dienen, um meine Ausweisung oder zumindest doch scharfe Maßnahmen gegen mich zu erreichen. Ich kann daher derzeit unter den gegenwärtigen Umständen dieses Amt, das mich sehr interessieren würde, nicht übernehmen.*«

Coudenhove-Kalergi, ganz pragmatisch, übernahm daraufhin selbst interimistisch das Amt des Präsidenten der Paneuropa-Union Deutschland. Im März 1965 machte er Vittorio Pons zum Generalsekretär der Internationalen Paneuropa-Union und verlegte das Generalsekretariat nach Brüssel, wo Pons als Beamter in der EG-Kommission arbeitete.

»*Er ist wie ich ein europäischer Patriot*«

In Österreich gibt es Auseinandersetzungen um Paneuropa, weil die »Causa Habsburg« hier immer eine Rolle spielt: Otto von Habsburg warnt Coudenhove-Kalergi davor, Unterrichtsminister Heinrich Drimmel, den er als Mensch durchaus schätzte, zum österreichischen Paneuropa-Präsidenten zu machen, weil dieser sich »zu sehr mit einer ganz gewissen Tendenz der ÖVP identifiziert«. In seinem Brief vom 23. 6. 1965 an den Paneuropa-Gründer heißt es: »So gut er im Komitee wäre, so sehr würde ich dafür plädieren, als Präsidenten jemand weniger parteigebundenen auszuwählen.« Tatsächlich zieht sich Drimmel später u.a. mit der Begründung zurück, Coudenhove-Kalergi habe während seiner Abwesenheit Otto von

Habsburg mit der Präsidentschaft betraut. Coudenhove erklärt Drimmel brieflich am 10. 3. 1967: »Ich habe, aufgrund unseres Statutes, unseren Vizepräsidenten Habsburg während meiner Abwesenheit aus Europa mit meiner Vertretung betraut, weil er als einziger unserer Vizepräsidenten nicht zugleich eine Nation vertritt.«[1]

Die SPÖ erklärt eine gleichzeitige Mitgliedschaft bei der österreichischen Paneuropa-Union und bei der SPÖ wegen Otto von Habsburg für unvereinbar. Coudenhove-Kalergi appelliert in einem Schreiben vom 9. 11. 1966 an Pittermann: »*In Erinnerung an unsere langjährige und freundschaftliche Zusammenarbeit für ein einiges Europa im Rahmen der Europäischen Parlamentarier-Union richte ich heute an Sie die Bitte, den Boykott der Österreichischen Paneuropa-Union durch Ihre Partei aufzuheben. (...) Der einzige Grund für diese negative Haltung Ihrer Partei zur Paneuropa-Union Österreichs ist der Umstand, dass Dr. Otto Habsburg einer der acht Vizepräsidenten unserer Internationalen Organisation ist. (...) Ihn seiner Ahnen wegen zu diskriminieren, erschiene mir ebenso undemokratisch, wie die Ablehnung eines paneuropäischen Vorkämpfers, bloß weil dessen Eltern Juden, Kommunisten oder Nazis sind.*« Doch Pittermann schlägt Coudenhove-Kalergis Bitte, den Boykott aufzuheben, aus. In einem Brief vom 30. 12. 1966 erklärt er, »*dass der Standpunkt der SPÖ zur Mitarbeit am Aufbau der Paneuropa-Union Österreichs unverändert ist. Ich bin auch privat der Meinung, Herrn Dr. Otto Habsburg keinerlei Möglichkeit zu geben, darauf hinzuweisen, dass die österreichischen Sozialisten doch mit ihm in einer gemeinsamen Organisation zusammenarbeiten.*« Und auf eine neuerliche Intervention Coudenhoves am 25. 1. 1967 antwortet der Klubobmann der sozialistischen Parlamentsfraktion mit Vorwürfen gegen den Habsburger: »Diese Verzichtserklärung wurde von der sozialistischen Partei als nicht ausreichend angesehen, da sie rein formellen Charakter hat und die Glaubwürdigkeit nicht überprüft

---

[1] Als Coudenhove unter dem Eindruck dieser Auseinandersetzung die PEU-Österreich auflösen will, leistet Otto von Habsburg massiven Widerstand: »Die Leitung der österreichischen Paneuropa-Union hat sich energisch von ihm (Drimmel, Anm.) distanziert, und wir sollten diese schon darum nicht fallen lassen, weil es sich ja da um eine begeisterte junge Gruppe handelt, deren Tätigkeit gerade in Österreich von entscheidender Wichtigkeit ist.«

wurde.« Pittermann insistiert, »dass es für die österreichischen Sozialisten, die Vertreter der arbeitenden Menschen Österreichs, nicht möglich ist, Mitglied einer Vereinigung zu sein, der auch Dr. Habsburg angehört, da es für sie unmöglich ist, mit diesem zusammenzuarbeiten.«

Coudenhove-Kalergi setzt noch einmal an und schreibt am 10. 4. 1967 an Vizekanzler a.D. Pittermann: »*Ich weiß, dass Sie und Ihre Freunde die Aufrichtigkeit des Verzichtes bezweifeln. Ich kenne Habsburg besser und kann Sie von dessen Aufrichtigkeit versichern. Habsburg, der heute als Privatmann in ganz Europa größtes Ansehen genießt, ist längst über Österreich hinausgewachsen. Er ist wie ich ein europäischer Patriot, der seine österreichische Heimat liebt. Sein Ehrgeiz richtet sich auf kein österreichisches Amt; weder auf das eines Kaisers, noch auf das eines Königs, noch auf das eines Präsidenten. Wenn Sie dies bezweifeln, schlage ich Ihnen vor, sich einmal mit Habsburg auszusprechen, wie dies in unserer demokratischen Welt üblich ist.*«

Immer wieder stößt die Paneuropa-Union in Österreich wegen des Habsburg-Streits auf Ablehnung: Der Altbürgermeister von Linz, Ernst Koref, sagt 1962 die Übernahme eines Ehrenamtes mit der Begründung ab, dass Otto von Habsburg »angeblich noch dazu unter einem Decknamen« im Vorstand sei. Coudenhove-Kalergi erklärt dem Politiker daraufhin brieflich, dass die österreichische Paneuropa-Union »eine juristisch und organisatorisch völlig selbstständige Vereinigung« sei, »deren Bindung an die internationale Paneuropa-Union lediglich moralischer Natur ist«. Otto von Habsburg gehöre »dem Österreichischen Paneuropa-Komitee überhaupt nicht an – weder als Mitglied noch als Vorstandsmitglied«, sondern sei »wegen seiner großen und unbestreitbaren Verdienste um den Europa-Gedanken, in den internationalen Zentralrat der Paneuropa-Union kooptiert«. Deutlich setzt der Paneuropa-Präsident hinzu: »Eine Diskriminierung von moralisch und intellektuell hochstehenden Europäern aus Gründen ihrer Zugehörigkeit zu einer Partei, einer Rasse, einer Religion oder eines Standes kennt die Paneuropa-Union nicht und wird sie auch in Zukunft nicht kennen.«

In einem Brief an einen Freund nimmt Coudenhove-Kalergi Ende 1966 zu der Frage Stellung, wer den Karlspreis der Stadt Aachen bekommen soll: »*Ich glaube noch immer, dass alles geschehen sollte, um den Papst zur Annahme des Karlspreises zu bewegen. (...) Meine anderen Kandidaten kennen Sie. Ich würde es ganz besonders begrüßen, wenn die Wahl auf Erzherzog Otto fiele, der heute einer der tatkräftigsten Vorkämpfer des Paneuropa-Gedankens ist und der kürzlich ein Buch über diese Frage veröffentlicht hat.*« Als weitere mögliche Kandidaten nennt er den liberalen spanischen Politiker und Schriftsteller Salvador de Madariaga und Kardinal Franz König. Weiter: »Persönlich bin ich der Überzeugung, dass niemand mehr für Europa getan hat, als General de Gaulle.«

Coudenhove-Kalergi hielt mit vielen Staatsmännern Europas engen Kontakt. Franz Josef Strauß schreibt ihm als Bundesfinanzminister im März 1967: »*Mit Schreiben vom 20. Februar 1967 hatten Sie mir ein Memorandum übersandt, in dem zur sofortigen Errichtung einer europäischen Weltmacht aufgerufen wird. Ich danke Ihnen für Ihr Schreiben und möchte Ihnen mitteilen, dass ich diesen Ihren Vorschlag unterstütze. Sie haben m.E. recht eindringlich auf die Gefahren hingewiesen, denen wir uns in wenigen Jahren gegenübersehen können, wenn Europa nicht endlich zu sich findet.*«

So flexibel der Gründer der Paneuropa-Bewegung in der Zusammenarbeit mit Politikern der unterschiedlichsten Nationen und Parteien stets gewesen ist, so sucht er doch einen Nachfolger, der – wie er selbst – Paneuropa nicht als Mittel zum Zweck, sondern als Selbstzweck sieht und wirklich ein europäischer Patriot ist. Otto von Habsburg, dessen familiäre Wurzeln die Mehrzahl der europäischen Völker berühren und dessen Lebensweg von Österreich-Ungarn über die Schweiz, Spanien, Portugal, Belgien, Frankreich und die USA nach Bayern geführt hat, scheint ihm der einzig geeignete Nachfolger zu sein. Wie Coudenhove-Kalergi selbst ist Otto nicht einer einzelnen Nation zuzuordnen; wie Coudenhove-Kalergi war er ein entschiedener Kämpfer gegen den Nationalsozialismus und ein eindeutiger Gegner des Kommunismus, wie Coudenhove-Kalergi ist er ein persönlicher Freund von Charles de Gaulle.

Früh hatte Coudenhove-Kalergi den jüngeren Habsburger bewundert und als Otto im Oktober 1956 in Baden-Baden einen Vortrag hält, bezeichnet Coudenhove-Kalergi ihn in seinen einleitenden Worten als ein europäisches Symbol, in dessen Adern alles pulsiere, was Europa groß gemacht hat. Das »Badische Tagblatt« zitiert Coudenhove-Kalergi mit den Worten: »Wenn ich an Otto von Habsburg denke, dann kann es nicht besser geschehen als im Sinne des Goethe-Wortes von der Persönlichkeit als dem höchsten Glück der Erdenkinder. Denn dieser Mann ist ein menschlicher Mensch in einer unmenschlichen Zeit.«

3. Paneuropa gewinnt an Profil

Am 15. Januar 1972 findet in Brüssel zum letzten Mal eine Präsidiumssitzung der Paneuropa-Union mit ihrem Gründer Richard Coudenhove-Kalergi statt. Vor dem abendlichen Dinner, bei dem Otto von Habsburg vor 250 geladenen Gästen spricht, führt der Paneuropa-Gründer noch einmal ein langes Gespräch mit seinem designierten Nachfolger. Am 6. Mai 1972 erhält Coudenhove-Kalergi vor 1000 Gästen in Saarbrücken den Adenauer-Preis der »Deutschland Stiftung«. Otto von Habsburg hält die Laudatio.[1] Freunde bemerken gegenüber Richard Coudenhove-Kalergi in jener Zeit, dass es doch ungerecht sei, dass er als Vorkämpfer der europäischen Einigung nicht den Friedensnobelpreis erhalten habe. Doch der Paneuropa-Präsident antwortet nur: »Mir ist es lieber, den Preis verdient, aber nicht erhalten, als ihn erhalten, aber nicht verdient zu haben.«

Am 27. Juli 1972 erliegt der 77-jährige Richard Coudenhove-Kalergi in Schruns in Vorarlberg einem Schlaganfall. Otto von Habsburg erfährt davon am späten Nachmittag in Pöcking. Am folgenden Tag schreibt er Nachrufe auf den Gründer der Paneuropa-Bewegung, der sich fünfzig Jahre seines Lebens selbstlos in den Dienst der Einigung Europas gestellt hatte. In der »Presse« schreibt er am 29. 7. 1972 über Coudenhove-Kalergi: »*Wer mit ihm zusammenarbeiten durfte, wird die Faszination seiner Persönlichkeit nie vergessen. (...) Sehen und durchhalten – das waren die Leitmoti-*

---
[1] Er bekam denselben Preis übrigens im Jahr 1977.

ve seines Erkennens und Handelns. Der Pionier wusste, dass er persönlich das Ziel nicht erleben würde – sein Traum war nur, es noch aus der Ferne zu sehen. Und das hat ihm eine gütige Vorsehung nach einem halben Jahrhundert rastlosen Wirkens auch zuteil werden lassen.« Eingehender analysiert Otto von Habsburg den Charakter Coudenhove-Kalergis in einem Beitrag, der im September 1972 in mehreren Zeitungen erscheint: »*Wie wenige andere Menschen war er von der Umwelt innerlich unabhängig. Der tiefere Grund dafür dürfte darin gelegen sein, dass er vom Leben nichts erwartete, dass er einen hohen Sinn für Pflichterfüllung besaß und immer bereit war, die Pflicht um ihrer selbst willen zu erfüllen. Aus dem gleichen Gefühl stammte auch sein mangelndes Verhältnis zur Macht. Coudenhove war kein Politiker im gewöhnlichen Sinne des Wortes. Er war nicht darauf aus, Applaus zu ernten, oder einen Posten zu erlangen. (…) Bei ihm galt vor allem der Dienst an der Idee. Dieser Idee ist er unter schwersten Umständen treu geblieben.*«[1]

Als »Coudenhoves Erbe« sieht sein Nachfolger drei Herausforderungen: Die weitere Einigung Europas, bei der man »rein pragmatisch vorgehen« muss und »niemals das Erreichbare einer Idealvorstellung opfern« darf; zweitens die »Verpflichtungen gegenüber der Menschheit«; drittens die Verteidigung der Freiheit, denn »Freiheit und Vielfalt sind die entscheidenden Merkmale europäischer Kultur. Sie gegen alle Angriffe, kämen sie von innen oder von außen, zu verteidigen, ist lebensnotwendig«. Otto von Habsburg erwähnt in diesem Zusammenhang ausdrücklich den »bürokratischen Totalitarismus«, gegen den man kämpfen muss.

Den Paneuropa-Gründer weiterdenken

Am 4. August fährt der Chef des Hauses Habsburg mit seinen Kindern Walburga und Karl nach Zizers zu Zita und von dort weiter nach Gstaad, wo Coudenhove-Kalergi in seinen letzten Lebensjahren gewohnt hat. Am folgenden Tag wird »corpore presente« eine Messe für den Verstorbenen gelesen. Um 12.30 Uhr erfolgt die Bei-

---

[1] Hier zit. nach »Sudetendeutsche Zeitung«, 8. 9. 1972

setzung Richard Coudenhove-Kalergis. Bereits zuvor führt Otto von Habsburg mit dem Generalsekretär der Bewegung, Vittorio Pons, Gespräche, um über die Zukunft der Paneuropa-Union Klarheit zu gewinnen. Nach dem Ableben des Gründers sind es diese beiden Persönlichkeiten, die eine Auflösung der Paneuropa-Union verhindern und die Arbeit neu strukturieren: Otto von Habsburg und der aus Italien stammende langjährige Mitarbeiter der EG-Kommission, Vittorio Pons.[1]

Bei einer Feier in Straßburg aus Anlass des 80. Geburtstages von Pons sollte Otto von Habsburg 1990 rückblickend sagen: »*Es gab in der Geschichte unserer Bewegung einen kritischen Moment. Nach dem Tode unseres Gründers Graf Coudenhove-Kalergi wurden Stimmen laut, unsere Arbeit zu beenden und die Organisation aufzulösen. Es war Vittorio Pons, der damals durchsetzte, dass es weitergehen sollte, um die paneuropäische Idee von Europa zu verwirklichen.*« Tatsächlich arbeiten Otto von Habsburg und Vittorio Pons in den Monaten nach dem Tod des Paneuropa-Gründers engstens zusammen, um das Überleben der Bewegung zu sichern: Am 17. September kommt es in Juan les Pins zu einer Begegnung beider mit Vertrauten Otto von Habsburgs, zwei Wochen später findet die erste Präsidiumssitzung der Paneuropa-Union ohne ihren Gründer statt. Der designierte Präsident und sein Generalsekretär koordinieren sich auch mit der Spitze der französischen Politik.

Otto von Habsburgs politisches Handeln ist zu diesem Zeitpunkt seit mehr als einem Vierteljahrhundert nicht mehr auf Österreich oder den Donauraum konzentriert, sondern zielt auf die Vereinigung Europas, wie ein Zitat aus dem Jahr 1953 belegt: »*Die Einheit der europäischen christlichen Welt, das Ende des nationalen Widerstreites, eine wahre Verständigung auf dem Boden der moralischen Grundlagen und des unantastbaren Rechts, die die Größe des Abendlandes schufen, ist das Gebot der Zeit.*«

---

[1] Der Paneuropa-Gründer hat seinen Generalsekretär zu dessen 60. Geburtstag im Juli 1970 folgendermaßen gewürdigt: »*Zahlreich sind heute intelligente und gebildete Menschen. Aber selten sind feste, herzliche, gerechte und edle Naturen. Am seltensten sind Menschen, die einen strahlenden Geist verbinden mit einem menschlichen Herzen. Zu dieser Elite zählt Vittorio Pons.*«

Er selbst betont immer wieder, dass ihn vor allem die Zeit des amerikanischen Exils Europa als Einheit begreifen hat lassen. 1965, acht Jahre bevor er das Präsidium der Paneuropa-Union übernimmt und vierzehn Jahre bevor er in das Europäische Parlament gewählt wird, skizziert Otto von Habsburg: »*Ein politisches Europa erheischt vorerst eine gemeinsame Außenpolitik. Die Ereignisse lassen das Herannahen großer Entscheidungen erkennen, in welchen unser Erdteil sein Wort sprechen muss, soll er nicht ein Opfer der Entwicklung werden. Das ist nur möglich, wenn hinter dem Begriff Europa eine wirkliche Macht steht, das heißt: der geeinte Wille der europäischen Völker.*«

Otto von Habsburg hat die Vorzeichen einer wirtschaftlichen und politischen Globalisierung früh erkannt. Durch den Fortschritt der Technik erscheint ihm der Raum als eine zunehmend vernachlässigbare Größe. Am Beispiel der Interkontinentalrakete erläutert er in einem Zeitungsbeitrag im November 1975, »*dass ein geschichtsbildendes Element, nämlich der Raum, weitgehend seine Bedeutung eingebüßt hatte: Konnte noch Hitler für sein Drittes Reich die Autarkie anstreben, so ist eine solche in unseren Tagen, also wenige Jahrzehnte später, nicht einmal mehr für Kontinente denkbar*«.

Die UNO hält Otto von Habsburg stets für ein höchst zweifelhaftes Instrument einer globalisierten Welt. Bereits im November 1971 thematisiert er eine grundsätzliche Kritik an den Vereinten Nationen: »*Das wirklich große Ereignis dort ist die Tatsache, dass nunmehr die wildgewordene und gänzlich verantwortungslose Mehrheit unter den 130 Mitgliedern eine Führungsmacht gefunden hat. In der Generalversammlung in New York kann man nämlich eine absolute Mehrheit aus Staaten zusammensetzen, die zusammen nicht einmal ein Prozent des Haushaltes der Weltorganisation bestreiten. Es gibt Länder in der UNO mit weniger Einwohnern als Graz und einem Bruttosozialprodukt, das unter demjenigen des Bezirks Jennersdorf liegt. Und was erst das geistige und zivilisatorische Niveau betrifft, hatten wir ein schlagendes Beispiel im barbarischen Siegestanz, den die Delegationen von Tanzania – gefolgt von Sambia, Guinea und ähnlicher Kulturzentren – im Sitzungssaal der Weltorganisation anlässlich der Abstimmung zugunsten Rotchinas veranstalteten. Es war derselbe Tanz, den seinerzeit die Menschenfresser um den Kessel aufführten, in dem der Missionar gekocht wurde.«*[1]

Otto von Habsburg ist von der negativen Entwicklung der Vereinten Nationen keineswegs überrascht. Er hat bereits in der »Urgeschichte der UNO« den entscheidend falschen Ansatz einer politischen Globalisierung gesehen. In einem Beitrag in der »Deutschen Tagespost« schreibt er am 24. 4. 1973 unter der Überschrift »Der Affe auf dem Throne Gottes«: »*Gleich zu Beginn, anlässlich der Vorbesprechungen der Großmächte in Dumbarton Oaks, hatte der damalige sowjetische Botschafter Maxim Litwinow verlangt, man solle in der Charta, im Gegensatz zu bisherigen Gepflogenheiten, ein höheres Wesen nicht mehr erwähnen. An die Stelle Gottes wären nun der Mensch und seine Weisheit getreten. Die beiden anderen Teilnehmer, Anthony Eden von England, ein Agnostiker, und Alger Hiss aus USA, der später als sowjetischer Agent entlarvt wurde, stimmten natürlich freudig zu. Als dann die erste Vollversammlung in San Francisco tagte, hatten die islamischen Staaten versucht, eine für sämtliche Glaubensgemeinschaften annehmbare Anerkennung des Allmächtigen durchzusetzen. Ihr diesbezüglicher Antrag wurde mit allen gegen elf Stimmen abgelehnt – sieben Mohammedaner und vier Südamerikaner. In logischer Befolgung dieses Beschlusses haben wir heute im UNO-Gebäude eine als Meditationsraum bezeichnete Kapelle, in der sich der Mensch selbst anbetet.«*

Coudenhove-Kalergi hatte sich zeitlebens bemüht, eine möglichst breite weltanschauliche Basis für Paneuropa zu gewinnen. Von Anfang an appellierte er an »sämtliche demokratische Parteien Europas«, sah Paneuropas Gegner nur in den Nationalisten, Kommunisten, Militaristen und Schutzzollindustrien. Doch in der Auseinandersetzung um die Politik de Gaulles wurde bereits deutlich, dass nicht mehr nur zur Debatte stand, wer für oder gegen die Einigung Europas war, sondern auch, wie der Weg und das Ziel der Einigungsbestrebungen zu sein hatte.

Diesem neuen Erfordernis versucht Otto von Habsburg durch die Grundsatzerklärung der Internationalen Paneuropa-Union, die

---

[1] Aufgrund dieser Analyse der UNO meint Otto von Habsburg 1971 in derselben Rede: »Einen Posten wie den des Generalsekretärs der UNO kann man heute nur seinem ärgsten Feinde wünschen.«

am 12.5.1973 in Straßburg verabschiedet wird, Rechnung zu tragen. Darin spricht sich die Bewegung »für die ehebaldigste Verwirklichung einer europäischen Konföderation als erster Schritt zur politischen Einigung unseres Erdteiles« aus. Während sich die Paneuropa-Union in der konkreten Gestaltung der Einigung pragmatisch gibt, bekennt sie sich zu »den moralischen Grundsätzen eines Europas, welches den wesentlichen Elementen seiner Tradition, seiner geschichtlichen Größe und seiner weltweiten Berufung treu bleiben muss«. Die Grundsatzerklärung ist in erster Linie Otto von Habsburg und Vittorio Pons ausgearbeitet worden. Bei der Generalversammlung der Paneuropa-Union im Mai 1973 in Straßburg wird sie gemeinsam mit den Statuten verabschiedet. Anschließend wird Otto von Habsburg auf Vorschlag des französischen Staatspräsidenten Georges Pompidou zum Präsidenten der Internationalen Paneuropa-Union gewählt.

In den folgenden Jahren besucht er unzählige Kundgebungen und Diskussionsrunden der paneuropäischen Verbände in verschiedenen Ländern. Noch sind die kommunistisch beherrschten Staaten Mittel- und Osteuropas von der Paneuropa-Arbeit praktisch ausgeschlossen. Emigranten in großer Zahl arbeiten in den westlichen Paneuropa-Verbänden eifrig mit. Vor Tausenden Zuhörern spricht der neue Präsident bei Veranstaltungen seiner Organisation in Frankreich, Spanien, Italien, Deutschland, Österreich oder Belgien. Er bemüht sich, tatkräftig am Aufbau der nationalen Sektionen mitzuwirken. Diese Arbeit bringt sichtbare Früchte: Der Name des Habsburgers füllt auch in Deutschland die Säle und Plätze.

Vier Punkte für ein christliches, freies Großeuropa

Der neue Paneuropa-Präsident erkennt bereits die später im Zuge der Diskussion über den Vertrag von Maastricht von vielen artikulierte Gefahr, dass Europa den Bürgern als etwas Abstraktes und Fernes, ja sogar Bedrohliches erscheinen könnte. Schon 1975 richtet er diese (Selbst-)Kritik an die Organisationen, die sich die Verbreitung der europäischen Idee zum Anliegen gemacht haben: *»Einer der größten Fehler der europäischen Organisationen war es* *bis zur Stunde, sich allzu sehr auf die Salons und Ämter zu beschränken und nicht auf die Straße zu gehen. Europa war allzu oft nur ein esoterisches Geschwätz, dem die Bevölkerung verständnislos zuhörte. Aus diesem Grund hat die Paneuropa-Union in den letzten Jahren sich auf Öffentlichkeitsarbeit eingestellt. Es hat sich im Laufe dieses Einsatzes gezeigt, dass es durchaus möglich ist, die Massen anzusprechen. Die Menschen sind für große Fragen aufgeschlossener, als die Politiker glauben.«*

Bereits 1974 skizziert Otto von Habsburg zwei Nahziele europäischer Politik: »*(...) die Schaffung eines Organs für die gemeinsame europäische Außenpolitik; die freie Volkswahl der Vertreter zu den europäischen Gremien, um auf diese Weise die Bürokratie unter Kontrolle zu stellen und den Organen, Europaparlament oder Europarat, endlich jene Kraft zu geben, die sie notwendig brauchen. Gleichzeitig würden Europawahlen auch die Gelegenheit bieten, die breiten Massen der Bevölkerung in einem echten politischen Akt mit den Realitäten der europäischen Einigung zu konfrontieren.*« Für dringlich hält der Nachfolger Richard Coudenhove-Kalergis die Verankerung des Europagedankens in der Bevölkerung – vor allem durch die europäische Direktwahl, die auf Anregung des französischen Präsidenten Giscard d'Estaing später tatsächlich erfolgt –, sowie eine effiziente europäische Außenpolitik, um die Rolle Europas in der Welt zu sichern und zu stärken: »*Wirtschaftlich sind wir sehr weit gekommen, politisch sind wir zurückgeblieben. Das ist für die Zukunft bedrohlich. Denn die Geschichte lehrt uns, dass nichts so gefährlich ist als gleichzeitig reich und schwach zu sein. Reichtum fordert den Neid heraus, Schwäche den Aggressionstrieb. Praktische Ziele auf dem Wege zur politischen Lösung sind eine Gemeinschaft in der Außenpolitik, die Verbindung zwischen den europäischen Organisationen einerseits und der Bevölkerung andererseits durch direkte Volkswahl zum Europäischen Parlament, und die ehestmögliche Schaffung einer Europäischen Konföderation. Diese wird sich im Laufe der Zeit zweifellos zu einer Föderation, also vom Staatenbund zu einem Bundesstaat entwickeln.*«

In einem »Vier Punkte-Programm« schärft Otto von Habsburg 1976 das Profil der Paneuropa-Union: An der Spitze steht dabei das

Bekenntnis zu Großeuropa und die Weigerung, den Eisernen Vorhang als endgültige Trennungslinie anzuerkennen. Er selbst schreibt einmal über die Konferenz von Jalta, bei der Stalin seine mitteleuropäischen Okkupationspläne durchsetzte: »*Am Tisch in der Krim saßen in Wirklichkeit nur zwei: Amerika, vertreten durch Roosevelt, Russland durch Stalin. Zwar hatte man auch Churchill eingeladen, aber er durfte nur als geschichtliche Persönlichkeit und nicht mehr als Vertreter des britischen Weltreiches oder gar Europas, an den Gesprächen teilnehmen.*« In einer Rede in Wien 1974 sagt Otto von Habsburg wörtlich, was von Rednern der Paneuropa-Bewegung bis zum Zusammenbruch des sogenannten »Ostblocks« unablässig zitiert oder paraphrasiert werden sollte: »*Für uns hört Europa nicht an der künstlichen, widernatürlichen Jalta-Linie auf. Europa wird erst wirklich sein, wenn die europäischen Völker, denen derzeit das Selbstbestimmungsrecht durch fremde Mächte verweigert wird, dieses zurückerlangen, wenn endlich auch bei uns und nicht nur in Afrika der Kolonialismus beendet ist.*«

Die Frage nach der exakten Ostgrenze des zukünftigen Paneuropa beantwortet der neue Präsident durchaus pragmatisch, wie eine Ansprache aus dem Jahr 1974 zeigt: »*(...) könnten wir sagen, Europa dehne sich soweit aus, als jene seiner Völker leben, die derzeit ihr Selbstbestimmungsrecht ausüben können. Die Ausübung dieses Selbstbestimmungsrechtes gibt ihnen aber nicht das Recht, aus Europa eine geschlossene Gesellschaft zu machen, sondern nur eine offene. Diese würde jenen Völkern Europas, die derzeit ihr Selbstbestimmungsrecht nicht ausüben können, erlauben, in dem Augenblick, da ihnen das durch die Wechselfälle der Politik möglich wird, mit den gleichen Rechten wie die Gründungsmitglieder der Gemeinschaft beizutreten.*«

Bereits damals plädiert Otto von Habsburg also für eine Osterweiterung der EU, die in der Praxis erst nach dem Zusammenbruch der kommunistischen Herrschaften 1989/90 in die Wege zu leiten sein wird. Der Paneuropa-Präsident mahnt stets, die Türe für die Völker Mittel- und Osteuropas weit offen zu halten, und erinnert nachdrücklich daran, dass die freien Europäer moralisch verpflichtet sind, für das Selbstbestimmungsrecht aller Europäer einzutreten.

Mit dem großeuropäischen Ansatz verbunden ist die Auffassung von Europa als einem Kontinent der Freiheit. Dabei hat sich die

Paneuropa-Union nicht das vom Liberalismus geprägte Freiheitsverständnis zu Eigen gemacht, sondern die christliche Sicht vom Menschen als Geschöpf und Ebenbild Gottes. Unablässig werben Otto von Habsburg und seine Paneuropa-Bewegung für ein Verständnis vom Menschen, das die fundamentalen Rechte respektiert: Rasse, Staat, Nation oder Klasse haben dem Menschen seine grundlegendsten Rechte nicht verliehen, und können sie ihm deshalb auch nicht nehmen, sagt Otto von Habsburg.[1] Das christliche Menschenbild gilt der Paneuropa-Union als Grundlage der Rechte der Person, aber auch der Familie.

Die Paneuropa-Union bekennt sich, wie Otto von Habsburg im »Vier Punkte«-Programm weiter formuliert, zum Grundsatz, »dass die größere Einheit niemals Aufgaben übernehmen darf, die die kleinere zufriedenstellend erfüllen kann«, also zum Subsidiaritätsprinzip. In seinem 1991 erschienenen Buch »Zurück zur Mitte« wendet Otto von Habsburg dieses aus der katholischen Soziallehre stammende Prinzip auf die europäischen Institutionen an: »*Würde man daher das Subsidiaritätsprinzip zu einem Teil der künftigen europäischen Verfassung machen, wäre der Föderalismus gesichert. Zentralismus hingegen ist nichts anderes als die Machtergreifung der Bürokratie in allen Lebensbereichen, und er führt nicht nur zum Verlust der Freiheit, sondern auch zur Monotonie.*« Die andere Seite des Subsidiaritätsprinzips ist jedoch, dass all jene Politikbereiche, die national nicht mehr zufriedenstellend erfüllt werden können, europäisch wahrgenommen werden müssen. Europas Einheit ist in den Augen des Paneuropa-Präsidenten eine Forderung der Vernunft, eine Notwendigkeit in stürmischer Zeit. In einer Rede 1974 formuliert er: »*Jeder, der heute die Welt sachlich sieht, weiß, dass es für uns bloß eine gemeinsame europäische Lösung geben kann. Als Einzelstaaten sind wir einfach zu klein, um unter den derzeitigen Gegebenheiten bestehen zu können. Weder wirtschaftlich noch politisch haben die Staaten des neunzehnten Jahrhunderts eine Zukunft. Ge-*

---

[1] Wenngleich sich R. Coudenhove-Kalergi weniger auf das Christentum berief, war sein Menschenbild doch davon geprägt. 1937 schreibt er in seinem Buch »Totaler Staat – Totaler Mensch« einleitend: »*Der Mensch ist ein Geschöpf Gottes. Der Staat ist ein Geschöpf des Menschen. Darum ist der Staat um des Menschen willen da – und nicht der Mensch um des Staates willen.*«

rade die jämmerliche Rolle Europas in den vergangenen Monaten war doch nichts anderes, als die Bankrotterklärung des bei uns noch überlebenden Nationalstaates.« Im dritten Punkt bekennt sich die Paneuropa-Union zu einem sozialen Europa und distanziert sich gleichzeitig vom Sozialismus: »Sozialismus bedeutet Versklavung und ist daher das Gegenteil echter Sozialpolitik. Diese basiert auf der sozialen Marktwirtschaft – sie ist bestrebt das Eigentum breit zu streuen und viele unabhängige mittelständische Existenzen zu schaffen.«

Zu einem weiteren Markenzeichen der Paneuropa-Union wird der vierte Punkt, das Bekenntnis zum Christentum als »Seele Europas«. In den vom neuen Präsidenten formulierten »Punkt« von 1976 heißt es dazu: »Würde das Christentum aus unserem Erdteil verschwinden, so müsste auch Europa sterben. Denn nicht das Kreuz braucht Europa, aber Europa braucht das Kreuz.« Ungeachtet ihres überkonfessionellen Charakters findet die Paneuropa-Union seit den 70er Jahren Unterstützung bei zahlreichen katholischen Bischöfen und bekennt sich ihrerseits zum Konzept der Neuevangelisierung Europas, das Papst Johannes Paul II. seit 1978 verkündet. Trotz dieser offensichtlichen Nähe zur Kirche wird der Paneuropa-Bewegung immer wieder eine freimaurerische Beeinflussung unterstellt. Gegen Vorwürfe dieser Art hatte sich Coudenhove-Kalergi bereits Anfang der 20er Jahre zu wehren. Im Zusammenhang mit der Übernahme der Präsidentschaft der Paneuropa-Union in Österreich durch Bundeskanzler Prälat Seipel schreibt er: »*Einige Gegner Paneuropas suchten ihn (Seipel, Anm.) von diesem Schritt zurückzuhalten mit der erdichteten Behauptung, die Paneuropa-Union wäre eine freimaurerische Gründung. Nachdem er sich von der Haltlosigkeit dieser Behauptung überzeugt, nimmt er das Präsidium der Paneuropa-Union Österreichs an (...)*«[1]

Auch in der überarbeiteten »Grundsatzerklärung der Internationalen Paneuropa-Union« von 1995 heißt es unmissverständlich: »Das Christentum ist die Seele Europas. Unser Einsatz ist geprägt vom christlichen Menschenbild und dem Prinzip der Rechtsstaatlich-

---

[1] Coudenhove-Kalergi, »Europa erwacht«, S. 90

keit. Indem die Paneuropa-Union die europäische Wertegemeinschaft fördert, widersetzt sie sich allen Tendenzen, die die geistige und moralische Kraft Europas aushöhlen.«

Obgleich Otto von Habsburg stets für einen christlich-muslimischen Dialog plädiert und dagegen auftritt, den Islam pauschal zum Feindbild zu erklären, warnt er doch auch früher als andere vor einer Radikalisierung des Islam in bestimmten Ländern: *»Wir im Westen sind allzusehr versucht, die Erneuerung, ja die Wiedergeburt des Mohammedanismus, zu unterschätzen. Es ist eine Tatsache, dass, während in unserem angeblich christlichen Europa immer mehr die Grundwahrheiten unserer Religion infrage gestellt werden, die islamischen Völker wieder ihren Glauben, gerade auch in der modernen Welt, finden.«* Dies sei *»ein Alarmzeichen: Der Boden, den unsere Missionare mit so viel Opfer und Blut bearbeitet haben, ist bedroht, weil wir uns allzu sehr verunsichern lassen, viele unserer Theologen alles zerreden, so dass wir bei jenen, bei denen unser Glaube noch nicht genügend verwurzelt ist, die noch zarten Ansätze zerstören. Nur ein robuster Glaube, nicht esoterische Spekulation, haben jemals wirkliche Bekehrungen bewerkstelligt.«*[1]

4. Kompromisslos gegen Diktatur und Dekadenz

Insbesondere in der Zeit der »Entspannungspolitik« wird die antikommunistische Propaganda der Paneuropa-Union zu einem Markenzeichen der Bewegung. Bereits 1971 meint Otto von Habsburg in einer Rede gegen die Abrüstungsforderungen der Linken: *»Die Waffen sind in der Welt wie das Fieber einer Krankheit. Sie sind Ausdruck, nicht Ursache der Spannungen. Werden diese abgebaut, rüsten die Völker auch ohne UNO und lange kostspielige Konferenzen ab. In unserer spannungsgeladenen Zeit brauchen wir zuerst eine politische Lösung.«*

Die paneuropäische Forderung, der Westen solle nicht die Kooperation mit den kommunistischen Diktatoren, sondern mit den

---

[1] Aus einer Rede vor dem Europakongress der Vinzenzgemeinschaften am 19. 5. 1974 in Klosterneuburg

unterdrückten Völkern suchen, steht in krassem Widerspruch zur Politik der »friedlichen Koexistenz« und des »Wandels durch Annäherung«, für die besonders der deutsche Bundeskanzler Willy Brandt zur Symbolfigur wird. Otto von Habsburg schreibt dazu: *»Vor allem müssen wir in unseren Ländern das freie System stärken. Wir müssen das besonders dort unterstreichen, wo es noch Illusionen gibt. Wir müssen feststellen, dass eine Koexistenz zwischen Freiheit und Totalitarismus langfristig unmöglich ist. Wir müssen der totalitären Versuchung Widerstand leisten, unter welcher Maske sie auch kommen möge.«*[1] In einer scharfen Rede bei einer Kundgebung der AÖE im November 1974 betont Otto von Habsburg: *»Wer die KZ Hitlers verurteilt, gleichzeitig aber nichts darüber zu sagen hat, dass nur wenige Kilometer von hier ganze Völker durch die Breschnew-Doktrin in KZ gesperrt werden (...) der ist entweder ein Feigling oder unehrlich. Ich kann mich des Eindrucks nicht erwehren, dass die ständig wiederholte Verurteilung eines bösen Toten, der sich nicht mehr wehren kann, und daher ungefährlich ist, nur zu oft nichts ist als das Alibi, das man braucht, um heute mit dem gleichen Geist des Totalitarismus, wie er ihn verkörperte, Geschäfte zu machen, oder – wie man so schön sagt – friedlich zu koexistieren.«*

In diesem Kontext plädiert Otto von Habsburg – auch hier in Übereinstimmung mit General de Gaulle – für eine Stärkung der europäischen Dimension in der Außen- und Sicherheitspolitik, damit Europa sich nicht einzig auf den Schutz durch die USA verlassen muss. Er stimmt Franz Josef Strauß zu, der gesagt hat, »es sei doch absurd, dass 204 Millionen Amerikaner 250 Millionen Westeuropäer beschützen, damit diese nicht vor 245 Millionen Sowjets zittern müssen«. Otto von Habsburg analysiert: *»Man spricht heute viel von Entspannung. Das Wort kann verschieden ausgelegt werden. Im Munde der Russen bedeutet es zur Stunde, dass sie mit den einzelnen europäischen Kleinstaaten bilateral sprechen wollen. Sie wissen, Verhandlungen, um Erfolg zu haben, setzen ein gewisses Gleichgewicht der Kräfte voraus. Wenn einer der Partner im Verhältnis zum anderen allzu klein oder schwach ist, dann kommt es zu einem Diktat.«* Deshalb, so schlussfolgert der Habsburger, müsse Europa zu

---

[1] Otto von Habsburg, »Europa – Garant der Freiheit«, S. 181

einer Großmacht werden, damit das in Kleinstaaten zersplitterte Europa nicht in dieselbe Lage gerate wie Finnland.

Über die Grundkonzeption der sowjet-kommunistischen Außenpolitik hat er keine Illusionen: »*Nur die Mittel der russischen Politik sind andere geworden, nicht aber die Ziele. Wer das nicht sehen will, ist geistig unterbelichtet, umsomehr, als uns der Kreml ganz offen immer wieder zu verstehen gibt, dass der Gedanke der sogenannten Weltrevolution keineswegs aufgegeben worden ist. Es gibt nur viele bei uns, nützliche Idioten, die das einfach nicht wahrhaben wollen.*« Deutlich formuliert er 1974 bei einer Rede vor den Vinzenzgemeinschaften in Klosterneuburg: »*Es wäre eine Illusion, zu glauben, dass sich heute in Moskau der Marxismus-Leninismus gewandelt hätte. Die UdSSR ist 1974 ebenso atheistisch, aggressiv materialistisch und imperialistisch wie eh und je. Die kommunistischen Massenmedien sprechen weiter fast jeden Tag von der Weltrevolution.*« Otto von Habsburgs offensive außenpolitische Schlussfolgerung: »*Unser Ziel muss die Ausdehnung des Raumes der menschlichen Freiheit gegenüber der Tyrannei sein. Dabei muss man sich darüber im Klaren sein, dass Materialismus und Freiheit miteinander unvereinbar sind.*«

In seinem 1974 erschienen Buch »Bis hierher und weiter« zeigt sich Otto von Habsburg davon überzeugt, »dass es langfristige Vermenschlichungen eines totalitären Systems nicht gibt. Wer von einem solchen System humane Erleichterungen jenseits der üblichen propagandistischen Kniffe erwartet, der irrt.« Dabei hat er die Niederschlagung des Volksaufstandes 1953 in der DDR, das gewaltsame Ende des ungarischen Freiheitskampfes 1956 und das blutige Ende des Prager Frühlings vor Augen.

Eine praktische Folge dieser Einstellung ist die Gründung des »Brüsewitz-Zentrums« 1977, das sich trotz massiver Bekämpfung durch SED und DDR-»Staatssicherheit« für Bürgerrechtler in der DDR einsetzt.[1] Zu den Teilnehmern der ersten Symposien des

---

[1] Über Pfarrer Oskar Brüsewitz, der sich 1976 aus Protest gegen die Politik der SED selbst verbrannte, die Reaktionen im Westen und das von jugendlichen Paneuropäern um Walburga v. Habsburg, Olaf Kappelt, Bernd Posselt, Kai Fischer und Wolfgang Stock gegründete »Brüsewitz-Zentrum« empfiehlt

»Brüsewitz-Zentrums« über »Christliche Verantwortung in der Politik« und »Religionsfreiheit und Menschenrechte in der DDR« zählen neben Otto von Habsburg die Bürgerrechtler Ludek Pachmann und Anatoli Levetin Krasnov, der evangelische Pastor Jens Motschmann und der CSU-Politiker Hans Graf Huyn.

Otto von Habsburg ist fest davon überzeugt, dass die kommunistische Herrschaft in Mittel- und Osteuropa vorübergehend ist. Er analysiert als Schwächen des kommunistischen Systems das falsche Menschenbild des Marxismus, die systematische Unterdrückung der Freiheit, das wirtschaftliche Versagen und das Nationalitätenproblem in der Sowjetunion. Seine Schlussfolgerung lautet 1980: »Diese langfristigen Probleme der kommunistischen Mächte beweisen, dass der Marxismus, trotz der äußeren Erscheinungen, gegen die Uhr kämpft. Die Entwicklung der Welt weist in eine andere Richtung.«

Bereits im Jahr 1968 sagt Otto von Habsburg voraus, »dass der zeitgenössische Kommunismus keine lange Lebensdauer haben dürfte«.[1] Als Gründe dafür führt er an, dass seine wirtschaftliche und soziale Analyse ein typisches Produkt des 19. Jahrhunderts sei, dass der dialektische Materialismus – die Philosophie des Kommunismus – »als neue Form des alten Pantheismus einer religiösen Lehre« ähnle, und dass die kommunistische Zukunftsvision bereits durch die Realität widerlegt worden sei. Er prognostizierte deshalb: »In den kommenden Jahrzehnten wird parallel mit dem großen Umdenken zwangsweise auch ein Verfall der Popularität des Kommunismus eintreten.« Im demokratischen Westen würden die Kommunisten »als Sekte« weiterbestehen, in den Ländern unter kommunistischer Herrschaft »wird die Entwicklung schrittweise Veränderungen an der Staatsspitze erzwingen, die eine fortschreitende Reorganisation des ganzen Apparates notwendig machen«.

---

sich: H. Müller-Enbergs, H. Schmoll, W. Stock, »Das Fanal. Das Opfer des Pfarrers Brüsewitz und die evangelische Kirche«, Frankfurt/M., Berlin 1993, v.a. S. 217–239

[1] Otto von Habsburg, »Politik für das Jahr 2000«, Herold Verlag 1968, S. 86

Gegen Zeitgeist und gesellschaftlichen Verfall

Viele der ideologisch umstrittenen Themen, die die Gesellschaftspolitik unserer Tage prägen, erkennt und benennt Otto von Habsburg frühzeitig mit erstaunlicher Klarheit. Hellsichtig analysiert er die katastrophalen Folgen einer falschen Familien- und Gesellschaftspolitik: »*Das erste dieser Probleme ist, die Europäer überhaupt am Leben zu erhalten. Denn auch das ist nicht mehr sicher. Da wird bei uns viel von der Bevölkerungsexplosion gesprochen. (…) Ich will gewiss nicht leugnen, dass die Inder zunehmen (…) Aber – was gehen uns derzeit die Inder an, bzw., was können wir mit Geschrei bei der UNO-Konferenz in Bukarest dagegen machen, dass sich diese weigern, die Pille zu nehmen? Sehen wir uns lieber die eigenen Zahlen an. Da werden wir bemerken, dass in den meisten europäischen Staaten (…) die Zahl der Särge diejenige der Wiegen um ein Beträchtliches übersteigt. Wir sind bereits unter die Wachstumsrate Null gesunken. Jedes Jahr nimmt der Fehlbetrag zu. Das wird schwerwiegende Folgen haben. Zur Stunde schon muss jeder aktive Mensch eineinhalb Nicht-Aktive erhalten. (…) Es wird auch bald die Zeit kommen, in der man zwangsläufig das Pensionsalter heraufsetzen muss – genau das Gegenteil dessen, was heute unsere Gewerkschaften verlangen. Man wird die Alten in der Arbeit erhalten müssen, soll überhaupt der Apparat noch weiter laufen. Das aber wird die Aufstiegsmöglichkeiten der Jungen verringern (…) Das kann zu verschärften Spannungen zwischen Generationen führen (…) Ausgerechnet in dieser Lage – ganz abgesehen von moralischen Fragen – kommt man uns mit der Freigebung der Tötung des ungeborenen Lebens.*«[1]

Gegen Abtreibung und Euthanasie nimmt Otto von Habsburg frühzeitig und mit aller nur denkbaren Klarheit Stellung. Den inneren Zusammenhang zwischen beiden Phänomenen charakterisiert er 1974: »*Wer gewillt ist, aus Bequemlichkeit ein Kind auf dem Altar des Wohlstandes zu opfern, der ist auch bereit, der Weglegung der Alten und unheilbar Kranken zuzustimmen. Auch das kommt jetzt auf uns zu. (…) Achten wir das Leben nicht mehr, dann sind wir reif,*

---

[1] Aus einer Rede vor der »Aktion Österreich Europa« am 25. 11. 1974

von der Weltbühne abzutreten.« In den Verletzungen der Menschenwürde sieht Otto von Habsburg eine unmittelbare Folge der Entfernung Europas von seinem christlichen Erbe. Er ist davon überzeugt, dass das Christentum untrennbar zur Identität dieses Kontinentes gehört, dass also Europa weniger europäisch wird, wenn es auf seine christliche Identität vergisst: *»Wir wären keine Europäer, würden wir nicht energisch Verwahrung gegen Bestrebungen einlegen, die den Menschen seiner Würde entkleiden, indem sie ihn lediglich als einen kleinen Bestandteil der Produktions- und Konsummaschine betrachten und verwenden. Das gilt ganz besonders bezüglich der Achtung vor dem Leben. Dieser Grundsatz ist schon mit der Möglichkeit durchbrochen worden, werdendes Leben willkürlich zu zerstören. In logischer Weiterentwicklung kommen nun bereits Vorschläge auf uns zu, Alte und unheilbar Kranke zu töten. Man darf sich da von Krokodilstränen heuchlerischer Barmherzigkeit und wortreichen Mitleids nicht täuschen lassen. Es handelt sich in Wahrheit um einen furchtbaren Rückfall in den primitiven Barbarismus, auch wenn er von seinen Proponenten als Fortschritt angeboten wird.«*[1] Polemisch ergänzt Otto von Habsburg, *»dass wir, wenn man (...) die Euthanasie der Alten freigibt, nicht mehr das moralische Recht haben werden, über Menschen wie Eichmann zu Gericht zu sitzen. Denn Mord ist Mord, ganz gleich, ob man ihn aus Gründen rassischer Vollkommenheit oder darum propagiert, weil man angeblich mit dem Umzubringenden Mitleid verspürt, während man in Wirklichkeit die vermeintlich Unproduktiven dem Lebensstandard opfert. Ist einmal das Gebot ›Du sollst nicht töten‹ legal aufgehoben, gibt es kein Halten mehr. Und dort, wo dieses göttliche Gesetz nicht respektiert wird, gibt es kein Europa mehr. Aus all diesen Gründen muss solchen barbarischen Vorschlägen von Anfang an energisch entgegengetreten werden.«*

Unter der Überschrift »Heute Abtreibung – morgen Euthanasie« entlarvt Otto von Habsburg 1974 in einem Beitrag im »Indianapolis Star« die Kampagnen der Abtreibungs- und der Euthanasiebefürworter. Schon damals meint er, es sei nicht schwer vorauszusagen, dass bald auch andere für den alten und kranken

---

[1] Aus einer Rede über »Vaterland und Europa« am 29. 9. 1974 in Rottenburg/Neckar

Menschen die Einwilligung zur Euthanasie geben würden. »Im Lichte der Abtreibungskampagne ist es leicht, vorauszusagen was geschehen wird.«[1]

Otto von Habsburg begnügt sich nicht damit, gegen Abtreibung und Euthanasie Stellung zu nehmen, sondern liefert Bausteine für eine umfassende Familien- und Gesellschaftspolitik. Ein Element der Erneuerung sieht er in der Einführung eines »Kinderwahlrechts«, das er in zahlreichen Reden über Jahrzehnte als eine Forderung der Gerechtigkeit und der Vernunft propagiert: *»Ist das Wahlrecht Verpflichtung und zugleich Recht eines jeden, der zur Gemeinschaft gehört, so ist nicht einzusehen, warum just dieses Recht an ein Alter gebunden sein sollte. Viel logischer wäre es, jedem Staatsbürger das Wahlrecht schon bei Geburt zuzuerkennen. Nur müsste, wie etwa bei Besitz und Eigentum, für die Dauer der Minderjährigkeit die Familie dieses Recht stellvertretend für das Kind ausüben. Das wiederum würde das politische Ansehen der Familie heben und damit auch das Interesse der Parteien an einer gesunden Familienpolitik.«*

Unter den jungen Aufbruchsbewegungen in der katholischen Kirche pflegt Otto von Habsburg vor allem Kontakte mit dem Opus Dei und den Legionären Christi. Beiden Bewegungen traut er eine effiziente christliche Arbeit in der Gesellschaft zu, ohne sich mit ihnen zu identifizieren. Den Gründer des Opus Dei, den Spanier Josemaría Escrivá, trifft er in Rom und ist von dessen Persönlichkeit durchaus beeindruckt. In Spanien kommt er im Zuge seines Engagements für das CEDI mit zahlreichen Mitarbeitern und Mitgliedern des »Werks« in Kontakt, manche seiner im CEDI tätigen Freunde stehen dem Opus Dei nahe. Dessen Gründer charakterisiert Otto von Habsburg in einem 1978 verfassten Beitrag als »kraftvolle Persönlichkeit«, »bescheiden, dabei von überragender Intelligenz und in seinen Worten klar und schlagfertig«. Das noch größere Kompliment: *»Er hatte nicht nur alle Charakterzüge weltlicher Größe – er wäre ein erstklassiger Politiker in seinem Land geworden –, sondern auch eine Aura persönlicher Heiligkeit, der man*

---

[1] Mittlerweile haben zwei Mitgliedsstaaten der EU, die Niederlande und Belgien, die Euthanasie legalisiert.

sich nicht entziehen konnte. Ich war um so mehr von ihm angetan, als ich mit stärksten negativen Vorurteilen gekommen war.«[1]

Otto von Habsburg, der an die Untrennbarkeit des Christentums von Europa glaubt, sieht die Wahrung der Menschenwürde in ihrer transzendentalen Begründung verankert. Deshalb formuliert er, dass man zwar Kirche und Staat, nicht aber Politik und Religion trennen kann: *»Ein wirklich gläubiger Menschen kann sich von dem Schicksal seines Nächsten genauso wenig abwenden, wie man andererseits eine Gemeinschaft ohne innere transzendente Verankerung nicht zum Guten lenken kann.«* Die Begründung menschlicher Würde aus dem Menschen selbst hält er für ebenso illusorisch wie die rein immanenten Welterklärungen: *»Ausgerechnet bei sich modern wähnenden Kleingeistern bemerkt man eine Neuauflage der lächerlichen Hybris der Aufklärung. In der Zeit eines Einstein und Heisenberg wird in der Sprache Rousseaus plötzlich wieder der Mensch zum Maß aller Dinge erklärt. Ein sterbliches Geschöpf, dessen physische und auch geistige Begrenztheit die Enthüllung jedes neuen Geheimnisses der Natur aufzeigt, wird über seinen Schöpfer erhoben. Offensichtlich hat man noch nie die eigene Lebensdauer mit dem Zeitbegriff des Alls verglichen und ist niemals durch die Unendlichkeit eines bezaubernden Nachthimmels zu demütiger Betrachtung veranlasst worden. Die logische Folge ist die Verkennung des organischen Zusammenhangs zwischen Politik und Transzendentem. Die notwendige Autorität in der Gemeinschaft fußt nämlich entweder auf der Anerkennung eines im Höheren verankerten Sittengesetzes, oder bloß auf Konventionen, die durch die Macht auferlegt werden und daher über kurz oder lang zwangsläufig zum Totalitarismus führen. Politik stellt immer wieder die Frage nach dem letzten Sinn des Lebens. Es ist kein Zufall, dass jede politische Diskussion, wird sie wirklich zu Ende geführt, in der Theologie landet.«*[1]

Doch nicht nur als Postulat der ethischen Vernunft scheint Otto von Habsburg eine Rückkehr zum Gottesglauben geboten. Er ist stets auch davon überzeugt, dass der Fortschritt des Wissens selbst

---
[1] Zit. aus: »Eine moderne Nachfolge Christi«, in: »Bayernkurier« vom 30. 9. 1978

[2] Zit. aus »Der Affe auf dem Throne Gottes«, in: »Deutsche Tagespost« vom 24. 4. 1973

zu einer Rückbesinnung führen wird. So schreibt er 1974 in seinem Buch »Bis hierher und weiter«: »*Die Naturwissenschaften, die einst den Anstoß für den Zusammenbruch des einheitlichen, auf Gott ausgerichteten Weltbildes gaben, erreichten nunmehr einen Grad des Wissens, der die einst errichtete künstliche Wand durchbricht. Die letzten Erkenntnisse verlangen gebieterisch nach Gott und zwingen die Elite des Geistes, seine Existenz anzuerkennen.*«

VI. Ein Kaisersohn als Parlamentarier (1978–1988)

1. Als Österreicher für Bayern nach Europa?

Seit Otto von Habsburg für die »Hanns-Seidel-Stiftung« tätig ist, haben sich seine Kontakte in der CSU immer mehr vertieft und verbreitert. Als außenpolitischer Berater gehört er zum unmittelbaren politischen Wirkungskreis von Franz Josef Strauß, den er sehr schätzt und für den er sich einsetzt. Obwohl er erst 1982 Mitglied der CSU wird, findet er hier rasch eine politische Heimat und Wirkungsbasis.

Ab dem EG-Gipfel von Paris im Dezember 1974 beraten die Regierungen der Europäischen Gemeinschaft über eine Direktwahl des Europäischen Parlamentes, das sich zu jener Zeit noch aus Abgeordneten der nationalen Parlamente zusammensetzt. Der französische Staatspräsident Valéry Giscard d'Estaing hatte die Initiative zur Direktwahl ergriffen, um so der europäischen Einigung neuen Schwung zu verleihen und das vereinte Europa demokratisch besser zu legitimieren.

Es ist der Oberpfälzer Bundestags- und Europaabgeordnete Heinrich Aigner, der die Idee entwickelt, Otto von Habsburg könne bei einer Direktwahl zum Europäischen Parlament ein idealer Kandidat auf der CSU-Liste sein. Nicht nur aufgrund seiner persönlichen Herkunft und der Geschichte seiner Familie, sondern auch aufgrund seiner politischen Auffassungen und seines paneuropäischen Wirkens solle Otto von Habsburg als Leitfigur des christlichen Lagers kandidieren. Anlässlich eines Empfangs im Europäischen Parlament in Luxemburg im Frühjahr 1977 spricht Aigner erstmals mit den engsten Mitarbeitern des Habsburgers, seiner Tochter Walburga und dem Bundesvorsitzenden der Paneuropa-Jugend Deutschland, Bernd Posselt, über diese Idee.

Der Gedanke ist kühn, aber faszinierend und wird von Otto von Habsburg und seinen Mitarbeitern mit Begeisterung aufgenommen. Auch Franz Josef Strauß ist angetan von dieser Vorstellung. Allerdings gibt es für ein solches Unterfangen ein wesentliches Hindernis: Otto von Habsburg ist kein deutscher, sondern österreichischer Staatsbürger. Österreich aber ist noch kein Mitglied der Europäischen Gemeinschaft.[1]

»Ausgebürgert wird bei mir nicht!«

Die Einbürgerung selbst ist kein großes Problem. Otto von Habsburg lebt zu jener Zeit bereits seit mehr als 20 Jahren in Deutschland und ist mit einer gebürtigen Deutschen verheiratet. Er will aber die österreichische Staatsbürgerschaft keinesfalls aufgeben. Das österreichische Staatsbürgerschaftsgesetz aber schreibt vor, dass der österreichischen Staatsbürgerschaft verlustig geht, wer Bürger eines fremden Staates wird. So droht dem Chef des Hauses Habsburg, dessen Familie Jahrhunderte die Geschicke Österreichs gelenkt hat, die Ausbürgerung. Viele seiner österreichischen Anhänger hätte es bitter enttäuscht, wenn Otto von Habsburg für ein deutsches Europamandat die österreichische Staatsbürgerschaft geopfert hätte. Und auch er selbst, der Österreich stets verteidigt und oftmals vertreten hat, ist nicht bereit, darauf zu verzichten.

Für Otto von Habsburg erweist es sich nun zum zweiten Mal als ein Glück, dass die Zu- oder Aberkennung der Staatsbürgerschaft in Österreich Ländersache ist, und er in Reichenau, in Niederösterreich, geboren wurde. Sein Anwalt, Dr. Ludwig Draxler jun., nimmt Kontakt zum niederösterreichischen Landeshauptmann Andreas Maurer (ÖVP) auf. Nachdem ihm Draxler das Anliegen vorgetragen hat, ruft Maurer erfreut: »Herr Doktor, da kann ich Ihnen behilflich sein.« § 10 des Staatsbürgerschaftsgesetzes erlaubt in bestimmten Ausnahmefällen eine Doppelstaatsbürgerschaft, etwa im Fall herausragender Leistungen wissenschaftlicher oder sportlicher

---

[1] Heute besitzen alle Unionsbürger bei der Wahl zum Europäischen Parlament das aktive und passive Wahlrecht. So könnte ein österr. Staatsbürger tatsächlich für Deutschland in das Europaparlament gewählt werden.

Natur, oder wenn der Erhalt der österreichischen Staatsbürgerschaft »im Interesse der Republik« liegt.

Über Draxler reicht Otto von Habsburg daher am 22. Juli 1977 neben Listen seiner Publikationen, Mitgliedschaften in Akademien und bedeutenden Ehrungen seinen Antrag bei der niederösterreichischen Landesregierung ein:

»*Ich bin am 20. November 1912 in Reichenau, Niederösterreich geboren und besitze die österreichische Staatsbürgerschaft.*

Im Jahre 1979 wird das Europäische Parlament erstmals durch das Volk gewählt. Die Bundesrepublik Deutschland hat die Absicht, mich als sachverständigen Abgeordneten in das Europäische Parlament zu entsenden. Voraussetzung für das Mandat ist der Erwerb der Staatsbürgerschaft der Bundesrepublik Deutschland. Ich bin unter der Bedingung bereit, die Kandidatur anzunehmen, dass mir im Falle des Erwerbes der Staatsbürgerschaft der Bundesrepublik Deutschland die österreichische Staatsbürgerschaft erhalten bleibt. Ich stelle sohin gemäß § 28 des Bundesgesetzes vom 15. Juli 1965, BGBl Nr. 250 über die österreichische Staatsbürgerschaft (Staatsbürgerschaftsgesetz 1965) den Antrag, mir bei Erwerb der Staatsbürgerschaft der Bundesrepublik Deutschland die Beibehaltung der österreichischen Staatsbürgerschaft zu bewilligen.«

Landeshauptmann Maurer befindet, dass einer doppelten Staatsbürgerschaft Otto von Habsburgs nichts im Wege steht und fällt am 18. April 1978 eine positive Entscheidung. Seine Begründung lautet, dass sich Dr. Otto Habsburg-Lothringen in mehrfacher Hinsicht Verdienste um Österreich erworben hat: Er trage Verantwortung dafür, dass Österreich nach dem Zweiten Weltkrieg überhaupt wieder auf der Landkarte erschienen sei. Ferner habe er mit über 20 Büchern zum geistigen Ansehen Österreichs in der Welt beigetragen. Auch die Mitgliedschaft in der »Académie des Sciences morales et politiques« von Frankreich mag zu diesem Beschluss beigetragen haben.

Otto von Habsburg erhält am 8. Juni 1978 im Rathaus seiner Heimatgemeinde Pöcking seinen deutschen Pass und ist somit deutscher Staatsbürger. In einem feierlicheren Rahmen, im Antiquarium der Münchner Residenz, wird diesem geschichtsträchtigen Ereignis – immerhin zählen die meisten Kaiser des »Heiligen Römischen Reiches« zu den Vorfahren des neu Eingebürgerten – am gleichen Tage Achtung gezollt. Ministerpräsident Alfons Goppel drückt seine Freude über den Verlauf der Dinge aus und überreicht Otto von Habsburg den Bayerischen Verdienstorden. Wörtlich sagt Ministerpräsident Goppel: »*Ein Jahr vor den Direktwahlen zum Europäischen Parlament haben wir allen Anlass, darüber nachzudenken, aus welchen Bauelementen das europäische Haus errichtet werden solle. Ich freue mich ganz besonders, heute hier Herrn Dr. Otto von Habsburg begrüßen zu können, der als Träger eines großen Namens wie aber auch als geschichtskundiger und mit der Geschichte lebender Schriftsteller (...) von Anfang an für die europäische Idee unermüdlich eingetreten ist (...) Ich beglückwünsche Sie zu der Ihnen zuteil gewordenen Auszeichnung. Sie haben diese Ehrung durch ihre vorbildliche menschliche und staatsbürgerliche Leistung verdient.*« CSU-Vorsitzender Franz Josef Strauß, dem man die Nachricht von der Einbürgerung während einer Tagung in Wildbad Kreuth überbringt, ruft hocherfreut aus: »Gott sei Dank, jetzt ist das Heilige Römische Reich wiederhergestellt!«

Für manche Kreise der Linken allerdings ist das zuviel – in Deutschland ebenso wie in Österreich, wie die folgenden Monate zeigen. Die SPÖ, in Niederösterreich Juniorpartner in einer Koalition mit der ÖVP, kann in der Landesregierung zwar nicht verhindern, dass Maurer die Doppelstaatsbürgerschaft billigt. Sie setzt aber eine Kampagne in Gang, die sich aus den bekannten Ressentiments gegen die Habsburger nährt. Am 15. Juni 1978 meldet die Grazer »Südost-Tagespost«: »Sozialisten entfachen neue Habsburg-Hysterie.« Die »Stuttgarter Zeitung« kommentiert am 16. Juni, die deutsche Staatsbürgerschaft Otto von Habsburgs habe »*einiges von dem ›Habsburger-Kannibalismus‹ zutage befördert, den die Sozialisten schon bei früheren Gelegenheiten immer wieder zelebrierten und der eigentlich für überwunden galt, seitdem Bundeskanzler Kreisky dem Kaisersohn bei der letzten Paneuropa-Tagung in Wien vor den Fernsehkameras demonstrativ die Hand geschüttelt hatte*«.

Im österreichischen Nationalrat interpellieren die Sozialisten, man solle Otto Habsburg die Staatsbürgerschaft entziehen, und jenes Gesetz zur Anwendung bringen, welches besagt, dass ein Österreicher ausgebürgert werden kann, der sich in den Dienst einer fremden Macht stellt. Es bestehe die Möglichkeit, dass Otto Habsburg sich in den Dienst der Europäischen Wirtschaftsgemeinschaft stellen und dort zu Macht und Einfluss gelangen könne. Damit gefährde er die Republik Österreich und verletze das Gebot der immerwährenden Neutralität. Allerdings vergessen die Sozialisten, den zweiten Halbsatz des § 33 Staatsbürgerschaftsgesetz zu erwähnen, wonach die Staatsbürgerschaft nur zu entziehen ist, wenn der betreffende Österreicher im Dienst eines fremden Staates »durch sein Verhalten die Interessen und das Ansehen der Republik erheblich schädigt«. Selbst Innenminister Erwin Lanc (SPÖ) argumentiert zuerst, dass ein Mandat im Europäischen Parlament die Ausbürgerung bedeuten kann. Nach dem Studium der Fakten muss Lanc auf die Anfragen seiner Parteigenossen jedoch antworten, dass die Staatsbürgerschaft Angelegenheit der Bundesländer sei, dass das Verfahren im Übrigen vollkommen korrekt verlaufen sei, und er insofern keinerlei Veranlassung habe, in dieser Sache tätig zu werden. Bundeskanzler Kreisky setzt dem Kesseltreiben schließlich mit dem berühmt gewordenen Ausspruch ein Ende: »Ausgebürgert wird bei mir nicht!«

Zwischenrufe von links

Noch ist Otto von Habsburg vorsichtig, öffentlich über eine Kandidatur zum Europäischen Parlament zu sprechen. Auf die Frage, warum er die deutsche Staatsbürgerschaft angestrebt habe, antwortet er in einem ORF-Interview am 20. Juni 1978: *»Weil sich die Europaarbeit ab dem nächsten Jahr, also ab dem 10. Juni 1979, weitgehend in die EG verlagern wird. Und gerade in meiner Funktion als Internationaler Präsident der Paneuropa-Union habe ich da verschiedene Dinge wahrzunehmen, bei denen es äußerst kompliziert wäre, besäße man nicht auch eine EG-Staatsbürgerschaft.«* Auf den »Vorwurf«, er würde dann Österreich vertreten, obwohl dies gar nicht ginge, erwidert er: *»Ich habe nie gesagt, dass ich Österreich als Land vertrete, das wäre selbstverständlich unmöglich. Aber es gibt schließlich einen größeren Begriff Österreich, der sich weit über die Grenzen Österreichs hinaus ausdehnt, der ja die alte europäische Idee als solche ist (...) Es handelt sich hierbei nicht um irgendwelche geografischen Machtansprüche.«*

»Die Presse« berichtet am 24. Juni 1978, Otto von Habsburg halte sich eine politische Tätigkeit in Österreich für die Zukunft ausdrücklich offen: *»›Ich habe mich immer geweigert, den von Politikern vor zehn bis zwölf Jahren mir oftmals nahegelegten Verzicht auf politische Tätigkeit auszusprechen oder zu sagen, ich würde nicht für den Nationalrat kandidieren, weil jeder Bürger seine verfassungsmäßigen Rechte offen halten muss.‹ Ausdrücklich schloss er für sich nur das – ihm von der Verfassung ohnehin verwehrte – Amt des Bundespräsidenten aus. (...) In Bezug auf das Europaparlament äußerte Habsburg seine Überzeugung, dass Österreich über kurz oder lang ohnedies Mitglied dieses Gremiums sein werde.«*

Es spricht sich schnell herum, dass Otto von Habsburg als möglicher Kandidat der CSU für die Europawahlen am 10. Juni 1979 im Gespräch ist. Die SPD sieht ihr Ziel, das Europaparlament in sozialistischen Griff zu bekommen, gefährdet. Sofort wird eine Kampagne in Gang gebracht, die sich auf mehreren Ebenen abspielt, und die sich schließlich bis zu den Europawahlen hinzieht.

Zunächst greifen Abgeordnete in den verschiedensten Parlamenten die Frage der angeblich putschartig durchgezogenen Einbürgerung auf. Debatten und Anfragen gibt es in den Länderparlamenten Bayerns, Baden-Württembergs und Schleswig-Holsteins, aber auch im Deutschen Bundestag und im Europaparlament. Im Bundestag fragen Helmut Sieglerschmidt und Axel Wernitz (beide SPD) am 21. Juni 1978, ob die Einbürgerung mit Wissen des Bundesinnenministeriums geschehen sei, ob die Kriterien zur Anerkennung einer Doppelstaatsbürgerschaft ausreichend seien, und ob die Einbürgerung nicht zu schnell durchgeführt wurde. Staatssekretär Andreas von Schöler (SPD) vom Bundesinnenministerium vertritt die Auffassung, dass Bayern Bonn hätte einbeziehen müssen: *»Die Bundesregierung ist der Auffassung, dass sie mit dieser Angelegenheit hätte befasst werden müssen. Sie hat unmittelbar nach Bekanntwerden der Einbürgerungsangelegenheit von Herrn Dr. Habsburg-Lothringen sich an das Bayerische Staatsministerium des Innern mit der Bitte um Mitteilung der Gründe gewandt, die für die dortige Sachbehandlung ausschlaggebend waren.«*[1]

---
[1] Aus der Sitzung des Deutschen Bundestages vom 21. 6. 1978

Allerdings ist der Freistaat Bayern, wie der dortige Innenminister Alfred Seidl (CSU) am 28. Juni 1978 im Bayerischen Landtag betont, per Gesetz nicht verpflichtet, das Bundesinnenministerium in Kenntnis zu setzen. Die Dauer des Verfahrens sei durchaus im üblichen Rahmen gelegen. Normalerweise benötigten Einbürgerungsverfahren fünf bis zehn Monate. Otto von Habsburg habe seinen Antrag am 12. Oktober 1977 eingereicht und am 9. Juni 1978 die Einbürgerung erhalten. Bei einem Zeitrahmen von acht Monaten könne »von einem Eilzugstempo oder gar einer Rekordzeit (...) in diesem Fall keine Rede sein«.[1] Ferner kann der Freistaat Bayern ein besonderes staatliches Interesse an der Einbürgerung von Otto von Habsburg bejahen: »*Als Sohn des letzten österreichischen Kaisers und als Mitglied des Hauses Habsburg-Lothringen, das für eine Jahrhunderte lange staatliche Verbindung und die geschichtliche und geistige Verbundenheit zwischen Österreich und Bayern steht, stellt Dr. Habsburg-Lothringen eine Person der Zeitgeschichte dar.*«

Im Deutschen Bundestag legt der Münchner CSU-Abgeordnete Hans Klein den Finger auf den wunden Punkt. An Staatssekretär von Schöler richtet er folgende Frage: »*Herr Staatssekretär, können sie darüber Auskunft geben, in wie vielen Fällen der Anerkennung einer doppelten Staatsbürgerschaft von Bürgern, die seit Jahrzehnten in der Bundesrepublik Deutschland leben, die sich auch um dieses Land verdient gemacht haben, deren Unbescholtenheit außer Frage steht, politische Diffamierungskampagnen dieser Art versucht worden sind?*«[2] Schöler antwortet auf diese Frage nicht. Der CSU-Abgeordnete Albert Kaps meint im Bayerischen Landtag, »*dass es zu dieser konzertierten Frageaktion der linken Seite des Hauses dann nicht gekommen wäre, wenn es sich an Stelle dieses weltbekannten Demokraten Otto von Habsburg unter gleichen Voraussetzungen um einen Linkssozialisten gehandelt hätte*«.

In der Fragestunde im Europaparlament sorgen sich linke Abgeordnete am 4. Juli 1978 darum, dass »Herr Habsburg auch die Österreicher mitvertreten« könne und »dass bei der strikten Neutralität Österreichs dadurch äußerst ernstzunehmende außenpolitische Verwicklungen für die EG entstehen könnten«. Der damalige

---

[1] Aus der Sitzung des Bayerischen Landtages vom 28. 6. 1978
[2] Aus der Sitzung des Deutschen Bundestages vom 21. 6. 1978

Ratsvertreter, der deutsche Außenminister Hans-Dietrich Genscher, federt die Anfrage ab – nicht ohne Heiterkeit im Plenum hervorzurufen: Jeder Staatsangehörige der Mitgliedsstaaten habe das Recht, bei den Europawahlen zu kandidieren. Im Übrigen gehe sein Respekt vor der Souveränität der Republik Österreich und ihrer Regierung soweit, dass er überzeugt sei, die österreichische Regierung wisse die Verpflichtungen ihrer Neutralität zu wahren.

Den Worten von Otto von Bismarck »Es sind nicht die schlechtesten Birnen, an denen die Wespen nagen« folgend, kümmert sich Otto von Habsburg wenig um die Attacken, denen er ausgesetzt ist. Er hat bereits zu viel Erfahrung mit gegen ihn gerichteten Kampagnen, um hiervon erschüttert zu sein. Stattdessen absolviert er in gewohnter Weise sein umfangreiches Arbeitsprogramm, eilt von Veranstaltung zu Veranstaltung, spricht bei Banken, Clubs, Vertriebenenverbänden und Paneuropa-Gruppen, engagiert sich auf Bitte der Partei und ihres Vorsitzenden eifrig im bayerischen Landtagswahlkampf vom Oktober 1978. Eine Versammlung am 28. September im Münchner Thomasbräu wird durch eine Gruppe randalierender Kommunisten gestört. Otto von Habsburg notiert in seinem Kalender: »Massen Kommunisten – kleinere Saalschlacht – Räumen des Saals – 21.00 Beginn der Veranstaltung – 150 Personen – gute Stimmung.«

Eine Chinareise

Am 31. Oktober 1978 – zwei Jahre nach Maos Tod – bricht Otto von Habsburg zu einer fast dreiwöchigen Reise nach Rotchina auf. Mit Taiwan (Nationalchina) hat er bereits umfassende persönliche Erfahrung, ebenso mit dem chinesischen Festland vor Maos Sieg, doch Maos China kennt er noch nicht. Die Chinesen ihrerseits trachten, gute Beziehungen zu ihm zu pflegen. Aus diesem Grund hat die kommunistische Regierung Chinas auf ausdrücklichen Wunsch von Deng Xiao-Ping eine Einladung an ihn, den Internationalen Präsidenten der Paneuropa-Union, ausgesprochen.

Seine Reise führt ihn über New Delhi nach Hongkong (wo er zwei Tage Aufenthalt hat und sich bei einem Schneider zwei Anzüge und mehrere Hemden machen lässt). Anschließend geht es über Kanton nach Peking; weiter nach Nanking, Souchou, Shanghai und Kueilin. Er bekommt Gelegenheit, mit zahlreichen wichtigen Persönlichkeiten des Landes zu sprechen. Die Unterredung mit dem Vizepräsidenten der Volksrepublik China, Chi Teng K'uei, dauert mehr als zwei Stunden. Im Mittelpunkt stehen Fragen der europäischen Einigung und der Außenpolitik. Die Chinesen interessieren sich weniger aus wirtschaftlichen Gründen für die Einigung Europas, sondern aus Gründen der internationalen Sicherheit. Chi Teng K'uei stimmt seinem Besucher zu, dass der sowjetische Hegemonialismus den Weltfrieden bedroht.

Wie meist auf seinen Reisen, begnügt sich Otto von Habsburg nicht damit, Politiker zu sprechen, sondern besucht Arbeiterviertel, Fabriken und Werkstätten, sucht den Kontakt zur Bevölkerung. Bei der Besichtigung einer Generatorenfabrik begrüßen ihn die Arbeiter mit Spruchbändern und Wandzeitungen: »Lang lebe die Freundschaft zwischen China und Paneuropa« und »Die Arbeiterschaft von Shanghai grüßt den Paneuropa-Präsidenten«.

Nach seiner Rückkehr am 21. November berichtet Otto von Habsburg bei einer Pressekonferenz, dass China im Gegensatz zur Sowjetunion nicht bestrebt sei, den Kommunismus zu exportieren und eine Weltrevolution zu entfachen. Das System sei nicht starr, sondern zu Reformen bereit und immer weniger ideologisch geprägt: *»Ich war jetzt 3 Wochen in China. Das Wort Weltrevolution habe ich dort nicht ein einziges Mal gehört. Aber über die Deutschen jenseits des Stacheldrahtes hat jeder Chinese mit mir gesprochen. (…) Alle Chinesen haben mich nach der deutschen Wiedervereinigung gefragt. In geradezu beschwörenden Worten haben sie darauf hingewiesen, dass wir niemals die Bedeutung Berlins für die europäische Zukunft vergessen dürften.«*

Der steinige Weg zur Kandidatur

Innerhalb der CSU hat sich Unsicherheit breit gemacht. Die nicht enden wollenden Angriffe von links haben dazu ebenso beigetragen wie die Furcht einiger Parteifunktionäre um ihre Ambitionen und gesicherten Pfründen. Parteichef Strauß befürwortet zwar die Kandidatur Otto von Habsburgs, ebenso wie der oberbayerische CSU-Bezirksvorsitzende Max Streibl, hält sich aber mit öffentlichen Äußerungen zurück. Besonders kritisch nimmt der Generalsekretär der CSU, Edmund Stoiber, gegen Habsburgs Kandidatur Stellung. Die »Süddeutsche Zeitung« schreibt am 12. Dezember 1978 unter der Überschrift »CSU rückt von Kandidatur Otto von Habsburgs ab«: »*In der CSU ist Otto von Habsburg als möglicher Kandidat für das Europäische Parlament umstritten: Vor Journalisten hat sich CSU-Generalsekretär Edmund Stoiber offen gegen eine Kandidatur des Sohns des letzten österreichischen Kaisers auf der CSU-Liste für die Direktwahl ausgesprochen. Die Ablehnung begründete Stoiber damit, Otto von Habsburg habe zu sehr das Bild des ›restaurativen Deutschen‹.*« Andere Zeitungen stimmen ein: »Lässt CSU Habsburg fallen?«[1], »Die CSU verzichtet auf Otto von Habsburg«[2], »Kandidatur für Straßburg zweifelhaft – CSU-Strategie und Proporz sprechen gegen Otto von Habsburg«[3] und »Habsburgs Chancen sinken – Stoiber: Zu sehr das Bild des restaurativen Deutschen«[4].

Stoiber zieht den Bundestagsabgeordneten Graf Stauffenberg vor, der ebenfalls aus dem Bezirk Oberbayern stammt. Doch Stauffenberg hat seine Zustimmung zur Kandidatur noch nicht gegeben: »*Generalsekretär Stoiber bedauerte zur Kandidatenfrage, dass der Bundestagsabgeordnete Franz Ludwig Schenk Graf von Stauffenberg bisher zu keiner Bewerbung bereit sei. Stauffenberg verbinde sich als Sohn des Widerstandskämpfers gegen das Hitlerregime mit dem Widerstand im Dritten Reich. Sein Name besitze in Europa einen hervorragenden Klang.*«[5]

Da die CSU-Bezirksvorsitzenden im Dezember von der Parteispitze aufgefordert werden, ihre Vorschläge für die Europaliste bis spätestens Ende Januar 1979 zu machen, kann Stoibers Wort vom »restaurativen Deutschen« nur als Wink an die CSU-Oberbayern interpretiert werden, die Parteiführung werde eine Kandidatur des

---

[1] »Abendzeitung«, 12. 12. 1978
[2] »tz«, 12. 12. 1978
[3] »Der Tagesspiegel«, 16. 12. 1978
[4] »Hannoversche Allgemeine Zeitung«, 16. 12. 1978
[5] »Süddeutsche Zeitung«, 11. 12. 1978

Habsburgers nicht befürworten. Es mehren sich nun auch die Stimmen von Parteistrategen, die Otto von Habsburgs Kandidatur ablehnen. Es gebe zu viele Gruppen in der CSU, die Anspruch auf einen attraktiven Listenplatz erheben würden, ihm jedoch fehle es an einer Hausmacht innerhalb der Partei, heißt es.[1] Die Junge Union (JU) wittert die Chance, ihren eigenen Kandidaten, Reinhold Bocklet, gegen Habsburg ins Spiel zu bringen. Die JU warnt vor einer Überalterung der Liste und versucht, Otto von Habsburg aus dem Rennen zu werfen.

Hat Otto von Habsburg die Diffamierungskampagne aus der sozialistischen Ecke fast emotionslos beobachtet, so ärgern ihn die Attacken aus den eigenen Reihen. Der zu jener Zeit gut informierte »Münchner Merkur« schreibt am 12. Dezember 1978: *»Überrascht war man dagegen in der Umgebung des Kaisersohnes darüber, dass gerade Stoiber sich öffentlich gegen eine Kandidatur stark machte. Es wurde darauf hingewiesen, Habsburg habe während des Landtagswahlkampfes zweimal im Stimmkreis Stoibers Versammlungen gehalten. Einmal auf dessen ausdrücklichen Wunsch.«*

Franz Josef Strauß hält sich nach wie vor zurück. Auf Anfragen, ob er für oder gegen die Kandidatur sei, antwortet er, er sei nicht dagegen. Die »Süddeutsche Zeitung« schreibt am 14. 12. 1978: *»Der CSU-Vorsitzende Franz Josef Strauß hat bisher zu dem internen Streit um eine mögliche Aufstellung Otto von Habsburgs auf der CSU-Liste für die Wahl zum Europäischen Parlament nicht Stellung bezogen, betonen Anhänger des Sohns des letzten österreichischen Kaisers. Zwar werde das Votum von Strauß schließlich den Ausschlag geben, doch sei völlig offen, ob der Parteichef die Ansicht von Generalsekretär Edmund Stoiber teile, der sich offen gegen eine Kandidatur Habsburgs ausgesprochen hat.«* Der »Münchner Merkur«, der Otto von Habsburgs Kandidatur positiv begleitet, reagiert am gleichen Tag: *»Gegen die Europakandidatur von Otto von Habsburg auf der CSU-Liste hat der bayerische Ministerpräsident Franz Josef Strauß nichts einzuwenden. Das erklärte Strauß auf Anfrage. Er nahm damit zu der in der CSU umstrittenen Nominierung Habsburgs Stellung, gegen die sich vor wenigen Tagen noch General-*

---
[1] »Hannoversche Allgemeine Zeitung«, 16. 12. 1978

62 Ingo Friedrich und Otto von Habsburg empfangen 1983 afghanische Freiheitskämpfer im Straßburger Europaparlament.

63 Otto von Habsburg mit Chief N'diweni aus Rhodesien

64 Widersacher in der Weltpolitik und im Europaparlament: Otto von Habsburg mit Willy Brandt

65 Zwei Männer, die sich in ihrer Vision von Europa sehr nahe sind: Papst Johannes Paul II. und Otto von Habsburg im Jahr 1979.

66 Im Auftrag des Papstes überreicht Bischof Josef Stimpfle Otto von Habsburg am 8. 4. 1980 das Großkreuz des päpstlichen Gregoriusordens.

67 Im Mai 1982 feiert Otto von Habsburg mit seiner Mutter deren 90. Geburtstag in Zizers.

68 1988 steht Otto von Habsburg erstmals wieder vor der Stephanskrone – dem Symbol Ungarns –, mit der sein Vater 1916 gekrönt worden war.

69 Walburga ist Otto von Habsburgs Ratgeberin und politische Wegbegleiterin. Als Generalsekretärin der Paneuropa-Union arbeitet sie mit ihrem Vater Hand in Hand.

70 Habsburg mit dem belg. Ministerpräsident Dehaene (2. Reihe: Georg und Karl)

71 Weggefährte Vittorio Pons überreicht Habsburg den Coudenhove-Kalergi-Preis.

72 Alois Mock führte als Außenminister Österreich in die EU.

73 Mit Pierre Pflimlin verbindet Otto von Habsburg eine herzliche Freundschaft.

sekretär Stoiber ausgesprochen hatte.« Otto von Habsburg selbst äußert sich wenige Tage später, am 17. Dezember erstmals öffentlich, aber immer noch sehr zurückhaltend, in einer Talkshow der Münchner »Lach- und Schießgesellschaft« über das Geschehen: »Das werden wir noch sehen, ob ich kandidieren darf oder nicht!« Sein Kommentar zum Stoiber-Zitat des »restaurativen Deutschen«: »Man sollte diese Worte nicht auf die Goldwaage legen, in der Politik gibt es manches Eigenartige.«[1]

Publizistisch unterstützt ihn neben dem »Münchner Merkur« auch die »Deutsche Tagespost«, deren regelmäßiger Kolumnist er seit Jahren ist. In einem Beitrag vom 19. Dezember resümiert Rolf Kastner: *»Stoiber hatte bekanntlich den weltbekannten Europapolitiker als zu rechtskonservativ bezeichnet und ihm die Eignung als CSU-Kandidat abgesprochen. Dies geschah, wie sich inzwischen herausgestellt hat, ohne Absprache mit dem Landesvorsitzenden Franz Josef Strauß, der inzwischen hat deutlich werden lassen, dass er diese Auffassung nicht teilt. Das allgemeine Kopfschütteln über den Alleingang Stoibers betrifft auch die Tatsache, dass Habsburg durch die CSU geradezu ermuntert wurde, die deutsche Staatsangehörigkeit anzunehmen, um für diese Partei in das Europaparlament einziehen zu können (...) Otto von Habsburg ist angesichts der sozialistischen und eurokommunistischen Offensive geradezu prädestiniert, die christlich-konservative Seite zu repräsentieren und damit auch ein gutes Zugpferd bei den Wählern, die kein sozialistisch-marxistisches Europa wollen.«*

Obwohl Franz Josef Strauß für die Kandidatur des Habsburgers ist, hält er sich noch lange mit öffentlichen Statements zurück. Den Mitarbeitern Otto von Habsburgs signalisiert er, dass er und Streibl wohl bereit seien, das Projekt innerparteilich zu fördern, aber er wolle nun auch die »Habsburgischen Truppen« sehen. Das kleine Team, das aus Walburga von Habsburg, Bernd Posselt und Hans Friedrich von Solemacher besteht, beginnt daraufhin eine Briefkampagne zu organisieren, um die Kandidatur »von unten«, von der Basis her zu erzwingen. Zusätzlich zu vielen Unterstützungsbriefen,

---
[1] »Bild Zeitung«, 18. 12. 1978

die ohnehin schon in Pöcking oder in der Landesleitung der CSU eintreffen, kann der CSU-Bezirksverband Oberbayern als Hausmacht Otto von Habsburgs mobilisiert werden. Dessen Vorsitzender Streibl, viele Sudetendeutsche und kirchliche Kreise engagieren sich für Otto von Habsburg. Auch zahlreiche jüdische Gruppen aus der ganzen Welt schreiben an die Partei. Aus Österreich und aus Ungarn kommen Unterstützungserklärungen. In Versammlungen stehen Menschen nach Otto von Habsburgs Reden auf und bitten ihn, nicht klein beizugeben und allen Widerständen zum Trotz weiterzumachen. So entsteht eine Welle von unten. Die »Habsburgischen Truppen«, die Strauß gefordert hat, sind sichtbar geworden. Letztlich hat Strauß den Habsburger durch seine Zurückhaltung nicht geschwächt, sondern gestärkt: Er hat ihm die Chance gegeben, als Kandidat einer breiten Basis anstatt als Kandidat des Parteivorsitzenden ins Rennen zu gehen.

Am 18. Januar 1979 benennt der CSU-Kreisverband Starnberg Otto von Habsburg einstimmig als Kandidaten für die Europawahl. Am Rande des kleinen CSU-Parteitags in Erlangen begrüßt Franz Josef Strauß am 20. Januar öffentlich die Kandidatur, indem er sagt, er halte diese für »wünschenswert, zweckmäßig und erforderlich«. Strauß verweist auf das hohe Ansehen Otto von Habsburgs in Bayern, Deutschland und Europa.

Doch die ersehnte Ruhe ist damit noch keineswegs eingekehrt. Die JU, die mit einem sicheren Listenplatz für ihren Kandidaten Reinhold Bocklet, der ebenfalls aus Oberbayern stammt, gerechnet hat, befürchtet, ausgespielt zu werden. Bocklet versucht die Entwicklung zu steuern, als er am 17. Januar droht, wenn Habsburg kandidiere, komme es zu einer offensiveren Politik zwischen der JU und der CSU. Der Vorsitzende der JU-Oberbayern, Günter Gerhard, schreibt einen offenen Brief an Max Streibl, mit der Aufforderung, Bocklet für Oberbayern zu nominieren und beendet diesen mit dem Spruch »Hast Du einen Opa, dann schick ihn nach Europa«. Der Vorstand des CSU-Bezirksverbandes Oberbayern spricht sich jedoch am 29. Januar mit 31 gegen 9 Stimmen für Habsburg als Kandidaten aus. Zwar ist die endgültige Entscheidung dem Nominierungsparteitag am 31. März vorbehalten, doch steht nun einer Kandidatur Otto von Habsburgs nichts mehr im Wege.

2. Kaiserliche Hoheit im Team der CSU

Die Propagandamaschine der SPD konzentriert sich im Wahlkampf weitgehend auf die Person Otto von Habsburgs. SPD-Kandidatin Heidemarie Wieczorek-Zeul bezichtigt Otto von Habsburg des Rechtsextremismus und wirft der CSU Doppelzüngigkeit in der Diskussion um den Extremismus vor. Bruno Friedrich, Europawahlkampfleiter der SPD, bezeichnet die Kandidatur des Habsburgers als schwere Belastung für die deutsche Außenpolitik. Die »Frankenpost« berichtet: »*Habsburg sei bekannter als alle anderen Europakandidaten der Union und stelle als Repräsentant des konservativen Deutschlands eine ›ungeheure Belastung des Europäischen Parlaments gegenüber der Dritten Welt‹ dar, erklärte Bruno Friedrich MdB am Dienstag vor Journalisten in München.*«[1] Bayerns SPD-Vorsitzender Helmut Rothemund gibt bekannt, Habsburg gehöre nicht ins Europaparlament, sondern allenfalls in ein politisches Panoptikum. Klaus Rainer Röhl, Chefredakteur der SPD-Zeitschrift »konkret«, titelt: »Eine schwarzbraune Sumpfblase blubbert gen Europa.«

Feindbild der SPD

SPD-Vorsitzender und Altbundeskanzler Willy Brandt, Spitzenkandidat seiner Partei für die Europawahl, äußert laut »Selber Tagblatt«: »*Gewerkschaftler hätten im Europäischen Parlament in Wirklichkeit viel einzubringen und könnten dort besser für die Bundesrepublik wirken, als ›importierte, abgetakelte kaiserliche Hoheiten‹. Brandt spielte damit auf die Kandidatur Otto von Habsburgs für die CSU an, die nach seiner Ansicht deren ›Rückwärtsgewandtheit‹ beweist.*«[2] Auch Bundeskanzler Helmut Schmidt (SPD) ist sich nicht zu schade, mit disqualifizierenden Seitenhieben in die Debatte einzugreifen: »Jeder Mensch hat einen Vogel, warum soll er sich nicht kaiserliche Hoheit nennen lassen?«, ruft er während einer

---
[1] »Frankenpost«, 14. 3. 1979
[2] »Selber Tagblatt«, 16. 3. 1979

Haushaltsdebatte im Deutschen Bundestag aus. Und: »Wogegen ich etwas habe, ist seine politische Gesinnung. Otto von Habsburg zeigt ein erstaunliches Maß an politischer Unreife und ist eine schlechte Visitenkarte für Europa«.[1]

Diese Entgleisungen kommentiert der Chefredakteur des »Münchner Merkur«, Paul Pucher, am 30. Januar 1979 folgendermaßen: »*Der Kanzler machte sich lustig über die Anrede ›Kaiserliche Hoheit‹. Aber das ist höchstens ein Problem derer, die ihn so anreden, denn Otto von Habsburg ist im persönlichen Umgang ein ausgesprochen zurückhaltender Mann der es mit dem Understatement hält. Und solange der ›bürgerliche‹ Bundestag seinen Präsidenten im Cutaway auftreten lässt, der Würde des Hauses wegen, solange sind Sottisen über die ›Hoheit‹ lediglich kleinbürgerliche Ressentiments. Zu allem Unglück verfügt Otto von Habsburg auch in der Politik im Allgemeinen und in der Europapolitik im Besonderen über mehr Sachverstand als die allermeisten seiner Kritiker.*« Rudolf Wollner, der geschäftsführende Vizepräsident der Paneuropa-Union Deutschland, verfasst einen offenen Brief an Bundeskanzler Schmidt: »*Form und Ton Ihrer Ausführungen sind in diesem Falle der Stellung eines Bundeskanzlers unwürdig. Der Deutsche Bundestag ist keine Wahlkampfarena, sondern die oberste Vertretung des Deutschen Volkes. Die Würde dieses Hauses verträgt einen solchen Ton nicht.*

Zur ›politisch unreifen Persönlichkeit‹ möchte ich bemerken, dass Dr. von Habsburg seine politische Reife in einer Zeit gezeigt hat, als andere beim Jungvolk oder der Hitlerjugend – sicher in gutem Glauben – für ›Führer und Volk‹ eingetreten sind (...)«.

Die SPD-Parteizentrale erstellt ein Papier unter dem Titel »Quellen zu Otto von Habsburg«. Hierin ist aufgelistet, was man ihm vorwirft: Otto von Habsburg sei Präsident der Internationalen Paneuropa-Union, die nach außen Überparteilichkeit beanspruche, in Wahrheit aber eine Sammlungsbewegung der »Ultrarechten« darstelle. Er sei Verteidiger der Rassendiskriminierung, da er nicht müde werde, um Verständnis für die Apartheidsregime in Südafrika und Rhodesien zu werben. Er sei ein Entspannungs-

---

[1] »Frankfurter Rundschau«, 25. 1. 1979

feind, da er die Brandtsche Entspannungspolitik als »Servilismus gegenüber dem Kommunismus« bezeichne und für die Entkolonisierung Osteuropas eintrete. Ferner habe er ein gespaltenes Verhältnis zur freiheitlich-demokratischen Grundordnung und sei ein Freund diktatorischer Verhältnisse, wie Auszüge aus einem Artikel in der »Zeitbühne« beweisen würden. Die »Beweise« sind jedoch zum größten Teil aus dem Zusammenhang gerissene Zitate.

Ein Jahr zuvor hat der SPD-Bundestagsabgeordnete Axel Wernitz einen Beitrag Otto von Habsburgs in der »Zeitbühne« ausgegraben, der nun dazu dienen soll, ihn als Rechtsextremisten zu diffamieren. In dem Artikel »Zeitgerechte Abwehr« hatte Otto von Habsburg Gedanken entwickelt, wie ein Staat auf eine nukleare Erpressung von Terroristen reagieren könnte. Er riet, man solle bereits im Voraus für einen solchen Ernstfall Vorkehrungen treffen, insbesondere vorsorglich Gesetze erlassen, die bei einer solchen Erpressung angewendet werden. Dadurch solle gesichert werden, dass in Ausnahmefällen und im Augenblick höchster Gefahr, wenn für breite Konsultierungen die Zeit fehlt, eine führende Persönlichkeit die notwendige Macht übertragen erhält und autorisiert wird, selbstständig alle relevanten Anordnungen zu treffen, um der Bedrohung erfolgreich zu begegnen. Eine solche Verfügungsgewalt habe jedoch auf maximal neun Monate begrenzt zu sein. Als Vorbild schildert Otto von Habsburg das antike Rom. Das Wesentliche dieser theoretischen Überlegung besteht darin, dass in einer Krise und großen Gefahr zugleich der Fortbestand des Rechtsstaates, aber auch das Überleben der Bevölkerung gesichert werden muss. Dieser Artikel wird nun immer wieder hervorgezogen, um zu behaupten, Otto von Habsburg befürworte eine »Diktatur auf Zeit« und widerspreche der freiheitlich-demokratischen Grundordnung. So zitiert der SPD-Chefwahlkämpfer Bruno Friedrich zur Untermauerung seines Vorwurfs, »Habsburg sei ein ›rassistischer Schreibtischtäter‹ und ein ›Reaktionär schlimmster Sorte‹«[1] den Beitrag der »Zeitbühne«.

Otto von Habsburg verhält sich zu den Angriffen auf seine Person zurückhaltend und versucht, die politische Botschaft in den

---

[1] »Die Welt«, 14. 3. 1979

Vordergrund zu rücken. Am 15. Februar gibt er dem »Spiegel« ein langes Interview[1]:

»*SPIEGEL: Sie haben sich selbst in die Schusslinie gebracht, indem sie Zweifel an Ihrer demokratischen Einstellung weckten.*

OTTO VON HABSBURG: Ich habe eine Vergangenheit, die ich jedem Menschen zeigen kann. Denn bei mir ist nicht das geringste braune Fleckchen. Es gibt wenige Leute, die das sagen können. Ich kann es.

SPIEGEL: Ihre antifaschistische Vergangenheit ist unbestritten. Ihr Vorschlag aber, bei einer nuklearen Erpressung durch Terroristen eine befristete Diktatur zu errichten, ist mit der Verfassung nicht zu vereinbaren.

OTTO VON HABSBURG: Ich habe niemals irgendeinen Bruch der Verfassung beantragt, sondern nur Denkanstöße gegeben, wie wir die Verfassung eventuell für eine vollkommen neue Situation weiterentwickeln können. (…)

SPIEGEL: Sie werden in Straßburg der einzige Österreicher sein.

OTTO VON HABSBURG: (…) Selbstverständlich müssen Sie, wenn Sie Europaparlamentarier sein wollen, für ganz Europa eintreten.

SPIEGEL: Nicht nur für das Europa der Neun?

OTTO VON HABSBURG: Das Europa der Neun ist ein Ausgangspunkt. Genauso wie die italienische Einigung im 19. Jh. vom Teilstaat Piemont ausgegangen ist, so soll später von diesem Europa der Neun das größere Europa ausgehen (…)

SPIEGEL: Bedeutet das, dass Sie die Sowjets aus Europa hinausdrängen wollen?

OTTO VON HABSBURG: Das bedeutet, dass wir ein Gefühl der Solidarität für die Europäer jenseits der Jalta-Linie haben, dass wir mit allen friedlichen Mitteln für das Selbstbestimmungsrecht dieser Europäer eintreten müssen. Es ist für uns ein unerträglicher Gedanke, dass die Dekolonisation ausschließlich für Afrika und Asien gelten soll und nicht auch für Europa.«

Otto von Habsburg absolviert im Wahlkampf zahllose Veranstaltungen und bleibt ununterbrochen im Einsatz. Sein Wahlkampfteam, angeführt von seiner Tochter Walburga, seinem Pressespre-

---

[1] »Spiegel« Nr. 8/1979. Auszugsweise Veröffentlichung mit freundlicher Genehmigung des »Spiegel«.

cher Bernd Posselt, dem Landesgeschäftsführer der Paneuropa-Union Bayern, Michael G. Möhnle, und seinem Mitarbeiter aus der »Hanns-Seidel-Stiftung«, Hans Friedrich von Solemacher, organisiert seine Einsätze. Wahlkampfzentrale ist das Paneuropa-Büro in der Katzmayerstraße in München, das am 25. Januar 1979 in Anwesenheit von Altministerpräsident Alfons Goppel und Weihbischof Matthias Defregger eröffnet wird. »Antifaschistische« Kräfte versuchen in jenen Tagen immer wieder, das Büro zu demolieren und kommunistische, »antifaschistische« Kader stören Otto von Habsburgs öffentliche Auftritte.

Die CSU hilft mit, die politischen Angriffe abzuwehren. Auf Bitte von Ministerpräsident und CSU-Chef Franz Josef Strauß erstellen Bernd Posselt und Walburga von Habsburg eine Dokumentation, um die meistgenannten Anschuldigungen zu entkräften und Gegenargumente ins Spiel zu bringen. Damit soll nicht nur der politische Gegner ruhiggestellt werden, es sind auch Verunsicherungen im eigenen Lager auszuräumen. Am 15. März 1979 verbreitet die Pressestelle der CSU-Landesleitung die Dokumentation »Habsburg contra Hitler«, in der Otto von Habsburgs Kampf gegen den Nationalsozialismus, seine Weigerung, ein Gespräch mit Hitler zu führen, die Versuche der Nazis, ihn zu entführen, seine Proteste in der Weltpresse gegen den Anschluss Österreichs sowie sein Wirken im Exil Erwähnung finden. Franz Josef Strauß wird in Brüssel in der ARD-Fernsehgesprächsrunde »Bürger fragen – Politiker antworten« zu Otto von Habsburg befragt. Er zitiert in seinen Antworten wörtlich aus dieser Dokumentation, die er erst am Vormittag erhalten hat. Die SPD bezeichnet die Dokumentation als untauglichen Versuch, Otto von Habsburg »aus dem Dunstkreis der Reaktion und des Rechtskonservatismus« zu ziehen[1]. Dennoch wendet sich durch die Verbreitung dieser Tatsachendokumentation die Stimmung. Es folgt eine Sympathiewelle bis in das klassisch sozialdemokratische Lager hinein und der Landesvorsitzende der Seligergemeinde, der Gesinnungsgemeinschaft der sudetendeutschen Sozialdemokraten, Almar Reitzner, muss sogar zurücktreten, weil er erklärt, der Sohn des letzten österreichischen Kaisers habe sich in der NS-Zeit »als aufrechter Demokrat und ent-

---
[1] »Der Heimatbote«, 17. 3. 1979

schiedener Gegner der Hitler-Diktatur bewährt«. Im Übrigen bleibe es jeder demokratischen Partei überlassen, welche Persönlichkeit sie als Kandidaten für das Europaparlament für geeignet halte[1].

Die Delegierten wollen Habsburg

Am 31. März 1979 tagt die Delegiertenversammlung der CSU in München, um endgültig über die Nominierung der Europakandidaten zu entscheiden. Als Spitzenkandidat wird Altministerpräsident Alfons Goppel bestimmt, auf Platz 2 kommt Ursula Schleicher als Vertreterin der Frauen. Danach kandidiert Reinhold Bocklet gegen Otto von Habsburg um Platz 3, muss allerdings erneut eine Niederlage einstecken. Bei der Kampfabstimmung gewinnt Otto von Habsburg mit 120 von 169 Stimmen. Die weiteren Kandidaten heißen Heinrich Aigner, Ingo Friedrich, Hans August Lücker, Heinz Fuchs und – abgeschlagen auf Platz 8 schließlich Reinhold Bocklet.

Kaiserin Zita hat die Kandidatur ihres ältesten Sohnes zur Straßburger Völkervertretung von Anfang an befürwortet und unterstützt, ganz im Gegensatz zu einigen skeptischeren Stimmen aus dem Kreis der Familie. Zita beobachtet die europäische Einigung mit großer Aufmerksamkeit und starkem Interesse und stimmt mit der politischen Linie ihres Sohnes überein. Aufschlussreich für das Verhältnis beider ist der Glückwunsch, den Otto seiner Mutter zum 87. Geburtstag sendet: *»Liebe Mama, (...) ich wollte Ihnen herzlichst zum Geburtstag gratulieren, und Ihnen sagen, wie sehr ich am 9. Mai an Sie denken werde. Je älter ich werde – und gerade jetzt, wo etwas recht Einmaliges geschieht –, denke ich viel in Dankbarkeit an Sie, weil Sie soviel im Stillen für unser gemeinsames Anliegen geleistet haben. Denn Sie haben so viel mehr wie ich getan, denn es ist relativ leicht, in der Öffentlichkeit zu fungieren; es macht Spaß, auch wenn man beschimpft wird. Wirklich schwer ist, schweigend aus dem Hintergrund zu wirken, wie Sie, und auf den sichtbaren Erfolg nur um Gotteslohn zu verzichten. Und darum möchte ich Ihnen danken*

---
[1] »Straubinger Tagblatt«, 3. 4. 1979

– denn wenn es einen Erfolg gibt, haben Sie ihn an erster Stelle errungen, während ich die Glorie einstecke.«

Rastlos eilt Otto von Habsburg vor den Europawahlen im Juni 1979 kreuz und quer durch Bayern. Aber auch in Baden-Württemberg und in Hessen ist er ein gefeierter Wahlkampfredner. Selten ist er in diesen Monaten zu Hause in Pöcking. Bis zu vier große Kundgebungen absolviert er täglich, daneben zahllose Interviews und Gespräche. In seinem Kalender vermerkt Otto von Habsburg die ungefähre Anzahl der Anwesenden bei seinen Veranstaltungen. Daraus geht hervor, dass er in den fünf Monaten des Wahlkampfes, zwischen dem 18. Januar und dem 10. Juni 1979, vor mehr als 72 000 Menschen gesprochen hat.

Die größte Veranstaltung ist die von der Paneuropa-Union organisierte Europakundgebung im Münchner Olympiastadion am 12. Mai: Vor mehr als 15 000 Menschen werben der bayerische Ministerpräsident Franz Josef Strauß, der Ministerpräsident von Baden-Württemberg Hans Filbinger, der frühere französische Ministerpräsident und Oberbürgermeister von Straßburg Pierre Pflimlin, der Europaabgeordnete und Landesvorsitzende der bayerischen Paneuropa-Union Heinrich Aigner und Otto von Habsburg für ein geeintes Europa. Zuvor hat der Erzbischof von München-Freising, Kardinal Joseph Ratzinger, im Münchner Dom vor 6000 Teilnehmern die Messe gelesen.

Im Vorfeld dieser Veranstaltung hat es einen Briefwechsel zwischen Kardinal Ratzinger und dem bayerischen SPD-Vorsitzenden Rothemund gegeben, in dem Letzterer die Kirche aufforderte, von einer Beteiligung an dieser Europakundgebung abzusehen, da es sich um eine Veranstaltung mit eindeutig parteipolitischem Charakter handle, und die Paneuropa-Union als Hilfsorganisation der CSU gesehen werden müsse: »Ich bitte Sie, sehr geehrter Herr Kardinal, im Interesse der politischen Unabhängigkeit der Kirche alles zu tun, um einer einseitigen Unterstützung durch kirchliche Verbände und Institutionen entgegenzutreten.«[1] Rothemund übernimmt unkritisch alle Anschuldigungen gegen Otto von Habsburg. Seine Proteste haben das eindeutige Ziel, Otto von Habsburg zu

---

[1] »Deutsche Tagespost«, 8. 5. 1979

diskreditieren, verbrämt mit der Drohung, eine Beteiligung der Kirche an der Paneuropa-Kundgebung würde die katholischen SPD-Wähler von der Kirche entfremden. Kardinal Joseph Ratzinger weist Rothemunds Attacken auf den Habsburger mit Nachdruck zurück: »*Der Vorwurf, Herr Dr. Otto von Habsburg sei ein Vertreter rassistischer Auffassungen, kann einen Mann nicht treffen, der sich lediglich für ein geeintes christliches Europa einsetzt und dessen persönliche Integrität auch während der dunklen Jahre der nationalsozialistischen Herrschaft in Deutschland und einem Großteil Europas bewiesen ist. Sicher wissen Sie auch, was der Weltrat der Juden inzwischen auch ausdrücklich bestätigt hat, dass nämlich Herr Dr. von Habsburg mehr als 10 000 jüdische Menschen vor dem Zugriff der Nationalsozialisten und damit vor dem sicheren Tod gerettet hat (...) Herr Dr. von Habsburg hat damit in meinen Augen mehr als nur seine Integrität bewiesen. Ich halte es für fatal, wenn die SPD an den Schlagworten ›Rassist‹ oder ›Faschist‹ festhalten und allein schon den Umgang mit Herrn Dr. von Habsburg unter eine Art gesellschaftlichen Verbotes stellen wollte.*«[1] Im Übrigen sei, so schreibt der Erzbischof von München-Freising, die Kundgebung in der Olympiahalle eine christliche Initiative im vorpolitischen Raum. Aus dem Programm der Veranstaltung werde deutlich, dass in ihr nicht für eine politische Partei geworben werden solle, sondern für ein christliches Europa. Der Wille der Veranstalter sei es, ihren Auftrag für die unverrückbaren Grundwerte des Christentums gerade auch im bürgerlichen Bereich wahrzunehmen.

Polemischer Schlagabtausch mit Willy Brandt

Nachdem der Spitzenkandidat der SPD, der ehemalige Bundeskanzler Willy Brandt, in seinen Wahlreden stets gegen die »abgetakelte importierte kaiserliche Hoheit« wettert, kontert Otto von Habsburg bei einer Versammlung in Peiting, Willy Brandt sei »das ambulante Monument für alles, was faul ist in unserer Gesellschaft«[2]. Im Übrigen, so meint Otto von Habsburg, zeige die Kritik

---

[1] »Deutsche Tagespost«, 8. 5. 1979
[2] »Frankenpost«, 19. 3. 1979

aus dem gegnerischen Lager, dass man auf der richtigen Linie liege. Offensichtlich seien die Freunde von Bundeskanzler Schmidt beunruhigt, weil der Wahlkampf nicht so laufe wie erwartet. Mit dem Schimpfen über seine Kandidatur solle die Aufmerksamkeit von wirklich bedeutenden Fragen abgelenkt werden.

Otto von Habsburgs unermüdliche Basisarbeit zahlt sich aus. So wird der Triumph der CSU, die bei der ersten Direktwahl zum Europäischen Parlament am 10. Juni 1979 in Bayern 63,7% erringt, auch zu seinem persönlichen Erfolg. Otto von Habsburg ist zufrieden. Nun kann die parlamentarische Arbeit beginnen.

3. Kinderjahre eines Parlaments

Die zwei Jahrzehnte im Europäischen Parlament, die mit dem 10. Juni 1979 beginnen, bezeichnet Otto von Habsburg mehrfach als »eine der schönsten Zeiten meines Lebens. Man hatte immer das Gefühl, ein bisschen etwas voranzubringen. Wir haben dort schon einiges erreicht«.

Zunächst findet von 9. bis 12. Juli eine christdemokratische Fraktionstagung in Luxemburg statt, wo sich die neuen Abgeordneten kennen lernen. Der aus dem Sudetenland stammende, rheinlandpfälzische CDU-Politiker Egon Klepsch wird zum Vorsitzenden der christdemokratischen EVP-Fraktion gewählt. Die CSU-Gruppe bestimmt nach einer kurzen Konfrontation Altministerpräsident Goppel zu ihrem Sprecher. Auch Heinrich Aigner, der bereits zuvor dem nicht-gewählten, sondern aus den nationalen Parlamenten entsandten Europaparlament angehört hat, strebt dieses Amt an, doch auf Vermittlung Otto von Habsburgs kann dieser Konflikt rasch freundschaftlich beigelegt werden.

Seine neuen Fraktionskollegen begegnen dem Habsburger zunächst neugierig; die meisten voller Sympathie, manche aber auch skeptisch oder befangen. Befürchtungen werden formuliert: Wie wird sich jemand, der zum Kaiser einer Großmacht erzogen wurde, im parlamentarischen Alltag der Kompromisse und Unannehmlichkeiten zurechtfinden? Würde er arrogant und gebieterisch auftreten oder einfach in der Masse untergehen? Das »Spandauer

Volksblatt« schreibt am 15. Juli 1979: »*Unbehagen über den Fraktionskollegen Otto von Habsburg hingegen gibt es nicht. Genau das meinten jedoch insbesondere Christdemokraten aus den Beneluxländern:* ›*Der muss erst mal ganz ruhig sein.*‹ *Bei den Sozialisten lautete die Einschätzung:* ›*Der Habsburg wird wohl anfangs nur bei ganz unverfänglichen Themen das Wort ergreifen.*‹ *Aber irgendwann* ›*muss er ja Farbe bekennen.*‹ *Die Messer sind gewetzt.*«

Auch kommt es zu einer amüsanten Verwechslung: Der hessische CDU-Abgeordnete Bernhard Sälzer, den später mit Otto von Habsburg eine herzliche Freundschaft verbindet, wundert sich in Luxemburg, warum in allen Geschäften und öffentlichen Gebäuden Bilder seines neuen Kollegen hängen. Er hatte Großherzog Jean von Luxemburg mit Otto von Habsburg verwechselt. Die beiden sehen sich tatsächlich ähnlich, immerhin sind sie Vettern ersten Grades.

»*Kommen Sie herein, Richard Coudenhove-Kalergi!*«

Am 17. Juli 1979 nimmt das erste direkt gewählte Europäische Parlament seine Arbeit in Straßburg auf. Das Medieninteresse ist gigantisch, Journalisten aus ganz Europa und weit darüber hinaus sind im Palais de l'Europe vertreten. Damals gibt es noch keine Bildschirmübertragung außerhalb des Plenarsaals und die Tribünen sind entsprechend überfüllt. Die Französin Louise Weiss eröffnet als Alterspräsidentin die erste Sitzung. Die große alte Dame, die auch Mitglied der französischen Paneuropa-Union ist, saß in ihrer Jugend im Gefängnis, weil sie für das Frauenwahlrecht demonstriert hatte. Später machte sie sich als Schriftstellerin und Journalistin einen Namen, arbeitete als Übersetzerin und lernte in dieser Rolle viele europäische Staatsmänner kennen. In ihrer Eröffnungsrede spannt sie den Bogen von den frühesten Tagen der europäischen Einigung bis zu dem Moment, als sich die 410 neu gewählten Volksvertreter nun in der Straßburger Versammlung zusammenfinden. In theatralischem Stil erinnert sie an die wichtigsten Gestalten der europäischen Einigungsgeschichte, an Stresemann, Briand, Adenauer, de Gaulle und schließlich an den Paneuropa-Gründer: »*Kommen Sie herein, Richard Coudenhove-Kalergi. Nachfolger*

Ihres Paneuropa ist in dieser Versammlung ein Prinz von Habsburg. Erinnern Sie sich noch an die Konferenzen, Richard, die wir zusammen im Mittelwesten abhielten? Wir waren drei Europäer, Arthur Henderson, der berühmte englische Labour-Politiker, hatte sich uns angeschlossen. (...) Wir sollten dort die verschiedenen Ansichten darlegen über das Europa des Versailler Vertrages, das angeschlagen am Boden lag und sich aufgrund seiner inneren Zwiste nicht mehr aufzurichten vermochte. (...) Bald übermannte uns das mächtige Gefühl, in eine einheitliche Kultur verschmolzen zu sein, so dass wir – zu aller Enttäuschung – als Weggenossen einem gemeinsamen Ziele zumarschierten (...)«

Otto von Habsburg bemüht sich, so schnell wie möglich alle Parlamentskollegen kennen zu lernen und die Machtverhältnisse und Strukturen der einzelnen Fraktionen zu analysieren. Selbstbewusst setzt er sich über einen Beschluss der »Deutschen Gruppe« in der Europäischen Volkspartei (EVP) – also der Abgeordneten von CDU und CSU – hinweg, den die CDU-Abgeordnete Marlene Lenz initiiert hat: Man dürfe dem Anführer der Radikalen Partei Italiens, Marco Pannella, kein Forum geben und müsse ihn ausgrenzen. Demonstrativ wartet Otto von Habsburg im Foyer des Hauses auf Pannella und schüttelt ihm vor aller Augen die Hand. Wenngleich sie sich später noch harte Gefechte liefern, ist diese Geste doch der Beginn einer dauerhaften Freundschaft über die Parteigrenzen hinweg.

In der ersten Plenarwoche, im Juli 1979, regiert in Straßburg das Chaos; hauptsächlich wegen einer Geschäftsordnung, die noch für das alte, von Honoratioren geprägte Parlament gemacht ist. Der mit sehr knapper Mehrheit gewählten Präsidentin, der französischen Liberalen Simone Veil, mangelt es an Souveränität im Hohen Haus, und sie stolpert immer wieder in Fallen, die ihr von erfahrenen Parlamentariern gestellt werden. Otto von Habsburg ruft zu einer Reform der Geschäftsordnung auf: vor allem müsse die Redezeit begrenzt werden. Pannella hatte eine Sitzung gesprengt, indem er eine mehrstündige Rede hielt und an deren Ende fast 1000 Änderungsanträge einbrachte. Fröhlich fordert der italienische Anarchist darauf, seine Anträge sollten innerhalb von zehn Minuten übersetzt werden. Viele Beobachter glauben damals an ein Scheitern des Projektes Europaparlament. Was so optimistisch angefangen hat, droht ein Desaster zu werden. Otto von Habsburg notiert am 19. Juli in seinem Kalender: »Geschäftsordnungskämpfe mit Pannella und seinen Chaoten, großer Zeitverlust, dann Nobelgequassel der Minister und Fraktionen, Abendsitzung, noch über eine Stunde Schwafel.«

Im parlamentarischen Alltag

Mit 66 Jahren plötzlich Parlamentarier zu sein, bedeutet für Otto von Habsburg eine Umstellung. Bisher sind immer andere auf ihn zugekommen und haben ihn gebeten, zu sprechen – nun muss er um Redezeiten im Plenum ringen. Bisher hat er seine schriftstellerischen und journalistischen Arbeiten ohne Mitwirkung anderer verfasst, nun muss er um parlamentarische Initiativen kämpfen und Textversionen mit anderen Abgeordneten debattieren. Doch gerade dieses Ringen um Details gehört bald schon zu seinen alltäglichen Arbeiten, denen er sich mit Leidenschaft und Akribie widmet. Viele seiner Kollegen, die ihn anfangs mit Skepsis beäugt haben, nimmt er rasch durch seine Menschlichkeit und durch seine Kompetenz für sich ein. Die Zusammenarbeit innerhalb der kleinen CSU-Gruppe gestaltet sich von Anfang an effektiv und harmonisch. Zwischen Reinhold Bocklet und Otto von Habsburg sind die Auseinandersetzungen aus dem Wahlkampf bald vergessen.

Die Arbeitsbedingungen im ersten Parlament sind nicht so komfortabel wie heute. Für die acht Mandatare der CSU und ihre Mitarbeiter stehen in Straßburg nur zwei Büroräume zur Verfügung.[1] Als ehernes Gesetz gilt, dass Altministerpräsident Alfons Goppel jeden Tag nach dem Mittagessen eine kurze Ruhepause hält. Dafür

---

[1] Hier wird einem jungen Praktikanten aus der Paneuropa-Jugend die Aufgabe zugewiesen, ein Foto von Franz Josef Strauß – das dieser den Europaabgeordneten gewidmet hatte – anzubringen. Der Mann entpuppt sich später als Mitarbeiter der DDR-Staatssicherheit. In seinem Stasi-Dossier wird auch sein Bericht gefunden, er habe im Europäischen Parlament ein Foto von Strauß aufhängen müssen.

wird ein Zimmer geräumt, in dem er sich niederlegt; die übrigen sieben Abgeordneten teilen sich in der Zwischenzeit das andere. In Brüssel existieren noch gar keine Abgeordnetenbüros, so dass der Arbeitsplatz zunächst meist aus dem aufgeklappten Aktenkoffer auf den Knien besteht.

Otto von Habsburg freut sich, dass viele Sudetendeutsche unter den Abgeordneten sind, etwa der EVP-Fraktionsvorsitzende Egon Klepsch oder der Sozialdemokrat Volkmar Gabert. Bei den italienischen Sozialisten gibt es den tschechischen Emigranten Jiří Pelikan, der während des Prager Frühlings nach Italien geflohen ist. Fred Tuckman, ein britischer Konservativer, ist gebürtiger Magdeburger, der als Jude seine Heimat in den 30er Jahren verlassen hat. Maurice Druon, der für die Gaullisten ins Parlament eingezogen ist, hat mit Otto von Habsburg seit Jahren im CEDI zusammengearbeitet. Beide sind sich immer wieder in Marokko anlässlich der Sitzungen der Académie Royale begegnet.[1]

Für Otto von Habsburg ist klar, dass das Europäische Parlament in den kommenden Jahren eine wichtige politische Rolle spielen wird. Er bemüht sich deshalb zusammen mit Egon Klepsch, eine nicht-sozialistische Mehrheit zu formieren. Übernational und vielsprachig findet er schnell Kontakt zu anderen Fraktionen und Gruppen. Mit dem Schotten Adam Fergusson gelingt der Zugang zu den britischen Konservativen, die damals der kontinentalen Christdemokratie noch reserviert gegenüber stehen. Langsam beginnt sich eine freiheitlich-konservative Mehrheit abzuzeichnen. Die in der EVP vereinten Christdemokraten, die Liberalen und die Konservativen beschließen bei der Besetzung der Ausschüsse und Delegationen eine Zählgemeinschaft, d.h. sie gehen so vor, als wären sie eine Fraktion.

Einfach ist für Otto von Habsburg als Freund und Bewunderer des großen General de Gaulle, als Mitglied im »Institut de France« und als Träger zahlreicher französischer Literaturpreise die Kontaktaufnahme zu den Gaullisten, denen sich auch irische Abgeord-

---

[1] In seinem monatlichen »Bericht aus dem Europaparlament« notiert Otto von Habsburg auch diejenigen Abgeordneten, die entweder Mitglieder der Paneuropa-Union sind oder dieser nahe stehen: Er kommt auf 33 Abgeordnete aus sechs Staaten.

nete angeschlossen haben. Die Zusammenarbeit bleibt jedoch nicht immer einfach, denn viele Gaullisten lehnen das Experiment Europaparlament aus nationalen Ressentiments ab und weigern sich, eine über die wirtschaftlichen Belange hinausgehende politische Dimension der Gemeinschaft anzuerkennen. Sie rufen wütend »assemblée!«, wenn im Plenarsaal vom »Europäischen Parlament« gesprochen wird: Eine bloße Versammlung soll es sein, kein richtiges Parlament. Zusammen mit Maurice Druon, dem ehem. Sekretär der Académie Française, gründet Otto von Habsburg eine interfraktionelle parlamentarische Arbeitsgruppe zur Pflege der französischen Sprache. In dieser Gruppe vollzieht sich die Annäherung der Gaullisten an Christdemokraten, Liberale und Konservative. Otto von Habsburg meint rückblickend: »Dort sprachen Leute miteinander, die sich unter anderen Umständen nicht angeschaut hätten.«

Die Sozialisten arbeiten, wie Otto von Habsburg damals notiert, intensiv mit den Kommunisten zusammen, »und zwar so offensichtlich, dass dies selbst einige der linkslastigen Christdemokraten erschreckte, die insgeheim von einer Koalition mit den Sozialisten geträumt hatten«. Die Führung der Sozialistischen Fraktion ist stark nach links gerückt, vor allem durch den neuen Fraktionsvorsitzenden Ernest Glinne, einen Belgier, der sich selbst als Halb-Trotzkist bezeichnet. Unter den deutschen Sozialdemokraten gibt die frühere Vorsitzende der Jungsozialisten, Heidemarie Wieczorek-Zeul, den Ton an.

Bezeichnend für die erste Legislaturperiode (1979-1984) ist eine starke Polarisierung zwischen Links und Rechts, zwischen einer sozialistisch-kommunistischen Volksfront und den freiheitlich-konservativen Kräften. Prägend ist auch, dass fünf Sechstel der Abgeordneten keine parlamentarische Erfahrung haben, doch verhalten sich nach Habsburgs Einschätzung gerade diese »viel europäischer und unternehmender als ihre älteren Kollegen aus früheren Zeiten«.[1]

---

[1] Bericht aus dem Europaparlament Nr. 2 vom 1. 10. 1979

Lateiner und Primadonnen

Aufgrund seiner Sprachkenntnisse fällt es Otto von Habsburg leicht, unter den neuen Kollegen viele Freundschaften zu schließen. Auch bei Statements in Fraktion und Plenum spricht er nicht nur Deutsch, sondern Französisch, Spanisch oder Englisch. Die Simultanübersetzer des Parlaments äußern sich mehrfach anerkennend über seine präzise Ausdrucksweise in den verschiedenen Sprachen. Nur einmal sind sie überfordert: Am 13. November 1979 beschwert sich der italienische Abgeordnete Mario Capanna über die Debatte zur Schaffung parlamentarischer Ausschüsse – doch er tut es auf Latein. Die Übersetzer bleiben stumm. Noch bevor der amtierende Präsident Capanna auffordern kann, sich einer im Parlament gebräuchlichen Sprache zu bedienen, springt Otto von Habsburg zum Mikrofon und dankt seinem italienischen Kollegen für seine Ansprache – ebenfalls auf Latein. Peinlich wird für Capanna lediglich, dass er die lateinischen Fragen seines Kollegen nicht mehr lateinisch beantworten kann. Die »Westdeutsche Allgemeine Zeitung« kommentiert dies am 15. November folgendermaßen: »*Die alten Lateiner hatten es gut. Wenn sie Lateinisch sprachen, befanden sie sich unter lauter alten Lateinern. (...) Wer jedoch, außer Pastoren, Messdienern, Kardinälen und Lateinlehrern, ist heute noch befähigt, einer Konferenz in Latein zu folgen? Ich möchte da unter denen, die das große Latinum haben, nicht die Probe aufs Exempel machen müssen. (...) Man betrachte Otto von Habsburg, den CSU-Abgeordneten im Europaparlament. Als Einziger war er nicht geschockt, sondern beglückt, als der italienische Abgeordnete Capanna jüngst bei der Debatte des Hohen Hauses über die Schaffung parlamentarischer Ausschüsse plötzlich lateinisch sprach. Die Dolmetscher waren sprachlos. Bei ihnen waren nur sechs Sprachen vorgesehen. Nicht Latein. Auch der amtierende Parlamentspräsident Pierre Pflimlin brauchte einige Zeit bis er bemerkte, dass er kein alter Lateiner war und folglich nichts verstand. Otto von Habsburg jedoch fand es großartig, dass außer ihm noch einer so gut Latein konnte. Er beglückwünschte Capanna, natürlich in Latein, obgleich Capanna dem linken, Habsburg hingegen dem rechten Flügel des Hauses angehört.*«

Früh zeichnen sich jene Fronten ab, die trotz aller Veränderungen bis heute die Arbeit des Europaparlamentes prägen, insbesondere der Konflikt zwischen dem Parlament und den nationalen Regierungen. Von Anfang an versucht der Rat – zeitweise auch die Bürokratie der Kommission – alles, um das neue Parlament unwichtig erscheinen zu lassen. Informationen werden nur schleppend weitergegeben und Anfragen nur nach überlanger Zeit beantwortet. *»Noch störender ist die Tatsache, dass die Kommission bestrebt ist, das Parlament mit Kleinst-Problemen und Lappalien zu beschäftigen – eine ›Beschäftigungstherapie‹, um das Befassen mit großen Fragen zu behindern. Glücklicherweise ist der Beschluss gefasst worden, solche offensichtlichen Kleinstfragen ohne Diskussion wieder an die Kommission zurückzuweisen«*, schreibt Otto von Habsburg in seinem Bericht vom Oktober 1979.

Die Hauptarbeit des Parlaments läuft seit jeher in den Ausschüssen. Otto von Habsburg wird 1979 Mitglied im Politischen Ausschuss und stellvertretendes Mitglied im Entwicklungsausschuss. In beiden Gremien liefert er sich harte Debatten mit Willy Brandt. Der deutsche Altbundeskanzler schließt sich bei den Vorbereitungen für die Madrider KSZE-Nachfolgekonferenz gänzlich der sowjetischen Linie an, indem er fordert, keine Bilanz über die Vergangenheit zu erstellen, sondern sich nur mit Problemen der Zukunft im Sinne neuer Entspannungsanstrengungen zu befassen. Nach Einschätzung Otto von Habsburgs benimmt sich Brandt im Parlament wie eine »Primadonna«, nutzt geschickt die Medien, glänzt aber weder durch Arbeit noch durch Anwesenheit. Brandts häufige Abwesenheit ärgert auch die eigenen Fraktionskollegen. Otto von Habsburg macht sich darüber lustig, indem er mit seinen Mitarbeitern ein Schild an der Bürotür Brandts anbringt: »Büro zu vermieten.« Das Schild hängt dort mehr als zwei Monate, ohne dass es jemand entfernt. Als deutsche Zeitungen ausführlich eine Rede von Brandt zitieren, die dieser »vor dem Plenum« gehalten habe, stellt Otto von Habsburg richtig, dass der Altbundeskanzler und Vorsitzende der Sozialistischen Internationale an besagtem Tag gar nicht im Plenarsaal gewesen ist und deshalb auch keine Rede gehalten haben kann. Kleinlaut muss der Brandtsche Pressesprecher zugeben, dass die Rede nicht vor den Abgeordneten gehalten, sondern draußen vor dem Plenarsaal an die Medien verteilt wurde. 1983 legt Willy Brandt, nicht ohne Druck aus der eigenen Partei, der seine mangelnde Anwesenheit nicht verborgen geblieben ist, sein Mandat zurück. In einer Pressekonferenz sagt er, dass es ihm unerträglich sei, mit Otto von Habsburg zusammen in einem Parlament zu sitzen.[1] Hatte er noch im Mai 1979 bei einer Kundgebung auf dem Münchner Marienplatz verkündet, Otto von Habsburg werde auf dem internationalen Parkett ganz anders reden müssen als während des Wahlkampfs in bayerischen Bierzelten und Wirtshäusern, so muss er sich nun eingestehen, dass er sich die Arbeit im Europaparlament doch etwas anders vorgestellt hat.

Für Otto von Habsburg hat die Arbeit im Entwicklungsausschuss hauptsächlich einen Aspekt, nämlich »Unfug zu verhindern. Ein guter Politiker verbringt 20% seiner Zeit damit, Gutes zu tun und 80% damit, Unfug zu verhindern«. Im Politischen Ausschuss verschafft er sich durch Arbeitseifer, Wissen und vielfältige Kompetenz rasch Achtung und Respekt. Zusammen mit anderen Kollegen bringt er am 27. September 1979 einen Dringlichkeitsantrag über die Situation in Afghanistan ein, wo sich die Situation zuspitzt:

»Das Europäische Parlament, zutiefst betroffen über die politische Lage in Afghanistan, wo religiöse Verfolgung, Massenmord und Bürgerkrieg wüten,
1. verurteilt das Regime des totalitären Diktators Hafisullah Amin und das Eingreifen fremder Mächte zu seinen Gunsten,
2. wünscht die Einsetzung eines demokratischen Systems, das die Achtung der Grundfreiheiten und Menschenreche gewährleistet,
3. fordert daher alle Regierungen auf, dem derzeitigen Regime keine wirtschaftliche, finanzielle und militärische Hilfe zukommen zu lassen und
4. ersucht die Kommission und die Mitgliedstaaten, Nahrungsmittelhilfe, ärztliche und humanitäre Hilfe für afghanische Flüchtlinge bereitzustellen.«

---

[1] Bereits im Sept. 1979 notiert Otto von Habsburg in seinem Bericht: »Zu Brandt wäre zu sagen: es schaut nicht so aus, als ob er sehr lange weitertun kann. Er ist oft wie abwesend, nimmt dauernd Pillen, abwechslungsweise hochrot und sehr bleich. Er raucht wieder. Sein Gang ist eigenartig unsicher.«

Otto von Habsburg warnt ausdrücklich vor einer bevorstehenden Invasion der Sowjetunion in Afghanistan. Anfangs von manchen belächelt, müssen viele seiner Kollegen nach Weihnachten 1979, als die Sowjetunion Truppen in den Hindukusch schickt, feststellen, wie recht er gehabt hat. Viele Staatsmänner des Westens, etwa Jimmy Carter und Helmut Schmidt, beeilen sich zu sagen, sie hätten nichts geahnt und seien vollkommen überrascht.[1] Brandt erklärt im Politischen Ausschuss, die Entspannung sei teilbar und man müsse nun in Europa so weiter machen als sei nichts geschehen.[2] Als Otto von Habsburg ihn deswegen kritisiert, ballt Brandt die Fäuste und bekommt einen roten Kopf. Später nimmt Otto von Habsburg Abstand davon, Willy Brandt direkt anzugreifen: »Es hat mir dann am Schluss nicht mehr Spaß gemacht, weil er einfach so gebrochen war. Man will ja auch auf einer Jagd keine Ente schießen, die auf dem Wasser sitzt. Die Enten müssen fliegen, um getötet zu werden.«

4. Das außenpolitische Gesicht des Parlaments

Christdemokraten, Konservative und Liberale verständigen sich in der ersten Legislaturperiode auf ein außenpolitisches Konzept, an dessen Entwicklung Otto von Habsburg maßgeblichen Anteil hat: Die EG als Wirtschaftgemeinschaft mit außenpolitischen Ambitionen sei durch eine sicherheitspolitische Dimension zu ergänzen. Die Freundschaft mit den USA stehe außer Frage, allerdings solle zwischen den USA und der Gemeinschaft mehr Gleichberechtigung herrschen. Die Befreiung Mittel- und Osteuropas sei unbedingt zu unterstützen. Zusammen mit den Abgeordneten Nils Haagerup von den dänischen Liberalen, Gérard Israel von den französischen Gaullisten und Adam Fergusson von den britischen

---

[1] Otto von Habsburg betont immer wieder: »Als Politiker hat man nicht das Recht, von schlechten Nachrichten überrascht zu sein. Man muss sich immer auf das Schlimmste einrichten, und dann anschließend Gott danken, wenn es nicht eintrifft.«
[2] Bericht aus dem Europaparlament Nr. 6 vom 1. 2. 1980

Konservativen beginnt Otto von Habsburg dieses außenpolitische Konzept in den kommenden Jahren umzusetzen. Die Kämpfe mit den Sozialisten, die der Brandtschen Entspannungspolitik folgen, sind entsprechend hart.

Über die erste Sitzung des Politischen Ausschusses am 6./7. September 1979 berichtet Otto von Habsburg: »*Der Ausschuss wird nach einem schwierigen Anfang eine Eigendynamik entwickeln und ein Motor des Parlaments werden. Die Mitte-Rechts-Mehrheit hat alle Chancen, den Politischen Ausschuss zu beherrschen, nicht zuletzt infolge der erstklassigen Arbeitsmethode und dem Zielbewusstsein der britischen Konservativen.*« Zur politischen Linie Brandts und des italienischen Sozialisten Gianfranco Amendola notiert er: »*Diese versuchen die institutionellen und Kompetenzfragen zurückzustellen und den Ausschuss zur Propagandaplattform für ›große‹ weitgehend über Europa hinausgehende Fragen zu machen: Ausbau der Ostkontakte, Entspannung und ›Friedens‹sicherung, Abrüstung, Hunger in der Welt, südliches Afrika, etc.; besonders zu bemerken ist: a) dass die Wünsche haargenau mit den sowjetischen Propagandalinien übereinstimmen und nichts beinhalten, was der UdSSR unangenehm wäre; b) die harmonische Zusammenarbeit zwischen Brandt und den Kommunisten; c) die Tatsache, dass die gemäßigten Sozialisten nicht zur Brandt-Linie zu stehen scheinen.*«

In der Frage der Menschenrechte bilden sich harte Fronten: Die Linke versucht, die Verteidigung der Menschenrechte zu monopolisieren und von den marxistisch-leninistischen Staaten abzulenken. Otto von Habsburg analysiert: »*Die konservative Mehrheit des Parlaments verstand unter Menschenrechten die Rechte des Einzelnen gegenüber Staat und Gesellschaft. Die Sozialisten sahen demgegenüber die Menschenrechte nicht so sehr als Rechte der Person, sondern als gesellschaftliche Rechte gegenüber der Person bzw. dem Staat. So entstehen abwegige Gedanken wie das Recht auf einen steigenden Lebensstandard, das Recht auf gleiche Erziehung für alle, das Recht auf Arbeitszeitverkürzung etc. Es wird aber ein sehr harter Kampf sein, weil auch hier leider die Aufweichungserscheinungen im bürgerlichen Lager weiter fortgeschritten sind, als man im Allgemeinen annimmt.*«

Der Streit um einen leeren Stuhl

Von Anfang an tritt Otto von Habsburg der Monopolisierung des Themas Menschenrechte durch die Sozialisten entgegen, indem er die Menschenrechtsverletzungen durch die kommunistischen Regime aufgreift. Im Einsatz für die Völker jenseits des »Eisernen Vorhangs« liegt für ihn eine Hauptverantwortung des Europaparlaments: *»Zu Europa gehören auch die Völker, die derzeit durch militärische Gewalt von uns getrennt sind. Wir sind auch für deren Selbstbestimmungsrecht verantwortlich. Für uns sind die Polen und die Magyaren, die Tschechen und die Slowaken, um nur einige Völker zu nennen, genauso Europäer wie wir selbst. Wir sind es ihnen schuldig, immer wieder zu betonen, dass wir alle friedlichen Mittel ausschöpfen wollen, damit der weltweit verurteilte Kolonialismus nicht ausgerechnet im hochzivilisierten Mitteleuropa als letztes Relikt alter Zeiten durch den Moskauer Hegemonialismus aufrechterhalten bleibe. Endziel einer europäischen Politik, die diesen Namen verdient, muss die europäische Wiedervereinigung in Freiheit sein.«*[1]

Eine wichtige Weichenstellung für die Durchsetzung dieses paneuropäischen Konzepts ist die Initiative zur Aufstellung eines symbolisch leeren Stuhls bei Debatten über die politische Lage in Europa. Im September 1979 bringen Otto von Habsburg, Egon Klepsch, Heinrich Aigner u.a. folgenden Entschließungsantrag vor das Plenum des Europäischen Parlamentes: *»Das Europäische Parlament, in der Überzeugung, dass das Europa der Neun, welches dieses Parlament gewählt hat, nur ein Ausgangspunkt für das wahre Europa von morgen ist, beschließt: Symbolisch für die Europäer, die derzeit aus verschiedenen Gründen noch nicht in dieser Volksvertretung Sitz und Stimme haben, einen Stuhl frei zu lassen.«*

Dieser Antrag sorgt für Kämpfe zwischen Sozialisten und Kommunisten einerseits und den christdemokratisch-konservativen Kräften andererseits. Die Resolution über den leeren Stuhl für jene europäischen Völker, denen das Selbstbestimmungsrecht versagt ist,

---

[1] Plenarrede vom 15.10.1980. Die in den ff. Kapiteln zitierten Äußerungen im Plenum des Europäischen Parlaments sind dem offiziellen Wortprotokoll des Parlaments entnommen.

findet zunächst die Unterstützung der EVP-Fraktion und später auch eine Mehrheit im Europäischen Parlament. Sie ist das erste Bekenntnis des Europäischen Parlaments zu jener großen Osterweiterung, die in unserer Zeit Wirklichkeit wird. Die »Deutsche Tagespost« schreibt am 28. September 1979: »*Die außenpolitische Linie des Europäischen Parlaments ist zwischen den Fraktionen heftig umstritten. (...) Die christdemokratische Fraktion hingegen ist unter Federführung des außenpolitischen Experten Otto von Habsburg entschlossen vorgeprescht. Einstimmig schlossen sich die europäischen Christdemokraten dem Vorschlag des Kaisersohnes an, im Parlament einen leeren Stuhl auch für die Völker hinter dem Eisernen Vorhang einzurichten. Dieser, für extreme Gaullisten und Linke provozierende Beschluss wird nach Auffassung der Fraktionsführung im Parlament zu Kontroversen führen. Der Sprecher der deutschen Gruppe, Altministerpräsident Alfons Goppel: ›Die symbolische Wirkung eines solchen leeren Stuhles wird gewaltig sein.‹ Das Europäische Parlament werde damit von einer EG-Versammlung zu einer Volksvertretung, die den Anspruch erhebe, für ganz Europa einzutreten.*«

Wenn auch der leere Stuhl niemals wirklich aufgestellt wird, so ist doch diese Resolution, die am 8. Juli 1982 verabschiedet wird, von großer Strahlkraft hinter dem Eisernen Vorhang. Nach der Wende in Mittel- und Osteuropa ist zu erfahren, dass nicht nur die kommunistischen Parteien, sondern auch die Dissidenten darüber gut informiert waren. Otto von Habsburg ist dies immer bewusst: »*Im Zweiten Weltkrieg war das V für Victory, das die BBC ständig ausstrahlte, förmlich ein Lebenselixier bis hinein in die KZ. Das kann auch für das Zeichen gelten, das wir mit der Debatte um dem leeren Stuhl setzen wollen. Das wird bis in die Gulags dringen. Politik ist eben nicht nur Statistik, Zölle und ein noch so vollkommenes System sozialer Sicherheit. Sie hat auch eine geistige Dimension und eine höhere Verpflichtung gegenüber jenen, die unsere Freiheit und unseren Wohlstand noch nicht genießen. Wir sind die Hüter unserer Brüder, ob uns das passt oder nicht. Ganz zu schweigen von einer Christenpflicht, der sich ein christlicher Kontinent wie Europa nicht entziehen kann.*«[1]

---
[1] Plenarrede vom 8. 7. 1982

Fürsprecher des Baltikums

Seit vielen Jahren hat sich Otto von Habsburg bereits mit der Lage in den Baltischen Staaten befasst. Zusammen mit britischen und dänischen Abgeordneten ergreift er 1982 eine Initiative und wird im Politischen Ausschuss zum Berichterstatter für das Baltikum ernannt. Estland, Lettland und Litauen stellen damals einen Sonderfall im sowjetisch beherrschten Osteuropa dar. Sie sind aufgrund des deutsch-sowjetischen Molotow-Ribbentrop-Paktes 1940 von der Sowjetunion annektiert worden, obwohl ihnen Moskau in den 20er Jahren die Unverletzlichkeit ihrer Grenzen und ewigen Frieden zugesichert hatte. Im Westen hat kaum ein Staat diese Annexion anerkannt. Moskau betrieb im Baltikum eine rücksichtslose Russifizierungspolitik und einen umweltverwüstenden Raubbau an Bodenschätzen und Rohstoffen. 1972 leiteten 17 lettische Kommunisten einen Brief in den Westen, in dem sie »die systematische Denationalisierung der Partei und die Verfolgung sich als Letten bekennender Kommunisten« beklagten.

Otto von Habsburg fordert nun im Europäischen Parlament die Außenminister der EG-Mitgliedstaaten auf, die Frage der Baltischen Staaten vor den Dekolonisierungs-Unterausschuss der UNO zu bringen: »*Die Dekolonisierung ist unteilbar. Was für Afrika und Asien recht ist, sollte auch für Europa billig sein. Es würde das nämlich erlauben, eine Waffe, die bisher nur die Sowjetunion gegen den freien Westen verwendet hat, nunmehr auch gegen sie einzusetzen. Die zahlreichen Unterlagen, die ich bzgl. der Baltischen Staaten gesammelt habe, sind in einem Bericht enthalten, der den unumstößlichen Beweis erbringt, dass es sich in den Baltischen Staaten klar um ein koloniales Regime handelt.*«[1] Obwohl es bei der ersten Lesung im Ausschuss zu harten Schlachten mit der Linken gekommen ist, wird Otto von Habsburgs Baltikum-Bericht am 22. September 1982 wider Erwarten mit großer Mehrheit verabschiedet. Doch trotz der Billigung des Berichts durch das Plenum des Europaparlaments, unternimmt der Rat nichts für die Baltischen Staaten. Für Otto von Habsburg eine große Enttäuschung, meint er doch, es sei eine Frage der Glaubwürdigkeit, sich für diese Völker einzusetzen: »*Ich habe*

---

[1] Aus dem Entschließungsantrag

mir damals, als ich Amerika verlassen habe, gesagt, dass, wenn ich jemals in eine Situation kommen würde, wo ich die Möglichkeit hätte, jemanden, der in einer ähnlichen Situation ist wie ich, zu helfen, so würde ich das tun. Was immer es sei, wo immer es sei, weil ich immer wieder mit Dankbarkeit an die zurückdenke, die mir geholfen haben. Wie der Hund, der sich an die wenigen erinnert, die ihm ein Stück Brot gegeben haben. Ich habe mir das immer vorgenommen: Wenn ich jemals irgendeine Position habe, wo ich helfen kann, werde ich es tun. So habe ich immer alle möglichen Völker – von den Afghanen über die Balten – aufgeklaubt, um ihnen wenigstens das Gefühl zu geben, dass jemand da ist, der auf sie hört und der sich für sie einsetzen will. Daher habe ich mich seit 1982 um die Balten gekümmert. Ich war später sehr erstaunt, wie weit das die Balten damals gewusst haben. Aber das ist zu ihnen durchgedrungen; irgendwie haben sie im Gefängnis ein bisschen Licht bekommen.«[1]

Ähnliche Bedeutung hat eine Resolution zum 25. Jahrestag der ungarischen Revolution im Oktober 1981. Diese ist auch aus verfahrenstechnischer Sicht interessant. Resolutionen können laut damaliger Geschäftsordnung nicht nur durch Abstimmung im Plenum angenommen werden, sondern auch, wenn genügend Abgeordnete den Text im sogenannten Register unterschreiben. Unterfertigt eine Mehrheit der Abgeordneten, damals 218, die Resolution, so gilt sie als angenommen. Da es nicht gelungen ist, diesen Antrag auf die Tagesordnung zu bringen, wird dieser ungewöhnliche Weg eingeschlagen: »*Infolge des unermüdlichen Einsatzes, nicht zuletzt meiner Mitarbeiter der Paneuropa-Union und einiger treuer Freunde ist es uns gelungen, das Unmögliche zu schaffen und zwischen Montagabend und Donnerstagabend die notwendigen 218 Unterschriften zu sammeln. (...) Der Erfolg der Unterschriftenaktion wurde im Parlament als eine echte Sensation gewertet. Jedenfalls war sie nicht zuletzt darum von Bedeutung, weil sich das Parlament wieder einmal eindeutig auf die Solidarität mit den Völkern jenseits der Jalta-Linie festgelegt hat.«*

---

[1] Im Gespräch mit den Autoren

»Wir müssen uns für diese Völker verantwortlich erklären«

In der Debatte zum 40. Jahrestag der Konferenz von Jalta am 14. Februar 1985, die gegen den starken Widerstand der Linken durchgesetzt wird, kommt es im Plenum des Parlamentes zu Wortgefechten zwischen Otto von Habsburg und Sozialisten:

»*HABSBURG: (...) Da war immer von toten Diktatoren und von toten Bewegungen die Rede, gegen die es relativ leicht ist, Heldenposen einzunehmen. Aber von dem, was es heute gibt, dem sowjetischen Rassismus, der Verfolgung der Juden in der Sowjetunion, dem Totalitarismus in Mittel- und Osteuropa, war überhaupt nicht die Rede.*
– *(Beifall von der Mitte und von Rechts)*
Das ist der Weg, der schon einmal in die Sklaverei geführt hat und ich bedaure, dass so etwas in diesem Haus geschieht. Da möchte ich mich Frau Wieczorek-Zeul anschließen, die mit Recht gesagt hat, man solle diesen Dingen Widerstand leisten, solange es Zeit ist. Ich würde nur wünschen, dass alle Seiten dieses Hauses gegen den Totalitarismus, gleich welcher Form, antreten, anstatt auf einem Auge blind zu sein.
– *(Beifall von der Mitte und von Rechts)*
Meine Damen und Herren, die Frage Jaltas ist für uns (...)
– *(Zwischenrufe von Herrn Fellermaier)*
(...) die Sozialisten haben uns keine Lektion zu erteilen, mir jedenfalls nicht (...)
– *(Zwischenrufe von der sozialistischen Fraktion)*
DER PRÄSIDENT: *Es hat nur einer das Wort. Das Wort hat jetzt Herr Habsburg.*
HABSBURG: *Es handelt sich heute um hundert Millionen Europäer, die in Unfreiheit leben und von uns getrennt sind. Wir müssen uns für diese Völker verantwortlich erklären (...)*
– *(Zwischenrufe von Herrn Fellermaier)*
Sie machen sicherlich keine bessere Politik, Herr Fellermaier, Sie sind derjenige, der mit dazu beiträgt, dass die Situation leider so ist, wie sie gegenwärtig ist. Wir müssen aber für die Solidarität der Europäer, für Freiheit und Demokratie sein.
Herr Präsident, nur noch ein Wort: Herr Hänsch hat gesagt, man soll die Realitäten anerkennen. Er ist wesentlich jünger als ich.

– *(Zwischenrufe von der sozialistischen Fraktion)*
Ich möchte nur das Haus daran erinnern, wer mein Alter erreicht hat, hat schon viele Realitäten gesehen, dass er nur eins sagen kann: Realität ist bloß der Wandel. In meiner Zeit hat es eine Hitler-Realität gegeben. Gott sei Dank ist sie vorbei und das feiern wir ja am 8. Mai. Ich bitte also, den Antrag selber voll zu unterstützen.«

Kurs auf das »mare nostrum«

Der Mittelmeerraum spielt im außenpolitischen Denken Otto von Habsburgs seit jeher eine große Rolle. Seine genaue Kenntnis der arabischen Welt und Nordafrikas hilft ihm, die sicherheitspolitische Entwicklung zu analysieren: *»Der Maghreb bildet in der Regel eine Einheit mit der iberischen Halbinsel (...) Der Nahe Osten bis an den arabischen Golf wiederum war bis zum zweiten Jahrzehnt unseres Jahrhunderts Teil Europas, weil er zum Osmanischen Reich gehörte. Die Zerstörung dieser großen verbindenden Macht gehört zu einer jener epochalen Fehlleistungen der Friedensmacher von Versailles und Neuilly. Erst jetzt erkennt man, was die zivilisierte Menschheit mit dem türkischen Vielvölkerstaat verloren hat. Das Mittelmeer ist kein Ozean, sondern ein Binnensee. Es hat nur zwei Ausgänge: den Kanal von Suez der nicht nur stark veraltet ist, sondern jederzeit ohne größere Schwierigkeit gesperrt werden kann und im Westen liegt die Meerenge von Gibraltar, die von beiden Anrainerstaaten, Spanien und Marokko, kontrolliert wird. Zu den größeren Fragen unserer Tage gehört das politische Schicksal dieses Binnensees. Die Mittelmeerstaaten sind heute noch schwach. Entscheidend sind die beiden großen Flotten der UdSSR und der USA. Gelingt es der einen oder der anderen, die Vorherrschaft zu erringen, kann sie Europa und die arabischen Staaten beherrschen.«*[1]

Im Oktober 1979 bricht auf Malta eine Krise aus, die in Europa kaum wahrgenommen wird. Otto von Habsburg sieht in der kleinen Insel im Mittelmeer einen wichtigen Stützpunkt Europas vor den

---

[1] »Moskaus Mittelmeerstrategie. Kurs auf das mare nostrum« von Otto von Habsburg, »Bayernkurier«, 15. 9. 1979

Toren Libyens und Nordafrikas. Werden dort die freiheitlich-demokratischen Kräfte zerstört, läuft die Insel Gefahr, zu einem Brückenkopf der Sowjets im Mittelmeer zu werden. Nun versucht die sozialistische und Gaddhafi-nahe Regierung von Dom Mintoff, die Opposition, die am Wiedererstarken ist, endgültig zu zerstören. Gewalttätige Ausschreitungen werden organisiert, die Parteibüros der oppositionellen Nationalpartei werden zerstört, ebenso wie die Redaktion der konservativen »Times of Malta«. Die Familie von Oppositionsführer Edward Fenech Adami wird bedroht. Es gibt Tote und Verletzte.

In seiner Not sendet Fenech Adami einen Hilferuf an die EVP mit der Bitte, eine Delegation zu schicken. Otto von Habsburg beschließt daraufhin spontan, nach Malta zu reisen, um Fenech Adami zu unterstützen. An die seinerzeitigen Ereignisse erinnert er sich: *»Es hat damals Fenech Adami telegrafiert: Um Gottes Willen, schickt uns was! Wir waren gerade in der Fraktionssitzung in Brüssel, da ist am Anfang der Sitzung angekündigt worden, dass man Abgeordnete sucht, die bereit sind, nach Malta zu fahren, um Fenech Adami den Rücken zu stärken. Ein paar Wochen zuvor war Herr von Hassel[1] aus Malta ausgewiesen worden, weil er sich für Fenech Adami eingesetzt hatte. In der damaligen Sitzung meldeten sich 21 Abgeordnete, die nach Malta fahren wollten. Also bin ich zu Klepsch gegangen und sagte: ›Hören Sie, nehmen Sie mich auf die Ersatzliste, wenn es nicht genug sind, dann gehe ich, sonst aber nicht.‹ In der Mittagspause kam Klepsch zu mir und sagte: ›Sie sind auf der Liste, es haben sich so viele wieder abgemeldet und wollen nicht mehr fahren.‹ Ich sollte am Nachmittag nach Frankfurt fliegen, um dort eine maltesische Airline zu erwischen. Da waren wir nur mehr drei. Als wir in Frankfurt ankamen, sagte einer, er habe doch Kinder zu Hause und so weiter – und ist verschwunden. Übriggeblieben sind nur Frau Cassanmagnago-Cerretti und ich. Wir sind zusammen geflogen. War eigentlich ein ganz lustiges Unternehmen. Da gab es eine enorme Kundgebung in Valletta, unglaubliche Massen von Menschen, mit denen wir damals gesprochen haben. Passiert ist natürlich gar nichts.«* Der Besuch ist ein voller Erfolg. Fenech Adami, die italienische Christdemokratin Cassamagnago-Cerretti und Otto von Habsburg sprechen auf einer

---

[1] Kai-Uwe von Hassel (CDU) war Europaabgeordneter von 1979 bis 1984.

Kundgebung in Valletta vor 15 000 Menschen, die eindrucksvoll für die Oppositionspartei und gegen die Sozialisten demonstrieren. Einstweilen sind die Pläne Mintoffs, ein sozialistisches Ein-Parteien-System zu zementieren, durchkreuzt.

Als Vertreter der EVP reist Otto von Habsburg am 9. Dezember 1981 erneut nach Malta, tritt dort auf mehreren Wahlkundgebungen auf und bleibt bis zum 13. Dezember als Wahlbeobachter. Die Nationalpartei erringt bei dieser Wahl zwar mehr als die Hälfte der Stimmen, ist aber bei der Verteilung der Mandate in der Minderheit. Mintoff hatte vor den Wahlen die Wahlbezirke nach den Interessen seiner Partei verändert. Erst im Mai 1987 sollte die Partei Fenech Adamis die Macht über Malta gewinnen, und das Land langsam an das vereinte Europa heranführen.

Zu heftigen Kontroversen führt auf der europäischen Ebene stets die Frage der sogenannten West-Sahara. Nach dem Rückzug Spaniens im Jahr 1975 stand das Gebiet unter der Herrschaft Marokkos. In den späten 70er Jahren war unter dem Vorwand, das Selbstbestimmungsrecht des bis dahin völlig unbekannten Volkes der Saharaui durchsetzen zu wollen, eine Art Fremdenlegion der Weltrevolution – aus Kubanern, Russen, Libyern, Algeriern und Palästinensern –, die sich »Frente Polisario« nannte, in das Gebiet geströmt. Sie versuchte, die Herrschaft Marokkos durch terroristische Aktionen zu beenden. Es ging um die Kontrolle eines Wüstenstreifens, in dem es enorme Phosphatvorkommen gibt und der strategisch günstig liegt, um die Straße von Gibraltar zu kontrollieren. Otto von Habsburg war mehrfach an den Frontstellungen der marokkanischen Armee gewesen, um sich über die Lage zu informieren.[1]

Im Europäischen Parlament versucht die Linke, die Anerkennung der Polisario als rechtmäßige Regierung der West-Sahara durchzusetzen. Otto von Habsburg bringt einen Gegenantrag ein, der den promarokkanischen Ansatz vertritt. Als der Bericht im März 1981

---

[1] Otto von Habsburg pflegte eine intensive Freundschaft mit König Hassan II. v. Marokko und verbrachte mit Frau und Kindern häufig den Jahreswechsel am königlichen Hof. Diese Aufenthalte nutzte er stets zu politischen Gesprächen. Auch nahm er regelmäßig an den Sitzungen der »Académie Royale du Maroc« teil.

im Plenum zur Abstimmung kommt, steht das Straßburger Parlament im Mittelpunkt diplomatischer Aktivitäten. Abgeordnete verschiedener Parteien müssen sich gegen einen massiven libyschen Druck zu Wehr setzen. Otto von Habsburg erinnert sich: *»Es begann mit einer linken Initiative zugunsten der prokommunistischen Polisario. Ich hatte darauf einen Gegenantrag eingebracht. Trotz schwerstem Druck ist es gelungen, mit einer Mehrheit von 140 zu 90 Stimmen den positiven Bericht durchzubringen. Bezeichnend war, dass Herr Brandt, der so gut wie nie an den Abstimmungen des Parlamentes teilnahm, extra angereist kam, um gegen den Bericht zu stimmen. Die libysche Regierung hatte Italien sogar mit Repressalien gegenüber Italienern in ihrem Land gedroht, sollte der Bericht durchgehen. Das Europäische Parlament hat damit außenpolitische Weichen gestellt.«*

Unter dem Gesichtspunkt des europäisch-arabischen Dialogs begrüßt Otto von Habsburg die Einladung des Europäischen Parlaments an den ägyptischen Staatspräsidenten Anwar as Sadat im Jahre 1981, die gegen den erbitterten Widerstand der Kommunisten durchgesetzt werden kann. Im Gegensatz zu jenen, die den Einstieg in den arabischen Raum über die nationalradikale PLO fordern, versucht die EVP unter der Führung von Otto von Habsburg zu erreichen, dass die Verbindungen zum arabischen Raum über jene Regierungen laufen, die bereit sind, mit dem Westen zusammenzuarbeiten. Am 10. Februar 1981 tritt Sadat vor das Europäische Parlament in Luxemburg. *»Sadat machte einen tiefen Eindruck mit seinem Ernst, seiner Bescheidenheit, seiner tiefen religiösen Einstellung und der offensichtlichen Redlichkeit seiner Rede. Das Parlament feierte ihn stürmisch, so wie ich es noch nie bei ähnlichen Anlässen gesehen habe. Sehr positiv wirkt sich dieser Besuch für unsere Außenpolitik eines Dialogs mit den konservativen Arabern aus.«*[1]

Jahrzehntelang hat sich Otto von Habsburg im CEDI und in der Paneuropa-Union für den Anschluss Spaniens an das vereinte Europa engagiert. Nun hat er die Möglichkeit, als Abgeordneter des Europäischen Parlaments die Tore für Portugal und Spanien aufzustoßen zu helfen. Auch diese Erweiterung der EG ist in seinen

---
[1] Bericht aus dem Europaparlament Nr. 18 vom 1. 3. 1981

Augen von sicherheitspolitischer Bedeutung. Doch nicht nur im Rat und in der Kommission gibt es massive Vorbehalte gegen den Beitritt Spaniens und Portugals. Otto von Habsburg erinnert sich an den Druck, der auf ihn ausgeübt wurde: »*Da sind mir alle möglichen Leute die Türe eingelaufen, Vertreter der Gewerkschaften wie der Arbeitgeber, die mich gewarnt haben vor der Flut an Spaniern und Portugiesen, die dann zu uns kommen würden. Und als dann die Erweiterung gekommen ist, sind diese Leute wieder zu mir gekommen und haben gesagt:* ›*Wo sind denn unsere Spanier hin?*‹ *Aber das war doch klar, dass – wenn man den Leuten eine Perspektive gibt – die Spanier viel lieber unter der warmen Sonne Andalusiens arbeiten, als in den Nebelschwaden des Ruhrgebiets.*«[1]

Zu spanischen Spitzenpolitikern hat Otto von Habsburg seit Jahrzehnten Kontakt. Die Beziehungen zu Fraga Iribarnes »Alianca Popular« werden im Hinblick auf die Entsendung der spanischen Abgeordneten ins Europaparlament wichtig, da sich die EVP mit einer kleineren christdemokratischen Partei verbunden hat, die Gefahr läuft, bei den Europawahlen unterzugehen. Otto von Habsburg verfasst einen Antrag, dass in Spanien und Portugal nach dem Beitritt so schnell wie möglich Europawahlen abzuhalten seien. Dies hat einen doppelten Sinn: Zunächst geht es darum, dass delegierte Vertreter der nationalen Parlamente schon wegen der Doppelbelastung ihr Europamandat selten zufriedenstellend erfüllen. Parteipolitisch relevant ist, dass die damals herrschende sozialistische Mehrheit in den nationalen Parlamenten Spaniens und Portugals auch die Mehrheitsverhältnisse im Europäischen Parlament verschoben hätte. Otto von Habsburgs Antrag findet eine Mehrheit, und in der Tat kann er mit dem Ergebnis der Wahlen eineinhalb Jahre nach dem Beitritt sehr zufrieden sein.

Freundschaft mit den USA

Der in jenen Jahren weitverbreitete Anti-Amerikanismus findet in der Sozialistischen Fraktion des Europaparlaments seinen Niederschlag. Wiewohl Otto von Habsburg immer für ein stärkeres Selbst-

---

[1] Im Gespräch mit den Autoren

bewusstsein Europas gegenüber den USA eintritt, lehnt er den Konfrontationskurs der Linken scharf ab, weil er weiß, dass die Freundschaft mit Washington die Freiheit Westeuropas erst möglich gemacht hat: »*Die Amerikaner sind und bleiben unsere Freunde. Wären sie nicht in Berlin und an der Jalta-Linie, die unseren Erdteil entzwei schneidet, dann könnten wir uns heute nicht in Freiheit treffen. Wir wären seit Jahren eine sowjetische Kolonie wie die baltischen Völker oder die Polen, die genauso Europäer sind wie wir.*«[1]

In den USA wirbt Otto von Habsburg für Europa und versucht, Missverständnisse im transatlantischen Dialog auszuräumen. Anlässlich einer Delegationsreise deutscher christdemokratischer Parlamentarier vom 12. bis 18. Juli 1981 nach Washington zum US-Kongress notiert er in seinem Bericht: »*Ich habe die Gelegenheit wahrgenommen, nebst den amtlichen Besprechungen mit führenden Persönlichkeiten der Regierung zu sprechen. Zweck der Reise war es vor allem, den Amerikanern klarzumachen, dass Brandt und Genossen nicht die einzigen Sprecher Deutschlands sind. Es ist leider nicht zu leugnen, dass es in den USA derzeit starkes Misstrauen gegenüber der Bundesrepublik gibt, infolge der Tätigkeit der Sozialistischen Internationalen und der augenscheinlichen Schwäche von Kanzler Helmut Schmidt.*«

Ausdrücklich begrüßt Otto von Habsburg die Einladung des Parlamentspräsidiums an den amerikanischen Präsidenten Ronald Reagan, vor dem Europäischen Parlament zu sprechen. Er selbst hat Reagan bereits zum 40. Jahrestag des Kriegsendes, am 8. Mai 1985 getroffen, als dieser noch Gouverneur von Kalifornien war. Die Einladung an Reagan sorgt für starke Proteste bei Sozialisten und Grünen. Die Rede des amerikanischen Präsidenten rüttelt jedoch durch ihre visionäre Kraft manchen ermüdeten Berufseuropäer wach: »*Es ist meine Hoffnung, dass im 21. Jahrhundert, von dem wir nur noch 15 Jahre entfernt sind, alle Europäer von Moskau bis Lissabon in der Lage sein werden, ohne Pass zu reisen, und dass der freie Fluß von Menschen und Gedanken auch die andere Hälfte Europas einschließen wird (…) Europa, geliebtes Europa, Du bist größer als Du glaubst. Du bist der Jahrhunderte alte Hort westlicher Ideen und*

---
[1] Plenarrede vom 8. 7. 1982

westlicher Kultur (...) In den Schrecknissen nach dem Zweiten Weltkrieg hast du den Totalitarismus zurückgewiesen, du hast den Verheißungen des neuen ›Übermenschen‹ und des ›neuen kommunistischen Menschen‹ widerstanden. Du hast bewiesen, dass Du ein großer moralischer Erfolg warst und bist.« In Straßburg vergleicht Reagan die europäische Einigung mit »dem Bau einer großen Kathedrale.«[1]

5. Für das Europa der Bürger und des Rechts

Von der Europabegeisterung der 50er Jahre ist drei Jahrzehnte später wenig zu spüren. Mitte der 80er Jahre scheint die europäische Idee in den Papieren der Brüsseler Behörde erstickt worden zu sein. Europadiskussionen drehen sich nicht mehr um die große Friedensvision, sondern kreisen um Agrarsubventionen, Butterberge und Handelsstatistiken.

»Was wir brauchen, ist ein europäischer Patriotismus«

Weil die Menschen Symbole brauchen, um sich mit Europa zu identifizieren, startet Otto von Habsburg im September 1979 die Initiative für einen europäischen Pass. In der Fragestunde an den Rat fordert er die Regierungen auf, die Reisepässe der EG-Staaten einheitlich zu gestalten. Am 12. März 1980 appelliert das Europäische Parlament an die nationalen Regierungen, den Europapass unverzüglich einzuführen. Otto von Habsburg nimmt in der Debatte jenes Tages selbst leidenschaftlich Stellung und rückt dabei die

---

[1] Otto von Habsburg hält am 1. 6. 1985 fest: »*Reagan war brillant, hat für uns sehr positive Äußerungen gemacht und hat mächtig dazu beigetragen, das Europäische Parlament aufzuwerten. Auch bei den linken Demonstrationen gegen Reagan konnte man wieder den Unterschied zwischen Sozialdemokraten und Sozialisten feststellen. Am ärgsten haben es die Deutschen und die Engländer getrieben.*« Reagans Rede ist im Wortlaut in dem Buch »Drehscheibe der Weltpolitik. Historische Reden vor dem Europäischen Parlament«, hrsg. v. Werner Münch und Michael Möhnle, Olzog Verlag, München 1988, S. 99-111, nachzulesen.

Frage des Europapasses in einen größeren, politischen Kontext: »*Es ist mit Recht gesagt worden, dass die Europabegeisterung der Vergangenheit in den Statistiken der EG begraben worden ist (...) Was wir brauchen, ist ein europäischer Patriotismus, der nicht im Gegensatz zur Treue gegenüber der eigenen Heimat steht, sondern dieser eine neue Dimension gibt. Denn man kann heute in Europa nicht mehr echter Patriot sein, ohne Europa zu wollen. Diesem Willen gilt es nun, greifbaren Ausdruck zu geben (...) In diese Perspektive sollten wir die Diskussion über den europäischen Pass stellen. Auf den ersten Blick ist dieser Pass eine Kleinigkeit und manche mögen meinen: eine untergeordnete Frage. Das stimmt nicht. Was wir nämlich mit diesem Pass erreichen wollen und können, ist den Europäern zumindest im Rahmen der Neun der EG Tag für Tag klarzumachen, dass sie Europäer sind (...) So gesehen ist also die Schaffung des Passes ein wesentlicher erster Schritt, von dem man mutatis mutandis sagen kann, dass er in seiner Bedeutung eine Art kleine moralische Kohle- und Stahlgemeinschaft sein kann.*«

Die im Rat versammelten nationalen Regierungen der EG-Mitgliedstaaten bleiben jedoch jahrelang säumig. Als im Juni 1982 bekannt wird, dass ein Vertreter der britischen Regierung den gemeinsamen Pass verworfen hat, weil dieser um zwei Millimeter zu groß sei, bringt Otto von Habsburg mit Kollegen eine Dringlichkeit ein, die an Schärfe nichts zu wünschen übrig lässt. Offensichtlich auf Druck von Ratsbeamten versucht Parlamentspräsident Dankert, diese Dringlichkeit von der Tagesordnung zu streichen. Otto von Habsburg fordert unter Berufung auf die Geschäftsordnung und mit Unterstützung von 24 Abgeordneten die Wiedereinsetzung der Dringlichkeit. Daraufhin beginnt eine Komödie, die er selbst so schildert: »*Der Beschluss, die Dringlichkeit wieder auf die Tagesordnung zu bringen, wurde am Morgen des Mittwoch, 16. Juni, gefasst. Schon am Nachmittag besuchten mich die Vertreter des Rates. Bei dem ersten Gespräch ging es noch ziemlich hart auf hart, nachdem die Vertreter des Rates behaupteten, ich hätte verschiedene falsche Dinge in die Resolution eingebracht. Schließlich sagten sie, dass das Hindernis bereits aus dem Weg geräumt sei. Ich habe ihnen darauf hin erklärt, dass mir eine mündliche Zusicherung aufgrund der bisherigen Erfahrungen nichts nützt und ich eine schriftliche Erklärung brauche. Am Mittwochabend, genauer gesagt um 12 Uhr nachts, erhielt ich einen langen, zweiseitigen Brief des zuständigen Abteilungsleiters (...) der mir mitteilte, dass der Beschluss zurückgenommen sei und mich bat, die Dringlichkeit zurückzunehmen. Als ich um 7.45 Uhr früh das Hotel verlassen wollte, um ins Parlament zu gehen, stand dieser bereits vor der Tür, um mich zu fragen, was ich beschlossen hätte. Bis nun hatte ich noch nie einen hohen Beamten um 7.45 früh gesehen. Die Debatte fand am Donnerstagvormittag statt. Ich habe diese Resolution zurückgezogen, allerdings mit einer harten Rede, in der ich den Rat aufforderte, diesen Schuss vor den Bug zur Kenntnis zu nehmen.«*[1] Es dauert noch Jahre, bis die Bürger der Europäischen Gemeinschaft endlich das (einigermaßen) einheitliche rote Reisedokument in Händen halten.[2]

Eine Frage der Symbolik und der Identifikation ist auch die Durchsetzung einer Flagge Europas. Bis zu Beginn der 80er Jahre wird in der Europäischen Gemeinschaft wechselweise der Sternenkranz auf blauem Grund und ein weißes »E« auf grünem Grund als Fahne und Symbol verwendet. Otto von Habsburg unterstützt die Initiative seines Kollegen und Freundes Ingo Friedrich, für die EG die Fahne des Europarats einzuführen: die zwölf Sterne auf blauem Hintergrund.[3] Im April 1983 wird dieser Antrag angenommen und fortan haben alle EG-Institutionen die gleiche Fahne und das gleiche offizielle Symbol.

Einen jahrelangen Kampf fechten die Paneuropäer im Europäischen Parlament für die Abschaffung der Grenzkontrollen innerhalb der EG, was heute zumindest für die Staaten des Schengen-Abkommens zufriedenstellend gelöst ist. Ausgehend vom

---

[1] Bericht aus dem Europaparlament Nr. 33 vom 1. 7. 1982
[2] Bis heute ist der Europapass nicht ganz einheitlich, sondern weist nationale Besonderheiten – nicht nur in der Symbolik – auf.
[3] Der Europarat wollte bei seiner Gründung ursprünglich das Paneuropa-Symbol, das rote Kreuz (für das Christentum) im gelben Kreis (die Sonne der hellenistischen Weisheit), übernehmen. Die Türkei stimmte aber gegen diese christliche Symbolik. Ein vom Europarat beauftragter Künstler ließ sich im Straßburger Münster vom Sternenkranz der Madonna inspirieren und entwarf daraufhin das Motiv, das bis heute Europa symbolisiert.

Grundsatz der Freizügigkeit setzt sich Otto von Habsburg für Reisende und die Belange von Frachtunternehmen ein, die an Grenzen widerrechtlich aufgehalten werden. Offen plädiert er für die Abschaffung der Grenzkontrollen: *»Ich habe Gelegenheit gehabt, mich diesen Sommer einige Male in Staus an den Grenzen zu begeben. Meine Erfahrung dabei war, dass uns die Menschen die europäische Einigung nicht abnehmen, wenn sie in der Gemeinschaft zwei oder drei Stunden lang, umgeben von Autoabgasen, warten müssen. Auch für unsere Grenzbeamten sind diese Zustände unmenschlich. Ich war mit einigen Mitarbeitern an der Grenze. Es ist uns nach 15 Minuten so schlecht geworden, dass wir alles nur mehr blau und tränend gesehen haben. Das ist unerträglich! Ziel unseres Antrags ist die Vergeistigung der gegenwärtigen Grenzen. Wir wollen endlich in der EG Grenzen haben, die genauso viel Bedeutung haben wie etwa die Grenzen zwischen Baden-Württemberg und Bayern.«*[1]

Der Zuchtmeister des Europaparlaments

In seinen Berichten äußert sich Otto von Habsburg immer wieder über seine Abgeordnetenkollegen, aber auch – oft sehr kritisch – zur Arbeit des Rates und der Kommission. Besonders lobend und anerkennend hebt er Heinrich Aigner hervor, der den Haushaltskontrollausschuss zu einer Schlüsselfunktion in der EG gebracht hat. Die Aufdeckung vieler Finanzskandale geht auf »Heinrich den Löwen« zurück. Ingo Friedrich, mit dem Otto von Habsburg die gemeinsame europäischen Fahne durchgesetzt hat, wird im Laufe der Jahre zu einem geschätzten Freund und Mitstreiter. Otto von Habsburg bezeichnet ihn anfangs als jungen Mann, der gute Anlagen habe und »mit dem man in der Zukunft rechnen muss«[2]. Fast alle CSU-Kollegen, außer Reinhold Bocklet und Hans August Lücker, sind Mitglieder und Funktionsträger der Paneuropa-Union.

---

[1] Plenarrede vom 15. 10. 1981
[2] Heute ist Dr. Ingo Friedrich stellv. Parteivorsitzender der CSU und Vizepräsident des Europäischen Parlaments. Seine Funktion als Vizepräsident der Internationalen Paneuropa-Union hält er noch immer inne. Seit dem Ausscheiden von Leo Tindemans aus dem Europäischen Parlament im Sommer 1999 leitet er überdies die Paneuropa-Intergruppe.

Das Ende eines langen Arbeitstags im Parlament verbringen die CSU-Parlamentarier oft miteinander: Heinrich Aigner, Alfons Goppel, Otto von Habsburg und die Mitarbeiter Walburga von Habsburg, Bernd Posselt und Michael G. Möhnle treffen sich abends regelmäßig in Straßburger Lokalen. Kontroverse Diskussionen gibt es zwischen Otto von Habsburg und Alfons Goppel nur über zwei Fragen: Wer die Rechnung bezahlen darf, und wie Charles de Gaulle zu beurteilen ist. Der frühere bayerische Ministerpräsident Goppel kann sich als leidenschaftlicher Föderalist mit dem großen französischen Staatsmann nicht anfreunden.

Als Verbindungsglied zwischen der Internationalen Paneuropa-Union und dem Europäischen Parlament gründet Otto von Habsburg im Jahr 1980 die Paneuropa-Parlamentariergruppe, die viele Abgeordnete aus den nicht-sozialistischen Fraktionen vereint. Ein Jahr später gelingt es trotz scharfer Widerstände vonseiten der Parlamentspräsidentin Veil, diese Gruppe als offizielle interfraktionelle Arbeitsgruppe des Parlaments anerkennen zu lassen.

Zum EVP-Fraktionsvorsitzenden Egon Klepsch hat Otto von Habsburg ein ausgesprochen gutes Verhältnis. Klepsch schätzt an dem Habsburger, dass dieser in der Lage ist, dank seiner persönlichen Freundschaften und Übernationalität gute Kontakte zu nicht-sozialistischen Gruppen zu pflegen. Als Klepsch 1982 das Präsidentenamt ansteuert[1], wird er von Otto von Habsburg unterstützt. Doch vor der Wahl kommt das Gerücht auf, es gebe ein politisches Geschäft zwischen Klepsch und Habsburg: Wenn Klepsch Präsident werde, bekäme Otto von Habsburg den Vorsitz im Politischen Ausschuss. Der Betroffene notiert dazu: »Ganz abgesehen davon, dass ich darüber mit Klepsch überhaupt nie gesprochen habe, habe ich auch absolut keine Lust, diese Stellung zu übernehmen. (...) Ich

---

[1] Im Europäischen Parlament wird in der Mitte der Legislaturperiode ein neuer Präsident gewählt. Ebenso werden alle anderen Ämter und Funktionen, Mitgliedschaften in Delegationen und Ausschüssen alle zweieinhalb Jahre neu bestimmt, während nur alle fünf Jahre die Direktwahl zum Europaparlament stattfindet.

würde den Vorsitz sogar wenn er mir auf einem Silberteller angeboten wird, nicht annehmen.«[1]

Mit der nahenden Präsidentenwahl wird das Klima im Parlament immer unfreundlicher, die Feindschaften immer stärker. Außer Klepsch stehen Edward Scott-Hopkins von den britischen Konservativen und der holländische Sozialist Piet Dankert zur Wahl. Otto von Habsburg versucht die Konservativen dafür zu gewinnen, die Kandidatur von Scott-Hopkins zurückzuziehen, um eine Mehrheit für Klepsch zu sichern. Es gelingt ihm nicht, da persönliche Rivalitäten in diesem Wahlkampf eine Rolle spielen. Am 19. Januar 1982 verliert Egon Klepsch im vierten Wahlgang gegen Dankert. Nachdem Scott-Hopkins ausgeschieden war, stimmten die Konservativen gegen Klepsch, weil sie dachten, er würde ohnehin die Wahl gewinnen. Das Parlament mit seiner breiten nicht-sozialistischen Mehrheit hat plötzlich einen sozialistischen Präsidenten. Anstelle des an der Präsidentenwahl gescheiterten Egon Klepsch wird der italienische Christdemokrat Paolo Barbi zum Fraktionsvorsitzenden der EVP gewählt. Barbi ist damals einer der Vizepräsidenten der Internationalen Paneuropa-Union. Otto von Habsburg schätzt ihn persönlich, gerät mit ihm jedoch in den nächsten Jahren wegen dessen schwacher Führung mehrfach in Konflikt.

Nur 10 Monate später kommt Dankert unter Beschuss mehrerer Fraktionen, als er nach dem Tod von Leonid Breschnew eine erstaunlich anerkennende Trauerrede hält. In seiner Erklärung vom 15. November 1982 preist der Parlamentspräsident Breschnew als Verfechter des Friedens und als einen großen Staatsmann. Im Plenum des Europäischen Parlaments äußert sich Otto von Habsburg damals so: »*Herr Präsident, (…) Wir bedauern, dass Sie Herrn Breschnew, der schließlich der Autor der berühmten Breschnew-Doktrin war, eine der größten Manifestationen der Verachtung der Souveränität der Völker, einen Mann des Friedens genannt haben. Außerdem ist am Tag, als Breschnew starb, der Führer der sowjetischen Baptisten, Herr Nicolai Petrowitsch Chabov in einem KZ gestorben, in das ihn Breschnew eingesperrt hat. An ihn, der für seinen Glauben, für die anständigen Prinzipien des Christentums gestorben ist, hat sich niemand erinnert.*«

---

[1] Bericht aus dem Europaparlament Nr. 25 vom 1. 11. 1981

Im Politischen Ausschuss löst Otto von Habsburg im Januar 1981 den bisherigen Obmann seiner Fraktion, Erik Blumenfeld, ab. Mit einem großen Spektakel tritt Blumenfeld aus der CDU/CSU-Gruppe aus, was von den meisten als Erleichterung wahrgenommen wird. Das wichtige Amt des außenpolitischen Sprechers seiner Fraktion bzw. des Obmanns der EVP im (Außen-)Politischen Ausschuss behält Otto von Habsburg bis zum Ende seiner parlamentarischen Zeit im Juni 1999. Seine außenpolitische Kompetenz ist unbestritten, zumal er mit seinen wichtigsten Vorhersagen Recht behielt.[1] Dem Paneuropa-Präsidenten geht es nun darum, den Politischen Ausschuss zu einem Motor der parlamentarischen Arbeit zu machen. Dazu muss er zunächst die nicht-sozialistischen Kräfte optimal koordinieren: *»Ich werde jedes Mal vor jeder Sitzung des Politischen Ausschusses zuerst eine Sitzung aller Mitglieder und aller Ersatzmitglieder der Christdemokraten einberufen und anschließend eine gemeinsame Sitzung mit den Konservativen, Liberalen und den Fortschrittsdemokraten haben, um möglichst in allen Fragen eine einheitliche bürgerliche Haltung zu erreichen. Ich bin gleichzeitig entschlossen, alles zu tun, um in den Fragen der Politik und der Außenpolitik eine gemeinsame Linie des bürgerlichen Lagers zu erreichen.«*[2] Ein glücklicher Umstand ist, dass die Sprecher der anderen nicht-sozialistischen Fraktionen ihm freundschaftlich verbunden sind und seine Idee gerne aufnehmen.

Oft finden sich in Otto von Habsburgs Kalendern Einträge wie »Abstimmungen verloren wegen Absenzen« oder »Abstimmung geht nicht durch wegen nicht vorhandener Faulpelze«. Er, der vom ersten Tag an auf absolute Präsenz und vollen Einsatz pocht, hat wenig Verständnis für Abgeordnete, die während wichtiger Beratungen oder Abstimmungen fehlen. Während der ersten Legislaturperiode erstellt er eine Strichliste über die Präsenz der deutschen Abgeordneten. Zwischen September 1981 und Juli 1983 tagt

---

[1] Nur ein Bsp. von vielen: Man hatte ihn belächelt, als er ein Jahr vor den amerik. Präsidentenwahlen voraussagte, dass Ronald Reagan die Wahl gewinnen würde. Doch der nordrhein-westfälische Abgeordnete Majonica erinnerte nach den Wahlen daran, dass es Otto von Habsburg offensichtlich besser gewusst hatte.
[2] Bericht aus dem Europaparlament Nr. 28 vom 1.2.1982

das Europäische Parlament an 117 Tagen. 100% der Anwesenheit erreicht von den deutschen Abgeordneten nur Otto von Habsburg selbst, gefolgt von Kurt Wawrzick (CDU), der an 115 Tagen präsent ist und Horst Seefeld (SPD) mit 114 Tagen. Siegbert Alber kommt auf 113, Konrad Schön auf 112 Tage Anwesenheit. Der deutsche Altbundeskanzler Willy Brandt, der noch 1979 SPD-Spitzenkandidat für die Europawahl war, erreicht im selben Zeitraum nur 18 Tage. Um die Anwesenheit zu verbessern und Druck auf die Mandatare auszuüben, setzt Otto von Habsburg namentliche Abstimmungen durch. Ihm ist klar, dass in der mangelhaften Anwesenheit viel Munition für Wahlkämpfe steckt.[1] Schließlich setzt Otto von Habsburg in der EVP durch, dass die Namen derer, die bei wichtigen Abstimmungen fehlen, an die nationalen Parteiführungen weitergemeldet werden. Ingo Friedrich bezeichnet Otto von Habsburg als »Zuchtmeister des Europaparlaments« und »aristokratischen Wehner«[2]. Otto von Habsburg meint dazu rückblickend: »*Am Schluss sind ja sogar Sozialisten zu mir gekommen und haben sich entschuldigt, wenn sie nicht da waren. Von der anderen Seite genauso. Ich war hoffentlich nicht immer so pöbelhaft wie der Wehner, so ein, zwei Mal sicher auch. Aber ich bin schon sehr streng gewesen.*«

Das Wort von der »Eurosklerose«

Der Europawahlkampf von 1984 ist von Anfang an besonders schwierig. Das Wort von der »Eurosklerose« macht die Runde. In Deutschland will die SPD die Europawahl zur ersten Testwahl gegen die Regierung Kohl machen. Die Debatten um die Agrarpolitik sorgen für schlechte Stimmung. In der CSU gerät die Auf-

---

[1] Die Anwesenheitsrate der dt. Abgeordneten entwickelt sich schließlich positiv. Die Franzosen und Italiener fehlen dagegen häufig, was damit zu tun hat, dass in Frankreich und Italien Doppelmandate weiterhin erlaubt sind. Es kann also jemand gleichzeitig Mitglied der ital. Abgeordnetenkammer und des Europaparlaments oder Bürgermeister einer franz. Stadt und Europaabgeordneter sein.
[2] Ingo Friedrich, »Kämpferisch in Straßburg – Der ›aristokratische Wehner‹«, in: »Einigen – nicht trennen. Festschrift für Otto von Habsburg«, hrsg. v. Walburga v. Habsburg und Bernd Posselt

stellung der Europaliste im Spätherbst 1983 zu einem großen Gerangel zwischen dem JU-Landesvorsitzenden Gerd Müller, Graf Stauffenberg und Günther Müller. Unumstritten ist diesmal die Kandidatur von Otto von Habsburg auf Platz drei[1]. Sogar die JU hat sich, im Gegensatz zum Wahlkampf von 1979, für ihn ausgesprochen.

Otto von Habsburg konzentriert sich intensiv auf den Wahlkampf: »*Gerade die letzten Wochen haben mir erneut den Beweis erbracht, wie sehr z.B. die Begriffe Großeuropa und christliches Europa bei Menschen ankommen, die durch die Statistiken der EG ermüdet sind. Ich habe dies nicht nur anlässlich einer Darstellung unserer politischen Arbeit im Europaparlament vor der CDU/CSU-Fraktion im Bundestag in Bonn bemerkt, sondern auch anlässlich einer großen Europakundgebung in Antwerpen. Der Effekt war sehr tief, weil ich eine andere Sprache gesprochen habe als die meisten Politiker. Die Menschen haben mehr Sinn für geistige und kulturelle Werte als allgemein angenommen wird.*«[2]

Der Ausgang der Wahlen vom 18. Juni 1984 ist eine Enttäuschung. Die Wahlbeteiligung liegt extrem niedrig, die CSU büßt ihr achtes Mandat ein. Die Grünen, denen es gelungen ist, ihre Wähler zu mobilisieren, ziehen mit sieben Abgeordneten in das Europaparlament ein. Otto von Habsburg beklagt die mangelnde Aktivität der großen etablierten Parteien. »*Ich habe während des Europawahlkampfes auf 192 Veranstaltungen gesprochen, davon fast alle in Deutschland, aber auch einige in England, Italien, Belgien, Frankreich und Luxemburg. Nahezu die Hälfte waren nicht durch Parteien, sondern durch die Paneuropa-Union organisiert. Ich habe in der gleichen Zeit 52 000 km per Auto und 6700 km per Flugzeug zurückgelegt. Es wurde also meines Erachtens das Möglichste getan und ich kann mich auch nicht über fehlendes Interesse bei den Versammlungen beklagen. Das Publikum war wesentlich mehr als bei früheren Gelegenheiten.*«[3]

---

[1] Bei der Delegiertenversammlung zur Aufstellung erreichte Otto von Habsburg 149 von 162 Stimmen. Als Listenführer kandidierte der bayerische Sozialminister Fritz Pirkl, da Altministerpräsident Goppel sich aus Altersgründen zurückzog.
[2] Bericht Nr. 51, 1. 3. 1984
[3] Bericht aus dem Europaparlament Nr. 55 vom 1. 7. 1984

Ideologische Kämpfe

Nach dem Einzug der französischen »Front National« unter Jean-Marie Le Pen versuchen die Sozialisten im Europäischen Parlament eine Praxis der italienischen Abgeordnetenkammer, den »Verfassungsbogen«, durchzusetzen. In Italien führt dies dazu, dass man bei Abstimmungen wohl die Stimmen der Kommunisten zählt, nicht aber die des nationalistischen MSI. Dieses Modell soll nun auf das Europäische Parlament übertragen werden, um die Gruppe von Le Pen[1] auszugrenzen, während zugleich die Kommunisten innerhalb des Verfassungsbogens angesiedelt werden sollen. Die bisherigen nicht-sozialistischen Fraktionen haben eine Mehrheit von nur einem Sitz, wobei ungewiss ist, wohin sich die Liberalen orientieren. Otto von Habsburg bemüht sich intensiv, die Praxis des Verfassungsbogens zu verhindern, »*trotz des Tobens der Linken und der Medien und obwohl wir eine feige Gruppe hatten, die nur zu gerne bereit war, nachzugeben. Ein betrüblicher Kommentar zum Kenntnisstand unserer Politiker ist, dass zu Beginn der Manöver wir nur zu zweit waren, Klepsch und ich, die den Plan erkannten und diesen durchkreuzten*«.[2]

Die Linke bleibt bei ihrer Taktik: Im Herbst 1984 wird ein Unterausschuss »Faschismus und Rassismus« ins Leben gerufen, um rechtsextreme Tendenzen in Europa zu untersuchen. Otto von Habsburg versucht zunächst, diesen »total überflüssigen und kostspieligen Ausschuss zu verhindern«[3], was aber nicht gelingt. Dafür erreicht die EVP, dass einer ihrer Abgeordneten Berichterstatter wird, und dass das Thema so weit umformuliert wird, dass auch gegen den Linksextremismus Stellung genommen werden kann. »In der Zwischenzeit wird es aber viele unangenehme Episoden geben und eine Unsumme an Arbeit, von der man jetzt schon überzeugt sein kann, dass sie völlig sinnlos sein wird. Sie muss aber trotzdem getan werden, um diese wichtige Waffe nicht den Gegnern unserer Gesellschaftsordnung zu überlassen«[4], notiert Otto von Habs-

---
[1] Otto von Habsburg charakterisiert Le Pen als Haudegen und Demagogen ohne große politische Bildung.
[2] Bericht aus dem Europaparlament Nr. 1 vom 1. 8. 1984
[3] Bericht aus dem Europaparlament Nr. 3 vom 1. 11. 1984
[4] Bericht aus dem Europaparlament Nr. 4 vom 1. 12. 1984

burg. In den öffentlichen Anhörungen organisieren Otto von Habsburg, Graf Stauffenberg und der Grieche Efrigenis Auftritte von namhaften Persönlichkeiten wie Simon Wiesenthal, Patrick Wajsmann, Jean François Revel, André Glucksmann und Erwin Scheuch. Langsam wird der Linken klar, dass sie am Schluss auf der Anklagebank sitzen wird. Otto von Habsburg kommentiert: »*Mehr und mehr entwickelt sich der Unterausschuss in der Richtung, dass es eben nicht um Faschismus, sondern um Totalitarismus geht. Dieser Begriff schließt die Kommunisten und Grünen ein. (…) Die Linken sind schon so verzweifelt, dass sie nunmehr beschlossen haben, eine eigene Anhörung nur vonseiten der Linken in England abzuhalten. Das ist ein großes Schwächezeichen.*«[1] Am Ende gelingt es, die Intention der Sozialisten ins Gegenteil zu verkehren: »Es ist auch offensichtlich, dass die Sozialisten heute über ihren seinerzeitigen Erfolg, diesen Untersuchungsausschuss zu schaffen, nicht mehr glücklich sind und ihn gerne los wären.«[2]

Als die Linke im Europäischen Parlament im Februar 1982 eine große Offensive für das europaweite Recht auf Abtreibung startet, bemerkt Otto von Habsburg: »*In der Frage der Abtreibung haben wir eindeutig die Abstimmungen verloren. Die Konservativen sind gespalten. Die Schlacht wurde mit ungewöhnlicher Härte geführt und dürfte auch in Zukunft noch ziemlich viel Wunden hinterlassen. (…) Reaktion von kirchlichen Seiten, evangelisch und katholisch, waren geradezu null. Es ist auch bezeichnend, dass kirchliche Vertreter vielfach geradezu entmutigend einigen Fakten und eher faulen Kompromissen zuneigen.*« Auch im Rahmen einer Debatte über den Tierschutz findet Otto von Habsburg scharfe Worte gegen die Tötung der Ungeborenen: »*Selbstverständlich sollten wir die gefährdeten Tierarten mit aller Kraft verteidigen, aber vergessen wir darüber nicht, dass es auch ein Unrecht ist, wenn man ungeborene Kinder abtreibt. In Europa ist gerade ein Film von Professor Natanson angelaufen, der die größte Abtreibungsklinik in den USA geführt hat. Der Film heißt ›The Silent Cry‹. Er ist aufwühlend, weil er zeigt, was die Föten zu erleiden haben. Daher ein Ja zur Verteidigung der Tiere,*

---
[1] Bericht aus dem Europaparlament Nr. 8 vom 1. 4. 1985
[2] Bericht aus dem Europaparlament Nr. 11 vom 1. 7. 1985

aber auch ja zur Verteidigung von Menschen, die sich selbst nicht verteidigen können.«[1] Die niederländische Christdemokratin Hanja Maij-Weggen ist von diesen Worten so entsetzt, dass sie mit Tränen in den Augen das Plenum verlässt.

Neuerlich nimmt Otto von Habsburg in einer Debatte am 12. Juli 1990 zur Abtreibung Stellung: »*Ein Kind ist ein Kind, vom Augenblick der Empfängnis an. Wer diesem Kind vom Augenblick der Empfängnis an sein Recht stiehlt, der ist schuldig. Ich möchte noch einmal betonen – es hat zwar einige Aufschreie gegeben, aber es muss einmal gesagt werden: Abtreibung ist Mord!*« Otto von Habsburg schreibt damals in seinem Monatsbericht: »*Die Sozialisten sind auf Teufel-komm-raus entschlossen, eine europaweite Ordnung für die Abtreibung durchzusetzen. Ich habe in einer sehr stürmischen Sitzung gesprochen, da ich fortwährend von extremen Sozialisten aus Deutschland lärmend unterbrochen wurde. Aber das hat nichts ausgemacht, und ich glaube, es ist wesentlich, dass wir in dieser Frage nicht kapitulieren.*«

»Nur eine religiöse Lobby fehlt«

Die Plenarwoche im Oktober 1988 steht im Zeichen des Besuchs von Papst Johannes Paul II. Die Rede des Papstes am 11. Oktober und seine Aufforderung, die geistig-religiöse Dimension Europas in der Arbeit nicht zu vergessen, hinterlassen einen tiefen Eindruck bei den Parlamentariern. Der Papst spricht überdies als überzeugter Großeuropäer. Am Beginn der Rede des Heiligen Vaters kommt es zu einem Zwischenfall mit dem nordirischen Abgeordneten Ian Paisley, der den Papst mit Gebrüll unterbricht. Für Otto von Habsburg und einige andere ein Grund zum Handeln: »*Da von den amtlichen Stellen nicht schnell genug reagiert wurde, haben einige von uns Paisley genötigt, den Saal zu verlassen. Insbesondere haben wir ihm seine Plakate mit Beleidigungen des Papstes weggerissen. Es wurde dabei von Paisley behauptet, ich hätte ihn geschlagen. Das stimmt nicht. Es war ein anderer Kollege, der ihm einen wohlverdienten Schlag versetzte. Allerdings war ich beim Hinausschmiss des*

---

[1] Plenarrede vom 15. 3. 1985

Mannes dabei. Sogar wenn man so alt ist wie ich, gibt es Momente, wo einem das Temperament durchgeht. Die Reaktion auf meine Mittäterschaft war ungemein positiv. Ich habe eine große Anzahl von Briefen von evangelischen und ›Church of England‹-Freunden und Unbekannten erhalten, die mir zur Aktion gratulierten. Es muss nämlich gesagt werden, dass Paisley keineswegs Mitglied einer respektablen Religion ist. Er gehört einer miesen Kleinsekte aus Amerika an. Er wurde in USA zum Pastor gemacht. Ein Grund der Publizität des Zwischenfalls war die Anwesenheit so ziemlich sämtlicher Radio- und Fernsehstationen Europas.«[1]

Anlässlich des Papstbesuches führt der Korrespondent der Katholischen Nachrichtenagentur (KNA), Karl-Heinz Hock, ein Interview mit Otto von Habsburg und berichtet darüber folgendermaßen: »*Aber vielleicht hat dieser Papst den 518 Abgeordneten einen Anstoss gegeben, sich stärker mit den großen geistigen Fragen unserer Zeit zu befassen. Otto von Habsburg, Abgeordneter der EVP, hegt ein wenig diese Hoffnung, nicht zuletzt deshalb, weil das Parlament seiner Meinung nach in diesem Bereich einen ›ungeheuren Nachholbedarf‹ hat. ›Der Papst hat einmal etwas Religiöses in dieses Haus gebracht, das ist wahnsinnig selten‹, kommentiert von Habsburg die Rede des Oberhauptes der katholischen Kirche vor den Abgeordneten in einem Gespräch mit der Katholischen Nachrichtenagentur. Vergisst man die Demonstration des als ›Papstfresser‹ sattsam bekannten Einzelgängers, des nordirischen Abgeordneten Ian Paisley, sieht man einmal über eine ganze Reihe leer gebliebener Abgeordnetensitze hinweg – auch eine Demonstration –, dann war an diesem 11. Oktober 1988 für den Mann aus dem Vatikan und für das, was er sagte, mehr Zustimmung als Reserviertheit zu spüren. ›Ich sitze unter lauter Protestanten, die von der Rede des Papstes tief beeindruckt waren‹, schildert Otto von Habsburg seine Beobachtungen im Plenarsaal. Dies alles darf jedoch nicht zu dem Irrtum verleiten, dass das Stichwort ›christliches Europa‹ in Straßburg oder Brüssel eine Rolle spielen würde. Allenfalls 10% der Abgeordneten, hört man, interessierten sich überhaupt für Fragen des Christentums. ›Grandios‹ findet es von Habsburg, wie uns der Papst an die großen Fragen heran-*

---

[1] Bericht aus dem Europaparlament Nr. 48 vom 1. 11. 1988

geführt hat. Dazu zählt er auch die ›slawische Dimension‹, ‚dass es ein Europa gibt, jenseits der Jalta-Linie‹. Am meisten aber dürfte der Appell des Papstes beeindruckt haben, in dem er ›alle geistigen Familien des Kontinents‹ aufforderte, darüber nachzudenken, zu welchen düsteren Aussichten der Ausschluss Gottes als letzter Instanz der Ethik und höchster Garantie gegen alle Missbräuche der Macht des Menschen über den Menschen aus dem öffentlichen Leben führen könnte. Für von Habsburg wurde damit eine der wesentlichen Fragen der Zukunft Europas angesprochen. (...) Von Habsburg meint, dass die Kirchen auf europäischer Ebene aktiver sein sollten. ›Alle anderen haben hier eine echte Präsenz, ob Industrie oder Gewerkschaften, selbst die Tierschützer erreichen viel, weil sie da sind – ‚nur eine religiöse Lobby fehlt‹.«[1]

Die so genannten kleinen Themen

Oft und gerne engagiert sich Otto von Habsburg für Themen, die unvorhergesehen in seinem Gesichtsfeld auftauchen und sein Interesse wecken. Ein Beispiel dafür ist die Flussperlmuschel, für deren Rettung sich der Münchner Journalist Karl-Heinz Reger massiv einsetzt. Reger gelingt es, in Otto von Habsburg einen wirkungsstarken Mitstreiter zu gewinnen. Bereits 1987 thematisiert der Habsburger die Frage der Flussperlmuschel im Europäischen Parlament.

Ein anderes Beispiel ist Otto von Habsburgs Auseinandersetzung mit der Frage der Kormorane. Der Autor staunte nicht schlecht, als er sich ganz zu Beginn seiner Assistententätigkeit für Otto von Habsburg im Europäischen Parlament als allererstes mit den Kormoranen befassen musste. Bayerische und österreichische Fischer hatten geklagt, durch das Überhandnehmen von Fischreihern und Kormoranen würden viele Fische verletzt und ihre Fischbestände ernstlich gefährdet. Gemeinsam mit seinem niederbayerischen Kollegen Xaver Mayer und seiner niedersächsischen Kollegin Brigitte Langenhagen setzt sich Otto von Habsburg deshalb ab Juli 1994 im Europaparlament für eine Überprüfung des Schutzes der Kormorane ein. Dabei spricht er sowohl die wirt-

---

[1] Zit. nach »Deutsche Tagespost«, 23. 10. 1988

schaftliche Bedeutung der Hochseefischerei für Spanier, Franzosen und Portugiesen an, als auch die Probleme der mitteleuropäischen Fischer. Den großen außereuropäischen Industrienationen, insbesondere den USA, Japan und Russland, hält er vor, die Meere leer zu fischen.

Auch in der »Bananenfrage«, die das Europäische Parlament mehr als einmal beschäftigt, nimmt Otto von Habsburg Stellung: Er äußert die Ansicht, dass die Amerikaner hier nur die wirtschaftlichen Interessen ihrer Großkonzerne vertreten, welche Pflanzungen in Mittel- und Südamerika besitzen. In seinem Monatsbericht vom 1.4.1999 wehrt er sich gegen den Vorwurf, man würde der Bevölkerung Mittel- und Südamerikas die Lebensgrundlage entziehen, wenn man der Einfuhr der sogenannten »Dollar-Bananen« nach Europa einen Riegel vorschiebt: *»Da ich selbst in diesen Pflanzungen war, weiß ich, dass dies nicht stimmt, weil es sich da um ganz große extensive Pflanzungen handelt, die praktisch kaum eine Arbeitsmöglichkeit geben. Dazu kommt auch immer wieder die Behauptung, dass man die Leute zwingen würde, Rauschgift anzupflanzen, wenn man ihnen ihre Bananen wegnimmt. Das ist schon darum falsch, weil die Bananenpflanzungen am besten in den sumpfigen Tiefgebieten liegen, wo die Pflanzen für das Rauschgift gar nicht wachsen, da sich diese auf den Höhen befinden, wo man wieder keine Bananen pflanzt.«*

Wahrlich mehr als ein kleines Thema ist für Otto von Habsburg die Frage der Visa für Studenten und Au-Pair-Jugendliche aus den assoziierten Ländern Mittel- und Osteuropas. Dagegen nimmt er sich um die Frage des Imports von Schnittblumen in die EU einfach deshalb an, weil ihn deutsche Blumenhändler darum bitten. Ebenso kein kleines Thema, aber eines, das nicht im Zentrum des Wirkens von Otto von Habsburg steht, behandelt er im Mai 1998, als er über die Kriminalität mit Kreditkarten spricht. Als bayerischer Abgeordneter kümmert er sich auch um bayerische Traditionen wie z.B. den Schnupftabak. Ein Traditionsunternehmen der Schnupftabakherstellung wendet sich Hilfe suchend an ihn, da eine Richtlinie der Kommission übergroße Warnhinweise für alle Tabakprodukte vorsieht.

Otto von Habsburg befragt Rat und Kommission zum Verhältnis zwischen der EU und den Kleinstaaten Monaco, Andorra und San

Marino, über die Sicherheit in Flugzeugen, über die Geschwindigkeitskontrollen von ausländischen Autos auf belgischen Autobahnen, über die Abschaffung der Visapflicht für osteuropäische Länder oder über die Kunstwerke im Brüsseler Parlamentsgebäude, die er besonders hässlich findet.

Ganz unerwartet viel Echo erhält Otto von Habsburg, als er sich gegenüber der Kommission besorgt »über den Verfall unserer Volksmusik« zeigt und für eine stärkere Förderung der echten Volksmusik einsetzt. Als er im Januar 1998 im Plenum des Europaparlaments den für Kultur zuständigen spanischen Kommissar Oreja dazu auffordert, verspricht dieser sofort, die Volksmusik in die Strukturpolitik der Kommission zu integrieren. Die Medien nehmen sich der Themen erstaunlicherweise stark und kontrovers an.

Politische und persönliche Zäsuren

Eine Zäsur für die CSU und einen großen Verlust für Otto von Habsburg bedeutet der Tod von Franz Josef Strauß am 3. Oktober 1988. Er nimmt an den Trauerfeierlichkeiten in München und Rott am Inn am 7. und 8. Oktober teil. Und er ahnt, dass das Ende der Ära Strauß politische Gefahren birgt: »Wir werden insbesondere darauf achten müssen, dass der Satz, die CSU darf keine demokratisch legitimierte Partei rechts von sich dulden, heute aktueller denn je ist. Das wird eine Aufgabe sein, der ich mich in den kommenden Monaten noch stärker als bisher widmen werde.«[1]

Otto von Habsburgs eigene Aufstellung für die Europaliste 1989 erfolgt unproblematisch. Probleme macht einmal mehr Reinhold Bocklet, der Spitzenkandidat werden will. Otto von Habsburg beschreibt die Lage so: »*In der CSU-Gruppe des Europaparlaments läuft leider nicht alles so, wie es sein sollte (…) weil ein Europaabgeordneter, Reinhold Bocklet, es sich in den Kopf gesetzt hat, an die Spitze der Liste zu gelangen und alles versucht, mit wenig anständigen Mitteln seinen Willen durchzusetzen. Bocklet war schon immer*

---
[1] Bericht aus dem Europaparlament Nr. 48 vom 1. 11. 1988

ein Einzelgänger. Er will Minister Pirkl ersetzen und hat diesbezüglich Intrigen zu einer Zeit gesponnen, in der man infolge der Trauer beschlossen hatte, die Rivalitäten zu beenden. So ist dann ab Oktober ein unschöner Kampf entbrannt, dessen Ausgang erst am 3. Dezember zu erwarten ist. Schon bisher war Bocklet sehr isoliert. Man nannte die CSU eine Gruppe aus sechs plus einem Abgeordneten, wobei der eine Bocklet ist.«[1] Reinhold Bocklet kann erst im letzten Moment vom neuen Parteivorsitzenden Theo Waigel umgestimmt werden, nachdem die übrigen Europaabgeordneten ihm erklärt hatten, dass sie ihn auf keinen Fall zum Vorsitzenden der CSU-Gruppe wählen würden.[2]

Otto von Habsburg stürzt sich in den Wahlkampf. Bereits im Dezember ist der Terminkalender mit Wahlveranstaltungen bis zum 18. Juni 1989 restlos ausgebucht. Sein Hauptziel besteht darin, während dieses Wahlkampfs die Wählerschichten zu erreichen, die seinerzeit Strauß vor der Versuchung der Extrem-Rechten schützte. Durch das Erstarken von Franz Schönhubers Partei der »Republikaner« ist es notwendig geworden, sich stärker mit dieser Gefahr zu befassen.

*

Am 14. März 1989, einem Dienstag, wird Otto von Habsburg jäh aus der Arbeit gerissen. In den frühen Morgenstunden stirbt seine Mutter, Kaiserin Zita, im Alter von fast 97 Jahren. Bereits seit einigen Monaten war sie durch eine Lungenentzündung sehr geschwächt. Die sich abzeichnende Öffnung des Eisernen Vorhangs konnte sie noch mit wachem Interesse verfolgen. Die Nachricht vom Tod seiner Mutter erreicht Otto von Habsburg während einer Plenarsitzung in Straßburg. Noch am selben Tag fährt er nach Pöcking.[3] Zwei Tage später trifft sich die Familie in Muri, wo die Kaiserin bis zu ihrer Überführung nach Österreich aufgebahrt wird. Die Beiset-

---

[1] Bericht aus dem Europaparlament Nr. 49 vom 1. 12. 1988
[2] Die Reihung der Kandidaten: 1 Fritz Pirkl, 2 Ursula Schleicher, 3 Otto von Habsburg, 4 Ingo Friedrich, 5 Reinhold Bocklet, 6 Gerd Müller, 7 Graf Stauffenberg, 8 Günther Müller, 9 Edgar Schiedermeier
[3] Zur Organisation der Beisetzung hatte sich ein Komitee unter der Leitung seines Sohnes Karl zusammengefunden, dem u.a. sein Sohn Georg, Bernd Posselt, Georg v. Hohenberg und Erich Feigl angehörten.

zung erfolgt am 1. April, dem Todestag Kaiser Karls, in Wien unter riesiger Anteilnahme der Bevölkerung.
Unter den Trauergästen befinden sich führende Repräsentanten des öffentlichen Lebens. Eindrucksvoll treten die Abordnungen aus den ehemaligen Kronländern auf: Ungarn, muslimische Bosniaken, Polen, Slowenen, Tschechen, Kroaten, Siebenbürger, Südtiroler und Sudetendeutsche. Nach der Beisetzung in Wien fährt die Familie nach Budapest, wo am 3. April von ungarischen Bischöfen ein Requiem in der Matthiaskirche gefeiert wird – in jener Kirche, in der Otto von Habsburg 73 Jahre zuvor die Krönung seiner Eltern miterlebte. Dieses Requiem für Königin Zita zieht Tausende von Menschen an. Otto von Habsburg und seine Begleiter haben Mühe, durch die Menschenmassen in das nahegelegene Hotel zu gelangen. Spontan beginnen die Menschen, die ungarische Hymne zu singen.

*

Die kommenden Monate stehen ganz im Zeichen des Wahlkampfs. Am Abend des 18. Juni 1989 kann die CSU feststellen, dass sie trotz eines Wahlergebnisses von unter 50% ihre sieben Sitze behalten hat. Die CDU muss hingegen stärkere Einbrüche hinnehmen, was eine leichte Kräfteverschiebung innerhalb der CDU/CSU-Gruppe im Parlament bedeutet. Schönhubers »Republikaner« ziehen mit sechs Abgeordneten ins Europaparlament ein. Otto von Habsburg macht für das Wahlergebnis die CDU verantwortlich: »›Wir sind in den Strudel der Schwesterpartei geraten‹, diktiert Otto von Habsburg (76) ältester und wohl bekanntester CSU-Europaparlamentarier, die hohen Unionsverluste der Hochrechnungen vor Augen, den Journalisten in die Blöcke.«[1] Und: »›Wir müssen wieder zu Franz Josef Strauß zurückkehren, dazu wird es höchste Zeit‹. Die CDU vor allem habe bei der Darstellung der deutschen Ziele und der christlichen Aussage Klarheit vermissen lassen.«[2]

---

[1] »Münchner Merkur«, 19. 6. 1989
[2] »Landsberger Tagblatt«, 19. 6. 1989

VII. Im Einsatz für das neue Europa (1988–1999)

1. Ein Revolutionär auf Reisen

Mitte der 80er Jahre zeichnet sich ab, dass Moskau an verbesserten Beziehungen zwischen der EG und dem »Rat für gegenseitige Wirtschaftshilfe« (COMECON) interessiert ist. Der Sowjetunion geht es dabei nicht um eine Strategie der Entspannung, sondern um Wirtschaftshilfe und Kredite. Im Herbst 1986 sendet Moskau Einladungen an die großen Fraktionen im Europäischen Parlament, auf parteipolitischer Ebene mit den Gesprächen zu beginnen. Otto von Habsburg setzt auf eine andere Strategie: Anstelle des Dialogs zwischen Brüssel und Moskau soll die EG mit den Ländern des »Ostblocks« auf bilateraler Ebene Beziehungen knüpfen. Er weiß, dass viele der Satellitenstaaten der Sowjetunion die Gesprächsebene EG-COMECON vermeiden wollen, weil sie dadurch in ihrer ohnedies geringen Eigenständigkeit weiter geschwächt zu werden fürchten. Otto von Habsburg unterstützt deshalb einen Bericht, mit dem das Europäische Parlament die EG-Kommission auf die Pflege bilateraler Beziehungen festlegen will. Außerdem gründet sich unter dem Vorsitz des Paneuropa-Präsidenten im Europäischen Parlament eine Arbeitsgruppe »Mittel- und Osteuropa«, die regelmäßig Gäste aus mitteleuropäischen Ländern jenseits des Eisernen Vorhangs einlädt. Hier sprechen der Präsident des kroatischen Exil-Nationalrats, Mate Mestrović[1], der spätere slowenische Parlamentspräsident France Bucar, Delegationen des polnischen und des tschechischen Parlaments. Bucar, der im Januar 1988 unter großen persönlichen Risiken nach Straßburg anreist, beeindruckt die Abgeordneten sehr.

---
[1] Otto von Habsburg notiert nach dem Vortrag von Mestrović 1987: »Die Lage in Jugoslawien scheint potenziell sehr ernst zu sein. Sollte dort etwas geschehen, würde das auf uns starke Auswirkungen haben.«

Wieder in Ungarn: Nach 70 Jahren der Verbannung

Am 13. Juli 1988 betritt Otto von Habsburg erstmals ein Land des noch voll funktionsfähigen »Warschauer Paktes«: Unter strengster Geheimhaltung vorbereitet und fast ein Jahr lang geplant, trifft der einstige Kronprinz Österreich-Ungarns in Ungarn ein. Wenige Wochen zuvor hat Ungarn als erstes »Ostblock«-Land die Aufnahme diplomatischer Beziehungen zur EG vereinbart. Otto von Habsburg ist zu jener Zeit im Europäischen Parlament Vizepräsident der zuständigen Verhandlungsdelegation. Er will aber zuerst als Privatmann nach Ungarn reisen und mit dem ungarischen Volk in Tuchfühlung kommen, bevor er als Europaparlamentarier amtlich nach Budapest kommt.

Am 13. Juli 1988 kehrt er nach 70-jähriger Verbannung in seine ungarische Heimat zurück – über den Grenzübergang Bucsu, selbst am Steuer seines grünen Mercedes, in Begleitung seiner Frau, seiner Tochter Walburga und seines Assistenten und Pressesprechers Bernd Posselt. Die Fahrt geht zunächst nach Szombathely (Steinamanger), wo ihn ein junger Journalist auf der Straße erkennt, jedoch verspricht, seine Entdeckung zwei Tage lang geheim zu halten. Zwei Tage später steht die Nachricht vom überraschenden Besuch des Habsburgers nicht nur in allen ungarischen Zeitungen, sondern auch in der Weltpresse. Die kommunistischen Funktionäre der Nachbarstaaten Ungarns protestieren wütend gegen die Anwesenheit des Habsburgers.

In Budapest strömt die Bevölkerung zusammen, um Otto von Habsburg zu sehen: Menschenansammlungen vor dem Nationalmuseum, wo er die Stephanskrone besucht, mit der einst sein Vater gekrönt wurde, und vor seinem Hotel. Das ungarische Staatsfernsehen zeigt den Erben der habsburgischen Tradition ehrfürchtig vor der Krone seiner Väter. Am 17. Juli gibt Otto von Habsburg eine Pressekonferenz im Hotel Gellert. Um zwei Uhr nachts ruft ein Nachfahre von Lajos Kossuth, dem Anführer der anti-habsburgischen Revolution von 1848, in Otto von Habsburgs Hotel an, und entschuldigt sich wortreich für die Taten. Glückwünsche, Einladungen, Geschenke treffen im Gellert ein. Die ungarische Regierung wird unter dem Druck der kommunistischen »Bruderstaaten« und aufgrund der wachsenden Begeisterung der Bevölkerung bereits nervös.[1] Doch Otto von Habsburg stellt kurz vor seiner Abreise gegenüber der ungarische Presse klar: »Ich freue mich über solche Zeichen der Anhänglichkeit, aber mir geht es nicht um Restauration, sondern um ein geeintes Paneuropa, in dem auch die Völker Mitteleuropas ihr Selbstbestimmungsrecht genießen.«

Im September 1988 begrüßt Otto von Habsburg als Europaabgeordneter und Präsident der Paneuropa-Union die Aufnahme offizieller Beziehungen zwischen der EG und Ungarn, warnt aber zugleich vor Zugeständnissen an das vom Ehepaar Ceausescu diktatorisch regierte Rumänien. Das Europaparlament befasst sich daraufhin mit der Unterdrückung in Rumänien und schließt ein Handelsabkommen mit dem Staat Ceausescus aus.

Am 2. Januar 1989 läuft in den Budapester Kinos ein anderthalbstündiger Film über Otto von Habsburg. Gedreht hat den Streifen – eine Kombination aus historischem Material und aktuellen Interviews – der ungarische Regisseur Peter Bokor, der noch viele Interviews und Filmaufnahmen mit Otto von Habsburg machen sollte. Der Film, der zu einem Renner wird, verletzt gleich zwei Tabus: Er stellt die habsburgische Vergangenheit und die europäische Zukunft Ungarns anhand des Lebens und Wirkens von Otto von Habsburg dar. Allein in den ersten drei Wochen sehen 70 000 Menschen in Ungarn diesen ungewöhnlichen Kinofilm. An den Litfasssäulen prangen Plakate in den Reichsfarben Schwarz-Gold, die den jungen Otto in königlich-ungarischer Uniform zeigen. Nachdem der Film in Budapest und den Hauptorten der Komitate monatelang im Kino gelaufen ist, bringt ihn sogar das Staatsfernsehen. Die damals noch kommunistische Zeitung »Magyar Nemzet« lobt sowohl den Film als auch Otto von Habsburg, der in fehlerfreiem Ungarisch über Geschichte und Zukunft Europas referiert.

Im Februar 1989 kommt zum ersten Mal eine Delegation des von Kommunisten beherrschten ungarischen Parlamentes nach Straßburg. Otto von Habsburg reist daraufhin vom 28. Februar bis

---

[1] Zu jener Zeit stehen 80 000 Soldaten der sowjetischen Roten Armee im Land.

3. März 1989 erstmals offiziell und im Rahmen einer Delegation des Europäischen Parlaments nach Ungarn. Zu seinen beiden Vorträgen, die er in Budapest hält, kommen Tausende Zuhörer. Die Jugendlichen an der »Karl-Marx-Universität« applaudieren heftig, als der Redner Ludwig Erhard und die Soziale Marktwirtschaft erwähnt. Die APA meldet: »Seine Bemerkungen zu Fragen der europäischen und Weltpolitik wurden immer wieder von lautem Applaus unterbrochen. Ehe von Habsburg den Saal verließ, wurde die ungarische Nationalhymne gesungen. Viele der Zuhörer brachen in Tränen aus.«

Im Juni 1989 wird bei einem Abendessen in Debrecen eine Idee geboren, die Geschichte machen sollte: das Paneuropa-Picknick an der österreichisch-ungarischen Grenze. Sohn Georg erinnert sich: »*Wir diskutierten über die europäische Integration, über die Annäherung Ungarns an die EG und die Weiterentwicklung Paneuropas. Wir sprachen über verschiedene Aktionen, die von ungarischer Seite aus möglich wären, und nach einiger Zeit entwickelte sich im Gespräch folgende Idee: Man sollte ein ›Paneuropa-Picknick‹ an der ungarisch-österreichischen Grenze abhalten, bei dem symbolisch kleine Stücke des ›Eisernen Vorhanges‹ herausgeschnitten würden (...)*«[1] Staatsminister Imre Poszgay erklärt sich bereit, gemeinsam mit Otto von Habsburg die Schirmherrschaft über dieses Picknick zu übernehmen. Stattfinden soll es am 19. August – einen Tag vor dem Nationalfeiertag, dem Tag des heiligen Königs Stephan.

Doch dann überschlagen sich die Ereignisse: Im Juli schafft das Europäische Parlament eine eigene Ungarn-Delegation, deren Gründungspräsident Otto von Habsburg wird. Zugleich beginnt Ungarn, seine Grenzsperren zu Österreich abzubauen. Anfang August sammeln sich viele Deutsche aus der DDR in der Botschaft der Bundesrepublik Deutschland in Budapest. Ihr Urlaubsland Ungarn erscheint ihnen plötzlich als das Tor zur Freiheit. Am 13. August muss die Deutsche Botschaft in Budapest wegen Überfüllung schließen. Während dieser dramatischen Vorgänge beraten die Pan-

---

[1] Georg v. Habsburg, »Otto Bácsi«, in: »Otto von Habsburg«, hrsg. v. Douglas/Baier, S. 72–78

europäer in Budapest unter der Führung Walburga von Habsburgs, ob das geplante Paneuropa-Picknick in Sopron (Ödenburg) stattfinden kann. Um von der ungarischen Regierung Druck wegzunehmen, wird beschlossen, dass Otto von Habsburg und Minister Pozsgay nicht persönlich anwesend sein werden. Also sendet der Minister seinen Staatssekretär und Otto von Habsburg seine Tochter Walburga, die bereits recht gut Ungarisch spricht. Flugzettel in deutscher und ungarischer Sprache, die in Ungarn verteilt werden, locken Massen von freiheitsdurstigen DDR-Touristen an. »Helfen Sie mit, den Eisernen Vorhang niederzureißen!«, steht auf den Flugblättern. Plötzlich gibt es kein Halten mehr: 661 Deutsche aus der DDR stürmen durch ein Loch im Eisernen Vorhang nach Österreich – in die Freiheit. Auf den Wachtürmen wehen Paneuropa-Fahnen, ein altes Holztor wird zum Ventil in die freie Welt. Die ungarischen Grenzbeamten sehen fassungs- und tatenlos der Flucht der Deutschen nach Österreich zu. Dann verliest Walburga von Habsburg die Rede ihres Vaters auf Deutsch und Ungarisch, die hier in Auszügen dokumentiert werden soll:

»Liebe ungarische Landsleute! Liebe österreichische Landsleute! Liebe Europäer!
(...) Wir haben uns von Anfang an dazu bekannt, dass ›Paneuropa ganz Europa‹ ist. Ohne Ungarn wird unser Europa immer unvollständig bleiben. Deshalb ist es ein großer Tag in der Geschichte unseres Erdteils, dass es gelingt, an dieser widernatürlichen Grenze den Drahtverhau abzubauen und damit symbolisch zu bekunden, dass Ungarn wieder ein vollgültiges Mitglied eines demokratischen und freien Europas ist.
Ich bin glücklich, dass wir uns gerade am Vorabend jenes Tages hier treffen, der unserem König Sankt Stephan geweiht ist, und der ganzen Welt beweisen können, dass die finsteren Jahre der Diktatur zu Ende sind, und bereits das Morgenrot der Freiheit sichtbar wird. Bei diesem Fest sollten wir uns nicht nur all jener erinnern, die ihr Leben für die Unabhängigkeit des Vaterlandes und für die Freiheit geopfert haben, sondern wir müssen auch an jene denken, die in den Nachbarstaaten die ungarische Freiheit unterstützt haben. (...) In dieser Stunde sei auch besonders der Tatsache gedacht, dass Österreich in den dunklen Jahren Ungarns in geschichtlicher Solidarität zum Nachbarn gestanden ist. Hier wurden mit Abstand die meisten

ungarischen Flüchtlinge aufgenommen, hier wurde alles getan, um ein Fenster zur Freiheit offen zu halten. (...) Das Ziel haben wir aber noch nicht erreicht. Wir dürfen deshalb solange nicht ruhen, bis Ungarn Mitglied jener Europäischen Gemeinschaft wird, die jetzt im Entstehen begriffen ist und die die Zukunft unseres Erdteiles darstellt. Wir müssen uns weiter dafür einsetzen, dass in Ungarn eine echte pluralistische Demokratie und bürgerliche Freiheiten entstehen, und eine solche soziale Ordnung, die jedem unserer Landsleute eine menschenwürdige Existenz sichert. (...) Und vergessen wir nicht, dass jeder Europäer das Recht auf Freiheit hat, und darauf, in seinem Heimatland zu leben. Deshalb können wir uns unserer Freiheit solange nicht erfreuen, solange es östlich von hier einen Tyrannen gibt, der sein eigenes Volk – und die in seinem Land lebenden hauptsächlich ungarischen und deutschen Minderheiten – der Menschenrechte beraubt. Wir müssen auch weiterhin jedem Europäer klar machen, dass ein System, wie wir es derzeit in Siebenbürgen sehen, die Freiheit und die Rechte aller gefährdet. Wir dürfen uns weder Christen noch Europäer nennen, wenn wir nicht alles in unserer Macht tun, damit auf unserem ganzen Erdteil endlich jeder so leben kann, wie es der Schöpfer wollte. (...)«

Sechs Stunden lang hat das Paneuropa-Picknick ein Loch in den Eisernen Vorhang gerissen.[1] Eine Massenflucht Deutscher aus der DDR nach Ungarn – später auch in die Tschechoslowakei – setzt ein.[2] DDR-Staatsratsvorsitzender Erich Honecker diktiert dem »Daily Mirror« später folgende konfuse Erklärung: »Habsburg verteilte in weiten Teilen Polens (sic!) Flugblätter, auf denen er alle DDR-Touristen zu einem Picknick einlud. Wer erschien, wurde bewirtet, mit Präsenten und D-Mark beschenkt und überredet, sich auf den Weg in den Westen zu machen.«

Otto von Habsburg erläutert seinen Kollegen im Europäischen Parlament die geschichtliche Bedeutung des Paneuropa-Picknicks

---

[1] Beim CSU-Parteitag am 17. 11. 1989 in München überreicht Otto von Habsburg im Namen der Paneuropa-Union dem CSU-Vorsitzenden Theo Waigel öffentlich ein Stück Stacheldraht vom Eisernen Vorhang aus Sopron.

[2] Die ungar. Regierung steht unter enormen politischem Druck, entscheidet aber doch am 10. 9. 1989, die Grenzen für 6000 Deutsche aus der DDR zu öffnen. Zwei Tage später reisen 10 000 Deutsche aus der DDR von Ungarn über Österreich in die Bundesrepublik Deutschland.

und des Umschwungs in Ungarn:[1] *»Ungarn steht seit geraumer Zeit an der Spitze der Bewegung zu Freiheit und Demokratie in Mitteleuropa. Nun hat es neue Zeichen gesetzt. (...) Europa hat in Sopron gesiegt. Der Geist der Jugend, die vor 30 Jahren im Westen die Grenzen niederriss, ist nicht gestorben. (...) In unseren satten Demokratien wird übersehen, dass es in Ungarn nicht nur Deutsche aus der DDR gibt, sondern Tausende, die aus Rumänien vor dem verbrecherischsten Diktator Europas, Ceausescu, flohen. Sie leben in unbeschreiblichem Elend, obwohl die Ungarn, die selbst fast nichts haben, das wenige mit ihnen teilen. 1956 ist nicht vergessen. Ungarn geht selbstlos ein schweres Risiko ein. Unser Dank und unsere Verbundenheit sollen nicht nur in Worten, sondern in Taten ausgedrückt werden. Wir müssen schnell und unbürokratisch dem Land und den Flüchtlingen helfen. (...)«*

Präsident Otto?

Im Herbst 1989 sammelt eine Bürgerinitiative in Budapest 100 000 Unterschriften für die Wahl Otto von Habsburgs zum ungarischen Staatspräsidenten. Die traditionsreiche Kleinlandwirte-Partei schließt sich diesem Vorschlag an, obwohl sich der Habsburger betont reserviert gibt. Er meint, dass Ungarn zunächst freie und demokratische Parlamentswahlen brauche. Überdies glaubt er, als Europaabgeordneter für Ungarn in dieser historischen Situation mehr tun zu können denn als Staatspräsident.

Doch nicht nur die ungarischen Medien spekulieren heftig. Die »Frankfurter Rundschau« titelt am 4. 10. 1989 »Otto von Habsburg zögert noch«, um dann im Text dessen Pressesprecher Bernd Posselt mit der Aussage zu zitieren, dass »eine Kandidatur zum derzeitigen Zeitpunkt nicht verwirklichbar« sei. Die »Frankfurter Allgemeine« schreibt am 11. 10. 1989: *»Otto von Habsburg, Sohn des letzten österreichisch-ungarischen Kaisers, schließt mittlerweile eine Kandidatur für das Amt des ungarischen Staatspräsidenten nicht aus. Der 76 Jahre alte Abgeordnete des Europäischen Parlaments sagte am Dienstag in Straßburg, zwei Oppositionsparteien sammelten zur*

---
[1] Parlamentsrede vom 14. 9. 1989

Zeit in Ungarn Unterschriften für seine Kandidatur. Er werde jedoch nur kandidieren, wenn sonst der Übergang zur Demokratie nicht möglich wäre, sagte von Habsburg.«

Otto von Habsburg selbst begründet im Oktober 1989 in einem Telegramm an die Kleinlandwirte-Partei, warum er eine Kandidatur nicht für sinnvoll hält: »*Ich bin der Ansicht, dass die überstürzte Wahl eines Präsidenten noch in diesem Jahr höchst problematisch ist – nach vier Jahrzehnten totalitärer Unterdrückung und ohne genügende Vorbereitung. Der richtige Weg wäre, zuerst die Wahl eines legitimen Parlamentes durchzuführen, dann eine vom Volk akzeptierte freiheitlich-rechtsstaatliche Verfassung in Kraft zu setzen und schließlich in völliger Freiheit über das künftige Staatsoberhaupt zu entscheiden.*

Der zweite Grund meiner Absage, noch in diesem Jahr zu kandidieren, ist die Tatsache, dass ich derzeit in der Europäischen Gemeinschaft viel für die Rückkehr Ungarns in die Gemeinschaft freier Völker tun kann. In diesem Augenblick das Europaparlament zu verlassen, wäre für die Sache der von der EG getrennten Mittel- und Osteuropäer – nicht zuletzt der Ungarn – nachteilig. (...)«[1]

Als am 2. Mai 1990 schließlich in Budapest das demokratisch gewählte Parlament zusammentritt, wohnt Otto von Habsburg der Parlamentseröffnung in der Ehrenloge bei. Der Alterspräsident begrüßt ihn in seiner Rede, indem er daran erinnert, dass er als Jugendlicher unter König Karl gedient hat und nun dessen Nachfahren im Zeichen Paneuropas willkommen heißt. Bei einem Mitteleuropa-Kongress der Paneuropa-Union an der »Karl-Marx-Universität« von Budapest muss die Universität gesperrt werden, weil mehr als 4000 Menschen zu den Vorträgen der Europaabgeordneten Otto von Habsburg, Siegbert Alber und Lord Henry Plumb strömen.

---

[1] In seinem monatlichen Bericht schreibt Otto von Habsburg am 1. 11. 1989 über die vorangegangene Plenarwoche: »Für mich war das insoferne ein Problem, als infolge von Zeitungsnachrichten bzgl. der Initiative der Kleinlandwirte Partei und der Liberalen in Ungarn mich als Kandidaten für die Präsidentschaft aufzustellen, und trotz meiner Erklärung dazu, ich ständig von der Presse belästigt wurde. Eine ernste Arbeit war dadurch erschwert.« Er hat in jener Plenarwoche Interviews für Medien aus sieben verschiedenen Ländern zu absolvieren.

Ein Jahr später, als der Leichnam von Kardinal Mindszenty gemäß seinem Testament von Mariazell ins befreite Ungarn überführt wird, sprechen Ministerpräsident József Antall und Otto von Habsburg in Esztergom zu einer riesigen Menschenmenge.

Für die Wiedervereinigung Deutschlands

Im Oktober 1988 kommt der Präsident der DDR-Volkskammer, Horst Sindermann, nach Straßburg ins Europäische Parlament. Die luxemburgische Europaabgeordnete Marcelle Lentz-Cornette ruft ihm zu: »Solange die Mauer noch steht, glaube ich Ihnen kein Wort!« Auch Otto von Habsburg und sein CDU-Kollege Philipp von Bismarck greifen Sindermann in der Debatte scharf an.

Die Paneuropa-Jugend Deutschland hält vom 3. bis 5. November 1989 ihren Bundeskongress im Berliner Reichstag, direkt neben dem Brandenburger Tor ab. In Kreuzberg wird eine Veranstaltung von vermummten Autonomen attackiert, es gibt Verletzte. Eine Messe für die Opfer der braunen und der roten Diktaturen, gleich neben den Kreuzen für die Opfer der Mauer, wird erneut von vermummten Randalierern gestört.[1] Gleichzeitig demonstriert in Ostberlin eine Million Menschen gegen die SED-Diktatur. Deshalb betritt Otto von Habsburg am 4. November 1989 mit einer kleinen Gruppe führender Paneuropäer zum ersten Mal seit 1933 den Ostteil Berlins, um die Stimmung in der DDR zu spüren und ein persönliches Zeichen der Solidarität mit den freiheitsdurstigen Menschen zu setzen. Einem Journalisten der »Berliner Morgenpost« sagt der Paneuropa-Präsident, nachdem er an der Ostberliner Demonstration teilgenommen hat, er rechne mit einer raschen Wiedervereinigung Deutschlands. In seinem Monatsbericht resümiert er: »Will man eine DDR erhalten, darf man den Menschen unter gar keinen Umständen das Stimmrecht geben; will man aber

---
[1] Pfarrer Thaddaeus Kucia, der die Messe mit dem Rücken zur Mauer, und damit mit dem Rücken zu den schreienden Kommunisten, zelebriert, kann die Randalierer kurz verblüffen und zum Schweigen bringen: als er ihnen die ausgestreckte Rechte zum Friedensgruß entgegenhält. Es hat aber keiner der Vermummten die Courage die Hand des Priesters zu ergreifen.

eine Demokratisierung durchführen, dann muss man sich darüber im Klaren sein, dass die DDR tot ist.«

Im Januar 1990 besucht Otto von Habsburg mit seiner Familie und Vertrauten die Heimat seiner Frau Regina: Sachsen und Thüringen. In Leipzig nimmt er an der Montagsdemonstration teil, fährt dann über Meißen nach Dresden zur ersten Paneuropa-Veranstaltung in der DDR. In Dresden trifft Otto von Habsburg auf eine Demonstration der Müllabfuhr, die ihre Autos mit schwarz-rot-goldenen Fahnen und Anti-SED-Sprüchen geschmückt hat.

Im Europäischen Parlament gewinnt der Paneuropa-Präsident im Dezember 1989 den Eindruck, dass die Sozialistische Fraktion »von der Sozialistischen Internationale die Weisung erhalten hat, alles zu tun, um die DDR als eine Art Musterbeispiel des Sozialismus mit menschlichem Gesicht zu erhalten«. Bei einem Besuch der EVP-Fraktion in Ost-Berlin im Januar 1990 attackiert Otto von Habsburg scharf die Führung der Ost-CDU, die nach seiner Ansicht »diskreditiert ist bzw. von der SED kontrolliert wird«. Die Ost-CDU charakterisiert er damals so: »Mein persönlicher Eindruck der Führung ist schlecht. Es handelt sich um Apparatschiks, die heute den Namen CDU dazu verwenden, sich zu retten. Sie haben nämlich im Luxus gelebt, wie es ihr Parteilokal bewies.« Er setzt stark auf die DSU, die von der CSU unterstützt wird.

Über die Zukunft Deutschlands gerät Otto von Habsburg in Streit mit der EG-Kommission: »*Vonseiten der Kommission spricht man über einen Beitritt der DDR zur Europäischen Gemeinschaft. Ich halte das für einen Unsinn, da es nichts anderes bedeutet, als die Fiktion DDR aufrechtzuerhalten, anstatt anzuerkennen, dass die deutsche Wiedervereinigung sicher bald kommt, und es daher müßig wäre, einen eigenen Staatsbegriff zu schaffen.*«[1] Die Haltung der Europäischen Gemeinschaft zur deutschen Wiedervereinigung bleibt für Otto von Habsburg eine Frage der Glaubwürdigkeit. Bei einer Rede am 14. 2. 1990 im Europäischen Parlament stellt er klar: »*Die Deutschen wollen die Wiedervereinigung, und wer sich dieser Wiedervereinigung widersetzt oder Hindernisse errichtet, der ist eben*

---

[1] Otto von Habsburg im Monatsbericht aus dem Europaparlament Nr. 6 vom 1. 2. 1990

demokratisch nicht mehr glaubwürdig. Es wird immer wieder über die Furcht vor Großdeutschland gesprochen. Wer so redet, ist dem Denken des 19. Jahrhunderts verhaftet, in dem man nach Zahlen geurteilt hat. (...) Die deutsche und die europäische Wiedervereinigung sind miteinander verbunden.«

Im DDR-Wahlkampf von 1990 mischt Otto von Habsburg trotz seiner parlamentarischen Verpflichtungen in Straßburg und Brüssel kräftig mit. Anfang März 1990 spricht er bei Veranstaltungen in Brandenburg, Mecklenburg und Thüringen.[1] Im Spätherbst desselben Jahres stürzt sich der Habsburger mit voller Kraft in den deutschen Wahlkampf, bestreitet Hunderte Veranstaltungen, wobei ihn besonders eine Großkundgebung zur Wiedervereinigung am 3. Oktober an der bayerisch-thüringischen Grenze beeindruckt, zu der 10 000 Menschen kommen. Nach einer TV-Konfrontation mit dem SPD-Kanzlerkandidaten Oskar Lafontaine kommentiert er: »Über die schlechte Qualität dieses Mannes war ich eher erschüttert. Gegenüber dem Eindruck, den man bisher von ihm erhalten konnte, scheint er noch wesentlich schwächer zu sein.«

Otto von Habsburg sieht in der deutschen Wiedervereinigung später stets eines der großen und bleibenden Verdienste von Bundeskanzler Helmut Kohl. In einer Laudatio – die er anlässlich der Verleihung des Coudenhove-Kalergi-Preises an Kohl im April 1991 hält – würdigt Otto von Habsburg das europäische Engagement des Kanzlers, aber auch dessen unbeirrbaren Kampf für die Wiedervereinigung Deutschlands, die er wörtlich als »eines der großen diplomatischen und politischen Meisterstücke unseres Jahrhunderts« preist.[2]

---

[1] In seinem Monatsbericht Nr. 8 vom 1. 4. 1990 meint er: »*So gut wie alle Veranstaltungen mussten im Freien abgehalten werden, da die Säle fast ausschließlich für Sozialisten und Kommunisten reserviert waren. Trotz des abscheulichen Wetters hielten die Menschen aus und waren die Zahlen der Anwesenden eindrucksvoll.*«
[2] 1994 ist Otto von Habsburg neuerlich der Laudator Helmut Kohls, als dieser den »Adenauer-Preis« der Deutschland-Stiftung erhält. Ministerpräsident Edmund Stoiber spricht ein Grußwort.

Im Morgenrot der Freiheit

Im Frühjahr 1988 besucht eine Delegation der tschechoslowakischen Bundesversammlung das Europäische Parlament in Straßburg. Otto von Habsburg nutzt die Gelegenheit, um auf die gravierenden Menschenrechtsverletzungen in dem »Ostblock«-Land, auf die Vakanz der meisten Diözesen des Landes und die Unterdrückung der Religion sowie auf das Unrecht gegenüber den noch verbliebenen Sudetendeutschen hinzuweisen. Gegen die Proteste der sozialistischen Fraktion erringt der Paneuropa-Präsident im Straßburger Parlament eine Mehrheit für diese Positionen.

Doch die kommunistischen Kader weichen nicht widerstandslos den nach Freiheit strebenden Massen: Im Januar 1989 löst die tschechoslowakische Polizei gewaltsam eine Massendemonstration von Bürgerrechtlern auf. Mit Hunden, Tränengasgranaten und Wasserwerfern geht die Polizei gegen Demonstranten vor. Auf Initiative von Otto von Habsburg protestiert das Europäische Parlament scharf gegen dieses Vorgehen und gegen die Inhaftierung des Bürgerrechtlers – und späteren Staatspräsidenten – Václav Havel.

Im März 1990 hält Otto von Habsburg seinen ersten großen Vortrag an der geschichtsträchtigen Prager Karls-Universität. Seine Ausführungen über »Böhmens Rückkehr nach Europa« finden ein gewaltiges Echo im Land. Der Habsburger trifft sich mit Präsident Havel[1] und dem neuen Ministerpräsident Pithart, mit dem Verband der Deutschen in der CSFR und mit der jüdischen Gemeinde. Die Paneuropa-Union Böhmen und Mähren, die unter Führung des oppositionellen Politikwissenschaftlers Rudolf Kučera gegründet wurde, organisiert Kundgebungen, Begegnungen zwischen deutschen und tschechischen Paneuropäern sowie einen Gedenkgottesdienst für Zita in der Wenzelskapelle des Prager Veitsdoms.

---

[1] Václav Havel hält im März 1994 eine Rede im Europäischen Parlament, die Otto von Habsburg – neben den Reden des Papstes, des ägyptischen Präsidenten Anwar El Sadat und des amerik. Präsidenten Ronald Reagan – als eine der bedeutendsten und tiefschürfendsten im Europaparlament wertet.

Eine Delegation des Europaparlaments erlebt in Bulgarien massive Repressionen, als sie – auf Initiative Otto von Habsburgs – mit den katholischen Bischöfen des Landes sprechen will. Dazu bemerkt Otto von Habsburg in seinem Bericht: »*Es gab diesen* (Bischöfen, Anm.)*, wie es sich nachher herausstellte, einen echten Auftrieb, denn zum ersten Mal musste der atheistische Präsident der Religionskommission persönlich zu den Bischöfen gehen, um sie einzuladen. Ich habe danach ein Mittagessen zu Ehren der katholischen Bischöfe gegeben, das für diese Menschen, die unter schwerster Unterdrückung leiden, wirklich eine Ermutigung war.*«[1]

In Rumänien terrorisiert ein der Wirklichkeit entrückter Diktator Ceausescu das eigene Volk, besonders aber die Volksgruppen. Scharf nimmt Otto von Habsburg am 14. 12. 1989 im Europäischen Parlament dazu Stellung: »*(…) es handelt sich bei Rumänien nicht um ein politisches, sondern ausschließlich um ein psychiatrisches Problem. Es handelt sich hier um ein Regime, das außerhalb der Kategorien der normalen Politik steht. (…) Wir werden dieses Regime nur treffen können, wenn wir die Lebensmittelimporte aus Rumänien in die Gemeinschaft stoppen, wenn wir ihm die Devisenquellen versperren und es gleichzeitig zwingen, diese Lebensmittel irgendwo anders unterzubringen. Vielleicht wird es dann sogar seiner eigenen Bevölkerung etwas zu essen geben.*«

In Polen herrscht General Jaruzelski, dessen Rücktritt Otto von Habsburg bei einer Pressekonferenz in Warschau im Februar 1990 zur Bedingung für eine Mitgliedschaft Polens im Europarat erklärt. Unter großer Anteilnahme der Bevölkerung legt der Paneuropa-Präsident einen Kranz am Grab von Pfarrer Popiełuszko nieder, den der kommunistische Geheimdienst ermorden hatte lassen. Paneuropa-Kundgebungen und Vorträge in Krakau und Warschau, ein Besuch bei der Schwarzen Madonna von Tschenstochau und ein Gespräch Otto von Habsburgs mit dem Krakauer Kardinal Macharski werden vom Staat nicht behindert.

---

[1] Bericht aus dem Europaparlament Nr. 55 vom 1. 5. 1989

Im Mai 1989 setzt Otto von Habsburg erneut eine Debatte über das Baltikum im Europäischen Parlament durch. Wieder kämpft er dabei für die Anerkennung der völkerrechtlichen Unabhängigkeit der Baltischen Staaten und die Verurteilung ihrer widerrechtlichen Besetzung durch die Sowjetunion. Oppositionspolitiker aus Estland, Lettland und Litauen sitzen während der Debatte auf der Zuhörertribüne. Otto von Habsburgs Plädoyer bleibt nicht ohne Widerspruch. Der außenpolitische Sprecher der SPD-Bundestagsfraktion, Karsten Voigt, erklärt in Bonn:»Die berechtigte Kritik an der Annexion der Baltischen Republiken durch Stalin darf heute nicht dazu führen, dass deutsche Politiker die Loslösung der Baltischen Republiken von der Sowjetunion unterstützen.« Die sowjetische Regierung verweigert dem Europaabgeordneten Habsburg, der auf Einladung des Estnischen Volkskongresses nach Tallinn reisen will, noch im Februar 1990 die Einreise. Von 18. bis 22. März 1992 besucht er erstmals das freie Baltikum, wo er Vorträge hält und sich mit dem estnischen Präsidenten Arnold Rüütel ausgedehnt bespricht.

Am 6. Februar 1990 trifft der Paneuropa-Präsident im äußersten Osten Ungarns, in Sárospatak, einen der mutigen Führer der rumänischen Revolution, den calvinischen Pastor László Tőkés, und andere Würdenträger der ungarischen Volksgruppe Siebenbürgens. Er kommentiert die Begegnung mit Tőkés so:»Dieser ist ein junger Mann von großem Mut und innerem Anstand, dem allerdings – wie sollte es anders sein – die politische Erfahrung fehlt. Jedenfalls wurden mit ihm verschiedene Hilfsaktionen besprochen.« Als der zum Bischof erhobene Tőkés am 8. Februar 1992 in Antwerpen zum »Ehrensenator Europas« ernannt wird, hält Otto von Habsburg die Laudatio.

Im März 1990 besucht Otto von Habsburg nach mehr als sieben Jahrzehnten wieder in Pressburg (Bratislava), spricht mit zahlreichen Politikern und hält eine viel beachtete Rede bei einem Paneuropa-Kongress auf der Burg. Als er im Juni 1990 nach Brünn (Brno), der Metropole Mährens, kommt, findet er bereits eine gute paneuropäische Struktur vor. Wenige Wochen später spricht er in Oberschlesien, vor der Ruine des Eichendorff-Schlosses in Lubo-

74 Mit König Hassan II. von Marokko war Otto von Habsburg eng befreundet, dessen Sohn und Nachfolger Mohammed VI. setzt diese Tradition fort.

75 Paneuropa-Präsident Otto von Habsburg hält die Laudatio, als Spaniens Ministerpräsident José María Aznar den Franz-Josef-Strauß-Preis entgegennimmt.

76 Zwei Visionäre des vereinten Europa: Otto von Habsburg und der »Ehrenbürger Europas«, Bundeskanzler Helmut Kohl

77 Während der serbischen Okkupation besucht Otto das zerstörte Vukovar 1996.

78 Habsburg spricht mit Präsident Tudjman im atombombensicheren Bunker.

79 Tudjman würdigt Otto von Habsburg mit dem König-Zvonimir-Orden.

80 Habsburg mit dem Oberhaupt der bosnischen Muslime in Sarajewo

81 Lagebesprechung mit dem bosnischen Staatspräsident Alija Izetbegovic

82 In Sarajewo: Otto und Karl in Gedenken an Franz-Ferdinand

83 Gabrielas Stahlskulptur in Sopron, wo 1989 der »Eiserne Vorhang« fiel.

84 Straßburg im Januar 1997: Für seine Rede als Alterspräsident des Europäischen Parlaments spenden alle Fraktionen Otto von Habsburg Applaus und Anerkennung.

85 Wilfried Martens überreicht Otto von Habsburg die Robert-Schuman-Medaille.

86 Vater und Sohn im Europäischen Parlament

87 Sein Büro in Straßburg schmückt nur ein Kreuz und ein Bild Franz Josef Strauß'.

88 Der Alterspräsident spricht Ungarisch … um auf die Zukunft vorzubereiten!

89 Otto von Habsburg zeigt seinen Söhnen Schloss Steenockerzeel.

90 Der bayerische Abgeordnete Otto von Habsburg und der österreichische Mandatar Karl Habsburg-Lothringen sitzen – aufgrund alphabetischer Sitzordnung – in Brüssel und Straßburg nebeneinander.

91 Zum Abschied aus dem Europaparlament gibt es für Otto von Habsburg viel Applaus. Hier von Parlamentspräsident Gil-Robles Gil-Delgado (li.) und CSU-Gruppenchef Ingo Friedrich (re.).

witz bei Ratibor vor etwa 20 000 Angehörigen der deutschen Volksgruppe in Polen.[1]

*

Zu einer eindrucksvollen Kundgebung der Solidarität mit den Völkern Mittel- und Osteuropas wird der Internationale Pancuropa-Kongress vom 7. bis 9. Dezember 1990 in Prag. Erik von Kuehnelt-Leddihn begrüßt alle Delegationen aus Mitteleuropa in ihrer eigenen Sprache und gibt tiefsinnige geschichtliche Erläuterungen. Erstmals nehmen unter dem Vorsitz Otto von Habsburgs Paneuropa-Delegationen aus der Tschechoslowakei, den Baltischen Staaten, Polen, Ungarn, Rumänien, Bulgarien, Kroatien und Slowenien an einer paneuropäischen Generalversammlung teil. In Resolutionen sprechen sich die rund 400 Delegierten aus 26 Völkern und Volksgruppen für das Selbstbestimmungsrecht der Kroaten und Slowenen sowie der Esten, Letten und Litauer aus.

Im April 1991 kommt es in Straßburg zum Eklat, weil die Sozialistische Fraktion den demokratisch gewählten Präsidenten Russlands, Boris Jelzin, ultimativ zur Respektierung Gorbatschows und der Sowjetunion auffordert und schließlich sogar des Saales verweist. Die Fraktionsvorsitzenden der Christdemokraten und der Liberalen, Egon Klepsch und Valéry Giscard d'Estaing, dagegen laden Jelzin ein und behandeln ihn respektvoll als Gast. Otto von Habsburg meint damals zu wissen, dass Gorbatschow den französischen Staatspräsidenten Mitterrand gebeten hatte, *»die Auslandsreise Jelzins zu einem großen Fehlschlag zu machen, was Gorbatschow helfen und Jelzin schaden würde. Das ist auch eingetroffen. Im Tausch hat Gorbatschow angeboten, dass fortan die französischen*

---

[1] Otto von Habsburg konzentriert sein Interesse nicht ausschließlich auf Europa: Er setzt während seiner Ferien im August 1989 durch, dass die EVP-Fraktion eine Beobachtergruppe zu den Wahlen nach Nicaragua entsendet, »bei denen die Kommunisten alles tun werden, um zu schwindeln«, wie er in einem Rundbrief voraussagt. Darin meint er auch: *»Ich werde an dieser Beobachtergruppe schon darum teilnehmen, weil ich Spanisch spreche, Nicaragua kenne und außerdem das Gefühl habe, etwas von den Kommunisten zu verstehen.«*

Kommunisten in der Französischen Nationalversammlung die Regierung unterstützen würden«.

Gegen den jugoslawischen Völkerkerker

Im Oktober 1988 beschreiben Otto von Habsburg und der in New York lebende Präsident des Kroatischen Exil-Nationalrates, Professor Mate Mestrović, den bevorstehenden Zusammenbruch des jugoslawischen Völkerkerkers und fordern das Selbstbestimmungsrecht für Kroaten und Slowenen, albanische Kosovaren und alle anderen Völker Jugoslawiens. Mestrović sagt im Europäischen Parlament: »Milošević wird die wütende serbische Masse in Bewegung setzen. Der Kroatische Nationalrat befürchtet, dass wir uns in der Nähe einer Tragödie befinden, wie sie die heutige Generation in Europa noch nicht gesehen hat.«

Am 21. Juni 1990 treffen Otto und Karl von Habsburg erstmals in Zagreb ein. Der Paneuropa-Präsident führt eine lange Unterredung mit dem neuen Staatspräsidenten Franjo Tudjman und plädiert in einer Rede vor dem PEN-Club für ein unabhängiges Kroatien in einem politisch geeinten Europa. Ein halbes Jahr später warnt Otto von Habsburg in Briefen an Präsident Tudjman und Parlamentspräsident Zarko Domljan vor einer serbischen Aggression gegen Kroatien.

Im November 1990 präsidiert er im Straßburger Europaparlament eine Sitzung, bei der die Präsidenten des slowenischen und des kroatischen Parlamentes, Bucar und Domljan, sprechen. Auf Einladung des neuen slowenischen Parlamentspräsidenten Bucar besucht Otto von Habsburg im Januar 1991 erstmals Slowenien. Das slowenische Fernsehen zitiert ihn mit dem Satz »Slowenien muss auf die europäische Landkarte zurückgebracht werden!«, aber auch mit Warnungen vor einem Blutvergießen. Der post-kommunistische Staatspräsident Milan Kučan empfängt den Habsburger nicht weniger freundlich als der Laibacher Erzbischof Aloizij Šuštar.

Im Februar 1991 kommt es im Europäischen Parlament zu einer scharfen Kontroverse zwischen Otto von Habsburg und dem amtierenden EG-Ratspräsidenten, dem luxemburgischen Außenminister Jacques Poos, weil letzterer an der Einheit Jugoslawiens festhalten und das Selbstbestimmungsrecht der Völker ignorieren will.[1] Otto von Habsburg berichtet: »*Die Vertreter des Rates haben den Vertretern der Republiken in Jugoslawien erklärt, sie würden jede technische Hilfe einstellen, wenn die Republiken sich unabhängig machen. Diese Haltung wird weitgehend durch die Griechen bestimmt, die unbedingt für den Zentralismus sind, da sie selbst unterdrückte Minderheiten haben und nicht wollen, dass man vom Selbstbestimmungsrecht der Völker spricht. Natürlich sind auch die Sozialisten für den Zentralismus, außer den italienischen Sozialdemokraten, die diesmal meine These, dass wir das Selbstbestimmungsrecht der Völker, also auch der Kroaten und Slowenen anerkennen sollten, sehr stark unterstützt haben.*«[2] Im Europäischen Parlament kommt keine klare Linie zustande. So wird im März 1991 eine Resolution angenommen, die sich in Punkt 2 für die Einheit Jugoslawiens ausspricht, aber in Punkt 8 für das Selbstbestimmungsrecht der Einzelrepubliken.

2. Auf den Kampfplätzen in Straßburg und Brüssel

Aus den Europawahlen im Juni 1989 geht die Linke gestärkt hervor. Die christdemokratische EVP berät sich vor Beginn der parlamentarischen Tätigkeiten vom 10. bis 14. Juli in Funchal auf Ma-

---

[1] Über Poos kann Otto von Habsburg seine Meinung im Laufe der Jahre nicht revidieren. In seinem Monatsbericht vom 1.11.1997 steht: »Es ist erstaunlich wie ein Mensch, der nunmehr über ein Jahrzehnt Außenminister ist, noch immer nichts von Außenpolitik versteht.«

[2] Auch später kommt es immer wieder zu Zusammenstößen zwischen Otto von Habsburg und dem lux. Außenminister. Im Monatsbericht vom 1.6.1991 heißt es über Poos: »*Es ist nicht unrichtig zu sagen, dass seine politischen Fähigkeiten etwa bis zu denen eines Gemeinderates der Gemeinde Bofferdange reichen. Da er aber Vorsitzender der Sozialistischen Partei Luxemburgs ist, wird ihm in der gegenwärtigen Koalition der Außenministerposten gegeben, ganz gleich ob er etwas davon versteht oder nicht. Bzgl. Jugoslawiens steht er weiter zur jugoslawischen Einheit und auch zu seinem absurden Argument, dass man keine Kleinstaaten schaffen solle. Ein Hinweis darauf, ob er denn Außenminister einer Großmacht sei, wurde von ihm gar nicht beantwortet.*«

deira. Bei der Eröffnung der Legislaturperiode durch den 87-jährigen Alterspräsidenten Claude Autant-Lara, einem Filmregisseur, der für die französische »Front National« ins Parlament einzieht, kommt es zum Eklat: Die Sozialisten boykottieren die Eröffnungsrede des Alterspräsidenten; die Christdemokraten verlassen unter Protest den Plenarsaal, als der Alterspräsident wüst gegen Amerika und gegen demokratische französische Parteien zu schimpfen beginnt.

Nach dieser Rede wird die Geschäftsordnung geändert: der Alterspräsident darf künftig keine Rede mehr halten. Otto von Habsburg kritisiert diese Entscheidung als kurzsichtige Kapitulation vor den Extremisten und als Diskriminierung der älteren Menschen. Als die Regelung auf Antrag des Geschäftsordnungsausschusses gegen seinen Widerstand durchgesetzt wird, erklärt Otto von Habsburg im Mai 1990, dass er nicht als Alterspräsident fungieren wolle, wenn er einmal dazu berufen sein sollte. (Erst im Januar 1997 kommt es schließlich doch zu einer Rede des Alterspräsidenten Otto von Habsburg, die von allen Fraktionen des Parlamentes heftig akklamiert wird.)

Wenig verspricht sich der Habsburger im Juli 1989 von der Wahl des spanischen Sozialisten Enrique Barón Crespo zum Parlamentspräsidenten, den er für einen »engstirnigen Parteipolitiker« hält. Er selbst wird wieder Vollmitglied im Politischen Ausschuss sowie stellvertretendes Mitglied im Haushalts- und im Haushaltskontrollausschuss. Außerdem wird er Vorsitzender der Ungarn-Delegation, worüber er besonders zufrieden ist. Seine Vizepräsidenten sind ein Sozialist und ein Kommunist –, »die allerdings den Vorteil haben, dass keiner von ihnen Ungarisch spricht«, wie er ironisch kommentiert.

Der Anwalt der Mitteleuropäer

In Straßburg und Brüssel kämpft Otto von Habsburg nun in erster Linie für die Nutzung der einmaligen historischen Chance, die sich in Mitteleuropa bietet. Im Oktober 1989 geht es darum, dem Rat eine finanzielle Hilfe für Polen und Ungarn abzupressen. Otto von Habsburg meint dazu in seinem Monatsbericht: »*Meines Erachtens ist es ein Skandal, dass wir derzeit 12,5 Milliarden ECU im Jahr für die Hilfe an die Staaten des Lomé-Vertrages, also afrikanische, karibische und pazifische Staaten ausschütten, während die Bürokratie bereits protestiert, wenn man Ungarn und Polen zusammen 300 Millionen gibt.«*[1]

Auch die Ukraine findet Otto von Habsburgs Unterstützung. Im April 1990 setzt er sich im Haushaltsausschuss des Europaparlaments für eine kleine Subvention für die Ukrainische Universität in München ein.

In der Haltung der EU gegenüber den Baltischen Staaten bedauert er im April 1990, also lange vor der internationalen Anerkennung der Unabhängigkeit Estlands, Lettlands und Litauens, »die unendliche Weichheit«. Im Plenum nimmt er deutlich Stellung und zieht eine geschichtliche Parallele: »*Angesichts der Ereignisse in Litauen in den letzten Wochen musste ich immer wieder an eine der gespanntesten Zeiten der letzten Jahrzehnte denken, nämlich an das Jahr 1956, in dem der ungarische Volksaufstand stattgefunden hat. Damals hat der Westen auch lange Zeit überlegt, ob er etwas machen kann. Ich möchte nur daran erinnern, dass die ungarische Regierung damals darum gebeten hatte, die UNO möge ihre Neutralität anerkennen; auch die Vereinigten Staaten hatte sie darum gebeten. Die UNO hat geschwiegen, die Vereinigten Staaten haben geschwiegen. Die Sowjets haben vier Tage gewartet und dann zugeschlagen, weil sie wussten, dass der Westen nichts mehr unternehmen würde. Ich habe irgendwo das Gefühl, dass der Westen heute eine ähnliche Haltung einnimmt wie seinerzeit die Mächte gegenüber Ungarn.*« Tatsächlich lässt der Friedensnobelpreisträger Michail Gorbatschow[2], über den Otto von Habsburg nie Illusionen hegte, im Januar 1991 in Litauen Panzer aufrollen, um die Unabhängigkeit des kleinen bal-

---

[1] In diesem Zusammenhang lobt Otto von Habsburg ausdrücklich den Präsidenten des Europäischen Rates, den (sozialistischen) Staatspräsidenten Frankreichs, François Mitterrand.
[2] Mit Vehemenz kämpft Otto von Habsburg 1993 gegen eine Einladung des Georgischen Staatspräsidenten und vormaligen sowj. Außenministers Gorbatschows, Eduard Schewardnadse, ins Europäische Parlament, weil er diesen für »einen der übelsten Folterknechte des KGB« hält.

tischen Landes mit Gewalt zu verhindern.[1] Otto von Habsburg hält daraufhin am 21. 2. 1991 abermals ein leidenschaftliches Plädoyer für die Anerkennung der Souveränität der Baltischen Staaten. Immer wieder betont er, dass die in den baltischen Republiken lebenden Russen nicht als Volksgruppe betrachtet werden können. Während Kommission und Parlament mehrfach Estland und vor allem Lettland dazu auffordern, der russischen Minderheit mehr Rechte einzuräumen, meint Otto von Habsburg bei einer Parlamentsrede am 18. 12. 1992, die meisten dort lebenden Russen seien *»Menschen, die seinerzeit unter der stalinistischen und breschnewschen Politik der Russifizierung der Baltischen Staaten in diese Länder gebracht wurden, die dort als Okkupanten zu betrachten sind und die sich außerdem weigern, mit der baltischen Bevölkerung irgendetwas zu tun zu haben«.*

Angenommen wird im April 1990 vom Europäischen Parlament Habsburgs Resolution zu Siebenbürgen, die die Position gegenüber dem Rumänien Ceausescus markieren soll. Ebenso Resolutionen im Juli 1990 zu Albanien und zur sich verschärfenden Lage im Kosovo. Seinen ersten Besuch im post-kommunistischen Albanien kann er im Mai 1993 absolvieren. Damals gewinnt er den Eindruck, dass das Land von Natur aus reich ist, weil es über Erdöl, Chrom, Kupfer und Wasser verfügt. *»Allerdings haben 50 Jahre Kommunismus das Land wirklich bis auf den Grund ruiniert. Man hat aber trotzdem den Eindruck, dass es schon darum wieder gesunden wird, weil es im Durchschnitt sehr jung ist, es noch immer große und starke Familienbindungen hat, und weil, obwohl Albanien der Verfassung nach ein atheistischer Staat war und sämtliche Gottesdienste durch Jahrzehnte verboten waren, es wieder eine große Erneuerung des religiösen Lebens erlebt.«*[2] Mit Staatspräsident Sali Berisha führt der Paneuropa-Präsident eine ausführliche Unterhal-

---

[1] Im Interview mit einem slow. Journalisten sagt Otto von Habsburg im Sept. 1991: *»Es war ein Irrtum von Anfang an, dass man Gorbatschow als den Motor der Entwicklung und nicht als das sah, was er wirklich ist: ein sehr gescheiter Mann, der ein guter Propagandist ist, der aber selbst keine Initiativen in Richtung größerer Freiheit ergreifen konnte, da er selbst aus der Schule der Nomenklatura kommt.«*
[2] Monatsbericht Nr. 46 vom 1. 6. 1993

tung. Berisha zeigt sich davon überzeugt, dass der Krieg von Bosnien-Herzegowina bald auf andere Gebiete, insbesondere den Kosovo, übergreifen werde. Albaniens Präsident hält es für möglich, dass es ihm nicht gelingen könnte, das albanische Volk zurückzuhalten, den unterdrückten Kosovo-Albanern zu Hilfe zu eilen.

Unmittelbar nachdem der von Otto von Habsburg verfasste Bericht zu Ungarn im Europäischen Parlament im September 1990 angenommen worden ist[1], reist eine Delegation unter seiner Führung nach Budapest. Parlamentspräsident Barón Crespo, der der eigenen Delegation die Show stehlen will, kommt ebenfalls kurzfristig für zwei Tage in die ungarische Hauptstadt. Diesen Besuch kommentiert Otto von Habsburg in seinem Monatsbericht hart: »*Er musste, weil es seiner Würde entsprach, am Nachmittag ins Ungarische Parlament eingeladen werden, wo er eine recht nichtssagende Rede hielt. Anschließend hat er eine Pressekonferenz gegeben, in der er durch seine Taktlosigkeit sehr unangenehm aufgefallen ist. Überhaupt war seine ganze Vorgangsweise entsprechend seinem traditionellen Stil. Das Unglück von Barón Crespo ist, dass er in seiner Person gleich zwei unangenehme Qualitäten verbindet: Er hat die Arroganz eines falangistischen Funktionärs, der er früher war, und die Geistesschwäche eines Sozialisten.*«

Als Berichterstatter des Politischen Ausschusses für den Handelsvertrag mit Rumänien setzt sich Otto von Habsburg für klare Bedingungen zugunsten der Rechte der Minderheiten und der Religionsgemeinschaften ein. Mit Blick auf die Ceausescu-Diktatur den Handelsvertrag überhaupt abzulehnen, hält er für falsch, weil dies nur die notleidende Bevölkerung treffen würde. Otto von Habsburg, der jahrelang gegen Missbräuche im Bereich der Entwick-

---

[1] In seiner Parlamentsrede plädiert Otto von Habsburg dafür, »dass Ungarn möglichst schnell möglichst nah an die Gemeinschaft herankommt«. Er erwähnt dabei nicht nur die aktuelle Entwicklung Ungarns hin zur Demokratie und den ungar. Parteienkonsens zu Europa, sondern auch die Tatsache, dass bereits der hl. König Stephan Ungarn eine »westliche Orientierung« gegeben hat.

lungshilfe angekämpft hat[1], plädiert in jenen Jahren dafür, gezielte Aufbauhilfe zu geben. So leistet er bei einer Studienwoche der EVP-Fraktion in Santiago de Compostela Widerstand gegen eine Aufstockung der gemeinschaftlichen Entwicklungshilfegelder. In seinem Monatsbericht begründet er dies damit, dass »*wir das Geld nicht in den bodenlosen Abgrund der Entwicklungsländer in Afrika schütten sollten, sondern versuchen müssten die Europäer auf die Füße zu stellen. (...) Wir brauchen mehr Nationen, die ihrerseits uns bei der Entwicklungshilfe unterstützen. Die Mittel- und Osteuropäischen Staaten – ist einmal ihre Wirtschaft modernisiert – wären hier ein guter Partner. Wir haben daher langfristig Interesse daran, dass diese Länder möglichst schnell so gesunden, dass sie mit uns zusammen die Lasten tragen können*«.

Auch nach Ceausescus Hinrichtung betrachtet Otto von Habsburg die Entwicklung in Rumänien mit äußerster Sorge. Die fortbestehende Macht des gefürchteten Geheimdienstes »Securitate« und die Unterdrückung der Volksgruppen prangert er scharf an. Im Gegensatz dazu plädiert er im September 1992 für Kredite an Bulgarien, das nach seiner Beobachtung »ein Element großer Stabilität darstellt«.

Als Präsident der Ungarn-Delegation und als zuständiger Berichterstatter des Parlaments hat sich Otto von Habsburg besonders um die Annäherung Budapests an die EG, später EU, zu kümmern.[2] Bei einer Rede am 15. 9. 1992 versucht er im Straßburger Europaparlament zu verdeutlichen, dass die jüngste Entwicklung Ungarns bereits in der Revolution von 1956 wurzle: »*Die Befreiung Ungarns hat mit dem Volksaufstand von 1956 begonnen und hat sich seither friedlich weiter entwickelt (...) Ungarn ist schrittweise in die Freiheit gegangen, wobei es einen sehr umfassenden nationalen Konsens gab, der sich übrigens am allerbesten darin ausgedrückt hat, dass das erste*

---

[1] In der Entwicklungshilfe vertritt er die Ansicht, dass prioritär und gezielt die Landwirtschaft, der Unterricht und der Verkehr gefördert werden sollen. Die Landwirtschaft, um den Menschen die Möglichkeit zu geben, sich zu ernähren; der Unterricht, weil mit Analphabeten keine moderne Wirtschaft zu errichten ist; der Verkehr als nötiger Kreislauf für die Wirtschaft und ihre Güter.
[2] Unter den zahlr. Ehrendoktorwürden freut ihn jene der Budapester Eötvös Lóránt-Universität, die ihm am 3. 6. 1993 verliehen wird, besonders.

frei gewählte ungarische Parlament einstimmig beschlossen hat, dass Ungarn der Europäischen Gemeinschaft beitreten möchte.«

In der Kontroverse um das slowakische Stauwerk Gabcikovo/Nagymaros stellt sich Otto von Habsburg klar auf die ungarische Seite, weil er der Überzeugung ist, dass die Verwirklichung des slowakischen Plans das Trinkwasser von fünf Millionen Menschen vergiften würde. Über den slowakischen Ministerpräsident Vladimir Mečiar, der dieses Projekt realisieren will, meint Otto von Habsburg aus der Erfahrung persönlicher Begegnungen, Mečiar sei »mehr ein psychologisches als ein politisches Problem«. Ein wenig zu optimistisch hofft er im Juni 1993, Mečiar werde »nicht mehr sehr lange auf seinem Posten bleiben«.[1]

Mit dem Wandel in Mittel- und Osteuropa rückt die Chance, durch die Osterweiterung der EU tatsächlich Paneuropa – die Einheit des ganzen Kontinentes –, zu schaffen in greifbare Nähe. Im Europäischen Parlament bleibt Otto von Habsburg der leidenschaftlichste und kompetenteste Vorkämpfer dieses Ziels. Im November 1990 definiert er im Straßburger Plenum: »*Wenn eines der Völker den Bedingungen entspricht, die wir für eine Mitgliedschaft in der Gemeinschaft festgelegt haben, dann hat es auch ein Recht, zugelassen zu werden. Ob wir sie zulassen oder nicht, darf nicht von den verschiedenen Wünschen und Interessen abhängen, denn die Ungarn, die Polen und die Tschechen sind Europäer wie die Deutschen, die Franzosen oder die Belgier. Sie haben dasselbe Recht auf Europa wie wir.*«

Rascher als in der EU funktioniert die »Osterweiterung« logischerweise in der Paneuropa-Union. Ab 1989 wachsen die nationalen Paneuropa-Sektionen in Mittel- und Osteuropa aus dem Boden. Bei der Internationalen Generalversammlung im Dezember 1994 werden schließlich drei Vertreter der neuen Sektionen in das elfköpfige Internationale Präsidium der Paneuropa-Union gewählt: der Präsident der Paneuropa-Union Kroatien, Mislav Ježić, den Otto von Habsburg anschließend zum 1. Internationalen Vizepräsidenten ernennt, der Präsident der Paneuropa-Union Böhmen

---
[1] Monatsbericht vom 1.7.1993. Tatsächlich hielt sich Mečiar mit kurzer Unterbrechung bis 1998 an der Macht.

und Mähren, Rudolf Kučera, und der Ungar Mécs. An der Paneuropa-Generalversammlung im Dezember 1995 nehmen mehr als 200 Delegierte aus zwanzig verschiedenen Ländern Europas teil.

Die universelle Wunderwaffe der CSU

Otto von Habsburgs Themen- und Wissensbreite ist im Europäischen Parlament sprichwörtlich. Ob es um die Kosten für die Parlamentstätigkeit in Brüssel, die Hilfe für die Palästinenser, die Tuareg in Mali[1], den Status der Wanderarbeitnehmer, die Beziehungen zu China[2], zu Jemen oder Sri Lanka, um Kormorane[3], die Müllentsorgung, die Förderung des europäischen Films[4] oder die Fischerei in der Nordsee geht – Otto von Habsburg ist stets in der Lage, ohne lange Vorbereitung pointiert Position zu beziehen. Er erläutert den zeitgeschichtlichen Hintergrund des Konfliktes um Kaschmir[5] oder

---

[1] Über die Tuareg sagt er am 29. 9. 1994 im Plenum: »*Solange die Franzosen in der Sahara waren, hat es gar keine Schwierigkeiten für die Tuaregs gegeben, und auch die Spanier haben ihnen volle Bewegungsfreiheit gelassen. Ich war damals selbst bei den Tuaregs und weiß daher, wie frei sie sich bewegen konnten. Erst nach der Entkolonialisierung wurden sie durch die Grenzen behindert (…) wir müssen Mali, aber auch den anderen Staaten der Region deutlich machen, dass sie endlich aufhören müssen, die Tuaregs zu verfolgen, dass sie ihnen wieder die Freizügigkeit einräumen und damit eine richtige Ordnung in der Sahara schaffen müssen.*«

[2] Hatte er früher klar für Taiwan und gegen Rotchina optiert, so meint Otto von Habsburg in seiner Zeit als Europaabgeordneter, dass die Beziehungen zu China für Europa wegen des gemeinsamen Nachbarn Russland lebensnotwendig seien. Im Monatsbericht am 1. 5. 1996 formuliert er: »(…) kein Zweifel, dass Taiwan ungerecht behandelt wird; andererseits müssen wir uns aber darüber im Klaren sein, dass wir Rotchina infolge der Gefahr von Russland heute mehr denn je brauchen.«

[3] Am 14. 2. 1996 sagt Otto von Habsburg im Plenum: »Wenn Tiere eine Stimme haben, dann haben sie immer Vertreter. Wenn sie keine Stimme haben, wie die Fische, dann werden sie vergessen. (…) Es trifft tatsächlich zu, dass die Kormorane heute bei uns weitgehend die Fischerei ausrotten.«

[4] In einer Parlamentsrede am 19. 11. 1993 spricht er über die »Krise unserer gesamten cinematografischen Industrie«.

[5] In einer Parlamentsrede am 11. 7. 1991 wirft er Indien vor, eine demokratische Lösung in Kaschmir zu verhindern und internationalen Beobachtern den Zutritt zu verwehren. Neuerlich fordert er am 13. 7. 1995 im Europäischen Parlament das Selbstbestimmungsrecht für Kaschmir.

um die West-Sahara.[1] In den parlamentarischen Fragestunden konfrontiert er die Kommission mit Überlegungen zu einer europaweiten Reform der Postleitzahlen und der Vorwahlen bei internationalen Telefonverbindungen. Er exponiert sich ohne Rücksicht auf Angriffe gegen seine eigene Person, stellt unangenehme Fragen, bringt Menschenrechtsfragen auf die Tagesordnung. Er engagiert sich sowohl in der interfraktionellen Arbeitsgruppe »Tierschutz«[2] als auch in jener über »Jagd und Fischerei«[3], weiter in den Intergruppen »Paneuropa«, »Camino de Santiago«[4] und »Minderheitensprachen«.

Neben dem Kampf für die Osterweiterung der Gemeinschaft und für eine effiziente gemeinsame Außen- und Sicherheitspolitik sind es die großen gesellschaftlichen Themen, für die Otto von Habsburg gerne und voll Leidenschaft in den parlamentarischen »Ring« steigt. Seine Stellungnahme zur Abtreibung erbost mehr als einmal die Linke aufs Äußerste. In einem mehrfach publizierten Beitrag aus dem Jahr 1995 schreibt Otto von Habsburg: »*Es ist eigenartig, dass in einem Land, in dem man immer wieder geschworen hat, man habe aus der Geschichte gelernt und würde jedem Rechtsbruch Widerstand leisten, nunmehr etwas getan wird, das nach fünfzig Jahren zu den Prinzipien zurückkehrt, die seinerzeit Adolf Hitler seiner Gesetzgebung zugrunde legte. (...) Was hier geschieht, rührt an den*

---

[1] Als im April 1995 im Europäischen Parlament eine »Freundschaftsgruppe Marokko« gegründet wird, übernimmt Otto von Habsburg das Amt des Vizepräsidenten, nachdem er die Präsidentschaft aus Zeitgründen abgelehnt hat.
[2] Am 18. 5. 1990 notiert er am Abend eines Plenartages in seinem Kalender: »Plenum – ich spreche zu Pferden.« Gemeint war selbstverständlich: über Pferde. Als Parlamentspräsident Hänsch im Okt. 1994 drei Millionen Unterschriften gegen den unwürdigen Transport von Pferden überreicht werden, steht Otto von Habsburg an vorderster Front.
[3] Immer wieder betont Otto von Habsburg, dass Jagd und Tierschutz kein Widerspruch seien, sondern sich ergänzen. Im Plenum des Europäischen Parlaments verteidigt er die Anliegen der Jagd stets, meint aber in einer Rede am 25. 10. 1991 auch: »Ich selbst war früher Jäger, ich gehöre auch der Jagdverteidigungsgruppe an, aber Schlageisen sind eine Barbarei! Die Tiere leiden ungeheuer!«
[4] Zum »Camino de Santiago«, dem geschichtsträchtigen Jakobsweg nach Santiago de Compostela, hat er – wie bereits erwähnt – seit Jahrzehnten eine tiefe innere Verbindung.

moralischen Grundsätzen Europas. (...) Wir schaffen ein totales System, in dem es keine Moral mehr gibt, weil das Transzendente gestrichen wird. Der Mensch am Platze Gottes führt zwangsläufig zum diesseitigen Totalitarismus.«

Beim »Donnelly-Bericht« über die deutsche Wiedervereinigung im Juli 1990 gerät Otto von Habsburg nach eigenen Aussagen in einen »echten Gewissenskonflikt«, weil es in dem sonst guten Bericht festlegt, dass die Abtreibungsgesetzgebung der DDR nicht angetastet werden dürfe. Schließlich stimmt er für den Bericht und begründet dies so: »*Der Beschluss, dass die Volkskammerabgeordneten bei uns als Beobachter teilnehmen können, ist bindend; die Erklärung für die Abtreibung ist es nicht. Es wäre daher ein Fehler gewesen, den ganzen Bericht nur wegen dieses Punktes abzulehnen. Dass unsere irischen Kollegen dagegen gestimmt haben, hat mich aufrichtig gefreut.*«

Als er wenig später bei einem Familienkongress im englischen Brighton vor 2500 Zuhörern die Schlussrede hält, wird die Kundgebung durch eine Demonstration von Homosexuellen massiv gestört. Otto von Habsburg meint nur: »Persönlich habe ich das eher als eine Aufheiterung und Belebung empfunden.« Wütend wird er jedoch, als er im September 1997 erfährt, dass der Fraktionsvorsitzende der Christdemokraten, Martens, seine Zustimmung zur Gründung einer interfraktionellen Arbeitsgruppe für die Gleichberechtigung der Lesben und Schwulen gegeben hat. »Wir werden diese Angelegenheit weiterhin verfolgen. Martens wird sich aus dieser schwierigen Lage nicht leicht befreien können«, schreibt er in seinem Monatsbericht.

Am 28. 10. 1993 meldet sich Otto von Habsburg im Europäischen Parlament zum Klonen von Menschen zu Wort: »*Wer früher einmal Frankenstein-Filme gesehen hat, weiß, dass so etwas schon vorhergesagt worden ist (...) Dieser Umstand macht es notwendig, dass die Gemeinschaft eingreift und die einzelnen Regierungen – so es nicht durch gemeinschaftliche Regeln möglich ist – veranlasst, derartige Untersuchungen und Forschungen sowie die Durchführung solcher Experimente mit Menschen zu verbieten. (...) Im Übrigen zeigt uns das, dass eine Welt ohne Glauben zur reinen Hölle wird, denn das ist genau, was durch diese Klonung geschieht.*«

Ein besonderes Anliegen ist ihm die Schaffung eines europäischen Volksgruppenrechts, für das er sich zusammen mit dem Südtiroler Abgeordneten Joachim Dalsass, mit Goppel, Alber und Stauffenberg ab 1979 einsetzt. In der eigenen Fraktion, der EVP, wüten vor allem Franzosen und Griechen, aber auch Spanier gegen dieses Projekt. Die griechischen Kollegen erschreckt Otto von Habsburg im Februar 1993, als er droht, er würde die unterdrückten Türken in Thrazien zu einer Anhörung einladen, wenn sie weiter so vehement gegen das Volksgruppenrecht aufträten. Tatsächlich empfängt er wenige Tage später türkische Zyprioten und Türken aus Thrazien.

Kontakte in alle Welt

Seine Welterfahrenheit und die seit Jahrzehnten gepflegten internationalen Kontakte verhelfen Otto von Habsburg gegenüber den meisten seiner Kollegen zu einem entscheidenden Informationsvorsprung. So kann er sich nach der Besetzung Kuweits durch den Irak, unmittelbar vor Beginn des 2. Golfkriegs, mit arabischen Politikern über die Lage im Mittleren Osten unterhalten. Vor allem bei einem fünftägigen Besuch im Sultanat Oman – anlässlich des 50. Geburtstags des Sultans im November 1990 – spricht er mit vielen Repräsentanten der islamisch-arabischen Welt. Zugleich unterhält er stets beste Verbindungen zu Israel und den israelischen Vertretern bei der EU. – Otto von Habsburg kann sich umso leichter für Israel einsetzen, als seine freundschaftliche Einstellung zu arabischen Ländern und Politikern bekannt ist. Bei einem ausführlichen Besuch in Jerusalem trifft er am 27. 5. 1990 Ministerpräsident Yitzhak Schamir, den Jerusalemer Bürgermeister Teddy Kollek und Shimon Peres zu längeren Unterredungen. Am 28. 5. 1990 hält er eine Rede an der Hebräischen Universität von Jerusalem und wird zum »Honorary Fellow« dieser Universität erklärt.

Besonders innig bleibt stets sein Verhältnis zu Marokko und dessen Herrschern. Als bei einer Abstimmung im Frühjahr 1992 Marokko und Syrien schlecht abschneiden, während Jordanien und Algerien besser bewertet werden, nennt Otto von Habsburg dies unumwunden einen »Sieg von Saddam Hussein« und warnt: »Es besteht die Gefahr, dass das Gleichgewicht in der arabischen Welt ebenfalls verändert wird, nachdem die anti-westlichen Kräfte die Unterstützung der Gemeinschaft haben und die beiden westlich orientierten Staaten leer ausgehen.« Bei dem im April 1996 gegen Marokko gerichteten Entschließungsantrag bringt Otto von Habsburg eine Reihe von Änderungsanträgen ein, die in der liberalen Fraktion für Verwirrung sorgen. Er selbst berichtet anschließend: »Dadurch wurde der Text der Resolution so konfus, dass diese am Ende fast einstimmig abgelehnt wurde – genau das, was wir haben wollten. Es war das ein sehr vergnüglicher Augenblick, umso mehr, als die Sozialisten wütend und unglücklich waren.«[1]

Ausgerechnet bei einer Fraktionssitzung in Athen im November 1992 legt sich Otto von Habsburg mit den griechischen Kollegen an. Bei der Diskussion über Finanzhilfen für die Türkei krachen die Meinungen aufeinander: Otto von Habsburg vertritt die Ansicht, dass Europa die Türkei bei der Neuorientierung der islamischen Republiken, die durch den Zusammenbruch der Sowjetunion entstanden sind, braucht. Hier würden die eher westlich orientierte Türkei und der Iran um Einfluss ringen. Europa solle der Türkei helfen, sich gegen Teheran durchzusetzen. Die Griechen wollen jedoch keinesfalls Zugeständnisse an die Türkei machen – zumindest so lange nicht, bis sie in der Zypernfrage ihre Sicht durchgesetzt haben. In seinem Monatsbericht schreibt Otto von Habsburg: »Es war natürlich peinlich, ausgerechnet hier in Athen eine Schlacht zu schlagen, es war aber mit Rücksicht auf die kommende Plenarsitzung unvermeidlich, obwohl mir von Anfang an klar war, dass wir auf verlorenem Posten stehen.« In Anspielung auf das Sprichwort, dass man Fliegen nur mit Honig und nicht mit Essig fängt, wirft Otto von Habsburg bei einer Parlamentsrede am 17. 11. 1992 der EG vor, den Türken bisher nur Essig geboten zu haben. Europa habe aber Interesse daran, die Rolle der Türkei in Zentralasien zu stärken.

Als er im Dezember 1991 bei einer Umweltkonferenz in Japan sprechen muss, nutzt er den Aufenthalt zu einer Begegnung mit dem Tenno und dem Ministerpräsidenten. In Japan, so ist sein Eindruck, interessiert man sich stark für die Entwicklung im Raum der zusammengebrochenen Sowjetunion.

---

[1] Monatsbericht vom 1. 5. 1996

Im Mai 1993 gerät er wiederum ins Kreuzfeuer der griechischen Kritik, als er bei der EVP-Fraktionssitzung in Valencia über die Mittelmeerpolitik der EG spricht und dabei die Beziehungen zum Maghreb und die positive Rolle der Türkei betont. Gleichzeitig kritisiert Otto von Habsburg den griechischen Ministerpräsidenten Mitsotakis scharf, weil dieser einen Besuch bei den kriegführenden bosnischen Serben gemacht hat.

Ein Parlamentarier aus Leidenschaft

Mit der Europawahl 1989 ziehen die nationalistischen »Republikaner« des früheren bayerischen Fernsehjournalisten Franz Schönhuber ins Europäische Parlament ein. Unachtsamkeit ihnen gegenüber führt zu heilloser Verwirrung. Otto von Habsburg kommentiert in einem vertraulichen Bericht, *»dass in einem einmaligen Anflug von Trottelhaftigkeit, die Bürokratie bzw. der Präsident des Parlamentes Herrn Schönhuber von den Republikanern als Vizepräsident der Delegation Israel, aufgrund der mathematischen Formel des De-Hondt-Systems*[1] *bestimmt hatten. Es zeigt nur, in welchem unvorstellbaren Ausmaß gewisse Politiker unpolitisch sind.«*

Auch mit der Kommission legt sich Otto von Habsburg häufig an. Im Dezember 1989 bringt er erstmals einen möglichen Misstrauensantrag des Europäischen Parlaments gegen die Kommission unter Jacques Delors ins Gespräch, weil Delors die Unterzeichnung eines Handelsvertrags mit der Sowjetunion betreibt, noch bevor dieser im Parlament debattiert werden konnte. Otto von Habsburg berichtet in seinem monatlichen Report: *»Ich habe (…) zum ersten Mal in der Fraktion der EVP den Gedanken eines Misstrauensantrages und eines möglichen Sturzes der Kommission ventiliert. Der Erfolg war überwältigend. Wenn Herr Delors nicht bald einlenkt, wird uns dieses Problem in nächster Zeit sehr beschäftigen.«* Als dann aber die rechte Seite des Straßburger Plenums im Februar 1990 einen Misstrauensantrag gegen die Kommission einbringt,

---

[1] Es handelt sich dabei um ein System, nach dessen starrer Ordnung (aufgrund der Fraktionsgröße) die Mitgliedschaften in Ausschüssen und Delegationen sowie die leitenden Funktionen in diesen zugewiesen werden.

stellt sich Otto von Habsburg dagegen: »Wir haben alle beschlossen, diesem Misstrauensantrag nicht zuzustimmen, obwohl viele der Argumente durchaus vertretbar waren. Es war aber vollkommen klar, dass es sich hier bloß um ein demagogisches Manöver gehandelt hat.«

Die Rechte des Europäischen Parlaments im europäischen Institutionengefüge sind Otto von Habsburg ein Anliegen, für das er mit Energie und Vehemenz streitet. Zugleich jedoch konzentriert er sich selten auf Fragen der Geschäftsordnung oder der inneren Strukturen des Parlaments, sondern lieber auf dessen effiziente Arbeit: das Europäische Parlament soll eine aktive politische Rolle spielen. Die Vertreter der Kommission und des Rates packt er dabei nicht mit Samthandschuhen an. Als es im Dezember 1991 über die Frage der Baltischen Staaten zu einer heftigen Kontroverse zwischen ihm und dem Ratsvertreter, dem holländischen Staatssekretär Piet Dankert, kommt, kommentiert Otto von Habsburg dies anschließend in seinem Monatsbericht so: »*Dankert war offenbar, wie oft, betrunken. Er hat sich äußerst insultierend geäußert und sich geweigert, meine rein sachliche Frage zu beantworten. Ich habe allerdings Verständnis dafür, dass er mich infolge des Streites über die Anerkennung Kroatiens und Sloweniens nicht gern hat. Jedoch war ich veranlasst, eine formelle Klage bei den Außenministern (...) einzureichen.*«

Wenn sich Parlamentarier nicht ausreichend einsetzen, kann der Kollege Habsburg mitunter auch patzig werden: Einem befreundeten Abgeordneten aus Italien liest er auf einem der Parlamentsgänge gehörig – und nur mit mäßig gesenkter Stimme – die Leviten, weil dessen Präsenz im Plenum zu wünschen übrig lässt. Einen deutschen Christdemokraten putzt er mitten in einer Fraktionssitzung zusammen, weil dieser eine entscheidende Sitzung verpasst hat. Den Präsidenten des Politischen Ausschusses, den Italiener Giovanni Goria, qualifiziert er öffentlich als »träge und eitel« und wirft ihm vor, den Ausschussvorsitz »vor allem zur eigenen Glorie« zu verwenden.[1] Goria tritt schließlich am 14. Dezember 1990 zurück,

---

[1] In seinem Monatsbericht vom 1. 6. 1990 schreibt Otto von Habsburg über Goria: »Hier wäre festzustellen, dass dieser Präsident, ein früherer italieni-

nachdem ihm Otto von Habsburg in einem Brief vom 12. Dezember – den die Obleute der Sozialisten, Konservativen und Liberalen mitunterzeichnen – Führungsschwäche und mangelnden Arbeitswillen vorwirft und ihn zu einem Gespräch hierüber auffordert.[1]

Besonders wütend zeigt er sich, als im Juli 1990 eine Reihe wichtiger Abstimmungen verloren geht, weil einige Christdemokraten nicht bereit sind, ihren Urlaubsbeginn auch nur um einen Tag zu verschieben. Als im Oktober 1991 eine Jugoslawien-Abstimmung verloren wird, referiert Otto von Habsburg in seinem Monatsbericht, dass von den 34 CDU-Abgeordneten nur sechs und von den sieben CSU-Mandataren[2] überhaupt nur er selbst bei der Abstimmung anwesend waren. Jedes Verständnis fehlt ihm, als nach dem Überfall Saddam Husseins im August 1990 auf Kuweit der Präsident des Politischen Ausschusses, den er mit Telegrammen und Faxen bombardiert, einfach unauffindbar ist. Otto von Habsburg setzt trotz des »Sommerschlafs« von Goria und Parlamentspräsident Barón Crespo eine Sondersitzung von zwei Ausschüssen zu Kuweit durch. Eine von ihm miterarbeitete Resolution zur Aggression des Irak wird im September-Plenum (gegen die Stimmen von

---

scher Ministerpräsident, derart faul und unfähig ist, dass es sehr bedauerlich wäre, wenn er noch lange im Amte bliebe. Er ist zwar liebenswürdig, aber total unbrauchbar.«

[1] Otto von Habsburg zieht sich durch sein Vorgehen gegen Goria zunächst den Zorn vieler zu. In seinem Monatsbericht kommentiert er Gorias Rücktritt: »*Natürlich waren die Italiener aus rein nationaler Solidarität zornig auf mich. Dies änderte sich jedoch in wenigen Stunden, als sie erkannten, dass dadurch ein Posten frei wird. (...) Der Posten wird im Januar vergeben. In der Zwischenzeit wird mir meine Sünde nachgelassen sein.*« Im Januar 1991 fordern einige Italiener tatsächlich die Entlassung von Habsburgs als Obmann der Christdemokraten im Politischen Ausschuss. »Trotzdem ist die Sache insofern im Sand verlaufen, als ein Teil der Italiener gar nicht ehrlich mittun wollte, weil sie glücklich sind, dass ich ihnen neue Plätze freigeschossen habe (...)«, erläutert der Betroffene.

[2] Auch in Sachfragen nimmt sich Otto von Habsburg durchaus die Freiheit, eigene Leute zu kritisieren. In seinem Monatsbericht vom 1.5.1992 schildert er die Debatten um die Aufnahme der brit. Konservativen in die EVP-Fraktion: »Die schärfsten Angriffe gegen die Engländer haben zwei CSU-Abgeordnete, nämlich Reinhold Bocklet und Gerd Müller, gestartet, obwohl sie sich am Schluss der Stimme enthielten. Ihre Argumente waren mehr giftig als vernünftig.« Letztlich ist eine Zwei-Drittel-Mehrheit der EVP-Abgeordneten für die Aufnahme der brit. Konservativen.

Grünen und Kommunisten) angenommen.[1] Er selbst warnt im Plenum des Europaparlaments vor jeglicher Appeasement-Politik gegenüber Saddam Hussein und zieht eine aufschlussreiche Parallele aus seinem persönlichen Erleben: »*Durch reinen Zufall war ich in Straßburg an dem Tag, an dem Hitlers Truppen ins Rheinland einmarschierten, und ich hörte am Abend hier in der Maison Rouge am Radio, wie der damalige Ministerpräsident Frankreichs, Herr Albert Sarraut, die Worte sprach:* ›*Nous ne négocierons jamais tant qu'il y aura des canons allemands braqués sur Strasbourg.*‹[2] *Zwei Wochen darauf hat man doch verhandelt, zwei Wochen darauf hat man dadurch, dass man damals nachgegeben hat und nicht hart gewesen ist, Hitler ermutigt, weitere Schritte zu machen, und insbesondere die innere Opposition gegen Hitler geschwächt. Wir sollten sehr darauf achten, so etwas nicht wieder zu tun. (…) Das heißt, es muss zuerst Kuwait evakuiert werden (…) Es muss die legitime Regierung wieder eingesetzt werden (…)*«

Zugleich fordert Otto von Habsburg ein europäisches Krisenmanagement, das – weil seiner Forderung nicht Folge geleistet wird – später bei den Kriegen im untergehenden Jugoslawien schmerzlich vermisst wird. Es solle ein Krisenstab gegründet werden, der jederzeit binnen 24 Stunden einberufen werden muss, sobald die Gemeinschaft als ganze, eines oder mehrere ihrer Mitgliedsstaaten vor Kriegen oder kriegsähnlichen Situationen stünden oder militärische Maßnahmen zum Schutz des Lebens von Bürgern der EG notwendig sein würden.

Am 22.11.1990 zieht Otto von Habsburg nochmals eine Parallele zwischen Saddam Hussein und Adolf Hitler im Europäischen Parlament: »*Mehr denn je bin ich aus meiner persönlichen Erfahrung mit dem Aufstieg und Fall Hitlers der Überzeugung, dass wir es in Bagdad mit einer Neuauflage des braunen Tyrannen zu tun haben.*

---

[1] Bei manchen Abgeordneten hat er die Hoffnung aufgegeben, dass sie noch aktiv werden könnten. In seinem Monatsbericht vom 1.2.1993 höhnt Otto von Habsburg: »*An diesem Tag kam aus Irrtum einer unserer italienischen Kollegen, der frühere Minister Forlani, ins Parlament. Er ist Mitglied des Parlaments seit acht Jahren und dies war das zweite Mal, dass wir ihn sahen. Daher habe ich eine namentliche Abstimmung verursacht, damit wir einen dokumentarischen Beweis haben, dass Forlani wirklich existiert.*«

[2] Dt.: »Wir werden solange nicht verhandeln, als es deutsche Kanonen gibt, die auf Straßburg zielen.«

Saddam Hussein ist ein Nationalsozialist, also ein totalitärer Gewaltherrscher. (...) Mit solchen Menschen kann man nur aus einer Stellung der Entschlossenheit und der Macht sprechen.«

Im Europäischen Parlament macht Otto von Habsburg vor allem zwei parlamentarische Instrumente zu seinen Waffen: die Fragestunde, die es ihm erlaubt, die jeweiligen Vertreter von Rat und Kommission mit Fragen zu piesacken, und die »Dringlichkeiten«. Hier kämpft er stets dafür, dass rein ideologische Debatten und Naturkatastrophen zugunsten aktueller politischer Fragen verdrängt werden. Nicht immer ist er damit erfolgreich, doch hie und da gelingt es ihm – oft im Alleingang gegen die Führung der eigenen Fraktion – Themen von der Tagesordnung zu kippen und im Plenum eine Mehrheit für die aus seiner Sicht wichtigen Themen zu erringen. Als er bei einer Sitzung im kleinen Kreis, zu der man ihn einzuladen »vergaß«, überraschend auftaucht, gibt es lange Gesichter – »Gesichter, wie wenn ein Hund auf die Kegelbahn springt«, wie er selbst kommentiert.

Die Plenarwochen sind – neben den parlamentarischen Terminen im engeren Sinn – randvoll angefüllt mit Besuchergruppen und Interview-Terminen. Als Beispiel dient eine fünftägige Plenarwoche im März 1990: Otto von Habsburg gibt Interviews für den Saarländischen Rundfunk, den Hessischen Rundfunk, BBC, Radio Monte Carlo, den Daily Express, das New York Magazine, die Nachrichtenagentur AFP, das Schweizerische Handelsblatt und »Connaissance des Arts« aus Paris. Daneben spricht er zu Besuchergruppen aus Bayern, Triest, Lettland, Nordrhein-Westfalen, trifft sich mit bayerischen Schülerzeitungsredakteuren und einer Delegation des Kroatischen Sabor. In der Plenarwoche des September 1994 bestreitet er neben der parlamentarischen Arbeit und Gesprächen mit Botschaftern und Politikern gezählte 26 Fernseh- und Zeitungsinterviews. Im Gegensatz zu vielen seiner Kollegen hält der Abgeordnete Habsburg den Freitag der Plenarwochen (der erst nach seinem Ausscheiden aus dem Europaparlament als Arbeitstag gestrichen wird) für einen ganz normalen Arbeitstag. Den Freitagsdebatten und -abstimmungen wohnt er bis zum Schluss bei. Die »dpa« zitiert ihn 1994: »Es ist immer die gleiche Gruppe von etwa 50 Abgeordneten, die noch am Freitag bleibt. Wir kosten den Steuerzahler Geld, und dafür sollten wir auch arbeiten.« Sich als Abgeordneter am Freitag nur in die Anwesenheitsliste einzutragen, das Taggeld zu kassieren und dann abzureisen, sei »unanständig« und »gewissenlos«.[1]

Selbst seinen 80. Geburtstag verbringt der dynamische Habsburger im Europäischen Parlament in Straßburg. Parlamentspräsident Egon Klepsch (CDU) gibt zwar am Vortag einen Empfang zu seinen Ehren, doch durch die Präsenz der Medien fühlt sich Otto von Habsburg in seiner parlamentarischen Arbeit behindert. Als Abgeordnetem geht es ihm nie um Ehre oder Selbstdarstellung, sondern darum, im Großen wie im scheinbar Kleinen seine Arbeit zu leisten. Als der Vorsitzende des Außenpolitischen Ausschusses, Barón Crespo, am 2. 12. 1992 den berühmten südafrikanischen Erzbischof Desmond Tutu einlädt, kommentiert Otto von Habsburg dies später in seinem Monatsbericht: *»Sein Programm war für eine Stunde angesetzt, er blieb aber zweieinhalb Stunden, großteils mit ödem Geschwätz. Sogar die Sozialisten, die seine Freunde sind, mussten zugeben, dass dieser Besuch sinnlos, nutzlos und zwecklos war. Ich bin weggegangen und habe lieber im Haushalts-Kontrollausschuss mitgearbeitet, wo man wenigstens etwas Konkretes leisten kann.«*

Als Abgeordneter kann Otto von Habsburg durchaus »explodieren«, wenn er allzu sehr provoziert wird. Im November 1995 etwa schreit ein deutscher SPD-Abgeordneter, Martin Schulz, laut dazwischen, als Otto von Habsburg im Plenum über China spricht. Irgendwann platzt dem Habsburger der Kragen, und er brüllt ganz bayerisch: »Halt's Maul, Schulz!« Zufälligerweise befindet sich Otto von Habsburgs oberbayerische Besuchergruppe gerade auf der Tribüne und erlebt die Szene live mit. Die Leute sind hellauf begeistert, einen solchen Wutausbruch hatten sie ihrem als beherrscht bekannten Abgeordneten nicht zugetraut. Schulz meldet sich am Ende der Fragestunde zur Geschäftsordnung: *»Herr Präsident, darf ich Sie bitten, zu überprüfen, ob die Äußerung von Herrn von Habsburg, ›Halt's Maul‹, die im Deutschen eine sehr pejorative Äußerung*

---

[1] So zit. ihn Petra Klingbeil von »dpa«; hier in: »Mittelbayerische Zeitung« vom 14. 2. 1994

ist, die die Verächtlichmachung eines anderen ausdrücken soll, zulässig ist. Wenn nicht, bitte ich Sie, anhand der Geschäftsordnung zu prüfen, ob das geahndet wird!« Weil der amtierende Vizepräsident, Jack Stewart-Clark, darauf mit keinem Wort eingeht, beruft sich Schulz am nächsten Tag erneut auf die Geschäftsordnung. Die amtierende Vizepräsidentin Ursula Schleicher antwortet laut Verlaufsprotokoll des Parlamentes, »*dass die angesprochenen Äußerungen ohne Mikrofon erfolgten und daher im Ausführlichen Sitzungsbericht nur als Unterbrechungen und im Protokoll überhaupt nicht aufgeführt sind, da der Abgeordnete* (Schulz, Anm.) *nicht das Wort hatte; sie appelliert an die Abgeordneten, Unterbrechungen anderer Mitglieder einzuschränken und erklärt die Angelegenheit damit für abgeschlossen*«.

Eher schwierig bleibt das Verhältnis Otto von Habsburgs zu vielen Beamten. Die Wirklichkeit entspricht meist nicht seinem hohen Ideal vom Beamten als Diener des Staates und der Bürger. Wenn ein solcher Fall im Apparat der EU, wo die Beamten nicht gerade bescheiden bezahlt werden, auffällig wird, so kann er mitunter heftig reagieren. Zweierlei ärgert ihn in diesem Zusammenhang besonders: Wenn Beamte versuchen, anstelle der Politiker Politik zu machen und den Politikern ideologisch gefärbte Papiere unterschieben; und wenn Beamte sich arrogant und obrigkeitsstaatlich gegenüber Bürgern benehmen. In einem Artikel von März 1999 definiert Otto von Habsburg: »*Der Beamte ist ein öffentlicher Diener, der oftmals wirklich sehr viel, weit über seine offizielle Pflicht hinaus, tut. Der Bürokrat ist im Gegenteil der kleine Diktator am Schreibtisch, der die Anonymität nützt, um wenig zu tun, bzw. für die Bevölkerung unangenehm zu sein und seinen Minderwertigkeitskomplex an den Menschen abzureagieren.*«

Ein engagierter Wahlkämpfer

Otto von Habsburg engagiert sich nicht nur in den Europawahlkämpfen mit ganzer Kraft. Auch vor Landtags- oder Bundestagswahlen bestreitet er für die CSU, mitunter auch für die CDU, Hunderte Veranstaltungen. Während des Münchner Oberbürgermeister-Wahlkampfs 1993, in dem er den CSU-Kandidaten Peter Gauweiler unterstützt, bricht er sich bei einem Unfall mehrere Rippen, so dass er eine Woche vor der Wahl aus dem Wahlkampf ausscheiden muss. Drei Jahre später ereignet sich eine fast parallele Situation: Als Otto von Habsburg im österreichischen Europawahlkampf 1996 für seinen Sohn Karl mehrere Veranstaltungen bestreitet, stürzt er in Salzburg im Badezimmer und bricht sich wiederum mehrere Rippen.

Für ganz entscheidend hält er die Europawahl des Jahres 1994. Noch vor der Nominierung der CSU-Liste schreibt der 81-Jährige in seinem Monatsbericht vom 1. 10. 1993: »Das kommende Parlament wird vieles zu entscheiden haben und von größerer Bedeutung sein, als alle vorherigen Legislaturperioden.« Auf dem CSU-Parteitag in Nürnberg im Dezember 1993 wird der Habsburger mit 265 Ja- und nur 8 Nein-Stimmen auf seinem traditionellen Platz 3 der Europaliste nominiert. Bernd Posselt, der seit der ersten Direktwahl sein parlamentarischer Assistent gewesen ist, kommt auf Platz 8 der CSU-Liste. Otto von Habsburg absolviert im Frühjahr 1994 nicht nur einen höchst intensiven und arbeitsreichen Wahlkampf in Bayern, sondern nimmt auch viele österreichische Termine wahr, weil in Österreich – zeitgleich zur Europawahl in der Gemeinschaft – das Referendum über den Beitritt stattfindet.

3. Diesseits von Balkan und Ural

Als sich Kroatien und Slowenien im Juni 1991 nach längerer Zeit zunehmender Entfremdung von Belgrad für unabhängig erklären, wirbt Otto von Habsburg in Brüssel für deren rasche Anerkennung. In den folgenden Monaten pendelt er regelmäßig zwischen den Kriegsgebieten und den europäischen Entscheidungszentralen, um Nachrichten zu übermitteln und für die internationale Anerkennung beider traditionsreicher Länder zu werben. Auch später ist er immer wieder in Zadar, Split, Karlovac, Osijek, Djakovo, Zagreb und Dubrovnik, dann auch in Mostar, Vukovar, Knin und Sarajewo – insbesondere, wenn die Lage kritisch und die Front nahe ist. Das alte Jugoslawien ist in Otto von Habsburgs Augen nur ein »*künstlicher Staat, der unter Bruch des Selbstbestimmungsrechts seiner Völker, mit Ausnahme der Serben, am Ende des Ersten Weltkrieges geschaffen wurde. Er wurde dann durch eine Folge von autoritären, totalitären und diktatorischen Regimen gegen seine Bevölkerung aufrechterhalten*«. Otto von Habsburg exponiert sich deshalb massiv für die Anerkennung der Staaten, die sich aus dem jugoslawischen Völkerkerker befreit haben. Im Zerbrechen Jugoslawiens sieht er die Konsequenz der slowenischen und kroatischen Entwicklung hin zu Freiheit, Demokratie, Mehrparteiensystem, Rechtsstaatlichkeit und Marktwirtschaft.

Durch die Fraktionen des Europäischen Parlaments geht von Anfang an ein Riss: manche Abgeordnete sind gegen, viele für die Anerkennung der kroatischen und slowenischen Unabhängigkeit. Dabei sind auch »nationale Interessen« zu beobachten. Vor allem die Griechen und die Spanier, Auswirkungen auf den Separatismus im eigenen Land fürchtend, treten gegen die Anerkennung auf. Auf Otto von Habsburgs Initiative sendet die EVP-Fraktion eine Mission nach Kroatien und Slowenien – nachdem eine Parlamentsmission an der Unentschlossenheit der Sozialisten scheiterte. Die vierköpfige Delegation spiegelt die Zerrissenheit der Christdemokratie: der Grieche Sarlis und der Niederländer Oostlander[1] sind für den Erhalt Jugoslawiens, Doris Pack (CDU) und Otto von Habsburg für die Anerkennung Kroatiens und Sloweniens. Die Gruppe trifft Anfang Juli die politische Führung Sloweniens und Kroatiens. Bei der anschließenden Debatte im Europäischen Parlament hält Otto von Habsburg eine Rede zu den jugoslawischen Vorgängen. In seinem Monatsbericht vom 20. 7. 1991 schreibt er: »*Die öffentliche Meinung ist nicht schlecht, elend ist hingegen die Einstellung der gemeinschaftlichen Bürokratie und ganz besonders jene des Ratspräsidiums, das derzeit ganz von den Sozialisten beherrscht wird. Es hat sich übrigens auch gezeigt, (…) wie schlecht die außenpolitische Organisation der Gemeinschaft war. Somit hat der Rat der Außenminister der Gemeinschaft große Mitschuld an den*

---

[1] Oostlander modifiziert später seine Auffassung und wird zu einem wichtigen Partner Otto von Habsburgs im Außenpolitischen Ausschuss.

blutigen Ereignissen. Wäre man von Anfang an energischer und klarer aufgetreten, wäre es nicht zu der Tragödie gekommen.«

Die Vorsitzende des Politischen Ausschusses, Cassanmagnago-Cerretti, beruft angesichts des Kriegs im ehemaligen Jugoslawien ihren Ausschuss Anfang August 1991 zu einer Sondersitzung nach Brüssel ein. Der niederländische Außenminister Van den Broek spricht dort im Namen der amtierenden Ratspräsidentschaft. Otto von Habsburg dazu in seinem Monatsbericht: »*Klar war, dass er Jugoslawien als Einheitsstaat retten will, weil er sich vor den Weiterungen fürchtet. Er hält Jugoslawien für einen Präzedenzfall, der sich auch in der Sowjetunion, Rumänien usw. auswirken wird. (...) Die Kommission weiß bereits durch ihre Vertreter, dass die Serben keinen Frieden wollen. (...) Ich war einer der ersten Redner, habe van den Broek scharf angepackt und für die baldige Anerkennung plädiert. (...) Aus der ganzen Diskussion wurde ersichtlich, dass viele Staaten, an ihrer Spitze Frankreich, eine Unabhängigkeit von Kroatien und Slowenien verhindern wollen. Sie fürchten den Beginn des Zusammenbruchs des ganzen Systems von Versailles, St. Germain und Trianon.*«

Am 9. Oktober 1991, als eine internationale Anerkennung für Slowenien und Kroatien noch nicht sicher ist, verdeutlicht Otto von Habsburg im Europäischen Parlament, dass der Staat Jugoslawien zu bestehen aufgehört hat und die einzige demokratische Legitimität bei den einzelnen Republiken liege, die ein frei gewähltes Parlament haben. Das Blutvergießen sei alleine die Schuld Serbiens, weil sich alle Kämpfe auf dem Gebiet Kroatiens abspielten, in das serbische Freischärler und die Armee einfielen. Der Rat der EG trage durch seine schwächliche Haltung eine Mitverantwortung für die Katastrophe. Erst unter portugiesischer Führung, also mit Jahresbeginn 1992, beginnt der Rat, auf eine neue Linie einzuschwenken. Begeistert notiert Otto von Habsburg im Mai 1992, dass der portugiesische Außenminister und spätere EU-Kommissar Joao de Deus Pinheiro »sehr energisch gegen die Serben antritt«.

Otto von Habsburg reist immer wieder persönlich in die umkämpften Gebiete Kroatiens, so etwa im Oktober 1991 in die Gegend von Sisak. Während seiner Unterredung mit Präsident Tudjman in Zagreb wird Fliegeralarm gegeben: der Präsident und sein Besucher steigen in den noch für Tito errichteten Schutzbunker hinab. Der Journalist Peter Sartorius berichtet in der »Süddeutschen Zeitung« vom 19. Oktober auf der dritten Seite unter der Überschrift »Des Kaisers Sohn auf dem Schachbrett des Todes«: »*Man steigt gemessenen Schrittes über enge steinerne Treppen hinab in einen mächtigen Tresor von Schutzraum. Jedenfalls sehen die blau angemalten Türen aus wie jene eines großen Geldschrankes. Tito hat den Bunker tatsächlich atombombenfest bauen lassen. (...) Auch das gehört zu der unwirklichen Wirklichkeit des Krieges. Ein Präsident unterhält einen ausländischen Gast im Atombunker (...)*« Nach dem Gespräch mit Tudjman meint Otto von Habsburg: »*Mehr denn je bin ich der Überzeugung, dass, wenn die Gemeinschaft sich endlich entschließen würde, Kroatien anzuerkennen, die Situation durchaus noch zu meistern wäre. Das gilt übrigens auch für einen deutschen Alleingang, wobei es störend ist, dass sich Herr Genscher, der früher keineswegs öffentlich für Kroatien eingetreten ist, nunmehr hinter den Partnern in der Gemeinschaft verschanzt, um seine eigene Schwäche zu tarnen.*«

Im Kampf für die Anerkennung Kroatiens und Sloweniens bewährt sich einmal mehr Otto von Habsburgs Gabe, in der knapp bemessenen Redezeit im Europäischen Parlament einen Sachverhalt klar und verständlich auf den Punkt zu bringen: »*Nimmt der Rat zur Kenntnis, dass alle Kämpfe in Kroatien stattfinden, und kein Schuss in Serbien fällt? Das zeigt doch, wer der Aggressor ist! Warum dann dieses lange Zögern? Wie viele Menschen sollen noch sterben, bis schließlich die Gemeinschaft ernstlich antwortet? Wie lange wird der Rat noch warten, bis man endlich die Realitäten anerkennt? Erstens, dass Jugoslawien nicht mehr existiert. Zweitens, dass die Armee zu einer unkontrollierbaren Räuberbande geworden ist. Drittens, dass man den Völkermord gegen die Kroaten nur dann beenden kann, wenn man endlich die Einzelrepubliken völkerrechtlich anerkennt. Wie steht es schließlich mit dem Kosovo, von dem nichts gesagt wurde?*«[1] Mehrere seiner Parlamentsreden schließt Otto von Habsburg mit einer Anspielung auf den Römer Cato: »*Ceterum autem censeo Croatiam et Sloveniam esse reconoscendam*« (Im Übrigen aber denke ich, dass Kroatien und Slowenien anerkannt werden müssen).

---

[1] Parlamentsrede vom 23. 10. 1991

Nicht minder energisch als für Kroatien und Slowenien setzt er sich für die Anerkennung des gemischt-nationalen und multireligiösen Bosnien-Herzegowina ein. Im April 1992 gelingt es ihm nahezu im Alleingang, gegen den erklärten Wunsch der »Konferenz der Präsidenten« (also aller Fraktionsvorsitzenden), durchzusetzen, dass in der Dringlichkeitsdebatte über Bosnien-Herzegowina gesprochen wird. Dabei ist ihm bewusst, dass die Lage in diesem Land um vieles komplizierter und schwieriger sein wird als in Kroatien: *»Das Problem Kroatien und Slowenien ist ein ernstes Problem, aber es ist lösbar. Nur die Unfähigkeit gewisser Menschen, die leider oftmals im Namen der Gemeinschaft gesprochen haben, ohne dafür qualifiziert zu sein, hat das verhindert und zum Blutvergießen geführt. In Bosnien-Herzegowina haben wir eine andere Situation, wo die Nationalitäten miteinander vermischt sind.«* Im April 1992 nutzt Otto von Habsburg einen politischen Besuch in Marokko, um beim König, bei Außen- und Innenminister des Landes ausführlich für die Anerkennung Kroatiens und Bosnien-Herzegowinas durch die islamischen Staaten zu werben. König Hassan lässt Yassir Arafat im Vorzimmer warten, während ihm Otto von Habsburg die Lage im ehemaligen Jugoslawien erläutert und für die Anerkennung Kroatiens und Bosnien-Herzegowinas wirbt.

Zugleich verteidigt der Paneuropa-Präsident die kroatischen Interessen in der Herzegowina und nimmt Kroatien vor dem Vorwurf in Schutz, für das Desaster im Nachbarland mitverantwortlich zu sein. So sagt er am 15. 5. 1992 im Europäischen Parlament: *»Es ist einfach unrichtig, wenn gesagt wird, die Kroaten trügen für die Ereignisse in Bosnien Verantwortung. Wer immer in Bosnien gewesen ist, weiß ganz genau, dass die Zwischenfälle ausschließlich auf die Aktion der sogenannten Bundesarmee und der serbischen Tschetnik-Einheit zurückzuführen sind.«* Noch deutlicher am 7. 7. 1992: *»Es ist eine dreiste Lüge, (...) zu behaupten, es gäbe ein Abkommen zwischen Kroatien und Serbien, Bosnien-Herzegowina aufzuteilen. Das liegt gar nicht im Interesse der Kroaten, es liegt aber sehr im Interesse der Serben. Wir sollten doch nicht das Objekt einer systematischen Desinformation der kommunistischen Herrscher in Belgrad sein.«*

Bei den Diskussionen über Mazedonien erbost den Abgeordneten Habsburg vor allem der geschlossene Widerstand der griechischen

Kollegen: »(...) *die Griechen sind heute die Einzigen, die noch nicht nach Parteiorientierung, sondern nach Nationalität abstimmen. In griechischen Fragen treffen wir auf eine gemeinsame Front von den Kommunisten bis zur äußersten Rechten. Die Griechen sind damit ein unangenehmer Fremdkörper in der Europäischen Gemeinschaft.*« Einige Monate später, am 1. 10. 1992, schreibt er ganz ähnlich in seinem Monatsbericht: »*Das Problem mit den Griechen ist, dass sie Europa nicht verstehen. Sie stimmen als Nation ab – von den Kommunisten bis zur äußersten Rechten –, was keine andere Nation tut. Außerdem erpressen sie die Fraktionen ständig, was sich besonders in der Frage Ex-Jugoslawiens elend auswirkt. Irgendwann muss man hier Ordnung schaffen.*«

Im Mai 1992 beantragt Otto von Habsburg in der EVP, eine Beobachterdelegation in den Kosovo zu senden. Zunächst wird sein Vorschlag mit Begeisterung aufgenommen. Diese weicht jedoch, als gefragt wird, wer persönlich das Risiko einer solchen Reise trägt. Letztlich beschließt das Präsidium, dass man nur reist, wenn sich andere Fraktionen beteiligen – was aber nicht der Fall ist. Otto von Habsburg wird aber nicht müde, auf die dramatische Menschen- und Völkerrechtslage im Kosovo hinzuweisen und das Selbstbestimmungsrecht der Kosovo-Albaner einzufordern. Mit vielen seiner Kollegen, die nur an eine relative Autonomie des Kosovo unter serbischer Oberherrschaft denken, gerät er dabei massiv aneinander. Wie in der Beurteilung Slobodan Miloševićs setzt auch in jener des Kosovo erst langsam ein Umdenken bei den Regierenden ein. Otto von Habsburg lobt 1999 ausdrücklich Kanzler Gerhard Schröder und Außenminister Joschka Fischer, als beide sich für die Kosovaren stark zu machen beginnen.[1]

Otto von Habsburg kämpft nicht nur mit Leidenschaft für das Selbstbestimmungsrecht der Völker Südosteuropas, sondern nimmt dafür auch Verstimmungen in der politischen Klasse der EU in Kauf. Als bei einem Empfang im House of Commons am 7. Sep-

---

[1] Wirklich amüsiert ist er, als Beamte des dt. Außenministeriums ihm nach einer Sitzung des Außenpolitischen Ausschusses vorhalten, er habe Fischer durch seine Fragen zu bestimmten Aussagen manipuliert. Das habe wohl den »Genscher-Boys« nicht gepasst, scherzt Otto von Habsburg.

tember 1992 der frühere Ministerpräsident Edward Heath eine Rede hält, in der er den jungen Demokratien Südosteuropas Vorhaltungen macht, verlässt Otto von Habsburg den Empfang vorzeitig,»da ich Heath nicht die Hand geben wollte, nach dem, was er gegen Kroatien und Slowenien gesagt hatte«. Auch den Beauftragten der internationalen Staatengemeinschaft, den Lords Owen und Carrington etwa, setzt Otto von Habsburg mitunter stark zu.[1] Im Europaparlament attackiert er heftig seine Fraktionskollegen:»*Wir sprechen vom Balkan: Jugoslawien ist nicht der Balkan! Ein Teil Jugoslawiens ist der Balkan, aber Kroatien, Slowenien und Bosnien-Herzegowina gehören nicht dazu.*[2] *Das ist ein vollkommen anderes Problem. Wir sprechen von einem Bürgerkrieg: Es ist kein Bürgerkrieg, es ist eine Aggression eines Staates gegen andere Völker.*« Ähnlich am 20. 11. 1991 (seinem 79. Geburtstag) im Plenum:»*Herr, Präsident, es gibt keinen Bürgerkrieg in Jugoslawien, es gibt einen nationalen Krieg von Völkern, die unterdrückt wurden und sich schließlich aus der kolonialen Herrschaft des serbischen Regimes befreien wollen. Das haben sie in demokratischer, freier Weise gesagt, und wir, die wir Tag und Nacht von Demokratie predigen, sollten uns endlich einmal an unsere eigenen Worte halten.*«

Die Auseinandersetzungen Otto von Habsburgs, die er mit dem holländischen Außenminister Van den Broek gehabt hat, finden ihre Fortsetzung, als dieser EU-Kommissar wird. Gemeinsam mit Arie Oostlander setzt Otto von Habsburg im März 1993 dem Präsidenten der jugoslawischen Föderation, Dobrica Cosić, bei dessen Besuch im Europäischen Parlament schwer zu. Als die beiden Christdemokraten Cosić mit den Problemen im Kosovo, in Bosnien-Herzegowina und der Vojvodina konfrontieren, lädt er sie ein, sich selbst ein Bild vor Ort zu machen. Eben dies hatten sie mehrfach versucht, doch war ihnen stets die Einreise verweigert worden. Tatsächlich scheitert auch der Versuch, die Einladung Cosićs zu

---

[1] Lord Owen bescheinigt er in seinem Monatsbericht vom 1. 12. 1992 »eine erstaunliche Ignoranz in Fragen von Geschichte und Geografie«.

[2] Die Diskussion darüber, wo der Balkan beginnt, ist für Otto von Habsburg ein Stück geopolitischer Strategie. Oft zitiert er in Reden den einstigen Chef des frz. Nachrichtendienstes, Alexandre de Marenches, der sagte, wenn er im Büro eines Politikers Bilder sehe, so sei dieser uninteressant; habe einer jedoch Landkarten aufgehängt, dann lohne es sich, mit ihm zu sprechen.

einem Besuch in der Vojvodina zu nutzen, so dass Otto von Habsburg am 26. 4. 1993 resigniert feststellen muss, dass ihm die serbischen Behörden einfach kein Visum gewähren wollen. So fährt er stattdessen nach Kroatien, wo er Ende April erneut Gespräche mit Präsident Tudjman und dem Parlamentspräsidenten (und heutigen Staatspräsidenten) Stipe Mesić führt.

Als der Menschenrechtspreis des Europäischen Parlaments, der »Sacharow-Preis«, im Oktober 1993 der Zeitung »Oslobodenje« aus Sarajewo zuerkannt wird, und nicht den von linker Seite favorisierten Kandidaten Salman Rushdie und Xanana Gusmao, ist Otto von Habsburg daran nicht unbeteiligt. Da er fürchtet, der Präsident des zuständigen Ausschusses, Barón Crespo, werde die Wahl zu ignorieren versuchen, organisiert er augenblicklich eine Indiskretion an die Medien. So können die »Konferenz der Präsidenten« und das Parlamentspräsidium an »Oslobodenje« nicht mehr vorbei – es steht ja bereits alles in den Zeitungen.

Im Januar 1994 setzt Otto von Habsburg gemeinsam mit Arie Oostlander eine Dringlichkeit durch, in der das Europäische Parlament die Abberufung von Lord Owen fordert. Dagegen gibt es massiven Widerstand. So versucht der britische Außenminister Hurd bis zuletzt, englische Abgeordnete unter Druck zu setzen, damit sie gegen die Dringlichkeit stimmen. Am 16. Februar ist Owen im Außenpolitischen Ausschuss. Da sowohl der Präsident als auch alle Vizepräsidenten abwesend sind, muss Otto von Habsburg die Sitzung leiten. In seinem Monatsbericht schildert er den Auftritt Owens: *»Er war sichtlich böse über den Schuss, den wir seinerzeit gegen ihn abgefeuert haben, indem wir die Regierungen aufforderten, ihn zu entlassen. Zwar betonte er, dass ihm dies vollkommen gleichgültig sei, er klebe nicht an seinem Posten, hat sich aber gleichzeitig krampfhaft an seinen Sessel gehalten. Sein Bericht, der übrigens nicht uninteressant war, war ausgesprochen serbophil, so dass man ihn weder als unabhängig noch als unparteiisch bezeichnen kann. Wir haben ihm sehr stark zugesetzt (...)«* Weil Otto von Habsburg genau weiß, dass man manche Leute am besten am Geldbeutel attackiert, stellt er im Europäischen Parlament mehrere Anfragen zu den Gehältern der EU-Vermittler im ehemaligen Jugoslawien, David Owen und Thorvald Stoltenberg. Die Antwort des deutschen Beamten, der den

Ratsvorsitzenden Kinkel in der parlamentarischen Fragestunde vertritt, ist nach Otto von Habsburgs Aussage »derart elend, dass sich nunmehr der Haushaltskontroll-Ausschuss eingeschaltet hat«. In einer Presseaussendung fordert der Paneuropa-Präsident, die Gehälter der Vermittler offen zu legen. »Die Bürger haben ein Recht darauf, zu erfahren, was mit ihrem hart verdienten Geld geschieht.«[1] Immer und immer wieder hakt er im Parlament, aber auch medial nach. Als ihm der Ratsvorsitz auf die Frage nach den Bezügen schließlich die Auskunft gibt, es handle sich um eine »angemessene« Entlohnung, sieht er darin eine Missachtung des Parlaments und der Öffentlichkeit.

Weiterhin reist er zu den Kriegsschauplätzen, um sich vor Ort persönlich von den Vorgängen zu überzeugen: Im April 1995 hält er sich im Rahmen einer von seinem Sohn Karl organisierten Tagung des »Paneuropa-Kreises Alpen Adria« mehrere Tage in Mostar und Medjugorje auf, spricht ausführlich mit dem Bischof von Mostar und den Franziskaner-Patres, mit dem Imam und dem früheren Bürgermeister von Bremen, dem SPD-Politiker Hans Koschnik, der als Administrator in Mostar herrscht. – Als ein christliches und europäisches Symbol, aber auch als Zeichen für die Leiden der katholischen Kroaten in Bosnien schätzt Otto von Habsburg den Bischof von Banja Luka, Franjo Komarica. Dessen Diözese in Nordbosnien ist von den Terroreinheiten des nationalistischen Serbenführers Radovan Karadžić schrecklich verwüstet, seine Gläubigen sind zum größten Teil ermordet, misshandelt und vertrieben worden. Otto von Habsburg schlägt Bischof Komarica nicht nur als Erster für den Sacharow-Preis vor, sondern lädt ihn im Februar 1995 auch ins Europaparlament ein, wo er ihn mit vielen Politikern in Kontakt bringt. Komarica, ein heldenhafter Repräsentant seines Volkes und überaus vehementer Gesprächspartner, beeindruckt die Parlamentarier tief.[2]

---

[1] Presseaussendung vom 21. 7. 1994. In einer Aussendung an die Presse vom 4. 11. bezeichnet er Owen und Stoltenberg als »vermutlich sehr hoch bezahlte Versager«.
[2] Auf Vorschlag Otto von Habsburgs und seiner Tochter Walburga wird Bischof Franjo Komarica im April 2002 in Wien der Europapreis Coudenhove-Kalergi verliehen.

Kritische Blicke nach Moskau

Betont kritisch beurteilt Otto von Habsburg die Entwicklung des post-sowjetischen Russland. Im Juni 1991, wenige Monate vor dem unrühmlichen Ende der Sowjetunion, begrüßt er die Wahl Jelzins zum Präsidenten Russlands und die Rückumbenennung Leningrads in Sankt Petersburg. Zugleich warnt er im Europäischen Parlament: »Das bedeutet aber nicht, dass die reaktionären Kräfte in der Sowjetunion verschwunden sind.« Insbesondere der Druck auf die baltischen Republiken zeige, »*dass sie noch immer vorhanden sind, ganz besonders in der Umgebung des Präsidenten der UdSSR, Michail Gorbatschow, der an seiner Seite, was man immer wieder vergisst, dunkle Gestalten (…) hat, die mit den Einheiten des KGB alles versuchen, um die baltischen Völker zu terrorisieren und ihren Unabhängigkeitswillen zu brechen*«.[1] Bereits am 30. 10. 1992 warnt Otto von Habsburg vor einer »Reimperialisierung« und »Rebolschewisierung in der früheren Sowjetunion«. Wörtlich meint er im Plenum: »*Jelzin ist bestimmt ein anständiger Mensch und hat den besten Willen, er ist aber umgeben von einer Reihe von Menschen des alten Systems und steht speziell unter dem Druck der Militärs. (…) Schritt für Schritt setzt sich ein neues bolschewistisches System durch. Daher müssen wir jetzt alles tun, um zu versuchen, wenigstens die Balten aus der Situation herauszuretten.*« Die westlichen Finanzspritzen hält er für pure Geldverschwendung, weil sich daran in erster Linie mafiose Kräfte bereichern würden. Schweizer Bankiers berichten ihm im Frühjahr 1993, dass »eine Flut von angeblich russischem Geld zu ihnen strömt«[2].

Vehementeste Reaktionen ruft der russische Einmarsch Ende 1994 in Tschetschenien bei Otto von Habsburg hervor. Hatte Jelzin einst alle Völker des untergehenden Sowjetreichs dazu aufgerufen, sie sollten sich so viel Freiheit nehmen, wie sie tragen könnten, so versucht er nun – ähnlich wie vor ihm bereits Stalin – den Freiheits-

---

[1] Tatsächlich versuchen diese dunklen Gestalten dann im Aug. 1991 das Rad der Geschichte zurückzudrehen, indem sie Gorbatschow auf der Krim festsetzen und in Moskau den Putsch gegen Jelzin und das russ. Parlament unternehmen.
[2] Monatsbericht Nr. 47 vom 1. 7. 1993

willen der Tschetschenen unter Panzern zu begraben. In einem Dringlichkeitsantrag, den der Habsburger im Dezember 1994 gegen den erklärten Willen der Fraktionsführung im Parlament auf die Tagesordnung boxt, heißt es, »dass ein Überfall auf Tschetschenien schwere Zweifel an der Friedfertigkeit und demokratischen Gesinnung der russischen Regierung hervorrufen würde«. Wie in der Bosnienproblematik arbeitet Otto von Habsburg im Streit um eine angemessene europäische Reaktion auf den russischen Vormarsch in Tschetschenien mit Exponenten ideologisch anderer Lager eng zusammen. Im Europäischen Parlament berichtet er am 15. 12. 1994: *»Es gibt so viele große Vorkämpfer des Antikolonialismus, und dort handelt es sich doch eindeutig um einen Kolonialkrieg. Ein guter Teil dieser ganzen Region wurde durch die Russen erst relativ spät erobert, lange nachdem die europäischen Kolonien errichtet wurden. Was speziell die Tschetschenen betrifft, möchte ich unterstreichen, dass diese erst 1859 vor den Russen kapituliert haben, nachdem die Russen etwa 90% der Bevölkerung ausgerottet hatten.«* Otto von Habsburg verteidigt auch den Anführer der Tschetschenen, General Dudajew: *»Ich war in Litauen, als dort die Unabhängigkeit erklärt wurde. Ich kann Ihnen versichern, dass Litauen damals auf Befehl von Gorbatschow durch die russische Armee und durch die Omon-Einheiten, die jetzt in Grosny zum Einsatz kommen, in den Boden gestampft worden wäre, wenn nicht General Dudajew, der damals Befehlshaber der russischen Luftwaffe und der Fallschirmjäger war, alles getan hätte, um eben zu verhindern, dass das geschieht. Er hat das Telegramm von Gorbatschow in den Papierkorb geworfen, und ihm ist es zu verdanken, dass diese Truppen nicht zum Einsatz gekommen sind, sondern dass die Balten ohne Blutvergießen ihre Freiheit gewinnen konnten.«*[1] Noch einmal legt er am 18. 7. 1996 seine Position dar: *»Russland ist heute in der Welt im Zeitalter der weltweiten Dekolonisierung das letzte große Kolonialreich auf Erden. Die Franzosen waren in Westafrika, als der erste Russe den Ural nach Osten überschritten hat, um asiatisches Gebiet zu erobern. Und was sich in Tschetschenien abspielt, ist nur der Be-*

---

[1] Neuerlich nimmt Otto von Habsburg am 19. 1. 1995 im Plenum Stellung zu Tschetschenien und erinnert in diesem Zusammenhang an die 14 Punkte von Präsident Wilson.

ginn einer Dekolonisierung Russlands. Daher müssen wir, um endlich glaubwürdig zu sein, tatsächlich für das Selbstbestimmungsrecht der Völker eintreten – und das gilt auch für die Tschetschenen –, und wir müssen wirklich Druck auf Russland ausüben (...)« In Reden und Aufsätzen äußert der Paneuropa-Präsident die Ansicht, dass eine Dekolonisierung letztlich im Interesse Russlands selbst sei.

Gegenüber jenen, die auf einen möglichst weichen und wenig konfrontativen Kurs gegenüber Moskau setzen, betont Otto von Habsburg am 16. 2. 1995 im Europäischen Parlament: »Ich habe eigentlich eine sehr lange Erfahrung mit totalitären Diktaturen, und ich kann nur eines betonen: Schweigen hat noch niemals geholfen. Man muss klare Worte finden, denn das ist das Einzige, was diese Herrschaften verstehen.« Aus diesem Grund, so sagt er, unterstütze er, im Gegensatz zur Sozialistischen Fraktion, den Antrag der Grünen. In der grünen Fraktion ist der Führer der Pariser 68er Revolution, Daniel Cohn-Bendit, der Wortführer. Mit ihm arbeitet Otto von Habsburg nicht nur Dringlichkeitsanträge aus; die beiden verfassen sogar gemeinsam einen Artikel über Bosnien-Herzegowina. Cohn-Bendit, zu jener Zeit Abgeordneter aus Frankfurt, später Listenführer der französischen Grünen, lädt ihn auch zu einer Diskussion mit einer Besuchergruppe der Grünen und der Friedensbewegung.

Die rein reaktive Haltung der EU im Fall Tschetschenien, aber auch zu den Kriegen im ehemaligen Jugoslawien beweist Otto von Habsburg, dass eine Strategie zur Konfliktvermeidung, eine »präventive Diplomatie« notwendig ist. Mit Sympathie verfolgt er die Bemühungen des französischen Abgeordneten Michel Rocard, eine solche präventive Diplomatie zu konzeptionieren. Otto von Habsburg selbst denkt an einen »Think-Tank«, der allen EU-Institutionen, aber auch NATO und Westeuropäischer Union (WEU) zur Verfügung stehen soll. Im Europäischen Parlament fordert er am 25. 4. 1995 ein »Analyse- und Bewertungszentrum«.

In seiner Einschätzung, dass Russland nach einer kurzen Phase defensiver Außenpolitik – bereits unter Jelzin, noch deutlicher unter Putin – wieder zu einer offensiven und damit für Europa gefährlichen Außenpolitik zurückkehrt, wird Otto von Habsburg durch Besucher aus Moldawien und dem Baltikum bestärkt. Gespräche mit Präsident Lennart Meri von Estland oder Präsident Guntis Ulmanis von Lettland offenbaren ihm die nach wie vor große Furcht der baltischen Nationen, von Russland neuerlich geschluckt zu werden. Davor – hier ist er sich mit seinen Gesprächspartnern einig – kann die Baltischen Staaten nur ein Beitritt zu NATO und EU schützen. Die Aufnahme Russlands in den Europarat kritisiert Otto von Habsburg 1996 daher als eine folgenschwere Fehlentscheidung, die die moralische Autorität des Europarates nachhaltig untergrabe. Dass der Europarat nahezu gleichzeitig Russland aufnimmt, aber das Gesuch Kroatiens um Beitritt vertagt, ärgert und erschüttert ihn.

4. Österreich nach Europa

Otto von Habsburg sieht in der EU in erster Linie eine Sicherheitsgemeinschaft. Pointiert meint er deshalb in einer Parlamentsrede am 4. Mai 1994: *»Die beste Wirtschaftspolitik, die feinste Sozialpolitik nützt nichts, wenn Banditen ins Haus einbrechen und alles kurz und klein schlagen. Die erste Aufgabe der Staaten und der Gemeinschaften ist die Erhaltung des Friedens. Die Erweiterung ist eine Stärkung des Friedens, weil die Grenzen der Freiheit weiter nach Osten verschoben werden.«* Aus diesem Grund plädiert er zunächst für die Aufnahme Spaniens und Portugals, für den Beitritt Maltas nach dem Ende der Ära Dom Mintoff, später für die Norderweiterung durch den Beitritt Schwedens und Finnlands – und für den Beitritt Österreichs.

Das Ringen um Österreichs Beitritt

Im Dezember 1989, als Otto von Habsburg als Vorsitzender der zuständigen Delegation die ersten Weichen für einen späteren EU-Beitritt Ungarns stellt, bricht ein unerwarteter Konflikt aus: Ein griechischer Christdemokrat und ein britischer Konservativer bringen einen Antrag gegen einen Beitritt Österreichs vor 1993 im Europäischen Parlament ein und fordern eine Suspendierung der Verhandlungen. Gemeinsam mit dem Südtiroler Dalsass leitet Otto von Habsburg einen Gegenantrag ein, der die Kommission auffordert, unverzüglich Verhandlungen mit Österreich zu beginnen.

Die offiziellen Beitrittsansuchen Österreichs für die Montanunion, Euratom und die Europäische Wirtschaftsgemeinschaft – drei gleichlautende Briefe – hatte der österreichische Außenminister Alois Mock am 17. Juli 1989 dem amtierenden Ratspräsidenten, dem französischen Außenminister Roland Dumas überreicht. Mit dem Beitrittsgesuch sind jedoch die Hindernisse und Hürden für den tatsächlichen Beitritt Österreichs noch lange nicht überwunden. Nicht nur in Österreich, sondern auch auf dem glatten Brüsseler und Straßburger Parkett gibt es Widerstände, die überwunden werden müssen.[1]

Im Politischen Ausschuss wird erstmals am 6. 2. 1991 über den bevorstehenden Beitritt Österreichs debattiert. Nachdem Otto von Habsburg Maria Luisa Cassanmagnago-Cerretti als neue Präsidentin des Ausschusses vorgeschlagen hat, wird unter ihrem Vorsitz und in Anwesenheit des österreichischen Botschafters Wolte über den Beitritt Österreichs diskutiert. Im Frühjahr 1993 zeigt sich Otto von Habsburg nach einer Serie europapolitischer Veranstaltungen in Österreich entsetzt darüber, »dass in Österreich der Informationspegel bzgl. Europa sehr niedrig ist und nicht zuletzt in christlich-konservativen Kreisen groteske Vorurteile bestehen«.[2] Nichts Positives kann Otto von Habsburg am 1. 7. 1993 aus dem Europäischen

---
[1] Alois Mock schildert seine Sicht der Annäherung Österreichs an die EG in seinem Buch »Heimat Europa. Der Countdown von Wien nach Brüssel«, Wien 1994.
[2] In seinem Monatsbericht vom 1. 7. 1990 schreibt Otto von Habsburg wenig resigniert nach der Initiative seines CSU-Kollegen Pirkl: »*Eine Offensive von Minister a.D. Fritz Pirkl bezüglich des Beitrittes Österreichs zur Europäischen Gemeinschaft führte, da nicht genügend vorbereitet, zu einem Fehlschlag. Es ist nun einmal eine unleugbare Tatsache, dass Erfolge nicht etwa auf die Qualität zurückzuführen sind, sondern darauf, wie man die Dinge vorbereitet und wie viel Arbeit man in diese steckt. Ich halte daher diesen Rückschlag für keine echte Tragödie, allerdings für einen guten Schuss vor den Bug der Österreicher, endlich mit ihren Beitrittsverhandlungen bzw. mit der Vorbereitung des Beitrittes Ernst zu machen.*«

Parlament über die Chancen Österreichs auf einen EU-Beitritt berichten: »*Der Bericht, den wir bzgl. Österreichs erhielten, war keineswegs positiv. Die österreichischen Unterhändler scheinen Bedingungen stellen zu wollen, was unannehmbar ist. Sehr bedenklich für Österreich war die Tatsache, dass der Sprecher der Sozialisten, der gewesene französische Außenminister Claude Cheysson, für seine Fraktion eindeutig erklärte, dass unter diesen Umständen diese gegen den Beitritt Österreichs stimmen würden. Sollte dies der Fall sein, wäre ein Beitritt allerdings nicht durchzuziehen. Ich habe versucht, die Österreicher über die Gefährlichkeit der Lage zu informieren, nur habe ich wenig Verständnis gefunden. Es besteht anscheinend die Auffassung, Österreich sei so populär, dass es gar nichts zu fürchten hätte. Der Einzige, der etwas davon versteht, ist Außenminister Mock.*«

Im Europäischen Parlament bildet sich Anfang 1994 eine kleine Gruppe Abgeordneter – Otto von Habsburg zählt aus der EVP-Fraktion den Franzosen Jean-Louis Bourlanges und den Belgier Fernand Herman dazu –, die die anstehende Erweiterung der Gemeinschaft um Österreich, Schweden und Finnland zu verhindern trachten. Sie versuchen, eine Sperrminorität zu organisieren, um das Zustimmungsvotum des Europäischen Parlaments zur Erweiterung zu blockieren. Irrtümlich wird Otto von Habsburg zu einer Koordinierungssitzung dieses Kreises eingeladen. Er nimmt selbstverständlich an der Besprechung teil und versucht, die dort eingefangenen Informationen zu nutzen. Zunächst geht es dieser Gruppe darum, die Reform der Union zur Vorbedingung einer Erweiterung zu machen. Otto von Habsburg, der Reformen, insbesondere des Rates, befürwortet, lehnt zugleich jedes Junktim mit der Erweiterung ab.

Im April 1994 entscheidet sich zunächst die Sozialistische Fraktion mit 80 zu 25 Stimmen für die Erweiterung. Die EVP folgt dieser Linie – nach einer ausführlichen Debatte, an der für Österreich Vizekanzler und ÖVP-Vorsitzender Erhard Busek teilnimmt – mit 77 gegen 23 Stimmen. Die Gaullisten sind einstimmig für die Erweiterung, die Liberalen gespalten. Hinsichtlich des Votums im Plenum hängt alles davon ab, ob überhaupt genügend Abgeordnete an der Abstimmung teilnehmen. Es ist nämlich für das Zustimmungsvotum des Europäischen Parlaments nicht die Mehrheit der abgegebenen Stimmen, sondern der Sitze erforderlich. Um ein positives Votum im Außenpolitischen Ausschuss zu erreichen, kontrolliert Otto von Habsburg persönlich die Stimmberechtigungen. Ersatzmitglieder des Ausschusses, wie die Erweiterungsskeptiker Bourlanges und Herman, dürfen ihre Bedenken artikulieren, jedoch nicht mitstimmen. Am 4. Mai 1994 werden in einer groß angelegten Debatte im Straßburger Parlament stundenlang Argumente ausgetauscht. Otto von Habsburg ergreift selbst kurz das Wort, während er nebenher Fernseh- und Zeitungsinterviews gibt. Bei der Abstimmung schließlich votieren mehr als 370 Abgeordnete – etwa 110 mehr als erforderlich – für den Beitritt Österreichs, Schwedens, Finnlands und Norwegens. Die Abgeordneten feiern das Ergebnis mit minutenlangem, stehendem Applaus.

Haider in Europa

In Ausgabe Nr. 2/1994 berichtet die Hamburger Illustrierte »Stern« unter dem Schlagwort »Geheimgespräche«: »*Im November 1993 traf der CSU-Europaabgeordnete Otto von Habsburg mit Haider in Brüssel an zwei Tagen zu mehreren Gesprächen zusammen. Habsburg hatte vorher CSU-Chef Theo Waigel um dessen Meinung gefragt. Dieser willigte ein, warnte den Parteifreund jedoch davor, sich vom FPÖ-Vorsitzenden ›vereinnahmen‹ zu lassen.*« CSU-Parteisprecher Ingo-Michael Fett erläutert gegenüber den Medien, es sei absolut selbstverständlich, dass ein EU-Kommissar oder ein Europaabgeordneter mit Vertretern des demokratischen Spektrums Gespräche führe. »Absoluter Unsinn« sei es jedoch, daraus eine Kooperation zwischen der CSU und FPÖ-Chef Jörg Haider abzuleiten.

Mitten im Wahlkampf um den EU-Beitritt Österreichs bezieht Otto von Habsburg deutlich Stellung. Im Interview mit der Tageszeitung »Die Presse« vom 5. 5. 1994 wird er gefragt: »Was sagen Sie zu Jörg Haider, der zum radikalen Beitrittsgegner wurde? Vor einigen Monaten hat er Sie in Brüssel besucht.« Otto von Habsburgs Antwort lautet: »*Ich verstehe das nicht und finde es sehr schade, dass er sich so verhält. Er hat mich damals ersucht, ihn im Europäischen Parlament einzuführen, wobei ich jedem gern helfe. Anscheinend ist es mir nicht geglückt, ihn für einen Beitritt einzustimmen. (...) Ich glaube, dass die Österreicher mit Ja stimmen werden.«* Otto von Habsburg selbst setzt sich parallel zum bayerischen Europawahlkampf im österreichischen EU-Referendumswahlkampf ein. Während die Regierungsparteien ÖVP und SPÖ – die Sozialisten nach langer Zeit extremer Europaskepsis – für eine Zustimmung zum Beitritt werben, opponieren FPÖ und Grüne dagegen. Die Paneuropabewegung, gemanagt von Wolfgang Krones, Rainhard Klouček und Michael Löwy, trommelt intensiv für ein »Ja« der Österreicher zum EU-Beitritt. Am 12. Juni 1994 ist es dann soweit: in Österreich stimmen mehr als 66,6% für den Beitritt.

Noch vor dem Beitritt des Landes, der vertraglich zum 1. 1. 1995 erfolgt, sucht der Vorsitzende jener Partei, die gegen den EU-»Anschluss« Österreichs optiert hat, FPÖ-Chef Jörg Haider, neuerlich den Kontakt zum ersten Österreicher im Europaparlament. Haider lässt den FPÖ-Politiker John Gudenus in Pöcking und Straßburg anrufen, und am 24. Oktober 1994 ein Treffen für den Abend arrangieren. Otto von Habsburg schlägt sein vietnamesisches Stammlokal in Straßburg vor. Dort treffen sich – unbemerkt von Medien oder politischen Beobachtern – der damalige FPÖ-Vorsitzende Jörg Haider, seine Pressesprecherin (spätere Nachfolgerin und österreichische Vizekanzlerin) Susanne Riess-Passer und John Gudenus mit Otto von Habsburg, seiner Tochter Walburga und seinem Assistenten Stephan Baier. Zu Haiders Bitte, für die FPÖ Kontakte im Europäischen Parlament zu knüpfen, wiederholt der Habsburger, er helfe gerne jedem Österreicher, seinen Platz in Europa zu finden. Am folgenden Tag verhandelt Otto von Habsburg mit dem Vorsitzenden der Gaullisten, Jean-Claude Pasty, über eine Aufnahme der Freiheitlichen in die gaullistische Fraktion. Nachmittags kommt es erneut zu einer, diesmal öffentlich sichtbaren Unterredung mit Haider, Riess-Passer und Gudenus in der Straßburger Abgeordnetenbar. Dass sich die »Freiheitlichen« schließlich nicht der Gaullistischen Fraktion anschließen können, liegt nicht an Otto von Habsburg – sondern an Querschüssen aus der Heimat.

Kritischen Fragern bestätigt Otto von Habsburg stets, dass er jedem Österreicher in Europa helfen will und selbstverständlich auch der SPÖ behilflich gewesen wäre, wenn diese an seine Türe geklopft hätte. In Österreich mahnt er, auf der europäischen Ebene den parteipolitischen Zank hintanzustellen und der Staatspolitik Vorrang vor der Parteipolitik zu geben. Er stellt hier den Österreichern den Nachbar Ungarn als Vorbild vor Augen: dort wird zwar im Land heftig gestritten, doch treten die Ungarn im Ausland stets als ungarische Patrioten, nicht als Parteipolitiker auf.

Mit dem offiziellen Beitritt Österreichs zum 1. 1. 1995 ziehen 21 österreichische Abgeordnete in das Europäische Parlament ein – allerdings noch keine direkt gewählten, sondern aus dem Nationalrat delegierte Mandatare. Otto von Habsburg drängt darauf, dass Österreich möglichst rasch sein Europawahlgesetz verabschieden und eine Direktwahl seiner Abgeordneten zum Europäischen Parlament durchführen solle. Eine dauerhafte und anerkannte Arbeit im Europaparlament kann, so ist er überzeugt, nur von demokratisch legitimierten und direkt gewählten Abgeordneten geleistet werden.

Wieder eine Einreise-Debatte

Unter ausdrücklicher Berufung auf europäisches Recht und den EU-Beitritt Österreichs reist Felix von Habsburg-Lothringen im März 1996 nach Österreich ein, ohne die verfassungsmäßig geforderte Verzichtserklärung geleistet zu haben. In seinem »Antrag auf Ausstellung eines neuen Reisepasses mit Gültigkeit für alle Staaten der Welt und ohne den Vermerk ›Berechtigt nicht zur Einreise nach Österreich und nicht zur Durchreise durch Österreich‹«, den Rechtsanwalt Peter Draxler am 24. Januar 1996 bei der Bundespolizeidirektion Wien und bei der Österreichischen Botschaft in Brüssel einreicht, heißt es wörtlich: »*Das Recht der Europäischen Union (Gemeinschaftsrecht) hat absoluten Vorrang vor dem österreichischen Recht, und zwar auch dem Verfassungsrecht. Das Habsburgergesetz ist daher, obwohl es im Verfassungsrang steht, vom Gemeinschaftsrecht nach gemeinschaftsrechtlicher Terminologie*

›überschattet‹. *§ 2 des Habsburgergesetzes ist somit seit Inkrafttreten des Gesetzes über den Beitritt Österreichs zur Europäischen Union (...) nicht mehr anwendbar.*« Bei einer Pressekonferenz in Wien bekräftigt Felix von Habsburg-Lothringen am 11. März diese Rechtsauffassung: »Der Vertrag der Europäischen Union verbrieft jedem Bürger der Union uneingeschränkte Bewegungsfreiheit im Unionsgebiet. Als österreichischer Staatsbürger mache ich von diesem Recht Gebrauch.« Zum Thema Verzichtserklärung meint er in der Pressekonferenz wörtlich, er habe in den Anträgen auf Ausstellung eines uneingeschränkten österreichischen Reisepasses und (an die Bundesregierung) auf »Erlassung eines Feststellungsbescheides« erklärt, »dass ich aufgrund meiner Zugehörigkeit zum Hause Habsburg-Lothringen keine Herrschaftsansprüche erhoben habe und gedenke, dies auch in Zukunft nicht zu tun. Noch stelle ich die republikanische Staatsform Österreichs in Frage«.

Nationalratspräsident Heinz Fischer (SPÖ) wettert heftig gegen die Habsburger und fragt, »ob dahinter nicht eine Strategie gegen Neutralität und Staatsvertrag steckt«. Doch wenige Tage später, am 26. 3. 1996, fasst die Bundesregierung unter dem Vorsitz von Kanzler Franz Vranitzky (SPÖ) folgenden Beschluss: »Über Antrag des Bundeskanzlers stellt der Ministerrat fest, dass die Verzichtserklärung von Felix Habsburg-Lothringen als ausreichend angesehen wird und er daher nicht mehr des Landes verwiesen ist.«

Vater und Sohn im Europäischen Parlament

Für die Europawahl am 13. Oktober 1996 stellt die ÖVP Otto von Habsburgs in Salzburg lebenden Sohn Karl auf dem sicheren Platz 2 der Liste auf. Von Freunden befragt, warum er Karl von Habsburg, der zwar von der ÖVP-Salzburg nominiert ist, aber über keine nennenswerte Hausmacht innerhalb der Bundespartei verfügt, so prominent platziere, antwortet ÖVP-Bundesparteivorsitzender Wolfgang Schüssel: »Wenn man ein Zeichen setzen will, dann muss man es deutlich tun.« Karl von Habsburg hat zuvor für die ÖVP in Salzburg zwei erfolgreiche Vorzugsstimmenwahlkämpfe absolviert und ist in einem internen Hearing seiner Landespartei aus drei Kandidaten nominiert worden. Für die ÖVP tritt er als parteifreier Kandidat an. Bereits in diesem Wahlkampf wird er von unterschiedlichen Seiten, auch von Jörg Haider, massiv attackiert. Kein Wunder, dass sich Otto von Habsburg im Europawahlkampf für die ÖVP engagiert, die bei der Wahl schließlich auch die meisten Stimmen bekommt. Doch mitten im Wahlkampf stürzt Otto von Habsburg – wie bereits erwähnt – nächtens im Hotelzimmer und bricht sich fünf Rippen. Sein persönlicher Wahlkampfeinsatz ist damit ungewollt zu Ende. Aber auch seine parlamentarische Präsenz ist damit kurzfristig unterbrochen, was Otto von Habsburg vor allem deshalb bedauert, weil sein Stellvertreter im Außenpolitischen Ausschuss, Oostlander, in seiner Abwesenheit eine aggressive Dringlichkeit gegen Kroatien zulässt.

Die ÖVP erzielt bei der Europawahl am 13. Oktober 1996 ein hervorragendes Ergebnis. Karl von Habsburg zieht am 11. November 1996 mit den neuen österreichischen Mandataren offiziell ins Europäische Parlament ein. Weil man dort innerhalb der jeweiligen Fraktion nicht nach Ländern, sondern schlicht nach dem Alphabet sitzt, hat Karl sowohl im Plenum als auch in der EVP-Fraktion seinen Sitz neben dem seines Vaters.[1] Schon einmal hatte das Europäische Parlament eine vergleichbare Konstellation vorzuweisen: Die britische Konservative Lady Diana Elles saß gleichzeitig mit ihrem Sohn, James Elles, im Europaparlament. Neu und einmalig ist, dass hier Vater und Sohn für zwei verschiedene Länder nebeneinander im Parlament sitzen: Der in Österreich geborene Vater Otto für Bayern, und der in Bayern geborene Sohn Karl für Österreich. Viele Fernsehanstalten und Zeitungen verschiedenster Couleur inspiriert das Neben- und Miteinander der beiden Habsburger zu Doppelporträts.

Am 1. Juli 1998 übernimmt Österreich erstmals den Ratsvorsitz in der EU. Die Eröffnungsrede von Außenminister Wolfgang Schüssel charakterisiert Otto von Habsburg als klar, mutig und präzise. Be-

---
[1] Und dies, obwohl der Vater als »Otto von Habsburg«, der Sohn als »Karl Habsburg-Lothringen« geführt wird.

sonders ermutigend findet er, dass Schüssel der EU-Erweiterung die oberste Priorität einräumt: »Schüssel hat im Gegensatz zu gewissen Demagogen erkannt, dass Österreich eine moralische Verpflichtung gegenüber seinen Nachbarn hat.« Für Wien sei eine Zusammenarbeit der Völker des Donauraumes nach wie vor eine Überlebensfrage.

Nicht vergessen werden sollte, dass Otto von Habsburg – der sich während des Zweiten Weltkriegs für das Selbstbestimmungsrecht ganz Tirols engagiert hat – Südtirol stets die Treue hält. Mit dem Südtiroler Europaabgeordneten Joachim Dalsass arbeitet er von 1979 bis 1994 ebenso eng und freundschaftlich zusammen, wie ab 1994 mit dessen Nachfolger Michl Ebner. Letzterer war, geprägt durch sein Elternhaus, bereits als junger Mann ein Verehrer des Habsburgers und organisierte als Vorsitzender der »Jungen SVP« mit Otto von Habsburg seine erste große Kundgebung in Bozen. Als neugewählter Europaabgeordneter lädt Ebner seine Kollegen Otto von Habsburg, Siegbert Alber und Bernd Posselt am 4. Februar 1995 zu einer großen Kundgebung nach Brixen ein. Als die in Graz erscheinende »Kleine Zeitung« den Südtiroler Ebner nach seiner Wahl im Juni 1994 – also noch vor Österreichs EU-Beitritt – fragt, ob er sich als »erster Österreicher« im Europaparlament fühle, antwortet dieser, zweifellos fühle er sich als Österreicher, jedoch nicht als erster, denn der erste Österreicher im Europäischen Parlament sei Otto von Habsburg.

5. Der Alterspräsident der europäischen Völkervertretung

Trotz der Mehrfachbelastung als Europaabgeordneter, Internationaler Präsident der Paneuropa-Union, Chef des Hauses Habsburg und (inoffizieller) Anwalt der Völker Mittel- und Osteuropas bleibt Otto von Habsburg stets ein Familienmensch, der sich um seine Kinder kümmert und großen Wert auf einen engen Kontakt zu ihnen legt. Wenn etwa Walburga ihn im Europäischen Parlament besucht, dann blüht ihr Vater geradezu auf. Seinen Abgeordnetenkollegen fällt auf, dass er an solchen Tagen pfeifend und fröhlich summend durch die Gänge des Parlaments schlendert, die er sonst im hastigen Laufschritt durcheilt.

Die sommerliche Arbeitspause Otto von Habsburgs in Benidorm ist alljährlich ein Magnet für Kinder und Enkel. Gabriela, Walburga, Karl und Georg begleiten ihren Vater aber auch seit Jahrzehnten zu politischen Vorträgen und auf vielen seiner Reisen. Otto von Habsburgs seit 1988 zahlreich gewordene Reisen nach Ungarn bekommen eine besondere familiäre Dimension, als sein jüngerer Sohn Georg 1995 nach Budapest übersiedelt.

Neben familiären Begegnungen auf öffentlicher Ebene gibt es »tatsächliche« Familientreffen: in Pöcking, in Salzburg bei Karl, in Budapest bei Georg oder auf dem Högerhof nahe Mariazell. Auch gemeinsame Urlaube dienen dem familiären Beisammensein: Den Jahreswechsel 1994/95 verbringen Otto und Regina von Habsburg mit ihren Kindern Monika, Walburga, Karl, Georg und Gabriela (teilweise mit deren Gatten und Kindern) auf Jamaika. Otto von Habsburg erholt sich dort im Kreis seiner Kinder und Enkel, und fängt beim Hochseefischen sogar einen riesigen Barracuda.

Straßburg gegen Brüssel

Im Gegensatz zu anderen Volksvertretungen hat das Europäische Parlament zwar nur einen Sitz, aber zwei Arbeitsorte: Brüssel und Straßburg. Unter den Abgeordneten gibt es Anhänger der einen wie der anderen Stadt. Otto von Habsburg ist aus mehreren Gründen für Straßburg und gegen Brüssel: Zunächst weil Straßburg ein Symbol für die Überwindung der Feindschaft zwischen Deutschland und Frankreich und für die deutsch-französische Freundschaft ist. Er fürchtet auch, dass das Europaparlament in Brüssel als eigene Stimme neben Kommission, belgischer Regierung und NATO kaum wahrgenommen werden würde. Straßburg steht dagegen stets nur für das Parlament. Am 28. 9. 1994 erläutert Otto von Habsburg in einer Plenardebatte: »*Es ist eine historische Erfahrung, dass es in einer Föderation oder Konföderation immer falsch ist, wenn sich ihre Hauptstadt in der Hauptstadt eines Teilstaates befindet. Dies gilt auch für Brüssel. Entweder verliert die Stadt ihre Charakteristik*

als Hauptstadt ihres Landes, oder lokale Fragen des Landes beeinflussen über Gebühr die Europapolitik. (...) Nach Auffassung unserer Bevölkerung steht Brüssel für Bürokratie, Straßburg dagegen für ein politisches und demokratisches Europa, wie wir es wollen. Daher sollten alle Sitzungen unseres Parlamentes in Straßburg stattfinden.«
Weil er Straßburg für ein Symbol der europäischen Einigung, Brüssel aber für eine Hochburg der Bürokratie hält, denkt er gar nicht daran, seine Besuchergruppen nach Brüssel einzuladen. Viel lieber empfängt er sie in den zeitlich dichtgedrängten und anstrengenden Straßburger Plenarwochen: Neben den Auftritten und Abstimmungen im Plenum, zahllosen Besprechungen und Sitzungen von Fraktionen, Ausschüssen, Delegationen und Vermittlungsrunden, neben einer zweistelligen Zahl von Interviews empfängt er in der fünftägigen Straßburgwoche stets noch mehrere Dutzend Besucher.[1]

Wütend prangert er die enormen Kosten für das neue Parlamentsgebäude in Brüssel an, zumal ihm der »ausgesprochen abscheuliche, typisch protzige Breschnewstil und die unvorstellbar hässlichen Statuen«[2] ganz und gar nicht behagen. Im Sommer 1994 bringt er zusammen mit dem elsässischen Abgeordneten Frédéric Striby einen Antrag ein, um den Jahreskalender zugunsten von Straßburg zu verbessern. Die Folge ist, dass immerhin eine Schlechterstellung des Tagungsortes Straßburg zugunsten Brüssels verhindert werden kann. Offen geht Otto von Habsburg dabei auf Konfrontationskurs zum christdemokratischen Fraktionsvorsitzenden Martens, der – verständlich bei einem gewesenen Ministerpräsidenten Belgiens – dezidiert für Brüssel optiert. Als die Mehrheit im Europäischen Parlament im September 1995 be-

---

[1] Die Besuchergruppen sind meist eine bunte Mischung, so etwa als er an einem Tag niederösterr. Landtagsabgeordnete, Führer des anti-kommunistischen Widerstands aus Kuba und Vertreter aller marokkanischen Parteien empfängt. An einem anderen Tag spricht er zunächst mit calvinischen und evangelischen Geistlichen aus Mitteleuropa, anschließend mit einer Gruppe von Radfahrern aus Siebenbürgen.
[2] Monatsbericht Nr. 51 vom 1. 11. 1993. Dort meint er: »Auch riecht es überall nach Korruption.« Tatsächlich beantragte die CSU eine Untersuchung im Haushalts-Kontrollausschuss über die Verträge für das neue Parlamentsgebäude in Brüssel.

schließt, in Straßburg nur mehr elf statt zwölf Plenarwochen abzuhalten, sieht Otto von Habsburg darin einen klaren Bruch des Abkommens.[1]

Berufen, Geschichte zu machen

Otto von Habsburg, Sohn eines regierenden Kaisers und Königs, Erbe einer Jahrhunderte alten europäischen Tradition, musste nicht »Karriere« machen oder auf Titel, Orden und Ehrungen Wert legen. Wie man ihn am besten anspricht oder wie er angesprochen zu werden wünscht, ist schwer zu beantworten. Otto von Habsburg ist es schlicht egal, weil er von »Majestät« über »Kaiserliche Hoheit« und »Herr von Habsburg« bis zu »Herr Habsburg«, »Herr Abgeordneter« und »Herr Doktor« alles oft gehört und gelesen hat. Als guter Demokrat ist er im Parlament stets ein Abgeordneter unter Abgeordneten; für seine Wähler der gewählte Parlamentarier, der ihre Interessen zu vertreten und mit ganzer Kraft für sie Politik zu machen hat. Zu überraschen ist Otto von Habsburg allenfalls durch besonders abwegige oder witzige Anreden, etwa bei einem Sudetendeutschen Tag, als ihn ein Landsmann am Ellbogen packt und fragt: »Otto, Majestät, wie geht es Dir?«

Auch nach besonderen parlamentarischen Würden strebt Otto von Habsburg nie. Niemals wollte er Fraktionsvorsitzender, Ausschussvorsitzender oder gar Parlamentspräsident werden. Der »Kampf um die Posten«, der im Europäischen Parlament alle zweieinhalb Jahre einsetzt, weil zur Mitte der Legislaturperiode alle Funktionen neu gewählt werden, ist ihm ein Greuel: »Es ist das etwas Notwendiges, aber keineswegs Erfreuliches. Es schwirren Gerüchte, man intrigiert, und die konkrete Arbeit leidet darunter. Es treten Abgeordnete auf, die man ansonsten bei der praktischen Arbeit kaum zu sehen bekommt.«[2] Andererseits freut er sich über die Geschlossen-

---

[1] Tatsächlich gibt der Europäische Gerichtshof am 1. 10. 1997 einer Klage Frankreichs und Luxemburgs statt und stellt fest, dass die Regierungen der Mitgliedsstaaten »Straßburg endgültig als Sitz des Parlaments festgelegt« hätten. Das Europaparlament sei deshalb verpflichtet, »zwölf ordentliche Plenartagungen in Straßburg abzuhalten«.
[2] Monatsbericht vom 1. 2. 1997

heit der CSU-Gruppe innerhalb der EVP-Fraktion und darüber, dass deren Vorsitzender Ingo Friedrich mit Energie und Fleiß die Interessen der Gruppe weitgehend durchsetzt.

Das Amt des Alterspräsidenten erlebt Otto von Habsburg persönlich eher als Schicksal, denn als Ehre. Im Januar 1992 sollte er als Alterspräsident des Europäischen Parlamentes agieren. Weil aber nach dem bereits beschriebenen Eklat um die Alterspräsidentschaft von 1989 die Geschäftsordnung so geändert worden ist, dass eine Ansprache des Alterspräsidenten nicht mehr möglich scheint, weigert sich der Habsburger, diese Funktion zu übernehmen. Am 13. Januar teilt er der Öffentlichkeit mit, »*dass fortan der Alterspräsident keine Ansprache mehr halten darf. Das ist eine klare Diskriminierung der älteren Bürger unserer Gemeinschaft und eine schwere Ungerechtigkeit gegenüber nahezu einem Drittel der Bevölkerung der EG. Unter diesen Umständen bin ich nicht bereit, diese Funktion auszuüben*«. Zweieinhalb Jahre später kommt Otto von Habsburg erneut in dieselbe Situation. Nach den Europawahlen 1994 soll er am 19. Juli bei der Eröffnung der neuen Legislaturperiode des Europäischen Parlaments als Alterspräsident fungieren und die Wahl des neuen Präsidenten leiten.[1] Wieder weigert er sich unter Angabe derselben Gründe. An seiner Stelle präsidiert der zweitälteste Parlamentarier, der griechische Kommunist Vassilis Efremidis. Nicht ohne Ironie kommentiert dies Otto von Habsburg in seinem Monatsbericht:»Es hat dem alten Mann, der drei Jahre jünger ist als ich, großen Spaß gemacht.« Unter dem Vorsitz des Alterspräsidenten wird allerdings – wie in der Geschäftsordnung festgelegt – lediglich die Wahl des Präsidenten durchgeführt.

Als zur Mitte der vierten Legislaturperiode des Europäischen Parlaments abermals alle Funktionen und Positionen gewählt werden sollen, scheint es zunächst, als würde sich das Ritual von 1992 und 1994 um die Alterspräsidentschaft auch im Januar 1997 wiederholen. Otto von Habsburg ist entschlossen, mit der schon zweimal gegebenen Begründung wieder nicht als Alterspräsident zu fungieren. Bei einem genaueren Blick in die Geschäftsordnung

---

[1] Der »Penzberger Merkur« bezeichnet ihn im Juni 1994 in einer Überschrift als »Workaholic im Pensionsalter«.

kommen seinen Mitarbeitern jedoch Bedenken, denn der relevante Artikel 12.2. schließt eine Ansprache des Alterspräsidenten nicht zwingend aus. Wörtlich heißt es dort: »Unter dem Vorsitz des Alterspräsidenten darf keine Aussprache stattfinden, deren Gegenstand nicht mit der Wahl des Präsidenten oder der Prüfung der Mandate zusammenhängt.«[1] Nun aber setzt das deutsche Wort »Aussprache« ebenso wie das in der französischen Fassung verwendete »débat« doch zumindest zwei Redner voraus. Eine Ansprache ohne Diskussion und ohne die Möglichkeit der Gegenrede verdient kaum, als »Aussprache« oder Debatte bezeichnet zu werden. Relevant ist auch Artikel 14.2. der Geschäftsordnung, dessen zweiter Satz lautet: »Allein der gewählte Präsident kann eine Eröffnungsansprache halten.«[2] Der Vorsitzende der CSU-Gruppe, Ingo Friedrich, der eine Alterspräsidentenrede Otto von Habsburgs von Anfang an befürwortet, wendet sich brieflich an den Vorsitzenden des Geschäftsordnungs-Ausschusses, Ben Fayot, und bittet ihn um eine authentische und offizielle Interpretation der Geschäftsordnung in dem Sinn, dass eine kurze Ansprache des Alterspräsidenten nicht im Widerspruch zu Artikel 12.2. oder Artikel 14.2. stehe. Friedrichs Begründung: *»Eine Aussprache (bzw. débat) setzt in jedem Fall mehrere Redner voraus. Eine Ansprache des Alterspräsidenten ist auch nicht identisch mit der offiziellen Eröffnungsansprache (frz. discours d'ouverture), die nach Art. 14.2. GO dem gewählten Präsidenten vorbehalten ist. In beiden Artikeln wird nicht erwähnt, dass eine kurze Ansprache des Alterspräsidenten ausgeschlossen wird.«* Obwohl Parlamentspräsident Hänsch in einer schriftlichen Stellungnahme an Fayot der Interpretation von Ingo Friedrich widerspricht, folgt der Geschäftsordnungs-Ausschuss doch dessen Deutung. Nach einigem Tauziehen gibt es am 23. 10. 1996 endlich eine schriftliche Stellungnahme: Darin bestätigt der

---

[1] In der frz. Fassung der Geschäftsordnung steht: »Aucun débat, dont l'objet est étranger à l'élection du Président ou à la vérification des pouvoirs, ne peut avoir lieu sous la présidence du doyen d'age.« In der engl.: »No business shall be transacted while the oldest Member is in the Chair unless it is concerned with the election of the President or the verification of credentials.«

[2] In der frz. Version: »Seul le Président élu peut prononcer un discours d'ouverture.«; in der engl.: »Only the elected President may deliver an opening address.«

MØDET TIRSDAG , DEN 14. JANUAR 1997
SITZUNG AM DIENSTAG , 14. JANUAR 1997
ΣΥΝΕΔΡΙΑΣΗ ΤΗΣ ΤΡΙΤΗΣ , 14 ΙΑΝΟΥΑΡΙΟΥ 1997
SITTING OF TUESDAY , 14 JANUARY 1997
SESIÓN DEL MARTES , 14 DE ENERO DE 1997
SEANCE DU MARDI , 14 JANVIER 1997
SEDUTA DI MARTEDI , 14 GENNAIO 1997
VERGADERING VAN DINSDAG , 14 JANUARI 1997
SESSÃO DE TERÇA-FEIRA , 14 DE JANEIRO DE 1997
ISTUNTO , TIISTAINA 14. TAMMIKUUTA 1997
SAMMANTRÄDET TISDAGEN , DEN 14 JANUARI 1997

2-001

VORSITZ: OTTO VON HABSBURG
Alterspräsident

(Die Sitzung wird um 10.00 Uhr eröffnet.)

Valg af formand

Wahl des Präsidenten

Εκλογή του Προέδρου

Election of the President

Elección del Presidente

Election du Président

Elezione del Presidente

Verkiezing van de Voorzitter

Eleição do Presidente

Puhemiehen vaali

Val av ordförande

Der Präsident. - Wir kommen gemäß den Bestimmungen der Geschäftsordnung zur Wahl des Präsidenten. Briefumschläge und Stimmzettel sind verteilt. Entsprechend den in der Geschäftsordnung vorgesehenen Bedingungen habe ich, wie gestern bereits bekannt gegeben, folgende Kandidaturen erhalten: Herr Gil-Robles Gil-Delgado, Frau Lalumière. Ich erinnere daran, daß gemäß Artikel 14 der Geschäftsordnung ein Kandidat in den ersten drei Wahlgängen die absolute Mehrheit der abgegebenen Stimmen erhalten muß, um gewählt zu sein. Leere oder ungültige Stimmzettel gelten nicht als abgegebene Stimmen. Der erste Wahlgang ist eröffnet.

(Die Mitglieder des Europäischen Parlaments begeben sich zu den Wahlurnen.)

2-002

(Die Sitzung wird um 10.30 Uhr unterbrochen und um 11.45 Uhr wiederaufgenommen.)

Der Präsident. - Ich ersuche alle, ihren Platz einzunehmen. Hohes Haus, wir haben nunmehr das Ergebnis der Präsidentenwahl. Das Ergebnis der Wahl ist:

Anzahl der Abstimmenden: 548
Leere oder ungültige Stimmen: 33
Abgegebene Stimmen: 515

Damit ist die absolute Mehrheit 258. Es erhielten:

Herr Gil-Robles Gil-Delgado: 338 Stimmen

(Lebhafter und langanhaltender Beifall)

Frau Lalumière: 177 Stimmen

(Lebhafter Beifall)

2-003

El Presidente. - Señor Presidente, mi enhorabuena y le deseo amplias bendiciones de Dios y grandes éxitos en su trabajo. Le ruego que suba a la Presidencia.

(Aplausos)

2-004

**PRESIDENCIA
DEL SR. GIL-ROBLES GIL-DELGADO**
Presidente

El Presidente. - Señoras y señores diputados, estimados colegas, antes de cumplir la tradición de dirigirles unas breves palabras de agradecimiento, permítanme sus Señorías destacar el significado de este lazo azul. Es un símbolo adoptado por quienes, en el País Vasco, están por la convivencia pacífica y la libertad y rechazan enérgicamente la violencia criminal de ETA.

Como nuevo Presidente, creo que este lazo refleja, sin duda, la posición de este Parlamento, que viene pronunciándose reiteradamente en favor de quienes se

Alterspräsident Otto von Habsburg leitet die Wahl zum Parlamentspräsidenten.

Geschäftsordnungs-Ausschuss, dass eine kurze, persönliche Ansprache des Alterspräsidenten durch die Geschäftsordnung nicht ausgeschlossen sei.

Am Montag, dem 13. Januar 1997, ist Otto von Habsburg deshalb nicht nur das älteste Mitglied des Europäischen Parlaments, sondern amtiert auch als dessen Alterspräsident. Dabei hält er im alten Straßburger Plenarsaal[1] eine Rede, die in vielen Ländern Europas[2] berichtet wurde, und die es zu dokumentieren lohnt:

»Meine Damen und Herren!

Wieder einmal tritt unser Parlament zusammen, um für die nächste halbe Legislaturperiode seine führenden Funktionsträger zu wählen. Als Ältestem fällt es mir zu, diese Sitzung zu eröffnen, und Sie werden mir erlauben, da ich nämlich mit Abstand der Allerälteste in diesem Parlament bin, ein paar ganz kurze persönliche Bemerkungen zu machen.

Ich bin heute der Letzte in diesem Hohen Haus, der vor dem Ersten Weltkrieg geboren wurde und sich auch noch aus eigenem Erleben an dieses epochale Ereignis erinnern kann. Ich stamme noch aus einer Zeit, die durch den Wiener Kongress am Ende der Napoleonischen Kriege geformt wurde. Ihm verdanken wir jene lange Friedensperiode, die den unvergleichlichen Aufschwung der damaligen Zeit mit seinen Licht- und Schattenseiten hervorbrachte. Drei weitere Weltkriege habe ich persönlich miterlebt, denn der sogenannte Kalte Krieg war doch nichts anderes als der Dritte Weltkrieg. Auch war ich Zeuge zweier gottloser und daher menschenfeindlicher totalitärer Diktaturen – Stalin als Nachfolger Lenins und Hitler –, ihres Aufstiegs und ihres furchtbaren Endes. In dieser Zeit war es mir gegeben, mit großen Männern, die unserem Kontinent viel gegeben haben, zusammenzuarbeiten. Es begann mit dem Propheten Europas, Richard von Coudenhove-Kalergi, dem Gründer der Paneuropa-Union, der uns schon 1922 gesagt hatte, dass Europa schwer leiden würde, wenn es sich nicht zeitgerecht vereint. Er hat mit Aristide

---

[1] Das neue Parlamentsgebäude »Louise Weiss« wird erst im Juli 1999 in Betrieb genommen. Bis dahin tagt das Europäische Parlament in Straßburg im gemieteten Plenarsaal des Europarates.

[2] Unter dem etwas missverständlichen Titel »An die Arbeit!« druckt auch ein mazedonisches Magazin die Ansprache im Wortlaut.

Briand und Gustav Stresemann das Ziel nur knapp verfehlt. Wäre es damals erreicht worden, hätte es uns Millionen von Toten und unabsehbare menschliche und materielle Verluste erspart. Ich hatte auch das Glück, an den Bestrebungen von Staatsmännern wie Robert Schuman, Joseph Bech, Konrad Adenauer, Charles de Gaulle und Franz Joseph Strauß beteiligt zu sein. Schließlich ist es mir gegeben, am Abend eines langen Lebens nunmehr schon 18 Jahre Bayern im Europäischen Parlament zu vertreten. Eine wunderbare Zeit, in der man jeden Tag das Gefühl hat, dass der Einsatz sinnvoll ist, ganz abgesehen von der Freundschaft mit vielen Menschen, aus vielen Nationen und Parteien, die das Verständnis für den Sinn und die Aufgabe Europas in den kommenden Jahren eint.

In dieser fast das ganze Jahrhundert umspannenden Perspektive sei es mir erlaubt, zwei Bemerkungen zu machen. Ich tue dies nicht zuletzt im Gedenken an eine der größten Reden, die ich in diesem Hause hören konnte, die Eröffnungsrede der ersten Alterspräsidentin, der großen französischen Dame, Louise Weiss, die zu lesen uns auch heute noch viel an Werten vermittelt.

Wir stehen in einer Zeit des geschichtlichen Umbruchs, der uns neue Dimensionen eröffnet. Distanzen, Raum und Zeit haben eine ganz andere Bedeutung als noch vor wenigen Jahrzehnten. Die Bedingungen unseres Lebens haben sich tiefgreifend gewandelt. Die Beziehungen zwischen Menschen und Nationen sind anders als noch vor wenigen Jahrzehnten. Wir sind demnach berufen, Politik neu zu überdenken. Wir sind mitten in einer Krise, wobei dieses Wort im Sinne seines chinesischen Schriftzeichens große Gefahr, aber auch große Chance bedeutet.

Das bedeutet eine gewaltige Verantwortung für uns, die wir die Ehre haben, Mitglieder der einzigen europäischen demokratisch gewählten Instanz zu sein. Wir können diese Verantwortung nicht auf andere abwälzen, denn ein jeder von uns hat seine Aufgabe aus freiem Entschluss übernommen, als er die Kandidatur zum Europäischen Parlament annahm. Wir sind damit gegenüber jenen, die uns ihr Vertrauen gegeben haben, in der Pflicht. Wir müssen dieser unter vollem Einsatz unserer Kräfte entsprechen. Hier müssen persönliche und private Interessen immer zurücktreten. Wir schulden unseren Wählern und der europäischen Idee unseren unbeschränkten Einsatz. Das Nichterscheinen an Arbeitstagen, und Sie werden es mir er-

lauben, weil es mein Steckenpferd ist, einschließlich des Freitags, lässt sich nicht rechtfertigen, wollen wir glaubwürdig bleiben. Gewiss wird es Fälle höherer Gewalt geben, die aber seltene Ausnahmen bleiben müssen.

Unsere historische Verantwortung gilt allen Europäern, wenn wir in der EU mehr sehen als einen großen Markt und einen Club reicher Nationen.[1] *Das vereinte Europa muss die Heimat aller Europäer sein, auch derjenigen, die heute noch nicht unserer Union angehören, die aber am vereinten Europa mitarbeiten wollen. Unsere Tore müssen für sie stets offen bleiben. Wir müssen dafür einstehen, dass diese Europäer, sobald sie den Grundbedingungen Europas entsprechen, ein Recht darauf haben, unverzüglich auch die Mitgliedschaft der EU zu erhalten. Das ist nicht nur eine Pflicht, es ist auch unser Interesse. Ein großer europäischer Abgeordneter und vielen unter uns Kollege, der verewigte Dr. Heinrich Aigner, hat es so formuliert: ›Europa ist der einzige realistische Friedensgedanke!‹ Er hat damit zum Ausdruck gebracht, dass wir nicht an erster Stelle ein großer Markt oder eine Wirtschaftsgemeinschaft sein sollen, sondern eine Sicherheitsgemeinschaft, die uns und vielen anderen Völkern ein Garant des Friedens ist. Europa ist nicht nur Paris, London, Madrid, Rom, Berlin, Luxemburg, Brüssel, Den Haag, Lissabon, Wien, Helsinki, Dublin, Kopenhagen, Athen oder Stockholm, sondern ebenso Budapest, Prag, Warschau, Ljubljana, Vilnius, Riga, Tallin, Bratislava, Zagreb, Bukarest, Kiew, Skopje, Sofia, Sarajewo, Tirana, Vaduz, La Valletta, Nicosia, Oslo, Bern und Belgrad. Auch für die Bürger dieser Städte, für die Einwohner der mittel- und osteuropäischen Länder muss das sich vereinigende Europa offen bleiben.*

Die EU darf kein geschlossener ›Club der glücklichen Nationen‹ werden, vor dem der tschechische Präsident Václav Havel kürzlich gewarnt hat. Es hieße, die Idee Europa verraten, wenn wir nun, nachdem der militärisch begründete ›Eiserne Vorhang‹ gefallen ist, unsererseits in der Mitte Europas eine neue Wohlstandsgrenze entstehen ließen. Man hört, die Erweiterung würde uns teuer zu stehen kommen. Gewiss, alle guten Dinge sind teuer, aber in einer gefährlichen Welt steht an erster Stelle die Sicherheit, und diese kann uns nur ein

---

[1] An dieser Stelle und erneut am Ende der Rede vermerkt das Wortprotokoll des Parlaments »Beifall«.

geeintes Europa geben. Die Erfahrung lehrt uns, dass ein Tag Krieg mehr kostet an menschlichem Elend und wirtschaftlicher Vernichtung als ein ganzes Jahr der Ausgaben für die Friedenserhaltung. Auch sagt uns ein weises französisches Sprichwort: ›Plaie d'argent n'est jamais mortelle.‹[1] *Andere Dinge sind tödlich!*

Meine Damen und Herren, die Aufgabe, die unserer harrt, ist gewaltig. In diesem Haus sind wir berufen, Geschichte zu machen. Das schulden wir unseren Völkern und einem jeden unserer Wähler. Dieser Verpflichtung müssen wir entsprechen. Eine herrliche, aber auch schwere Aufgabe. Viel wird sich in den nächsten zweieinhalb Jahren entscheiden. Und dafür tragen wir die Verantwortung.

Auf diesem Weg wünsche ich uns allen Gottes reichsten Segen, uns und jenen Frauen und Männern, die Sie in den nächsten Stunden zu hohen Ämtern berufen werden.

Und nunmehr, an die Arbeit!«

Am nächsten Tag wird unter dem Vorsitz des Alterspräsidenten Otto von Habsburg ohne weitere Ansprachen der spanische Christdemokrat José María Gil-Robles Gil-Delgado zum neuen Präsident des Europäischen Parlaments gewählt. Otto von Habsburg gratuliert selbstverständlich auf Spanisch. Zuvor – während des Wahlgangs – hat er die Abgeordneten nicht nur auf Deutsch, Englisch, Französisch und Spanisch gefragt, ob sie alle gewählt hätten, sondern auch auf Ungarisch. »Ich wollte Sie nur auf die Zukunft vorbereiten«, meint er dazu lächelnd.

Politik ist auch Personalpolitik

Unzufrieden reagiert Otto von Habsburg, als der vormalige belgische Ministerpräsident Wilfried Martens auf Druck der deutschen Regierung nach der Europawahl zum Fraktionsvorsitzenden der EVP gewählt wird. In seinem Monatsbericht vom 30. 7. 1994 kommentiert er, der lieber wieder Leo Tindemans auf diesem Posten gesehen hätte, diese Personalentscheidung: »Ohne die massive Unterstützung von Bundeskanzler Kohl, der derzeit in der EVP

---

[1] Dt.: Eine Wunde am Geldbeutel ist niemals tödlich.

und in der EU im Allgemeinen einen überragenden Einfluss hat, wäre er (Martens, Anm.) wahrscheinlich nicht gewählt worden.« Otto von Habsburg findet in den folgenden fünf Jahren seine anfängliche Skepsis gegen den Fraktionsvorsitzenden immer wieder bestätigt, und er gerät mit Martens mehrfach in Konflikt. Nach Otto von Habsburgs Geschmack ist dagegen die Wahl des konservativen Spaniers Abel Matutes Juan zum Vorsitzenden des Außenpolitischen Ausschusses.[1] Dabei ist Lob oder Tadel nie vom Parteibuch bestimmt: Er kann sich für Politiker jeder Couleur begeistern, wenn sie ehrlich und fleißig sind und konsequent für ihre Ideale eintreten. Höchstes Lob schüttet er etwa über den spanischen Sozialisten José María Mendiluce Pereiro aus, der mit seinem Sarajewo-Bericht die Sympathien des Habsburgers gewinnt.

Die Zusammensetzung der achtköpfigen CSU-Gruppe nach der Europawahl 1994 bereitet Otto von Habsburg viel Vergnügen. Mit den ausgeschiedenen Mandataren Reinhold Bocklet, der bayerischer Landwirtschaftsminister wird, und Gerd Müller, der in den Deutschen Bundestag wechselte, hatte er häufig Reibereien. Beglückt über das Ausscheiden beider schreibt er in seinem Monatsbericht vom 30. 7. 1994: »Schön ist in der CSU-Gruppe jedenfalls, dass es eine Atmosphäre gegenseitigen Vertrauens gibt, die früher allzu oft gefehlt hat. Es herrscht auch in der Gruppensitzung der CSU ein ganz anderer, viel besserer Ton.« Er selbst verliert im parlamentarischen Postenschacher 1994 den Vorsitz der Ungarn-Delegation, worüber er sich aber schnell hinwegtröstet: In Ungarn werde wohl kaum auffallen, ob er als Präsident oder als Erster Vizepräsident der Delegation auftrete. Ärgerlicher ist für Otto von Habsburg, dass den Vorsitz ein belgischer Sozialist, Claude Desama, übernimmt, den er für ganz und gar ungeeignet hält: »*Unter Bruch des Abkommens haben die Sozialisten unerwartet Ungarn gegriffen und zum Ausschusspräsidenten einen Professor Desama aus Belgien bestimmt. Ich werde Erster Vizepräsident sein, was bei der Arbeit keinen großen Unterschied macht. Es tut mir nur insofern leid, weil Professor Desama handgreifliche wirtschaftliche Interessen in den Beziehungen zu Ungarn hat.*«

---

[1] Matutes wird im Mai 1996 Außenminister Spaniens.

Auf Konfrontation geht Otto von Habsburg im Parlament immer dann, wenn es die Sache erfordert. Dabei schont er als deutscher CSU-Abgeordneter auch die von Helmut Kohl geführte Bundesregierung nicht, als diese die EU-Ratspräsidentschaft inne hat. Als es Außenminister Klaus Kinkel[1] (FDP) im November 1994 nicht nötig findet, als Ratsvorsitzender vor dem Außenpolitischen Ausschuss Bericht zu erstatten, sondern seine Staatssekretärin Seiler-Albring entsendet, kennt der Habsburger kein Pardon. Der Obmann der Sozialisten im Ausschuss, der griechischstämmige Münchner SPD-Abgeordnete Janis Sakellariou, beantragt, man möge den Tagesordnungspunkt über die Anhörung der Ratspräsidentschaft streichen und die nach Brüssel angereiste Frau Seiler-Albring wieder nach Hause schicken. Otto von Habsburg veranlasst die Christdemokraten zur Stimmenthaltung, lässt also Sakellariou absichtlich gewinnen. Frau Seiler-Albring muss unverrichteter Dinge abreisen. Solche taktischen Manöver haben Otto von Habsburg zwar vielfach kontroverse Debatten eingebracht, aber letztlich auch Respekt.

Otto von Habsburg ist nicht nur für die eigene, die christdemokratisch-konservative Fraktion ein Wegweiser in vielen Situationen. Er versucht, über die Fraktionsgrenzen hinweg Freundschaften und Bündnisse zu schließen. Neuen Parlamentariern gewährt er unabhängig von Partei- oder Fraktionszugehörigkeit – und selbstverständlich auch unabhängig von der nationalen Herkunft – seinen Rat und seine Hilfe. Ein Beispiel dafür bildet seine Zusammenarbeit mit dem Südtiroler Grünen Alexander Langer, über den er sagt, dass sich mit ihm »wunderbar arbeiten lässt«. Als Langer sich tragischerweise das Leben nimmt, wird Otto von Habsburg von der Grünen Fraktion eingeladen, eine Trauerrede zu halten. Ein Fraktionskollege Langers fragt Otto von Habsburg unter vier Augen, wie Langer ihn angesprochen hätte. Auf das Achselzucken des Gefragten hin meint der Grüne: »In unserer Gruppe hat er immer nur vom ›Kaiser‹ gesprochen, wenn er Sie meinte.« Die »Süddeutsche Zeitung« schreibt nach Langers Tod: »*Wer Otto von Habsburg, den*

---

[1] Auch Außenminister Kinkels erster Auftritt im Plenum des Europäischen Parlamentes ruft bei Otto von Habsburg scharfe Ablehnung hervor. Kinkels Ansichten zu Bosnien-Herzegowina erinnern ihn allzu stark an die Appeasement-Politiker Chamberlain und Daladier.

Kaisersohn, und Alexander Langer, den Mitbegründer der ›Verdi‹, also der Grünen in Italien, im Europaparlament beieinander stehen sah (und sie standen oft beieinander), der konnte glauben, da unterhielten sich Vater und Sohn. Über die Parteigrenzen hinweg verband den alten Konservativen und den jungen Grün-Alternativen etwas sehr Herzliches, sehr Anrührendes.«

Richtungsweiser der Christdemokratie

Gleichwohl sind heftige, weltanschaulich bedingte Schlachten zu schlagen: etwa um die Familienpolitik. Hier hat die Linke gegen die etablierte Arbeitsgruppe »Familie« eine Gegengruppe gegründet, die sich nach Otto von Habsburgs Einschätzung vor allem darum sorgt, Schwule und Lesben mit den sogenannten »traditionellen Familien« gleich zu stellen. In seinem Monatsbericht bilanziert Otto von Habsburg: »Es wird hier ein größerer Konflikt ausbrechen. Ich jedenfalls war bei der Familiensitzung und habe sehr stark dafür plädiert, dass man in diesem Punkt nicht nachgeben darf.«

Mit Zähigkeit setzt Otto von Habsburg durch, dass während der Straßburger Plenarwochen jeweils am Mittwochmorgen eine Messe zelebriert wird. Der französische Geistliche, der die Messe halten soll, kommt jedoch entweder verspätet oder gar nicht. Bereits kleine Verspätungen sind eine Katastrophe, weil um neun Uhr morgens pünktlich die Abstimmungen beginnen. Nachdem er ihn mehrfach, teilweise ruppig, doch erfolglos zur Pünktlichkeit gemahnt hat, schreibt Otto von Habsburg einen Brief an den Kardinal-Staatssekretär in Rom. Die Antwort kommt postwendend: Kardinal Angelo Sodano freut sich über die Initiative und verspricht, der Apostolische Delegat beim Europarat, Michael Courntey, werde sich künftig um die Messe kümmern. Tatsächlich sind es aber eher die Schwestern des »Werks«, die dafür sorgen, dass der Priester fortan pünktlich erscheint. In der Parlamentsdebatte am 29. 9. 1994 über die UNO-Konferenz von Kairo lobt Otto von Habsburg – sehr im Gegensatz zu den meisten Rednern, die den Papst angreifen – den Vatikan und die islamischen Staaten, die sich gegen die Abtreibungspropaganda und für das Recht der Ungeborenen auf Leben aussprachen.

In der Entwicklungshilfe plädiert Otto von Habsburg für einen realistischen Weg und gegen alle ideologisch gefärbten Illusionen. So spricht er am 12. 3. 1998 im Europäischen Parlament über die Schuldenlast Nicaraguas, wo die Regierung nach dem Sturz der Sandinisten dabei ist, die Wirtschaft und die Haushalte des ruinierten Landes zu sanieren: »*Auf dieser Grundlage habe ich den Gedanken unterstützt, dass wir Nicaragua in der Frage der Rückzahlung der Kredite entgegenkommen sollten. Man sollte zwar nicht, wie es von einzelnen Seiten gefordert wird, einfach die Schulden streichen, wohl aber ihnen Zeit- und Zinsbedingungen geben, die der Kraft des Landes entsprechen.*«[1]

Wachsendes Unbehagen mit der Santer-Kommission

Bereits Ende 1994 beobachtet Otto von Habsburg die Installation der neuen EU-Kommission mit wachsendem Missvergnügen. Wenig euphorisch ist er über die Kür des christdemokratischen Regierungschefs von Luxemburg, Jacques Santer, zum neuen Präsidenten der EU-Kommission. Von Anfang an hält er Santer für anständig, aber schwach. Mit noch größerem Unbehagen beobachtet er, wie die französische Regierung die skandalumwitterte Edith Cresson in die Kommission boxt, nicht ahnend, dass eben diese Benennung wenige Jahre später zum Sturz der Kommission führen sollte. Besonders schlecht präsentiert sich die dänische Sozialistin Ritt Bjerregaard, die mit verächtlichen Bemerkungen über das Europäische Parlament und einem jämmerlichen Auftritt im Umwelt-Ausschuss das Ja der Abgeordneten für Santers Mannschaft schwer gefährdet.[2] Höchst unzufrieden ist Otto von Habsburg auch mit der

---

[1] Monatsbericht vom 1. 4. 1998
[2] Als Otto von Habsburg in der Fragestunde im Juni 1995 an die dänische Kommissarin eine Frage über die Umweltverschmutzung im hohen Norden Russlands richtet, bestätigt sich sein negatives Urteil über Frau Bjerregaard: »Sie führt sich pöbelhaft auf, nachdem sie auf der Bank der Kommissare isst und ständig schmatzend Kaugummi kaut. Was ihre Antworten betrifft, so scheint sie wirklich recht unfähig zu sein.«, Monatsbericht Nr. 11 vom 1. 6. 1995. Eine im Plenum vorgetragene Frage Otto von Habsburgs zu einem Skandalbuch der umstrittenen Kommissarin beantwortet Kommissar Leon Brittan »ungemein taktvoll und geschickt«, wie der Fragesteller im Nov. 1995 anerkennt.

Tatsache, dass die Kohl-Regierung die beiden deutschen Kommissare der SPD und der FDP überlässt, obwohl letztere aus dem Europaparlament herausgefallen ist.

Aus dem Ringen um die Jugoslawien-Politik hat er auch den früheren Ratsvertreter und neuen Kommissar Hans van den Broek in schlechtester Erinnerung. Nach der Anhörung des Kandidaten aus Holland notiert Otto von Habsburg über diesen im Dezember 1994, »*dass er sich für die Freiheit der Völker östlich des heutigen Gebietes der Europäischen Union nur mit halbem Herzen einsetzen wird. Dass ausgerechnet dieser Mann mit der Erweiterung betraut ist, ist ein schwerer Fehler, auch wenn gewisse Holländer, die mit van den Broek viel zu tun haben, behaupten, er sei opportunistisch genug, um im entscheidenden Moment die Seite zu wechseln*«. In seinem Monatsbericht vom 1. 2. 1995 bezeichnet Otto von Habsburg den niederländischen Kommissar als »verstockte, unangenehme Person«. Seine Meinungen über Personen sind aber nie so endgültig, dass er sich nicht von einer positiven Veränderung beeindrucken lässt. Als sich van den Broek überraschend sachkundig über die Fragen des wirtschaftlichen und finanziellen Wiederaufbaus von Bosnien-Herzegowina äußert, vermerkt Otto von Habsburg in seinem Monatsbericht vom 1. 11. 1995 ein ausdrückliches Lob.

Offensichtlich im Gegensatz zu Kommissionspräsident Santer weiß Otto von Habsburg von Anfang an: »*Die Kommission wird ein Parlament antreffen, das wesentlich skeptischer ist als früher. (…) Wenn die Kommission als Ganzes angenommen wurde, war das vor allem auf den massiven Druck der Regierungen auf die Parlamentarier zu Gunsten einer Ja-Stimme zurückzuführen.*«[1]

Im September 1998 scheint es Otto von Habsburg, insbesondere weil er die Arbeit des Haushaltskontroll-Ausschusses genau verfolgt hat, sehr wahrscheinlich, dass es zu einem Misstrauensantrag gegen die Kommission kommen wird. Er plädiert für eine unnachsichtige Aufklärung aller Korruptionsfälle und Skandale, aller Gerüchte um Misswirtschaft und Betrügereien in der Kommission. Während Fraktionsvorsitzender Martens versucht, die EVP zur Mäßigung zu bringen, drängt Otto von Habsburg darauf, der

---

[1] Monatsbericht vom 1. 2. 1995

Kommission die Entlastung zu verweigern, um damit den Weg für ein Misstrauensvotum frei zu machen. Besonders erbost ihn der enorme Druck nationaler Regierungen auf die Europaparlamentarier, die Kommission nur ja nicht zu stürzen, sowie ein Brief von Santer, in dem dieser das Parlament vor einem solchen Schritt warnt. Die Tatsache, dass sich Santer schützend vor die skandalumwitterten Kommissare stellt, bringt viele Parlamentarier gegen ihn auf.

Am 11. 1. 1999 liegt schließlich ein Misstrauensantrag im Europäischen Parlament vor. Pauline Green, die Fraktionsvorsitzende der Sozialisten hat ihn eingebracht – allerdings mit der offen zugegebenen Absicht, damit ein Vertrauensvotum für die Kommission zu erreichen. Ein Grund für viele Christdemokraten, sich einem zweiten Misstrauensantrag der Fraktion »Europa der Nationen« anzuschließen. Nur knapp (mit 293 gegen 232 Stimmen) wird der Misstrauensantrag am 14. 1. 1999 im Europaparlament abgelehnt – wahrlich kein Sieg für die Kommission. Ein Entschließungsantrag von Christdemokraten, Liberalen und Grünen, in dem Frau Cresson aufgefordert wird,»die Verantwortung zu übernehmen und zurückzutreten« findet keine Mehrheit. Stattdessen wird ein Weisenrat vorgeschlagen, der untersuchen soll, »auf welche Weise die Kommission Betrug, Missmanagement und Günstlingswirtschaft aufdeckt und damit umgeht«.

Otto von Habsburg, dem es widerspricht, seine persönliche Auffassung hinter einem Abstimmungsergebnis zu verstecken, gibt am 1. 2. 1999 eine öffentliche Erklärung ab: »*Ich habe mit Bedauern dem Misstrauensantrag gegen die Kommission zugestimmt. Bei der derzeitigen Rechtsordnung bleibt mir kein anderer Weg, da es in der Kommission Personen gibt, wie Madame Cresson oder Herrn Marin, die durch Handlung und Charakter für ihre Aufgabe nicht geeignet sind.*«

Obwohl der »Weisenrat« anstelle des zuständigen Haushaltskontroll-Ausschusses über die Verfehlungen einzelner Kommissare zu Gericht sitzt, geht unter der energischen Führung der CDU-Europaabgeordneten Diemut Theato die Konfrontation mit der Kommission weiter. Nach einem Zusammenstoß zwischen Frau Theato und Madame Cresson notiert Otto von Habsburg: »Cresson muss weg, sie ist untragbar geworden.«

Im März tritt die EU-Kommission schließlich tatsächlich zurück
– als Konsequenz aus einem niederschmetternden Bericht der
»Weisen«, den Santer für ungerecht hält, ohne aus der selbst gebastelten Falle entwischen zu können. Otto von Habsburg widerspricht
jenen, die die EU durch den Rücktritt gelähmt sehen. Für ihn ist der
Rücktritt ein Sieg der Demokratie über die Bürokratie in Europa.
Als tiefste Ursache für den Sturz der Santer-Kommission sieht er
die Reformbedürftigkeit einer Administration, die einst für sechs
locker verbundene Staaten geschaffen wurde, und die nun eine tief
integrierte Union von fünfzehn Ländern lenken soll.

6. Der Kampf für die Erweiterung

Die Erweiterung der EU ist das erklärte Hauptziel Otto von Habsburgs in der letzten Legislaturperiode seines parlamentarischen
Wirkens. Sie ist die logische Folge des Zusammenbruchs des kommunistischen »Ostblocks« und liegt in der Konsequenz des lebenslangen politischen Wirkens Otto von Habsburgs. Sein Einsatz für
die Völker Mitteleuropas, sein Kampf gegen kommunistische und
nationalistische Diktaturen, sein Werben für die europäische Idee,
für Völkerverständigung und Freundschaft zwischen den Völkern
und Volksgruppen dieses Erdteils mündet in den Kampf für eine rasche und umfassende Osterweiterung.[1]

Bereits 1986 hat Otto von Habsburg geschrieben: »Wer Europa
wirklich will, kann nur den ganzen Erdteil meinen.« Für ihn ist
immer klar gewesen, dass die bestehende EU nur der Ausgangspunkt für das eigentliche Ziel, die Vereinigung ganz Europas, sein
könne.

Selbst als das Ziel der Erweiterung endlich unumstritten ist, gibt es
noch ein hartes Ringen um die Methode: Die EU-Kommission will

---

[1] Wirklich beeindruckt ist Otto von Habsburg, als der Präsident des Europäischen Rechnungshofs, Bernhard Friedmann, in der Paneuropa-Parlamentariergruppe in Straßburg erläutert, warum die meisten Hochrechnungen der Kosten der Osterweiterung maßlos übertrieben seien. Friedmann versucht als Erster, die wirtschaftlichen und sicherheitspolitischen Folgen einer Nicht-Erweiterung aufzuzeigen.

zunächst die am weitesten fortgeschrittenen Beitrittskandidaten an die Union heranführen und beginnt die Verhandlungen mit Ungarn, Tschechien, Polen, Estland, Slowenien und Zypern. Das Europäische Parlament dagegen verständigt sich mehr und mehr auf die Formel, dass mit allen 12 Bewerberstaaten parallel verhandelt werden müsse, damit die jeweiligen Fortschritte eines Landes das Tempo der Annäherung und den Zeitpunkt des EU-Beitritts bestimmen können. Die Generalversammlung der Internationalen Paneuropa-Union protestiert in einer Resolution am 14. 12. 1997 *»gegen alle Versuche, die Einteilung der zehn Kandidatenländer in Mittel- und Osteuropa in eine erste und eine zweite Fünfergruppe zu zementieren und appelliert an die Staats- und Regierungschefs, (...) dass in den nächsten Jahren allen zehn Staaten die gleiche Chance eingeräumt und durch aktive Hilfe erleichtert werden muss, zur ersten Gruppe der Beitrittsländer zu gehören«.*

Herzensangelegenheit Ungarn

Dass Otto von Habsburg unter all den neuen gemischten Parlamentarischen Ausschüssen zwischen dem Europäischen Parlament und den nationalen Parlamenten der Beitrittskandidaten ausgerechnet in jenem mit Ungarn die Führungsrolle übernimmt, hat vielfache Gründe. Einerseits spielt die Entwicklung des kommunistischen Niedergangs eine Rolle, bei der Ungarn früher reif war als manch anderes Land des sowjetischen Einflussbereichs. Andererseits identifiziert sich Otto von Habsburg mit Ungarn, seiner Geschichte, Kultur und Sprache am stärksten, und ist überdies der einzige Europaabgeordnete, der fließend Ungarisch spricht. Doch bei seinen Besuchen in Ungarn wird ein Weiteres offensichtlich: er hat die Ungarn ins Herz geschlossen – und die Ungarn ihn.

Seit seinem ersten Besuch im Jahr 1988 erfreuen sich Veranstaltungen mit ihm in allen Landesteilen Ungarns stets größten Zulaufs. Die Ehrenbürgerschaften werden zu einer regelrechten Welle[1], die Kontakte zu nahezu allen politischen Lagern sind aus-

---

[1] Im Juni 1995 kann er die Ehrenbürgerschaften der Stadt Jászberény in Ungarn und der Stadt Bös in der Slowakei fast gleichzeitig annehmen. Ein Beweis dafür, dass sein ungar. Engagement in der Slowakei nicht falsch verstanden

gezeichnet. Im Februar 1996 ist Otto von Habsburg neben George Soros einer der Hauptredner der Konferenz »Ungarn 2000« in Budapest, zu der die ungarische Regierung etwa 100 im Ausland lebende Landsleute einlädt, die es in Wirtschaft, Politik, Wissenschaft oder Kultur zu etwas gebracht haben. Ungarns Ministerpräsident, Außenminister und Finanzminister sind während der Tagung anwesend. Mit dem sozialistischen Ministerpräsidenten Gyula Horn, dessen Auftritt im Europäischen Parlament Otto von Habsburg als »wirklichen Erfolg« wertet, hat er ein nicht minder harmonisches Verhältnis als mit dessen konservativem Nachfolger Viktor Orbán und später mit Peter Medgyessy.

Wenn Otto von Habsburg Rumänien oder die Slowakei besucht, dann nie nur wegen der dort lebenden Ungarn und ihren Volksgruppen-Anliegen. Zuallererst will er den Weg jener Staaten in die EU erkunden und fördern. Die Unterdrückung der Minderheiten durch die Politik Mečiars hält er aber für einen Grund, die ansonsten berechtigten Wünsche der Slowakei zurückzustellen. Nachdem Mečiar von der politischen Bildfläche verschwunden ist, fördert er die Slowakei nach Kräften.

Im steten Einsatz für Kroatien

Nicht nur mit den Spitzen der kroatischen Regierung und des Sabor pflegt Otto von Habsburg von Anfang an engsten Kontakt. Wenn er nach Kroatien reist, bespricht er sich zwar meist mit Präsident Tudjman und anderen Entscheidungsträgern, vor allem aber will er die Lebenssituation der Menschen im Land kennen lernen. Unter der fachkundigen Führung der von Mislav Ježić präsidierten kroatischen Paneuropa-Union kommt Otto von Habsburg in alle Teile des Landes. Wenige Tage nach der Befreiung West-Slawoniens besucht er im April 1995 die gerade zurückeroberten Gebiete. Eben-

---

wird. Besonders eindrucksvoll findet Otto von Habsburg die Verleihung der Ehrenbürgerschaft von Tszaújváros, das zuvor Leninstadt hieß und aus lauter riesigen Betonblöcken besteht. Im Nov. wird er Ehrenbürger von Csehimindszent, dem Geburtsort von Kardinal Mindszenty.

so ist er am 24. August 1995 mit einer internationalen Paneuropa-Delegation, geführt von Mislav Ježić und Joško Pavan, im rückeroberten Knin, wo er sich vom Vorgehen der Kroaten ein authentischeres – und ganz anderes – Bild machen kann als der deutsche Außenminister Kinkel. Im Europaparlament schildert er am 20. 9. 1995 seine Eindrücke aus der befreiten Krajina: »*Der kroatische Rundfunk hat jede halbe Stunde die Serben aufgefordert, zu bleiben und dort ihre Rechte als Kroaten wahrzunehmen, und Sie haben selbst gesehen, dass den Serben, die so klug waren zu bleiben, nichts geschehen ist. Es war der serbische Rundfunk, der sie ständig aufgefordert hat wegzugehen. (...) Es ist geplündert worden, aber in Kroatien stehen die Plünderer bereits vor Gericht, während in Serbien einer der wichtigsten Plünderer, Herr Arkan, von Milošević zum Gouverneur von Vukovar in Kroatien ernannt wurde. Die kroatischen Operationen waren – das habe ich selbst in Knin gesehen – gegen militärische Objekte gerichtet, aber die Serben greifen ständig nur die Zivilbevölkerung an.*«

In Dubrovnik sind Otto und Karl von Habsburg während der Beschießung der Stadt zugegen und auch in Sisak und Karlovac werden sie Augen- und Ohrenzeugen serbischer Angriffe. Zusammen mit seinem Sohn Karl und seinem Assistenten Stephan Baier reist Otto von Habsburg – als zweiter nicht-serbischer Politiker nach Madeleine Albright – im April 1996 in das serbisch besetzte Vukovar. Die kroatischen Paneuropäer werden von den UNO-Kontrolleuren zunächst als Besucher zugelassen, dann aber an der Einreise in das kroatische Ost-Slawonien gehindert. Offizielle Begründung: Die serbischen Freischärler, die das Gebiet trotz UN-Anwesenheit faktisch kontrollieren, könnten sich davon provoziert fühlen. Ein unglaublicher Affront der UNO gegen die kroatischen Bürger! Mit eigenen Augen kann sich Otto von Habsburg in Vukovar und Almas davon überzeugen, dass »die Serben tatsächlich dort wie die wilden Tiere gehaust haben. Auch gibt es noch immer serbische Banden, angeführt durch den Kriegsverbrecher Arkan«.[1]

Im Europäischen Parlament ist Otto von Habsburg als der entschiedenste Vorkämpfer für Kroatien, aber wohl auch als der beste

---

[1] Monatsbericht vom 1. 5. 1996

Kenner dieses Landes bekannt. Mitunter scheint es ihm deshalb klüger, einen anderen mit der offiziellen Vertretung eines Anliegens zu betrauen. So sorgt Otto von Habsburg als Obmann seiner Fraktion im Außenpolitischen Ausschuss dafür, dass der britische Konservative John Stevens zum Berichterstatter für das Handels- und Kooperationsabkommen der EU mit Kroatien ernannt wird. Über die permanente Hetze gegen Kroatien, die im Europäischen Parlament ihren Niederschlag in vielen Anträgen findet, ist Otto von Habsburg besorgt, aber auch – zumal die Vertreter Kroatiens nicht professionell zu reagieren verstehen – verärgert: *»Es ist erstaunlich, in welchem Ausmaß die Stimmung gegenüber Kroatien ins Negative umgeschlagen, bzw. eine echte Kroatenhetze eingesetzt hat. Dabei ist es bedauerlich, dass Oostlander, der für Bosnien sehr gut funktionierte, nunmehr wieder ganz auf die anti-kroatische Linie übergegangen ist.«*[1]

In der Haltung gegenüber Kroatien sieht Otto von Habsburg »eine der Schlüsselfragen der weiteren Mittel- und Osteuropapolitik«. Er kritisiert die nicht nur auf der linken politischen Seite vorhandene Tendenz, unter dem historisch wie geografisch absurden Stichwort »West-Balkan« eine Art neues Jugoslawien zu installieren, und wirbt offen dafür, Zagreb eine EU-Perspektive zu öffnen. In seinem Monatsbericht vom 1. 11. 1996 schreibt er: *»Mehr und mehr besteht die Tendenz, von gewissen bürokratischen und sozialistischen Seiten, Kroatien aus Europa zu verbannen, es mit Serbien, Mazedonien, Albanien und Bulgarien als einen neuen Balkan zusammenzuschließen und eine Art europäisches Protektorat zu schaffen, keinesfalls aber diesen Völkern den Beitritt zur Europäischen Union zu erlauben.«* Otto von Habsburg, der die Verwendung von Propagandabegriffen mehrfach als eine Methode der Indoktrination brandmarkt, sieht im Wort »West-Balkan« einen serbisch-beeinflussten Trick, die Politik Miloševićs zu legitimieren: *»Das entspricht dem alten serbischen Konzept, das mir schon lange vor dem Konflikt der damalige serbi-*

---

[1] Monatsbericht vom 1. 6. 1996. Am 24. 7. 1996 notiert er: »Es ist überhaupt bei Kroatien leider festzustellen, dass die Außenvertretungen nicht ganz dem entsprechen, was für ein so bedrängtes Land wie Kroatien notwendig wäre.« Darüber spricht er mehrfach und deutlich mit Staatspräsident Tudjman und später mit dessen Nachfolger Stipe Mesić.

sche Botschafter mitteilte, man wolle Slowenien ausgrenzen, da es zu 90% von Slowenen bewohnt ist, dafür aber Kroatien schwächen und es dann in das neu zu bildende Jugoslawien einbringen. Diese Politik wurde seinerzeit durch die sogenannte Belgrad-Mafia, einer Gruppe von amerikanischen Diplomaten unter Führung von George Kennan, die sehr serbisch orientiert sind, unterstützt.«[1]

Zu einer Werbung der besonderen Art wird für Kroatien eine von Otto von Habsburg initiierte Ausstellung im Europäischen Parlament. Dank der Hilfe des engagierten Beamten Jean-Jacques Fritz kann eine Fotoausstellung über »Mediterrane und mitteleuropäische Kulturlandschaften in Kroatien« schnell und unbürokratisch ins Europäische Parlament gelangen. Konzipiert und gestaltet wird diese durch Mislav Ježić und seine Mitarbeiter in der Paneuropa-Union Kroatien. Obstruktion gegen die Ausstellung gibt es im Vorfeld nur vom kroatischen Botschafter beim Europarat[2], später aber auch von Abgeordneten, denen die Ausstellung offenbar zu viele Vorurteile widerlegt. Otto von Habsburg plädiert anfangs dafür, auf Tourismuswerbung zu setzen. Als er allerdings sieht, wie viele Abgeordnete durch die an der kroatischen Kultur orientierte Ausstellung von Professor Ježić überzeugt werden, dass Kroatien nicht zum Balkan, sondern zum mediterranen Mitteleuropa gehört, ist er begeistert. Er lobt die Ausstellung nicht nur gegenüber Präsident Tudjman, sondern auch mehrfach gegenüber kroatischen Medien als Musterbeispiel für überzeugende Propaganda.

Im Gegensatz zu Kroatien gilt Slowenien schnell als einer der aussichtsreichsten Kandidaten für den EU-Beitritt. Dennoch resümiert Otto von Habsburg im November 1995 nach einem Auftritt des slowenischen Präsidenten Kučan im Außenpolitischen Ausschuss, dieser habe seinem Land mehr geschadet als genützt. In

---

[1] Monatsbericht vom 1. 2. 1998
[2] Nicht nur, dass der Botschafter die für sein Land so werbewirksame Ausstellung nicht fördert; er versucht sie auch auf einen sinnlosen Platz im Palais de l'Europe zu verschieben und macht sie im Voraus bei kroatischen Regierungsstellen schlecht. Nachdem sie ein Erfolg wird, beschwert sich Otto von Habsburg schriftlich und mündlich bei Präsident Tudjman über den Botschafter, der Straßburg bald darauf verlässt.

92 Seit Jahrzehnten eine herzliche Verbindung: Otto von Habsburg in Privataudienz bei Papst Johannes Paul II. in Rom

93 Kardinal Joseph Ratzinger verteidigte schon als Erzbischof von München-Freising den Habsburger gegen ungerechte Angriffe.

94 Ingo Friedrich leitet die Paneuropa-Parlamentariergruppe im Europaparlament: (v.li.n.re.) Gomolka, Habsburg, Friedrich, Vanderbeeken, Beazley, Rübig.

95 Otto von Habsburg im Kreise der Mitglieder des ehrwürdigen Institut de France in Paris (links von ihm: sein langjähriger Freund Maurice Druon)

96 Zur Goldenen Hochzeitsfeier in Nancy können Regina und Otto von Habsburg die Großfamilie um sich versammeln.

97 Vizekanzlerin Riess-Passer gratuliert im Namen der österreichischen Bundesregierung zum 50. Hochzeitstag.

98 Enkelin Lioba mit ihrem Großpapa

99 Meinungsaustausch mit Valéry Giscard d'Estaing, dem Präsident des EU-Reformkonvents

Deutschland versucht er die Idee zu verankern, dass Slowenien nicht nur bestens auf einen EU-Beitritt vorbereitet und deshalb eine Bereicherung sei, sondern auch verkehrspolitisch von höchster Bedeutung, insbesondere wegen des Hafens Koper und des Zugangs zum Mittelmeer.

Im Fall Bosnien-Herzegowinas setzt sich Otto von Habsburg gleichermaßen für die Kroaten wie für die Muslime ein. Er trifft bei einem Besuch in Sarajewo nicht nur den katholischen (kroatischen) Erzbischof, Kardinal Vinko Puljić, sondern auch den obersten religiösen Führer der Muslime, den Reiz Ulema. Ebenso spricht er bei einem Besuch im nordbosnischen Banja Luka nicht nur mit Bischof Franjo Komarica, sondern auch mit dem örtlichen Mufti. Bei beiden erkundigt er sich detailliert über die Lage in der von serbischen Terroristen regierten »Republika Srpska«.

Die zahllosen Waffenstillstandsabkommen und Friedenspläne vor dem Vertrag von Dayton geben Otto von Habsburg wenig Anlass zum Optimismus, wie eine Wortmeldung im Europäischen Parlament am 20. 7. 1994 dokumentiert: »*Im Übrigen ist dieser sogenannte Friedensplan keine Lösung, denn er steht im Widerspruch zu dem Grundsatz, dass Grenzen, die durch Gewalt verändert wurden, nicht anerkannt werden; genau dies würde dieser Friedensplan jedoch bewirken, nämlich Anerkennung der Gewalt. Noch immer erlaubt man den Serben, den Westen lächerlich zu machen. (…) Wir werden nicht darum herumkommen, endlich die einzige wirkliche Lösung des Konflikts herbeizuführen, indem wir endlich das heuchlerische Waffenembargo aufheben und es den Bosniern und Kroaten erlauben, sich zu verteidigen. Sie werden sehen, dass die Region dann sehr schnell befriedet wird, wenn die Serben mit einem neuen Kräfteverhältnis konfrontiert werden.*«

Im April 1997 besucht Otto von Habsburg im Rahmen einer Tagung des Paneuropa-Kreises Alpen Adria, die sein Sohn Karl präsidiert, Sarajewo. Auf der »Latinska Most« (Lateinische Brücke) legt er an jener Stelle einen Kranz nieder, an der am 28. Juni 1914 der Thronfolger Österreich-Ungarns, Franz Ferdinand, starb. Die Schüsse des serbischen Nationalisten Gavrilo Princip hatten damals eine Zeitenwende eingeleitet, das Ende einer Friedensepoche. Das Museum gegenüber der Brücke, das dem Attentäter während der jugoslawischen Zeit gewidmet war, ist mittlerweile leer und geräumt; die in den Boden eingelassenen »Fußspuren« des Mörders sind entfernt. Umringt von Paneuropäern aus verschiedenen Ländern, von Medien aus dem In- und Ausland sowie von einer wachsenden Menschenmenge spannt Otto von Habsburg an dieser Stelle einen Bogen von 1914 bis zur Gegenwart, skizziert eine Epoche der Kriege, Unterdrückungen und Vertreibungen. In die Zukunft blickend sagt er: »In Sarajewo wird viel vom Schicksal Europas entschieden werden. Wenn es uns hier gelingt, eine Friedensordnung zu schaffen, dann kann es überall gelingen.« Bei seinen Gesprächen mit Ministerpräsident Haris Silajdžić und Staatspräsident Alija Izetbegović versucht Otto von Habsburg deutlich zu machen, dass Europa auch eine konkrete Friedensidee für Bosnien sein kann.

Als der Außenminister der Bundesrepublik Jugoslawien, Milan Milutinović, im November 1996 im Außenpolitischen Ausschuss auftritt und die übliche serbische Propaganda über die Situation in Bosnien abspult, setzen ihm Daniel Cohn-Bendit und Otto von Habsburg gemeinsam hart zu. Die beiden Abgeordneten schätzen sich, jedoch meint Otto von Habsburg über den 68er Revolutionär Cohn-Bendit auch: »Leider ist er auch Ideologe, was ihn oft in die Irre führt. Das gilt besonders für seine Vorschläge bezüglich Kroatiens.« So sehr sich Otto von Habsburg für eine Stabilisierung Bosnien-Herzegowinas und europäische Finanzhilfen an den labilen Staat einsetzt, so deutlich verteidigt er zugleich die Bemühungen der kroatischen Regierung, sich zum Fürsprecher der bosnischen und herzegowinischen Kroaten zu machen. Rasch enttäuscht wird er vom EU-Bosnien-Vermittler Carl Bildt, von dem er sich anfangs eine Wende erwartet hat. Nach einer Anhörung Bildts im Außenpolitischen Ausschuss notiert Otto von Habsburg am 26. 3. 1996: »*Er war unterdurchschnittlich und zeigte Sympathien für die Serben, während er offensichtlich gegen die Kroaten eingestellt ist. (…) Als wir ihm Fragen stellen konnten, habe ich ihm einige sehr unangenehme Fragen gestellt, auf die er meist die Antwort schuldig blieb oder am Thema vorbeischwätzte.*«

Otto von Habsburg hält jene Politiker für außenpolitische Ignoranten, die nicht erkennen, dass das Problem des gesamten früheren Jugoslawien sich in Milošević personifiziert. Slobodan Milošević hatte die Kriege losgetreten, zunächst um den Zerfall Jugoslawiens zu verhindern, später um Serbien einen möglichst großen Teil des zerfallenden Staates zu sichern. Diese Erkenntnis greift unter den Politikern Europas nur nach und nach Platz. Was Otto von Habsburg von der Rolle des Milošević hält, zeigt ein Gastkommentar in der »Welt« vom 8. 5. 1999: »*Heute tobt wieder Krieg auf dem Balkan, weil ein nationalistischer Diktator in Belgrad meint, mit brutaler Gewalt die komplexe Wirklichkeit seiner schlichten Ideologie anpassen zu können. Seit zehn Jahren lässt Slobodan Milošević für seinen Traum vom ethnisch gesäuberten Großserbien morden, vertreiben und vergewaltigen. Seinem Ziel ist er dadurch nicht näher gekommen. Zwar besetzten die Jugoslawische Bundesarmee und Tschetnik-Terroristen ein Drittel Kroatiens, doch wurden sie von der erstarkten kroatischen Armee wieder verjagt; zwar spaltete Milošević' Handlanger Karadžić mit seinen Einheiten den Vielvölkerstaat Bosnien-Herzegowina, doch misslang der Anschluss des nicht lebensfähigen Pale-Staates an Serbien; zwar konnte Milošević die Autonomie der Vojvodina und des Kosovo aufheben und die Minderheiten schikanieren, misshandeln und verjagen, doch hat er damit sein eigenes Land, Serbien, wirtschaftlich ruiniert und politisch isoliert. (...) solange Milošević an der Macht ist, wird es auf dem Balkan keinen Frieden und kein Recht geben. Es wird deshalb höchste Zeit, dass der Westen den Sturz Milošević' und seine Verurteilung als Völkermörder zum offiziellen Kriegsziel erklärt.*«

Anwalt der vergessenen Völker

Während die EU das Augenmerk auf ihre zwölf Beitrittskandidaten lenkt, setzt sich Otto von Habsburg darüber hinaus für jene Völker ein, denen keine europäische Perspektive geboten wird. So spricht er am 29. 11. 1995 zugunsten der Ukraine: »*Die Ukraine hat über lange Zeit für ihre Unabhängigkeit gekämpft. Immer wieder, wenn irgendeine Möglichkeit dazu bestand, haben die Ukrainer versucht, unabhängig zu werden. Es wurde ihnen immer wieder verwehrt, und sie haben Millionen Opfer zu beklagen, die die Russen ermordet haben. (...) Unsere Aufgabe ist es daher, alles zu tun, die-*

sen russischen Imperialismus einzudämmen und der Ukraine tatsächlich jene Unabhängigkeit zu sichern, die notwendig ist und auf die sie ein Recht hat (...)« Otto von Habsburg erinnert daran, wie viel die Ukrainer zur europäischen Kultur beigetragen haben und fordert, dem Land technische und wissenschaftliche Hilfe zu geben.

Zu den Völkern im toten Winkel der Geschichte gehören auch die Makedonen. Otto von Habsburg, der das kleine Balkanland mehrfach besucht, versucht im Europäischen Parlament sogar die Griechen davon zu überzeugen, dass eine Kooperation mit Mazedonien für ihr Land von großem Interesse wäre. Ebenso engagiert er sich für Albanien, das »Armenhaus Europas«.

Das Mittelmeer als Zone des Friedens

Vehement streitet Otto von Habsburg sowohl in der eigenen Fraktion als auch im Plenum für ein gerechtes Verhältnis der EU zur Türkei. Im Gegensatz zu vielen anderen schwankt seine Meinung dabei nicht zwischen einem euphorischen Ja und einem klaren Nein zum EU-Beitritt der Türkei. Er sieht das Land am Bosporus als einen wichtigen Partner, Nachbar und Freund des vereinten Europa, dessen Rolle im Nahen und Mittleren Osten die Union aus ureigensten Interessen stärken sollte. Genau die gegenteilige Politik verfolgen die nationalen Regierungen in der EU: »Katastrophal allerdings, finde ich, ist die Haltung des Rates in der Frage Türkei. Da verspricht man der Türkei auf unbestimmte Zeit doch die Möglichkeit, Mitglied der Europäischen Union zu werden, gleichzeitig aber beschimpft man sie ständig, was eine stolze Nation auf die Dauer nicht ertragen kann.«[1] Aus diesem Grund setzt er sich im Februar 1995 für die Zustimmung des Europäischen Parlamentes zur

---

[1] Monatsbericht vom 22. 12. 1997. Ganz im Sinne Otto von Habsburgs und unter seinem Vorsitz ruft die Generalversammlung der Internationalen Paneuropa-Union am 14. 12. 1997 die EU-Regierungen dazu auf, *»der Türkei ganz offen zu sagen, dass ihre Vollmitgliedschaft nicht auf der Tagesordnung steht, und gleichzeitig dafür zu sorgen, dass die Türkei durch besondere Zusammenarbeit eng mit der EU verbunden wird und als einer ihrer wichtigsten Partner nicht länger diffamiert oder ausgegrenzt wird«.*

Zollunion mit der Türkei ein, und kommentiert nach der verlorenen Abstimmung: »*Leider ist es der Allianz der Griechen mit den Sozialisten und der jämmerlichen Schwäche unserer Fraktionsführung zu verdanken, dass eine Mehrheit sich gegen die Zollunion mit der Türkei aussprach. (...) Auf alle Fälle wird uns diese Entscheidung gegen die Türkei sehr schaden.*«

Während manche Staaten eine ausgesprochen professionelle Lobbyarbeit bei den europäischen Institutionen betreiben, sind etwa Kroatien oder die Türkei dabei mehr als einmal ausgesprochen schwach. Im Juni 1995 notiert Otto von Habsburg enttäuscht, dass der Auftritt des türkischen Außenministers in Brüssel kein Erfolg gewesen sei, da dieser einen recht unfähigen Eindruck gemacht habe. Allerdings dürfte ein herausragend schmackhaftes und vielfältiges Buffet, das die »Freundschaftsgruppe Türkei« im Europäischen Parlament veranstaltet hat, zum positiven Ergebnis bei der zweiten Abstimmung über die Zollunion beigetragen haben.

Otto von Habsburg führt in jener Zeit zahlreiche vermittelnde Gespräche und versucht, die Folgen eines neuerlichen Nein zur Zollunion aufzuzeigen. In seinem Monatsbericht vom 1. 12. 1995 analysiert er die Lage: »*Die Zollunion mit der Türkei wird von unserer Abstimmung abhängen. Ich bin überzeugt, dass, sollte diese Abstimmung schief gehen, das zur Folge haben würde, dass in der Türkei die extremistischen Kräfte gestärkt wären und wir gleichzeitig ernstliche Probleme im östlichen Mittelmeer bekommen würden. Man sollte auch nicht vergessen, dass unsere Abstimmung einen großen Einfluss auf die Entwicklung in Zentralasien haben wird, in der die Türkei bisher eine positive Rolle gespielt hat.*« Bei der entscheidenden zweiten Abstimmung im Plenum, am 13. Dezember 1995, kommt dann eine sichere Zwei-Drittel-Mehrheit zustande, »wenn auch Kommunisten und Griechen bis zuletzt hart kämpften«.

Regelmäßig kommt es im Europäischen Parlament zu heftigen Angriffen auf die Türkei, wobei von griechischer Seite stets das gesamte türkische Sündenregister von der Ägäisfrage, über Zypern bis zum Kurdenproblem thematisiert wird. Otto von Habsburg hat für diesen »traditionellen Türkentanz der Griechen«[1] wenig Verständnis und regt immer wieder – allerdings mit wenig Erfolg – an,

---
[1] Monatsbericht vom 1. 10. 1998

die Frage der Menschenrechte und der Volksgruppenprobleme in Griechenland auf die Tagesordnung zu bringen.

Ein Sonderfall in den auswärtigen Beziehungen Europas ist auch das Verhältnis zu Marokko. Stets verteidigt Otto von Habsburg das marokkanische Königreich gegen Vorwürfe, es besetze widerrechtlich die »West-Sahara«. Er selbst schreibt den Bericht über das EU-Assoziationsabkommen mit Marokko, der am 6. 6. 1996 im Europäischen Parlament in Brüssel mit riesiger Mehrheit verabschiedet wird. In der Verteidigung des Abkommens sagt Otto von Habsburg im Plenum: »*In einer Zeit, in der wir uns prioritär mit der Mittelmeerregion befassen, ist es absolut notwendig, dass wir unsere Beziehungen zu Marokko weiter ausbauen, weil Marokko für uns allein schon aufgrund seiner geografischen Lage von Bedeutung ist. Dazu kommen noch die politischen Tatsachen. Im Maghreb gibt es zwei islamische Staaten, die gemäßigt sind – Marokko und Tunesien –, und einen Staat, der eine wirkliche Gefahr ist, denn er ist eine tickende Zeitbombe, und das ist Algerien. Es ist daher notwendig, dass wir die gemäßigten Kräfte unterstützen in Nordafrika, das für uns lebenswichtig ist, denn das Mittelmeer ist ja historisch gesehen nicht die Südgrenze Europas, sondern dessen Drehscheibe.*« Der Hauptgedanke seiner Initiative ist nicht wirtschaftlicher Natur, sondern das Ziel, aus dem Mittelmeer eine Zone des Friedens zu machen. In der Begründung zum Abkommen schreibt Otto von Habsburg, Marokko sei »eine Brücke zwischen Europa und dem Maghreb«. Das Land weise eine »friedliche Atmosphäre« zwischen den Rassen und den Religionen auf. »*Der islamische Fanatismus spielt in diesem Land mit seiner liberalen Auffassung in Glaubensfragen derzeit keine sichtbare Rolle, wenn auch die lange gemeinsame Grenze mit Algerien nicht unbedenklich ist.*«

Sein Bekenntnis zum Dialog mit dem Islam wird Otto von Habsburg mehr als einmal als vermeintlicher Widerspruch zum christlichen Bekenntnis oder zu der parteipolitischen Programmatik der CSU ausgelegt. Auch die »Süddeutsche Zeitung« wundert sich 1995: »*Mit dem Islam hat sich der Chef des katholischen Hauses Habsburg schon zu einem Zeitpunkt befasst, als in Europa kaum jemand die zweitgrößte Offenbarungsreligion der Welt überhaupt wahrnahm. Bereits im Jahre 1946 regte Otto von Habsburg, der Sohn des letzten österreichischen Kaisers, in Marokko die Gründung einer Akademie der Wissenschaften an, die sich unter Leitung des marokkanischen Königs auch mit religiösen Fragen befasst. Der 82-jährige Habsburg, der den Koran studiert hat, ist Mitglied dieser Akademie. Diese Kenntnisse bringen den überzeugten Europäer manchmal in Konflikt mit der CSU, für die er seit 1979 im Europaparlament sitzt.«* Zwar kann von einem Konflikt keine Rede sein, doch mahnt Otto von Habsburg zu einem offensiven Dialog mit der islamischen Welt: *»Die meisten dieser Muslime sind ganz friedliebende, vernünftige Leute. Man darf außerdem nicht vergessen, dass wir auf religiösem Gebiet sehr viel mit dem Islam gemeinsam haben. (...) Mir ist ein Muslim lieber, der den Koran und seine Religion studiert, als dass er das grüne Buch von Gaddafi liest oder irgendwelche Bücher, die wir produziert haben, Marcuse und so weiter.«*[1]

Die notwendige Reform der EU

Nach dem Maastrichtvertrag wird unter Europapolitikern immer mehr zum Konsens, dass die EU einer tiefgreifenden Reform ihrer Verträge und Institutionen bedarf – einerseits um transparenter und demokratischer, andererseits um effizienter und handlungsstärker zu werden. Otto von Habsburg rügt jene, die auf dem Weg Europas zum Bundesstaat besonders große Sprünge planen, als »Fundamentalisten«, vor allem dann, wenn sie die von ihnen favorisierte Vertiefung der EU in einen Widerspruch zu ihrer Erweiterung bringen wollen.

Aus diesem Grund hat Otto von Habsburg im Frühjahr 1995 auch Vorbehalte gegen den sehr weitreichenden Reformentwurf seines französischen EVP-Kollegen Bourlanges. Er meint, man solle die Ziele zunächst auf das Wesentliche beschränken, nämlich auf die Schaffung einer dauerhaften Ratspräsidentschaft anstelle der halbjährlich unter den nationalen Regierungen rotierenden, weiters eine Reform der Kommission bei gleichzeitiger Reduzierung der

---

[1] In: »Süddeutsche Zeitung«, 16. 2. 1995; Interview mit Otto von Habsburg »Der Islam hat auch in Europa seinen Platz«

Zahl der Kommissare – und eine Halbierung der Zahl der Europaabgeordneten: »Ab dieser Größenordnung ist ein Parlament nur noch eine Abstimmungsmaschine.« Besonders Letzteres kommt naturgemäß bei den Kollegen im Europäischen Parlament nicht gut an. Dort einigt man sich schließlich auf die Formel, dass die Zahl der Europaabgeordneten auch nach der Erweiterung die Grenze von 700 nicht überschreiten dürfe. Otto von Habsburg wäre hier radikaler gewesen, weil er schon bei 626 Mandataren den Eindruck gewann, dass nur ganz wenige tatsächlich etwas bewegen können, während sich die Arbeit immer stärker in die Ausschüsse und die Entscheidungen immer mehr in die Fraktionen verlagerten. Sein Gedanke ist darum, die Zahl der Abgeordneten zu halbieren und stattdessen die Zahl ihrer Mitarbeiter zu vervielfachen, damit die Parlamentarier in die Lage versetzt würden, sich die vielfältigen Themen und Materien zu erarbeiten. Über seine Vorschläge zu einer Reform des Rates spricht er ausführlich mit Jacques Chirac, kurz bevor dieser französischer Staatspräsident wird, und bekommt vom damaligen Pariser Bürgermeister Zustimmung signalisiert.[1] Mit Chirac trifft er im März 1995 zu einem ausführlicheren Gespräch zusammen und verteidigt anschließend im Europäischen Parlament die Atomversuche Frankreichs auf Mururoa gegen den Widerstand der Mehrheit.[2]

Für die französischen Atomversuche ist Otto von Habsburg aus zwei Gründen: einerseits, weil er weiß, dass dies die letzten notwendigen Versuche Frankreichs sind, um anschließend alles Weitere auf Simulatoren zu testen; anderseits, weil er angesichts der russischen Atommacht eine eigenständige europäische Atommacht befürwortet. Er bemüht sich deshalb gegen eine betont negative Stimmung im Europäischen Parlament, im Frühsommer 1995, die parlamentarischen Attacken auf Frankreich und Chirac zu mildern.

---

[1] Auf Chirac setzt er einige Hoffnungen: »*Die Tatsache, dass der neugewählte französische Präsident als erste Reise nach Straßburg fuhr, und außerdem den deutschen Bundeskanzler dort traf, ist von großer historischer Bedeutung. Man sieht so wieder eine Erneuerung des Geistes Adenauer/de Gaulle.*« (Monatsbericht vom 1. 6. 1995)
[2] Sehr enttäuscht zeigt sich Otto von Habsburg allerdings im Frühjahr 2000 von der Haltung Chiracs gegenüber der Regierung Schüssel/Riess-Passer in Wien.

Zu wilden Ausschreitungen und Schreiduellen kommt es im Plenarsaal des Straßburger Parlamentes, als der französische Staatspräsident hier am 11. Juni 1995 auftritt. Die Verteidigung Frankreichs bringt Otto von Habsburg »ziemlich viel Ärger mit den Fanatikern in der eigenen Fraktion«, wobei, wie er in seinem Monatsbericht schreibt, die neuen österreichischen Mandatare »besonders aggressiv« sind. Wie bei vielen anderen heiklen Themen, muss Otto von Habsburg auch im Fall »Mururoa« feststellen, dass viele Abgeordnete ihm im privaten Gespräch Recht geben, aber in der öffentlichen Debatte »im Heldenkeller verschwinden und schweigen«.[1]

Die Reform des Rates müsste nach Otto von Habsburgs Ansicht damit beginnen, »das unsinnige Einstimmigkeitsprinzip, das die Leugnung der Demokratie in Europa ist«, abzuschaffen. Dann sollten die Europaagenden aus den Außenministerien in echte Europaministerien verlagert werden. Die Europaminister könnten sich umfassend auf die Vertretung ihres Landes bei der EU konzentrieren, ohne täglich Botschafter aus aller Welt empfangen zu müssen und kreuz und quer um den Globus zu fliegen. Zur Effizienzsteigerung und Kostensenkung regt er an, in den weniger tonangebenden Staaten der Welt solle die EU durch einen gemeinsamen Botschafter vertreten sein. In den meisten Ländern könne eine gemeinsame EU-Botschaft die 15 nationalen Botschaften der Mitgliedsstaaten ersetzen. Untereinander sollten die EU-Mitgliedsstaaten nicht durch Botschafter mit großem Apparat, sondern nur durch Hochkommissare vertreten sein.[2]

Einer umfassenden Neuorientierung bedürfe, so meint Otto von Habsburg, die Agrarpolitik, die heute den größten Teil des EU-Budgets verschlingt. Da der Habsburger die Probleme der kleinen und mittleren bäuerlichen Familienbetriebe nur zu gut kennt, setzt er – im Gegensatz zu vielen anderen – nicht auf eine weitere Industrialisierung in der Landwirtschaft. Im Gegenteil: Er vertritt die Ansicht, dass zwei getrennte Probleme, nämlich das Bauernsterben und die Frage der Rohstoffressourcen, einer gemeinsamen Lösung

---
[1] »Beim Atom ist der Erzherzog eisern« titelt die »Donauwörther Zeitung« am 8. 7. 1995 einen Bericht über eine CSU-Diskussion mit Markus Ferber und Otto von Habsburg.
[2] Pressemeldung vom 31. 7. 1995

zugeführt werden könnten. In einem Artikel vom 29. 9. 1997 erläutert er: »*Einer der wichtigsten Rohstoffe der Welt ist das Erdöl. So gesehen ist es unverantwortlich, wenn ausgerechnet diese wertvolle, aber endliche Hilfsquelle in Autos verbrannt wird, wo es bei dem heutigen Kenntnisstand möglich wäre, viele Fahrzeuge mit anderen Treibstoffen zu versehen.*« Er denkt dabei an »nachwachsende Rohstoffe«, an aus Mais oder Raps gewonnenes Öl, und will nicht akzeptieren, dass die EU zwar die Stilllegung landwirtschaftlicher Flächen subventioniert, nicht aber die konsequente Förderung der nachwachsenden Rohstoffe.[1] Neben allen anderen Vorzügen würde Europa dadurch auch weniger abhängig von politischen Krisenregionen der Welt.

Auch die Reform des Währungssystems, also die Einführung des Euro, sieht Otto von Habsburg in einer weltpolitischen Perspektive: In zahllosen Reden und Artikeln erinnert er daran, dass es dem global agierenden Finanzspekulanten George Soros 1992 gelungen war, das britische Pfund zu einer Abwertung zu zwingen und dadurch horrende Gewinne zu machen. Nur mit einer starken und dem US-Dollar vergleichbar großen Währung könnten sich die Europäer gegen die Macht der internationalen Spekulanten wirksam schützen, argumentiert Otto von Habsburg.

Schlüsselwort Subsidiarität

Das Eintreten für das Selbstbestimmungsrecht der Völker ist für Otto von Habsburg unabhängig von der Größe, Bevölkerungszahl oder politischen Bedeutung eines Volkes. Deshalb räumt er den Rechten der kleinen Volksgruppen, der in Nationalstaaten lebenden ethnischen Minderheiten, denselben Stellenwert ein wie den Freiheitsrechten großer Nationen. Am 10. April 1995 spricht er in Paris vor der Französischen Akademie zu diesem, insbesondere im nationalstaatlich orientierten Frankreich heiklen Thema, und wirbt bei dieser Gelegenheit für ein »Statut der nationalen Minderheiten in den europäischen Staaten«. Er selbst meint zu diesem Vortrag:

---

[1] Es empfiehlt sich »Nachwachsende Rohstoffe« in Otto von Habsburg, »Friedensmacht Europa«, Amalthea Verlag, Wien 1995, S. 37ff.

»Kein leichter Boden, da die Franzosen, speziell die Älteren, noch immer sehr zentralistisch sind. Es hat aber auch eine fruchtbare Diskussion gegeben.«

Subsidiarität bedeutet nach einer bereits erwähnten Definition, dass »die größere Einheit niemals Aufgaben übernehmen darf, die die kleinere zufriedenstellend erfüllen kann«. Umgekehrt heißt dies aber auch, dass die kleinere Einheit jene Kompetenzen an die größere übertragen muss, die sie selbst nicht oder nicht mehr zufriedenstellend erfüllen kann. Dies ist vor allem bei der Außen- und Sicherheitspolitik augenfällig. Darauf spielt Otto von Habsburg an, wenn er bei Vorträgen kritisiert, Europa sei ein »selbstverschuldetes Protektorat der Vereinigten Staaten«, oder wenn er angesichts eines Handelskriegs zwischen der EU und den USA meint, wenn die Europäer sich nicht als handlungsunfähig erweisen würden, hätten sich die Amerikaner niemals erlaubt, mit ihnen so umzuspringen. Aber: »Wer sich wie eine Bananenrepublik aufführt, soll nicht erstaunt sein, wenn er als eine solche behandelt wird.«[1]

7. Späte Anerkennung

Otto von Habsburg ist seit frühester Kindheit gewohnt, viel, konzentriert und schnell zu arbeiten. Seine politische Tätigkeit betrachtet er nie als Last, erst recht nicht als »Job«, sondern als die Erfüllung einer Verpflichtung. Die Pflicht, sich restlos und rastlos für die Völker Europas, für ihre Freiheit und Selbstbestimmung einzusetzen, hat er einerseits von den Ahnen geerbt. Andererseits ist ihm durch die Wahl ins Europäische Parlament diese Verantwortung übertragen worden – nach seinem Verständnis nicht nur die Verantwortung für seine Wähler in Bayern, sondern für die Zukunft ganz Europas.

---

[1] Monatsbericht vom 1. 6. 1996

Von Faulpelzen und Würdebärten

Für »Faulpelze« hat der Pflichtmensch Otto von Habsburg nie Verständnis, am wenigsten für jene, die über ein demokratisches Mandat verfügen und aus Steuergeldern bezahlt werden. Der hohe Anspruch, den er an die Arbeitsleistung der Politiker stellt, spiegelt sich in seiner Präsenz und seinem Einsatz im Europäischen Parlament. Mit Stolz versendet er die ihn betreffenden Präsenzlisten, die seine Fraktion über die Anwesenheit der Abgeordneten erstellt, an seine Wähler.[1] Wenig nachsichtig reagiert er auf Politiker, die zwar nicht intensiv arbeiten, aber gerne im Rampenlicht der Öffentlichkeit stehen.

Über eine feierliche Sitzung meint er beispielsweise abschätzig: »(...) es sprachen nur die Würdebärte, um weitgehend nichts Neues zu sagen«. So wenig er Sitzungen schätzt, in denen Politiker sich gegenseitig bei feierlich-nichtssagenden Reden zuhören und applaudieren, so wenig liebt er die regelmäßigen Studientage seiner Fraktion, die er als »Tourismus auf Kosten der Steuerzahler«[2] bezeichnet.

Bei der Führung seines Terminkalenders gilt während seiner 20-jährigen Tätigkeit als Abgeordneter das Gebot, den Plenarwochen in Straßburg stets absolute Priorität einzuräumen und im Übrigen möglichst viel bei den Bürgern zu sein. Der Terminkalender wird deshalb bis zum Bersten mit Veranstaltungen gefüllt, was oft zu abenteuerlichen Reisewegen führt. Die in Pöcking einlaufende Post, zu einem Gutteil Terminanfragen, lässt sich Otto von Habsburg, wenn er – wie meist – unterwegs ist, täglich am Telefon vorlesen, und diktiert dann sogleich in der jeweiligen Sprache die Antwort. Während der Beantwortung hält er den kleinen, mit Bleistift geführten Terminkalender stets in der Hand, um Terminanfragen sofort entscheiden zu können.

Während der Straßburger Plenarwochen sind nur die Zeiten der

---

[1] Die EVP-offizielle Statistik zeigt für alle Plenarwochen eine 100%-ige Präsenz Otto von Habsburgs bei allen namentlichen Abstimmungen und an allen Sitzungstagen – ausgenommen die zweite Oktoberhälfte und den Nov. 1998, als er mit einer schweren Lungenentzündung das Krankenbett hüten muss.
[2] Monatsbericht vom 1. 8. 1998

Abstimmungen, seine eigenen Auftritte in Plenum oder Ausschuss, sowie die wichtigsten Sitzungen und Besprechungen tabu – alle übrigen Zeiten werden mit Gesprächs-, Interview- und Besucherterminen verplant. Kurz nach sieben Uhr morgens kann man ihn in seinem Straßburger »Hotel Monopole Métropole« beim Frühstück den »Figaro« und die »Financial Times« studieren sehen, während er seinen Mitarbeitern bereits die morgendlichen Radionachrichten erzählt. Und wenn die parlamentarischen Termine abends einmal überraschend vor 21 Uhr zu Ende sind, blickt er kurz auf die Uhr und meint, es sei ja noch früh, nimmt das Diktiergerät zur Hand und spricht mit fester, ruhiger Stimme einen politischen Kommentar.

Ehrungen im Dutzend

Die »Coudenhove-Kalergi-Stiftung« zeichnet im Oktober 1994 den österreichischen Außenminister Alois Mock und Otto von Habsburg mit dem Europapreis Coudenhove-Kalergi aus. Mock zeigt sich dabei stolz, dass die Paneuropa-Bewegung von Österreich ausgegangen ist und weist darauf hin – wenige Monate vor dem EU-Beitritt Österreichs –, dass Paneuropa in den Händen des ersten Österreichers liegt, der im Europäischen Parlament mit Sitz und Stimme vertreten ist. Der Preis, den zuvor Persönlichkeiten wie der spanische König Juan Carlos, US-Präsident Ronald Reagan, der deutsche Kanzler Helmut Kohl, der bayerische Ministerpräsident Franz Josef Strauß, der österreichische Bundespräsident Rudolf Kirchschläger und der italienische Staatspräsident Sandro Pertini erhalten haben, wird nur im Jahr 1994 – aus Anlass des 100. Geburtstags von Richard Coudenhove-Kalergi – an zwei Persönlichkeiten vergeben.

Im türkischen Myra, der einstigen Bischofsstadt des heiligen Nikolaus, wird Otto von Habsburg am 6. Dezember 1997 für seine lebenslangen Bemühungen um einen Dialog der Religionen sowie für Frieden und Freiheit mit dem Sankt-Nikolaus-Friedenspreis ausgezeichnet.[1] Den Preis überreicht der Gouverneur von Antalya,

---
[1] Der Preisträger des Jahres 1996 ist der Dalai Lama.

Hüsnü Toglu. Es sind katholische wie orthodoxe Christen und Muslime zugegen.

An der Auburne-University in Alabama erhält Otto von Habsburg im Februar 1998 den vom »Ludwig-von-Mises-Institut« gestifteten Gary-G.-Schlarbaum-Preis für seinen »bedeutenden, lebenslangen Einsatz für wirtschaftliche und politische Freiheit«. Dieser Preis, der 1998 erstmalig vergeben wurde, geht seitdem jährlich an Persönlichkeiten, die sich durch ein »außerordentliches Engagement für die Freiheit« ausgezeichnet haben.

Für seinen Einsatz für die Unabhängigkeit und Freiheit Kroatiens, aber auch für dessen Annäherung an Europa, verleiht Präsident Franjo Tudjman Otto von Habsburg den König-Zvonimir-Orden in einer feierlichen Zeremonie am 29. 3. 1996 in Zagreb, die höchste Auszeichnung, die die Republik Kroatien an Ausländer vergeben kann.[1] Tudjman sagt, Otto von Habsburg habe Kroatien in schwerster Zeit aus tiefer historischer Verbundenheit unterstützt und sei »einer der besten Freunde Kroatiens« in der internationalen Politik. Am 26. 4. 1997 wird Otto von Habsburg in Zagreb als Ehrenmitglied in den renommierten kroatischen Drachen-Orden aufgenommen. Im Mai 1998 verleiht ihm die »Josip Juraj Strossmayer Universität Osijek« die Ehrendoktorwürde.

Im Oktober 1996 erhält Otto von Habsburg in Estland eine der höchsten Auszeichnungen der jungen baltischen Republik, den Maarjaa Maa Orden (Marienland-Orden). Die Laudatio hält der estnische Präsident Meri, der daran erinnert, dass sich Otto von Habsburg seit Anfang der 80er Jahre für eine Dekolonisierung der sowjetisch besetzten Republiken Estland, Lettland und Litauen stark gemacht hat. Der Präsident Tschetscheniens, Aslan Maschadow, teilt Otto von Habsburg im Mai 1997 per Telefax mit, dass die Regierung in Grosny beschlossen hat, ihn zum Ehrenbürger Tschetscheniens zu ernennen. Die spanische Küstenstadt Benidorm, sein Urlaubssitz, würdigt ihn doppelt: Im Dezember 1995 wird er vom

---
[1] Obwohl sich Otto von Habsburg nie als Ausländer sieht und auch einen kroatischen Pass besitzt.

Gemeinderat einstimmig zum Ehrengemeinderat ernannt; im Juni 1997 wird eine Straße, pikanterweise die bisherige »Straße von Jugoslawien«, nach ihm benannt.

Mit dem höchsten ungarischen Orden, dem Großkreuz der Republik Ungarn, dekoriert ihn am 26. 11. 1999 in Budapest Staatspräsident Arpad Göncz in Anerkennung »der vollbrachten Arbeit für die demokratische Entwicklung Ungarns und seiner europäischen Integration«. Göncz und Außenminister János Martonyi würdigen Otto von Habsburgs Einsatz für die Anliegen Ungarns und sein Wirken für die Erweiterung der EU.

Otto von Habsburg hat auf solche Ehrungen nie Wert gelegt, auch wenn er sich über manche von ihnen ehrlich freut. Mehr Vergnügen bereitet es ihm, an der Ehrung verdienter Persönlichkeiten mitzuwirken. So hält er im Beisein von Ministerpräsident Edmund Stoiber und CSU-Vorsitzendem Theo Waigel die Laudatio auf den spanischen Ministerpräsidenten José María Aznar, als diesem am 1. 2. 1998 in München der »Franz Josef Strauß-Preis« verliehen wird.

Anlässlich seines 80. Geburtstags 1992 wird Otto von Habsburg weit über den Kreis seiner Anhänger und Bewunderer hinaus öffentlich gewürdigt. Auch die Medien spenden Beifall: »Die Süddeutsche Zeitung« tituliert ihn als »polyglotten Staatswissenschaftler«, die »Frankfurter Allgemeine« als »Mann von Phantasie und Verstand«, die »Augsburger Allgemeine« als »rastlosen Werber für die europäische Idee«, der »Bayernkurier« als »Demokraten von Gottes Gnaden«, und der »Münchner Merkur« erkennt: »Die Vision des Kaisersohnes wird Wahrheit.«

Da Otto von Habsburg seinen Geburtstag bei der parlamentarischen Arbeit in Straßburg verbringt, findet die große Feier am folgenden Tag – am Samstag, 21. November – in Andechs statt. Das Hochamt in der barocken Wallfahrtskirche auf dem »Heiligen Berg« Bayerns hält Otto von Habsburgs Heimatbischof, Erzbischof Josef Stimpfle, da Pöcking zum Bistum Augsburg gehört. Erzbischof Stimpfle würdigt den Einsatz des Habsburgers für Frieden, Völkerverständigung und eine gerechte europäische Ordnung: »Sie, Kaiserliche Hoheit, stehen für die christliche Vision der Gemeinschaft der Völker Europas, die dem ewigen Plan Gottes entspricht.« Der Name Habsburg stehe für die katholische, die ganze Welt umspannende Kirche und für die alle Völker Europas umfassende Weite des Denkens. In der Tradition seines Hauses habe Otto von Habsburg sein persönliches Leben und politisches Wirken »unter die Königsherrschaft Jesu Christi gestellt«. Wer diese anerkenne, werde zum »Werkzeug in der Hand des allmächtigen Gottes«, sagt Erzbischof Stimpfle. Bundesfinanzminister und CSU-Vorsitzender Theo Waigel gratuliert in seiner Ansprache Otto von Habsburg als dem »Erben eines großen Herrscherhauses, das nicht einer Nation, sondern Europa vorstehen wollte«. Und Waigel sagt neben der Aufzählung einiger Lebensleistungen einen bezeichnenden Satz: »Je älter Sie werden, desto mehr Klischees fallen und desto mehr Bewunderer haben Sie.« Otto von Habsburg selbst überrascht wohl manchen seiner Anhänger, als er in einer Dank- und Antwortrede seine Zeit als Abgeordneter des Europäischen Parlaments als »die glücklichste Phase meines Lebens« bezeichnet.

Auch zum 85. Geburtstag 1997 erscheinen Würdigungen in den Zeitungen: Die »Augsburger Allgemeine« bezeichnet ihn als »Methusalem der europäischen Bewegung« und als »Doyen der christlich-abendländischen Sache«. Peter Sartorius würdigt ihn in der »Süddeutschen Zeitung« so: »*Nennen wir ihn den Herrn der Welten, obwohl er keine der Welten je regiert hat, durch die er sich, meist im Lodenmantel und seinen Koffer in der Hand, mit schlenkernden Schritten ruhelos hindurchbewegt. Ein Leben lang ist er einem großen Traum nachgelaufen, aus dem Gestern auftauchend und ein Morgen anvisierend, das ein halbes Jahrhundert lang Utopie war.*« Die katholische »Tagespost« titelt: »Er ist der jugendlichste Alterspräsident Europas.« Die »Kronen Zeitung« überschreibt ihre Würdigung mit »Souverän auch ohne Krone«. Der vormalige Parlamentspräsident und SPD-Europaabgeordnete Klaus Hänsch wird von der Nachrichtenagentur »dpa« so zitiert: »Er gehört zu den farbigsten Persönlichkeiten im Europaparlament und verkörpert ein Stück des traditionellen Europa.«

Den Geburtstag selbst verbringt Otto von Habsburg arbeitend im Europäischen Parlament in Straßburg. Am 22. November wird in Budapest gefeiert. Am Tag darauf finden die Feierlichkeiten in

Wien statt. Bei einem Empfang im Schottenstift würdigt mit Verteidigungsminister Werner Fasslabend (ÖVP) erstmals ein offizieller Vertreter der Republik Österreich vor großem Auditorium die Verdienste Otto von Habsburgs um die Wiederherstellung Österreichs nach dem Zweiten Weltkrieg und bekennt sich dazu, dass die Republik dem Chef des Hauses Habsburg Unrecht angetan hat.

In Andechs würdigt der Präsident der Paneuropa-Union Deutschland, Siegbert Alber, den Jubilar auf seine Weise: »Er kommt abends immer noch frischer aus der Sitzung als mancher Jungsozialist morgens aus dem Bett.« In einer Festschrift, die zum 85. Geburtstag erscheint, ehren Staatsmänner und Politiker (wie König Hassan II. von Marokko, Helmut Kohl, Edmund Stoiber, Alois Mock, Gyula Horn und Theo Waigel), Kollegen aus dem Europäischen Parlament (etwa Ursula Schleicher, Ingo Friedrich, Michl Ebner, Bernd Posselt und Siegbert Alber), sowie Mitarbeiter, Weggefährten und Familienangehörige das Leben und Wirken, aber auch die facettenreiche Persönlichkeit Otto von Habsburgs.[1]

Parlamentspräsident Gil-Robles Gil-Delgado gibt ihm zu Ehren einen Empfang im Straßburger Parlament. In der Sitzung der EVP-Fraktion überreicht Wilfried Martens Otto von Habsburg mit einer kurzen Laudatio die Robert-Schuman-Medaille. Mehr als hierüber freut sich Otto von Habsburg jedoch über einen Film, den die »Division Audiovisuel« des Europaparlaments ohne sein Wissen gedreht hat, und in dem ihm viele seiner Parlamentskollegen gratulieren, Anekdoten oder Anerkennendes erzählen.

Nach einem Auftritt in der ORF-Pressestunde schreibt »Die Presse« am 24. 11. 1997 auf der ersten Seite: »Ein 85 Jahre alter Herr, quicklebendig, unterhaltsamer als die gesamte aktive österreichische Politiker-Generation – darin dürften wohl Gegner wie Freunde Ottos von Habsburg übereinstimmen.«

Das Ende der parlamentarischen Laufbahn

Gesundheitliche Probleme plagen Otto von Habsburg immer wieder, ohne aber sein Arbeitspensum zu beeinträchtigen. Am 22. 3.

---

[1] Douglas/Baier (Hrsg.), »Otto von Habsburg.«, Amalthea Verlag, Wien 1997

1995 notiert er in seinem Kalender: »Schlechte Nacht, Blut verloren.« Am 4. 10. 1996 stürzt er morgens – wie bereits erwähnt – in einem Salzburger Hotel. Worauf er seine Teilnahme an der Straßburger Plenarwoche absagen muss, was ihm sehr schwer fällt.

Am 27. 4. 1997 kommt es zwischen zwei politischen Veranstaltungen in der Nähe des oberbayerischen Ammersees zu einem schweren Autounfall. Am folgenden Tag berichten die Zeitungen in Deutschland darüber. »Otto von Habsburg mit Gehirnerschütterung im Krankenhaus«, titelt die »Bild Zeitung«. Tatsächlich wird Otto von Habsburg bei dem Autounfall nahe Diessen am Ammersee aber nur leicht verletzt. Weil er die Aktentasche auf dem Schoß hatte, um – als Beifahrer – während der Fahrt Papiere zu bearbeiten, flog ihm die harte Tasche beim Aufprall an den Kopf.

Aus einer Erkältung entwickelt sich im Oktober 1998 während der Straßburger Plenarwoche eine atypische Lungenentzündung. Während der Arbeit im Parlament geht er auf Drängen seiner Mitarbeiter zum Arzt und berichtet anschließend, der Arzt habe gesagt, es sei »keine Lungenentzündung«. Doch sein Sohn Karl, der bei der Untersuchung zugegen ist, versteht, es sei »noch keine Lungenentzündung« – ein nicht unwesentlicher Unterschied! Otto von Habsburg will um jeden Preis durchhalten und keine Abstimmung versäumen, doch am Donnerstagnachmittag, am 22. 10. 1998, steht fest: Es geht nicht mehr! Gabriela kommt mit dem Auto aus Pöcking und holt ihren Vater nach Hause.

Diesmal wirft ihn die Krankheit aus der Bahn: Einige Tage schwebt Otto von Habsburg in Lebensgefahr. Der Priester kommt zur Krankensalbung (wie das Sakrament seit dem Zweiten Vatikanischen Konzil heißt), in Pöcking spricht man von der »Letzten Ölung«. Nur zögerlich lässt es Otto von Habsburg zu, dass seine Mitarbeiter reihenweise, Woche um Woche Termine absagen. Bei der Plenarwoche im November nicht dabei zu sein, schmerzt ihn besonders, obwohl er täglich von seinem Sohn Karl und seinem parlamentarischen Mitarbeiter über jedes Detail informiert wird. Trotzdem er schlecht schläft und sich schwach fühlt, arbeitet er jeden Tag an der Post, verfolgt alle Aktivitäten im Parlament übers Telefon, diktiert Zeitungsbeiträge, telefoniert mit Kollegen und Freunden. Der erste Termin, den er – mit sehr viel Selbstdisziplin – wieder wahrnehmen kann, ist eine Besprechung der CSU-Europaabgeordneten mit Ministerpräsident Stoiber und Minister Bocklet am 16. November.

Mitte Dezember 1998 überrascht er die Medien und viele ihm Nahestehende mit nachstehendem Brief:[1]
»Sehr geehrte Damen und Herren, liebe Freunde!
Als ich im Juni 1979 in Bayern zum Europaabgeordneten gewählt wurde, habe ich mir und vielen Freunden versprochen, ich würde das Mandat so lange behalten als ich mit gutem Gewissen sagen kann, dass meine Gesundheit stark genug ist, um dieses hundertprozentig zu erfüllen. Ich hoffe, dass mir dies in den zurückliegenden zwanzig Jahren gelungen ist. In diesem Jahr allerdings bin ich ziemlich schwer krank geworden, so dass ich zwei Monate nicht fähig war, meinen parlamentarischen Verpflichtungen ausreichend nachzukommen. Ich bin zwar jetzt wieder gesund, bin aber zu der Überzeugung gelangt, dass es im Sinne meines seinerzeitigen Beschlusses richtig ist, bei den nächsten Europawahlen nicht mehr anzutreten. Bis dahin werde ich selbstverständlich alle Verpflichtungen des Mandates erfüllen.
Ich habe dies den Zuständigen in der CSU mitgeteilt. (...) Ich werde weiter für die Prinzipien, die mich bisher geleitet haben, mit ganzer Kraft eintreten. Insbesondere werde ich auch meine Verpflichtungen als Internationaler Präsident der Paneuropa-Union nach Kräften erfüllen. Ich danke meinen bayerischen Wählern und versichere ihnen, dass solange mir Gott die Kraft gibt ich auch hier, vor allem im Rahmen der CSU, zur Verfügung stehe. Mehr denn je bin ich der Überzeugung, dass der Weg, den wir gegangen sind, der richtige war und dass wir ihn weitergehen sollen. Hier können alle auf mich rechnen.
Ich bin glücklich, dass ich auch weiterhin für jene Völker eintreten kann, die in den letzten Jahrzehnten unendlich viel unter der Fremdherrschaft gelitten haben, und die nunmehr mit Recht darauf warten, dass sie, nach der Erfüllung der legitimen Bedingungen, bald der Europäischen Union als gleichberechtigte Mitglieder angehören können. Das ist auch der sicherste Weg zu einem wahren und dauerhaften Frieden. – Mit freundlichen Grüßen,
Otto von Habsburg.«

---
[1] Der Brief wird ab 14. 12. 1998 verbreitet und findet in vielen Medien Erwähnung.

Bis zum letzten Plenartag leistet Otto von Habsburg seinen vollen Einsatz. Auch wirkt er intensiv am bayerischen Europawahlkampf mit. Daneben engagiert er sich in Österreich für den Wahlkampf seines Sohnes Karl und in Schweden für seine Tochter Walburga. Karl tritt auf der Liste der kurzfristig gegründeten »Christlich-Sozialen Allianz« (CSA) an, nachdem die ÖVP ihn wegen heftiger Presseattacken nicht mehr aufstellen will. Viele österreichische Medien nutzen eine Affäre in der Hilfsorganisation »World Vision«, deren Vereinsvorstand Karl von Habsburg zeitweise ehrenhalber angehört, um den Habsburger politisch zu ruinieren. Dass er in diesem Skandal nie Angeklagter oder auch nur Verdächtiger ist, sondern lediglich als Zeuge eine Aussage zu machen hat, spielt keine Rolle. Walburga dagegen kandidiert für die schwedische »Moderata« auf einem hinteren Platz, um sich noch einige Zeit um ihren kleinen Sohn kümmern zu können, aber gleichzeitig schon einen Fuß in der Politik zu haben.

So sehr Otto von Habsburg darauf achtet, keinen Plenartag bis zur Europawahl zu versäumen, so entschieden lehnt er es ab, nach dem Ende seiner Mandatszeit zu EU-finanzierten Abschiedsrunden und Sitzungen ehemaliger Abgeordneter zu pilgern. Im letzten Monatsbericht aus dem Europäischen Parlament verabschiedet er sich von seinen Wählern und Mitstreitern: »*Damit endet meine parlamentarische Laufbahn. Ich kann nur sagen, dass ich Gott danke, dass er mir zwanzig Jahre herrlicher Arbeit im hohen Alter erlaubt hat. Es ist dafür gestanden, denn die Bilanz ist für Europa positiv. (...) Ich werde, solange mir Gott Leben gibt, mich weiter voll für jene Ziele einsetzen, für die ich versucht habe, nach Kräften im Europäischen Parlament zu arbeiten.*«

VIII. Ein Handlungsreisender in Sachen Zukunft (ab 1999)

1. Alles andere als ein Pensionist

Wer geglaubt hat, dass Otto von Habsburg mit dem Ausscheiden aus dem Europäischen Parlament im Sommer 1999 einen ruhigeren Lebensabschnitt beginnen würde, sieht sich rasch getäuscht. War er schon 1979, als er in das Parlament einzog, mit 66 Jahren im »Rentenalter«, so denkt er auch nach seinem Ausscheiden keineswegs daran, seine politischen Aktivitäten einzustellen. Als Präsident der Internationalen Paneuropa-Union reist er weiter unermüdlich kreuz und quer über den Kontinent. Sein Aktionsradius erstreckt sich, wie gehabt, über ganz Europa und darüber hinaus. Er bleibt ein gefragter Redner und Vortragender sowie ein gern gesehener Gesprächspartner vieler Politiker. Da das Zeitraster der parlamentarischen Aktivitäten weggefallen ist, kann er weit flexibler auf die vielen Einladungen zu Vorträgen eingehen. Auch bleibt nun Raum für Veranstaltungen, die er aufgrund seines parlamentarischen Engagements lange nicht wahrnehmen konnte, etwa für die Eröffnung des akademischen Jahres des »Institut de France«, welches er sehr schätzt.

Auch bleibt Ungarn weiterhin ein Schwerpunkt seines Engagements. Sieben bis acht Tage im Monat verbringt Otto von Habsburg in seinem geliebten Ungarn. Im Sommer 1999 unterbricht er – wie jedes Jahr – seinen Spanienurlaub für einen längeren Ungarnaufenthalt rund um den Sankt Stephanstag am 20. August. In jenem Jahr wird zugleich bei Sopron feierlich des Paneuropa-Picknicks gedacht, das sich zum zehnten Mal jährt, und ein Erinnerungspark eröffnet. Neben Otto von Habsburg und Ministerpräsident Viktor Orbán sprechen viele der seinerzeit Beteiligten, etwa der einstige Ministerpräsident Miklós Németh und der vormalige Staatsminister Imre Pozsgay.

Im Oktober 1999 reisen Otto und Regina von Habsburg nach Japan. Die Reise wird organisiert von seinem Freund Kono sowie von Kaouro Hasegawa, dem Präsidenten der Rengo-Gruppe, und Frau Setsuko Oguma, die der Paneuropa-Union sehr zugetan sind und die Erinnerung an Richard Coudenhove-Kalergi und dessen japanische Wurzeln seit Jahren tatkräftig fördern. Neben führenden Persönlichkeiten aus Wirtschaft und Politik trifft Otto von Habsburg am 13. Oktober mit Kaiser Akihito und dessen Frau zusammen. Sie sprechen über die jüngsten Entwicklungen in Europa, und Otto von Habsburg stellt fest, dass der Tenno bestens über das Paneuropa-Picknick informiert und daran sehr interessiert ist. Vor Wirtschaftsverbänden und den Universitäten von Nagasaki und Tokai absolviert Otto von Habsburg Vorträge über Fragen der Außenpolitik und die Beziehungen zwischen Japan und Europa, die er für außerordentlich wichtig erachtet.

Als ehemaliger Abgeordneter hält er Kontakt zu seinen alten Kollegen im Europäischen Parlament. Insbesondere mit Hans-Gert Pöttering, dessen Wahl zum Vorsitzenden der christdemokratisch-konservativen EVP-ED-Fraktion er sehr begrüßt, bespricht er regelmäßig die aktuelle politische Lage in Europa. Ingo Friedrich, der nicht nur Vizepräsident des Europäischen Parlaments und der Internationalen Paneuropa-Union, sondern auch Präsident der Paneuropa-Parlamentariergruppe ist, gehört seit Jahren zu seinen engsten Vertrauten. Auch zu vielen anderen Europaabgeordneten, mit denen er Jahre oder gar Jahrzehnte zusammenarbeitete, pflegt er weiterhin freundschaftliche Beziehungen, etwa zu Bernd Posselt, Paul Rübig, Michl Ebner, Markus Ferber, Arie Oostlander, Alain Lamassoure, Iñigo Méndez de Vigo, Ursula Schleicher, Othmar Karas und Wolfgang Kreissl-Dörfler. Dennoch fehlt Otto von Habsburgs Persönlichkeit in den Reihen der Abgeordneten, was sich bereits wenige Monate nach seinem Abschied, im Januar und Februar 2000, schmerzlich bemerkbar macht.

Eine europäische Komödie

Als nach den österreichischen Nationalratswahlen vom Oktober 1999 die Versuche einer Wiederbelebung der rot-schwarzen Koalition gescheitert sind, und ÖVP-Bundesparteivorsitzender Wolfgang Schüssel Verhandlungen mit der FPÖ Jörg Haiders aufnimmt, reagieren viele Politiker in Europa hysterisch. Angeheizt durch Stimmen aus Österreich selbst, werden die zu dieser Zeit mehrheitlich sozialistisch dominierten Regierungen der EU-Mitgliedsländer durch eine überzeichnende Medienberichterstattung aufgeschreckt. Unter Federführung des EU-Ratspräsidenten, des portugiesischen Ministerpräsidenten António Guterres, beschließen 14 Regierungschefs, denen sich bald jener in Prag anschließt, Sanktionen gegen die neue Regierung in Wien. Es beginnt ein beispielloses Kesseltreiben der Staats- und Regierungschefs, an dem sich auch nicht-sozialistische Regierungen beteiligen.[1] In einer Art und Weise, die bis dahin im vereinten Europa unbekannt gewesen ist, wird die kleine Alpenrepublik zum Buhmann Europas gemacht.

Otto von Habsburg bedauert, in dieser angespannten Lage nicht mehr im Europäischen Parlament zu sein. Er ist davon überzeugt, dass er manche Spitze gegen Österreich verhindern könnte, etwa die Attacken der aus Frankreich stammenden Christdemokratin Nicole Fontaine gegen die Regierung Schüssel.[2] Auch Ingo Friedrich ist der Ansicht, dass Otto von Habsburg – hätte er noch seinen Einfluss in Fraktion und Parlament ausüben können – die dortigen Verhandlungen und Debatten verändert hätte. Manch lauter Schreier in der eigenen Fraktion hätte sich unter der Autorität des Habsburgers wohl etwas leiser verhalten, meint Friedrich.[3]

Dennoch begleitet der »Pensionist« Otto von Habsburg das Geschehen aktiv. Er führt Telefonate mit Politikern verschiedener Länder und gibt zahlreiche Interviews, insbesondere britischen und französischen Zeitungen, in denen er den Charakter der FPÖ und

---
[1] Auch der span. Ministerpräsident Aznar muss sich dem Druck beugen, da er in Kürze Parlamentswahlen zu bestreiten hat. Das Engagement des frz. Präsidenten Jacques Chirac hat vermutlich ebenfalls überwiegend innenpolitische Gründe.
[2] Siehe »Krone bunt« vom 21. 5. 2000
[3] Im Gespräch mit den Autoren

ihres bekanntesten Vertreters zu erklären versucht. Er hält Jörg Haider nicht für einen Rechtsradikalen, wohl aber für einen Demagogen, mit dessen Haltung zur Osterweiterung er nicht einverstanden sein kann. Nichtsdestotrotz mahnt er, eine demokratische Wahl und eine legitime Regierungsbildung zu akzeptieren, und appelliert, von dem rechtswidrigen Verfahren gegen Österreich abzulassen. Gegenüber den 14 EU-Regierungen findet er scharfe Worte: Ihr Verhalten sei »billiges Großmachtgehabe gegen einen Kleinen«[1]. Und: »Europa schadet sich damit am meisten selbst.«[2]

In Österreich predigt Otto von Habsburg, das Staatsinteresse über die Parteipolitik zu stellen. In einer solchen, außenpolitisch schwierigen Situation müsse das Land in patriotischem Geist zusammenhalten: »Ich lass mir mein Österreich nicht als Bananenrepublik behandeln.«[3] Umso schärfer äußert er sich über die zwiespältige Rolle von Bundespräsident Thomas Klestil[4] bei der Formulierung der Sanktionen und bei der Angelobung der ÖVP/FPÖ-Regierung: *»Es treibt mir die Schamesröte ins Gesicht. Diese öffentlich gezeigte Ablehnung hat dem Land unendlich geschadet. Ein Gutteil der Sanktionen gegen Österreich ist zweifellos von Österreich ausgegangen. Portugals Premierminister António Guterres musste vor dem Ausspruch der Sanktionen auf der Landkarte nachschauen, wo Österreich überhaupt liegt (...) Es ist ein Problem des Österreichers parteipolitisch, aber nicht patriotisch zu denken.«*[5]

Den sogenannten »EU-14«[6] hält er den Spiegel vor: *»Es stünde gewissen Mächten gut an, Österreich nicht allzu laut wegen der Nazivergangenheit anzugreifen. Dies könnte an den Tag bringen, was in der tragischen Zeit vor dem Zweiten Weltkrieg einige Staaten und Regierungen getan haben. Nach der Machtergreifung Hitlers in*

---

[1] »Die Presse«, 18. 2. 2000
[2] »Kronen Zeitung«, 6. 2. 2000
[3] »Die Presse«, 18. 2. 2000
[4] »Die Presse« zitiert Otto von Habsburg am 18. 2. 2000: »Den verachte ich schon seit langer Zeit. Ich kann mich nicht erinnern, je ein Staatsoberhaupt erlebt zu haben, das in einer so heiklen Lage eine so elende Rolle gespielt hat.«
[5] »Kärntner Woche«, 22. 8. 2001
[6] Diese Bezeichnung wird von den Medien erfunden, um die Tatsache zu umschreiben, dass nicht die EU oder eine ihrer Institutionen, sondern eine Kooperation der 14 nationalen Regierungschefs unter Umgehung der Institutionen und unter Bruch der EU-Verträge die Sanktionen verhängte.

Deutschland war es eines seiner ersten Ziele, Österreich zu erobern. Der Angriff setzte bereits 1933 ein. Es gab brutalen Terrorismus mit zahlreichen Bombenanschlägen. Die Demokratien schwiegen und machten Geschäfte mit Berlin. 1934 kam es zur Ermordung von Kanzler Engelbert Dollfuß, dem einzigen Regierungschef, der im Kampf gegen Hitler für sein Vaterland fiel. Nur Italien hat Österreich in dieser Stunde geholfen. (...) Es gab nämlich Kollaborateure mit den Nazis auch in den Staaten, die heute Gericht sitzen über Österreich. So gab es in Frankreich die Legion Volontaire Française, die an der Seite des Dritten Reiches bis 1945 kämpfte. In Belgien gab es große Einheiten von Freiwilligen, wie die Division Charlemagne, die unter Führung von Léon Degrelle und Staf de Clerq zu Hitler standen. (...)«[1]

Schon nach kurzer Zeit macht sich unter den europäischen Regierungen Unbehagen breit. Mit den hastig zusammengeschnürten »Maßnahmen« hat man sich offensichtlich doch vergaloppiert. Mit dem Manöver von drei »Weisen«, die nach einer längeren Untersuchung im September 2000 diagnostizieren, dass Österreich sich in keiner Weise ungebührlich verhalten oder gar gegen EU-Recht verstoßen hat, rudern die Regierungen zurück und lassen die Sanktionen sang- und klanglos fallen.

Gegen die Würstelbudenmentalität

Selten kommentiert Otto von Habsburg die Innenpolitik Österreichs. Geht es aber um die Europa- und Außenpolitik, um historische Verantwortung und europäische Zukunftschancen, dann ergreift er das Wort. In seinen Vorträgen betont er die Aufgabe Österreichs und seine historische Sendung. Jahrelang mahnt er, Österreich müsse bei der EU-Osterweiterung eine wichtigere Rolle spielen und sich stärker engagieren. Aus seiner Geschichte heraus könne und solle Österreich ein Anwalt für die Staaten Mittel- und Osteuropas sein, die sich um die Aufnahme in die EU bemühen. Auch im Hinblick darauf, dass es vor allem Österreichs Nachbarn im Osten und Südosten waren, die Österreich während der Sanktionen beistanden, ärgert es Otto von Habsburg, wenn manche Österrei-

---
[1] »Neue Ordnung«, II. Quartal, 2/00

cher gegen die Osterweiterung polemisieren. Seine Worte von den »Würstelbudenbesitzern im Burgenland« machen die Runde: »Wenn gewisse Österreicher gegen die Osterweiterung auftreten, weil das irgendwelche Würstelstände im Burgenland stört, ist das ein Anschlag auf die Schlüsselrolle Österreichs im Donauraum. (...) Ich möchte doch sehr bitten, dass Österreich eine größere Rolle spielt.«[1]

Bei seinen Auftritten in Österreich wirbt Otto von Habsburg für Europa, für die Osterweiterung und für eine aktive Rolle Wiens aus seiner historischen Verantwortung heraus.[2] In dieser Haltung fühlt er sich nicht nur mit Bundeskanzler Wolfgang Schüssel und Außenministerin Benita Ferrero-Waldner verbunden, sondern auch mit dem ehemaligen Außenminister Alois Mock. Mit Mock, der 2001 die Präsidentschaft der »Fondation Coudenhove-Kalergi« übernimmt, trifft er laufend zusammen, etwa am 5. Oktober 2000 bei der Einweihung des O5-Denkmals am Wiener Stephansdom. Nach einer Messe, in der der österreichischen Opfer des NS-Regimes und der Kriegsopfer gedacht wird, enthüllen Otto von Habsburg, Alois Mock und der Präsident der österreichischen Widerstandsbewegung, Norbert Macheiner, in Anwesenheit von 2000 Menschen eine Gedenktafel unter dem O5-Zeichen[3] rechts neben dem Hauptportal des Domes. In ihren Reden erinnern sie an die bedeutende Aufgabe Österreichs bei der Osterweiterung. Anschließend überreicht Macheiner an Otto von Habsburg in Anerkennung seines Einsatzes für Österreich die Goldene Ehrennadel der Widerstandsbewegung.

Aber auch in Bayern bleibt Otto von Habsburg aktiv, für seine Partei, die CSU, ebenso wie für die Heimatvertriebenen und die Paneuropa-Union. Die kleinen Bühnen beherrscht er genau wie die großen. Hin und wieder flackern in Deutschland die Ressentiments der Linken gegen Otto von Habsburg auf – wenngleich meist als Provinzposse: Die Stadt Passau veranstaltet seit einigen Jahren

---
[1] »Die Presse«, 23. 2. 2001
[2] Wie sehr eine rasche Osterweiterung im wirtschaftlichen Interesse Österreichs ist, wird von der Industriellenvereinigung, aber auch von Außenministerin Ferrero-Waldner mehrfach deutlich gemacht.
[3] O5 war das Widerstandssymbol während der NS-Besetzung Österreichs: »O« und der fünfte Buchstabe des Alphabets, »E« stehen für OE=Österreich.

Gegenveranstaltungen zur alljährlichen Großkundgebung der rechtsextremen DVU in der Nibelungenhalle, die den Konsens aller Demokraten darstellen sollen. Für die Veranstaltung im September 2001 hat Oberbürgermeister Willi Schmöller (SPD) auf Vorschlag der Passauer CSU Otto von Habsburg als Redner eingeladen. Bald jedoch setzt ein linkslastiges »Komitee für kritische Öffentlichkeit« den Oberbürgermeister unter Druck, Otto von Habsburg wieder auszuladen, da er zu rechts sei. Schmöller versucht mit einem peinlichen Manöver, Otto von Habsburg auf eine kleinere Veranstaltung zu verlegen, doch dieser lässt den Oberbürgermeister wissen, dass er nun nicht mehr zur Verfügung steht. DVU-Vorsitzender Gerhard Frey will aus dieser Entwicklung politisches Kapital schlagen und lädt seinerseits den Paneuropa-Präsidenten ein, in der Nibelungenhalle zu sprechen, was Otto von Habsburg aber ablehnt.

Unermüdlich reist Otto von Habsburg durch Europa. Jeder seiner Auftritte ist ein leidenschaftliches Werben für die Erweiterung der EU. Beim »Europäischen Ehrensenat« hält er am 3. Februar 2001 in Antwerpen die Laudatio für den auf seinen Vorschlag hin neu als Ehrensenator aufgenommenen Martin Trenevski[1], den damaligen mazedonischen Minister für Immigration. Anlässlich der französischen Neuauflage seines Buches »Karl V.« in Brüssel am 24. Februar 2001, skizziert er in einer Radiosendung das Europa des großen Herrschers und leitet daraus die Aufgaben für heute ab.

Neben Ungarn ist ihm besonders Kroatien ans Herz gewachsen. Im März 2000 stellt er die kroatische Ausgabe seines Buchs »Die paneuropäische Idee. Eine Vision wird Wirklichkeit«[2] in Split, Karlovac, Varazdin und Zagreb vor. Anlässlich dieses Aufenthalts führt er Gespräche im Sabor, dem kroatischen Parlament, im Ministerium für Europäische Integration und im Außenministerium. Am 31. März 2000 trifft er mit Staatspräsident Stipe Mesić zu einem Meinungsaustausch über die aktuelle Lage zusammen. Ein Jahr

---

[1] Trenevski ist heute Botschafter Mazedoniens in Schweden, Finnland und Norwegen. Seit Jahren leitet er die Paneuropa-Union in Mazedonien.
[2] Das Buch »Paneuropska Ideja. Vizija postaje zbiljom« wurde von Jasna Čmelić übersetzt und vom Verlag Pan-Liber zusammen mit der Paneuropa-Union Kroatien verlegt.

später, am 11. Juni 2001, begegnen sich beide Politiker erneut, um die kroatische Annäherung an die EU zu erörtern.

Im Juni 2000 reist Otto von Habsburg nach Mazedonien und führt Gespräche mit Staatspräsident Boris Trajkovski und Ministerpräsident Ljubco Georgievski[1]. Im Oktober 2000 begegnet er zusammen mit seiner Tochter Walburga in Sofia mehreren Politikern, darunter die damalige Außenministerin und der Vorsitzenden des Außenpolitischen Ausschusses im Parlament. Auch zur Nachfolgeregierung in Sofia, unter der Führung des früheren Königs Simeon II. hält Otto von Habsburg enge Kontakte, ebenso wie ihn die mehrfachen Regierungswechsel in Ungarn nicht hindern, zu allen Ministerpräsidenten und Außenministern stets die besten Beziehungen zu pflegen.

2. Goldene Hochzeit – ein europäisches Familienfest

Im Mai 2001 feiern Otto und Regina von Habsburg ihre Goldene Hochzeit. Zwar schätzt Otto von Habsburg politische Kundgebungen mehr als Familienfeste und gesellschaftliche Anlässe, doch dieses Mal bleibt ihm das Feiern nicht erspart. Otto und Regina können auf fünfzig nicht nur skandalfreie, sondern auch glückliche Ehejahre abseits von »yellow press«-Sensationen zurückblicken. Die sieben Kinder und ihre Eltern halten zusammen wie Pech und Schwefel. Mittlerweile kann das Paar auf 21 Enkelkinder stolz sein.

In Nancy, Budapest und Mariazell

Den Auftakt des Festreigens bildet der Jubiläumstag selbst, der in Nancy, der Stadt ihrer Eheschließung gefeiert wird. Die Feierlichkeiten demonstrieren die lothringische Identität der Familie. Am

---

[1] Ministerpräsident Georgievski ist Gründungsmitglied der Paneuropa-Union Mazedonien. Otto von Habsburg und sein Sohn Karl pflegten den Kontakt zu Georgievski bereits, als dieser noch Oppositionsführer war und kaum ein westlicher Politiker mit der als nationalistisch verschrieenen VMRO reden will.

Abend des 9. Mai richten Karl und seine Frau Francesca ein Fest im Château de Haroué aus. Am nächsten Tag, dem 10. Mai, findet eine Dankmesse in der »Eglise des Cordeliers« statt, die als Nationalheiligtum der Lothringer gilt. Das Jubelpaar kniet auf dem selben Betstuhl, dessen Kissen 50 Jahre zuvor mit Erde aus Österreich gefüllt worden waren. Die Messe wird vom Kaplan des Ordens vom Goldenen Vlies, Abt Gregor Henckel-Donnersmarck[1], zelebriert. Die sieben Kinder lesen Fürbitten in sechs Sprachen: Deutsch, Französisch, Englisch, Spanisch, Ungarisch und Schwedisch. Am Ende der Messe steigt der engere Familienkreis in die Gruft der lothringischen Herzöge hinunter, zu der allein Otto von Habsburg-Lothringen als Familienchef und eine Vertrauensperson vor Ort einen Schlüssel besitzen. Im Garten des Palais Ducal, des alten Herzogspalastes grüßt der Vorsitzende der Historischen Gesellschaft von Lothringen, Professor François Streff, das Jubelpaar: »Sie sind hier zu Hause. Diese große Anzahl von Menschen, die Sie hier sehen, demonstrieren die Verbindung der Lothringer mit ihren Wurzeln, ihrer Geschichte und ihren Fürsten. Franzosen sind wir, Europäer werden wir, Lothringer bleiben wir!«[2] Otto von Habsburg bedankt sich, indem er Lothringen als zentralen Teil der europäischen Geschichte bezeichnet und daran erinnert, dass sein Vater ihm 1918 angeraten hat, nötigenfalls auf alles zu verzichten, jedoch nie auf Lothringen[3].

Begleitet von farbenprächtigen Tiroler Schützen aus Zirl, Leutasch, Innsbruck und dem Jubel von 2000 Lothringern, die immer wieder »Vivent le Duc et la Duchesse de Lorraine!« und »Vive notre Duc!« (Es leben der Herzog und die Herzogin von Lothringen! Es lebe unser Herzog!) akklamieren, begibt sich die Familie mit ihren Gästen über die Place Stanislas in das Rathaus von Nancy. Dort gibt Bürgermeister André Rossinot im großen, mit europä-

---

[1] Der erste Priester des Ordens ist traditionellerweise der Erzbischof v. Wien, heute Kardinal Christoph Schönborn.
[2] »L'Est Républicain«, 11. 5. 2001
[3] »Je n'oublierai jamais que lorsqu'en 1918, certains évènements révolutionnaires avaient lieu en Autriche, mon père m'avait dit: ›Renoncez a tout s'il le faut, mais ne renoncez jamais à la Lorraine‹ a rappelle Otto de Habsbourg bruyamment applaudi par la foule amassé dans le jardin du palais ducal.«, »Agence France Presse«, 10. 5. 2001

ischen und lothringischen Fahnen geschmückten Saal einen Empfang zu Ehren von Otto und Regina von Habsburg. In diesem Saal hat vor einem halben Jahrhundert die zivile Trauung stattgefunden.

Nun aber, umgeben von seinen Kindern und Enkelkindern, erinnert Otto von Habsburg daran, dass es vor 50 Jahren für viele Hochzeitsgäste noch sehr schwierig gewesen ist, über die geschlossenen Grenzen nach Nancy zu kommen. Nochmals hebt er den Anteil Lothringens an der europäischen Geschichte hervor. Und zur Freude der Lothringer sagt er: »Les Lorrains sont fidèles, et, comme Lorrain, je le suis aussi.«[1] (Die Lothringer sind treu, und da ich Lothringer bin, bin ich es auch!)

Sind die Habsburger in Nancy in erster Linie Lothringer, so sind sie in Ungarn in erster Linie Magyaren. Sohn Georg organisiert eine Feier am 24. Mai 2001 in Schloss Gödöllő, wo zahlreiche Persönlichkeiten aus dem politischen Leben Ungarns und viele Freunde das Paar feiern. Am Wochenende des 26. und 27. Mai kleidet sich der Wallfahrtsort Mariazell in der Steiermark in kaiserlich-königliche Feststimmung. Otto und Regina laden nicht nur Spitzenrepräsentanten Österreichs hierher ein, sondern auch enge Freunde, Bekannte und langjährige Weggefährten. Das gesamte Team von Pöcking findet sich ebenso dort ein wie Österreichs 3. Nationalratspräsident Werner Fasslabend, Vizekanzlerin Susanne Riess-Passer und ÖVP-Generalsekretärin Maria Rauch-Kallat. Während des Abendessens hält Karl eine Rede – vor allem an und auf seine Mutter: Die Medien, so meint Karl launig, hätten den Eindruck vermittelt, es handle sich nur »um die Goldene Hochzeit von Otto von Habsburg«.

Otto von Habsburg weiß wohl, was er seiner Frau zu verdanken hat. In einem Interview sagt er: »*Ich habe von der Erziehung der Kinder, aber speziell von meiner Frau sehr viel zu lernen gehabt. Sie hat weit mehr Geduld gehabt, als ich sie jemals hatte. Sie ist außerdem weit verständiger gewesen und war daher auch, gerade bei der Erziehungsaufgabe wesentlich erfolgreicher. Das gilt nicht zuletzt als Lehre für einen Politiker. Wenn ich einem Menschen für sein politisches Leben – und ich hatte ein politisches Leben – einen Rat geben*

---
[1] »Le Figaro«, 11. 5. 2001

kann, so ist es entweder, eine Frau zu heiraten, die unbedingt für die Kinder und Enkel da ist und für diese tatsächlich ein Zentrum darstellt, oder aber im anderen Falle das zu tun, was die Kirche für ihre Priester fordert, nämlich den Zölibat. Es ist nämlich fast unmöglich, in der Politik tatsächlich auch ein guter Erzieher zu sein (...)«

An diesem 27. Mai ist die Basilika von Mariazell bis auf den letzten Stehplatz gefüllt. Die Statue der Gnadenmutter trägt jenen Schmuck, den Regina von Habsburg nach ihrer Hochzeit aus den geretteten Juwelen der Familie Sachsen-Meiningen anfertigen ließ. Für das Jubelpaar wird der Betschemel Kaiser Karls bereitgestellt, der vor einigen Jahren auf einem Dachstuhl im Burgenland gefunden wurde. Die Messe zelebrieren der Erzabt der ungarischen Benediktinerabtei Pannonhalma, Bischof Asztrik Várszegi, und der bosnische Bischof Franjo Komarica. Zu Beginn der Messe verliest Pater Karl Schauer ein Glückwunschtelegramm des Papstes: »*Seine Heiligkeit Papst Johannes Paul II. übermittelt dem Ehepaar Otto und Regina von Habsburg zur Feier ihres 50-jährigen Hochzeitsjubiläums beste persönliche Glück- und Segenswünsche. In der Verbundenheit der Danksagung gegen Gott, den Geber alles Guten, für die vergangenen Jahrzehnte des gemeinsamen Lebensweges als christliche Eheleute erbittet der heilige Vater dem Jubelpaar auch für die Zukunft Gesundheit, den Frieden des Herzens und die Freude des Glaubens. Seine Heiligkeit erteilt auf die Fürsprache der Magna Mater Austriae den Eheleuten Otto und Regina von Habsburg von Herzen den Apostolischen Segen, in den er gern auch die Familienangehörigen, die Freunde und alle Festgäste des Jubelpaares einschließt.*«

Im Anschluss an die Dankmesse defilieren auf dem Platz vor der Basilika farbenfrohe Traditionsverbände, die mit fast 600 Mann angerückt sind, vor der Familie, ihren Gästen und vielen Schaulustigen. Vizekanzlerin und FPÖ-Vorsitzende Susanne Riess-Passer überbringt die Glückwünsche der Bundesregierung und würdigt Otto von Habsburg: »*Otto von Habsburg hat sich mehr für die Interessen Österreichs eingesetzt als manche hundertfünfzigprozentigen Republikaner (...) Er hat die Geschichte Europas mitgestaltet. Habsburg hat immer für seine Ideen nicht nur mit Verstand, sondern auch mit Herz gekämpft.*« Die Generalsekretärin der ÖVP, Maria Rauch-Kallat, bemerkt: »Otto von Habsburg ist aus ideologischer Verblendung tiefes Unrecht geschehen«, und deutet damit die Vertreibung und die Verbannung des Thronfolgers durch die Republik Österreich an. Seine Vision von einem freien und geeinten Europa verdiene Hochachtung. Beide Damen sprechen ausdrücklich in Vertretung von Wolfgang Schüssel, in dessen Funktion als Bundeskanzler bzw. ÖVP-Bundesparteivorsitzender. Es ist das erste Mal, dass jemand im Namen der österreichischen Bundesregierung fast so etwas wie eine Entschuldigung gegenüber dem obersten Repräsentanten des Hauses Habsburg formuliert. Dieter Kindermann schreibt einen Tag später in der »Kronen Zeitung«: »Es haben schon einige Politiker der Republik versucht, Habsburg Gerechtigkeit angedeihen zu lassen. Aber noch nie so deutlich wie gestern in Mariazell.« Der Journalist Carl Gustaf Ströhm berichtet über die Feier: »*Ungezwungen, fast aus sich selbst heraus, wandelte sich eine Familienfeier in eine eminent politische Manifestation der Zusammengehörigkeit der Mitteleuropäer – und Otto von Habsburg, verheiratet mit einer gebürtigen Deutschen aus dem Haus Sachsen-Meiningen, erwies sich als ein Motor zur mitteleuropäischen Zusammengehörigkeit. Das aber ist das Wunder: er hat das Haus Habsburg, das politisch vollkommen entmachtet und entrechtet war, aus dieser Machtlosigkeit zur neuen Autorität geführt. Schon deshalb ist dieser Mann ein Glücksfall für Österreich und Europa.*«[1]

Weil Vizekanzlerin Susanne Riess-Passer, wie vor ihr übrigens zahlreiche Landeshauptleute und Bundespolitiker der ÖVP, Otto von Habsburg in ihrer Rede mit »Kaiserliche Hoheit« anredet, sieht sie sich mit einem bezeichnenden parlamentarischen Nachspiel im Nationalrat konfrontiert. SPÖ-Abgeordneter Günter Kräuter und Genossen werfen der Vizekanzlerin in einer schriftlichen parlamentarischen Anfrage Rechtsbruch vor und fordern sie auf, künftig »die Würde eines republikanischen Regierungsmitglieds« zu wahren.[2]

Die Vizekanzlerin überlässt die Beantwortung nicht einem ihrer Referenten, sondern genießt es, selbst zu antworten:

---

[1] »Zur Zeit«, 1. 6. 2001
[2] Parlamentarische Anfrage 2510/J der Abg. Dr. Günther Kräuter und GenossInnen betreffend der »Einhaltung des Habsburgergesetzes«.

»Selbstverständlich habe ich keinen Rechtsbruch begangen. Sollten Sie anderer Ansicht sein, steht es Ihnen frei, ein ordentliches Gericht mit der Klärung dieser Frage zu befassen. Ich würde einer diesbezüglichen Entscheidung mit großem Interesse entgegensehen. Selbstverständlich kann ich Sie auch dahingehend beruhigen, dass die Glückwünsche an das Goldene Hochzeitspaar uneingeschränkter Konsens der gesamten Bundesregierung sind. Sollten Sie in der Übermittlung dieser Glückwünsche einen weiteren schweren Rechtsbruch zu erkennen meinen, so habe ich vollstes Verständnis dafür, wenn Sie auch in diesem Falle den Rechtsweg bestreiten. Selbstverständlich halte ich es ›mit der Würde eines Mitgliedes der Bundesregierung eines republikanischen Staates vereinbar‹, mehr noch, ich halte es ausdrücklich für geboten, allen, die sich um die Republik Österreich verdient gemacht haben, mit Respekt, Achtung und Höflichkeit zu begegnen. Dies trifft in besonderem Maße auf den ehemaligen Abgeordneten im Europäischen Parlament Dr. Otto von Habsburg zu.

Dr. Otto von Habsburg hat in seiner Jahrzehnte langen Tätigkeit als Europaabgeordneter, Präsident der Paneuropa-Bewegung, Autor und Vortragender, die Prinzipien der Toleranz und Menschenwürde, der Demokratie und Rechtsstaatlichkeit, der Solidarität und des Pluralismus hochgehalten und sie zum Maßstab seines Handelns gemacht. Er hat die Republik Österreich nicht nur hoch geachtet, sondern ist aktiv für sie eingetreten, wie z. B. in der Frage der rechtswidrigen Sanktionen der EU-14 gegen Österreich. Er hat in zahlreichen öffentlichen Erklärungen die Würde und Souveränität der Republik Österreich sehr engagiert verteidigt und unserem Land damit einen großen Dienst erwiesen.

Dr. Otto von Habsburg hat damit eine Anschauung unter Beweis gestellt, die hundertprozentig mit den Grundprinzipien unserer Verfassung in Einklang steht, sehr im Gegensatz zu jenen, die die demokratische Entscheidung des österreichischen Souveräns – des Volkes – illegitimerweise in Frage gestellt haben.

Mit Nachdruck widerspreche ich der Behauptung der Antragsteller, es handle sich um ›Mitglieder eines früheren Herrscherhauses, das sowohl gegen die Einführung der Demokratie als auch gegen die Republik gekämpft hat‹.

- *Die Einführung des demokratischen Wahlrechts in Österreich fällt in die Regierungsperiode der Habsburger.*
- *Kaiser Karl hat die freie Entscheidung der Österreicherinnen und Österreicher über ihre Staatsform im Voraus anerkannt.*
- *Dr. Otto von Habsburg hat niemals gegen die Republik Österreich gekämpft, sehr wohl aber gegen das Nationalsozialistische Regime des Dritten Reiches. Er wurde deswegen hochverräterischer Umtriebe bezichtigt und verfolgt.*

Dafür, wie auch für sein Eintreten für Europa im Allgemeinen und die Republik Österreich im Besonderen, gebührt ihm große Anerkennung, die ich ihm auch in Zukunft in der mir geeignet erscheinenden Form zum Ausdruck bringen werde.
Mit freundlichen Grüßen
Dr. Susanne Riess-Passer«

Anekdotenreich und bissig

Nach den Feierlichkeiten zur Goldenen Hochzeit nimmt Otto von Habsburg sein gewohntes Programm wieder auf: Am 12. Juni spricht er an der Universität Zürich im selben Saal, in dem Winston Churchill im Jahre 1946 seine vielbeachtete Rede über die vereinigten Staaten von Europa gehalten hat. Otto von Habsburg appelliert an die Schweiz, ihre Zukunft in der EU zu finden: »Sie müssen Mitglied werden und Ihre Stärken einbringen.«[1] Die sonst so nüchterne »Neue Zürcher Zeitung« schreibt über den Auftritt: »Mittlerweile ist der Spross aus höchstem europäischem Adel 88-jährig, versteht es aber immer noch vorzüglich, seine Zuhörerschaft mit einer Mischung aus anekdotenreicher politischer Causerie und zuweilen bissiger Polemik zu fesseln und zu unterhalten.«

Anlässlich der Eröffnung des akademischen Jahres nimmt Otto von Habsburg im Oktober 2001 an der Sitzung der »Académie des Sciences politiques et morales« teil. Bei diesem Aufenthalt in Paris gibt der ungarische Botschafter ein Abendessen für ihn, bei dem bedeutende Persönlichkeiten der französischen Politik anwesend

---
[1] »Neue Zürcher Zeitung«, 15. 6. 2001

sind. Im November 2001 fährt Otto von Habsburg wieder nach Burgund, um den berühmten »Trois Glorieuses« beizuwohnen, dem traditionellen burgundischen Weinfest, welches jedes Jahr am dritten Sonntag im November stattfindet. Abgesehen davon, dass er in Beaune die Bedeutung der burgundischen Tradition für das heutige Europa betont, genießt er es, den Rotwein zu verkosten, den er besonders schätzt. Von Beaune geht es weiter nach Bonn, wo Otto von Habsburg am 19. November im »Haus der Geschichte der Bundesrepublik Deutschland« einen Festvortrag über Föderalismus hält.

An den wenigen Tagen, an denen Otto von Habsburg zu Hause in Pöcking ist, verläuft der Tag in gewohnter Art und Weise. Am Vormittag wird die Post erledigt und mit den Mitarbeitern Aktuelles und Dringliches besprochen. Der späte Vormittag ist für Besucher und Journalisten reserviert, am Nachmittag diktiert Otto von Habsburg seine Artikel und weltpolitischen Analysen, mit denen er die aktuelle Politik kommentiert. Regina von Habsburg, die gehofft hatte, dass ihr Mann nach seinem Ausscheiden aus dem Parlament öfter zu Hause sein wird, meint, dass es nun »fast schlimmer als früher« sei. Sie reist ebenfalls viel, bemüht sich aber, ihren Terminkalender an den ihres Mannes anzupassen, um ihn hin und wieder zu begleiten.
  Der gute Geist des Hauses und geradezu ein Familienmitglied ist Annemarie Ott, von den Kindern »Amina«, von Otto von Habsburg »Ämze« genannt, die als Kinderschwester mit der Geburt von Gabriela in die Familie aufgenommen wurde. Sie kümmert sich um ein reibungsloses Funktionieren des Tagesablaufs und hat für alle ein offenes Ohr. Kommen Kinder oder Enkelkinder zu Besuch, was häufig geschieht, sorgt sie für deren Lieblingsspeisen.

Die Kinder von Otto und Regina von Habsburg sind mittlerweile über ganz Europa verteilt. Andrea, die älteste Tochter, ist seit 1977 mit Erbgraf Karl-Eugen von Neipperg verheiratet und lebt mit ihm und ihren fünf Kindern Philipp, Benedikt, Dominik, Hemma und Katharina in Schwaigern nahe Heilbronn. Ihr Mann besitzt ein großes, traditionsreiches Weingut.
  Monika wohnt mit ihrem Mann Gonzaga Herzog von Santangelo in Spanien. Sie hat vier Kinder, Baltasar, Gabriel, Rafael und

Santiago, und führt mit ihrem Mann einen landwirtschaftlichen Betrieb. Monikas Zwilling, Michaela, lebt mit ihren drei Kindern, Marc Joan, Carla und Justin abwechselnd in Spanien und in den USA.

Die vierte Tochter, Gabriela, ist das einzige Kind von Otto und Regina von Habsburg, das in der Nähe der Eltern geblieben ist. Mit ihren drei Kindern Severin, Lioba und Alena hat sie sich in Seeheim, an der Ostseite des Starnberger Sees, in dem Haus niedergelassen, das sich ihre Großmutter, Herzogin Klara von Sachsen-Meiningen, nach dem Krieg gekauft hat. Gabriela ist das musikalischste Kind von Otto und Regina. Sie spielt mehrere Instrumente und hat eine Ausbildung an der Kunstakademie in München absolviert. Mit Stahlskulpturen hat sie sich als Künstlerin weit über Deutschland hinaus einen Ruf geschaffen. Der Schreibtisch, an dem Otto von Habsburg heute arbeitet, wurde von ihr entworfen – in seiner Tischplatte sind Hölzer aus dem gesamten Gebiet der einstigen Donaumonarchie verarbeitet.

3. Die Erben arbeiten schon lange mit

Otto von Habsburg, zu seiner Leidenschaft für Politik befragt, antwortet häufig: »Meine Familie ist schon seit mehr als 600 Jahren in der Politik. Da hat man das in den Genen.« Deshalb ist er stolz darauf, dass sich auch drei seiner Kinder mit Politik beschäftigen.

Sein ältester Sohn, Karl, der künftige Chef des Hauses Habsburg-Lothringen, ist Generalsekretär der »Unrepresented Nations and Peoples Organisation« (UNPO), einer Organisation, die die Interessen jener kleinen Völker vertritt, die selbst keine internationale Vertretung haben bzw. unterdrückt und in ihrer nationalen Selbstbestimmung behindert werden. Die Bandbreite der UNPO-Mitglieder reicht von nordamerikanischen Indianerstämmen über viele Völker im Kaukasus bis hin zu den Uiguren im Westen Chinas, den Tibetern und dem aus der UNO ausgeschlossenen Taiwan. Seit frühester Jugend (zunächst in Bayern) in der Paneuropa-Arbeit engagiert, leitet Karl von Habsburg seit 1987 als Präsident die Paneuropa-Bewegung Österreich. Seit 1993 ist er mit Baroness Francesca von Thyssen-Bornemisza verheiratet. Das Paar lebt in Anif bei Salzburg und hat drei Kinder: Eleonore Jelena, Ferdinand Zvonimir und Gloria. Francesca engagiert sich in der von ihr gegründeten ARCH-Foundation[1] für die Rettung von bedrohten Kunstwerken und Kulturgütern. Eines der Hauptprojekte ist die Restaurierung der Altstadt von Dubrovnik, die unter dem serbischen Beschuss stark beschädigt wurde. Seit November 2000 steht Karl als Souverän dem Orden vom Goldenen Vlies vor; sein Vater übertrug ihm dieses traditionsreiche Amt. Der Chef des Hauses Habsburg-Lothringen wollte mit dieser Übergabe ein doppeltes Zeichen setzen: für seinen Sohn Karl als Erben der Familientradition und für das Goldene Vlies, in dem er keine überholte Institution sieht. In einem Interview mit Dieter Kindermann, das in der »Krone bunt« veröffentlicht wurde, äußert sich Otto von Habsburg so: »Es ist doch faszinierend, eine 570 Jahre alte Tradition aufrechtzuerhalten. Die Zeremonie erfolgt heute noch so, wie sie Ordensgründer Philipp der Gute 1430 festgelegt hat.«[2]

Sohn Georg lebt seit Mitte der 90er Jahre in Ungarn. Er ist mit Eilika von Oldenburg verheiratet und Vater zweier Töchter, Sophia und Ildiko. Georg, der sich stets für Medien interessiert hat, war mehrere Jahre im Vorstand des ungarischen Privatfernsehsenders TV2 tätig, und wirkt heute als selbstständiger Unternehmer in Budapest. Seine Ernennung zum Sonderbotschafter Ungarns im Jahr 1997 spiegelt seine Anerkennung durch die Spitzen des ungarischen Staates wieder, zumal sein Status trotz der vielfachen Regierungswechsel in Budapest nie in Frage gestellt wurde. Sein Aufgabengebiet beinhaltet vor allem die Mitsorge um eine rasche Aufnahme Ungarns in die EU, weswegen er häufig in diplomatischer Mission in Straßburg oder Brüssel weilt. Nebenbei koordiniert er die Organisation der Reisen seines Vaters in Ungarn.

Walburga, die jüngste Tochter, hat ihrem Vater bereits mit fünf Jahren selbstsicher erklärt, sie wolle Politikerin werden. Bereits 1975 gehört sie zu dem jungen Team, das die Paneuropa-Jugend Deutschland gründet. Seit 1992 ist sie mit dem schwedischen Gra-

---

[1] ARCH steht für »Art Restauration for Cultural Heritage«.
[2] »Krone bunt«, 17. 12. 2000

fen Archibald Douglas verheiratet und lebt mit ihm und ihrem Sohn Mauritz in Ekensholm, etwa zwei Autostunden südlich von Stockholm. Ihre politische Heimat ist die Paneuropa-Union, deren Internationale Generalsekretärin sie nach dem Tod von Vittorio Pons wurde. Seit Walburga in Schweden wohnt, engagiert sie sich politisch in der christdemokratischen »Moderata«-Partei und hat dort rasch kommunalpolitische Verantwortung übernommen. In der politischen Szene des Landes konnte sie sich binnen weniger Jahre fest etablieren.

Gemeinsam mit ihrem Vater ist sie seit vielen Jahren die treibende Kraft in der Internationalen Paneuropa-Union. Die Gründung vieler neuer nationaler Paneuropa-Sektionen in den letzten Jahren geht maßgeblich auf sie zurück. Zusammen mit dem Generalsekretär der Paneuropa-Bewegung Österreich, Rainhard Klouček, organisiert sie den großen Jubiläumskongress »80 Jahre Paneuropa« in Wien und Pressburg (Bratislava) vom 12. bis 14. April 2002, zu dem mehr als 350 Paneuropäer aus 25 Ländern strömen. Höhepunkte bilden die Verleihung des »Europapreises Coudenhove-Kalergi« an Bischof Franjo Komarica aus Banja Luka, die Rede des slowakischen Staatspräsidenten Rudolf Schuster in Bratislava und der feierliche Festakt im Redoutensaal der Wiener Hofburg mit dem Ehrenbürger Europas, Altbundeskanzler Helmut Kohl, der österreichischen Außenministerin Benita Ferrero-Waldner und Otto von Habsburg. Helmut Kohl erklärt in seiner Rede: »Ich bin stolz, gemeinsam mit Otto von Habsburg bei diesem Paneuropa-Jubiläum zu reden.« Otto von Habsburg sei nicht nur ein Freund, der persönlich das Leid erleben musste, das Krieg und Diktatur über Europa brachten, seine Biografie lehre auch, dass es sich lohne, für Frieden und Freiheit zu kämpfen. Otto von Habsburg betont in seiner Ansprache das Recht der mittel- und osteuropäischen Völker auf Europa. Sie, die vom Kommunismus befreit wurden, hätten genauso ein Recht auf Europa, wie jene Völker, die »durch Glücksfälle auf der Sonnenseite der Jalta-Linie gelandet sind«.

Anlässlich des Paneuropa-Jubiläums schreibt die »Welt am Sonntag« über Otto von Habsburg als »Missionar im Dienste Europas«: *»Als Kalter Krieger wurde er oft angefeindet, weil er die Diktatoren in Osteuropa auch dann noch als solche bezeichnete, als man sich im Westen noch mit ihnen schmückte. Für Otto von Habsburg* *hörte Europa am Eisernen Vorhang nie auf. Er setzte durch, dass das Europaparlament für die dahinter lebenden Völker symbolisch einen Stuhl freihielt. In Wien darf der Missionar im Dienste Europas heute feiern, dass dieser Platz nicht leer bleiben wird – auch dank seiner Unbeugsamkeit.«*[1]

Europa als Rechtsgemeinschaft

Europa ist in der Vision Otto von Habsburgs eine Rechtsgemeinschaft, die auf der christlich-abendländischen Tradition ruht. Dieses Europa muss demnach auch nach innen hin so gestaltet werden, dass es dem Bürger ein Maximum an Freiheit lässt und seine Rechte respektiert und sichert. Als er am 8. Januar 2001 bei der Verleihung eines Preises des Europäischen Steuerzahlerbundes die Laudatio auf die beiden Preisträger, seine frühere Parlamentskollegin Diemut Theato und den estnischen Ministerpräsidenten Maart Laar[2], hält, geißelt er den Bürokratismus und die Anonymität der Diktatur der Schreibtische: »*Man spricht viel von Bürokratie. Man vergisst darüber den gewaltigen Unterschied zwischen Beamten und Bürokraten. Erstere stehen aus innerer Überzeugung im Dienste der Gemeinschaft, also eines Ideals. Letztere bewegt die Lust an der Herrschaft und das Gefühl der Macht über den wehrlosen Bürger. (…) Hier sind die Steuern ein wichtiges Instrument, da sie im Neofeudalismus nicht nur den legitimen Beitrag des Bürgers zur Tätigkeit des Staates darstellen, sondern vor allem ein Instrument zur Sicherung der Macht der Bürokraten.*«

Wenngleich Otto von Habsburg nicht mehr im Europäischen Parlament wirkt, so bleibt er doch auf der politischen Bühne. Als Internationaler Präsident der Paneuropa-Union gibt er der europäi-

---

[1] Jens Krüger in »Welt am Sonntag«, 14. 4. 2002
[2] Die CDU-Europaabgeordnete Diemut Theato ist Vorsitzende des Haushaltskontroll-Ausschusses des Europäischen Parlaments. Frau Theato war an der Aufdeckung der Finanzskandale in der Kommission im Jahr 1999 beteiligt, wofür sie diesen Preis erhielt. Maart Laar hat in Estland die sog. Flat Tax eingeführt. Das Land erlebte danach einen enormen wirtschaftlichen Aufschwung.

schen Politik weiter Impulse. Dabei ist sein Blick stets nach vorne gerichtet. Sein größter Wunsch ist es, den Beitritt der mittel- und osteuropäischen Länder zur EU zu erleben: »Es ist meine letzte große Lebensaufgabe, mich voll für die EU-Osterweiterung einzusetzen. Es ist mein Traum, dass alle früheren Länder der Monarchie wieder unter einem Dach, dem Dach der Europäischen Union vereint sind.«[1]

Trotz seines hohen Alters erfreut sich Otto von Habsburg bester Gesundheit, ist voller Vitalität und Aktivität. Einen Lebensabend im klassischen Pensionärsdasein kann er sich nicht vorstellen. Seine Leidenschaft für Politik hält ihn gefangen. Auf die Frage eines Schweizer Journalisten »Ist Politik eine Sucht für Sie?«, antwortet Otto von Habsburg: »Ja, eine Droge – härter als Opium.«[2]

---

[1] Im Gespräch mit den Autoren
[2] »Sonntagsblick«, 2. 12. 2001

Anhang

AHNENTAFEL
(auszugsweise)

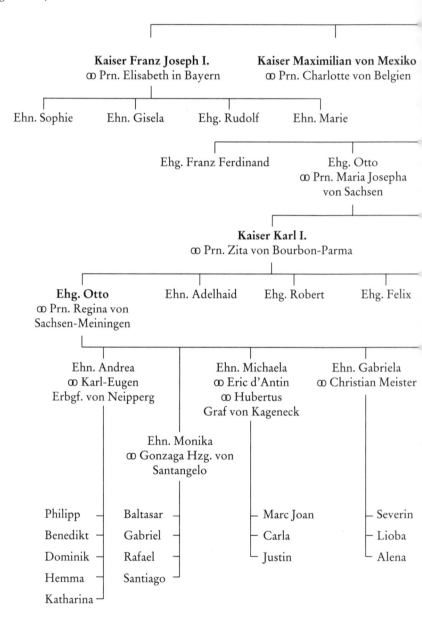

. Sophie von Bayern

Ehg. Karl Ludwig ∞ Prn. Margarethe von Sachsen ∞ Prn. Maria Anna von Sizilien ∞ Prn. Maria Theresia von Portugal	Ehn. Maria Anna	Ehg. Ludwig Viktor

Ehg. Ferdinand	Ehn. Margarethe Sophie	Ehn. Maria Annunziata	Ehn. Elisabeth Amalie

Ehg. Maximilian Eugen Ludwig

Ehg. Carl Ludwig	Ehg. Rudolf	Ehn. Charlotte	Ehn. Elisabeth

Ehn. Walburga ∞ Gf. Archibald Douglas	**Ehg. Karl** ∞ Baroness Francesca von Thyssen-Bornemisza	Ehg. Georg ∞ Hgn. Eilika von Oldenburg
└ Mauritz	├ Eleonore ├ **Ferdinand** └ Gloria	├ Sophie └ Ildiko

555

Chronologie

1912 Otto von Habsburg kommt als Sohn von Erzherzog Karl und Erzherzogin Zita am 20. November in Reichenau (Niederösterreich) zur Welt.
1916 Sein Vater wird nach dem Tod Franz Josephs Kaiser von Österreich und König von Ungarn.
1919 Die Exiljahre beginnen: Schweiz, Madeira, Spanien, Belgien.
1938 Otto von Habsburg versucht den Anschluss Österreichs an das Deutsche Reich zu verhindern und wird von Hitler steckbrieflich verfolgt.
1940 Flucht aus dem besetzten Frankreich in die USA, wo er sich für Emigranten, Verfolgte und Notleidende aus Europa einsetzt und für die Wiederherstellung Österreichs arbeitet.
1944 Rückkehr nach Europa: kurze Zeit in Österreich, im Übrigen in Spanien und Frankreich
1951 Heirat in Nancy mit Prinzessin Regina von Sachsen-Meiningen
1954 Umzug nach Pöcking in Oberbayern, wo er bis heute lebt. Verstärkte schriftstellerische und journalistische Tätigkeit
1957 Vizepräsident der Internationalen Paneuropa-Union
1966 Wiedereinreise nach Österreich
1972 Nach dem Tod Richard Coudenhove-Kalergis wird Otto von Habsburg Internationaler Präsident der Paneuropa-Union.
1979 Einzug in das Europäische Parlament, in dem er als Obmann seiner Fraktion im Außenpolitischen Ausschuss und als Vizepräsident der Delegation im Gemischten Parlamentarischen Ausschuss EU-Ungarn wirkt.
1989 Schirmherr des historischen Paneuropa-Picknicks in Sopron, das zum Zusammenbruch der DDR und zum Niedergang des Kommunismus in Mitteleuropa beiträgt.
1991 Kampf für die Anerkennung und für die Freiheit Sloweniens, Kroatiens und später Bosnien-Herzegowinas
1997 Alterspräsident des Europäischen Parlaments

Publikationen Otto von Habsburgs

Verzeichnis der von Otto von Habsburg veröffentlichten Bücher

1935 »*Coutumes et droits successoraux paysans en Autriche*«, École des Sciences Politiques et Sociales, Universität Löwen (Belgien), Dissertation

1953 »*Entscheidung um Europa*«, Tyrolia, Innsbruck

Spanisch: »Europa en la Encrucijada«, Editoria Nacional, Madrid 1954

Niederländisch: »Het lot van Europa«, Spectrum, Utrecht 1954

Portugiesisch: »A hora decisiva da Europa«, Aster, Lissabon 1955

Ungarisch: » Döntés Európáról«, Amerikai Magyar Kiadó, Köln 1955

1955 »*Probleme des Atomzeitalters*«, Tyrolia, Innsbruck

Spanisch: »Problemas de la Era Atómica«, CEDI, Madrid 1956

1957 »*Soziale Ordnung von Morgen*«, Herold, Wien

Spanisch: »Economía y Sociedad en la Crisis del Siglo XX«, Instituto Social León XIII, Madrid 1957

Englisch: » The Social Order of Tomorrow«, Oswald Wolff, London 1959

Ungarisch: »A holnap társadalmi rendje«, Amerikaj Magyar Kiadó, Köln 1959

Französisch: »L'Ordre Social de demain«, Desclée, Paris 1960

1958 »*Bernhard von Baden*«, Friedrich Vorwerk, Stuttgart

1961 »*Im Frühling der Geschichte*«, Herold, Wien

1962 »*L'Extreme Orient n'est pas perdu*«, Hachette, Paris

Deutsch: »Der Ferne Osten ist nicht verloren«, Herold, Wien 1963

1963 »*Reiseberichte aus Portugiesisch Afrika*«, Semanas de Estudos Doutrinários, Lissabon

1963 »*Européens et Africains – l'entente nécessaire*«, Hachette, Paris
Deutsch: »Afrika ist nicht verloren«, Herold, Wien 1964
Spanisch: »Europa y Africa – Vinculos Permanentes«, Espasa-Calpe, Madrid 1963

1963 »*Europa – Großmacht oder Schlachtfeld*«, Herold, Wien
Französisch: »Europe – champs de bataille ou grande puissance«, Hachette, Paris 1966

1966 »*Gottes Hand in der Geschichte*«, Herold, Wien

1967 »*Charles Quint*«, Hachette, Paris
Deutsch: »Karl V.«, Herold, Wien 1967
Spanisch: »Carlos V.«, Espasa-Calpe, Madrid 1968
Englisch: » Charles V.«, Weidenfeld and Nicolson, London 1970
Italienisch: » Carlo V.«, ECIG, Genua 1993
Ungarisch: »V. Károly egy európai császár«, Európa könykiadó, Budapest 1994

1968 »*Bientôt l'an 2000*«, Hachette, Paris
Deutsch: »Politik für das Jahr 2000«, Herold, Wien 1968
Spanisch: »Una Política para el Ano 2000« , Ediciones Iberoamericanas S.A., Madrid-Buenos Aires, 1969 und als Taschenbuch unter dem Titel »Nuestro Mundo en Marcha«, Salvat, Barcelona 1970
Portugiesisch: »Brevemente O Ano 2000«, Empresa Nacional de Publicidade, Lissabon 1970

1969 »*Les Transports de l'Europe*«, Centre des Recherches Européenes, Lausanne

1971 »*Damals begann unsere Zukunft*«, Herold, Wien

1973 »*Rudolf von Habsburg*«, Herold, Wien

1974 »*Bis hierher und weiter*«, Herold, Wien

1974 »*Die heilige Hedwig von Schlesien und unsere Zeit*«, Herold, Wien

1975 »*La Naissance d'un Continent*« (mit Guy de Chambure), Grasset, Paris

1976 »*Idee Europa – Angebot der Freiheit*«, Herold, München

1978 »*Karl IV. – Ein europäischer Friedensfürst*«, Herold, München

1979 »*Jalta és ami utána következett*«, Griff, München

1980 »*Europa – Garant der Freiheit*«, Herold, München

1986 »*Die Reichsidee. Geschichte und Zukunft einer übernationalen Ordnung*«, Amalthea, Wien/München

Französisch: »L'Idée impériale. Histoire et avenir d'un ordre supranational«, Presses Universitaires, Nancy 1989

1989 »*Macht jenseits des Marktes*«, Amalthea, Wien/München

1991 »*Zurück zur Mitte*«, Amalthea, Wien/München

Englisch: »Return to the Center«, Ariadne Press, Riverside CA 1993

1992 »*Igy láttam ...*«, Vörösváry Publishing Co., Budapest

1992 »*Európáért*«, Tevan, Budapest

1992 »*Nicht geschossen ist auch gefehlt*«, Finanz und Wirtschaft, Zürich

1993 »*Ùvahy o Evrope*«, Panevropa, Prag

1995 »*Friedensmacht Europa. Sternstunden und Finsternis*«, Amalthea, Wien/München

1999 »*Die Paneuropäische Idee. Eine Vision wird Wirklichkeit*«, Amalthea, Wien/München

Kroatisch: »Paneuropska Ideja. Vizija postaje zbiljom«, PanLiber/Hrvatska paneuropska unija, Osijek/Zagreb/Split 1999

Buchbeiträge und Kleinschriften Otto von Habsburgs

Habsburg, Otto von, »Der Zeitgeist in Kirche und Welt«, Feldkirch 1981

Habsburg, Otto von, »Die Zukunft der Heimatvertriebenen«, Sonderdruck aus: Merkatz (Hrsg.), »Aus Trümmern wurden Fundamente«, Düsseldorf o. J.

Habsburg, Otto von, »Die politische Korrespondenz der Päpste mit den österreichischen Kaisern«, in: »Wort und Wahrheit«, Februar 1965

Becker, Kurt u.a., »Otto von Habsburg: Konservatismus«, Landau 1983

Rinsche, Günter/Friedrich, Ingo, »Europa als Auftrag«, Köln/Weimar/Wien 1997, v.a. S. 211 ff., 425 ff.

Krüger, Jens u.a.: »Bis hierhin und weiter!«, Festschrift der Paneuropa-Jugend Deutschland, Bonn 1995

»Europa wächst aus Krisen«, hrsg. v. Paneuropa-Jugend Bayern, Ulm 1996, v.a. S. 22 ff.

»Unterwegs für Europa«, Festschrift für H. Aigner, Schwandorf 1984, S. 117 ff.

Voss, Dirk (Hrsg.), »Europa braucht das Kreuz«, München o. J., S. 31 ff.

Raab, Andreas (Hrsg.), »Opfer, Täter, Tatenlose«, Ulm 1995, S. 8–10

Lorenz, Elke/Raab, Andreas (Hrsg.), »Makedonien, Reiches armes Land«, Ulm 1997, S. 212 ff.

Kleindienst, Eugen (Hrsg.), »Christen bauen Europa ...«, Donauwörth 1983, S. 141 ff.

Kleindienst, Eugen/ Schmuttermayr, Georg (Hrsg.):»Kirche im Kommen« (Festschrift für Josef Stimpfle), Frankfurt/Berlin 1991, S. 147 ff.

Quellen- und Literaturverzeichnis

I. Monographien und Buchbeiträge

Andics, Hellmut, »Der Fall Otto Habsburg«, Wien/München 1965

Brook-Shepherd, Gordon, »Zita. Die letzte Kaiserin«, Augsburg 1996

Coudenhove-Kalergi, Richard N., »Pan-Europa«, Wien-Leipzig 1923

ds.: »Stalin & Co.«, Leipzig-Wien 1931

ds: »Europa erwacht!«, Zürich-Wien-Leipzig 1934

ds.: »Totaler Staat – Totaler Mensch«, Glarus 1937

ds.: »Kommen die Vereinigten Staaten von Europa?«, Glarus 1938

ds.: »Der Kampf um Europa. Aus meinem Leben«, Wien-Zürich 1949

ds.: »Die Europäische Nation«, Stuttgart 1953

Didszuweit, Rainer/Meier, Rainer (Hrsg.), »Niemand ist allein. Begegnungen«, Gütersloh 1987

Douglas, Walburga/Baier, Stephan (Hrsg.), »Otto von Habsburg. Ein souveräner Europäer«, Wien/München 1997

Habsburg, Walburga von/Posselt, Bernd (Hrsg.), »Einigen – nicht trennen. Festschrift für Otto von Habsburg«, Moers 1987

Feigl, Erich, »Zita. Kaiserin und Königin«, Wien/München 1977

ds.: »Kaiserin Zita. Kronzeugin eines Jahrhunderts«, Wien/München 1989

ds.: »Otto von Habsburg. Profil eines Lebens«, Wien/München 1992

Gaus, Günther, »Zur Person. Porträts in Frage und Antwort« Bd. 2, München 1964

Görlich, Ernst Joseph, »Der letzte Kaiser – ein Heiliger?«, Stein am Rhein 1988

Griesser, Hermann A., »Konfisziert. Österreichs Unrecht am Hause Habsburg«, Wien 1986

Kraus, Walter, »Otto von Habsburg«, Wien 1955/3. Aufl.

Kuehnelt-Leddihn, Erik von, »Die falsch gestellten Weichen«, Wien 1985

ds.: »Weltweite Kirche«, Stein am Rhein 2000

Meysels, Lucian O., »Die verhinderte Dynastie. Erzherzog Franz Ferdinand und das Haus Hohenberg«, Wien 2000

Perez-Maura, Ramón, »Del Imperio a la Union Europea. La huella de Otto de Habsburgo en el siglo XX«, Madrid 1997

Picaper, Jean-Paul, »Otto de Habsbourg. Memoires d'Europe«, Paris 1994

Polzer-Hoditz, Artur, »Kaiser Karl, aus der Geheimmappe seines Kabinettchefs«, Wien 1980

Posselt, Martin, »Richard Coudenhove-Kalergi, Paneuropa und Österreich 1940-1950«, in: Gehler, Michael/ Steininger, Rolf, »Österreich und die europäische Integration 1945-1993«, Wien-Köln-Weimar 1993

Rumpler, Helmut, »Das Völkermanifest Kaiser Karls vom 16. Oktober 1918«, Verlag für Geschichte und Politik, Wien 1966

Scheithauer, Erich u.a.: »Geschichte Österreichs in Stichworten«, Bde. V-VII, Wien 1983, 1984, 1987

Schuschnigg, Kurt, »Dreimal Österreich«, Wien 1937

ds.: »Im Kampf gegen Hitler. Die Überwindung der Anschlussidee«, Wien-München-Zürich 1969

Sévillia, Jean, »Zita. Kaiserin ohne Thron«, Düsseldorf 1998

Somary, Felix, »Erinnerungen eines politischen Meteorologen«, München 1994

Tötschinger, Gerhard, »Otto von Habsburg. Ein Kampf um Österreich 1938-1945«, Wien/München 2001

Vasari, Emilio, »Dr. Otto Habsburg oder Die Leidenschaft für Politik«, Wien 1972

ds.: »Ein Kämpfer für Europa. Otto Habsburg im Europa-Parlament«, München 1982

Walterskirchen, Gudula, »Blaues Blut für Österreich«, Wien/München 2000

Werkmann, Karl von, »Otto von Habsburg«, Berlin, Wien, Leipzig 1932

Werner, Arthur, »Otto von Habsburg. Weg, Weltbild und Werk«, Wien 1958

ds.: »Dr. Otto Habsburg. Vom Kaisersohn zum Europäer«, Wien 1972

II. Wir danken für die Einsichtnahme in folgende Archive

- Familienarchiv/Schweiz
- Otto von Habsburg – Privatarchiv, München
- Europäisches Parlament, Dokumentation, Straßburg und Brüssel
- Österreichisches Staatsarchiv, Wien
- Archiv des Paneuropa-Büros, Wien
- Zeitungsarchiv des Paneuropa-Büros, München

Otto von Habsburg danken wir für die großzügige Überlassung folgender Unterlagen: Dokumente, Kalender, persönliche Aufzeichnungen, Korrespondenzen sowie Berichte aus dem Europäischen Parlament, 1979-1999, in Pöcking. Ebenso danken wir Herrn Rechtsanwalt Dr. Ludwig Draxler in Wien für die Einsichtnahme in die relevanten Unterlagen. Nicht zuletzt gilt unser Dank unseren vielen Gesprächspartnern, die uns bereitwillig zur Person Otto von Habsburgs und ihrer Erfahrung mit ihm Rede und Antwort standen.

Register

Abdullah, Kronprinz d. Irak 235f.
Adelheid, Königin v. Portugal 23
Adenauer, Konrad 216, 232, 245f., 269, 310, 349, 396, 498
Adler, Friedrich 187
Adler, Viktor 79
Aigner, Heinrich 374, 392, 393, 395, 406, 420f., 499
Akihito, Kaiser v. Japan 534
Al Ghailani 234f.
Alber, Siegbert 18, 424, 442, 461, 490, 529
Albright, Madeleine 510
Alexander, König von Jugoslawien 231
Alfonso XIII., König v. Spanien 67, 78, 142, 237, 336
Altenburg, Günter 119
Amendola, Gianfranco 405
Amin, Hafisullah 403
Amini, Ali 234
Andics, Hellmut 99, 103, 127, 191, 199, 204, 258, 273, 286, 301, 309
Andreotti, Giulio 318, 334f.
Antall, József 443
Arafat, Yassir 474
Arany, János 73
Arkan (eigentl.: Željko Ražnjatović) 510
Arz von Straussenburg, Arthur Freiherr 36
Atatürk (eigentl. Mustafa Kemal) 234
Autant-Lara, Claude 452
Aznar, José María 527, 535

Baar-Baarenfels, Baron Eduard 97
Bacall, Lauren 215
Baier, Stephan 486, 510
Barbi, Paolo 422
Barcza, Gyula 166
Barón Crespo, Enrique 452, 455, 465, 468, 477
Batard, Mlle 58
Batista, Fulgenico 143
Bayern, Prinz Franz v. 217
Bayern, Prinz Konstantin v. 214, 322, 340
Bayern, Prinzessin Hella v. 214
Beat, Harold 226
Bech, Joseph 498
Becher, Walter 342
Beck, Ludwig 91
Benedikt XV., Papst 41
Beneš, Eduard 61, 130, 149ff., 161, 164f., 170, 172ff., 178, 180, 345
Berg, Alban 31
Berisha, Sali 454f.
Bethmann-Hollweg, Moritz August v. 43
Béthouart, Emile-Marie 200
Bidault, Georges 184, 201
Biddle, Anthony 152
Bildt, Carl 514
Bisleti, Gaetano (Kardinal) 24, 41
Bismarck, Fürst Otto v. 381
Bismarck, Philipp v. 443
Bitschnau, Wolfram 253, 301, 325, 331
Bittner, Georg 115f.

Bjerregaard, Ritt 504
Blomberg, Werner v. 90f.
Bloom, Sol 147
Blumenfeld, Erik 423
Bocklet, Reinhold 384, 386, 392, 398, 420, 432f., 465, 501, 531
Bogart, Humphrey 215
Bohy, Georges 348
Bokor, Péter 437
Booth-Luce, Claire 137
Bourbon-Parma, Herzog Robert v. 23
Bourbon-Parma, Prinz René v. 50
Bourbon-Parma, Prinz Sixtus v. 41ff., 46, 54, 60, 78, 124
Bourbon-Parma, Prinz Xavier v. 41f., 104, 136, 138
Bourlanges, Jean-Louis 484f., 519
Bowman, Isaia 174
Brandt, Willy 366, 387, 394, 402ff., 414, 424
Breckenridge Long, US-Unterstaatssekretär 144
Brenner 130
Breschnew, Leonid 366, 422
Briand, Aristide 60, 345, 396, 498f.
Broda, Christian 280, 288, 290, 295, 298
Brook-Shepherd, Gordon 51f.
Brüsewitz, Oskar 367
Bucar, France 435, 450
Bullitt, William Christian 124f., 130ff., 150, 202
Burian, Karl 120
Busek, Erhard 484
Buttinger, Joseph 127

Caffery, Jefferson 184
Cap, Josef 323
Capanna, Mario 401
Carolus Magnus (Karl der Große) 336
Carrington, Lord Peter 476
Carter, James E. (gen.: Jimmy) 404

Cassanmagnago-Cerretti, Maria Luisa 412, 472, 483
Ceausescu, Nicolae 437, 441, 447, 454f.
Chabov, Nicolai P. 422
Chaimowicz, Thomas 218, 225, 275, 293, 318, 332
Chamberlain, Arthur Neville 502
Charles, Prinz v. Belgien 201
Charlotte, Großherzogin v. Luxemburg 71, 135
Chaudry, Mohammed 234
Cheysson, Claude 484
Chi Teng K´uei 382
Chirac, Jacques 520, 535
Chotek, Gräfin Sophie 22
Chruschtschow, Nikita S. 242
Churchill, Sir Winston 125, 139, 147, 166, 172, 176, 178ff., 328, 348, 350, 362, 546
Ciano, Graf Galeazzo 138
Cicognani, Gaetano (Kardinal) 231
Clemenceau, Georges 40, 46, 139
Čmelić, Jasna 539
Cohn-Bendit, Daniel 481, 514
Congo, Donha Isabel do 285
Conrad, Vincent J. 162
Cosić, Dorica 476
Coudenhove, Graf Franz 343
Coudenhove-Kalergi, Graf Heinrich 342
Coudenhove-Kalergi, Graf Richard 15, 18, 96, 123, 128, 147, 181, 197, 244f., 252, 278, 310, 312, 329, 336, 342ff., 359, 363f., 396, 497, 534
Coudenhove-Kalergi, Gräfin Mitsuko (geb. Mitsuko Aoyama) 342
Courtney, Michael (Erzbischof) 503
Cresson, Edith 504, 506
Criscuolo, Luigi 151
Croix, Jean Marquis de 72
Cruwell, Ludwig 137

Csernoch, Johannes (Kardinal u. Primas v. Ungarn) 38
Czernin, Graf Carl 253
Czernin, Graf Ferdinand 149, 159f., 198
Czernin, Graf Otto 216
Czernin, Graf Ottokar 42f., 46, 53, 149
Czernin, Graf Theobald 253

Daladier, Edouard 125, 129, 502
Dalai Lama 525
Dalsass, Joachim 461, 483, 490
Dankert, Piet 418, 422, 464
Dantine, Wilhelm 319
Defregger, Matthias (Bischof) 391
Degenfeld-Schonburg, Graf Ferdinand 69
Degenfeld-Schonburg, Graf Heinrich 69, 76, 81f., 86, 90, 123, 126, 136ff., 146, 150, 157ff., 174, 196, 219, 275, 283, 286, 315, 339
Degrelle, Léon 75, 537
Dehler, Thomas 228
Delors, Jacques 463
Deng Xiao-Ping 381
Desama, Claude 501
Deutsch, Julius 127, 147, 182, 197f.
Dinghofer, Franz 50, 345
Dittrich, Lehrer 58
Döbentai, P. Beda v. 211f.
Dohrn, Klaus 123
Dollfuß, Engelbert 84, 91ff., 105, 108, 152, 188, 345, 537
Domljan, Zarko 450
Douglas, Graf Archibald 550
Douglas, Graf Mauritz 550
Douglas, Gräfin Walburga, Erzherzogin v. Österreich 19, 217, 356, 367, 374, 385, 390f., 421, 436, 439, 478, 486, 491, 532, 549
Draxler, Ludwig jun. 375f.
Draxler, Ludwig sen. 253, 272, 276, 282f., 286, 291f., 300, 302, 310, 312, 316, 318, Draxler, Ludwig sen. 321
Draxler, Peter 487
Drimmel, Heinrich 281, 351f.
Druon, Maurice 400
Dubois, Pater 334f.
Dudajew, Dschochar 480
Dumas, Roland 483

Earle, George Howard 133
Ebner, Michl 490, 529, 534
Eckhardt, Tibor 63, 100, 165, 169, 249
Eden, Anthony 151, 178, 181, 213, 359
Efremidis, Vassilis 494
Efrigenis 427
Eichmann, Adolf 370
Einstein, Albert 372
Eisenhower, Dwight D. 184, 328, 336
Elisabeth (Kaiserin u. Königin) 29
Ellenbogen, Wilhelm 182
Elles, James 489
Elles, Lady Diana 489
Entezam, Abdullah 234
Erasmus von Rotterdam 71
Erdödy, Graf Thomas 42, 61
Erhard, Ludwig 225, 438
Escrivá, Josemaría 371
Eugen, Erzherzog v. Österreich 84, 315f.

Faisal II., König v. Irak 235
Farouk I., König v. Ägypten 202
Fasslabend, Werner 529, 542
Fayot, Ben 495, 495
Feichtner, Josef 217
Feigl, Erich 47, 51, 119, 127, 145, 149, 174, 331, 433
Felix, Prinz v. Luxemburg 71f., 135
Fellermaier, Ludwig 410
Fenech Adami, Edward 412f.
Ferber, Markus 521, 534
Ferdinand II. (Kaiser u. König) 80, 212

Ferdinand III. (Kaiser u. König) 212
Fergusson, Adam 399, 404
Ferrero-Waldner, Benita 538, 550
Fett, Ingo-Michael 485
Figl, Leopold 121, 199, 212, 268
Filbinger, Hans 393
Fink, Jodok 51
Fischer, Heinz 488
Fischer, Joseph (gen.: Joschka) 475
Fischer, Kai 367
Fleissner, Herbert 19, 224f.
Fontaine, Nicole 535
Ford, Gerald R. 301, 335
Forlani, Arnaldo 466
Fraga Iribarne, Manuel 239, 241, 337, 415
Franco, Francisco 142, 203, 208, 236ff., 247, 337
Franco, Nicolas 142
Frankel, Viktor 225
Frankfurter, Felix 146, 152
Franz Ferdinand, Erzherzog v. Österreich 21ff., 30f., 33, 57, 68f., 119 , 274, 513
Franz I. (Kaiser u. König, vormals Franz II.) 29, 65, 256
Franz Joseph I. (Kaiser u. König) 21ff., 29, 32ff., 37, 39, 73, 77, 235, 317
Franz Stephan v. Lothringen (Kaiser) 29, 57, 98, 210
Fredborg, Arvid 241, 323, 337, 341
Frey, Gerhard 539
Friedman, Milton 225
Friedmann, Bernhard 507
Friedrich, Bruno 387, 389
Friedrich, Ingo 392, 419f., 424, 494f., 529, 534f.
Fritz, Jean-Jacques 512
Fuchs, Ernst 225
Fuchs, Gräfin Charlotte 58
Fuchs, Heinz 392
Fuchs, Martin 84, 104, 114, 116, 122, 126, 130, 136f., 146

Gabert, Volkmar 399
Gaddhafi, Muammar al 412, 519
Garner, John N. 134
Gasperi, Alcide de 231, 349
Gaulle, Charles de 184, 201, 230, 233, 241, 244ff., 333, 348ff., 354, 359, 366, 396, Gaulle, Charles de 399, 498
Gaupp-Berghausen, Georg v. 239, 241
Gauweiler, Peter 470
Gelsey, Elisabeth de 332
Genscher, Hans-Dietrich 381
George V., König v. England 42, 54
Georgievski, Ljubco 540
Gerhard, Günter 386
Gershwin, George 19
Gerstl, Alfred 323
Gibson, Hugh 137
Giesinger, Rudolf 318
Gil-Robles Gil-Delgado, José María 500, 529
Giscard d´Estaing, Valéry 333, 374, 449
Glaise-Horstenau, Edmund 101
Glatzl, Matthias 281
Glinne, Ernest 400
Glucksmann, André 427
Goethe, Johann Wolfgang v. 73
Gömbös, Gyula 100
Göncz, Arpad 527
Goppel, Alfons 312, 340f., 377, 391f., 395, 398, 407, 421, 425, 461
Gorbach, Alfons 257, 272, 279, 286, 288, 299
Gorbatschow, Michail 449, 453f., 479f.
Goria, Giovanni 464f.
Göring, Hermann 88, 114, 119, 121
Görres, Ida (geb. Gräfin Ida Coudenhove-Kalergi)
Graber, Rudolf (Bischof) 218
Grau, Karl Friedrich 351
Green, Pauline 506

Grieger, Miklós 100
Griesser, Hermann A. 203
Grillparzer, Franz 73
Grósz, József (Erzbischof) 247
Gruber, Karl 124, 174, 199f.
Grubhofer, Franz 258
Grundemann-Falkenberg, Graf Ernst 304f.
Grünzweig, Stefan 331
Gudenus, Graf Philipp 216
Gudenus, John 486
Gusmao, José Alexandre (gen.: Xanana) 477
Gustav V., König v. Schweden 78
Guterres, António Manuel de Oliveira 535f.
Guttenberg, Freiherr Karl-Theodor v. 334

Haagerup, Nils 404
Habib-Deloncle, Michel 241, 337
Habsburg-Douglas, Walburga v. siehe Douglas
Habsburg-Lothringen, Adelhaid v., Erzherzogin v. Österreich 25, 47, 64, 71, 76, 98, 144, 206f., 312, 323, 339
Habsburg-Lothringen, Carl Ludwig v., Erzherzog v. Österreich 71, 98, 137f., 140, 162, 168, 184, 312, 339
Habsburg-Lothringen, Charlotte v., Erzherzogin v. Österreich 61
Habsburg-Lothringen, Eilika v., Erzherzogin v. Österreich, Herzogin v. Oldenburg 549
Habsburg-Lothringen, Eleonore v., Erzherzogin v. Österreich 549
Habsburg-Lothringen, Elisabeth v., Erzherzogin v. Österreich 67
Habsburg-Lothringen, Felix v., Erzherzog v. Österreich 32, 71, 98, 122, 129, 131f., 134, 144, 148, 150, 153, 155,160, 162, 208, 312, 488
Habsburg-Lothringen, Ferdinand v., Erzherzog v. Österreich 549
Habsburg-Lothringen, Francesca v., Erzherzogin v. Österreich (geb. Baroness Thyssen-Bornemisza 541, 549
Habsburg-Lothringen, Gabriela v., Erzherzogin v. Österreich 217, 491, 547, 548
Habsburg-Lothringen, Georg v., Erzherzog v. Österreich 433, 438, 491, 542. 549
Habsburg-Lothringen, Gloria v., Erzherzogin v. Österreich 549
Habsburg-Lothringen, Gottfried v. 314
Habsburg-Lothringen, Ildiko v., Erzherzogin v. Österreich, 549
Habsburg-Lothringen, Karl v., Erzherzog v. Österreich 142, 213, 272, 274, 356, 450, 470, 478, 488f., 491, 510, 513, 530, 532, 541f., 548f.
Habsburg-Lothringen, Monika v., Erzherzogin v. Österreich 491, 547
Habsburg-Lothringen, Regina v., Erzherzogin v. Österreich, Prinzessin v. Sachsen-Meiningen 205ff., 258, 284f., 309, 312, 314, 320, 322, 339, 444, 534, 540, 542f., 547f.
Habsburg-Lothringen, Robert v., Erzherzog v. Österreich 32, 71, 114, 140, 146, 192, 203, 208, 269, 277, 291f., 312, 338f.
Habsburg-Lothringen, Rudolf v., Erzherzog v. Österreich 58, 144, 192, 208, 312, 323, 339
Habsburg-Lothringen, Sophia v., Erzherzogin v. Österreich, 549
Hácha, Emil 149
Hadrian VI., Papst 71
Haider, Jörg 486, 489, 535f.
Hallstein, Walter 333

Hänsch, Klaus 410, 459, 495, 528
Hartl 130
Hasegawa, Kaouro 534
Hassan II., König v. Marokko 413, 474, 529
Hassel, Kai-Uwe v. 412
Havel, Vaclav 446, 499
Hayek, Friedrich August v. 215, 225
Heath, Edward 476
Hegedüs, Pál 62
Heisenberg, Werner 372
Helmer, Oskar 192, 256, 262f.
Henckel-Donnersmarck, Abt Gregor 541
Henderson, Arthur 397
Henderson, Neville 103, 121
Herman, Fernand 484f.
Hess, Rudolf 136
Hetzenauer, Franz 319, 321
Heydrich, Reinhard 121
Hillegeist, Friedrich 277
Hindenburg, Paul v. 87
Hirohito, Kaiser v. Japan 285
Hiss, Alger 150, 359
Hitler, Adolf 81, 83, 85ff., 93f., 95, 101ff., 112ff., 120ff., 124, 127, 131, 133ff., 139ff., 144, 148f., 151f., 166f., 169f., 178, 187, 237, 245, 345, 347, 358, 366, 391, 459, 466, 497, 536f.
Hock, Karl-Heinz 429
Hodža, Milan 149
Hofer, Andreas 70
Hofmannsthal, Hugo v. 31
Hohenberg, Fürst Albrecht v. 266
Hohenberg, Fürst Ernst v. 23, 68, 119, 193, 253
Hohenberg, Herzog Georg v. 265, 433
Hohenberg, Herzog Max v. 23, 68, 78, 81, 90, 94ff., 102, 104, 115, 119f., 193, 208, 253, 262f., 265f., 270, 274

Hohenzollern, Prinz August Wilhelm v. 87f.
Honecker, Erich 440
Honner, Karl 186f.
Hoor, Ernst 127
Hoover, Edgar 134
Hopkins, Harry 150
Horn, Gyula 509, 529
Hort, Sepp 341
Horthy, Nikolaus v. 51, 60ff., 78, 100, 167, 169
Hötzendorf, Conrad v. 40
Hoyos, Graf Balthasar 119
Hula, Erich 130, 154
Hull, Cordell 133f., 145, 147, 152f., 156, 178, 182f.
Hundertwasser, Friedensreich 225
Hunyady, Graf Josef 49, 64
Hurd, Douglas 477
Hussarek, Freiherr Max v. 69
Hussein Ala 234
Hussein II., Ibn Tala 235
Huyn, Graf Hans 335, 368

Innitzer, Theodor (Kardinal u. Erzbischof v. Wien) 79
Israel, Gérard 404
Izetbegović, Alija 514

Jachym, Franz (Erzbischof v. Wien) 217
Jaeger, Richard 228, 249, 294, 310, 312, 340
Jarman, Pete 172
Jaruzelski, Wojciech 447
Jelzin, Boris 449, 479, 481
Ježić, Mislav 457, 509f., 512
Jodl, Alfred 91
Johannes Paul II., Papst 236, 364, 543
Johannes XXIII., Papst 217, 230
Johnson, Lyndon B. 227
Joseph II. (Kaiser u. König) 98, 213
Joseph, Erzherzog 49, 60

Juan Carlos I., König v. Spanien 142, 237, 323, 333, 336f., 525
Juarez, Benito 22

Kaiser 130
Kalergi, Marie 343
Kállay, Graf Miklós 166ff.
Kaltenbrunner, Gerd-Klaus 332
Kaltenbrunner, Josef 83
Kappelt, Olaf 367
Kaps, Albert 380
Karadjordjević, Alexander 231
Karadžić, Radovan 478, 515
Karamé, Rashid 235
Karas, Othmar 534
Karl d. Kühne, Herzog 26, 210
Karl I., Kaiser (Karl IV. als ungar. König) 17, 21ff., 31ff., 39ff., 55f., 58, 60ff., 64ff., 73, 77, 82, 88, 100, 109, 124, 128, 134, 169, 193, 196, 210, 213, 237, 246, 256, 267, 339, 434, 442, 543
Karl IV. (Kaiser u. König) 224, 336
Karl Ludwig, Erzherzog v. Österreich 22
Karl V. (Kaiser u. König) 28, 67, 71, 224, 227
Károly, Graf Mihály 49
Karwinski, Karl 94
Kastelic, Jakob 120
Kastner, Rolf 385
Keitel, Wilhelm 91
Kennan, George 512
Kennedy, John F. 227, 233
Kerenskij, Aleksandr 44
Keresztes-Fischer, Franz 167
Kerssenbrock, Gräfin Therese 58, 69, 76
Kindermann, Dieter 323, 544, 549
Kindermann, Gottfried-Karl 86
King, Meckenzie 134
Kinkel, Klaus 478, 502, 510

Kirchschläger, Rudolf 525
Kisch, Egon Erwin 54, 124
Kissinger, Henry 334f.
Klaus, Josef 300, 307, 310, 312, 316f., 321, 329f.
Klecatsky, Hans 287
Klein, Franz 150, 153
Klein, Hans 340, 380
Klepsch, Egon 395, 399, 406, 412, 421f., 426, 449, 468
Klestil, Thomas 536
Klimt, Gustav 31
Klingbeil, Petra 468
Klouček, Rainhard 486, 550
Knickerbocker, H. R. 93
Kohl, Helmut 424, 445, 500, 525, 529, 550
Kollek, Teddy 461
Kolnai, Aurel 154
Komarica, Franjo (Bischof) 478, 513, 543, 550
König, Franz (Kardinal u. Erzbischof v. Wien) 258, 274, 354
Konitzer, Hanni 203
Kono, Terno 534
Koplenig, Johann 199
Koref, Ernst 353
Körner, Theodor 204
Koschnik, Hans 478
Kossuth, Lajos 436
Kozma, Nikolaus 91
Krainer, Josef sen. 286
Kranebitter, Franz 302f.
Krasnow, Anatoli L. 368
Kraus, Karl 31, 332
Kräuter, Günter 544
Kreisky, Bruno 203f., 265f., 304, 307, 323, 329, 377f.
Kreissl-Dörfler, Wolfgang 534
Krones, Wolfgang 486
Krüger, Jens 551
Kučan, Milan 450, 512
Kučera, Rudolf 446, 458
Kucia, Thaddaeus 443

Kuehnelt-Leddihn, Erik Ritter v. 35, 48, 147, 187, 225, 332, 449
Kun, Béla 60, 62
Künigl, Leopold 200
Kupza 130

Laar, Maart 551
Lafontaine, Oskar 445
Lallier, François (Bischof v. Nancy) 207, 210
Lamassoure, Alai 534
Lammasch, Heinrich 49
Lanc, Erwin 378
Langenhagen, Brigitte 430
Langer, Alexander 502f.
Lannot, François de 201, 334
László, Stefan 285
Laval, Pierre 139
Le Pen, Jean-Marie 426
Lechner, Karl 94
Lee Kuan Yew 284
Lehár, Antal 61f.
Lenin, Vladimir Iljitsch (eigentl.: Uljanow) 44, 242, 497
Lenz, Marlene 397
Lentz-Cornette, Marcelle 443
Leopold I. (Kaiser u. König) 80, 213
Leopold, König v. Belgien 135, 201
Lhande, Pierre 75
Liechtenstein, Elisabeth v. u. z. 339
Liechtenstein, Heinrich v. u. zu 208, 319, 339
Liechtenstein, Vincenz v. u. zu 331f.
Ligne, Prinzessin Yolande de 208
Lippman, Walter 173
Litwinow, Maxim 359
Lloyd George, David 44, 48
Lovrek, August 116, 120f., 136, 208, 216, 253ff., 259f., 272, 275, 294, 303, 310, 318, 325f., 331
Löwy, Michael 486
Luce, Henry 137
Lücker, Hans August 392. 420
Ludendorff, Erich 44f.

Ludwig Victor, Erzherzog v. Österreich 22
Ludwig, Eduard 348

Macharski, Franciszek (Kardinal) 447
Macheiner, Norbert 538
Madariaga, Salvador de 354
Mahler, Gustav 30f.
Mahler-Werfel, Alma 147
Maij-Weggen, Hanja 428
Majonica, Abgeordneter 423
Maleta, Alfred 304, 331
Mandel, Georges 104, 116, 136, 138ff.
Mao Tse-tung 221, 338, 381
Marcuse, Herbert 519
Marenches, Alexandre de 476
Maria Josepha, Erzherzogin v. Österreich 22, 90
Maria Theresia (Kaiserin u. Königin) 29, 57f., 97f., 210
Maria v. Burgund 26
Maria v. Savoyen 78, 99
Marosy, Ferenc de 233, 239, 247
Martens, Wilfried 460, 492, 500f., 505, 529
Martín Artajo, Alberto 201, 233, 239f.
Martin V., Papst 71
Martonyi, János 527
Marx, Karl 73
Masaryk, Thomas G. 344
Maschadow, Aslan 526
Matutes Juan, Abel 501
Maurer, Andreas 375f.
Maximilian I. (Kaiser u. König) 26
Maximilian, Kaiser v. Mexiko 22
Mayer, Xaver 430
Mc Fadden, Agentur 226
McCormack, John 145
Mečiar, Vladimir 457, 509
Mecklenburg-Strelitz, Herzog Georg v. 208
Mécs, Imre 458

Medgyessy, Peter 509
Méndez de Vigo, Iñigo 534
Mendiluce Pereiro, José María 501
Meri, Lennart 482
Merkatz, Hans-Joachim v. 228, 240f.
Mesić, Stjepan (gen.: Stipe) 477, 511, 539
Mestrović, Mate 435, 450
Metternich, Klemens Fürst v. 29
Meysels, Lucian O. 90, 93, 104, 121
Michelet, Edmond 240
Miklas, Wilhelm 95, 97, 113ff.
Milošević, Slobodan 450, 475, 510f., 515
Milutinović, Milan 514
Mindszenty, József (Kardinal u. Primas v. Ungarn) 67f., 212, 247, 249, 251, 443, 509
Mintoff, Dominic (gen.: Dom) 412f., 482
Mises, Ludwig v. 154
Mitsotakis, Konstantin 463
Mitterrand, François 449, 453
Mobutu, Joseph Désiré 311
Mock, Alois 324, 483f., 525, 529, 538
Möhnle, Michael G. 391, 421
Molden, Fritz 268
Molotow, Wjatscheslaw Michailowitsch 178
Moreira, Adriano 240, 316
Morgenthau, Henry 179
Motschmann, Jens 368
Müller, Gerd 425, 465, 501
Müller, Günther 425
Murphy, Frank 145
Musil, Robert 31
Mussolini, Benito 78, 92, 98, 103f., 138f., 245

Naber, Josef 231
Nágy, Imre 247
Napoleon I. 70
Napoleon III. 328
Naumburg-Rosenberg, James 143

Nehru, Jawaharlal (gen.: Pandit Nehru) 202
Neipperg, Erbgräfin Andrea v., Erzherzogin v. Österreich 547
Neipperg, Graf Benedikt v. 547
Neipperg, Graf Dominik v. 547
Neipperg, Graf Hemma v. 547
Neipperg, Graf Katharina v. 547
Neipperg, Graf Philipp v. 547
Németh, Michaela 19
Németh, Miklos 533
Nenning, Günther 288
Neumann, Therese 231
Neurath, Konstantin v. 102f., 121
Ngo Dinh Diem 284
Nikolaus II. (russ. Zar) 42
Nixon, Richard M. 335
Noronha da Costa, Marcus de 285, 295
Nuri as Said Pascha 234

Oguma, Setsuko 534
Olah, Franz 262, 275, 281, 298, 331
Ollenhauer, Erich 228
Oostlander, Arie 471, 476f., 489, 511, 534
Orbán, Viktor 509, 533
Oreja, span. Kommissar 432
Osborne, D´Arcy 166
Ossietzky, Carl v. 228
Ossutzky, Botschafter 149
Ott, Annemarie 339, 547
Otto IV. (Kaiser u. König) 39
Otto, Erzherzog v. Österreich 22, 69
Owen, Lord David 476ff.

Pachmann, Ludek 368
Pack, Doris 471
Paisley, Ian 428f.
Pálffy, Graf Géza 135
Pannella, Marco 397
Papen, Franz v. 87, 92, 102
Pappenheim, Graf Gottfried Heinrich 70

Pastoriza, Andrès 143
Pasty, Jean-Claude 486
Paul VI., Papst 218, 230, 251, 312
Pavan, Joško 510
Pawlikowksi, Ferdinand (Bischof) 216
Pélerin, Lionel 207, 209
Pelikan, Jiři 399
Peres, Shimon 461
Pérez-Maura, Ramón 237
Pertini, Sandro 525
Pesenti, Carlo 334f.
Pétain, Henri Philippe 139f.
Pflimlin, Pierre 393, 401
Philipp, Herzog v. Burgund (gen.: d. Gute) 27, 549
Pinay, Antoine 334f.
Pinheiro, Joao de Deus 472
Pirkl, Fritz 336, 341, 425, 433, 483
Pithart, Petr 446
Pittermann, Bruno 181, 262, 264f., 273, 275, 277, 288f., 293ff., 307, 314, 319, 352
Pius X., Papst 23f.
Pius XI., Papst 71
Pius XII., Papst 203, 230, 236
Plöchl, Willibald 130, 136, 138, 157, 160
Plumb, Lord Henry 442
Poincaré, Raymond 42f.
Polgar, Alfred 123
Polzer-Hoditz, Graf Artur 82
Pompidou, Georges 333, 360
Pons, Vittorio 312, 341, 351, 357, 360, 550
Poos, Jacques 451
Popiełuszko, Jerzy 447
Posselt, Bernd 367, 375, 385, 391, 421, 433, 436, 441, 470, 490, 529, 534
Posselt, Martin 147
Poszgay, Imre 438f., 533
Pöttering, Hans-Gert 534
Princip, Gavrilo 31, 513

Probst, Otto 262, 275
Pucher, Paul 388
Puljić, Vinko 513
Putin, Wladimir 481

Raab, Julius 97, 259ff., 267ff., 272, 283, 296
Rahimtoola, Habib Ibn Ibrahim 234
Rahner, Hugo 214
Rahner, Karl 214
Rainier, Fürst von Monaco 333
Ratzinger, Joseph (Kardinal) 393f.
Rauch-Kallat, Maria 542f.
Reagan, Ronald 416f., 423, 446, 525
Reger, Karl-Heinz 430
Rehor, Grete 262
Reigh y Casanova (Erzbischof v. Toledo) 71
Reitzner, Almar 391
Renner, Karl 51ff., 56, 116, 127, 186ff., 281, 345
Revel, Jean François 427
Reynaud, Paul 138, 140
Reza Pahlevi, Mohammed 234
Ribot, Alexandre 40, 44
Riess-Passer, Susanne 486, 520, 542f., 544, 546
Rocard, Michel 481
Rochat, Charles 140
Rockefeller, David 334f.
Rodgers, John 240, 334
Roegele, Otto B. 241
Röhl, Klaus Rainer 387
Rommel, Erwin 137
Roncalli, Angelo Giuseppe (s. Johannes XXIII.) 334
Roosevelt, Eleanor 132, 144, 184
Roosevelt, Franklin Delano 125, 131ff., 144ff., 150, 160ff., 174ff., 350, 362
Röpke, Wilhelm 225, 232, 244, 249
Rossinot, André 541
Roth, Joseph 27f., 31, 123f.
Rothemund, Helmut 387, 393f.

Rothschild, Familie 127
Rott, Hans 122f., 126f., 130, 136, 138, 142, 146, 152, 154ff., 159, 198
Rousseau, Jean-Jacques 372
Rübig, Paul 534
Rudolf von Habsburg (Kaiser u. König) 26, 80
Rudolf, Erzherzog v. Österreich 22
Rushdie, Salman 477
Russ, Edgar v. 148, 162
Rust, Bernhard 88
Rüütel, Arnold 448
Rys, Carina 332

Sachsen-Coburg-Gotha, Simeon v. (König Simeon II.) 215
Sachsen-Meiningen, Herzog Georg v. 205
Sachsen-Meiningen, Herzogin Clara-Marie v. 206, 548
Sachsen-Meiningen, Prinz Anton Ulrich v. 206
Sachsen-Meiningen, Prinz Friedrich Alfred v. (P. Marianus) 206
Sadat, Anwar as 414, 446
Saddam Hussein el-Takriti 461, 465f.
Sakellariou, Janis 502
Saladrigas, Carlos 148
Salazar, António de Oliveira 142f., 183, 203, 311
Salten, Felix 34
Sälzer, Bernhard 396
Sánchez-Bella, Alfredo 239f., 334f.
Sandys, Duncan 348
Santer, Jacques 504ff.
Sarlis, Pavlos 471
Sarraut, Albert 466
Sartorius, Peter 473, 528
Sato, Eisaku 337
Schamir, Yitzhak 461
Schärf, Adolf 192, 199, 204, 301
Schauer, Pater Karl 543
Scheuch, Erwin 427
Schewardnadse, Eduard 453

Schiele, Egon 31
Schiller, Friedrich 73
Schlamm, William 228, 245, 312, 332
Schleicher, Ursula 392, 469, 529, 534
Schmidt, Guido 101ff., 106
Schmidt, Helmut 387, 395, 404, 416
Schmitz, Wolfgang 267
Schmöller, Willi 539
Schöler, Andreas v. 379f.
Scholz, Pater Roman 120
Schön, Konrad 424
Schönberg, Arnold 31
Schönborn, Christoph (Kardinal) 541
Schönhuber, Franz 433, 463
Schonta, Emmerich Zeno v. 54
Schröder, Gerhard 475
Schukry el Quatly 235
Schulmeister, Otto 328
Schulz, Martin 468
Schuman, Robert 228, 231, 349, 498
Schuschnigg, Kurt v. 66, 82, 91, 93ff., 101ff., 108f., 112ff., 123, 153, 155f., 186, 196, 199, 264f., 283f., 345
Schuschnigg, Walter v. 143, 148, 159f., 175
Schüssel, Wolfgang 488ff., 520, 535, 538, 544
Schuster, Rudolf 550
Scott-Hopkins, Edward 422
Seefeld, Horst 424
Seidl, Alfred 380
Seiler-Albring, Ursula 502
Seipel, Ignaz 266, 345, 364
Seitz, Karl 51
Sépibus, Mlle de 58
Serédi, Justinian (Kardinal u. Primas v. Ungarn) 168
Sering, Max 86
Seydl, Ernst (Bischof) 58, 71
Seyss-Inquart, Arthur 114, 121
Shanley, James A. 153
Sieglerschmidt, Helmut 379
Sigray, Graf Antal 61, 100, 167

Sihanouk, Samdech Norodom 222
Sikorski, Władisław 140, 174
Silajdžić, Haris 514
Simeon II. 540
Simms, William P. 173
Sindermann, Horst 443
Slipyj, Josyf (Kardinal) 250
Smith, Ian 337
Sodano, Angelo (Kardinal) 503
Solemacher, Hans Friedrich v. 385, 391
Somary, Felix 146, 147, 165, 179
Soros, George 509, 522
Sousa Mendes, Aristide de 141
Spellman, Francis J. (Kardinal u. Erzbischof v. New York) 131, 147, 177, 202, 276
Stalin, Josef (eigentl.: Dschugaschwili) 125, 133, 164, 170, 174ff., 185, 187f., 221, 242, 345, 347, 350, 362, 448, 479, 497
Starhemberg, Fürst Ernst Rüdiger 92, 130
Stauffenberg, Graf Franz Ludwig v. 383, 425, 427, 461
Steeb, Baron Wolfgang 331
Steinhausen, Hermann 154
Stephan, König v. Ungarn 39
Stettinius, Edward 180
Stevens, John 511
Stewart-Clark, Jack 469
Stimpfle, Josef (Erzbischof) 527f.
Stimson, Henry L. 161f.
Stock, Wolfgang 367
Stoiber, Edmund 383ff., 445, 527, 529, 531
Stojadinović, Milan 103
Stoltenberg, Thorvald 477f.
Strasser, Peter 271
Strauß, Franz Josef 228, 241, 311, 334ff., 340f., 354, 366, 374f., 377, 383ff., 391, 393, Strauß, Franz Josef 398, 432ff., 498, 525
Streff, François 541

Streibl, Max 340f., 383, 385f.
Streif, Alois 256, 267, 269f.
Stresemann, Gustav 345, 396, 498
Striby, Frédéric 492
Ströhm, Carl Gustaf 544
Strutt, Edward 54, 56f.
Studnitz, Hans-Georg v. 332
Sturzo, Luigi 173
Šuštar, Aloizij 450
Sylvester II., Papst 39
Szálasi, Ferenc 168f.
Szemere, Bartholomäus 39

Tanaka, Seigen 225, 311
Tandler, Gerold 341
Tappouni, Ignatios Gabriel (Patriarch) 230f.
Teleki, Graf Pál 61
Thanner, Erich 136, 216, 253, 331f.
Theato, Diemut 506, 551
Thun, Graf Ernst 340
Tindemans, Leo 334, 420, 500
Tisserant, Eugène (Kardinal) 212
Tisza, Graf István 37f., 45, 49
Tito, Josip (eigentl.: J. Broz) 266, 472
Toglu, Hüsnü 526
Tökés, László 448
Trajkovski, Boris 540
Trapp, Familie 147
Trauttmansdorff, Graf Franz 123
Trenevski, Martin 539
Trescher, Karl 301
Trujillo, Rafael 143
Truman, Harry S. 180, 185, 188f., 191f., 281
Tschang Kai-schek 222, 285
Tudjman, Franjo 472f., 477, 509, 511f., 526
Tully, Grace 145, 185
Turnauer, Herbert 331
Turnauer, Max 331
Tutu, Desmond 468
Tyrnauer, Journalist 150

Ulmanis, Guntis 482

Valdeiglesias, Marqués José Ignacio de 237, 239f.
Van den Broek, Hans 472, 476, 505
Várszegi, Asztrik (Bischof u. Erzabt) 69, 543
Vasari, Emilio (eigentl.: Csonka, Emil) 40, 79, 87, 94f., 100f., 118, 133, 200
Veil, Simone 397, 421
Verdier, Jean (Kardinal u. Erzbischof v. Paris) 116
Violet, Jean 334f.
Vögele, Hans 303
Voigt, Karsten 448
Vranitzky, Franz 488

Waigel, Theo 433, 440, 485, 527ff.
Wajsmann, Patrick 427
Wakonigg, Guillermo 67
Waldbrunner, Karl 279
Walker, Frank 147, 152
Wallace, Henry A. 134
Walter, Bruno 146
Walterskirchen, Gudula 100
Wawrzick, Kurt 424
Weber, Edmund 101f.
Wechner, Bruno (Bischof) 217, 339
Weiss, Hilga 332
Weiss, Louise 396, 498
Weizsäcker, Ernst v. 119, 121
Wekerle, Sándor 49
Wells, Sumner 147, 172
Wenckheim, Gräfin Maria 69
Werfel, Franz 123, 147, 225
Werkmann 200
Werkmann, Baron Karl v. 54, 81f., 120
Werner von Straßburg, Bischof 26

Werner, Biograf 198
Wernitz, Axel 379, 389
Wieczorek-Zeul, Heidemarie 387, 400, 410
Wiesenthal, Simon 294f., 427
Wiesner, Baron Friedrich v. 80ff., 90, 95, 98, 104, 109, 113, 115, 120f., 136, 192
Wilder, Billy 34
Wilhelm II. (dt. Kaiser) 40, 43f., 87
Wilson, Paul 131
Wilson, Woodrow 44, 46ff., 133, 343, 480
Winant, John 180
Winkler, Günther 283, 287, 290
Winter, Ernst Karl 75, 84, 95, 136, 153f.
Withalm, Hermann 299, 320, 331
Wodianer, Andor, 167f.
Wollner, Rudolf 341, 388
Wolte, Wolfgang 483
Woodring, Harry 134
Wrong, George M. 154

Zak, Franz (Bischof) 258
Zehner, Wilhelm 104, 114
Zernatto, Guido 122f., 130, 154, 156
Zeßner-Spitzenberg, Baron Hans Karl v. 120, 136
Zichy, Graf János 69
Zingraff, Eva 332
Zita (Kaiserin u. Königin) 22f., 25, 32f., 38, 41, 43f., 47, 51f., 56, 58, 61f., 64f., 67f., 71f., 77, 88, 121, 135, 142, 144f., 197, 206, 323, 339, 392, 433f., 446
Zsambóki, Pál 58
Zweig, Stefan 31